STUDIIND DREPTUL

STUDIIND DREPTUL

Selecțiuni din scrierile lui Albert J. Beveridge –
John Maxcy Zane – Munroe Smith – Roscoe
Pound – Arthur L. Goodhart – Eugene
Wambaugh – John H. Wigmore –
Charles B. Stephens

EDITAT
DE
ARTHUR T. VANDERBILT

Traducere de CONSTANTIN SFEATCU

*În ce scop să fie îndreptate gândurile
noastre spre varii feluri de cunoaștere,
dacă nu se lasă loc pentru punerea ei în
practică, astfel încât avantajul public să
poată fi rezultatul?*
SIR PHILIP SIDNEY

EDITURA VIGA
2016

STUYDYING LAW

EDITED BY ARTHUR T. VANDERBILT

WASHINGTON SQUARE PUBLISHING CORPORATION

NEW YORK CITY

Copyright © 2016 VIGA

Culegere electronică: Andrei Walter Sfeatcu
Tehnoredactarea şi coperta: Dan Amza

Descrierea CIP a Bibliotecii Naţionale a României
Studiind dreptul / Albert J. Beveridge, John Maxcy Zane, Munroe Smith, ... ;
    ed.: Arthur T. Vanderbilt ; trad.: Constantin Sfeatcu. - Bucureşti : Viga, 2016
    ISBN 978-606-93707-1-1

I. Beveridge, Albert J.
II. Maxcy Zane, John
III. Smith, Munroe
II. Vanderbilt, Arthur T. (ed.)
IV. Sfeatcu, Constantin (trad.)

LUI
B. ȘI B. ȘI L.

ȘI NENUMĂRAȚILOR ALȚI TINERI ACUM
SERVIND ȚARA LOR ÎN RĂZBOI[*], CARE SE
GÂNDESC LA STUDIEREA DREPTULUI: DE
INTERESUL LOR CONTINUU PENTRU BUNĂ-
STAREA PUBLICĂ VA DEPINDE ÎN MARE
MĂSURĂ VIITORUL REPUBLICII

---

[*] Al Doilea Război Mondial. (n.t.)

CUPRINS

INTRODUCERE

I

PERSOANELE oficiale din asociațiile de avocatură și facultățile de drept din toată țara fac pregătiri pline de zel pentru a-l ajuta pe veteranul care se întoarce acasă la practica magistraturii și pe studentul în drept al căror curs de studiu a fost întrerupt de îndatoririle militare. În același spirit această carte a fost destinată în special pentru tânărul servindu-și acum țara, care s-ar putea gândi să studieze dreptul.

Viitorului student în drept, tărâmul legii îi pare un domeniu ciudat, cu totul în afară de viața obișnuită. Această ciudățenie stârnește îndoieli în mintea lui în privința propriei lui aptitudini pentru asemenea studiu și, ceea ce este mai important, atracția de a practica dreptul. Anume, el vede avocați jucând roluri active în comunitate, stat și națiune, însă din ce citește el sporadic în ziare, se poate bine întreba dacă un om de caracter poate adopta în mod înțelept jurisprudența ca o chemare pe viață. Problema este de veche origine, căci avocații nu au fost niciodată universal populari. O parte sau alta trebuie să piardă fiecare litigiu și, pe drept sau pe nedrept, partea perdantă este înclinată să-și învinovățească avocatul pentru el. Această părere despre avocați și-a ridicat din când în când capul în locuri înalte. Când Oliver Wendell Holmes, Jr. a anunțat că intra la Facultatea de drept, distinsul său tată a întrebat, „La ce bun asta, Wendell? Un avocat nu poate fi un mare om". Cariera marelui jurist a fost un răspuns complet la temerile tatălui său.[1]

---

[1] „Când avea nouăzeci de ani Wendell Holmes avea să citeze acea expresie, adăugând că tatăl său îl împinsese cu piciorul sus pe scară în magistratură și credea că trebuie să fie recunoscător." CATHERINE DRINKER BOWEN, YANKEE FROM OLYMPUS (Boston, 1944) p. 201.

Viitorul student în drept poate bine să spună că îşi dă seama pe deplin că el nu este deloc Holmes. Totuşi întrebarea pe care am pus-o este între primele la care trebuie să răspundă pentru sine însuşi. El nu va putea probabil să discute, cum a făcut tânărul Holmes, cu un Ralph Waldo Emerson[*] sau un înţelept Unchi John[2], dar în schimb el poate citi articolul Senatorului Albert J. Beveridge, *The Young Lawyer and His Beginnings*[**]. Nu cunosc vreo descriere mai bună a vieţii şi operei unui jurist decât această scurtă schiţă, scrisă la apogeul carierei lui legislative de către un om de stat capabil şi un mare biograf. Lucrările lui, *John Marshall* şi *Abraham Lincoln* sunt parte a moştenirii intelectuale a fiecărui jurist american. Orice tânăr, citind acest articol, va înţelege curând el însuşi că nu trebuie să aibă nici un fel de teamă pentru firea sa în a urma profesiunea jurisprudenţei. Dimpotrivă, jurisprudenţa va cere ceea ce este cel mai bun în el în caracter, în intelect şi în capacitatea de a munci. El va descoperi că meseria lui va deveni nu simplă aducătoare de bani, ci o profesiune nobilă închinată slujirii interesului public.

Marea virtute a comentariului lui Beverdige asupra profesiunii este că nu este niciodată abstract sau academic. E plin totdeauna de viaţă reală în jurisprudenţă. Când el răspunde la întrebarea, „Este drept de a apărea în instanţă într-o cauză nedreaptă?", când el discută chestiunile băneşti şi când spune cum să judeci o speţă şi cum să pledezi un recurs, simţiţi că remarcile lui se bazează pe propria lui experienţă. Chiar atunci când el îi pare tânărului a-şi îngădui plăcerea unei figuri de stil – „Scrieţi victorie la sfârşitul fiecăruia din cazurile d-voastră cu sângele inimii d-voastră; înfrângere, dacă nu câştigaţi" –, veteranii cu părul cărunt ai sălii de tribunal vor recunoaşte că el afirmă doar realitatea crudă.

---

[*] Ralph Waldo Emerson 1803-1882, eseist şi poet american. *(n.t.)*
[2] Id. la 201-202.
[**] Tânărul jurist şi începuturile lui. *(n.t.)*

Beverdige scria într-o perioadă când mulți distinși lideri ai opiniei publice puneau la îndoială înțelepciunea tânărului jurist de a se aventura în politică.[3] Ascultați, de exemplu, la sfatul lui Woodrow Wilson, atunci Rector al Universității Princeton:

> După părerea mea, este rar înțelept pentru un jurist să se abată de la profesiunea lui pentru a intra în câmpul activ al politicii. Este la fel de adevărat astăzi precum a fost când Coke a spus că „Jurisprudența este o stăpână geloasă"; și nici un om nu se întoarce înapoi vreodată la ea din politică fără o pierdere a ceva din avântul și devoțiunea pe care el le-a avut la început pentru ea. El niciodată după aceea nu va mai dobândi pe deplin aceeași influență asupra celora care ar fi fost clienții săi.[4]

Acest viitor om de stat bizuindu-se pe Lord Coke drept o autoritate probabil a uitat că renumitul președinte al secției regale a Înaltei Curți de Justiție și președinte al Curții criminale a făcut jurisprudenței cel mai mare serviciu al său ca membru al Camerei Comunelor în opoziție cu conduita neconstituțională a monarhului său Stuart.[5]

Beveridge a tăgăduit fără ezitare această poziție, susținând că „un membru al unei mari profesiuni, care mai mult decât orice alte forțe combinate, a statornicit și apărat libertatea", nu are nici un drept „să se retragă de la participarea activă la funcția sacră a autoguvernării". La o vreme când mulți recomandau devoțiune exclusivă pentru jurisprudență, citând asemenea vechi ziceri ca „Jurisprudența este o stăpână geloasă" și „Doamna Jurisprudență trebuie să stea singură", el avea bunul-simț, născut din largă experiență, să recomande nu numai participare la politică dar și necesitatea celei mai largi lecturi pentru jurist – știință, istorie, nuvele, fiecare fază a literaturii – căci numai procedând așa poate el „să aducă în serviciul clientului său forța

---

[3] AM. LAW SCHOOL REVIEW 53.
[4] Id. la 56.
[5] HOLDSWORTH, SOME MAKERS OF ENGLISH LAW, la 118.

însufleţitoare, vitalizatoare a tuturor marilor spirite în întreg domeniul intelectului".

Înainte de orice Beveridge trebuie stimat pentru insistenţa sa neclintită ca tânărul avocat să-şi menţină simţul propriei demnităţi cu orice risc şi să prezerve idealul artistului de absolută devoţiune pentru misiunea lui, care este tot aşa de vastă ca viaţa însăşi. Articolul lui Beveridge merită să fie citit, cumpănit şi recitit iarăşi şi iarăşi până când spiritul său a pătruns adânc în subconştientul viitorului avocat.

II

Jurisprudenţa, ca şi munca juristului, nu este ceva despărţit de viaţă. Jurisprudenţa noastră s-a dezvoltat din viaţa şi nevoile unui popor liber. Este în mare măsură opera unui relativ grup mic de oameni – judecători, avocaţi, legislatori şi autorii lucrărilor noastre clasice juridice – mulţi ale căror nume încă supravieţuiesc în viaţa engleză şi americană. Îl va ajuta pe viitorul student în drept să aibă cel puţin o cunoştinţă cu plecăciune faţă de aceşti mari oameni la un stadiu timpuriu al studiilor sale. O astfel de cunoştinţă, de altminteri, va da avânt şi înţeles sporit studierii sale a istoriei engleze.

Istoria implică mult mai mult decât conducători şi războinici, aşa cum o lectură a *Celor cinci epoci ale magistraturii şi avocaturii din Anglia*[*] lui John Maxcy Zane va revela îndată. Aici vedem descrise plastic, personalităţile, bune şi rele, mari şi mediocre, care au făcut jurisprudenţa Angliei. Sunt o lume plină de culoare. Divergenţele lor de temperament şi ambiţii rivale sunt răspunzătoare în mare măsură nu numai de cursul dezvoltării jurisprudenţei ci şi de ridicarea unora dintre familiile conducătoare engleze de ieri şi de azi. Aici avem expusă o fază a vieţii şi civilizaţiei engleze care, deşi mai puţin bine cunoscută, este întru totul la fel de importantă ca şi istoria marii ei literaturi. Cursul Jurisprudenţei Engleze nu a fost un

---

[*] The Five Ages of the Bench and Bar of England. (*n.t.*)

mers liniștit, ci adeseori o mare dramă în care cererile contra-
dictorii ale unei guvernări naționale eficace și libertatea indivi-
dului au fost susținute până la capăt de-a lungul veacurilor în
împrejurări mereu schimbătoare. Din aceste conflicte a ieșit
corpul de legi care a fost în mare parte primit la noi și dezvol-
tat aici pentru a satisface nevoile unei noi civilizații pe un nou
continent.

Eseul vioi al lui Zane nu este numai o expunere în mod de-
licios neformală a carierelor creatorilor de frunte ai jurispru-
denței engleze, care îi dă cercetătorului posibilitatea să arunce
o privire asupra caracterului fiecăruia și locul său în istoria
juridică; el este de asemeni un document stimulator și viu al
țeserii materialului multicolor al jurisprudenței engleze în mare
măsură în funcție de marile ei personalități. Putem prea bine să
dorim ca Zane, o rară combinație de avocat pledant cu desă-
vârșire calificat și profund savant juridic, să fi putut scrie un
comentariu similar despre marile figuri ale dreptului american.
După ce a citit lecțiile sale, cercetătorul este pregătit să se
îndrepte cu folos spre istoria dezvoltării marilor sisteme de
drept care în cele din urmă s-au contopit pentru a ne da juris-
prudența noastră anglo-americană.

III

Beveridge ne-a oferit o expunere despre munca juristului.
Zane a întins în fața noastră o panoramă a personalităților
dreptului englez. Unde se va întoarce studentul pentru a obține
o vedere a sistemului jurisprudenței anglo-americane?

Multe sunt poveștile care ar putea fi spuse membrilor baro-
ului despre șovăiala lor în fața unei piedici. Studentul modern,
desigur, este cruțat de urzelile labirintice din *Instituțiile lui
Coke*[*], la care predecesorii săi de acum două sau trei secole
erau expuși fără milă. Blackstone și Kent, fără îndoială, în
vremea lor erau de mare folos începătorului, dar nu mai pot fi

---

[*] Coke's Institutes. (*n.t.*)

considerați actuali. Mai recent oarecare material foarte ciudat a fost plasat în mâinile neofitului. Îmi amintesc bine, intrând într-un birou de avocatură a doua zi după absolvirea colegiului, înmânându-mi-se de către un coleg funcționar o cărțulie cu scoarțe negre – „H" despre Drept Elementar. Omit numele autorului din caritate. Era un loc bun de plecare, mi-a spus prietenul: era simplă; era sistematică. Dar am descoperit repede că era ca o carcasă de pe care să scadă la foc toată carnea. Scheletul a rămas intact, dar toată hrana s-a dus. Marele avocat la care aveam funcția de secretar a descoperit situația mea neplăcută înainte ca eu să fi ajuns la punctul completei inaniții intelectuale și m-a reînviat prezentându-mi *Pollock and Maitland's History of English Law*[*]. Aici erau nerv și sânge; lucrarea era parte din viața însăși.

În câteva luni am intrat la Columbia Law School și acolo la un curs introductiv cunoscut ca Elemente de Drept l-am cunoscut pe Profesorul Munroe Smith. Vasta lui erudiție și stilul său lucid erau la fel de evidente novicilor în drept precum atitudinea lui calmă și zâmbetul său blând. Niciodată nu am întâlnit un instructor sau un scriitor în jurisprudență care a putut să picteze pe o pânză atât de mare cu o pensulă atât de largă și totuși cu o atât de remarcabilă scrupulozitate și finisaj. Lecțiile sale introductive despre jurisprudență păreau simple, într-adevăr, aproape evidente pe măsură ce el deosebea legea de moravuri, etică și legea fizică, și trata despre sursele dreptului, dezvoltarea științei dreptului, teoriile filosofice ale dreptului și cele câteva metode de studiu juridic. Nu a fost până în anii de mai târziu când noi am început să studiem diferite lucrări care treceau drept jurisprudență că ne-am dat seama de remarcabila lui putere de analiză și geniul său pentru generalizare. Și pe măsură ce se citește dezbaterea sa a „marii probleme a viitorului – aceea a stabilirii ordinei mondiale și asigurării condițiilor progresului

---

[*] Istoria dreptului englez a lui Pollock și Maitland. (*n.t.*)

mondial", pare imposibil a se crede că vorbele sale au fost
mai întâi scrise la începutul secolului, câțiva ani înainte de
primul război mondial și o generație înainte ca avionul să
micșoreze globul.

În descrierea lui a dezvoltării diferitelor sisteme de drept
european, el nu numai a legat dreptul de istorie ci și a revelat
înrudirea dreptului englez și european. Și după ascultarea
lecțiilor sale, era imposibil pentru chiar cel mai neghiob să fie
complet mărginit cu privire la dreptul anglo-american sau să
ignore cu totul dreptul civil. Pentru viitorul jurist, istoria
europeană, și în special engleză, a căpătat o nouă importanță.
Nicăieri în altă parte după știința mea nu va găsi cineva aspec-
tele esențiale ale istoriei dreptului european, englez și ameri-
can prezentate cu atâta înțelegere pătrunzătoare, cu atâta
perspectivă clară și într-un limbaj atât de concis și eficace. Ne
minunăm că într-o epocă de schimbare nemaiîntâlnită există
atât de puțin de modificat sau amendat. Munroe Smith nu
putea, desigur să prevadă că *Erie Railroad vs. Tompkins*[6] va
anula *Swift vs. Tyson*[7] – și va anihila în țara noastră posibilita-
tea unui drept comercial național, fiind paralel cu *ius gentium*[8]
al romanilor. Nici nu a putut el să anticipeze dezvoltarea fără
precedent, în special în momente de pericol național, a legisla-
ției delegate în mâinile președintelui S.U.A. și ale agenților
administrative federale[9]. Dar câte manuale juridice scrise cu o
treime de secol înainte ar avea nevoie de atât de puțină schim-
bare pentru a le aduce în rând cu vremea?

Cu deosebire importantă, întrucât națiunea noastră se miș-
că într-o nouă eră a relațiilor internaționale, este analiza sa a
înrudirii dreptului englez și dreptului roman de-a lungul
secolelor și în jurul globului. Un începător în drept probabil
că nu va realiza până ce nu va fi citit complet în jurisprudență

---

[6] 304 U. S 64, 82 L. ed. 1188 (1937).
[7] 16 PET. 1, 10 L .ed. 865 (1842).
[8] *Post* p. 220.
[9] *Post* p. 358.

şi istorie juridică, boarea şi adâncimea analizei şi sintezei sistemelor juridice ale lumii care se prezintă aici lui. Mai târziu când se află el însuşi în pericol de a nu vedea pădurea de copaci, va dori să se întoarcă de multe ori la *Elemente de Drept*[*] pentru a-şi reorienta gândirea.

IV

Următoarea selecţie este opera celui mai de căpetenie savant juridic al secolului XX – Roscoe Pound, Decan Emerit al Harvard Law School. Onorat acasă şi în străinătate deopotrivă, a fost caracterizat de nu mai puţin un expert decât Dl. Judecător Holmes ca „o ubicvitate".[10] O recentă bibliografie a scrierilor sale acoperă 193 de pagini[11]. Larg citit şi profund studiat, cu bine rotunjită experienţă ca avocat practicant, ca judecător al curţii de ultimă instanţă în statul său natal şi ca profesor de drept, el şi-a dedicat înţelepciunea unor ţeluri practice în jurisprudenţă şi în special îmbunătăţirii administraţiei justiţiei în ţara noastră. Serviciile lui pentru profesia sa au fost atât de mari încât a fost în mod afectuos numit „profesorul Baroului American".

An Introduction in American Law a fost pregătită de Decanul Pound în 1919 ca schiţa unui curs de prelegeri în faţa Trade Union College din Boston şi a revăzut-o binevoitor pentru folosirea ei în acest volum. În ea a schiţat cu acurateţă savantă şi remarcabilă conciziune istoria şi sistemul dreptului anglo-american astfel încât cercetătorul şi-a întins în faţa lui în cincizeci şi şapte de pagini scurte un plan detaliat al sistemului nostru juridic modern. Aici studentul va găsi expuse în chip ordonat relaţia una faţă de alta a diferitelor ramuri ale dreptului care urmează să-i reţină

---

[*] Elements of Law. (*n.t.*)

[10] SIR MAURICE SHELDON AMOS, ROSCOE POUND, IN MODERN THEORIES OF LAW (1933) 86.

[11] SETARO, A BIBLIOGRAPHY OF THE WRITINGS OF ROSCOE POUND (1942).

atenția în anii viitori, împreună cu postulatele juridice pe care se bazează sistemul nostru juridic. Bineînțeles el nu va putea să aprecieze complet valoarea analizei și generalizării prezentate aici până când nu va fi studiat câteva materii din planul de învățământ juridic. Atunci el va vedea utilitatea ei în depășirea unuia din punctele de bază ale criticii predării dreptului american, că dreptul este prezentat ca o succesiune de cursuri distincte cu totul izolat unul de altul și nu ca un sistem de lucru integrat. Nu cunosc vreo altă lucrare spre care se poate îndrepta studentul pentru o astfel de completă privire a sistemului nostru juridic ca un tot sau pentru o astfel de analiză adecvată a relației subiect-subiect. Este un rezumat la care el va dori să se întoarcă iarăși și iarăși, pe măsură ce progresează cu studiile sale de jurisprudență.

V

Una dintre întrebările care inevitabil vine în mintea viitorului jurist este, Despre ce este vorba în jurisprudență? Ce încearcă jurisprudența, pe scurt, să realizeze? În mod firesc legea va avea un set de interese de protejat într-o epocă feudală, un altul într-o epocă manufacturieră. Ceea ce studentul dorește cel mai mult să știe, însă, când se apucă să studieze practica judecătorească și legi este, Care sunt interesele pe care legea caută să le apere *acum*? Articolul revăzut recent al Decanului Pound, *O cercetare a Intereselor Sociale**, este un răspuns complet la aceste întrebări. Studentul este sfătuit nu numai să-l citească și să-l studieze, ci și să și-l adjudece prin descrierea lui în linii generale, deoarece fiecare caz și lege pe care o studiază va avea mai mare înțeles pentru el dacă știe ce rol joacă în protejarea – sau amânarea – intereselor sociale legitime.

---

* A survey of Social Interests. (*n.t.*)

VI–VII–VIII

Studentul din prima lui zi la Facultatea de drept, ca şi avocatul atâta vreme cât practică jurisprudenţa, va avea de-a face cu dosarele proceselor judecate şi cu legi. Este de aceea de avantaj deosebit pentru viitorul student în drept înainte de a intra la Facultatea de drept, de a se familiariza cu natura deciziilor judiciare şi a legilor şi căilor şi mijloacelor de a le studia şi folosi. S-a scris mult despre aceste probleme, însă din punctul de vedere al studentului cele mai valoroase, după părerea mea, sunt articolele Profesorului Arthur L. Goodhart de la Universitatea Oxford, distinsul redactor-şef al Law Quarterly Review, cu privire la *Determinarea Considerentului Decidendi într-un Proces,* scurta introducere a Decanului Pound la *Cazuri de Interpretare a Legilor* al Profesorului Frederick J. de Sloovère şi *Cum se Folosesc Deciziile şi Legile* al regretatului Profesor Eugene Wambaugh, condensat de el acum câţiva ani din lucrarea lui mai veche, *The Study of Cases.* Aceste trei articole împreună vor oferi viitorului avocat o ştiinţă de lucru a utilizării deciziilor şi legilor care îi va fi de folos în practicarea jurisprudenţei precum şi în activitatea de la Facultatea de Drept.

IX

În studiul cazurilor studentul este adesea confruntat cu problemele probelor judiciare şi înţelegerea de către el a acestor cazuri este frecvent diminuată de lipsa lui de familiaritate cu jurisprudenţa probatoriului. Întrucât probatoriul nu se predă în primul an la Facultatea de drept, pare de dorit să se aşeze în faţa lui în momentul cel mai timpuriu posibil o vedere generală a subiectului pentru a-l ajuta în studiul său de cazuri. Din fericire, avem asemenea cercetare la dispoziţie din condeiul regretatului Decan John H. Wigmore, a cărui lucrare în zece volume este autoritatea acceptată în acest domeniu. *Regulile Probelor Judiciare la Procesele cu Juraţi* *în Secolul Următor*[*] nu numai că îl va ajuta pe viitorul jurist în studiul său de cazuri, ci şi va fi de foarte considerabilă valoare studentului la colegiu care ar putea dori să compare felul dovezii cerute în instanţă cu felul dovezii acceptate în ştiinţele naturale, în ştiinţele sociale, în istorie şi biografie şi în treburile obişnuite ale vieţii.

X

Apoi, este inclusă în volum o porţiune din *Un Raport asupra Educaţiei Prejuridice*[*] care are aprobarea atât a Asociaţiei Baroului American cât şi a Asociaţiei Colegiilor Americane. Din ea viitorul student în drept poate să afle ce facultăţi sunt mai implicate în studiul şi practica jurisprudenţei şi ce materii recomandă liderii profesiunii în scopul pregătirii pentru Facultatea de drept şi pentru munca în avocatură. Sfatul lor va fi de reală valoare în a-i permite să-şi aleagă cursurile în modul cel mai avantajos posibil.

Există, în plus, un serviciu chiar mai mare pe care Raportul poate să i-l facă. Este o problemă îndeobşte cunoscută că studenţii în şcolile profesionale în general au mai mare interes în studiile lor şi în consecinţă depun o muncă mai bună decât studenţii în colegii. Aceasta se datoreşte în mare măsură faptului că studenţii profesionali sunt în mod constant grijulii faţă de relaţia strânsă dintre succes la învăţătură şi realizare în viaţa de mai târziu. În contrast izbitor este faptul nefericit că mult prea adesea studentul nu reuşeşte să descopere decât după ce a părăsit colegiul ce aptitudini sunt implicate în practica jurisprudenţei şi ce materii sunt esenţiale pentru succesul profesional. Nepercepând nici o legătură strânsă între munca lui la colegiu şi viitorul său profesional, el nu îşi ia munca lui de student în mod serios. Schiţând viaţa intelectuală a studentului în drept şi a juristului şi arătându-i

---

[*] *Jury Trial Rules of Evidence in the* Next Century. (*n.t.*)
[*] Prelegal. (*n.t.*)

ce studii vor fi, după liderii profesiunii, de cea mai mare valoare în pregătirea pentru studiul şi practica jurisprudenţei, *Raportul asupra Educaţiei Prejuridice*, se speră, poate servi să-i stimuleze acelaşi grad de interes în studiile sale la colegiu care va caracteriza munca lui la Facultatea de drept şi astfel va face anii de studenţie nu doar mai profitabili ci şi mai plăcuţi.

XI

În sfârşit, va fi util pentru viitorul student în drept să aibă desfăşurat în faţa lui un tablou al variatei munci din profesiunea juridică. Mult prea adeseori el poate crede că există doar trei căi în care poate să-şi folosească învăţătura sa juridică – în calitate de avocat practicant, ca judecător sau ca profesor de drept. O lectură a *Găsirii Locului Dumneavoastră în profesia Juridică*, raportul recent al Comitetului Special al Asociaţiei Baroului American asupra Condiţiei Economice a Baroului, elaborat de preşedintele lui, Charles B. Stephens, secretarul Asociaţiei Baroului Statului Illinois, va da la iveală remarcabila varietate de activităţi în care o educaţie juridică poate fi profitabil folosită. Raportul, în plus, este un ghid nepreţuit în astfel de probleme importante precum unde să practici, dacă să practici singur sau în parteneriat şi dacă să te angajezi în practică generală ori să te specializezi. Nu cunosc nici o altă sursă unde se poate găsi o asemenea bogăţie de experienţă cu privire la probleme care sunt de constantă preocupare pentru studenţi în drept şi jurişti deopotrivă.

XII

Deşi la începutul fiecărei selecţiuni s-a exprimat cuvenita mulţumire a permisiunii de la distinşii colaboratori şi editorii lor de a retipări materialul care a făcut posibil acest volum, nu pot să închei această introducere fără a exprima gratitudinea mea faţă de ei pentru generozitatea lor. Este speranţa mea că fiecare membru al generației viitoare de juriști americani care se poate să citească acest volum ar putea să cunoască în mod individual bucuria și chiar dorința acestor mari savanți juridici de a-i fi de ajutor. Dorința lor de a-l asista pe calea lui a fost însoțită de o intensă apreciere a marilor responsabilități pe care el va fi chemat să și le asume în lumea postbelică. Erudiția și agerimea singure nu sunt suficiente pentru a-l face mare pe un jurist. Marele jurist se distinge în primul rând prin tăria caracterului, prin capacitatea pentru muncă și prin asentimentul de a-și închina talentele în interes public pentru soluționarea problemelor lumii de fiecare zi. Dacă această carte îl stimulează pe student la o realizare a oportunităților lui și a responsabilităților lui ca jurist și ca cetățean, va fi slujit scopului ei.

ARTHUR T. VANDERBILT

NEW YORK UNIVERSITY
SCHOOL OF LAW

I
TÂNĂRUL JURIST ȘI ÎNCEPUTURILE LUI[*]

DE ALBERT J. BEVERDIGE

SE obișnuia a fi o parte a crezului unei anumite confesiuni ca un om să nu fie admis în preoțime care nu primise „chemarea" lui. Era necesar ca el să audă Glasul rostind cu limba lui și spunând „Vai mie, de nu propovăduiesc Evanghelia".

Aceasta este adevărat în privința jurisprudenței. Astfel, la începutul începuturilor d-voastră, nu începeți deloc de nu vedeți o certitudine a regretului dacă nu începeți. Dacă nu sunteți convins că mai degrabă veți munci, trudi, mai mult chiar, munci ca un rob ani de zile pentru a obține recunoaștere în jurisprudență, decât de a fi onorat și îmbogățit în oarecare altă ocupație, nu intrați în această profesiune de supremă ardoare.

Și mai presus de toate lucrurile, nu intrați dacă așteptați să practicați jurisprudența mai ales pentru a câștiga bani. Nu este o profesiune lucrativă. Același efort, agerime și entuziasm cheltuite în aproape orice altă ocupație vă va aduce venituri financiare enorm de disproporționate față de cea mai reușită compensație a dvs. în jurisprudență, măsurată numai prin bani. Concepția de câștig de bani a profesiei noastre este nu numai eronată, ci și funestă; căci trebuie să vă amintiți, să spunem de la bun început, că practicați știința justiției.

Dacă e posibil, căpătați o educație profundă la colegiu înainte de a atinge o carte de jurisprudență. Dacă puteți să căpătați

---

[*] Din THE YOUNG MAN AND THE WORLD de ALBERT J. BEVERIDGE (1905) 186-216. Retipărit cu permisiunea D. Appleton-Century Company. Vezi Introducere, pp. 10-12.

o educație de colegiu, nu „citiți drept" în timp ce sunteți la colegiu. Dacă mergeți la colegiu, nu urmați ceea ce este cunoscut drept disciplina „științifică", sau disciplina „fizică". Luați disciplina clasică. Alături de geometrie și logaritmi și Biblie, cea mai bună disciplină pregătitoare pentru a vă face jurist este traducerea din latină. Latina este cea mai logică limbă pe care a văzut-o lumea vreodată, sau probabil că o va mai vedea vreodată.

După ce urmați cursul de colegiu, apoi mergeți la o Facultate de drept cu desăvârșire de prima clasă. După aceasta, petreceți doi sau trei ani în muncă activă în biroul vreunui jurist de succes care are multă practică și care va încărca pe umerii dvs. cât mai multă muncă posibilă.

Dacă puteți fi atât de norocos încât să faceți firma sau avocatul cu care studiați să vă lase să elaborați pledoarii, să luați depoziții, să audiați martori, să prezentați argumente instanței și juriului, să alcătuiți transcrieri pentru apel, să scrieți acte, petiții și tot restul acelei munci grijulii și lăudabile care face viața zilnică a juristului, vă veți echipa pentru practica reală mai bine decât în orice alt mod pe care îl cunosc.

Firma vă va lăsa încântată să faceți această muncă dacă vă dovediți competent. Dar aceasta nu înseamnă că dv. urmează doar să stați pe lângă birou și să spuneți „lucruri sclipitoare". Nu există nimic în „lucruri sclipitoare" – există totul în bună judecată și luptă istovitoare în toată legea.

În practica activă nu uitați niciodată că sunteți o persoană oficială a justiției aflată sub jurământ la fel de mult cum este judecătorul pe scaunul judecătoresc. Este imposibil pentru dvs. să plasați idealurile profesiei dvs. prea sus ori să vă atașați lor prea ferm. Nu sunt deloc admirator al caracterului acidulat al lui John Adams[*] (nu că el nu a fost atât mare cât și bun, totuși, căci el a fost – dar a fost prea tăios), cu toate

---

[*] Om politic american, născut la Braintree (1735-1826); al doilea președinte al Statelor Unite, 1797-1801. (n.t.)

acestea el a anunțat un mare lucru și a trăit conform lui, când a declarat că practica dreptul pentru scopurile justiției mai întâi și întreținere după aceea. (Dar, apoi, John Adams a anunțat multe lucruri mari; și ceea ce a anunțat a trăit conform promisiunii. A fost extrem de onest.)

"Nu lua niciodată un caz", spunea Horace Mann[*], "dacă nu crezi că clientul tău are dreptate și cauza lui este justă". Din contră, Lordul-Cancelar Brougham[**] declara că "avocatul conștiincios trebuie să fie la dispoziția criminalului precum și a statului". Și acest mare jurist continuă să argumenteze cu caracteristică abilitate că este tot atât de mult datoria avocatului să lucreze pentru cauza pe care o știe a fi greșită ca și pentru cauza pe care o știe a fi dreaptă.

Pe scurt, motivul este că este chiar esența justiției ca fiecare om să-și aibă lupta lui în instanța de judecată; că avocatul nu este decât oratorul deprins și educat al clientului său; și că a refuza cauza unui client în care avocatul nu crede este a încredința toate controversele judecătorului în primul rând, care, desigur, va face aplicarea justiției practice imposibilă.

Aceasta este practica predominantă a profesiei noastre și este un lucru serios de a pune la îndoială corectitudinea ei. Etica ei este la fel de vastă precum este ingenioasă și, când cineva o privește cu ajutorul minunatei argumentări a marelui englez, ea pare radiantă cu agresiv adevăr. Cu toate acestea, eu sunt aproape de părere că Horace Mann a avut dreptate. Este sigur că la începuturile lui tânărul avocat trebuie să încline spre acea părere.

Dacă considerați de datoria dvs. să luați orice parte a unui caz care se oferă, bună sau rea, nu e deloc mare depărtare de a considera de datoria dvs. să faceți cauza pe care ați îmbrățișat-o una bună în fața instanței de judecată. Și când acea concepție și-a răspândit rădăcinile și filamentele canceroase

---

[*] Educator american, 1796-1859. (n.t.)
[**] (Henry), om politic britanic, născut la Edinburgh (1778-1868). A fost Lord Cancelar, 1830-1834. (n.t.)

prin mintea şi conştiinţa ta, sugerarea către clientul tău lipsit de fapte care nu există, şi toate infamiile ispititoare ale escrocheriei, sunt posibile.

Se spune că furtul prin efracţie exercită o asemenea fascinaţie încât, o dată ce se gustă delirul pericolului ei, un om nu poate niciodată să se descotorosească de acel vin. Un bătrân şi distins avocat mi-a spus odată că unul dintre cei mai străluciţi tineri avocaţi pe care i-a cunoscut vreodată i-a spus la încheierea unui duel juridic în care el recursese la cea mai mare potlogărie şi câştigase, „Asta a fost cea mai delicioasă experienţă din viaţa mea".

Da, şi a fost cea mai fatală. El a devenit, şi este, un avocat de neobişnuite resurse, abilitate şi succes, cu multe procese şi onorarii mari; totuşi viaţa lui este un eşec, fiindcă membrii profesiunii lui şi chiar şi clienţii lui îl ştiu de şarlatan. Senatorul McDonald, un ideal avocat în etica, ştiinţa şi practica profesiunii sale, mi-a spus că unul dintre judecătorii Curţii Supreme i-a spus odată lui despre un avocat de recunoscută putere şi învăţătură aproape fără rival al unei mari corporaţii:

„Dl. … ar fi cel mai mare avocat din lume dacă nu ar fi un nemernic. Aşa stând lucrurile, îmi adun toate puterile să-i opun rezistenţă de fiecare dată când apare în faţa mea". Unul dintre cei mai capabili judecători ai Curţii Districtuale din magistratura Federală mi-a spus aproape exact acelaşi lucru despre acelaşi om.

Astfel observaţi că nu merită să fii perceput a fi capabil, sau chiar mare, în nedreptate. Cu timpul înseamnă ruină; şi de aceea cred, în general, că ar fi înţelept pentru dvs. să nu luaţi niciodată o cauză care, după ce aveţi o declaraţie completă de la clientul dvs., credeţi a fi în neregulă.

Mulţi dintre cei mai excelenţi oameni ai profesiei noastre vor fi în dezacord cu această părere. Argumentul lor este de obicei acela al Lordului Brougham, rezumat mai sus. De asemeni vor declara că un avocat se poate complet înşela în prima lui impresie că clientul lui nu are dreptul unei controverse iminente. Vă vor cita exemple unde au intrat în prezentarea unui caz cu multă îndoială în sufletele lor în ceea ce privește legitimitatea poziției clientului lor; dar că această îndoială a devenit o certitudine afirmativă înainte să-l fi parcurs pe jumătate – ei *știau* că clientul lor avea dreptate.

Răspunsul la aceasta este că orice om se poate ambala într-o credință entuziastă în aproape orice dacă se bizuie pe teoria că lucrul este adevărat, și acordă toată energia și abilitatea sa pentru a dovedi veridicitatea lui către alții și sie însuși. Acesta este mai ales cazul cu cei mai sinceri și mai deschiși oameni. Repet, de aceea, că asupra unui punct atât de vital și despre care există atâtea diferențe ascuțite de opinie la oameni deopotrivă buni și înțelepți, este mai bine ca dvs. să înclinați spre părerea mai strictă a eticii juridice.

Astfel de credeți că clientul dvs. nu are dreptate, spuneți-i deschis astfel; arătați-i de ce; convingeți-l să se împace și să cadă de acord, dacă trebuie. Dacă nu va proceda astfel pentru că este încăpățânat, va pierde probabil procesul oricum, și desigur îl va învinovăți pe avocatul său de eșec. Astfel că dacă nu aveți acel caz, nu ați pierdut nimic. Pe de altă parte, ați câștigat. Clientul va spune: „Dacă aș fi urmat sfatul său nu aș fi avut cheltuiala și umilința înfrângerii".

În nouăzeci și nouă de cazuri dintr-o sută, clientul onest vă va respecta pentru poziția dvs. Dacă clientul persistă în atitudinea lui pentru că este un nemernic, atunci dublu, nu vă puteți permite să luați procesul lui injust. După câțiva ani de atare practică veți fi dobândit o influență morală la tribunal, juriu, și oameni care vor fi, chiar dintr-un punct de vedere al banilor, cel mai valoros paragraf în echiparea dvs. Încrederea publică este cea mai bună calitate a tânărului. Și veți fi surprins să constatați cât de puțin veți pierde, în privința onorariilor, prin această comportare.

Desigur există o mare categorie de procese în care corecta aplicare a legii este foarte îndoielnică, cu rânduri de decizii de ambele părți; ca, de exemplu, în cazuri de împărțire de fonduri ale unei societăți anonime în insolvență, probleme structurale și relativele părți de avere rămasă după plata creditorilor. Acestea sunt bune exemple de controverse unde un avocat poate pe drept și echitabil să accepte un onorariu de angajare asupra oricăruia din cele o jumătate de duzină de părți. Dar în conduita obișnuită a practicii poate este mai bine a rămâne la Horace Mann mai degrabă decât la Lord Brougham, și să se respingă angajarea într-un proces pe care dvs. îl socotiți a fi greșit.

Cu toate că jurisprudența nu este o profesiune lucrativă, fie în teorie fie în practică, tânărul avocat va trebui să înceapă cerând fiecare cent pentru prețul serviciilor sale. Nu este numai degradant, ci revelă o atitudine nedemnă de spirit și caracter, să ceri un onorariu mic la început ca o momeală pentru unul mai mare în viitoare procese. Păstrați demnitatea efortului dvs.

Presupun că Natura a început opera de a vă face jurist înainte să vă fi născut; că v-ați pregătit,cu entuziasmul artistului și pasiunea dăruirii profesionale, pentru munca marii dvs. chemări, prin ani și ani de disciplină și studiu așa cum nici o altă chemare nu o cere; că, odată cu calificarea dvs. naturală și înzestrarea dvs. generală, aduceți cazului particular al clientului dvs. o sârguință care nu cunoaște nici o limită în ajutorul lui imediat.

Acest lucru fiind adevărat, spuneți-i sincer că dvs. vă propuneți să-i oferiți cel mai bun ce este în dvs. (și acel cel mai bun este chiar viața dvs. – nu mai puțin – căci dvs. scrieți „victorie" la sfârșitul fiecăruia din procesele dvs. cu sângele inimii dvs.; sau „înfrângere" dacă nu câștigați), și că pentru acest cel mai bun care este în dvs., veți cere cel mai mare onorariu profesional justificat de serviciile dvs. și dimensiunea și dificultatea cazului său.

În același timp, nu expediați niciodată pe un client sărac de la ușa biroului dvs. din pricină că acel client nu vine cu bani în mână. Când un avocat e prea ocupat să dea sfat fără onorariu și fără pretenție unui om sau femeie săracă, acel avocat are prea multă clientelă. Cunosc – noi toți cunoaștem – foarte eminenți avocați continuu angajați în cauze implicând largi interese, care totuși găsesc timp liber, de multe ori în fiecare an, să servească prin consultație și sfat, și uneori chiar prin prezentare activă de cazuri, o mulțime de copii ai sărăciei, și să-i ajute fără nici un ban drept compensație.

Fiți foarte atenți cu categoria de clientelă pe care o acceptați la început. Cunoșteam un tânăr jurist care tocmai își deschisese biroul și până într-o lună printr-unul din acele accidente care se întâmplă fiecărui avocat, i s-a oferit un proces cu plata după câștigarea lui în care probabilitatea de recompensă considerabilă ajungea aproape la certitudine.

Îi trebuiau banii – era aproape fără nici un ban. Era proaspăt căsătorit, nu avea deloc clienți și puține cunoștințe; dar nu era soiul de practică pentru care dorea să-și dedice cariera. A declinat politicos procesul ca și cum fusese milionar și l-a îndrumat pe imaginarul său client spre un avocat care se va îngriji de proces ca lumea.

Din acea speță ultimul avocat, printr-o tranzacție, în două săptămâni a făcut 1.500 de dolari. Totuși, tânărul a avut dreptate și a acționat cu o perspicace înțelepciune la fel de rară ca și curajul care a însoțit-o. Desigur, presupun că intrați în profesiune cu scopul de a deveni un jurist, și nu doar un dirijor de dispute juridice. Dacă sunteți, trebuie să vă lipsiți.

Abnegația este prețul puterii, după cum vă va spune orice atlet de colegiu. Abnegația este drumul către bogăție, după cum vă va spune orice bancher. Abnegația este metoda tuturor perfecțiunilor, după cum vă va spune experiența umană. Dar aceasta este moralizator.

Eu nu vreau să spun că dvs. trebuie să refuzați cazurile mărunte. Nicidecum. Luați un proces de cinci dolari și lucrați cu aceeași sinceritate cu care ați lucra la un proces de cincizeci de mii de dolari. „Nu disprețuiți ziua lucrurilor mărunte". În selectarea clientelei dvs., mă refer la calitate și nu la importanța cazurilor. Din nou, din nou, și încă din nou, acest sfat: Îngrijiți-vă de cazul dvs. mărunt cu aceeași muncă laudabilă pe care o acordați unuia mare.

Niciodată nu pierdeți din vedere faptul că cea mai mare răsplată a dvs. nu este onorariul dvs., ci realizarea unui lucru perfect. Aceeași fervoare și idealitate să guverneze eforturile dvs. într-un proces care-l inspiră și-l ghidează pe marele artist și inventator. Un distins sculptor mi-a spus într-o seară:

„Doresc ca problema compensării să poată fi ștearsă din atenția mea. Trebuie să-i dau atenție din motive evidente, dar este o problemă de ultimă clipă la mine și nu are absolut nici o influență asupra activității mele".

Nu e de mirare că acel om a căpătat o faimă nemuritoare la treizeci și șapte de ani. Doctor Barker, recentul ocupant al Catedrei de Anatomie la Universitatea din Chicago, de curând ales la o poziție chiar mai notabilă la Universitatea John Hopkins, care și-a câștigat pentru sine un loc permanent în fotoliile înalte ale profesiunii sale prin munca sa asupra neurologiei, se afla într-o companie într-o seară. Spuse unul dintre admiratorii săi:

„De ce nu deveniți practician? Ați putea ușor să faceți o mare avere înainte de a împlini patruzeci de ani".

Ascultați la răspuns: „Banii nu mă interesează".

Noi ne amintim cu toții răspunsul celebru al lui Agassiz la o propunere de a ține o conferință pentru un mare onorariu: „Trebuie să refuz, domnilor; nu am timp să câștig bani". De aceea el a fost Agassiz.

Într-u totul la fel de nobile idealuri trebuie să inspire munca acelora care fac legământ cu cea mai mare dintre toate științele, știința justiției, și cea mai mare dintre toate artele, arta de a rândui drepturile oamenilor. Nici un avocat nu poate deveni mare dacă nu se hotărăște, la începutul fiecărui caz, să facă prezentarea lui un lucru perfect, indiferent de plata pentru muncă.

John M. Butler, partenerul Senatorului McDonald, și unul dintre cei mai buni avocați pe care statele Central Vestice l-au produs vreodată, era atât de migălos cu pledoariile şi înscrisu-rile încât nu putea să suporte o literă neclară sau întreruptă şi punctuaţia greşită era o sursă de adevărată iritare pentru el. De multe ori, ca secretar al lui, a trebuit să-i cer tipografului său să scoată o literă neclară. A fost idealul Dlui Butler să realizeze perfecţiunea cât mai aproape cu putinţă.

Cea mai perfectă pledoarie juridică pe care am auzit-o vreodată a ocupat mai puţin decât o oră. Nici un cuvânt nu a fost pierdut. Nici o singură digresiune nu a slăbit forţa raţio-namentului. Nici o decizie nu s-a citit din ea. S-a presupus că judecătorii experimentaţi în faţa cărora era audiată cauza, cunoşteau ceva despre lege şi deciziile înseşi.

Observaţi acelaşi lucru în forma sa cea mai înaltă în deci-ziile lui Marshall. Am sfătuit odată o clasă de studenţi în drept să încredinţeze memoriei jumătate de duzină dintre cele mai înalte opinii ale lui Marshall. După ani de reflectare cred că voi rămâne la acel sfat.

Făcând o pledoarie în faţa unei instanţe sau juriu, amintiţi-vă că cel mai important lucru este expunerea cazului dvs. Un caz expus cum trebuie este un caz aproape câştigat. Feriţi-vă de digresiune. Distrage atenţia de la principala dvs. idee. Este o greşeală, de asemeni, care este aproape universală. Îl sfătuiesc pe fiecare tânăr avocat, ca o practică în gândirea atentă, să demonstreze o teoremă de geometrie în fiecare dimineaţă.

Nu există asemenea logică fără milă ca aceea a logaritmi-lor. Va produce un obicei de definire, spontaneitate şi con-centrare nepreţuit pentru dvs. Tinerii cavaleri de acum un secol obişnuiau să practice scrima timp de o oră în fiecare dimineaţă. De ce nu aţi face dvs. acelaşi lucru în scrima intelectuală – dv., adeptul celei mai nobile arte a duelului cunoscută omului, arta duelatului legii?

Nu pierdeţi prea mult timp citând precedente juridice unei curţi; produce oboseală mai degrabă decât convingere de partea judecătorului, care el însuşi este un creator zilnic de decizii şi cunoaşte valoarea lor. El cunoaşte sufocanta masă de precedente și suspină sub ele. Este rar ca mai mult de două cazuri să fie citate în pledoarie orală la orice punct dat. Acele cazuri trebuie să fie cele mai predominante pe care le puteți găsi – nu în mod necesar cele mai recente. Să fie cazuri decisive pe bază de rațiune mai degrabă decât pe bază de autoritate. Adevăratului dvs. judecător îi place să argumenteze prin silogisme.

Nu intrați, totuși, într-un tribunal fără să fi revăzut și însușit în întregime toate precedentele juridice având contingență cu fiecare fază a problemei dvs. Cere muncă disperată să faceți acest lucru și vă va scurta viața: dar asta-i soarta neîndurătoare a profesiunii pe care o alegeți și asta-i condiția sistemului nostru absurd de a multiplica dosarele proceselor.

Nu fiți ceea ce se cunoaște ca „avocat de procese" – un avocat, care nu cunoaște jurisprudența ca o știință, ci doar admiră precedente juridice și texte privind un caz particular. Puteți domina în „procesul" dvs., dar nu veți fi avocat. Puține manuale moderne sunt de valoare permanentă. *Equity Jurisprudence* a lui Pomeroy este o excepție. Dar firește, nu vă pot da aici o listă a acelor cărți care să fie hrana dvs. zilnică; orice jurist realmente educat vi le va menționa. Marea masă a manualelor nu sunt nimic altceva decât digeste.

Îngăduiți-i lecturii dvs. în jurisprudență să fie îndeosebi asupra principiilor generale ale dreptului cutumiar. Studiul dreptului civil va fi de asemeni folositor – deși jurisprudența engleză s-a dezvoltat din și prin ea însăși cu doar ajutor moderat de la romani. Citirea legilor este neprofitabilă. Să nu răspundeți niciodată la o întrebare sau să purcedeți la un proces pe baza prezumției că vă amintiți legea. Regula lui Sir Edwin Coke trebuie să fie regula dvs.

„Aș simți", spunea Coke, „că ar trebui să fiu alungat din profesia mea dacă nu aș putea să răspund la o întrebare din dreptul cutumiar fără a mă referi la cărți. Aș simți că ar trebui să fiu alungat din profesia mea dacă aș răspunde unei întrebări din dreptul scris fără să mă refer la lege".

Nu vă limitaţi la cărţile de jurisprudenţă. Un om care procedează astfel, este ca fermierul care persistă în plantarea aceluiaşi sol cu aceeaşi cultură agricolă; epuizare, sterilitate şi neproductivitate sunt rezultatele în fiecare caz. Citiţi mult din diferite domenii. Este imposibil ca un om să fie un mare jurist, în măsura în care este vorba de învăţarea profesiei lui, care nu s-a impregnat cu Biblia. El poate fi un mare avocat practicant, dar nu un mare jurist. Ea luminează întreaga noastră jurisprudenţă – este sursa unei mari părţi din ea. Nu există nici un studiu mai plin de curiozitate şi mai fascinant decât o comparaţie a poruncilor evreilor cu ceea ce socotim noi statutele noastre moderne.

Citiţi profund în ştiinţă. Citiţi mult pe *marii* romancieri. Ei sunt savanţi ai naturii umane, iar dvs. aveţi de-a face cu natura umană în profesia dvs. Citiţi profund în istorie. O cunoaştere vastă a istoriei este absolut necesară pentru o înţelegere a Constituţiei noastre. Dezbaterile *Federaliste*, constituţionale şi toate discuţiile care au precedat şi însoţit adoptarea legii noastre organice sunt în mod tulburător pline de referiri istorice. Dacă ar fi să studiaţi fiecare decizie cu privire la problemele constituţionale luată de fiecare tribunal în ţara noastră, nu aţi putea înţelege Constituţia. Trebuie să vă întoarceţi la rădăcinile ei. Urmăriţi în trecut creşterea instituţiilor noastre. Determinaţi modificările asupra instituţiilor adoptate din Anglia. Urmaţi dezvoltarea indigenă de la vechile Carte ale Coroanei, şi în sfârşit până la Constituţia însăşi.

Nimic nu este mai dezgustător pentru o curte informată decât să audieze o pledoarie de suprafaţă despre drept constituţional a unui avocat care crede că şi-a însuşit acel enorm subiect studiind deciziile asupra oricărei anume chestiuni.

Veţi spune că aceasta este o sarcină grea pe care v-o încredinţez. Este, într-adevăr. Dar nu aţi ales profesiunea dreptului? Şi, dacă aşa, riscaţi să fiţi mai puţin decât avocat? Cum îndrăzniţi să nu puneţi pe umăr povara dvs. glorioasă cu răbdare, fermitate şi hotărâre? Nu fiţi ca şi cum ar fi să vă înrolaţi ca soldat şi să sfârşiţi ca vivandier.

Mi se spune că liderul baroului american are o comandă permanentă la librarii lui să-i trimită fiecare carte nouă de merit recunoscut în toate domeniile literaturii. Rezultatul este că atunci când vine în faţa curţii mintea lui este proaspătă şi strălucitoare de idei clare şi cunoştinţe variate revărsate din fiecare vârf de munte al inspiraţiei în tot universul gândirii umane. El aduce în sprijinul clientului său nu numai un studiu al cazului său şi o înţelegere a marii ştiinţe a dreptului, ci şi puterea însufleţitoare, vitalizatoare a tuturor minţilor strălucite în toate domeniile intelectului.

Dacă spuneţi că nu aveţi timp pentru toate acestea, răspunsul este: Dacă aceasta este adevărat, dvs. nu aveţi timp deloc să fiţi un mare jurist. Aveţi timpul, dacă îl veţi folosi. Un pic mai puţin zăbovind la club, o economie de ore ici şi colo – aceasta vă va oferi timp şi să economisiţi. Bineînţeles dacă mai curând veţi „trândăvi" decât a fi mare, dacă veţi fi avid mai degrabă de viaţă îmbelşugată decât de laurii juristului, acest sfat nu este pentru dvs.

Nu folosiţi băuturi alcoolice. Feriţi-vă chiar de cafea; este unul din cei mai puternici stimulenţi nervoşi şi cerebrali. Obiceiul cafelei se formează la fel de uşor şi la fel de neîndurător ca şi obiceiul alcoolului. După un timp, dacă este excesiv folosit, produce rezultatul său sigur; facultăţile dvs. au fost ascuţite de această piatră de polizor intelectuală până când marginile încep să se fărâmiţeze. Mintea dvs. devine greoaie; vă treceţi mâna cu un aer obosit peste ochi; nu ştiţi ce vi s-a întâmplat şi spuneţi astfel. Surmenaj, suprastimulare, şi neliniştea pe care acestea o produc sunt ceea ce vi s-a întâmplat.

Există jurişti în fiecare oraş care zi de zi şi an de an descoperă că trebuie să muncească mai mult să înţeleagă un caz sau să-şi însuşească un precedent juridic decât au făcut cu un an înainte. În timp ce altădată puteau să înţeleagă esenţa unui precedent juridic recitindu-l o dată, trebuie să-l recitească acum de patru sau cinci ori. De obicei îi socotiţi victimele trudei fără odihnă, a acelei iritări distrugătoare pe care o aduce surmenajul mintal, şi a unei biciuiri a nervilor istoviţi, precum cafeaua în exces.

Nu lucraţi noaptea târziu. Este o falsă limpezime a minţii care vine la truditorul de la miezul nopţii. Acesta devine de asemeni un obicei. Conformaţi-vă Naturii. Culcaţi-vă devreme. Sculaţi-vă devreme şi realizaţi frumoasa şi originala dvs. operă dimineaţa. Va fi greu pentru dvs. să formaţi obiceiul, însă după ce l-aţi făcut veţi fi uimiţi de comparativ imensa putere nervoasă pe care o posedaţi în orele de dimineaţă.

Pledând un proces în faţa unu juriu, nu fiţi niciodată trivial. Nu faceţi schimb de zeflemele, indiferent cât de sarcastic poate vă cunoaşteţi a fi în darul de a da răspunsuri spirituale. Juriul, şi chiar instanţa, pot râde, dar ei nu sunt impresionaţi şi nu aţi ajutat cazul dvs.; *iar dvs. sunteţi acolo să câştigaţi procesul dvs.* Precum în pledoaria dvs., la fel în examinarea dvs. a martorilor, *păstraţi-vă la obiect.*

Pledând un caz, indiferent de natura lui, înaintea unei curţi sau juriu, niciodată nu vă înfuriaţi sau bateţi câmpii. Mergeţi la obiect. Vorbiţi cu mare gravitate, dar nu cu violenţă sau volum al sunetului. Amintiţi-vă că şi cele mai teribile emoţii ale sufletului omenesc în cea mai intensă expresie a lor sunt relativ liniştite. Fiţi zelos. Fiţi sincer. Fiţi stăpânul procesului dvs., şi rezultatul trebuie să fie satisfăcător.

Câteodată devine necesar ca un avocat să-şi susţină drepturile şi privilegiile către judecător însuşi. Nu daţi înapoi de la aceasta. Este datoria dvs. către clientul dvs., profesiunea dvs. şi cauza justiţiei. Niciodată nu vă umiliţi în faţa unei instanţe. Niciodată nu vă umiliţi în faţa nimănui. El vă va dispreţui şi pe bună dreptate. Nu uitaţi de demnitatea profesiei dvs. Erskine[*], în primul său proces, i-a reproşat unui mare judecător cu atâta vigoare încât Anglia s-a fălit cu el.

---

[*] of Carnock, John 1695-1768 jurist şi scriitor scoţian. (*n.t.*)

Cultivați luciditatea stilului. Veți face aceasta cu oarecare risc la început. Când un tânăr avocat este extrem de clar, este predispus să fie privit ca neprofund. Neclaritatea în exprimare este foarte frecvent privită ca o indicație a profunzimii. Totuși, persistați într-un stil clar și simplu. Faceți expunerea cazului dvs. și pledoaria în sprijinul problemelor dvs. atât de lucide și clare încât judecătorul sau juriul vor spune, „Păi firește, așa este. La ce bun să menționeze tânărul asta?"

Studierea cuvântărilor lui Abraham Lincoln va fi foarte utilă. Două sau trei pledoarii ale lui Roscoe Conkling după ce a părăsit Senatul sunt modele de claritate. Pledoaria Dlui Potter în spețele monedelor curente este un model – este Euclid expus în termeni de jurisprudență. Pledoariile lui Webster le veți studia, desigur. Blackstone este unul dintre cei mai clari scriitori care au ilustrat vreodată marea știință căreia dvs. și eu suntem devotați. Poate la fel de mare logici-an care a trăit vreodată a fost Apostolul Pavel; citiți-l ca maestru al rostirii logice.

Niciodată nu fiți plicticos; niciodată nu fiți înzorzonat. În același timp, niciodată nu fiți sec. Fiți clar; fiți critic, fiți luminos. Îmi aduc aminte că am audiat ambele părți ale unui proces pledat în fața unui eminent Judecător Federal. Unul dintre avocați a făcut o lungă, bombastică, „profundă" – și mucegăită – pledoarie; continuând ca un cal de povară din bornă în bornă, până ce mintea ageră a judecătorului era aproape înnebunită de nerăbdare.

Avocatul de cealaltă parte este unul dintre cei mai eminenți membri ai profesiunii noastre. Este la fel de sprinten ca o panteră, fizic și mental, ascuțit ca dintele unui șarpe, tot atât de clar ca atmosfera unei zi fără nori, și totuși la fel de sugestiv ca un foc de lemn hicori în vechiul șemineu într-o seară de iarnă. Măsura pardoseala cu nerăbdare în timp ce Dl. Emfază sufla norii de praf din precedent după precedent.

Când i-a venit timpul să răspundă, a răspuns cu o claritate și bogăție de expresie, cu o utilitate a ilustrației și o simplitate a raţionamentului încât a făcut să simţi că celălalt om comisese o impertinenţă în prezentarea părţii lui cât de cât. Bineînţeles a câştigat procesul său.

Respectaţi-vă pe dvs. înşivă. Un om poate să-şi piardă banii, reputaţia – poate chiar să piardă totul; şi totuşi el nu a pierdut totul dacă îşi păstrează respectul pentru sine. Fiţi un gentleman la începutul carierei dvs. şi pentru totdeauna. Nu vă mişcaţi printre oameni ca un cerşetor pentru favoruri. Nu purtaţi haine proaste. Îmbrăcaţi-vă ca un gentleman.

Nici un client demn nu vă respectă pentru reclama sărăciei dvs. Nu vă temeţi că obştea dvs. nu va şti că sunteţi sărac. Ei ştiu asta, şi simpatizează cu dvs. însă fiecăruia din rasa noastră îi place să vadă un om „deştept". De aceea, îmbrăcaţi-vă bine. Purtaţi-vă ca un om care are posibilităţi prospere dacă nu avere prosperă.

Păstraţi biroul dvs. într-o condiţie la fel de perfectă ca a dvs. Amintiţi-vă că este atelierul dvs. Investiţi toţi banii dvs. în plus în cărţi. Nu există nici o împodobire a unui birou egală cu a unei biblioteci, aşa cum nu există nici o împodobire a atelierului unui mecanic egală cu a uneltelor sale. Dvs. ştiţi ce gândiţi despre un doctor când găsiţi cabinetul său echipat cu cele mai recente aparate.

Nu permiteţi ca biroul dvs. să fie un loc de trândăveală, chiar pentru confraţii dvs. jurişti. Nu vă puteţi permite să cultivaţi curtoazia profesională cu preţul disciplinei biroului dvs. Nu este nimic pentru clientul dvs. că prietenii dvs. găsesc societatea dvs. atât de încântătoare încât ei caută şansa conversaţiei dvs. chiar în biroul dvs. Sau, mai curând, *este* ceva pentru clientul dvs. – el doreşte procesul său câştigat şi crede că va lua tot timpul dvs. Şi deci îl va lua.

Fiţi foarte atent cu locurile pe care le frecventaţi. Amintiţi-vă că Pericle nu a fost văzut niciodată în afară de strada ducând la Clădirea Senatului. Nu imitaţi pe nimeni – fiţi dvs. înşivă. Totuşi, dacă trebuie să aveţi stimulul imitaţiei, alegeţi un om ca Pericle pentru modelul dvs.

Depindeți de dvs. înșivă; nu chemați la sfat un alt avocat. Acesta este un punct asupra căruia cei mai mulți avocați nu vor fi de acord cu mine. Totuși, dacă nu sunteți competent să conduceți cazul dvs., ați procedat greșit să deschideți un birou independent. Dacă invitați un alt avocat, toată probabilitatea este că veți sugera toate soluțiile dvs. înșivă și în realitate câștigați procesul; dar vechiul și distinsul dvs. asociat va obține întreaga stimă. Însă dvs. aveți nevoie de toată stima pentru munca pe care dvs. realmente o faceți.

Ocupați-vă bine de probele dvs. judiciare înainte de a participa la judecarea unei cauze. Fiți foarte atent la interogatoriul încrucișat. Este cel mai puternic însă cel mai delicat și periculos instrument cunoscut chirurgiei dreptului. Nu terorizați, „buldozați", sau speriați pe un martor; nu e nimic în asta. Determinați doar juriul să simpatizeze cu persoana abuzată. Amintiți-vă că un american nu iubește nimic atât de mult ca fair play. Când este într-un juriu, este înclinat să vă privească pe dvs. și pe martor, ca adversari, dvs. cel mai puternic și cu imens avantaj.

Puneți puține întrebări la interogatoriul încrucișat. Folosiți metoda socratică întotdeauna. Puneți numai acele întrebări a căror concluzie logică este irezistibilă, și *opriți-vă acolo*. Nu impuneți *concluziile* asupra martorului. Este competența dvs. să arătați aceasta în pledoaria dvs.

Un martor timid, pe care îl știți că spune adevărul, poate adeseori să fie derutat de interogatoriul încrucișat și făcut să facă o declarație falsă; dar acest lucru nu aveți nici un drept, ca un avocat onorabil, să-l determinați să-l facă. Un judecător drept trebuie să vă oprească dacă încercați. A zăpăci un martor pe care dvs. îl știți că spune adevărul, nu este dibăcie; este o șmecherie, și o foarte mizerabilă șmecherie, a cărei executare nu cere nici abilitate reală nici învățătură.

Gândiți-vă ce imens efort intelectual este procesul condus cum trebuie. Trebuie să vă cunoașteți speța; trebuie să vă cunoașteți probele judiciare; trebuie să vă cunoașteți fiecare martor ca o persoană şi fiecare punct al mărturiei lui; trebuie să cunoaşteţi legea aplicabilă problemei dvs. generale, şi legea generală asupra variilor ei ramificaţii; trebuie să studiaţi martorii celeilalte părţi; şi, aproape mai important decât oricare dintre acestea, trebuie să studiaţi acea minunată combinaţie de intelect, prejudecată şi pasiune numită juriu.

Când vine vremea să vă adresaţi acelui juriu, dvs. trebuie să-l înţelegeţi profund pe fiecare om. Aceasta nu este că îl puteţi influenţa, sau să „profitaţi de slăbiciunea" lui, ori să recurgeţi la oricare din tertipurile de joasă speţă. Aceasta este că dvs. puteţi cunoaşte cum să-i aduceţi cel mai bine adevărul cazului dvs. Cum să aduceţi teoria dvs., cazul dvs., în faţa fiecărui jurat, trebuie să fie singurele dvs. socoteli.

Niciodată nu încercaţi să fiţi „elocvent". Niciodată nu fiţi hazliu. Hazul poate pricinui râs, el nu produce niciodată convingere. O glumă poate distra, ea nu convinge niciodată. Este nenecesar chiar să se trezească simpatiile unui juriu. *Uitaţi tot în afară de a-l face pe jurat să înţeleagă speţa dvs.* Rezultatul va fi că el va înţelege cazul dvs., şi dacă îl înţelege, şi este un proces pe care trebuie să-l câştigaţi, înţelegerea de către el a lui înseamnă că îl veţi câştiga.

Luaţi cel puţin un periodic juridic excelent. Există multe reviste „juridice" publicate în America, unele dintre ele foarte bune cu adevărat. Nu daţi nici o atenţie digestelor de cazuri cu care unele dintre aceste periodice îşi încarcă paginile, cu excepţia de a vedea dacă există o decizie recentă cu privire la vreun proces pe care îl pledaţi. Nu puteţi să le ţineţi minte, şi efortul de a face astfel va deruta numai. Dar veţi găsi de obicei în fiecare număr un articol serios şi profitabil, şi posibil mai multe, cu privire la probleme de real interes pentru profesiunea dvs. Citiţi astfel de articole foarte atent.

Metodele muncii ştiinţifice invadează acum dreptul, şi multe dintre aceste eseuri juridice sunt superbe lucruri. Din timp în timp veţi găsi o monografie de monumentală valoare.

Astfel este remarcabila introducere la admirabila lucrare a lui Stephen asupra „Pledoariei"[*]. Acea demonstrație a autorului a valorii formelor și comparația lui a dreptului civil roman cu dreptul cutumiar englez, este cea mai atent concepută și studiată bucată de scriere juridică la care pot să mă gândesc în acest moment. Este la fel de grandioasă pe cât de scurtă.

Participați la politică. Știu că este un dicton obișnuit ca un jurist să lase politica în pace. Nu este adevărat. Ce drept aveți dvs., membru al marii profesiuni care, mai mult decât toate celelalte forțe luate la un loc, a statornicit și apărat libertatea, să dați înapoi de la participarea activă în funcția sacră a autoguvernării? Nu aveți asemenea drept.

Desigur nu veți face politica profesia dvs. Acest lucru este fatal pentru succesul dvs. în profesarea dreptului. Este o profesiune sau cealaltă, o iubire sau cealaltă. Dar luați parte la alegerile preliminare pentru nominalizarea candidaților partidului dvs. Făceți-vă atât de înțelept și folositor încât să fiți un sfetnic de partid indispensabil. Negreșit fiți un „factor" în partidul dvs.

Așa cum dvs. prețuiți însăși viața, nu permiteți ca dvs. să fiți făcut niciodată un lobbyst sub masca folosirii generale de către o societate anonimă sau orice alt interes implicat în legislație. Nu este nici o îndoială propriu-zis ca un avocat să facă o pledoarie juridică în fața unui comitet legislativ în folosul clienților. Totuși, eu vă sfătuiesc să n-o faceți. Este primul pas către neonorabila formă de a face lobby. Este, desigur, perfect nimerit și chiar necesar de făcut lobby. Dar atunci *dvs.* sunteți avocat, nu-i așa?

Noi toți cunoaștem exemple de străluciți avocați și oameni puternici care și-au vândut astfel drepturile câștigate prin naștere pentru câteva linguri de supă. Indiferent cât de mult vă lipsesc banii, nu acceptați niciodată un avans sau un onorariu de nici un fel de la nici o societate anonimă, per-

---

[*] Stephen Henry J., *Principles of Pleading*. (n.t.)

soană, sau „interes" care nu doreşte în realitate sprijinul dvs. activ, dar în acel mod vă cumpără tăcerea.

Nu acceptaţi nici un serviciu în afară de serviciul real, adevărat pentru muncă efectivă, tangibilă, şi onestă. Banii obţinuţi din orice alt soi de serviciu sunt o pierdere pentru dvs. în orice fel, chiar financiar.

Gândiţi-vă în fiecare zi la nobleţea şi demnitatea profesiei dvs. Amintiţi-vă de marii oameni care au împodobit-o şi au fixat stâlpii gloriei ei. Au fost gentlemeni, oameni de erudiţie, de educaţie, de onoare, delicaţi ca îmbujorarea unei femei. Fiţi astfel, sau părăsiţi profesia.

Păstraţi în minte lorzii barei. Hotărâţi, în fiecare dimineaţă când vă treziţi că, la limita efortului dvs., vă veţi strădui să fiţi unul dintre ei – în studiu, complet şi profund, în curtoazie, delicat, în curaj, neînfricat, în caracter, fără pată, în toate lucrurile şi mereu adevăratul cavaler al Justiţiei.

În sfârşit, păstraţi-vă sănătatea, păstraţi-vă sănătatea, păstraţi-vă sănătatea. Munciţi, munciţi, munciţi. Rămâneţi credincios celor mai înalte idealuri ale profesiei dvs. pe care spiritul dvs. le poate simţi. Faceţi acestea; păstraţi-vă vigoarea; nu disperaţi niciodată; şi succesul este sigur, distincţia probabilă, şi faima posibilă, potrivit cu aptitudinile dvs. naturale.

II
CELE CINCI EPOCI ALE MAGISTRATURII
ȘI AVOCATURII DIN ANGLIA[1]

de JOHN MAXCY ZANE

ESTE un fapt ciudat că doar două rase în istoria lumii au
arătat ceea ce poate fi numit un geniu pentru drept. Siste-
mele de jurisprudență, care își datorează dezvoltarea lor acelor
două rase, cea romană și cea normandă, ocupă acum întreaga
lume civilizată. Dreptul nostru cutumiar este îndeosebi opera
elementului normand al poporului englez. Nu există drept
englez, nici jurist englez, înainte de Cucerirea Normandă.
Exact cum saxonii cu armele lor grosolane și scuturi din piele
de taur s-au împrăștiat în fața cavalerilor normanzi la Senlac,
tot așa sistemul lor barbar de *wer wite* și *bot*, ridiculele lor
ordalii în dreptul criminal, tribunalele lor judiciare întâmplă-
toare și metodele lor de dovedire, care nu aveau legătură cu
nici o teorie rațională a probatoriului, erau sigure să cedeze în
fața organizării normande, atașamentului ei pentru ordine și
pentru documente, inchiziția ei regească pentru stabilirea
faptelor, Judecătoria Regelui ei pentru a da uniformitate legii.
Cucerirea Normandă a fost mai mult decât o schimbare de
dinastie. A produs o revoluție în jurisprudență.

Istoria dezvoltării noastre juridice furnizează amplă dovadă a
acestui lucru. Enorma noastră masă de literatură juridică este o
comoară pe care nici o altă rasă nu o posedă. Actele și dosarele
noastre de procese, multe dintre ele încă imperfect cunoscute,
duc înapoi istoria noastră juridică aproape până la Cucerire.
Acolo jurisprudența poate fi văzută în dezvoltarea ei, căpătând

---

[1] Din I SELECT ESSAYS IN ANGLO-AMERICAN LEGAL HISTORY 625-729, cu
permisiunea Little, Brown & Company. Vezi Introducere pp. 12-14.

noi forme pentru a satisface noi condiții. Geniul juristului normand a dezvoltat sistemul nostru juridic de la un precedent la altul. Începând cu ideile juridice barbare ale anglo-saxonului, normandul în decurs de două secole a produs un sistem coerent rațional de jurisprudență și o procedură capabilă de infinită expansiune. Dezvoltarea și schimbările în jurisprudența noastră au urmat regula Lordului Bacon: „Ar fi bine, de aceea, ca oamenii în inovațiile lor să urmeze exemplul timpului însuși; care, într-adevăr, inovează mult, dar pe tăcute și cu încetul, rar de perceput". Realitatea ulterioară, că acest sistem de jurisprudență a fost aplicat practic de aproape o singură curte, a făcut dreptul cutumiar uniform. Reprezintă munca înceată și răbdătoare a generație după generație a unor oameni capabili. Ca să folosim o figură frumoasă a lui Burke[*], sistemul nostru juridic nu a fost niciodată în niciun moment „bătrân, sau de vârstă mijlocie, sau tânăr. A păstrat metoda naturii; în ceea ce a fost îmbunătățit, nu a fost niciodată în întregime nou; în ceea ce a reținut, nu a fost niciodată în întregime învechit". La fel ca o oarecare familie normandă, „are descendența sa liberală, genealogia și strămoșii ei ilustrativi, deviza și insegnele ei armoriale, galeria ei de portrete, inscripțiile ei monumentale, înscrisurile, mărturiile și titlurile ei".

Planul acestor eseuri este să studieze „galeria de portrete" care aparține dreptului englez. Nu va fi posibil a se menționa doctrinele juridice în plus decât poate fi necesar să se ilustreze faptele unor eminenți juriști. Se va face o încercare de a descrie oamenii care au ajutat la creșterea și dezvoltarea jurisprudenței noastre. Spre deosebire de Franța, Anglia nu a avut niciodată o *noblesse* a robei. Juriștii și-au găsit recompensele în aceleași onoruri pe care Anglia le-a dat amiralilor și generalilor săi: Demnitatea de pair este un etalon bun prin care să se judece onorurile care au fost atinse de merite deosebite în jurisprudență. În timp ce mari soldați sunt reprezentați în Camera Lorzilor de

---

[*] Edmund, 1729-1797 om de stat și orator englez. (*n.t.*)

către Ducii de Marlborough şi Wellington, Marchizul de Angle-
sey, Viconţii Hardinge, Wolseley şi Kitchener şi Lorzii Napier
de Magdala şi Raglan, în timp ce mari amirali sunt reprezentaţi
de Earl Nelson, Earl de Effingham şi Earl Howe, Viconţii
Exmouth, St. Vincent, Bridport şi Torrington, şi Lorzii Rodney
şi Vernon, reprezentanţii juriştilor aproape umplu băncile Lorzi-
lor. Faimosul răspuns al Lordului Thurlow către Ducele de
Grafton afirma: „Nobilul duce nu poate privi în faţa lui, în
spatele lui, sau de nici o parte a sa, fără să vadă vreun nobil pair
care îşi datorează locul în Cameră străduinţelor sale încununate
de succes în profesiunea căreia eu îi aparţin". Regele însuşi este
rege al Scoţiei prin descendenţa lui din Lordul Judecător-Şef
Bruce. Ducii de Beaufort, Devonshire, Manchester, Newcastle,
Norfolk, Portland, Norththumberland, Rutland şi St. Albans sunt
toţi descendenţi din judecători englezi. Judecătorul-Şef Catlin a
fost un strămoş al Spencer-ilor, care s-au unit cu titlul Marlbo-
rough. Marchizii de Abergavenny, Ailesbury, Bristol, Camden,
Ripon şi Townsend, earlii de Aylesford, Bathurst, Bradford,
Buckinghamshire, Cadogan, Cairns, Carlisle, Cottenham,
Cowper, Crewe, Eldon, Egerton, Ellesmere, Fortescue,
Guildford, Hardwicke, Harrowby, Leicester, Londsdale,
Macclesfield, Mansfield, Sandwich, Selborne, Shrewsbury,
Suffolk, Stamford, Verulam, Westmoreland, Nottingham şi
Winchelsea, şi Yarborough, reprezintă nume grandioase în
dreptul englez. Alte titluri dintre baroni, cum ar fi Abinger,
Bolton, Brougham, Erskine, James de Hereford, Le Despencer,
Mowbray şi Segrave, Northington, Redesdale, Romilly, St.
Leonards, Campbell, Tenderden, Walsingham, Thurlow, şi
mulţi alţii, au fost câştigate de mari jurişti.

Fabula anticilor, pe care şcolarii o citesc în *Metamorfozele*
lui Ovidiu, împărţea istoria lumii într-o epocă de aur, de argint,
de bronz şi de fier. Epoca de aur „*sine lege fidem et rectum
colebat".* Aceasta este o măsură adevărată a dreptului cutumiar.
Prima ei vârstă, fără statute, din propriile ei ample puteri, a dat o
măsură de îndreptare pentru fiecare daună. A urmat o epocă de

argint, *„auro deterior"*, când noi măsuri de îndreptare puteau fi inventate numai prin lege. Apoi o epocă de bronz sau plastic, prin ficțiuni de drept, strâmbate vechi măsuri de îndreptare pentru a se potrivi cu noile condiții. Mai târziu, o epocă a fierului, brutală și rigidă, datorită sistemului cu juriu, a lăsat o mare parte a jurisprudenței curților de justiție ale Lordului-Cancelar. Epoca de aur se încheie cu moartea lui Bracton; epoca de argint este aceea a celor trei Edward; epoca de bronz acoperă regii Lancastrieni și Yorkiști către moartea lui Littleton; epoca fierului se sfârșește cu Revoluția din 1688. Apoi a început o perioadă de îmbunătățire și reformă, tatonând încet terenul prin *statutes of jeofails**[*] către marile reforme ale secolului nostru; capătul acelui mare efort este acum aproape atins și probabil epoca de aur este pe punctul de a se reîntoarce.

I. EPOCA DE AUR A DREPTULUI CUTUMIAR

DE LA CUCERIREA NORMANDĂ LA MOARTEA LUI BRACTON[2]

Perioada regilor normanzi este una de creștere treptată. Juriștii normanzi, bazându-se pe ce au găsit, nu au făcut

---

[*] De la anglo-francezul *Jeo fail,* jo faill, e greșeala mea: o greșeală ori scăpare din vedere în pledoarie sau altă procedură juridică. (*n.t.*)

[2] Autoritățile pentru această perioadă, în afară de bine cunoscutele lucrări ale lui POLLOCK ȘI MAITLAND, FOSS, LORD CAMPBELL, STUBBS, HALLAM și ceilalți istorici, includ PLACITA ANGLO-NORMANNICA a lui BIGELOW, WILLIAM RUFUS a lui FREEMAN; DORMANT AND EXTINCT PEERAGES a lui BURKE, BARONAGE a lui DUGDALE, DOMESDAY a lui MAITLAND, *King's Justice* a lui POLLOCK ([1898] 12 HARV. L. REV. 227), *King's Peace a lui* POLLOCK ([1899] 13 HARV. L. REV. 177), MEMORIES OF WESTMINSTER HALL a lui FOSS, COURT LIFE UNDER THE PLANTAGENETS a lui HALL, HENRY II a DNEI GREEN, ORDER OF THE COIF a lui PULLING, *Introduction* a lui BEALE la ediția lui GLANVILLE, *Register of Writs* ([1889] a lui MAITLAND 3 HARV. L. REV. 97, 167, 212), *Introduction* a lui MAITLAND la NOTE BOOK a lui BRACTON, BRACTON AND AZO a lui MAITLAND, SELECT PLEAS OF THE CROWN (SELDEN SOCIETY), SELECT CIVIL PLEAS (SELDEN SOCIETY), și numeroase surse de istorie generală, ca de pildă WILLIAM OF MALMESBURY, MATTHEW PARIS etc.

schimbări violente. Wilhelm Cuceritorul, sub înțeleapta călăuzire a lui Lafranc, nu a făcut nici o încercare să schimbe legile și obiceiurile existente. În afară de a scoate problemele ecleziastice din jurisdicția judecătoriei de ocol și a proteja oamenii lui de încredere normanzi prin legi speciale și tribunale, domnia lui a fost ocupată cu stabilirea regelui ca stăpân final al țării cucerite și cu împărțirea prăzii. Însă chiar în aceea vreme frământată, un om capabil a ajuns la o poziție înaltă ca jurist. Italianul Lanfranc, Arhiepiscop de Canterbury, priceput în dreptul civil, prin studierea lui a legilor anglo-saxone a câștigat autoritate în primul mare proces al acestei domnii. Hotărnicia Judecății de Apoi, care enumera toate pământurile din Anglia, și fixa starea fiecărui supus și proprietatea pământului cu răspunderile ei și rentele și serviciile datorate de la arendașii pământului, a fost probabil supravegheată de acest mare jurist.

William Rufus avea ca principal slujitor al său un om pe care analistul îl numește *„invictus causidicus"*, un apărător mereu plin de succes. Acest Ranulf Flambard era experimentat în dreptul civil și dreptul canonic și este primul din acel lung șir de avocați versați, a cărui datorie era să umple vistieria regală. El a elaborat principiile juridice de epitropie și chezășie. Așa cleric cum era, a pus mâna pe întinse pământuri ale bisericii. Toate pământurile bisericești avute în proprietatea regelui reveneau, la moartea episcopului sau abatelui, potrivit lui Ranulf, regelui ca senior feudal. Marele venit a fi scos din cultivarea acestor pământuri era o tentație evidentă, dar Flambard a inventat o altă modificare. Întrucât episcopul sau abatele nu putea să fie instalat în funcție fără consimțământul regelui și plata unei chezășii, candidatul pentru înalte onoruri clericale era obligat să aștepte câțiva ani înainte de a-și primi funcția și în același timp era obligat să plătească o amplă chezășie până ce primea punerea în posesie a pământurilor. De prisos să spun că cronicarii monahali au încărcat memoria lui Ranulf cu o grămadă de oprobriu.

În vremea lui Rufus a avut loc un eveniment de care fiecare jurist își aduce aminte cu interes deosebit. Regele preconiza un nou palat la Westminster, dar s-a construit numai acea parte din el care constituie Westminster Hall. Este adevărat că sala a fost reconstruită de două ori, o dată în timpul domniei lui Henric al III-lea, și din nou sub Richard al II-lea, dar sala însăși, exceptând acoperișul ei mai înalt, ferestrele ei și pereții mai înalți, este ceea ce era când a fost terminată în 1099. În această Sală s-au ținut tribunalele Angliei timp de multe secole. De îndată ce Curtea proceselor de drept comun a fost fixată *in certo loco*, a avut ședințe permanent acolo. Mai târziu Judecătoria regelui a luat o porțiune din ea. La un capăt al Sălii era fixat scaunul de marmură și masa Judecătorului suprem, unde avea loc tribunalul său. Așa s-a întâmplat că timp de secole tribunalele Angliei erau la simplă vedere unul de altul. În timp ce Sir Thomas More era instalat ca judecător suprem sub Henric al VIII-lea, s-a oprit în mersul său către scaunul de marmură și a îngenuncheat pentru a primi o binecuvântare de la tatăl său, judecător făcând parte din Curtea proceselor de drept comun. Există doar o singură altă clădire în lume care oferă asemenea potop de amintiri juridice. Vechiul Palais de Justice în Paris a fost scena a nenumărate mari controverse juridice, dar Westminster Hall a ascultat sentințele lui Pateshull și Raleigh și Hengham. Aici Gascoigne, Fortescue, Brian, Littleton, Dyer, Coke și Bacon au stat în ședință. Aici Hale și Nottingham, Hardwicke și Mansfield și-au făcut opera lor pentru jurisprudență. Marile controverse juridice ale Angliei, pledoariile în procesul Ship-Money[*], judecarea celor Șapte Episcopi, arta oratorică perfectă a lui Erskine în procesul lui Hardy, și Brougham în procesul Reginei, sunt printre amintirile care fac acest solid edificiu normand pentru juriști cel mai interesant loc din Anglia.

---

[*] Un impozit perceput de la porturile, comitatele maritime engleze etc. spre a face rost de bani pentru construcția navelor de război: a fost desființat în 1640. (*n.t.*)

Sub domnia lui Henric I, un om splendid educat pentru acea vreme, supranumit Beauclerk, Savantul, începem să vedem interesul crescând în legislație. Săturați de oprimările lui Wilhelm Cuceritorul și Rufus, oamenii priveau înapoi la frumoasele vremuri de demult ale saxonilor. Regele se căsătorise cu o prințesă din casa regală saxonă. El însuși un uzurpator se bizuia pe supușii lui saxoni pentru ajutor. Au câștigat pentru Ștefan Bătălia Stindardului împotriva scoțienilor, lăudată de Cedric în *Ivanhoe*. În entuziasmul saxon a apărut o frumoasă recoltă de legi saxone, unele dintre ele traduceri curente din legi vechi, unele dintre ele falsificări palpabile. Regele chiar a promis să restabilească vechile tribunale locale ale saxonilor; dacă ar fi procedat astfel, nu am fi avut drept cutumiar. Era între timp evident că tribunalul regelui înlocuia vechile tribunale. Marile procese, fiind între magnați, în mod necesar veneau în fața tribunalelor regelui. Acel tribunal era mai puternic decât oricare altul, și reclamanții se îndreptau instinctiv către el. Jurisdicția penală a tribunalului regelui creștea. Jurisdicția lui s-a extins la reclamanți în procese civile mai întâi ca un lucru de favoare. Episcopul fusese scos din judecătoria de ocol și i s-a dat o jurisdicție separată în probleme ecleziastice, printre care se numărau administrarea averilor celor decedați și probleme de căsătorie și divorț. Acum sub Henric I a început practica trimiterii de juriști versați de la un capăt la celălalt al regatului pentru a face pledoarii din partea coroanei și a audia procese civile. În același timp Roger de Salisbury, care era jurisconsultul lui Henric I, a dezvoltat partea de avuție a tribunalului regelui. Un grup de oameni, unii dintre ei juriști versați, s-au reunit în tribunalul de avuție. Ei făceau dreptate ocazională în controverse civile și călătoreau în circumscripția judiciară. Într-adevăr, Pulling în a sa „Order of the Coif" datează primul său avocat de rang superior din 1117; dar aceasta trebuie să fie o greșeală de tipar. Astfel, primul avocat de rang superior al lui Pulling este o piesă tot atât de sălbatică de istorie ca Judecătorul Șef Catlin coborâtor din Lucius Sergius Catilina.

În afară de Roger de Salisbury știm de un jurist foarte cele-
bru în această domnie – un om pe atunci renumit în drept,
numit Alberic de Vere. El este descris de William de
Malmesbury drept *causidicus* și *homo causarum varietatibus
exercitatus*. Unde și-a dobândit educația juridică nu se știe. Era
un fiu al unuia dintre baronii de frunte ai lui Wilhelm Cuceri-
torul, Contele de Guynes, în Normandia. Unul dintre șefii
acelei case a mărșăluit cu Godfrey de Bouillon pentru salvarea
Sfântului Mormânt. Listele oamenilor care au funcționat ca
judecători în tribunalele regelui arată numele multor bine
cunoscute familii normande în timpul acestei domnii. Juriștii
calificați erau de regulă clerici, totuși baronii normanzi aveau
un gust natural pentru proces. După o sută de ani, vlăstari ai
caselor mari aveau să devină juriști versați ai profesiei; dar în
același timp ecleziasticii efectuau cea mai mare parte a muncii
juridice tehnice. Emiteau citațiile de la curtea de justiție a
Lordului Cancelar; erau necesari pentru a ține orice registre se
țineau. Alberic de Vere nu era un ecleziast ca Roger sau Nigel
de Salisbury, totuși era important în încrederea lui Henric I,
care i-a acordat lui și moștenitorilor lui titlul de Mare Șambe-
lan al Angliei, singura mare funcție de stat care printr-un făgaș
obișnuit de moștenire a coborât la prezentul său deținător.

Când Henric I a murit, interregnul pricinuit de rivalitatea
între fiica lui Henric, Matilda, și nepotul său Ștefan a acoperit
țara cu guvernare greșită și împilare. Fiul lui Roger de Salis-
bury, în mod eufemistic numit nepotul său – și nu era deloc
un lucru neobișnuit ca episcopii să aibă fii în acele zile – a
devenit judecător suprem, dar a căzut curând pe neplacul
regelui Ștefan, și în consecință bătrânul Episcop Roger și
familia lui au primit cel mai aspru tratament. Clericii s-au
plâns de purtarea regelui, și un mare sinod a fost convocat de
Episcopul de Winchester pentru a cerceta problema. Regele
Ștefan l-a ales pe Alberic de Vere să-l reprezinte la sinod. Se
pare că Alberic l-ar fi apărat cu succes pe rege, și ori el ori
fiul său a fost răsplătit cu titlul de earl de Oxford.

Coke, urmând o spusă a lui Fortescue, face observația ciuda-
tă că „binecuvântarea Cerului în special coboară asupra posteri-
tății unui mare jurist". Desigur înalta poziție a posterității lui
Alberic de Vere poate fi adusă ca dovadă a spusei. Earli de
Oxford din familia lui Vere au fost mari figuri în istoria engleză
până după Revoluția de la 1688. Ce de-al treilea earl a fost unul
dintre baronii care au smuls Magna Charta de la regele John.
Bine cunoscuta pecete a Contelui de Oxford este pe cartă.
Următorul earl, care fusese ca fiu mai tânăr crescut ca avocat,
era șef al Judecătoriei Publice sub Henric al III-lea. Cel de-al
șaptelea earl era la înaltul comandament la Crecy sub Edward al
III-lea și la Poitiers sub Prințul Negru. Cel de-al nouălea earl era
un favorit al lui Richard al II-lea și a devenit Marchiz de Dublin
și Duce de Irlanda. Deși onorurile sale au fost confiscate de
Parlament, unchiul său, un alt Alberic (sau Aubrey) a recâștigat
titlul de earl și averile sub Henric al IV-lea. Cel de-al treispreze-
celea earl era șeful partidei Rozei Roșii și în timpul stăpânirilor
yorkiste* a rătăcit pe continent. Romanul lui Scott, *Anne of
Geierstein*, spune povestea lui în timp ce se afla în exil. S-a
întors odată cu Henric al VII-lea și i-a condus pe Lancastrieni în
bătălia de la Bosworth. Cel de-al șaptesprezecelea earl, un
curtean și poet la curtea Elisabetei, nu a considerat nedemn să
introducă mănuși și parfumuri în Anglia. Când cel de-al opt-
sprezecelea earl a murit fără să fi avut copii, a urmat un proces
celebru asupra titlului de noblețe Oxford; sentința Judecătorului
Șef Crewe[3] este un specimen deseori citat de elocință judiciară:

M-am străduit să fac un legământ cu mine însumi, că afecțiunea
nu poate să exercite presiuni asupra judecății; căci presupun că nu
există nici un om, ce are vreo teamă de lumea bună sau nobilime, ci
afecțiunea lui rămâne credincioasa continuării unui atât de nobil
nume și familie, și va pune mâna pe o nuia sau un fir de sfoară să o
mențină. Și totuși, Timpul are revoluțiile sale. Trebuie să fie o
perioadă și un sfârșit al tuturor lucrurilor temporare – *finis rerum* –

---

* Casa de York a Rozei Albe. (*n.t.*)
[3] W. Jones Rep. 101.

un sfârşit de nume şi titluri şi orice este pământesc; şi de ce nu De Vere? Căci, unde este Bohun? Unde este Mowbray? Unde este Mortimer? Ba chiar, care este mai mult şi înainte de orice, unde este Plantagenet? Ei sunt înmormântaţi în urnele şi sepulcrele mortalităţii.

Dar sfârşitul familiei nu era încă. Cel de-al nouăsprezecelea earl a murit pe continent în timp ce lupta pentru Protestantism. Cel de-al douăzecilea earl, „cel mai nobil supus în Anglia", om de moravuri uşoare chiar dacă era, era prea mult protestant pentru a-l urma pe James al II-lea în încercarea sa de a restabili Romano-Catolicismul. Când acest al douăzecilea earl a murit, posteritatea bărbătească a lui Aubrey de Vere era stinsă; dar fiica şi moştenitoarea lui, Diana, s-a căsătorit cu fiul lui Nell Gwynn de la Charles al II-lea, Ducele de St. Albans. Acestui fiu i se dăduse numele de Beauclerk şi până de curând numele acestei familii a fost de Vere Beauclerk. Topham şi Lady Di Beauclerk vor fi amintiţi ca prieteni ai Dr. Johnson. Dar prezentul posesor al titlului pare să dorească a-şi uita numele de Beauclerk şi este bine mulţumit să fie numai de Vere. Heraldica, numită „stenografia istoriei", arată această descendenţă în blazonul familiei St. Albans; în primul şi al patrulea sfert de blazon sunt armele regale, ale căror strivituri sunt acoperite de un baston în partea dreaptă a privitorului pentru a arăta descendenţa nelegitimă, în timp ce în al doilea şi al treilea sfert este vechiul semn distinctiv de recunoaştere a Conţilor de Oxford, indicând o căsătorie cu moştenitoarea familiei Vere.

Un alt baron judiciar de nădejde al acestui timp este Milo de Gloucester, ale cărui proprietăţi au îmbogăţit în viitor casa de Bohun. Fapta lui vitejească de a merge în ajutorul văduvei lui Richard de Clare, asediată în castelul ei de către galezi după uciderea soţului ei, poate să-i fi oferit lui Sir Walter Scott povestea sa *Logodnica** unde el spune despre sprijinul dat de Lady Eveline Berenger în Garde Doloreuse. De fapt, dacă putem judeca din *Ivanhoe*, Scott trebuie să fi luat multe

---

* *The Betrothed.* (*n.t.*)

dintre numele sale de la baroni juridici. Fronteboeuf, Grantmesnil şi Malvoisin sunt nume pe listele tribunalelor. Segrave, un jurist vestit sub domnia lui Henric al III-lea, era, ca şi Ivanhoe, un saxon care a dobândit o poziţie înaltă.

Sub domnia lui Henric al II-lea, care i-a urmat lui Ştefan, începem să întrezărim o profesiune juridică organizată. Aceste rege a fost un mare organizator şi om al legii. Statutele sale de *novel disseisin* şi *mort d'ancester*, sesiunea sa judecătorească *utrum* şi de ultimă declaraţie erau redactate de jurişti. Sub domnia sa inchiziţia regală a făcut un mare pas către juriul modern. Orice litigiu despre pământ era aruncat în curţile regelui. Au fost inventate multe noi decrete judiciare şi forme de acţiune. O curte fixă formată din jurişti versaţi se reunea la Westminster. În acelaşi timp ţara era împărţită în circumscripţii judiciare, judecători în turneu călătoreau în circuit şi adaptau judecătoria de ocol la progresele obişnuite ale judecătorilor regali. Marele juriu căpăta acum formă şi orice faptă penală importantă venea în faţa judecătorilor regali.

În tribunalul regelui însuşi Henric participa adeseori. Este înconjurat de sfetnicii lui, dar din când în când se retrage să consulte un corp special. Judecătorii iau atitudine şi o dată regele îl dă afară din sală pe Geoffrey Ridel, care pare prea zelos pentru o parte. Regele citeşte atent documentele şi cartele şi când se prezintă anumite carte îl auzim jurând că „pe ochii lui Dumnezeu" îl costă destul de scump. Altădată se prezintă două carte ale lui Edward Confesorul, complet contradictorii. Regele încurcat, spune: „Nu ştiu ce să spun, atâta doar că aici este o bătălie hotărâtoare între documente".

Acum a început ţinerea pe pergament a însemnărilor privind procesele. Cea mai bună ilustraţie a unui proces sub această domnie este extraordinarul litigiu al lui Richard de Anesty. El a revendicat anumite pământuri ca moştenitor al unchiului său. O nelegitimă fiică a unchiului era în proprietate. Problema era în privinţa legitimităţii ei şi aceea depindea de soluţionarea punctului în litigiu al căsătoriei sau necăsătoriei. Richard începe prin a trimite la regele în Normandia după o citație de mort d'ancester. Apoi concluzia căsătoriei trebuie îndreptată prin ordonanță de la tribunalul regelui la tribunalul ecleziastic. Intervine războiul în Franța și Richard îl urmează pe rege spre Franța pentru o citație să ordone instanței de judecată creștine să acționeze. De trei ori a apărut în instanța din urmă. Apoi el a apelat din acea instanță la Papa, iar pentru aceasta a avut nevoie de licența regelui. În cele din urmă Papa a decis în favoarea lui. După care Richard s-a întors și l-a urmat pe rege până ce doi judecători au fost trimiși să audieze cazul său și în sfârșit el a dat sentința. Peste tot avea juriști în solda lui. Prietenii și avocații lui, printre ei Glanville, au apărut pentru el în tribunalul secular. În tribunalele ecleziastice și înaintea Papei el a angajat avocați, care erau canonici, unii dintre ei savanți italieni. După mulți ani a obținut pământurile unchiului său; dar între timp, cum scrie el patetic, devenise un falit.

Există nume vestite între judecătorii regali sub această domnie. Richard Lucy, Henric de Essex, William Basset și Reginald Warenne erau printre judecătorii care mergeau în circumscripția judiciară. Roger Bigot și Walter Map, autorul satiric, erau dintre judecătorii în turneu. Ranulf Glanville și cei trei faimoși clerici, Richard de Ilchester, John de Oxford și Geoffrey Ridel se întruneau la Westminster. Zelul cu care nobilii normanzi luau în seamă îndatoririle lor judiciare este uimitor. Lista judecătorilor este aproape un index al marilor baroni. Cei din familiile Marshall, Warenne, Bigot, Bohun, Basset, Lucy, Lacey, Arundel, Fitz Hervey, Mowbray, Arden, Bruce, de Burgh, Beaumont, Beauchamp, Cantilupe, Clifford, Clinton, Cobbenham, de Gray, de Spenser, Fitz Alan, de Clare, Berkeley, Marmion, de Quincey, Sackville și Zouche sunt toți printre judecătorii în turneu.

Juriștii din această domnie includ atât preoți cât și laici. Aici încep avocații de rang superior. Din cei treisprezece pe care Pulling îi atribuie acestei domnii, sunt Geoffrey Ridel și Hugh Murdac, ambii preoți, și astfel de nume ca Reginald Warenne, William Fitz Stephen, William Basset și Ranulf

Glanville, toți mireni. Este un lucru demn de remarcat că data la care fiecare dintre cei treisprezece avocați de rang superior au primit rangurile coifului este data la care el a început serviciul ca judecător. Este probabil că *„status et gradus servientis ad legem"*, în ordonanța numind un avocat de rang superior, era doar o numire a omului pentru a fi judecător regal. Problema este prea neclară pentru a admite o afirmație categorică. Dar trebuie să fi fost vreun motiv pentru regula care a prevalat atât de multe secole, că nimeni nu putea deveni judecător până nu fusese numit la gradul de avocat de rang superior.

Primul nume între acești avocați este al lui Glanville. Dacă el a scris prima noastră carte de drept, care se numește Glanville, se discută aprins. Dar el a fost în orice caz un mare judecător cu considerabile cunoștințe juridice. Și-a căpătat probabil formarea juridică la finanțe. Dar nu era mai puțin războinic. Ca șerif al Yorkshire a adunat o armată și l-a învins pe regele scoțian și l-a luat prizonier. Regele Henric i-a dat în seamă detențiunea soției lui, Elinor, pe care a păzit-o timp de șaisprezece ani. Când în 1179 au fost înlăturați cei mai mulți din judecătorii regali, Glanville a fost menținut în funcție și a luat loc în instanța judecătorească la Westminster. În anul următor a devenit Justiciar Șef. O poveste defăimătoare a conduitei sale juridice ni s-a transmis din generație în generație, dar nu mai este decât bârfă inutilă. Sub Richard Inimă de Leu, Glanville a făcut jurământ de cruciat și l-a precedat pe regele Richard spre Țara Sfântă, unde a murit sub zidurile portului Acre.

Poate fi că Glanville nu a scris cartea care trece sub numele lui. Poate Hubert Walter, nepotul său, un priceput avocat în drept civil, care a devenit Arhiepiscop de Canterbury, a asamblat-o. Ea arată urme ale influenței romane, iar Glanville nu era deloc partizan al Romei. Există înregistrat un ordin de suspendare emis de Glanville împotriva Abatelui de Battle. La audiere Glanville a spus preoților: „Voi călugărilor vă îndreptați ochii numai spre Roma, și Roma vă va distruge într-o zi". Profeția s-a adeverit după trei sute de ani.

Mult mai vestit sub această domnie este numele lui Bec-
ket. El era un jurist titrat, educat în dreptul canonic și civil
la Paris. Se poate prea bine ca el să fi născocit unele din
statutele lui Henric asupra procedurii juridice, pe când era
judecător suprem. În lupta care se desfășura între jurisdicții-
le contradictorii ale tribunalelor ecleziastice și tribunalelor
seculare, el a susținut cu îndrăzneală partea clericală. Justi-
țiarul Șef dinaintea lui Glanville, Richard Lucy, a întocmit
ordonanțele de la Clarendon, care defineau jurisdicția tribu-
nalelor regelui asupra preoților și au adus lupta între Henric
al II-lea și Becket. Lucy a fost de două ori excomunicat de
Becket, dar nu pare să fi fost serios afectat; totuși, destul de
ciudat, la capătul vieții sale, a întemeiat o abație și luându-și
rasa unui călugăr, s-a retras la mănăstire și și-a petrecut
restul anilor în lucrările de pietate.

Regele, iscusit avocat ce era, a luptat împotriva arhiepisco-
palului cu cele mai bune arme. Cronicarul notează că Henric al
II-lea ținea în solda sa o ceată de „legiști mugitori" (avocați
ecleziastici) cărora le „dădea drumul" ori de către ori era
nemulțumit de o alegere episcopală. În controversa lui cu
Becket, Henric îi folosea pe clericii experți, John de Oxford,
Richard de Ilchester și Geoffrey Ridel. John a primit ca răspla-
tă scaunul episcopal Norwich, Geoffrey a fost făcut episcop de
Ely. Ambii, deși erau preoți, l-au slujit admirabil pe clientul lor
regal. Îl reprezentau pe rege la apelurile către Papă. Becket
folosea o armă împotriva lor care ar fi cu greu în puterea unui
judecător suprem modern. Și avocați și judecători erau exco-
municați de arhiepiscopul canonizat. Dar blestemul Cerului și
dezaprobarea credincioșilor nu erau de folos. În cele din urmă,
uciderea lui Becket a încheiat controversa și în timp ce victoria
a rămas de partea regelui, i-a dat lui Becket onoarea specială
de a fi unul dintre singurii judecători supremi englezi care se
numără ca sfinți în canonul Bisericii.

Când Wilhelm Cuceritorul l-a scos pe episcop din judecă-
toria de ocol și a stabilit tribunale bisericești pentru eclezias-

tici (o măsură care a fost luată la cererea preoților), nu s-ar fi putut prevedea ce influență extraordinară va exercita această reglementare asupra istoriei dreptului englez. Totuși lupta care a început curând între aceste jurisdicții contradictorii este probabil motivul real de ce dreptul roman a exercitat o atât de mică influență asupra dreptului cutumiar sau procedurii lui. La Oxford era o școală a dreptului civil și canonic. Ecleziaști educați sub acel sistem ocupau în permanență funcții judiciare înalte, dar acești oameni erau toți credincioși oamenilor regelui și ostili procedurii ecleziastice. Practic toți juriștii titrați erau preoți, totuși uniform susțineau dreptul englez. În viitor dreptul canonic avea să modeleze procedura în curțile de justiție ale Lordului—Cancelar; dar tribunalele seculare nu erau afectate. Desigur concepțiile raționale învățate de acești juriști ecleziastici din dreptul civil nu aveau deloc puțin efect asupra substanței deciziilor lor; însă dreptul roman nu a afectat niciodată procedura tribunalelor seculare.

O figură interesantă printre acești judecători clericali este acel vestit Abate Samson de Bury St. Edmunds, care a fost făcut unul dintre judecătorii lui Henric al II-lea. Cronicarul preoțesc notează cu mândrie că un reclamant bogat a blestemat o curte unde nici aurul nici argintul nu zăpăcesc un adversar. Același cronicar ne spune că Osbert Fitz-Hervey, un avocat de rang superior, strămoșul Marchizilor de Bristol, care a fost douăzeci și cinci de ani judecător la Westminster, a spus: „Acel abate este un ins dibaci; de continuă cum începe, va tăia orice avocat din noi". Într-un proces unde Abatele era parte, Jocelyn spune că cinci din ședința tribunalului (juriu) au venit la Abate să afle cum trebuie să decidă, înțelegând să primească bani, dar Abatele nu le-a promis nimic și le-a spus să decidă potrivit conștiințelor lor. Astfel au plecat tare mâniați și au dat verdict împotriva abatelui. Juratul care își privește locul drept un prilej pentru profit pecuniar pare să fie la fel de demodat ca și dreptul cutumiar.

Indocilitatea teoreticianului academic în persoana lui Walter Map, celebrul scriitor*, iese la suprafață în experiența lui judiciară. O dată s-a dus în circumscripția judiciară, dar nu a mai fost chemat a doua oară, deoarece a insistat să fie exceptat de la jurământul său pentru a face dreptate tuturor oamenilor, „Evrei și călugări îmbrăcați în alb", ambele categorii pe care le detesta. Astfel s-a întors la munca lui apropiată ca spirit de a denunța întregul corp al clerului, de la Papă la preoțel, în aceeași măsură toți dintre ei ocupați cu vânătoarea de câștig. Dar în timp ce acea muncă este uitată, noi încă suntem încântați de poveștile sale despre Regele Arthur și cavalerii și masa lui rotundă.

Sub Richard și John, fii ai lui Henric al II-lea, încep procesele verbale obișnuite înregistrate ale tribunalelor. Curând se realizează două seturi de procese verbale, cele ale ședinței de tribunal obișnuite la Westminster și cele făcute în prezența regelui. Primele sunt procesele-verbale a ceea ce a devenit Curtea proceselor de drept comun, cele de al doilea a ceea ce a devenit Judecătoria Regelui. Sub domnia lui John și aceea a fiului său Henric al III-lea avocatul laic învățat apare în număr crescând. Primul printre ei este Geoffrey Fitz Peter, care apare în faimoasa scenă în primul act din *Regele John*, unde este pusă în cauză moștenirea Faulconbridge. Shakespeare citează cel mai vechi proces englez cu privire la regula ortodoxă a dreptului englez, *pater quem nuptiae demonstrant*. Judecătorul Șef Hengham sub următoarea domnie citează acest caz în Anuar. De prisos să spun că dacă Shakespeare avusese cunoștințele juridice care i-au fost atribuite de unii juriști, nu ar fi putut niciodată să facă erorile flagrante în privința procedurii care se găsesc în *Regele John*.

Geoffrey Fitz Peter era fiul unui judecător în turneu al domniei lui Henric II-lea, care susținuse bine demnitatea justiției civile împotriva tribunalelor bisericești. Un anume

---

* galez; cca. 1140 – cca. 1209. (*n.t.*)

canonic de Bedford a fost găsit vinovat de omor prin impru-
denţă în instanţa de judecată a unui episcop şi a fost condam-
nat doar să plătească daune rudelor celui decedat. În instanţa
publică judecătorul l-a denunţat pe canonic drept ucigaş;
preotul a ripostat cu vorbe jignitoare, la care regele a poruncit
ca preotul să fie pus sub acuzaţie. Poate în acest timp sfidări-
le curţii nu erau pedepsite de curte însăşi într-un mod sumar.
Geoffrey Fitz Peter a moştenit de la tatăl său, judecătorul,
mari averi. Prin soţia lui a obţinut titlul şi parte din proprietă-
ţile Conţilor Mandeville din Essex. El era un jurist priceput,
dacă îl putem crede pe Matthew Paris[*]. El a făcut o ordonanţă
judecătorească ce a avut probabil cel mai cuprinzător efect
din oricare decizie judiciară. Ultimul Earl Mandeville, când a
găsit că moartea se apropia, a încercat să ispăşească o viaţă
oarecum furtunoasă lăsând bisericii prin testament o mare
porţiune a pământurilor sale. Fitz Peter ca soţ al uneia dintre
co-moştenitoare era direct interesat în proces. Totuşi se spune
că el ar fi decis că un testament de pământuri era nevalabil.
Din acea zi până la intrarea în vigoare a Legii Testamentelor,
o testare de pământuri era imposibilă, exceptând în virtutea
vreunui obicei local. Şi la fel este astăzi că proprietatea
mobiliară trece pe seama moştenitorului, personalitatea pe
seama executorului testamentar. Fitz Peter funcţiona ca
judecător în turneu; era avocat de rang superior şi la urcarea
pe tron a lui John a devenit Justiţiar Şef. A deţinut locul de
cap al justiţiei timp de cincisprezece ani şi împreună cu
Hubert Walter, judecătorul suprem, a putut să-l ţină pe regele
John sub oarecare restricţie. Regele a exclamat vesel când a
auzit de moartea lui: „S-a dus să-şi dea mâna cu Hubert
Walter în iad. Acum, la picioarele Domnului, sunt, pentru
prima dată, rege şi stăpân al Angliei". John a intrat imediat
pe făgaşul care l-a adus în conflict cu baronimea sa şi a
sfârşit cu Magna Charta.

---

[*] Matthew (of) Paris, 1200?-1259; călugăr şi cronicar englez. (*n.t.*)

Lunga domnie a fiului lui John, Henric al III-lea poate fi corect declarată ca epoca de aur a dreptului cutumiar. Succesiunea regulată a judecătorilor este acum decisă. John promisese în Magna Charta că va numi judecători numai pe acei oameni care cunoșteau dreptul. Judecătorii pe care listele îi arată ca reunindu-se la Westminster stabilesc caracterul curții. Judecătorii sunt promovați în ordine obișnuită. Șeful curții în timpul primilor ani ai acestei domnii era William, Earl de Arundel; apoi timp de doi ani este Robert de Vere, Earl de Oxford; apoi timp de șapte ani Pateshull, care fusese un subaltern, a fost șef al curții. El este urmat de Multon, care a funcționat o perioadă îndelungată. Raleigh, al doilea om în instanța judecătorească, l-a urmat pe Multon. În ordine regulată urmează Robert de Lexington, Thurkelby, Henry de Bath, Preston și Littlebury. Astfel apare că natura acestei curți, un tribunal umplut cu juriști titrați, a devenit pe deplin stabilită.

Contele de Arundel, care era Justițiarul Șef al lui Henric al III-lea, aparține unei familii de juriști ale cărei successive căsătorii cu alte mari familii de juriști formează un studiu curios în istorie. În zilele lui Henric I un anume William de Albini era fiul majordomului sau paharnicului regelui. S-a căsătorit cu Regina Adeliza, tânăra văduvă a lui Henric I, și prin ea a obținut castelul și titlul de earl de Arundel, singurul titlu de earl prin drept de posesiune. Moștenitoarea familiei de Albini în timpul lui Henric al II-lea s-a căsătorit cu fiul lui John Fitz Alan, un judecător în tribunalul regelui, și astfel titlul de earl și castelul Arundel au trecut la Fitz Alan-i. Mai târziu, în vremea lui Edward al III-lea, Contele de Arundel de atunci prin căsătorie a dobândit titlul de Earl de Surrey și proprietățile familiei normande Warenne, al cărei prim șef era companionul lui Wilhelm Cuceritorul și unul din justițiarii lui de căpetenie. Marele Earl de Arundel, care s-a dus la eșafod în vremea lui Richard al II-lea, era șeful puternicei familii. Și mai târziu moștenitoarea Arundelilor s-a căsătorit cu Howard, Duce de Norfolk. Destul de ciudat Howard-ii se trăgeau din William

Howard, un celebru avocat englez de rang superior, care, în timp ce se deschid Anuarele, era în vastă practică în tribunale. A fost numit judecător (deşi nu a fost, cum înregistrează placa lui funerară, judecător şef). Descendentul său, Sir Robert Howard, s-a căsătorit cu moştenitoarea Mowbray-lor, care deţinea demnitatea de earl mareşal al Angliei ereditară la cei din familia Marshal. Fiii marelui regent William Marshal, Earl de Pembroke, murind fără moştenitori bărbăteşti, demnitatea a trecut prin căsătorie la cei din familia Bigot, Earli de Norfolk. De la ei printr-un titlu titlu special de pământuri sub noul statut de atunci *De Donis*, aceste proprietăţi şi demnităţi au devenit investite în fiul lui Edward I, Thomas de Brotherton. Moştenitoarea lui s-a căsătorit cu un Mowbray; moştenitoarea Mowbray-lor s-a căsătorit cu Sir Robert Howard; şi când Howard-ii au obţinut prin căsătorie titlurile şi averile familiei Arundel sub domnia Elisabetei, toate aceste onoruri ale familiilor Warenne, de Albini, Fitz Alan, Plantagenet şi Mowbray deveniseră unite în cei din familia Howard. Pesemne putem atribui această remarcabilă dorinţă de acaparare prin căsătorii judicioase tendinţei juridice la cei din familia Fitz Alan Howard. Nu numai Ducele de Norfolk, întâi pair al Angliei, ci şi Contele de Suffolk şi Berkshire, Contele de Effingham, Contele de Carlisle şi Lorzii Howard de Walden şi Howard de Glossop, astfel reprezintă astăzi avocatul de rang superior al domniei lui Edward I.

Să ne întoarcem la judecătorii din timpul domniei lui Henric al III-lea. Doi dintre ei, Pateshull şi Raleigh, au fost canonizaţi de tratatul lui Bracton. Bracton citează deciziile acestor doi judecători aproape ca singura lui autoritate. Pe alţi bine cunoscuţi judecători ai timpului îi notează doar să remarce că au comis greşeală, – nu cu orice preţ o slăbiciune limitată la judecători medievali. Cel mai mare dintre aceşti jurişti, Martin de Pateshull, era preot, – cum era desigur şi Raleigh şi Bracton însuşi. Obârşia lui Pateshull era umilă, dar el a devenit judecător în turneu sub domnia lui John şi timp de mulţi ani şi-a

îndeplinit cu vigoare îndatoririle. Unul dintre frații săi judecă-
tori într-o scrisoare către Rege roagă plângător să fie scutit de a
merge în circumscripția judiciară York, „deoarece", spune el,
„numitul Martin este puternic și în osteneala lui atât de sârgu-
incios și dăruit încât toți confrații lui, în special William
Raleigh și autorul, sunt copleșiți de munca lui Pateshull, care
trudește în fiecare zi din zori până în noapte". Acel Raleigh
despre care tocmai s-a vorbit era profesorul lui Bracton. A
reușit să-i supraviețuiască lui Pateshull și l-a urmat ca șef al
curții. Mai întâi a funcționat ca secretar al lui Pateshull; înaltul
său caracter este arătat de alegerea lui peste unchiul Regelui în
bogatul scaun episcopal de Winchester. Raleigh era ingenios în
născocirea multor noi ordonanțe și numele său este un caz
frecvent în Registrul de Ordonanțe.

Curajul acestor judecători în realizarea îndatoririlor lor
este arătat de o poveste caracteristică. Fawkes de Breauté, un
baron puternic și un fanfaron vestit al timpului, îi împilase
atâta pe vecinii lui încât l-au dat în judecată la curtea regelui.
Trei judecători, Pateshull, Multon și Braybroc, au plecat de la
Londra să judece procesele la Dunstable. S-au dat treizeci de
verdicte împotriva lui Fawkes și s-au impus mari amenzi în
toate procesele. Era atât de mâniat încât și-a trimis servitorii
sub conducerea fratelui său să-i prindă pe judecători. L-a
capturat și l-a închis pe unul dintre judecători; dar această
purtare a stârnit puterea regală, pe atunci mânuită de Hubert
de Burgh. Fratele și treizeci dintre servitorii lui Fawkes au
fost spânzurați, dar el însuși a scăpat în exil pe viață.

Alți judecători ca Hubert de Burgh, Thomas de Multon,
Hugh Bigot, Earl de Norfolk, Humphrey de Bohun, Earl de
Hereford, trebuie trecuți sub tăcere. Însă Robert de Bruce
merită mai mult decât o mențiune în trecere. Primul Robert
de Bruce venise de pe continent cu Wilhelm Cuceritorul și
primise nouăzeci și patru de domenii de lord ca parte a prăzii
lui. Un mezin al familiei, un nepot al primului Robert, se
dusese la curtea regelui scoțian și se căsătorise cu moșteni-

toarea domeniilor lordului de Annandale. Cel de-al patrulea
Robert în Scoția era Robert cel Nobil, lord de Annandale,
soțul unei fiice a Prințului David (Cavalerul Leopardului în
Talismanul lui Scott).

Cel de-al cincilea Robert, un fiu al prințesei, deși un mag-
nat scoțian, era educat pentru drept la Oxford. A practicat în
Westminster Hall. A devenit Judecător Șef și a deținut func-
ția până la moartea lui Henric al III-lea. Edward I l-a nesoco-
tit, și s-a retras dezgustat în Scoția. Dar când fiica lui Ale-
xandru al III-lea al Scoției a murit, moștenitorii tronului erau
descendenții din fiicele Prințului David. Acest Robert, Jude-
cătorul Șef, și-a expus pretenția. A pledat propriul său caz în
fața lui Edward I, arbitrul, însă decizia pe bune temeiuri
legale a fost dată pentru John Balliol. Dar nepotul lui Robert,
un alt Robert, eroul național al Scoției, și-a dovedit titlul la
Bannockburn.[*]

Alți Judecători din această domnie sunt figuri interesante,
precum cei din casa Percy, a căror familie este cea la fel de
lăudată în baladă și poveste ca și Percy-ii din Northumber-
land, sau ca Gilbert Talbot, care s-a căsătorit cu o prințesă
galeză, și al cărui descendent era bravul luptător John Talbot,
primul din earli de Shrewsbury, printre ai cărui coborâtori a
apărut Lordul cancelar Talbot sub domnia lui George al
II-lea. Dar adevăratul jurist al acestei domnii este omul pe
care noi îl cunoaștem ca Bracton. Cartea sa despre legi și
obiceiuri în Anglia este cea mai frumoasă producție a epocii
de aur a dreptului cutumiar. Tatăl lui Bracton era vicar al
bisericii la Bratton, al căreia Raleigh era parohul. Parohul a
avut grijă de băiat. Există o legendă că l-a dat la școală la
Oxford. Când Raleigh a devenit judecător, l-a făcut pe
Bracton secretar. La timpul cuvenit Bracton a fost promovat
la o durată de serviciu ca judecător în circuit, în timp ce a

---

[*] Oraș în Scoția centrală: locul unei bătălii (1314) în care Scoția, sub
conducerea lui Robert Bruce, și-a câștigat independența de Anglia. (*n.t.*)

devenit în 1245 un avocat de rang superior. Din 1245 până la 1265 a călătorit în circumscripția judiciară, însă parte din acea perioadă a stat la Westminster cu Henry de Bath, Thurkelby și Preston. În această perioadă a făcut o mare colecție de precedente juridice (cunoscute drept Caietul său de Notițe) din deciziile lui Pateshull și Raleigh. O fericită deducție de către Vinogradoff, confirmată de regretatul Maitland, a identificat această colecție de precedente juridice cu un manuscris în British Museum, și opera lui Bracton, mult timp considerată o pură încercare de a aplica dreptul civil la dreptul nostru cutumiar, a fost arătată a fi o expunere atentă a deciziilor judecătorilor notabili, care l-au precedat.

Că concepțiile generale, aranjarea și clasificarea lucrării lui Bracton ar fi trebuit să fie luate de la un autor asupra dreptului civil nu este deloc ciudat. Nu exista altă sursă de consultat. Dreptul roman și cel canonic fuseseră predate de Vacarius în Anglia, și el scrisese o carte pentru studenții lui. Manuscrise ale dreptului roman erau aduse fără îndoială în Anglia. Școala înfloritoare „*utriusque juris*" la Oxford trebuie să fi avut mulți erudiți. Ricardus Anglicus, un englez, a câștigat faimă în drept în Italia. Juriști italieni au venit în Anglia, și Regele avea în serviciul său pe renumiții Hostiensis. Simon Normannus, Odo de Kilkenny, Roger de Cantilupe și Alexander Saecularis aparțineau acestei cete de legiști „cu picioarele papistașe" ai regelui. Studenți englezi s-au dus la Bologna și au studiat sub îndrumarea lui Azo, „lord al tuturor lorzilor dreptului". Cartea lui Azo, Bracton o avea totdeauna cu el pe când o scria pe a lui *De Legibus et Consuetudinibus Angliae*. Totuși substanța cărții lui Bracton este o atentă expunere a justiției actuale aplicate de instanțele judecătorești. El însuși preot, își arată pretutindeni loialitatea față de tribunalele seculare. Ca și Henry de Bath,a fost destituit de la tribunalul regelui din cauza simpatiilor lui pentru partida baronilor; totuși a continuat să fie judecător în deplasare. Baronii o dată l-au trimis într-o misiune judiciară să

repare nedreptățile. Poate Bracton simțise vorba aspră a
Regelui. Ni se spune că lui William de York, un distins
predecesor al lui Bracton, Regele i-a spus: „Te-am ridicat din
adâncuri, erai mâzgălitorul citațiilor mele, un judecător și un
simbriaș". Bracton îl cunoștea bine pe marele patriot Simon
de Montfort și fără îndoială și înțelegea cauza lui. Nu știm ce
făcea el când vuia Războiul Baronilor, dar este probabil că se
ocupa liniștit de îndatoririle sale juridice.

În cartea lui Bracton găsim că normele dreptului sunt fixe
și neschimbate. Ele îl constrâng chiar pe rege. Simpatiile lui
Bracton pentru partida libertății și progresului apar ici și colo.
„În timp ce regele face dreptate", spune Bracton, „el este
viceregentul Regelui Etern, dar când se apleacă spre nedrep-
tate, el este unealta diavolului". Avea un nobil ideal despre
funcția de avocat și judecător. Folosind expresia din Codul
lui Justinian el spune despre profesia sa, *namque justitiam
colimus et sacra jura mnistramus*, „Noi suntem slujitorii la
altarul justiției și întreținem flacăra ei sacră".[4]

Măreția operei lui Bracton este cel mai bine dovedită de
reflecția că au trebuit să treacă cinci secole până ce un alt
jurist englez, în persoana lui Blackstone, avea să apară,
competent pentru a scrie un tratat despre întregul subiect al
dreptului englez. *De Laudibus* al lui Fortescue este un pane-
giric, *Tenures*[*] al lui Littleton acoperă un mic domeniu, și
Institutes[**] al lui Coke sunt atât de slab aranjate și prost scrise
încât sunt nepotrivite pentru a fi egale cu stilul clar, precis și
curgător al lui Bracton sau al lui Blackstone.

Lunga perioadă de la cucerirea normandă în 1066 până la
moartea lui Bracton în 1267 fusese o perioadă de minunată
creștere. A început cu un variat asortiment de instanțe judecă-
torești locale lipsindu-le norme stabile, și se încheie cu un

---

[4] Traducerea liberă de mai sus este mai mult decât o reminiscență a versu-
rilor lui Coleridge.
[*] Posesiuni. (*n.t.*)
[**] Instituții. (*n.t.*)

sistem foarte organizat de tribunale aplicând un sistem stabil și rațional de justiție. Începe cu o procedură barbară și se încheie cu o metodă rațională de a stabili faptele. În dreptul criminal începe cu un sistem de unde vinovatul face reparație părții lezate sau rudelor ei, se sfârșește cu o pedeapsă directă a crimei în folosul întregii societăți. Epocile care au urmat au amplificat doar și au lustruit normele distinctive ale lui Bracton. Dreptul cutumiar prin însăși forma lui a fost făcut capabil de nelimitată expansiune.

În plus, avansarea generală a judecătorilor, ținând sesiune prin diferitele comitate, a împărțit dreptatea regală de la un capăt la altul al țării. Diferitele tribunale locale erau supuse unei inspecții discrete. De fapt, ținerea unei sesiuni în deplasare era privită de locuitori mai degrabă ca un lucru opresiv. Judecătorii se informau asupra tuturor treburilor comitatelor și asupra tuturor actelor tribunalelor locale, asupra aplicării legislației criminale și asupra sentințelor date în procesele civile. Numeroasele amenzi impuse făceau justiția regală sursa unui venit impozant.

Pe la această vreme clericilor le era interzis de către Papă să studieze dreptul secular și erau opriți să facă parte din tribunale laice. Ecleziaștii juriști, ca Raleigh, Pateshull, William de York, Robert de Lexington și Bracton aveau să moară curând. În timp ce judecătorii supremi ecleziaști rămâneau timp de secole, dreptul cutumiar era pe punctul de a deveni moștenirea laicilor. Juriștii mireni sunt oameni învățați. Fitz Peter, Segrave, Braybroc, Multon și Thurkelbly sunt toți exemple potrivite. Dar lucrul cel mai remarcabil este că o clasă de avocați, care practică în tribunale, a luat naștere, și că judecătorii sunt în mod uniform selectați din rândul profesiei. Avocații de rang superior și învățăceii formează acum un corp distinct de oameni, dedicându-se numai practicii. Această categorie separată necesita doar facultăți de drept pentru a o face un corp închis de oameni, admitere la care cerea cunoștințe speciale. Această necesitate avea curând să

fie suplinită de **Inns of Court**[*], unde se preda dreptul cutu-
miar ca la o universitate. Pretutindeni se simțea nevoia de a
angaja buni avocați. Aceasta este înfăptuită de judecători.
Într-unul din primele Anuare, raportorul îl face pe Judecăto-
rul Șef să spună: „B își pierde banii pentru că nu a avut un
avocat bun". Câteva remarci de acest fel de la scaunul jude-
cătoresc aveau curând să prevină o apariție în instanță a
oricăruia în afară de un avocat pregătit.

Împărțirea profesiei în avocați pledanți și avocați apăruse
deja – o distincție care durează până în zilele noastre în An-
glia.[5] Avocatul pledant apare numai pentru un client deja
prezent în instanță prin propria persoană sau printr-un avocat.
Efectul acestei împărțiri în profesiune poate fi indicat într-un
loc mai târziu. În prezent este destul să se remarce influența
care trebuie să fie exercitată de corpul de avocați de profesie.
Opinia lor asupra chestiunilor juridice este sigur a fi de impor-
tanță predominantă, iar influența lor asupra alegerii judecători-
lor a determinat invariabil în Anglia promovarea în funcții de
judecător de oameni care și-au dovedit capacitatea prin dobân-
direa conducerii în practică. Marele avantaj al judecătorilor
numiți asupra celor electivi este că influența opiniei profesio-
niste poate fi mai ușor adusă să preseze asupra puterii ce-i
numește decât asupra unui electorat neformat.

Dar puterea crescândă a Parlamentului se făcea simțită
asupra creșterii justiției. Poate conservatismul profesiunii
dădea o mână de ajutor. Nu mai era acum posibil să se născo-

---

[*] Cele patru școli de drept, Lincoln's Inn, Gray's Inn, the Inner Temple, the
Middle Temple. (*n.t.*)
[5] Originea acestei deosebiri, ducându-ne înapoi la ideile germanice mai
primitive și contrastul dintre *attornatus* sau *anwalt* și un *vorsprecher*,
causidicus, sau *conteur*, a fost o dată pentru totdeauna demonstrată în eseul
Profesorului Heinrich Brunner cu privire la „*Die Zulässigkeit der
Anwaltschaft im französichen, normannischen, und englischen Rechte des
Mittelalters*", mai întâi tipărit în *Zeitschrift für vergleichende Rechtswis-
senschaft*, I, 321, și după aceea prescurtat în §100 din a sa *Deutsche
Rechtsgeschichte* (1892, vol. II).

cească noi ordonanțe pentru a satisface noi condiții și a oferi noi reparații. Parlamentul insista ca acordarea de noi ordonanțe și crearea de noi reparații era făurirea de noi legi, o putere care aparținea reprezentanților națiunii în Parlament. Astfel creșterea justiției era împiedicată de creșterea guvernării reprezentative. Dreptul englez este acum gata de a intra în a doua sa perioadă, care a început cu activitatea legislativă a domniei lui Edward I.

Trăsătura caracteristică a dezvoltării dreptului cutumiar este că forța lui motrice nu a venit din masa poporului, ci a fost impusă unei populații cerând continuu o reîntoarcere la vechile metode barbare. Jurisdicția universală a tribunalelor regelui, cea mai prețioasă în istoria dreptului, era privită cu cea mai mare gelozie. Stingerea vechilor ordalii – o măsură care a început cu batjocurile lui William Rufus și s-a terminat sub domnia lui John – nu era cerută de nici o largă porțiune a națiunii. Paladiul libertăților noastre, acel juriu care a crescut din inchiziția regală, era cu totul străin rasei engleze și a fost impus națiunii de către regii normanzi și angevini. Marele juriu la începutul lui era pentru majoritatea poporului ceva mai bun decât un instrument al împilării regale.

Baronimea normandă reprezintă elementul puterii printre făuritorii acestei jurisprudențe. În ciuda excepțiilor individuale care erau crude și despotice, masa normanzilor insista asupra legii și ordinii. Ei cereau oameni instruiți în drept pentru judecători, și insistau că judecătorii trebuie să fie independenți de dictatul regal. Își cereau propriile drepturi, dar în Magna Charta insistau asupra drepturilor celor mai umili servitori ai lor. În anii când baronimea lupta împotriva lui John sau Henric III-lea, când războiul civil hărțuia țara, practic aceiași judecători continuau să țină judecată la Westminster, neinfluențați de diferitele averi ale baronilor sau ale regelui. Multe povești s-au spus în discreditul normanzilor; superstiția *jus primae noctis* este încă un articol de încredere. Dar istoricul juridic știe că libertatea și dreptul englez, chiar guvernarea reprezentativă, a

fost opera normanzilor. William, Earl de Pembroke, i-a răs-
puns bine regelui în spiritul juristului normand: „Nici că va fi
pentru onoarea regelui ca eu să mă supun voinței lui împotriva
rațiunii, prin care i-aș face mai curând rău lui și acelei dreptăți,
pe care el trebuie să o împărțească poporului său; iar eu aș da
un rău exemplu la toți oamenii părăsind dreptatea și dreptul
potrivit dorinței lui greșite. Căci aceasta ar arăta că am iubit
averea mea lumească mai bine decât dreptatea". Nu a fost până
ce baronimea normandă a fost zdrobită de războiul celor două
Roze că Anglia a fost gata să se supună tiraniei suveranilor
Casei de York și Tudor – o tiranie care și-a găsit sprijinul în
masa națiunii. Și când lupta a fost reluată împotriva regilor
Stuart, cuvintele lui Bracton și ale lui William de Pembroke
erau cu înflăcărare citate pentru a dovedi că regele însuși nu
era mai presus de legea țării.

II. EPOCA DE ARGINT A DREPTULUI CUTUMIAR

DE LA URCAREA PE TRON A LUI EDWARD I PÂNĂ LA MOARTEA LUI EDWARD AL III-LEA[6]

Urcarea pe tron a lui Edward I în 1272 a fost aproape con-
temporană cu moartea lui Bracton în 1268. Un dictum al lui
Sir William Herle, Judecător Șef sub domnia lui Edward al
III-lea (rostit de la scaunul judecătoresc), susține că „el (Ed-

---

[6] Referințe generale pentru această perioadă: The YEAR BOOKS ale lui
HORWOOD și ale lui PIKE; YEAR BOOKS ale lui MAITLAND despre EDWARD II,
SELDEN SOCIETY; LIBER ASSISARUM; CONVEYANCER IN THE THIRTEENTH
CENTURY al lui MAITLAND; SELECT PLEAS IN MANORIAL COURTS (SELDEN
SOCIETY); PLACITA DE QUO WARRANTO; MIRROR OF MAGISTRATES (SELDEN
SOCIETY); PRELIMINARY TREATISE ON EVIDENCE al lui THAYER; *History of
Assumpsit* ([1888] 2 HARV. L. REV. 1,53) a lui Ames; *Register of Writs*
([1889] 3 HARV. L. REV. 99, 167, 212) al lui Maitland; *Introduction* a lui
BALDWIN la ediția lui a lui BRITTON; FLETA; DORMANT AND EXTINCT
PEERAGES a lui BURKE; EDWARD I a lui JENK; HISTORY OF CRIME a lui PIKE;
operele lui Foss, Campbell și Stubbs; HISTORY OF ENGLISH LAW a lui REEVE
este sigură numai în privința cărții statutelor.

ward I) a fost cel mai înțelept rege care a fost vreodată". Hale
și Blackstone au repetat acest limbaj și l-au numit Justinian
englez. Dar Edward nu prea era codificator sau fondator de
instituții. El pur și simplu avea surprinzătoarea buna pricepere
totdeauna să țină la îndemână cea mai bună consultație juridică
și să o urmeze. Avea permanent alături de el un foarte mare
jurist italian, Francis de Accursii. Cel mai apropiat prieten al
său era cancelarul său, juristul englez, Robert Burnel[7]. Avoca-
ții de seamă ai baroului erau păstrați în serviciul său. Burnel a
întocmit codul de legi numit Statute of Wales[*], care proiecta
dreptul englez asupra Țării Galilor. Judecătorul Șef Hengham
(pe care Coke îl numește Ingham) a întocmit Statutul De Donis
și prevederea care a creat lista de excepțiuni. Alți avocați
vestiți ca Inge, Lowther și Cave au întocmit celelalte bine
cunoscute statute, ca de pildă Quia Emptores, Judecători de
primă instanță și instrucție, Comersanți etc., care au suplinit
deficiențele justiției și procedurii existente.

În timpul domniei lui se deschid dosarele proceselor, nu-
mite Anuare. A existat vreme de secole o tradiție că Anuarele
erau oficiale. Plowden spune cu prudență că auzise că patru
raportori erau la început numiți de rege. Bacon este întrucât-
va mai sigur. Coke înghite tradiția complet, și spune că
„patru discreți și învățați profesori ai dreptului" erau numiți
de rege. El chiar afirmă că erau „oameni gravi și triști".
Blackstone știe totul despre ei, cine erau, cum erau plătiți și
cât de des erau publicate dosarele proceselor. Dar acesta este
pur și simplu un mit juridic în creștere. Dosarele arată că nu
erau oficiale. Raportorul alege dintre cazuri după cum doreș-
te. Declarații ale unui bine cunoscut avocat sunt inserate ca
autoritate. Sentințele judecătorilor sunt criticate pe față. Se
spune că o decizie ar fi fost „pentru folosul regelui mai
degrabă decât potrivit legii". În alt loc raportorul spune cu

---

[7] Ultimul episcop papal englez care a lăsat o familie de copii recunoscuți.
[*] Statutul Țării Galilor. (n.t.)

dispreț despre opinia unui judecător: „Aceasta nu înseamnă nimic". Chiar opiniile Judecătorului Șef Hengham sunt condamnate ca greșite. Despre o sentință raportorul spune că instanța a susținut contrariul la sesiunea judecătorească de sărbătoarea Sf. Mihail (această practică tribunalele au continuat-o până în ziua de astăzi). Raportorul îi face pe anumiți judecători să spună că o decizie citată a fost obținută datorită protecției și de aceea nu era autorizată. În sfârșit, raportorul îl poreclește pe un judecător pripit, Hervey cel Grăbit. Este, desigur, ridicol să numești oficiale asemenea dosare, dar ele sunt cu atât mai valoroase.

Anuarele ne arată profesia juridică în plină floare. Avocații principali ai baroului sunt avocați de rang superior, dar ei nu au încă un monopol al practicii la Curțile proceselor de drept comun. Alți avocați apar în dosarele proceselor. Există corpul studenților în drept, servind la curți; ei sunt menționați uneori de către judecători. Avocații principali ai baroului sunt puțini ca număr, dar ponderea opiniei de specialitate este evidentă. Raportorul nu ezită să spună că opinia avocaților de rang superior împotriva oricărei decizii este dovadă sigură că este eronată.

Însuși faptul că Anuarele apar arată influența opiniei de specialitate. Procesele verbale latine seci ale spețelor erau suficiente pentru Bracton, dar acum exista o cerere pentru multe lucruri care niciodată nu au răzbătut în registru – pledoariile avocaților, remarcile judecătorilor în timpul pledoariei, alegațiunea dibace a unuia dintre avocați, mișcarea abilă a celuilalt, de fapt, întreaga imagine a procesului așa cum progresa.

Aceste Anuare erau scrise în anglo-normandă, limba curților și avocaților. Unul dintre manuscrise ne arată ce era probabil o bibliotecă a juristului la începutul secolului al XIII-lea. În afară de dosarele proceselor, conține câteva statute ale lui Edward I și Edward al II-lea, tratatul lui Bracton, un alt tratat despre ordonanțe casate, un altul despre îndatoririle judecătorilor, un altul despre pledoariile în apărare ale coroanei, lucrarea lui Metingham despre *Essoins*[*], şi tratatul lui Hengham numit *Magnum et Parvum*. Aceste lucrări, împreună cu Britton şi *Register of Writs*, ar fi o amplă bibliotecă juridică; şi toate aceste cărţi ar putea fi legate împreună într-un singur volum de manuscrise.

Influenţa profesiei este evidentă în activitatea legislativă a anilor de deschidere ai lui Edward I. Statutele votate atunci erau toate remediabile. Oriunde un caz era neprevăzut, oriunde o reparaţie era incompletă, oriunde legea părea insuficientă, legea existentă era suplimentată de statute. Luaţi statutul creând lista de excepţiuni. Ea impunea judecătorului de primă instanţă obligaţia de a pecetlui o listă de excepţiuni prezentată oricăreia din sentinţele sale şi făcea lista o parte a procesului-verbal, care putea fi examinat în caz de eroare. Noi cunoaştem, fără nici o dovadă a faptului, că acest statut a fost obţinut datorită opiniei de specialitate. A adus toate sentinţele verificării supreme a unui tribunal de apel. De-aici încolo putea fi doar o singură normă a dreptului pentru toţi englezii. Faptul că aceste statute, ca de pildă Westminster II şi Westminster III, sunt încă lege în aproape fiecare stat în Uniunea noastră, este cea mai bună dovadă a sagacităţii acelor de mult uitaţi jurişti din timpul domniei lui Edward. Nicăieri nu este mai bine arătat conservatismul înţelept al adevăratului jurist, al cărui instinct nu este de a comite pierdere asupra moştenirii, ci de a repara splendidul edificiu al căruia el este doar locatarul de o viaţă.

Încă o altă indicaţie a influenţei crescânde a profesiei este dată de punerea sub acuzare a tuturor judecătorilor în faţa Parlamentului în anul 1289. Unii dintre judecătorii puşi sub acuzare purtau nume onorate în profesie. Ralph de Hengham, Judecător Şef al Tribunalului regelui, în urma unor acuzaţii josnice a fost amendat cu o sumă mică, dat afară din funcţie şi

---

[*] Iertări. (*n.t.*)

nereintegrat până ce nu trecuseră zece ani. Weyland, Judecător Şef al Tribunalului Public, după o carieră prosperă ca avocat şi un îndelungat serviciu ca judecător, a fost găsit vinovat de delicte odioase şi i s-ia retras domeniul. Dar cu îndemânarea avocăţească îşi făcuse soţia şi copiii co-vasali ai câtorva din feudele sale, care nu erau confiscate. Alţi judecători erau amendaţi cu mari sume variind de la 4.000 la 2.000 de mărci – sume imense, când ne gândim că salariul unui Judecător Şef era atunci numai patruzeci de lire. Pe de altă parte despre Lovetot, Rochester şi Sadington nu se mai aude. Boyland s-a ocupat cu construirea unui splendid palat şi a lăsat o mare avere. Hopton şi Sahan s-au reîntors la profesare. Se va vedea că numai după o amară experienţă a aflat Anglia necesitatea de a plăti salarii mari judecătorilor.

Doi judecători au fost găsiţi „loiali printre cei neloiali" – Elias de Beckingham şi John de Metingham. Ultimul a fost promovat la conducerea tribunalului public. Acolo el a prezidat vreme de doisprezece ani. Amintirea lui este păstrată vie de rugăciunea cerută să fie făcută la Cambridge *pro animo Domini* John de Metingham, ca unul dintre binefăcătorii Universităţii. El era un judecător învăţat şi drept. Tratatul său despre *Essoins* era o carte de drept preţuită. Într-una din opiniile sale îl citează pe Porphyr la o definiţie a supraîmbelşugării, ca ceva „care poate fi prezent sau absent fără pagubă pentru subiect". Odată a decis împotriva opiniei tuturor avocaţilor de rang superior, punând hotărârea sa pe seama comodităţii. Într-un alt proces a decis în favoarea lui Mutford şi mulţumitul avocat a ţâşnit cu un citat din Sfânta Scriptură: „Bine-cuvântat este vintrea care te dezvăluie". Într-un alt proces a ascultat cu răbdare multe obiecţii la un verdict şi apoi a spus sec: „Acum este rândul nostru", şi a făcut praf obiecţiile. Unui avocat, nu un avocat de rang superior, care pledase prost şi pierduse procesul clientului său, i se adresează cu milă „Sărmane prieten al meu" şi explică iremediabila lui greşeală. Metingham într-un alt caz

nu a considerat deloc obiecție la un verdict că partea învingă-
toare ospătase juriul la o tavernă. Ni se reamintește că juriul
nu a atins mai deloc până acum o funcție juridică.

Hengham s-a întors la magistratură ca succesor al lui
Metingham. El era de asemeni autor juridic. Tratatul său era
o lucrare despre metoda de a conduce acțiuni, împărțit în
Magnum și Parvum. Predecesorul său în Tribunalul regal,
Thornton, scrisese un compendiu din Bracton. Britton și Fleta
aparțin foarte aproape de această perioadă și este clar că
există o cerere pentru cărți juridice. Hengham este o mare
autoritate cu privire la ordonanțe și emite instrucțiuni grefie-
rilor din magistratură. Uneori el enunță lungi dicta, însă
raportorul adaugă într-un caz că Hengham se înșeală. Era
ferm cu avocații. Într-un proces i-a spus lui Friskeney și
confraților lui: „Vă interzicem să vorbiți mai departe despre
acea dovadă sub pedeapsa cu suspendarea" și, adaugă rapor-
torul, „s-au supus". Uneori Hengham și-a pierdut tactul său
juridic, precum atunci când îi spune unui avocat insistent:
„Renunță la strigătele tale și debarasează-te de această răs-
pundere". Una dintre dojenile lui este pe un plan mult mai
mare. Unui avocat care a oferit dovadă plauzibilă dar nesigu-
ră, Hengham i-a spus: „Ăsta e un sofism, și acest loc e desti-
nat pentru adevăr".

Dar cea mai mare figură pe scaunul judecătoresc este Wil-
liam de Bereford, care i-a urmat lui Hengham ca Judecător Șef
la Tribunalul Public. A slujit treizeci și patru de ani ca judecă-
tor. Putem sta în tribunal și să auzim ocările lui Bereford,
„Pentru Dumnezeu" și „Pe Sfântul Petru". El spune unei
alegațiuni absurde: „În numele lui Dumnezeu, asta e bună!"
Într-o zi era în ședință cu Mutford și Stonor, judecători ad-
juncți. Stonor a avut o discuție aprinsă cu avocații. Mutford a
spus atunci: „Unii dintre voi au spus destul de mult care con-
travine la ceea ce până acum a fost acceptat ca justiție". „Da",
a exclamat Bereford, „aceasta este foarte adevărat și nu aș
spune cine sunt ei". Raportorul adaugă naiv, „Unii au crezut că

el se referea la Stonor". Bereford este uneori tăios cu avocații: „Dorim să știm", a exclamat el odată, „dacă aveți altceva de spus, deoarece până acum nu ați făcut nimic decât să vă ciondăniți și să turuiți". Într-o zi avocatul de rang superior Westcote a pus în discuție judecata lui Bereford: „Zău", a replicat sarcastic Bereford, „Îți sunt foarte îndatorat pentru provocare, nu de dragul nostru care stăm pe scaunul judecătoresc, ci de dragul tinerilor care sunt aici". L-a tratat cu dispreț pe ridicolul parior anglo-saxon al judecății. „Acum doamne păzește", spune el de la scaunul judecătoresc, „ca cineva să ajungă la judecata lui despre un lucru de care juriul să poată lua cunoștință, astfel încât cu o duzină sau o jumătate de duzină de ticăloși, el l-ar putea deposeda prin jurământ pe un om cinstit de bunurile sale". El chiar corectează în proces public enunțuri ale confraților săi judecători în privința legii. Într-o zi îndreaptă o sentință a lui Hervey cel Grăbit în ciuda protestelor acelui judecător. Este tăios cu avocații. Lui Malberthorpe, avocat cu mare practică, îi spune: „Vorbești vrute și nevrute". Lui Passeley, avocat principal la bară, îi spune într-o acțiune să înceteze cu titlul: „Sunt patruzeci de proști aici care cred că, îndată ce unul într-un astfel de caz a recunoscut, nu mai e nimic de făcut, deși el pretinde mai mult decât are. Răspunde cu ce titlu pretinzi onorariu". Uneori el glumește de la scaunul judecătoresc. Legea era că un șerb care plecase într-un oraș și rămăsese acolo timp de un an devenea liber, dar Metingham hotărâse că dacă șerbul se întorcea la casa lui de șerb din nou el își pierdea libertatea. Bereford ilustrează acest punct printr-o glumă. „Am auzit spunându-se despre un om care a fost dus într-un bordel și spânzurat, și dacă ar fi stat acasă, asta nu s-ar fi întâmplat. Deci, dacă era un cetățean liber, de ce nu a rămas în oraș?" Unele dintre glumele lui Bereford sunt prea întinse pentru a fi citate. Chiar dacă raportorii erau „oameni gravi și triști", cum spune Coke, ei au notat totdeauna anecdotele extrem de piperate ale lui Bereford cu evident interes.

Hervey de Staunton, care este numit cel Grăbit, este prompt la răspuns. Mutford, un avocat principal la bară, a afirmat că o șerbă care a devenit liberă căsătorindu-se cu un om liber, a revenit la starea ei înrobită de îndată ce i-a murit bărbatul. „Asta e fals", a spus un judecător. „Mai rău decât fals, este o erezie", a adăugat Staunton. Într-un alt proces un avocat mai tânăr a fost dojenit de Staunton pentru o pledoarie slabă și i s-a spus să meargă și să ceară sfaturi de la avocați. În loc de a fi supărat, avocatul a ieșit și s-a întors cu doi eminenți avocați. Willoughby și Estrange. Dar acesta este lucrul obișnuit. Ori de câte ori un avocat sau un tânăr avocat încearcă să pledeze fără un avocat de rang superior, este repede prins cu o greșeală și i se spune să iasă și să primească sfat. În circuit Staunton este dojenit de confrații lui judecători pentru a pronunța o sentință înainte de a-i fi consultat. Replicile judecătorilor sunt destul de prompte. „De ce", întreabă Asseby, „a pledat partea cealaltă că au fost sechestrați?" „Fiindcă sunt destul de proști", spuse Hertford, judecător, degrabă, „răspunde!" Berewick, un judecător îi spune marelui Howard: „Dacă dorești să citezi un caz, citează unul la obiect". Aproape se uită citind aceasta că el este demult în Evul Mediu. Uneori un avocat este amendat pentru sfidare. Lisle a plătit o amendă de 100 șilingi, totuși curând după aceea a fost făcut un judecător al curții cu juri.

Cel mai izbitor fenomen este mărimea redusă a baroului în practica activă. Câteva nume revin constant. Onorariile unui avocat principal trebuie să fi fost enorme. Cei mai mulți dintre ei mureau bogați. Cazul lui William Howard, de la care curge „tot sângele tuturor Howard-ilor", a fost deja citat ca exemplu în descrierea primei perioade. Un alt mare avocat, un rival al lui Howard, este Hugh de Lowther. Este avocat de rang superior al regelui și apare în acțiuni quo garante, pe care Howard le apăra adesea. El era dintr-o veche familie în Westmoreland. Descendentul său ereditar a devenit Vicontele Lonsdale în 1689 și Castelul Lowther (unde pre-

zentul Earl de Lonsdale l-a întreținut atât de magnific pe
Împăratul german) stă în mijlocul întinsului domeniu de
35.000 de acri pe care procurorul general al lui Edward I l-a
lăsat descendenților săi.

Cel mai mare onorariu din acea epocă plătit unui avocat a
fost £133, 6 șilingi, 8 pence, achitat de Edward al II-lea lui
Herle, avocatul de rang superior al regelui, și acesta a fost
suplimentat de un loc pe scaunul judecătoresc. După un lung
serviciu în magistratură lui Herle i s-a permis să se retragă; și
poate interesa să se observe că permisiunea vorbea de „fideli-
tatea lui recunoscută, soliditatea priceperii lui, gravitatea
înfățișării lui și serviciul lui neobosit în funcția lui".

Unul dintre numele care deseori revine este acela al lui
John Stonor. Ca avocat de rang superior cu o vastă practică și
apoi ca avocat de rang superior al regelui, el a făcut desigur
avere. Mai întâi a servit la Curtea proceselor de drept comun,
apoi la Judecătoria regelui, apoi a fost reîntors la Curtea proce-
selor de drept comun. Mai târziu a fost Baron șef al finanțelor,
apoi Judecător Șef al Curții proceselor de drept comun,
înlocuindu-l pe Herle; totuși mai târziu Herle a fost repus în
drepturi, și Stonor a luat locul al doilea, dar a devenit Judecă-
tor Șef din nou. Acesta este remarcabilul palmares al acestei
fete juridice la toate. Singura decizie pentru care este celebru
este o susținere că o lege a Parlamentului era nevalabilă.

De la un capăt la celălalt al Anuarelor celor trei Edward,
este vizibil că judecătorii sunt uniform selectați dintre avocații
principali ai baroului. Dacă un avocat de rang superior apare
într-o vastă practică, el este aproape sigur mai târziu pe scau-
nul judecătoresc. Atât de vizibil este acest lucru încât există
puțini mari avocați care să nu atingă o poziție judecătorească.
Simon de Trewithosa era evident un om din regiunea Cor-
nwall. Avea o imensă practică, era avocat de rang superior, dar
nu a fost niciodată judecător. Enunțurile sale de drept se găsesc
în Anuarele citate ca de evidentă valoare. Un alt avocat numit
Pole nu a atins magistratura. Practica sa era foarte întinsă și

faptul bizar este că nu a fost făcut măcar avocat de rang superior. Dar astfel de nume ca Howard, Lowther, Heyham, Hertford, Inge, Herle, Estrange, Westcote, Warrick, Passeley, Lisle, Touthby, Willoughby, Malberthorpe, Mutford, cei doi Scrope, Friskeney, Scotre și mulți alții, arată că eminența profesională și-a găsit o răsplată sigură într-o funcție de judecător. Nici un jurist nu este ridicat la instanțele judecătorești mai înalte care nu este un avocat cu mare practică.

Judecătorii sunt oameni care nu respectă deloc persoanele. Magnat și șerb sunt egali în fața legii. Beauchamp, Earl de Warwick, pledându-și propriul caz și demonstrând considerabile cunoștințe tehnice, este tratat ca un avocat obișnuit. Roger Bigot, Earl de Norfolk și Earl mareșal al curții, ginere al Regelui, primește același tratament ca și cel mai umil reclamant. Unui sărac în mod greșit prins ca răufăcător i se dă £ 100 daune, un verdict egal cu zece mii de dolari în ziua de azi. Totuși vedem întârzierea legii, căci s-au scurs patru ani între darea sentinței și verdict.

Judecătorii sunt oameni abili, cu tact. Într-un proces unde reclamanții nu au avut succes în acțiunea posesorie de urmărire a unui drept asupra unei opuneri, Berewick, judecătorul, i-a spus pârâtului: „La ce îți va ajuta asta? ei pot intenta o nouă acțiune și îl pot obține, așa că poți prea bine să te dai bătut", și dreptul a fost cedat. Într-un alt proces Howard a ajuns la un punct dificil și refuză să pledeze, dar Berewick, judecătorul, îl cheamă sus pe client, îl ia de la avocatul lui și îi pune întrebări în așa fel ca să primească răspunsuri care sunt luate ca pledoarii. Pledarea era în acea epocă un act voluntar. Un proces penal l-a arătat pe unul dintre acești judecători la înălțime. Hugh, un om de însemnătate, este adus în fața justiției sub acuzația de viol. A cerut avocați. „S-ar fi cuvenit să știi", răspunde judecătorul, „că regele este parte aici *ex officio* și nu poți să ai avocați împotriva sa, deși dacă femeii i-ar fi plăcut de tine, ai fi putut". Avocaților inculpatului li s-a poruncit să se retragă și s-au conformat. Hugh a fost apoi poftit să pledeze. Hugh a răspuns că era un cleric (preot) și nu trebuia să răspundă fără episcopul lui. Apoi a fost confirmat la episcop ca preot. Astfel apare că episcopul avea reprezentantul său făcând parte din instanță gata să confirme judecarea oricui care spunea că era cleric. Dar judecătorul era evident informat, căci a răspuns: „Ți-ai pierdut calitatea de preot deoarece te-ai căsătorit cu o văduvă". În conformitate cu legea De Bigamis un preot care se căsătorise de două ori sau se căsătorise cu o văduvă și-a pierdut dreptul de a fi judecat în instanța eclesiastică. „Răspunde", spuse judecătorul, „dacă era văduvă sau virgină, și fii atent, căci pot chema juriul aici să verifice declarația ta". Observăm că un juriu participă în instanță gata să decidă, prin cunoștințele membrilor săi, probleme controversate asupra faptelor. Hugh răspunde: „Era virgină când m-am căsătorit cu ea". Judecătorul recurge la juriu, care spune că era văduvă. Apoi judecătorul hotărăște că el trebuie să răspundă ca mirean și îi cere să consimtă la o judecată cu juri. Este de observat că pârâtul într-un proces penal trebuie să consimtă la un juriu, o reminiscență a căreia este întrebarea și răspunsul acuzatului în secolele viitoare: „Cum vei fi judecat?" „De către Dumnezeu și țara mea", adică, de juriu. Dar învinuitul a obiectat că era acuzat de juriu. (Este curios să se observe că aceiași jurați acționau ca juriu ce hotărăște sau respinge punerea sub acuzare și jurați care dau sentința în judecăți civile sau penale.) El a pretins mai departe că era un cavaler și acuzatul a adăugat: „Trebuie să fiu judecat de oameni de același rang". Judecătorul i-a dat un juriu de cavaleri, care au fost chemați și inculpatul a întrebat dacă avea oarecari contestații. Dar Hugh tot refuza să consimtă la o judecată cu juri și judecătorul l-a avertizat de arest sever cu pâine și apă, dacă nu consimțea. Astfel Hugh a consimțit și a cerut să fie ascultate contestările lui. Judecătorul: „De bunăvoie, citește-le". Apoi Hugh face o greșeală: „Nu știu să citesc". Judecătorul: „Cum vine asta, pretinzi imunitatea cinului preoțesc și nu știi să citeşti?"Apoi inculpatul se ridică foarte zăpăcit; dar judecătorul îl pofteşte pe un martor să citească contestările inculpatului, care le rosteşte. Juraţii contestaţi sunt scutiţi. Apoi judecătorul ţine discursul exhortativ juraţilor şi juraţii spun că femeia a fost încântată de oamenii lui Hugh. Judecătorul: „A fost consimţit Hugh?" Juraţii: „Nu". Judecătorul: „A consimţit femeia?" Juraţii: „A consimţit" şi la care Hugh a fost achitat. Dar cine poate spune dacă a fost achitat pentru că femeia a consimţit şi totuşi ar fi fost considerat răspunzător conform dreptului penal pentru actele servitorilor lui?

Avocaţii, oricât de eminenţi, nu-i pot momi pe judecători. Într-un proces, Howard şi Lowther de aceeaşi parte insistau asupra unei anume forme de sentinţă. Lui Howard, Berewick i-a răspuns: „Vă spunem că nu aţi văzut niciodată nici o altă sentinţă în aceste circumstanţe şi nu veţi obţine nici o altă sentinţă la noi". Apoi Lowther a discutat în contradictoriu cu instanţa, însă Berewick a fost ferm: „Nu veţi obţine nici o altă sentinţă de la noi". Din nou, Howard este pe scaunul judecătoresc şi Asseby spune: „Cred că nu vei da sentinţă în acest chip, dacă ai fi în proces", dar Howard răspunde cu blândeţe: „Cred că greşeşti, aşa că răspunzi". Dar uneori este arătată indulgenţă. Unui calcul socotit ca prost, curtea îi spune: „Ar fi fost formal să fi făcut aceasta, dar noi îl vom ierta de această dată; dar să aibă grijă toată lumea în viitor, căci oricine va socoti în acest fel, scrierea lui va slăbi, fiindcă e de datoria noastră să menţinem străvechile noastre forme".

În acele zile avocaţii expuneau verbal pledoariile propuse şi dacă erau socotite bune de către Curte erau reduse la forma legală de către copişti. Până în ziua de astăzi pledoariile noastre încă răsună ca şi cum partea ar fi în instanţă publică expunându-şi pledoariile. În acest stadiu mai de început al dreptului cutumiar pledoariile erau în mod necesar toate adevărate. Ori de câte ori avocatul în pledoaria sa atinge un punct despre care nu este informat, el şovăie şi îl caută pe clientul său ori pe reprezentant pentru informații în plus. Avocații arată ascuțime și ingeniozitate. Pledarea este tehnic corectă. Toate pledoariile trebuie să urmeze în ordinea lor obișnuită – pledarii în anulare înaintea pledoariilor pentru temeiuri; nu exista, totuși, nici o astfel de regulă cum ar fi (de exemplu) că sentința asupra unei pledoarii în anulare era *quod recuperet*. În acest stadiu sensibil al justiției nu era nevoie ca statutele să admită pledarea din nou. Câteodată avocații se încăpățânează și refuză să pledeze mai departe și apoi spun că vor proceda astfel numai să oblige curtea. Touthby, un foarte bun avocat, într-un proces încearcă să pledeze, fără să-și oblige clientul, Isolde. „Spun pentru Gilbert de Touthby dar nu pentru Isolde", începe el. Ori de câte ori dezbaterile ajung la un punct unde partea al cărei rând este să pledeze nu poate să refuze ori să se eschiveze, se dă imediat sentința. Grefierii înregistrează formele tehnice de dezbateri. Gloriosul *absque hoc* este prezent în mare număr. Într-un proces de atac avocatul spune verbal, ca răspuns la o justificare: „L-a apucat cu intenție criminală și nu cum a spus, bucuros etc." Grefierul înregistrează aceasta ca răspuns obișnuit *de injuria sua propria absque tali causa etc.*

În aproape fiecare speță sunt doi avocați de fiecare parte. În unele procese există o mare ordine de bătaie. Astfel Fenyham, Hertford, Howard și Inge sunt pentru inculpat iar Lisle și Lowther pentru reclamant. Nimeni nu pare să conducă, dar toți vorbesc. Uneori diferiți avocați apar la diferite termene. Într-un mare proces de replevin[*], Estrange, Scrope și Westcote sunt pentru inculpat iar Herle și Hertepol pentru reclamant odată. La următorul termen Westcote și Huntingdon sunt pentru inculpat, în timp ce reclamantul îi are pe Kyngesham, Warrick și Passeley. Avocații care practică la Westminster se găsesc de asemenea în circuit la ședința tribunalului. Acești oameni

---

[*] Redobândirea de către o persoană de bunuri pretinse a fi ale sale, pe baza promisiunii sale de a verifica problema în instanță și a renunța din nou la bunuri dacă este înfrântă. (*n.t.*)

trebuie să fi păstrat în minte o enormă cantitate de reguli procedurale. Existau patru sute şaptezeci şi una de diferite ordonanţe originale, fiecare arătând o formă diferită de acţiune şi cerând propria ei procedură specială.

Utila carte juridică era Britton, un fel de conspect din Bracton. Judecătorul Şef Prisot din vremea lui Henric al VI-lea spunea că Britton a fost scrisă la ordinul lui Edward I şi fixează data ei ca 1275. A înlocuit-o pe Bracton, astfel încât judecătorii din perioadele următoare vor spune cu bizară stupiditate că Bracton nu a fost niciodată acceptat ca o autoritate în dreptul englez. În mod sigur dreptul roman al lui Bracton nu a fost înţeles de către succesorii lui imediaţi; căci în Britton *actio familiae herciscundae* din dreptul roman a devenit o acţiune despre lady de Hertescombe, care probabil avea proprietăţi în Devonshire. Totuşi Passeley, unul dintre aceşti avocaţi, era civilist, căci judecătorul îi spune de la scaunul judecătoresc: „Passeley, eşti un legist, şi există o lege scrisă care vorbeşte despre acest subiect", citând din codice.

Este demn de atenţie că nu se aud nici un fel de plângeri despre avocaţii practicanţi în instanţele superioare. Există un singur caz al unui avocat fiind mituit de avocatul opus. Dar avocaţii principali erau leali şi zeloşi. Chiar împotriva regelui luptau bine pentru clienţii lor. Atât Edward I cât ţi Edward al III-lea au făcut atacuri hotărâte asupra jurisdicţiilor particulare din diferite domenii ale lorzilor, şi în toate cazurile avocatul inculpatului era zelos împotriva regelui. Dar în instanţele inferioare, municipale, locale şi senioriale, „juristul de mâna a doua" era la fel de neruşinat şi necinstit cum este şi astăzi. În 1280 primarul şi consilierii municipali ai Londrei deplângeau ignoranţa şi deprinderile urâte ale apărătorilor şi avocaţilor apărători, care practicau în tribunalele municipale. S-a poruncit ca nici un avocat să nu fie un avocat apărător; şi astfel este evident că separarea celor două ramuri ale profesiei, care din fericire a durat în Anglia, era în acea perioadă de început în plină acţiune. Consilierii comunali erau obligaţi să

amenințe cu suspendarea pe acel apărător care lua bani de la
ambele părți sau îl insulta pe adversarul său.

Există o întâmplare cu abatele curții lui Ramsey pentru
bâlci la Sf. Ives, care îl arată pe avocățelul local în tot ce are
el mai rău. William din Bolton este numele „avocatului
șarlatan". Spiona de jur împrejurul târgului, căutând victi-
me. Simon Blake din Bury era învinuit de folosirea unui cot
fals pentru măsurarea stofei. William, setos de chilipir, a dat
năvală și s-a pus chezaș pentru apariția lui Simon. Apoi
pentru a fi sigur de onorariul lui l-a convins pe prietenul lui
Simon, John Goldsmith, să-l angajeze pe el să-l apere pe
Simon și să-i promită patru șilingi ca onorariu. William a
promis să apere, numai dacă Simon va jura că a primit
falsul cot de la un negustor din Rouen. Deși Simon a decla-
rat astfel și a chemat negustorul din Rouen în garanție,
totuși el a retras actul lui justificativ al negustorului din
Rouen. Planul, desigur, era să-l jupoaie pe bogatul negustor
străin; dar Simon și-a pierdut curajul sau a fost cumpărat.
Apoi William a avut obrăznicia să-l dea în judecată pe John
Goldsmith pentru cei patru șilingi onorariu de angajare și
zece lire daune fiindcă John îl convinsese pe Simon să
retragă zisul act justificativ al zisului negustor din Rouen;
„de la care", William susține fără pic de rușine,
„sus-numitul William sperase să capete o mare sumă de
bani". Daunele au survenit din pricină că avocățelul era
lipsit de o ocazie de a impune șantaj. Cu siguranță William
a fost aruncat în acel stagiu timpuriu. El aparținea „dughe-
nei de justiție" a unuia din marile noastre orașe.

Relele acestor instanțe locale sunt vădite. Într-un proces
Bereford îl întreabă pe Malberthorpe „De ce nu ai pledat
această excepțiune la judecătoria de ocol?" „Pentru că", a
răspuns avocatul, „am crezut că va avea mai multă șansă în
fața voastră decât în acea judecătorie". În același an Margery a
adus o citație de sentință ilegală împotriva reclamanților
baronului curții Fulk Fitz Warin, stăpân al feudei, pentru că nu

au înregistrat procesul ei împotriva lui Fulk la propria lui judecătorie. Reclamanții au apărut la tribunalul regelui înaintea lui Bereford pentru a răspunde citației. Bereford, judecător: „Oameni buni, Margery aduce citația ei etc. Ce aveți de spus?" Heydon, angajat pentru reclamanți: „Vă voi spune tot despre afacere". Bereford: „Nu vei spune un cuvânt despre ea, ci ei cu gurițele lor o vor spune". Reclamanții au spus apoi că le-a fost frică să înregistreze procesul femeii de teama lui Fulk, care îl bătuse pe unul dintre ei și le-a impus cu forța, astfel încât au fost obligați să vină la tribunalul regelui sub protecție. Bereford: „Mergeți deoparte singuri și luați un grefier cu voi și puneți-l să scrie documentul vostru, având grijă ca Robert Heydon să nu vină lângă voi". Bereford era hotărât să ajungă la exactul adevăr și ca reclamanții să-și facă documentul fără ajutorul avocatului. Documentul făcut, Bereford a emis o ordonanță împotriva lui Fulk. Regele era mult mai înțelept decât supușii lui când a încercat prin ordonanțele lui de *quo warranto* să distrugă aceste instanțe locale.

Cel mai mare proces al acestei domnii nu a fost judecat în nici unul din tribunalele obișnuite; căci Regatul Scoției era în joc, iar litiganții erau pretendenții tronului. Rivalii au supus cauza arbitrării lui Edward I. Însă Edward îndată și-a pus juriștii lui la lucru să inventeze cu ajutorul acestei arbitrări vreo metodă prin care el ar putea să-și extindă suveranitatea asupra Scoției. Burnel, judecătorul suprem și Roger la Brabazon, un jurist dibaci și unul dintre judecătorii subalterni ai magistraturii regale, au pregătit procesul. Din documentele și cronicile monahale, au fost procurate acte de loialitate de foști suverani scoțieni, în special cel al lui William Leul către Henric al II-lea după capturarea lui de Ranulf Glanville. Au fost atenți să treacă sub tăcere anularea de către Richard Inimă de Leu a drepturilor sale asupra Scoției pentru o mare sumă de bani. A fost convocat curând un parlament de englezi și scoțieni la Berwick. Brabazon a deschis dezbaterile printr-un discurs în care a adus dovezile lui și a cerut, drept un preliminar, ca rivalii şi toţi scoţienii să jure credinţă lui Edward ca suzeran feudal al lor. Concurenţii fireşte nu puteau să ofenseze curtea. Nobilii scoţieni au murmurat, însă după ce au văzut dovezile lui Brabazon s-au resemnat. Camera Comunelor scoţiană, însă, a refuzat. S-a ţinut apoi un proces, şi Burnel, din partea regelui, în mod corect a adjudecat tronul lui Balliol. Apoi regele a încercat să extindă jurisdicţia curţilor lui asupra Scoţiei. Dar Wallace, şi după aceea Robert din familia Bruce, au păstrat vie rezistenţa, până ce sub domnia lui Edward al II-lea înfrângerea zdrobitoare a englezilor la Bannockburn a năruit visul lui Edward I al unui regat al Marii Britanii. Brabazon, ca Judecător Şef al magistraturii regale, a trăit să-i vadă pe fugarii de la Bannockburn.

Unul din rezultatele anilor de război a fost de a răspândi în Anglia indivizi nelegiuiţi numiţi oameni târâtori de ciomag. Pentru a-i face să dispară pe aceşti jefuitori, au fost trimişi în toată Anglia judecători speciali, cavaleri şi baroni fără teamă. Unul dintre aceşti judecători în cei 33 ai lui Edward I era John de Byrun, un descendent ereditar al normandului Ralph de Burun din registrul cadastral întocmit în Anglia în anul 1086 din ordinul lui Wilhelm Cuceritorul. În descendenţă obişnuită din judecător a venit Sir John Byron, devotatul aderent al lui Charles I, care a fost făcut Lord Byron. Descendentul său, cel de-al şaselea Lord Byron, a fost poetul, care alături de Shakespeare a fost cea mai mare forţă intelectuală în istoria literară engleză. Prietenul lui Byron, poetul Shelley, se trăgea din William Shelley, un judecător al Curţii proceselor de drept comun sub domnia lui Henric al VIII-lea. Chiar Shakespeare aparţine din partea mamei sale de Ardenii normanzi, care au dat cel puţin trei judecători sub domnia Plantageneţilor; în timp ce Francis Beaumont, colaboratorul lui Fletcher, era fiul şi nepotul unor judecători englezi aparţinând Beaumont-ilor normanzi.

Nenorocirile domniei lui Edward al II-lea au avut puţin efect asupra tribunalelor. Malberthorpe, Judecător Şef al

Tribunalului regelui, a pronunțat condamnarea la moarte a Contelui de Lancaster. Când Edward al II-lea a fost capturat de soția lui, Isabella, și amantul ei, Roger Mortimer, și executat, Malberthorpe a fost dat în judecată pentru sentința lui împotriva Contelui de Lancaster; dar el a dovedit cu prelați și pairi faptul că a dat acea sentință la comanda regelui, pe care nu a îndrăznit să nu-l asculte. Aceasta este dezonoranta însemnare despre grațierea lui. Dar Malberthorpe a fost demis și s-a reîntors la practică. Trecem de cei doi Scrope; Bourchier, care a întemeiat o distinsă familie; și Cantebrig, care a donat cea mai mare parte a proprietății lui pentru a înzestra acea mare instituție care este acum Corpus Christi la Cambridge. Erau toți mari juriști.

Cel mai celebru jurist sub domnia lui Edward al III-lea, totuși, era Robert Parning. Anuarele îl arată a fi un om de remarcabilă erudiție. A venit la Curtea proceselor de drept comun ca judecător la o vârstă destul de tânără. Într-un remarcabil proces Parning este în ședință cu Stonor, Shareshulle și Shardelowe. Se contrazice cu Shareshulle și are loc o mare dezbatere între judecătorii din proces, care este relatată cu acuratețe. În cele din urmă Parning a fost învins, dar câteva luni mai târziu a devenit Judecător Șef al Tribunalului regelui și apoi judecător suprem.

Acesta este primul caz al unui mare jurist cutumiar atingând fotoliul prezidențial de marmură. Prin raportare la Registru, se va vedea că în serviciul lui de doi ani a asigurat câteva noi reparații. Dacă judecătorii supremi ar fi continuat să fie profesori de drept cutumiar, nu ar mai fi fost nici un sistem separat al curții de justiție a Lordului-Cancelar. Însă după moartea lui Parning funcția de cancelar a fost din nou conferită unui ecleziast. Opoziția crescândă față de biserică este arătată, însă, de petiția membrilor Camerei Comunelor către rege în 1371 ca numai laici să fie numiți în funcțiile superioare. După care Robert de Thorpe, Judecător Șef al Curții proceselor de drept comun, a fost făcut judecător suprem. La moartea sa

John Knivet, Judecător Şef al Tribunalului regal, a urmat în fruntea curţii de justiţie a Lordului-Cancelar; dar el a rămas numai cinci ani, când funcţia a fost dată unui ecleziast. Nici un alt mirean nu a deţinut funcţia până la Sir Thomas More. Este interesant de notat că Parning, după ce a devenit judecător suprem, se va întoarce să facă parte din tribunale, şi în 1370 există următoarea însemnare în Anuar: „*Et puis Knivet le chanc. vyent en le place, et le case lui fuit monstre par les justices et il assenty*" [8].

Unele din întâmplările vremii ne dau oarecare lumină asupra obiceiurilor contemporane. Judecătorul Şef Willoughby în 1331 a fost capturat de haiduci şi silit să plătească o răscumpărare de nouăzeci mărci – mai mult decât salariul pe un an. Seton, un judecător sub domnia lui Edward al III-lea, i-a intentat proces unei femei care i-a spus în judecătoria lui „trădător, criminal şi tâlhar". Concluzia este că dăduse o hotărâre la proces împotriva doamnei, dar nu o impresionase cu corectitudinea deciziei lui. A primit despăgubire daune, dar i –sa dat un juriu din semenii lui, adică, un juriu din oameni ai legii. Neobişnuita simplicitate a acelor vremi este arătată de Thorpe şi Green, doi judecători, mergând în alai la Camera Lorzilor şi întrebându-i ce se vroia printr-o lege votată nu de mult. Nu le-ar veni în gând judecătorilor noştri să caute o asemenea explicaţie despre o lege absurdă. Green a pronunţat o dată sentinţă împotriva Episcopului din Ely

---

[8] „Iar apoi Knivet judecătorul suprem a intrat în tribunal şi cazul i-a fost explicat de către judecători şi el a fost de acord."
Cuvintele ultimei însemnări arată că cunoaşterea francezei dispare. Cam în această perioadă a fost votată legea care cerea ca toate pledoariile şi sentinţele în tribunale să fie formulate în engleză. Dar juriştii au ignorat cu calm legea până la mijlocul secolului al XVII-lea. Raportorul Anuarului lui Edward al II-lea era un mult mai bun cărturar francez decât oamenii care au înregistrat sub domnia lui Edward al III-lea. Avocatul de rang superior Maynard spunea că Richard de Winchester a raportat sub domnia lui Edward al II-lea dar nu ne spune nici un fapt în legătură cu el, şi numele nu apare nicăieri în altă parte.

pentru găzduirea unuia dintre oamenii acestuia din urmă care comisese delict de incendiere și asasinat. Pentru această sentință judecătorul a fost citat în fața Papei, și la refuzul său de a se prezenta a fost excomunicat. Cam în această vreme exista considerabilă fricțiune între juriști, numiți *„gentz de ley"* și clerici, numiți *„gentz de Sainte Eglise"*. „Oamenii legii" probabil au pus la cale petiția ca numai laici să fie aleși pentru a deține asemenea funcții ca judecător suprem. Dar în următorul Parlament „oamenii Sfintei Biserici" au ripostat prin obținerea unei petiții de la Parlament cerând stăruitor ca de-aici încolo *„gentz de ley"*, practicând în tribunalele regelui, care se slujeau pur și simplu de Parlament pentru a trata afacerile clienților lor, nesocotind treburile publice, să nu mai fie eligibili ca reprezentanți ai unui comitat, în parlament. Se pare că motivul real al ostilității față de biserică era marile ei posesiuni. La fel ca astăzi masa oamenilor privesc cu ură și invidie la posesorii de mari averi, astfel că atunci mulți oameni s-au îndreptat către vastele pământuri ale bisericii pentru ușurare împotriva impozitării crescând din războaiele franceze.

Însă domnia lui Edward al III-lea a produs un cleric sacerdotal demn de a fi egal cu Lanfranc, Flambard, Roger de Salisbury și Robert Burnel. Cariera lui William de Wykeham este una din gloriile bisericii engleze. De sorginte umilă, educat la Winchester, el a atras atenția episcopului, care a folosit talentele arhitecturale cu adevărat minunate ale lui Wykeham în îmbunătățirile catedralei Winchester. Aici el a adoptat tonsura clericală. Puțin mai târziu a intrat în serviciul regelui și la Windsor, pe locul unei vechi fortărețe a lui Wilhem Cuceritorul, a construit donjonul și turnurile crenelate, care sunt până azi cea mai nobilă parte a uneia din magnificele reședințe regale ale lumii. A fost repede avansat la episcopatul de Winchester și la funcția de cancelar. Anii lui de declin au fost ocupați cu întemeierea Școlii Winchester și cu mult mai marea înzestrare a colegiului său St. Mary la

Oxford, acum numit New College. Ctitoria lui Wykeham o face încă să fie o instituție bogată. După trecerea a cinci sute de ani clădirile rămân așa cum au fost proiectate de acest cel mai mare dintre prelații iubitori de artă.[9]

Este trist să ne întoarcem la anii de sfârșit ai regelui, a cărui domnie a început cu triumful de la Cressy. Avusese o lungă și în multe privințe glorioasă domnie. Curtea lui fusese cea mai splendidă în Europa. Fastul ordinului cavaleresc aruncase aureola sa romantică asupra domniei lui. Spolierea Franței îmbogățise poporul său. Dar ravagiile ciumei aproape ruinase națiunea. În domeniul legii perspectiva era întunecată. Amanta regelui, Alice Perrers, uneltea pe față să influențeze decizia tribunalului. Ea a provocat o ordonanță generală împotriva femeilor care încercau profesarea dreptului. Onorariile mari cerute pentru ordonanțe în curtea de justiție a Lordului-Cancelar erau pricină de amară plângere. Consiliul regal îi acuza pe oameni și îi judeca fără incriminare. Dreptatea era tărăgănată prin ordonanțe regale. Chiar judecătorii țării, s-a pretins, catadicseau să primească robe și recompense de la marii seniori. Un judecător a fost găsit vinovat de luare de mită în procese penale. Ineficacitatea apelurilor era un rău strigător la cer și se plângea că judecătorii audiau apeluri împotriva propriilor lor decizii. Toate aceste diferite necazuri aveau să provoace o cruntă răfuială în viitoarea domnie. Dar aici trebuie să încheiem perioada care a început cu legislația lui Edward I și a sfârșit în asemenea ignominie cu moartea nepotului său în 1377.

---

[9] New College este egalat de Merton la Oxford, întemeiat de Walter de Merton, cancelarul lui Henric al III-lea. Splendida sa capelă și nobila sală sunt opera acelui cancelar. Chiar Christ Church, care a fost de mult cea mai splendidă ctitorie de colegiu din lume, este opera cancelarului lui Henric al VIII-lea, Cardinal Wolsey. Magdalen, deopotrivă, cea mai frumoasă dintre ele toate, este opera lui William de Waynflete, „adevăratul scriitor de cancelarie și cancelar fidel și prea drag" al lui Henric al VI-lea. Acestora pot fi adăugați Wadham la Oxford, fundat din averea lăsată de un celebru judecător englez, și Corpus Christi la Cambridge.

III. EPOCA DE BRONZ A DREPTULUI CUTUMIAR

DE LA MOARTEA LUI EDWARD AL III-LEA PÂNĂ LA MOARTEA LUI LITTLETON[10]

Perioada în istoria jurisprudenței care se întinde de la moartea lui Edward al III-lea, în 1377, până la moartea lui Littleton în 1481, poate fi numită epoca de bronz, din cauza eforturilor pe care justiția le făcea spre a se modela pe sine pentru a corespunde noilor condiții. Amplificarea acțiunii de delict, inventarea despăgubirilor comune, acțiunea de început în revendicare, erau fenomene care caracterizează această epocă. Dreptul cutumiar arăta puține semne ale viitoarei lui neputințe în epoca următoare, când sistemul de juriu dezvoltat avea să-l facă incapabil de a acorda orice reparare în afară de o sumă de bani sau redobândirea unei proprietăți specific reale sau personale. Iar în domeniul dreptului constituțional această epocă lancastriană a atins un punct mai înalt decât avea să se ocupe dreptul din nou vreme de două sute de ani.

Domnia lui Richard al II-lea se deschide cu o groaznică tragedie. Efectele marii ciume din 1349, neliniștea cauzată de legile represive, insistența proprietarilor de pământ

---

[10] Anuarele pentru această perioadă trebuie să fie citite în anglo-franceză (așa-numită). REPORTS ale lui BELEWE sunt Anuarele lui Richard al II-lea până acum ca tipărite. Stubbs, Campbell și Foss sunt, bineînțeles, lectură necesară. Alte referințe generale sunt: SELECT CASES IN CHANCERY (SELDEN SOCIETY), ediția lui WAMBAUGH a „TENURES" lui LITTLETON, INTRODUCTION TO FORTESCUE'S MONARCHY a lui PLUMMER, FORTESCUE'S DE LAUDIBUS a LORDULUI CLERMONT, ORDER OF THE COIF a lui PULLING; ANTIQUITIES OF THE INNS OF COURT a lui HERBERT, INNS OF COURT a lui PIERCE, GRAY'S INN a lui DOUTHWAITE, INNS OF COURT AND CHANCERY a lui LOFTIE, LAWS AND JURISPRUDENCE a lui DILLON, EQUITABLE JURISDICTION a lui KERLY, HISTORY OF ASSUMPSIT a lui AMES, PRELIMINARY TREATISE a lui THAYER, WIGMORE ON EVIDENCE. Pot fi citite în plus NOTELE lui AMES la DE LAUDIBUS. Reeves acum devine mai vrednic de încredere. ORIGINES JURIDICIALES a lui DUGDALE are multe informații curioase. CHRONICLE a lui WALSINGHAM este prețioasă.

asupra serviciilor iobage şi creşterea sistemului de arendă, a dus la prăpastia adâncă dintre arendaş şi truditor, care a culminat cu răscoala lui Wat Tyler. Poporul de jos s-a răsculat în toată Anglia, şi mulţimi au mărşăluit asupra Londrei. Cererea era ca orice şerbie să fie abolită şi ca toate serviciile şi arendele iobage să fie comutate la patru penny pe acru. În Londra mulţimea a pătruns în Turn şi l-a omorât pe cancelar, Arhiepiscop Sudbury, unul dintre cei mai mari cărturari din vremea sa. Dar amărăciunea era cea mai adâncă împotriva avocaţilor, din cauza documentelor pe pergament şi proceselor care îi silise pe mulţi iobagi să execute prestările lor de servicii. **The Temple**, noua şcoală a avocaţilor, a fost jefuită şi documentele ei distruse. În *Henric al VI-lea* al lui Shakespeare, Dick Măcelarul strigă: „Primul lucru pe care-l facem, hai să-i omorâm pe toţi avocaţii". Cade: „Ba mai mult, că socot să-i omorâm. Nu e ăsta un lucru trist, că din pielea unui miel nevinovat să se facă pergament; că pergamentul fiind mâzgălit peste tot să desfiinţeze un om". E, poate, de prisos să spun că Shakespeare este aici complet greşit în cronologie, fiindcă această ură a avocaţilor aparţine revoltei lui Wat Tyler în 1381, nu răscoalei lui Cade în 1450.

Afară în Suffolk trăia venerabilul Judecător Şef Cavendish. Mulţimea i-a atacat domeniul şi, găsindu-l pe Judecătorul Şef, l-au târât afară, i-au făcut un simulacru la proces şi apoi l-au decapitat. Acest minunat bătrân jurist era din familia normandă a lui De Gernun. Sub numele Cavendish era în imensă profesare în Anuarele lui Edward al III-lea, împreună cu Belknap, Charlton şi Knivet. După ce a servit ca magistrat inferior la Curtea proceselor de drept comun el a devenit Judecător Şef al Judecătoriei regelui. Una din sentinţele sale de la scaunul judecătoresc este o exprimare galantă asupra înfăţişării femeilor: „*Il n'ad nul home en Engleterre*", spune el în franceză barbară, „*que puy adjudge a droit deins age ou de plein age, car ascun femes que sont*

de age xxx ans voilent apperer de age XVIII "[11]. Când el a
fost omorât tocmai fusese făcut Rector al Universității
Cambridge, după un serviciu în magistratură de peste zece
ani, cu o mare reputație pentru erudiție și cinste. Descen-
denții lui în linia premergătoare erau Earli de Devonshire,
acum Duci de Devonshire. Un alt descendent în linia mai
tânără era celebrul comandant în Războiul Civil, care a
devenit Marchiz și Duce de Newcastle; dar proprietățile
acestei linii de rudenie aparțin acum Ducilor de Portland,
care sunt Cavendish-Bentincks.

Succesorul Judecătorului Șef Cavendish a fost Robert
Tresilian. El fusese în ședință numai ca inferior în rang lui
Cavendish; și când a ținut sesiune după răscoala lui Wat
Tyler, a realizat un record care nu a fost niciodată egalat până
când Jeffreys a ținut „Sângeroasa Sesiune" după răscoala lui
Monmouth. Mai târziu sub domnia lui Richard al II-lea,
Tresilian a devenit implicat în turburări politice. Parlamentul
îl înlocuise practic pe Rege, numind unsprezece comisari să
administreze guvernarea. Regele mai întâi a încercat să
aleagă un parlament mai favorabil. Când alegerea s-a dovedit
nefavorabilă, Tresilian i-a convocat pe judecători, între ei,
Belknap, Judecător Șef al Curții proceselor de drept comun,
Fulthorpe, Burgh și Holt (Skipwith scuzându-se), și prin
amenințări violente i-a făcut pe judecători să semneze o serie
de răspunsuri pregătite, considerând actul Parlamentului
nevalabil. Sărmanul Belknap, în timp ce semna hârtia a spus:
„Acum aici nu lipsește decât o funie, ca să pot primi o răspla-
tă cuvenită pentru dezertarea mea". Acesta este un exemplu
timpuriu al unei practici care a devenit obișnuită sub dinastia
Stuarților și a fost pusă în aplicare nu mai departe decât 1792
de Lord Eldon; în timp ce a fost deseori folosită în unele din
Statele noastre. Fulthorpe, unul dintre judecători, imediat a

---

[11] „Nu există nici un om în Anglia care poate spune dacă ea este pe măsura
vârstei sau la majorat, căci unele femei care sunt în vârstă de treizeci de ani
vor părea a fi numai de optsprezece."

comunicat problema Parlamentului. Judecătorii au fost acuzați de înaltă trădare. Tresilian a fost decapitat și ceilalți judecători au fost trimiși în surghiun. Belknap fusese un mare avocat și un excelent judecător; dar îi lipsea curajul, fiindcă în 1381 când s-a dus în circuit, răsculații i-au spart curtea și l-au făcut să jure că nu va mai ține sesiuni. Surghiunirea lui a cauzat o foarte remarcabilă decizie judecătorească. Gascoigne a susținut că soția lui Belknap putea fi dată în judecată ca o văduvă, deși soțul ei trăia. Decizia a fost desigur greșită. Judecătorul Șef Markham la o dată ulterioară a făcut un cuplet rimat asupra acestei decizii:

> Ecce modo mirum, quod femina fert breve regis
> Non nominando virum, conjunctum robore legis.[12]

Lui Belknap i s-a permis să se întoarcă, sentința împotriva lui a fost casată, și proprietatea sa care nu fusese înstrăinată a fost restituită.

Anul 1388, când au fost surghiuniți judecătorii, a fost, desigur, marcat de o totală schimbare în instanțe – primul exemplu în istoria engleză când întreaga magistratură a fost schimbată din motive politice. Chiar în 1399, când Henry de Bolinbroke l-a înlăturat pe Richard al II-lea și regele domnitor a fost silit să semneze o abdicare, nu a fost nici o schimbare în magistratură. Întreaga procedură era în strictă formă juridică, deoarece Judecătorul Șef Thirning a renunțat la fidelitatea, omagiul și lealitatea întregului popor englez, l-a declarat pe rege detronat, și a anunțat pe Henric al IV-lea ca fiind succesorul său. Detronarea a avut loc în mijlocul unui spectacol măreț în **Westminster Hall**. Sala tocmai fusese remodelată în ultimii doi ani de domnie a regelui. Judecătoria Cancelarului și Tribunalul regelui, spre sfârșitul domniei lui Edward al III-lea, se alătura-

---

[12]   E o minune într-adevăr că o femeie își aduce a ei citație,
        Nevenind cu soțul ei, cum e a legii obligație.

Dar învățatul Markham se înșela. Soția nu a adus citația; ea a fost făcută inculpată.

seră Curții proceselor de drept comun în Westminster. Regele Richard, care avea o apreciere entuziastă a frumuseții arhitecturale, restaurase și remodelase Sala după proiectele lui William de Wykeham. Zidurile au fost construite mai înalte, stâlpii din sală au fost înlăturați, și magnificul acoperiș de lemn, și acum una din minunile arhitecturii, a fost aruncat peste vasta sală. Destul de trist, prima folosință a structurii regale, după ce el o făcuse atât de impozantă, a fost încoronarea rudei sale uzurpatoare, Henric al IV-lea.

Revoluții sau schimbări în dinastie în Anglia au afectat rareori tribunalele. Cei doi Judecători Șefi și colegii lor au continuat să facă parte din instanțe după urcarea pe tron a noului Rege. Un judecător, Rickhill, a fost chemat să răspundă pentru o participare la uciderea defunctului unchi al Regelui, Ducele de Gloucester, pe când era în închisoare la Calais. Însă Rickhill a dovedit că nu avusese nici un rol în asasinat și i s-a permis să-și reia locul în magistratură. Acest judecător, încercând să-și întocmească propriul act, a realizat oarecare lege memorabilă, care este și acum studiu obișnuit. Prin actul său a încercat să anticipeze dreptul cu două secole și să lase pământurile sale drept moștenire fiilor săi succesiv în mod limitat, însă a adăugat o prescripție fortuită că dacă orice fiu înstrăina cu plată sau cu drept de moștenire limitat, aceleași pământuri să treacă la următorul fiu cu drept de moștenire limitat. Prescripția fortuită a fost socotită proastă precum crearea unui drept de moștenire a titlului, care nu aștepta transmiterea naturală a averii dinainte, ci o scurta prin crearea unei proprietăți libere începând *in futuro*. Dreptul englez avea să aștepte Statutul Folosințelor înainte ca o astfel de prescripție să devină bună într-un titlu, și Statutul Testamentelor înainte ca să devină posibilă prin testament.

Clopton, Judecător Șef al Tribunalului regelui, și-a părăsit locul pentru a deveni călugăr al Franciscanilor și succesorul său a fost celebrul William Gascoigne, al cărui nume de familie ingeniosii scribi din acel timp puteau să-l scrie în douăzeci şi unul de moduri diferite. Legenda în privinţa fermităţii lui în arestarea Prinţului de Wales pentru sfidarea curţii este complet mitică; dar este adevărat că în timp ce, în 1405, i s-a comandat de către rege să pronunţe condamnarea la moarte a Arhiepiscopului Scrope şi Contelui Marshal, rebeli luaţi în luptă, el a refuzat cu hotărâre spunând: „Nici voi, Milord, nici vreunul dintre supuşii tăi, nu poate, potrivit legii acestui regat, să condamne nici un prelat la moarte, iar Contele are un drept să fie judecat de pairii săi".

În toată această perioadă succesiunea obişnuită de la somitate la bară către o situaţie de judecător a fost un proces permanent repetat. În Anuare observăm unele interpolări interesante. Astfel Hull, un judecător, „a spus în secret", despre o decizie a Judecătorului Şef Thirning, „că nu a fost niciodată până astăzi adjudecată a fi justiţie". Un alt judecător, Hill, trecând peste o înţelegere „de a nu se amesteca", unde un vopsitor se obligase printr-o convenţie să nu-şi continue meseria timp de o jumătate de an, a decis că angajamentul era împotriva dreptului cutumiar, adăugând: „Şi pe Dumnezeu, dacă reclamantul ar fi aici, ar trebui să meargă la închisoare până nu va plăti o amendă Regelui". Învăţatul Foss socoteşte aceasta singura sudalmă relatată despre magistratură, dar el greşeşte foarte mult. Bereford, Brumpton, Staunton şi alţi judecători în Anuarele mai vechi l-au invocat frecvent pe Atotputernicul. Sudalma favorită a lui Henric al II-lea în timp ce stătea pe scaunul judecătoresc era „pe ochii lui Dumnezeu"; Regele John suduia „pe picioarele lui Dumnezeu"; iar sudalma favorită a lui Wilhelm Cuceritorul era „pe splendoarea lui Dumnezeu". Arhiepiscopul Arundel, care în calitate de judecător suprem a prezidat în 1407 procesul unui preot lollard*, William Thorpe, acuzat de erezie, a suduit cu dărnicie de pe scaunul de marmoră, „pe Dumnezeu" şi „pe

---

* Membru al unui grup de reformatori politici şi religioşi din Anglia secolului 14 şi 15, adepţi ai lui John Wycliffe, ale cărui doctrine au anticipat multe puncte din Reforma protestantă de mai târziu. (n.t.)

Sf. Petru". Preotul acuzat la acest proces a rostit un foarte reuşit citat biblic drept răspuns Arhiepiscopului; ultimul spunând că Dumnezeu îl înălţase ca un prooroc din vechime să prevestească totala distrugere a falsei secte a preotului, preotul a ripostat cu cuvintele lui Ieremia: „Dacă cuvântul care este proorocirea unui prooroc este cunoscut şi împlinit, atunci se va cunoaşte că Domnul Dumnezeu l-a trimis pe prooroc cu adevărat".[13]

Dar cea mai curioasă împrejurare a acelei epoci este o ac-ţiune a judecătorului Tirwhit, care aduce amplă dovadă că nimeni, nici chiar un judecător, nu poate fi propriul său avocat. Tirwhit deschisese acţiune împotriva arendaşilor feudei Lordului de Roos. Ambele părţi se temeau să-şi pună încrederea într-un juriu, astfel speţa a fost supusă arbitrării Judecătorului Şef Gascoigne. La care judecătorul a fixat o zi, numită în registru oarecum cinic, „o zi de dragoste", ca părţile să vină în faţa lui cu dovada lor, limitând martorii la câţiva prieteni ai fiecărei părţi. Însă Thirwhit a adunat patru sute de oameni, care stăteau în aşteptare pentru Lord de Roos ca să-i facă „rău şi dezonoare". Lord de Roos a evitat ambus-cada, dar s-a plâns regelui. Tirwhit a fost supus judecăţii Parlamentului şi a recunoscut că „nu s-a purtat cum ar fi trebuit să se poarte". Procesul, prin sentinţa Arhiepiscopului de Canterbury şi Lordului de Grey, şambelanul, a fost din nou trimis lui Gascoigne, în timp ce lui Tirwhit i s-a cerut să trimită două butoaie mari cu vin de Gasconia la Melton Roos, conacul Lordului de Roos, şi să ducă acolo „doi boi graşi şi douăsprezece oi grase pentru a fi împărţite la un banchet celor care acolo vor fi", iar Tirwhit avea să ia parte la ospăţ cu toţi „cavalerii şi proprietarii şi plugari bogaţi"care alcătui-seră forţele lui în „acea aşa-zisă zi de dragoste". Acolo avea să ofere o cuvântare deplină de scuză, care încheia: „întrucât

---

[13] Versiunea noastră spune: „Dar, dacă un prooroc proorocește pacea, numai împlinirea celor ce proorocește, se va cunoaşte că este cu adevărat trimis de Domnul." Jer. 28:9.

sunt judecător, mai mult decât un om obișnuit ar fi trebuit să
mă port mai discret și mai pașnic, știu bine că nu am reușit și
v-am jignit pe voi, milord din familia Roos, despre care vă
cer stăruitor grație și iertare și vă ofer 500 de mărci să fie
plătite la dorința voastră". Însă Lordul de Roos avea să refuze
cele 500 de mărci și să-l ierte pe judecător și tot grupul lui.
Ce s-a întâmplat la ospăț, cât de mult din cele două butoaie
de vin amețitor s-a consumat, dacă înfierbântate de buna
dispoziție părțile s-au apucat să se lupte asupra deznodămân-
tului juridic, și câți oameni buni au căzut (sub masă) în marea
sală de la Melton Roos, istoria nu ne-a spus. Dar un arhiepis-
cop care a putut prescrie un ospăț și două butoaie de vin ca o
propunere de pace în mod sigur nu poate fi acuzat de nici un
prejudiciu în favoarea sobrietății.[14]

Aceasta a fost epoca juriștilor celebri. Astfel de nume ca
Hankford, Markham și Danby, Norton, Prisot, Hody, Moyle,
Choke și Brian sunt mari nume în Anuare. Hody, potrivit lui
Coke, era „unul dintre vestiții și experții înțelepți ai dreptu-
lui". Se spune că el și Prisot, un Judecător Șef al Curții pro-
ceselor de drept comun, l-au ajutat mult pe Littleton în scrie-
rea cărții lui despre Posesiuni. Hody l-a judecat și condamnat
pe Roger Bolinbroke, „a gret and konnyng man in astro-
nomye[*], pentru că a încercat să mistuie persoana regelui prin
nigromancie".Nefericitul savant a fost condamnat la moarte
și executat. Markham oferă primul exemplu, timp de genera-
ții, al îndepărtării unui judecător pentru decizii nesatisfăcă-
toare. S-a întâmplat în acest fel: Sir Thomas Cooke, în ultima
vreme lord primar al Londrei, poseda o vastă avere funciară.
Yorkiștii în 1469 l-au dat în judecată pentru că a împrumutat
bani Margaretei de Anjou, soția regelui detronat, Henric al

---

[14] Nepotul unui cunoscut avocat din acel timp, pe nume Rede, după aceea a
înzestrat Jesus College la Oxford cu o corporație și o fabrică de bere.
Fabrica de bere pentru uzul studenților este un comentariu izbitor despre
practicile noastre puritane.
[*] Un mare și priceput om în astronomie.

VI-lea. Hrăpăreţii care îl înconjurau pe Edward al IV-lea, rudele flămânde ale soţiei lui, îl condamnaseră pe Cooke dinainte şi considerau averea lui ca prada lor regală. Însă Markham a acuzat juriul că fapta dovedită era numai tăinuirea cunoaşterii de planuri trădătoare şi astfel lordul primar a fost salvat de la confiscarea averii sale. Markham a fost imediat înlăturat ca Judecător Şef.

Un alt nume lăudat în Anuare este cel al lui Skrene. El se bucură de favoarea raportorilor, căci multe dintre părerile lui exprimate în public sunt notate cu aceeaşi aprobare ca şi cele ale judecătorilor. În perioada de mai târziu astfel de oameni precum Coke socoteau toate enunţurile de drept ca de valoare egală şi citau de-a valma pledoariile avocaţilor şi cuvintele judecătorilor, ca îndreptăţite la stimă egală. Skrene nu a atins niciodată o poziţie juridică, dar a lăsat o frumoasă proprietate numită Skrenes care a fost cu mulţi ani după aceea cumpărată de Judecătorul Şef Brampston.

Atât Brian cât şi Danby sunt înţelepţi ai dreptului adeseori citaţi de Coke ca înaltă autoritate. Choke, un contemporan, a servit în magistratură timp de mulţi ani. Contribuţia lui la drept este compusă din două puncte de vedere greşite şi plictisitoare. Unul afirmă că dacă se acordă pământ unui om şi moştenitorilor lui atâta vreme cât John A'Down are moştenitori din trupul său şi John A'Down moare fără moştenitor din trupul său, modul particular de transmitere a unui feud liber este hotărât. John Chipman Gray, cu un orizont larg de studiu care s-a pierdut asupra unei generaţii perverse, a demonstrat că Coke şi Blackstone greşesc urmând debitul verbal al lui Choke. Nu mai puţin greşit este dictumul al doilea al lui Choke în ceea ce priveşte reversia proprietăţii unei corporaţii la desfiinţarea ei, dar instanţele judecătoreşti au ignorat de mult această ultimă afirmaţie.

Alt judecător, Walter Moyle, care a profesat de-a lungul războiului celor două Roze, este notabil ca strămoşul unei foarte distinse familii de jurişti. Nepoata şi moştenitoarea lui s-a măritat cu Sir Thomas Finch, trăgându-se dintr-o veche familie normandă. Fiul lor, Henry Finch, era un celebru avocat de rang superior. Fiul său, John Finch, era procuror al coroanei, apoi Judecător șef al Curții proceselor de drept comun și, mai târziu, Lord custode sub domnia lui Charles I, ca Lord Finch de Daventry. Un alt nepot al moștenitoarei familiei Moyle era Heneage Finch, un ilustru avocat. Fiul său, un alt Heneage, era celebrul judecător suprem, Lord Nottingham, Părintele Echității și autorul Legii Fraudelor. Fiul său, un al treilea Heneage, a devenit faimos prin curajoasa lui apărare a celor Șapte Episcopi și a fost făcut Earl de Aylesford. Trei comitate, Winchelsea, Nottingham și Aylesford, erau recompensele acestei familii de juriști.

Pe la mijlocul secolului al XIV-lea, exact înainte de războiul celor două Roze, a devenit clar că salariile plătite judecătorilor erau complet inadecvate. În 1440 William Ascough, care a fost repede avansat, a fost numit judecător la Curtea proceselor de drept comun. El a înaintat o petiție regelui înfățișând că „mai înainte fusese doi ani un avocat de rang superior, a fost chemat de Alteța voastră în magistratură și făcut judecător, prin care toate câștigurile sale, pe care le-ar fi avut, și toate onorariile ce le-a avut în Anglia, erau și vor fi încetate și stinse spre marea lui sărăcire, căci ele erau substanța subzistenței lui". El cerea cu modestie, deoarece era cel mai sărac dintre judecători, o proprietate în folosință pe viață a moșii de £ 25 12 *s.* 10 *d.* pe an. Chiar citația la funcția de avocat de rang superior era uneori refuzată, deoarece putea rezulta în ridicarea la magistratură. Este sigur că înainte de această perioadă avocații de rang superior aveau un monopol al Curții proceselor de drept comun, căci în 1415, William Babington, John Juyn, John Martyn și William Westbury erau chemați la gradul coifului. Acești patru cu câțiva alți au refuzat de a se califica și după care s-a făcut plângere în Parlament că exista o insuficiență de avocați de rang superior pentru a continua activitatea tribunalelor.

Parlamentul a reacționat impunând o mare pedeapsă asupra oricăruia care refuza o citație de a deveni avocat de rang superior. Astfel persoanele chemate și-au însușit titlul, și cei patru numiți mai sus au devenit pe urmă judecători.

Un judecător care a servit sub domnia lui Henric al VI-lea în dificila perioadă a răscoalei lui Cade a servit în vreme de secole pentru a contribui la veselia națiunilor. Sir John Fastolf, care a ținut sesiunea Kent în 1451, era un brav soldat și un iubitor de învățătură. Dintr-un oarecare motiv Shakespeare l-a zugrăvit, sub numele de Falstaff sau Fastolfe, în a sa *Henry VI*, ca un laș și fricos de disprețuit. Mai târziu, în a sa *Henry IV*, când a schimbat numele dolofanului cavaler Oldcastle astfel ca să nu ofenseze prejudecățile puritane, Shakespeare a înlocuit numele personajului din piesa lui mai veche. În acest mod nevinovatul Fastolf a fost transmis de piesele *Henric al IV-lea* și *Nevestele vesele din Windsor* ca cel mai bogat personaj comic în literatura dramatică. Adevăratul om a lăsat un testament, al căruia judecătorul Yelverton era un executor. Se spune în Scrisorile Paston că într-un proces asupra testamentului Yelverton a coborât de pe scaunul judecătoresc și a pledat cazul!

Dar această extraordinară comportare a lui Yelverton a fost întrecută de aceea a avocatului de rang superior Fairfax. O dată a fost angajat să urmărească în justiție anumiți inculpați; însă el a declarat la bară că știa că oamenii erau nevinovați, că va lucra achitarea lor de pomană, neluând un bănuț, la care pricinașul desigur a ales un alt avocat. Se speră că această trădare profesională nu era obișnuită în acea vreme, deși neîndoios oamenii mici care trăncănesc despre imoralitatea susținerii unui avocat a unei cauze rele vor găsi în asemenea comportare mult de aprobat. Acest strănepot al lui Fairfax a fost făcut Lord Fairfax în 1637, iar în vremuri și mai târzii Lordul Fairfax de atunci, suferind din pricina disprețului unei făpturi frumoase a palatului, s-a îngropat în pustietatea din Virginia și a contribuit la istorie oferindu-i prietenie tânărului agrimensor, George Washington. Washington a fost trimis să stabilească hotarele vastului domeniu dincolo de Blue Ridge, și acolo a dobândit cunoștințele care i-au dat întâia sa slujbă militară.

Faima tuturor juriștilor lancastrieni și yorkiști este eclipsată de aceea a lui Fortescue și Littleton. Amândoi erau autori juridici și avocați practicanți de foarte mare succes. Fortescue, judecătorul lancastrian, i-a supraviețuit lui Littleton, judecătorul yorkist, și de aceea va fi remarcat după el.

Thomas Littleton se trăgea dintr-o familie care din zilele lui Henric al II-lea, ocupase o proprietate la South Littleton în Worcestershire. Deși era fiul cel mai mare, era crescut la avocatură la **Inner Temple**. A devenit conferențiar pentru școala sa superioară de drept și tema prelegerii sale publice, Statutul *De Donis*, arată tendința timpurie a studiilor sale juridice. Era în practicare încă din 1445, fiindcă în acel an un litigant numit Hauteyn a înaintat o cerere Lordului-Cancelar să i-l dea pe Littleton ca avocat într-un proces împotriva văduvei judecătorului Paston, pentru motivul că nici unul dintre oamenii curții nu erau dispuși să apară împotriva văduvei unui judecător și a fiului ei, care era avocat. Aceasta ar părea să indice că practica lui Littleton se afla în curtea de justiție a Lordului-Cancelar și nu în tribunale. În 1452 Littleton a primit un frumos fief, donația unui conac pe viață pro *bono et notabili consilio*. În 1453 a devenit avocat de rang superior, și în anul următor a fost făcut avocat de rang superior al regelui. În 1460 era unul dintre avocații de rang superior ai regelui care au evitat cu succes un răspuns la întrebarea pusă de Parlament dacă regele lancastrian Henric sau ducele yorkist Richard aveau mai bun titlu la tron. De fapt, din 1455 până în 1466 Littleton și-a practicat profesia, refuzând să se amestece în disputele politice. Chiar a luat precauția de jurist în 1461, când Edward al IV-lea l-a înlăturat pe Henric al VI-lea, să obțină o amnistie generală pentru toate faptele săvârșite sub domnia monarhului detronat. În 1466 a fost făcut un judecător al Curții

proceselor de drept comun, şi aşa a rămas, chiar sub scurta
întoarcere a lui Henric al VI-lea. A murit judecător în 1481. A
ajutat la fixarea jalonului juridic al procesului lui Taltarum,
care susţinea că o despăgubire obişnuită suportată de un aren-
daş cu drept de moştenire limitat bloca nu numai descendenţa
cu drept de moştenire limitat, ci şi orice drept de moştenire a
titlului limitat după aceea, precum şi reversiunea în proprietate
ereditară. Mormântul său, în forma unui altar de marmură albă,
se află acum în Catedrala Worcester. Testamentul său, între
alte curioase dispoziţii, prevede în mod galant să fie spuse
rugăciuni pentru binele sufletului primului soţ al soţiei sale.
Sarcasmul galant are puţin în comun cu tratatul despre Posesi-
uni; dar poate fi că, după o experienţă cu văduva răposatului,
Littleton a simţit că nefericitul om merita rugăciunile. Testa-
mentul îl arată pe Littleton a fi un suflet pios pe deplin convins
de eficacitatea rugăciunilor pentru a împiedica „lunga zăbovi-
re" a sufletului în purgatoriu.

Deşi tratatul lui Littleton a fost pus în forma lui finală în
ultima parte a vieţii sale, este probabil că Posesiunile este o
amplificare a prelegerii lui despre *De Donis* şi reprezintă opera
adunată de o viaţă. Este o minune să descoperim o operă
despre jurisprudenţă în care nu s-a strecurat nici o greşeală
evidentă. Această carte a rămas tratatul clasic despre posesiuni,
şi cuvintele sale sunt citate astăzi ca dreptul cutumiar incontes-
tabil. Urmând spusa lui Fortescue că „din familiile de judecă-
tori adesea descind nobili şi mari oameni ai regatului", se
poate observa că fiul cel mai mare al lui Littleton s-a căsătorit
cu una dintre comoştenitoarele lui Edmund Beaufort, Duce de
Somerset, şi în baza acelei obârşii, descendenţii lui Littleton,
care sunt Viconţii Cobham, împart în patru armoria regală a
casei de Lancaster. Descendentul celui de-al doilea fiu al lui
Little este Lord Hatherton, în timp ce strănepotul celui de al
treilea fiu al lui Littleton era Lord Lyttleton, Lord Custode sub
domnia lui Charles I. Un alt descendent era un baron al Tezau-
rului sub domnia lui Charles al II-lea.

Portretul tradițional al lui Littleton este din nefericire nea-
utentic. Este înfățișat purtând colierul sfinților, și acum purtat
de Judecătorul Superior al Angliei, dar portretul trezește
absolută neîncredere prin calul de friză al Tudorilor, lângă
încheietoarea colierului, care nu a fost introdus până în
vremea lui Henric al VII-lea. Gulerul încrețit elisabetan este
cu greu îmbrăcămintea la care ne-am aștepta în perioada
Casei de York. Coke, însă, care nu știa nimic despre ea,
spune că portretul este o foarte bună asemănare. Dar monu-
mentala efigie a lui Littleton, posibil autentică, arată o figură
în genunchi. Din gura sa iese mottoul *ung dieu et ung roy* și
fața are căutătura blândă a unui curtezan yorkist, dar indicând
ascuțimea de intelect cerută pentru sistematizatorul exigente-
lor discriminări ale jurisprudenței proprietății mobiliare.

Littleton era pur și simplu un mare avocat și judecător, dar
cel mai mare contemporan al său era mai mult decât un mare
avocat și judecător; el era un luminat om de stat, un brav
soldat, un scriitor de merit neobișnuit asupra dreptului consti-
tuțional și un savant ale cărui cuvinte despre profesia sa
posedă un farmec aparte chiar pentru oameni complet străini
de învățătură juridică. John Fortescue era un descendent în
linie directă al cavalerului, Le Fort Escu, care a purtat scutul
lui Wilhelm Cuceritorul la Hastings. Educat la Colegiul
Exeter, Oxford, Fortescue a fost pregătit pentru avocatură la
școala superioară de drept din Londra, **Lincoln's Inn**, al
căreia a fost conducător din 1425 până în 1429. În aceasta din
urmă a fost făcut avocat de rang superior și este înfățișat în
Anuare ca in practică imensă, până ce în 1442 a devenit
Judecător Superior al Judecătoriei regelui. Salariul lui în acea
funcție era £ 120 pe an, cu o alocație de două robe și două
butoaie mari de vin de Gasconia pe an. Salariul lui anual a
fost după aceea mărit la £ 160. A servit ca Judecător Superior
până în 1461. În perioada funcției lui a avut loc răscoala lui
Cade, și una dintre acuzațiile împotriva lui Fortescue și
Prisot, Judecătorii Superiori, a fost aceea de „falsitate". Nici

măcar nu a fost înăbuşită această răscoală, unde Cade a luat numele semnificativ de Mortimer, că şi Ducele de York şi-a ridicat pretenţia la tron, ca provenit prin Mortimeri din al treilea fiu al lui Edward al III-lea. Judecătorilor, avocaţilor regelui, avocaţilor de rang superior, li s-au cerut la toţi opinii juridice despre titlul tronului, dar toţi au refuzat să ofere o părere. Ambele părţi au ridicat armele. Judecătorul Superior Fortescue şi-a revendicat obârşia dintr-o lungă spiţă de strămoşi cavalereşti începând lupta. Era în aproape fiecare dintre bătălii; şi după Towton, cea mai sângeroasă bătălie în istoria engleză, s-a dus în exil cu lancastrienii. S-a reîntors şi a luptat la Tewkesbury, ultima bătălie a războiului, şi a fost luat prizonier.

În timpul exilului scrisese opera pe care o numim *De Laudibus Legum Angliae*. Cartea a fost scrisă pentru a insufla în tânărul Prinţ de Wales, fiul lui Henric al VI-lea, a cărui educaţie era încredinţată lui Fortescue, o cunoaştere exactă a instituţiilor engleze. Cartea este inestimabilă întrucât arată nu numai o profundă apreciere a principiilor libere şi liberale ale dreptului cutumiar, ci şi situaţia justiţiei engleze în acea epocă. Fortescue a scris de asemenea un mic tratat pentru sprijinirea titlului lancastrian la tron, pe care l-a bazat pe declaraţia solemnă a Parlamentului şi acceptul naţiunii. Cauza lancastriană fiind pierdută, şi Fortescue dându-şi seama de aceasta, a cerut o graţiere din partea regelui yorkist. Fusese puţină schimbare în barou sau tribunale în timpul exilului lui Fortescue. Însuşi Fortescue fusese succedat de Markham, şi Prisot, un alt lancastrian declarat, a fost înlocuit de Danby; dar toţi ceilalţi judecători rămăseseră. Tribunalele continuaseră în maniera obişnuită în timpul războaielor crâncene, şi baroul era compus din mulţi dintre oamenii care practicaseră înaintea lui Fortescue. Billing, un ticălos linguşitor care îi succedase lui Markham, deşi unul dintre primii ai unei lungi spiţe a ruşinoaselor unelte judiciare ale regilor yorkişti, Tudor şi Stuart, a păstrat bunăvoinţa tradiţională a

baroului englez intervenind cu putere pentru Sir John
Fortescue şi a obţinut pentru el o graţiere cu restituirea averi-
lor sale. Dar printr-un ciudat capriciu al lui Edward al IV-lea,
lui Fortescue i s-a cerut să scrie, în favoarea titlului yorkist, o
negare a cărţii sale demonstrând validitatea titlului lancas-
trian la tron. Cele două tratate apar în operele lui Fortescue, şi
fiecare dintre ele constituie cea mai bună argumentare pentru
respectivele pretenţii opuse.

Dacă cineva ar fi rugat să numească în dreptul englez un
egal lui Fortescue, ar putea să indice doar trei nume –
Bacon, Somers şi Mansfield. La fel cum Bacon şi Somers
au fost acuzaţi, şi Mansfield aprig dezaprobat, tot aşa găsim,
ici şi colo în Scrisorile Paston, aluzii că Fortescue era un
obiect de ură. Un corespondent în timpul răscoalei lui Cade
spune: „Judecătorul Şef a aşteptat să fie atacat tot timpul
această a şapte noapte în fiecare noapte în casa lui, dar
nimic nu s-a întâmplat până acum, cu atât mai rău". Nu este
neobişnuit ca Fortescue să fie reprezentat mai mult ca
politician decât jurist; totuşi Anuarele lui Henric al VI-lea îl
arată a fi un maestru desăvârşit în dreptul cutumiar, pe care
chiar Coke îl menţionează cu veneraţie. O decizie a lui, în
procesul lui Thorpe, Speakerul Camerei Comunelor, este
scrisă în constituţia noastră Federală şi constituţiile tuturor
Statelor noastre.

În cărţile sale, *De Laudibus* şi *Monarchy*, el arată că este
primul dintre cei mai mari jurişti constituţionali ai Angliei. El
arată tânărului său prinţ că maxima romană, *„quidquid prin-
cipi placuit, habet legis vigorem"*, nu are loc în dreptul en-
glez; că puterea regelui derivă din popor şi este dăruită pentru
păstrarea acelor legi, care protejează persoanele fizice şi
proprietatea supuşilor; că regele nu poate schimba legile fără
consimţământul celor trei stări ale regatului, baronii, clericii
şi comunele; că Parlamentul are putere fiindcă este reprezen-
tant al întregului popor; că puterea regelui de graţiere şi
întregul domeniu de dreptate este al regelui pentru binele

supușilor săi; că limitările asupra puterii regești nu sunt o umilire a lui, ci pentru gloria regelui; că sentința justă este prima datorie a lui, că tribunalele sunt ale sale, că el nu acționează personal în sentința de judecată; că legile Angliei sunt mai bune decât cele ale Franței, fiindcă nu admit nici o tortură, fiindcă asigură instituția juriului, instanțe judecătorești atent reglementate, o profesie juridică deprinsă în marea universitate juridică, **the Inns of Court**, și fiindcă toate drepturile oamenilor sunt în mod egal protejate de lege. De bună seamă nici un tablou mai nobil al unui sistem constituțional nu a fost prezentat vreodată de vreun jurist englez. El este dezvoltarea precoce a celor trei Henric, un sistem cu mult prea avansat pentru vremea aceea; sub domnia unui rege puternic precum Henric al V-lea, Anglia era prima putere în Europa; însă un rege slab ca Henric al VI-lea, blând, drept, cumpătat, uman, blajin în metodele sale, neîntinat și integru în viață, cel mai bun om care a stat vreodată pe tronul englez, s-a văzut ruinat și detronat. Națiunea care în mod voluntar a abandonat acest sistem a meritat tirania yorkistă, Tudor și Stuart. Și fiecare pas care a fost câștigat de atunci în Anglia a fost obținut prin restabilirea vreunui principiu a acestei teorii de guvernare atât de îndrăzneț schițată de Fortescue.

Este o plăcere să se știe că feuda pe care Judecătorul Superior a cumpărat-o și a transmis-o posterității sale a dat un titlu descendenților săi ca viconți Ebrington, și că șeful familiei, ca Earl Fortescue, face parte din Camera Lorzilor, în timp ce trei Fortescue din vremea lui încoace au participat ca judecători în Westminster Hall.

Aici în această perioadă, când istoria modernă abia începe, când folosirea tipăririi era pe punctul de a reproduce cărți și tratate juridice, când justiția însăși trecea printr-o mare transformare, când creșterea jurisdicției judecătorului suprem cu ajutorul transferurilor la folosințe avea să sufere o mare extindere, când curtea de justiție a Lordu-lui-Cancelar avea să-și asigure controlul asupra acțiunilor

de drept cutumiar prin hotărâri de suspendare, când pămân-
tul avea să devină iarăşi alienabil, când acţiunile în revendi-
care, transgresiune, apropiere şi obligaţie se dezvoltau şi
acţiunile mai vechi se sfârşeau, când juriul devenea un corp
de oameni care ascultau probatoriul numai în proces public
sub controlul judecătorului, când marele avocat cu măiestria
lui în smulgerea probelor juridice şi în adresarea către juriu
acum pentru prima oară găsea un loc în practicare, şi toate
dezbaterile curţii, în afara declaraţilor oficiale, erau efectua-
te în limba engleză, avem în opera lui Fortescue un tablou al
sistemului juridic englez. Dar cea mai interesantă parte a
operei lui este descrierea sistemului de învăţământ juridic la
cele patru şcoli de drept.

Originea acestora se pierde în vechime; dar este aproape
sigur că a existat un corp de studenţi în drept mai vechi decât
oricare din **the Inns**. Un grup de studenţi sub domnia lui
Edward al II-lea, sau curând după aceea, a obţinut încăperi în
the Temple şi curând s-au împărţit în **the Middle** şi **the Inner
Temple**. Un alt corp de studenţi probabil a obţinut de la acea
nenorocoasă femeie, moştenitoarea familiei de Lacy, casa în
oraş a Conţilor de Lincoln, şi a devenit **Lincoln's Inn**. Şi mai
târziu un alt corp a obţinut conacul Lorzilor Gray de Wilton, şi
a devenit **Gray's Inn**. Legate de locuinţele mai mari erau zece
locuinţe mai mici – **Inns of Chancery**, neavând nici o legătură
cu **the court of chancery**[*], dar numite aşa pentru că erau
şcolile pregătitoare unde studenţii studiau ordonanţele origina-
le, care erau emise de curtea de justiţie a Lordului-Cancelar.

Dar exista, bineînţeles, oarecare motiv de ce, la marginea
oraşului, exact dincolo de zidul oraşului, toţi aceşti studenţi
să-şi fi găsit un loc de găzduire. Fortescue arată că legile
Angliei nu pot fi învăţate la universitate, ci ele sunt studiate
într-un loc mult mai comod, aproape de tribunalul regelui,
unde se pledează şi se argumentează zilnic legile şi unde se

---

[*] curtea de justiţie a Lordului-Cancelar. (*n.t.*)

dau sentințe de către judecători gravi, cu ani maturi, compe-
tenți și experți în drept. Locul de studiu este aproape de un
oraș opulent, dar într-un spațiu liniștit și retras, unde mulți-
mea trecătorilor nu-i tulbură pe studenți, totuși unde ei pot
asista zilnic la procese.

În școlile de drept mai mici se studiază natura citațiilor.
Studenții vin acolo din universități și școlile pregătitoare, și
de îndată ce au făcut oarecare progres trec în școlile de
drept mai mari. La fiecare dintre școlile mai mici sunt cam
o sută de studenți, în timp ce nici unul dintre mai marile
Inns nu are mai puțin de două sute. Aceste patru **Inns** mai
mari erau pe de-a-ntregul instituții voluntare. Cei mai vârst-
nici și mai bine cunoscuți avocați pledanți ai unei școli de
drept au devenit magistrații vechi și erau pe viață. Numai ei
aveau și încă mențin privilegiul exclusiv de a căpăta dreptul
de a profesa avocatura, dar la dreptul lor de preempțiune un
apel le revenea judecătorilor. În aceste patru **Inns** studenții
studiau procesele în Anuare, tratatele juridice numite Fleta
și Britton, citeau statutele și asistau la tribunal în timpul
sesiunii judecătorești.

În aceste patru **Inns** studenții
Învățătura era dată prin pledarea de procese dezbătute în
fața unui magistrat vechi și doi avocați pledanți fiind în
ședință ca judecători, și prin lecții numite prelegeri ținute de
vreun avocat pledant capabil aparținând școlii. Aceste
prelegeri erau adesea citate ca autoritate. A lui Littleton era
despre *De Donis*, a lui Bacon era despre *Statute of Uses*[*], a
lui Dyer asupra *Statute of Wills*[**], a lui Coke asupra *Statute
of Fines*[***]. Era o mare onoare de a fi selecționat ca lector,
și cheltuiala ospețelor lectorilor la **Inns** a devenit foarte
mare. După ce un student învățase vreme de șapte ani (mai
târziu reduși la cinci), era eligibil să capete dreptul de a
profesa avocatura. Avocații pledanți înainte de a deveni

---

[*] Statutul Folosințelor. (*n.t.*)
[**] Statutul Testamentelor. (*n.t.*)
[***] Statutul Amenzilor. (*n.t.*)

avocați de rang superior erau probabil numiți învățăcei, deși acel termen era uneori aplicat studenților. Dacă era nevoie de o examinare este problematic, dar posibil acea parte a ceremoniei de a institui un avocat de rang superior, care îi cere acestuia să pledeze la o depoziție, indică o examinare de vreun mod superficial.

În timp ce studenții își urmau studiile în drept, erau instruiți în diferite alte ramuri de învățătură,dacă îl putem crede pe Fortescue. Cântul, toate felurile de muzică, dansul și sportul erau predate studenților în același mod în care erau instruiți cei ce erau crescuți în familia regelui. Festivitățile teatrale și mascaradele studenților în drept au devenit o mare caracteristică a vieții de curte. În zilele săptămânii cea mai mare parte a studenților se consacrau studiilor lor juridice, dar în zilele de festival și duminicile după serviciul divin, citeau Sfânta Scriptură și istorie profană. În **the Inns of Court** fiecare virtute este însușită și fiecare viciu este izgonit, spune Fortescue; disciplina este plăcută și în fiecare mod tinde spre iscusință. Așa-i reputația acestor școli încât cavaleri, baroni și nobilimea superioară și-au dat copiii aici, nu atât de mult cu scopul de a-i face avocați ci pentru a le forma deprinderile și a-i crește cu o pregătire solidă. Armonia constantă între studenți, absența resentimentelor sau diferențelor sau a oricăror certuri sau tulburări, pe care Fortescue le pretinde, pun la încercare credulitatea noastră. Dar el susține că o eliminare dintr-un **Inn** era privită cu mai multă teamă de către studenți decât sunt privite cu groază pedepsele de către criminali.

Înalta poziție socială a studenților, un fenomen care este totdeauna vizibil la avocatul pledant englez, este călduros lăudată de Fortescue. Costul șederii la un **Inn**, care este douăzeci și opt de lire pe an (egal cu aproape douăzeci de ori acea sumă la valoarea actuală a banilor), limitează studiul dreptului la fiii nobilimii. Necesitatea unui servitor dublează acest cost, iar clasele sărace și obișnuite nu pot să suporte o cheltuială aşa de mare, în timp ce oamenii de comerţ rareori doresc să-şi epuizeze capitalul printr-o asemenea povară anuală. „De unde se întâmplă că există cu greu un avocat calificat care nu este un gentleman din naştere, şi din această cauză au mai mare respect pentru reputaţia lor, onoarea lor şi nume bun".

După ce un avocat pledant fusese numit, el practica în general în circuit. Fortescue însuşi a călătorit în circuitul din vest. El povesteşte cum a văzut o femeie condamnată şi incinerată pentru uciderea soţului ei, şi la următoarea sesiune a auzit un servitor mărturisind că el omorâse soţul şi că nevasta era complet nevinovată. Din această întâmplare Fortescue smulge o justificare pentru amânarea prevederilor legii. „Ce trebuie să credem", spune el, „despre mustrările de conştiinţă şi remuşcarea acestui pripit judecător, când se gândeşte că ar fi putut să întârzie acea execuţie. De multe ori, vai! mi-a mărturisit că nu putea niciodată în toată viaţa lui să-şi cureţe sufletul de ocara faptei lui". În alt loc Fortescue face remarca atât de des citată: „Desigur ar fi mult mai de preferat ca douăzeci de persoane vinovate să scape de pedeapsa cu moartea, decât o singură persoană nevinovată să fie executată".

Avocatul pledant după şaisprezece ani de serviciu poate fi chemat să ia gradul de avocat de rang superior. Atunci el pune o tocă de mătase albă, pe care un avocat de rang superior nu o scoate nici când vorbeşte cu regele. După mult ceremonial şi festin solemn şi maiestuos „noului avocat de rang superior i se stabileşte stâlpul său în Piaţa din faţa catedralei St. Paul, unde el consultă clienţii săi şi împuterniciţii. Regula obişnuită, care a devenit un obicei în Anglia, că este contrar eticei profesionale ca un avocat pledant să primească angajarea sau onorariul său de la client, nu exista pe atunci. Chiar în vremuri mult mai târzii Wycherly, care fusese student în drept, nu vede nici o incongruenţă în consultarea de către client a unui avocat pledant. În foarte

obscena, dar spirituala lui piesă, *The Plain-Dealer**, certă-
reața Văduvă Blackacre își consultă avocatul, Avocatul de
rang superior Ploddon, și îi spune: „Du-te deci la Curtea a
Proceselor de Drept Comun și spune același lucru de mai
multe ori; o faci atât de firesc, încât nu vei fi niciodată
suspectat de lungirea timpului".

Ca în vremea de mai târziu, judecătorii erau selecționați
numai din avocații de rang superior. Fortescue descrie
jurământul pe care îl depun judecătorii – să facă dreptate
tuturor oamenilor, să nu o stăvilească nimănui, chiar dacă
regele însuși poruncește altfel, că nu va lua nici o donație
sau răsplată de la nici un om care are un proces în fața lui și
nu va lua nici un fel de robe sau recompense decât de la
rege. Afectuos Fortescue vorbește despre viața de tihnă și
studiu a judecătorilor, cum instanțele au ședință numai
dimineața, de la opt până la unsprezece. Apoi judecătorii
merg la masa lor de prânz. La Școala de drept a Avocaților
de rang superior judecătorii luau masa și îi întâlneau pe
avocații de rang superior acolo. Fortescue însuși avea came-
re mobilate în vechea Școală de drept a Avocaților de rang
superior.[15] Din **Clifford's Inn** se poate intra acum în vechea
clădire unde locuia Fortescue, dar nu mai este folosită de
avocații de rang superior, deoarece acel străvechi ordin este
stins. După masa lor de prânz judecătorii petreceau restul
zilei în studiul dreptului, citirea Scripturii și alte studii după
placul lor. Este o viață mai curând de contemplare decât de
acțiune, spune Fortescue, scutită de orice grijă și depărtată

---

* Sincera. (*n.t.*)

[15] Avocații de rang superior aveau locuințele lor în Vechea școală de drept
a avocaților de rang superior, care se află în **Chancery Lane**. Dar se pare
că locuințele erau ocupate numai în timpul sesiunii judecătorești. Scrisorile
Paston ne spun cum buna soție acasă trimitea din provincie jamboane, pui
și brânză. Dar îndată ce curtea suspenda ședința pentru lunga vacanță,
avocații de rang superior și judecătorii se grăbeau la casele lor în țară.
Aranjarea sesiunilor judecătorești cu lunga vacanță la vremea culesului
dovedește locuința la țară a judecătorilor și avocaților.

de sfada lumească. Cu mândrie îi spune prinţului său că în vremea lui nici un judecător nu a fost găsit că fusese corupt cu daruri sau mituiri.

De Laudibus a lui Fortescue este producţia unică a acelei epoci. Aici vedem sistemul juridic desfăşurat, din ziua când studentul intră într-un **Inn of Chancery**[*] în tot timpul studiilor sale într-un **Inn of Court**, serviciul lui ca avocat, până la ridicarea lui şi munca în magistratură. Este complet descris de unul dintre cei mai mari jurişti ai dreptului cutumiar, acest remarcabil bastion al legilor noastre, cum Sir Walter Raleigh îl numeşte pe Fortescue. Însă noi nu trebuie să ne despărţim de acest mare jurist fără a remarca credinţa lui senină şi neclintită în domnia nemijlocită a lui Dumnezeu peste lume – acea minunată credinţă a Evului Mediu. Fortescue simte că omul bun este binecuvântat. Faptul că judecători integri lasă în urma lor o posteritate este pentru el una dintre binecuvântările meritate ale Celui de Sus asupra oamenilor drepţi. Este o împlinire a cuvântului Profetului că seminţia celor drepţi este binecuvântată, că fiii lor vor fi binecuvântaţi şi că urmaşii vor dăinui veşnic. Poate Fortescue, după bătălia de la Tewkesbury, când a zăcut prizonier în turn, a găsit alinare în făgăduiala Psalmistului: „Paşii unui om bun sunt predestinaţi de Domnul Dumnezeu; chiar dacă va cădea, cu toate astea nu se va prăbuşi de tot, căci Domnul îl sprijină cu mâna sa". O dată cel puţin făgăduiala s-a împlinit. Fortescue şi-a trăit ultimii ani în pace şi onoare. L-a văzut pe sângerosul tiran, Richard de Gloucester, pe câmpul de bătălie de la Bosworth, plătind pentru multele lui crime, şi când marele judecător superior a murit, un rege lancastrian se afla în netulburată posesiune a tronului.

---

[*] Vechi cămin, cu numeroase săli de studiu, al studenţilor în drept din Londra. (*n.t.*)

IV. EPOCA DE FIER A DREPTULUI CUTUMIAR
DE LA HENRIC AL VII-LEA LA REVOLUȚIA DIN 1688[16]

Regii yorkiști trădaseră o tendință de a folosi tribunalele pentru promovarea de scopuri tiranice; dar Henric al VII-lea, care fusese educat în tradiția lancastriană a independenței sistemului judecătoresc, nu făcuse absolut nici o schimbare de judecători după victoria sa la Bosworth. Avariția acestui rege era, însă, atât de mare încât avem un exemplu al unei practici melancolice care a devenit obișnuită sub domnia Stuarților. Regele a vândut lui Robert Read, un foarte bun jurist, funcția de șef al Curții proceselor de drept comun, pentru patru mii de mărci.

Nu există nume de mari juriști sub această domnie. Persoana cu trecere Fineux, care a devenit Judecător Superior, avea o imensă practică. Era administrator la 129 de feude și avocat pentru 16 nobili. Hărnicia lui era uimitoare, căci a lăsat 123 de volume în – folio de note a 3.502 procese pe care le condusese. Importanța crescândă a clasei comerciale este

---

[16] Referințe generale pentru această perioadă: Foss și Campbell acum devin mult mai compleți în detaliu. THE STATE TRIALS sunt inestimabile pentru întreaga perioadă. Pe lângă acestea pot fi numite: ABRIDGEMENT, NEW NATURA BREVIUM AND DIVERSITY OF COURTS a lui FITZHERBERT, PROVINCIALE a lui LYNWOODE, DOCTOR AND STUDENT a lui ST. GERMAIN, SELECT CASES FROM THE COURT OF REQUESTS (SELDON SOCIETY), SELECT CASES FROM THE STAR CHAMBER (SELDEN SOCIETY), HISTORY OF ENGLISH LAW a lui REEVES, LIFE OF BACON a lui SPEDDING, REPORTS ale lui ANDERSON, DYER, POPHAM ȘI PLOWDEN, LAND LAWS a lui POLLOCK, ORIGINES a lui DUGDALE, PLEAS OF THE CROWN a lui STAUNFORDE, COKE UPON LITTLETON, INSTITUTES a lui COKE, REPORTS a lui COKE cu *Introductions*, MEMORIALS a lui WHITELOCKE, *Introduction* a lui HALE la ABRIDGEMENT a lui ROLLE (în COLLECTEANA JURIDICA a lui HARGRAVE), REPORTS a lui SAUNDERS, LIFE OF LORD KEEPER NORTH a lui NORTH, LIFE OF JEFFREYS a lui IRVING, LIVES OF EMINENT LAWYERS a lui ROSCOE. PLEAS OF THE CROWN a lui HALE și HISTORY OF THE COMMON LAW nu sunt critice. Pentru dezvoltarea istorică a normelor de probatoriu consultați WIGMORE ON EVIDENCE mai jos norma specifică.

arătată de ridicarea lui Frowick, membru al unei familii londoneze de aurari. L-a succedat pe Brian ca Judecător Şef al Curţii proceselor de drept comun. Thomas Whittington, un magnat al finanţelor, era un fiu al unui nepot al faimosului Richard Whittington, care a plecat la Londra şi care stând descurajat la picioarele Dealului Highgate a auzit profeţia clopotelor bisericii St. Mary le Bow, şi a trăit să devină bancherul regilor şi cel mai mare dintre marii comercianţi.

Un alt avocat renumit al acestei vremi era Richard Kingsmill. O scrisoare şi acum existentă spune: „Pentru Dl Kingsmill a fost bine stabilit că era cu voi pentru autoritatea şi faima lui, şi nu va lăsa în ciuda a nimic, şi dacă ancheta trece împotriva voastră el vă poate arăta vreun mijloc de îndreptare confortabil, dar, domnule, numirea lui va fi costisitoare vouă". Încrederea de copil în avocatul bine cotat este înduioşătoare. Dar onorariile par ridicol de mici. Ştim că Compania Aurarilor din Londra a plătit un avans de zece şilingi. „O gustare de dimineaţă la Wesminster cheltuită pe avocatul nostru" a costat un şiling şi şase penny. Onorariul de angajare al avocatului de rang superior Yaxley de la pricinaşul Plumpton pentru următoarele sesiuni la York, Notts şi Derby, era cinci lire, şi o retribuţie de patruzeci de mărci, dacă avocatul de rang superior lua parte la ele.

Două interesante caracteristici ale acestei perioade sunt începutul legii noastre moderne a corporaţiilor, precum aplicată breslelor negustoreşti şi corporaţiilor comerciale, şi creşterea tipăririi de cărţi juridice. Caxton nu a tipărit nici o carte de drept; dar Wynken de Worde a tipărit *Provinciale* a lui Lynwoode, iar Lettou şi Machlinia, educaţi sub Caxton, au tipărit în 1480 *Tenures* a lui Littleton, o ediţie presupusă a fi fost supravegheată de autor. Această carte a fost foarte frecvent republicată; şi doi faimoşi tipografi, Pynson şi Redman, au intrat într-o sălbatică dispută asupra meritelor respectivelor lor ediţii. În câţiva ani cererea pentru cărţi de drept a determinat tipărirea câtorva din Anuare şi publicarea Textelor prescurtate sau Digeste ale lui Statham şi Fitzherbert. *The New Natura*

Brevium, Doctor and Student a lui St. Germain, *Diversity of Courts* a lui Fitzherbert şi *Profitable Book* a lui Perkins, au apărut curând. Anuarele devin din ce în ce mai fragmentare, până ce sub domnia lui Henric al VIII-lea dispar. Dar în aceşti ani din urmă ele sunt producţii triste. Raportorii şi-au pierdut franceza lor. Astfel de cuvinte ca „strigăte de prinde-l", „pantofi", „cizme" şi „orz" nu sunt transformate în franceză. Franceza juridică a degenerat până ce a semănat cu scrierea fonetică modernă. Un jurist învăţat a scris în acest fel:

Richardson, C.J. de C.B., la Sesiunea judecătorească la Salisbury în vara 1631, *fuit assault per prisoner la condemne pur felony; que puis son condemnation ject un brickbat a le dit justice que narrowly mist. Et pur ceo immediately fuit indictment drawn pur Noy envers le prisoner et son dexter manus ampute et fixe al gibbet sur que luy mesme immediatement hange in presence de court.*

Problema relatării, totuşi, era acum luată de binecunoscuţi avocaţi şi judecători. Anderson, Dyer, Owen, Dalison, Popham, Coke, Plowden, Bendloe, Keilway şi Croke au lăsat preţioase dosare ale proceselor, toate în anglo-franceză.

Evidenţa întreagă demonstrează o completă întrerupere în sistemul de juriu în această perioadă. Instanţa Camerei Instelate continua doar o jurisdicţie de mult existentă în consiliul regelui; însă oarecare parte a jurisdicţiei, ca de pildă aceea asupra coruperilor şerifilor de a face liste ale juraţilor şi în declaraţii false, asupra mituirii martorilor sub jurământ şi asupra răzvrătirilor şi adunărilor nelegale, era acum pusă în formă statutară. Totuşi curtea nu îi va îngădui chiar avocatului de rang superior Plowden să susţină că era îngrădită în jurisdicţia ei de cuvintele statutului. Curtea era mai întâi o foarte excelentă maşină pentru cazuri particulare şi satisfăcea o mare necesitate publică, dar sub domnia Tudorilor şi Stuarţilor de mai târziu a devenit o maşină de tiranie.

Această perioadă era caracterizată în dreptul penal de cea mai neruşinată împilare în toate procesele politice. Domnia neînfrânată lui Henric al VIII-lea şi Elisabetei arată nenumărate cazuri de linguşire judiciară. Totuşi este o realitate că ambii aceşti cârmuitori erau totdeauna populari printre jurişti. Chiar astăzi, la fiecare ocazie de stat la **Gray's Inn**, se toastează pentru „glorioasa, pioasa şi nemuritoarea amintire" a reginei Elisabeta de către judecătorii, avocaţii şi studenţii care se scoală, trei deodată, şi rostesc toastul pe rând. Cu toate acestea Henric al VIII-lea a fost acela care a redus la un sistem infailibil arta uciderii prin formele legii. Judecătorii au confirmat-o pe Anne Boleyn ca fiind vinovată de înaltă trădare, fiindcă s-a spus despre ea că ar fi spus că regele nu i-a câştigat niciodată inima. Un juriu l-a găsit pe Earl de Surrey vinovat de înaltă trădare, fiindcă a împărţit în patru armoriile lui Edward Confesorul; de prisos să spun că Edward nu a avut niciodată un blazon. Neprihănita, cu părul cărunt Contesă de Salisbury a fost executată, deoarece fiul ei Reginald Pole devenise cardinal romano-catolic. Regele a adoptat ingenioasele metode de justiţie chineză, prin care, dacă vinovatul nu este la îndemână, ruda lui cea mai apropiată suferă în locul lui. Judecătorii au confirmat-o pe Catherine Howard, a cincea regină a lui Henric, vinovată de înaltă trădare, pentru că nu a fost fecioară când s-a măritat cu bătrânul şi bătucitul crai. Cromwell, Earl de Essex, a comis înaltă trădare, fiindcă nu îl prevenise pe Henric că Anne de Cleves, a patra mireasă a regelui, era hidos de urâtă.

Se recurgea chiar la tortură în acţiunile penale. Fox, în a sa *Book of Martyrs* (care este înfrumuseţată prin nenumărate falsităţi), spune că Sir Thomas More a torturat un deţinut. Elisabeta a poruncit ca Iezuitul Campion să fie pus pe roata de tortură; iar Judecătorul Şef Wray a prezidat procesul. Throgmorton a fost condamnat pe baza unor mărturisiri obţinute prin ameninţări cu tortura. Mărturia, unde era luată vreuna, era de multe ori vorbe de nimic. Judecarea lui Sir Thomas More a fost o parodie de justiţie. Dar condamnarea lui Fisher, Episcop de Rochester, îi marchează pe judecători cu infamie. În acel proces a apărut că Episcopul Fisher, conştient de actul Parlamentului care făcea înaltă trădare de a pune în discuţie conducerea de către rege a Bisericii, refuzase constant fie să admită fie să nege supremația regelui. În cele din urmă Procurorul Coroanei, Richard Rich, care prin cel mai degradant servilism față de umorile regelui câștigase avansare, a fost trimis la Fisher în Turnul Londrei. I-a spus Episcopului că a venit din partea Regelui, care dorea să știe pentru propria lui informare opinia reală a lui Fisher despre punctul în discuție. Episcopul a vorbit despre pericolul provenind din actul Parlamentului, dar Rich l-a asigurat că nu va fi nicidecum tras pe sfoară și i-a oferit făgăduiala Regelui că răspunsul său nu va fi niciodată divulgat. La care, Episcopul a menționat că el credea că un act al Parlamentului nu mai putea să-l declare pe Rege șef al bisericii decât putea să declare că Dumnezeu nu era Dumnezeu. Fisher a fost imediat dat în judecată; Rich a depus singura mărturie împotriva lui; și judecătorii au îngăduit ca Episcopul să fie condamnat și executat. Se spune că judecătorii au revărsat lacrimi când neprihănitul bătrân a fost condamnat; dar acea purtare mărește pur și simplu infamia lor. Sir Thomas More a fost condamnat și adus la butuc pe baza aceluiași fel de mărturie.

Totuși în timpul acestei întregi perioade legea a asigurat dreptate nepărtinitoare ca între un cetățean privat și un altul. Dosarele proceselor Judecătorului Șef Dyer, Judecătorului Șef Anderson și Avocatului de rang superior Plowden, în timpul domniei Elisabetei, dovedesc cu prisosință faptul. În procesele penale obișnuite justiția devenea mult mai blândă. A fost numai atunci când ocârmuirea insista asupra urmăririi judiciare că tirania Tudorilor și Stuarților nu a lăsat individului nici o speranță în fața Coroanei. Dreptul de posesiune judecătoresc a devenit dependent de servilismul față de dorințele puterii executive. Designările judecătorești erau date numai celor care se angajau față de planurile regale. Adevărata istorie a justiției se găsește în sângeroasele documente ale Proceselor de Stat. Citările în fața judecății sunt folosite de ocârmuire cu aproape cinică indecență. Baronii au fost distruși și marea masă a

populației, orașele și mica nobilime de la țară, sprijineau cu
înflăcărare autoritatea regală. Înainte de a trece de la domnia lui Henric al VIII-lea ar
trebui să-l remarcăm pe Judecătorul Superior Montague, care
a pus temeliile unei puternice familii și este acum reprezentat
de Ducele de Manchester, Contele de Sandwich și Contele de
Wharncliffe. Un alt dintre judecătorii lui Henric al VIII-lea
era John Spelman, bunicul renumitului colecționar de antichi-
tăți, Henry Spelman. El nu este în mod special cunoscut
pentru rostirile lui juridice, ci a devenit alături de o singură
soție tatăl a douăzeci de copii.

Sub domnia Elisabetei, acei nefericiți gentlemeni asupra
cărora regina își revărsase favorurile erau acum în pericol
deosebit. Oricine dintre numeroșii ei amanți care avuseseră
temeritatea să-și ia o permisie au plătit cu înaltă trădare.
Contele de Hertford a fost atât de prost sfătuit încât să-și ia o
soție. Deși el a plecat cu prudență în străinătate, mireasa a
fost aruncată în Turnul Londrei și când contele s-a întors, a
fost și el închis. Regina a făcut să se declare căsătoria nulă și
l-a amendat pe conte cu cincisprezece mii de lire. Tânărul
Earl de Arundel a avut o experiență asemănătoare dar mai
grea, când s-a împăcat cu soția lui după ce a fost favoritul
Elisabetei. A fost condamnat la moarte, dar a fost salvat de
miniștrii reginei. Hatton, care a devenit cancelar prin grațiile
fizicului său, a avut bunul simț să rămână necăsătorit; iar
Contele de Leicester a păstrat favorurile iubitei lui regale
neglijându-și îndatoririle de soț. Ducele de Norfolk a fost
condamnat pentru că era suspectat de o dorință de a se căsă-
tori cu Regina Scoțieilor. Acea regină a fost executată după
un proces absurd în fața judecătorilor. Ministrul Davidson,
care la comanda reginei Elisabeta emisese un mandat pentru
executarea Reginei Scoțienilor, a fost cu sălbăticie tradus în
fața justiției și închis pe viață.

Controversele religioase au ațâțat instinctele sălbatice ale
epocii. Sub domnia lui Henric fidelii catolici au suferit cele

mai rele împilări. Unealta de căpetenie a lui Henric al VIII-lea în aceste treburi era Thomas Audley, care era un jurist titrat și l-a succedat pe More ca lord-cancelar. El scornea acele legi care impuneau asupra conștiinței fiecărui om cele mai contradictorii jurăminte. Era un delict penal de a-l recunoaște pe Papă, totuși nu era mai puțin penal de a nega un singur articol al credinței papistașe. Oricine era pentru Papă era decapitat și oricine era împotriva lui era ars pe rug. Legislația care jefuia biserica era opera lui Audley și selecta pentru el o bogată porție a prăzii. Prioratul Bisericii lui Christos în Aldgate a devenit casa lui la oraș. A cerut bogata mânăstire Walden, spunând că suferise mare pierdere și dezonoare servindu-l pe rege. Pe ruinele acelei abații nepotul său Thomas Howard a ridicat impunătorul palat elisabetan Audley End.

Când catolicii au revenit la putere sub domnia Mariei, protestanții la rândul lor au suferit pedepsele ereziei. Un proces, totuși, se reliefează sub această domnie ca singurul exemplu unde, sub domnia Tudorilor, un proces de înaltă trădare a rezultat într-un verdict de nevinovăție. Sir Nicholas Throckmorton a fost tradus în fața justiției de experimentatul Dyer, pe atunci Procurorul Coroanei. Inculpatul a vorbit complet mai bine decât Procurorul Coroanei, și l-a făcut să pară un fel de prost. El cu modestie s-a comparat pe sine cu Mântuitorul, și l-a descris pe Dyer în rolul lui Pilat. Încrederea în sine i-a permis să întrerupă discursul exhortativ al Judecătorului Superior Bromley către jurați. Throckmorton a solicitat „imparțialitate" de la judecător, și a ajutat să iasă din încurcătură memoria slabă a judecătorului datorită propriei sale expuneri a faptelor. Juriul care l-a achitat pe Throckmorton a fost aruncat în închisoare și greu amendat.

Judecătorii, care erau protestanți, la urcarea pe tron a Mariei au devenit romano-catolici; unul dintre ei, Sir James Hales, avea scrupule dar a fost convins de asociatul său, judecătorul Portman, să-și schimbe părerea. Această faptă a continuat să lucreze asupra conștiinței lui Hales încât el s-a înecat. Juriul parchetului a dat un verdict de sinucidere; şi in două procese[17] câteva subtilităţi nesemnificative au fost exprimate de curte în ceea ce priveşte efectul sinuciderii în confiscarea proprietăţilor judecătorului. Shakespeare îi face pe învăţaţii gropari în Hamlet să vorbească despre Ofelia în cuvinte care sunt aproape o parodie literală despre argumentările judecătorilor.

Domnia Elisabetei a produs un foarte mare judecător. James Dyer a fost într-adevăr numit în magistratură sub domnia Mariei, dar cea mai mare parte a serviciului său judecătoresc a fost sub domnia Elisabetei. A prezidat la Curtea proceselor de drept comun vreme de douăzeci şi trei de ani. Nu a luat deloc parte la ruşinoasele procese politice din această domnie, ci a condus curtea sa cu eficienţă şi erudiţie. Poetul Whetstone are aceste versuri despre Dyer:

> He ruled by law and listened not to art;
> These foes to truth—love, hate, and private gain
> … his consciene would not stain.[*]

John Popham oferă un remarcabil contrast în faţa lui Dyer. De obârşie înaltă, educat la Oxford, a apucat pe căi greşite în timp ce se afla la şcoala de drept **the Middle Temple**. Chiar a recurs la chemarea unui tâlhar de drumul mare să-i umple din nou punga. S-a îndreptat, însă, şi a devenit un excelent jurist; a fost făcut al doilea consilier juridic al Coroanei şi speaker al Camerei Comunelor. În ordine obişnuită a devenit Procuror al Coroanei, şi ca atare a luat conducerea în multe procese de stat. L-a adus în faţa instanţei pe Tilney, şi l-a făcut pe Judecătorul Superior Anderson, unul dintre cei mai mari jurişti ai regatului, să exhorteze juriul cu privire la

---

[17] Bishop of Chichester v. Webb, 2 Dyer 107; Lady Hales v. Pettit, Plowden 253.

[*] A condus după lege şi n-a luat în seamă viclenia;
Aceşti vrăjmaşi ai adevărului – iubirea, ura şi câştigul tainic
… n-au să-i întineze firea. (*n.t.*)

unele probe judiciare complet insuficiente că inculpatul era vinovat de un atentat asupra vieții reginei. El a încercat să o traducă în fața justiției pe Maria Regina Scoțienilor; dar Hatton, judecătorul suprem, a smuls lucrarea din mâinile lui Popham. Atât Elisabeta cât și Hatton erau violent aprinși împotriva Reginei Stuart, din cauza glumelor pe care le adunase despre dragostea Reginei Fecioare și cancelarul ei. Chiar învățatul dar conciliantul Foss este obligat să spună că ardoarea scrisorilor Elisabetei către Hatton „ar fi fatală firii unei femei mai puțin exaltate". La judecarea lui Knightley, un puritan, care în limbaj temperat publicase unele observații despre respectarea cuvenită a Sabatului, Popham a argumentat că pârâtul, deși vinovat numai de o violare tehnică a unei proclamații regale și din acel motiv nevinovat de o infracțiune, putea totuși fi trimis în judecată la Curtea Înstelată. El a spus cu înțelepciune în ceea ce privește scuza inculpatului că și-a publicat pamfletul: „Cred că el este demn de pedeapsă mai mare că a dat asemenea răspuns prostesc decât dacă l-a dat la dorința soției lui". Când Popham a devenit Judecător Superior și-a arătat prejudecata împotriva vechii lui chemări printr-o severitate neasemuită împotriva tâlharilor de drumul mare. La procesul Essex el a contopit în mod ciudat funcțiile de martor și judecător, și în recapitularea din propriile lui cunoștințe a oferit juriului expuneri de fapte care nu au fost confirmate de nici un martor. Prin eforturile lui în avocatură a acumulat o imensă avere atingând zece mii de lire pe an; dar a fost toată risipită de fiul său, alt John Popham.

O curte – Curtea de Interpelări – care a îndeplinit o funcție foarte importantă în timpul acestei perioade a fost de mult uitată. Era o curte pentru cauze civile – o curte companion la Camera Instelată (care se dedica proceselor penale). Datoria ei era de a audia cauzele acelor reclamanți cărora li se refuza justiția în tribunalele de drept civil. Wolsey a stabilit o ramură a curții la Whitehall, în timp ce o altă ramură îl urma pe suveran. Faima lui Wolsey ca teolog i-a eclipsat complet înalta lui reputație ca judecător. În curtea de justiție a Lordului-Cancelar, în ciuda diverselor lui îndatoriri ca prim-ministru, era obișnuit și punctual și deciziile lui erau invariabil solide. El a făcut Curtea de Interpelări fără nici o umbră de îndoială o curte pentru a repara nedreptatea proceselor cu juri. Cei care eșuau în fața juriilor din pricina coruperii jurațior sau puterii adversarilor lor se găseau protejați în Curtea de Interpelări, care urma practica din curtea de justiție a Lordului-Cancelar și nu era stânjenită de un juriu. Aici arendașii de pământ făceau un apel pentru dreptate împotriva moșierilor lor, aici posesorii unui lot de pământ dintr-o moșie luat cu arendă pe viață sau transmis prin moștenire căutau ajutor împotriva îngrădirii pășunilor comune și pământurilor neproductive ale feudelor. Protectorul Somerset și-a datorat căderea intervenției lui active împotriva proprietarilor de pământuri; și stricta imparțialitate a justiției lui Wolsey și asprimea cu care a reprimat nelegiuirea puternicilor nobili a ajutat la distrugerea lui. Curtea de Interpelări era în continuu conflict cu tribunalele de drept cutumiar. Coke a inventat anumite sentințe imaginare pentru a o distruge. Însă curtea a continuat, și în 1627 Henry Montague, un nepot al Judecătorului Superior, un jurist foarte capabil, a ajuns să prezideze în această curte și i-a dat o asemenea înaltă reputație încât avea tot atât de multe procese și clienți precum curtea de justiție a Lordului-Cancelar. Blackstone[18] ne spune că această curte a fost desființată în 1640; dar el se înșeală, deoarece în 1642, în ședințe din șaisprezece zile, curtea a emis 556 de ordonanțe. A dispărut în tulburările războiului civil.

Invidia tribunalelor de drept cutumiar față de curtea de justiție a Lordului-Cancelar a culminat în Statutul Folosințelor al lui Henric al VIII-lea, care a încercat să transforme fiecare folosință sau administrare de pământ prin procură într-o proprietate legiuită la beneficiar; acesta a fost urmat de Statutul

---

[18] 3 Com. 50.

Înregistrărilor cerând ca toate actele de transfer de feud liber prin târguială şi vânzare să fie înregistrate într-o instituţie. Dar judecătorii şi avocaţii de la curtea de justiţie a Lordului-Cancelar au „călcat" îndată acest act al Parlamentului pe motivul că textul e neclar; şi prin mijlocirea unei vânzări la preţ redus pentru o arendă, pe care statutul a sancţionat-o, urmată de un act de transmitere, care nu avea nevoie de înregistrare, au înlăturat punerea în posesia funciară. Statutul Folosinţelor a înlăturat şi el toate folosinţele a fi declarate de testamentul seniorului feudal. Folosinţele declarate în testament fuseseră asiduu protejate de curtea de justiţie a Lordului-Cancelar. Dar când această metodă de a lăsa prin testament pământuri a fost înlăturată de Statutul Folosinţelor, a devenit necesar să se treacă Statutul Testamentelor. Şi Coke şi Bacon au crezut că Statutul Folosinţelor înlătura toate dispoziţiile testamentare în afară de cele care ar fi fost bune la dreptul civil ca transferuri. Dar legea era interpretată altfel, şi avocaţii de la curtea de justiţie a Lordului-Cancelar introduceau în testamente toate aceste transferuri spre folosinţe, şi astfel lăsau să intre diferitele feluri de testări executorii – posesiuni care în testamente făceau nule toate normele dreptului cutumiar în ceea ce priveşte drepturile de moştenire a titlului. Toată această istorie arată inutilitatea de a încerca să controlezi o dezvoltare naturală cu ajutorul legilor.

În multe privinţe anii primilor doi regi Stuarţi sunt cei mai trişti în istoria dreptului. Servilismul judecătorilor nu era mai puţin vizibil decât sub domnia Tudorilor. Ca un rău în plus, funcţiile juridice erau deschis făcute subiectul afacerii şi vânzării. Henry Montague i-a dat candidatului propus de Buckingham funcţia de secretar al tribunalului, valorând patru mii de lire pe an.[19] Coventry i-a plătit lui Coke două mii de vechi monezi englezeşti pentru influenţa lui în asigurarea unei

[19] Poate noi înşine nu avem până acum nici un drept să condamnăm aceasta, când vedem încă în unele regiuni funcţii de conducere în tribunalul suprem încredinţate partidului politic încununat de succes să fie ocupate.

designări de magistrat. Şefia Curţii proceselor de drept comun
l-a costat pe Richardson şaptesprezece mii de lire. Sir Charles
Caesar a plătit cincisprezece mii de lire pentru funcţia de
conducere a arhivelor; Henry Yelverton i-a dat regelui patru
mii de lire pentru funcţia de procuror al Coroanei – un loc
pentru care Ley, mai târziu Judecător Superior, a oferit în van
zece mii de lire. Judecătorul Nichols a refuzat să plătească
pentru locul său, şi James I totdeauna s-a referit la el ca „jude-
cătorul care nu ar da deloc bani". Cei cincisprezece avocaţi de
rang superior numiţi în 1623 fiecare a plătit regelui cinci sute
de lire. Sub regimul lui Cromwell, piosul Judecător Superior
St. John a avut acordarea tuturor graţierilor pentru avocaţi
delicvenţi, care i-a prins în plasă patruzeci de mii de lire; nici
nu şi-a făcut scrupule să primească mituiri pentru locuri sub
regimul Protectorului. Sub domnia lui James al II-lea, tinerele
fiice ale cetăţenilor de vază din Salisbury, care aşternuseră
flori în faţa răzvrătitului Monmouth[*], fiind tehnic vinovate de
înaltă trădare, au obţinut graţieri plătind bani doamnelor de
onoare ale reginei, căreia regele îi dăduse graţierile. Acel mare
şi bun William Penn[**] a acţionat ca agent al nevoiaşelor femei
colectând tributul.

Tonul de adulaţie folosit de avocaţi şi judecători faţă de
suveran este aproape incredibil. Rich l-a comparat pe Henric
al VIII-lea „pentru dreptate şi chibzuinţă, cu Solomon; pentru
forţă şi tărie, cu Samson; şi pentru frumuseţe şi farmec, cu
Absalom". Bacon într-un tratat savant îl felicită pe James I
(care era ceva mai mult decât un idiot şi pisălog), pentru
adânca şi marea capacitate a minţii lui, puterea memoriei lui,
agerimea minţii lui, clarviziunea judecăţii lui, lucida lui
metodă de aranjare, şi plăcuta lui uşurinţă de a vorbi. Virtuo-
sul Coke a pretins că regele James era în chip divin iluminat

---

[*] Ducele de Monmouth (James Scott), 1649-1685, presupus fiu nelegitim al
lui Charles al II-lea, a condus o insurecţie împotriva lui James al II-lea şi a
fost executat: numit *Ducele protestant. (n.t.)*
[**] 1644-1718, quaker englez, fondator al statului Pennsylvania. *(n.t.)*

de Atotputernicul. Dar acesta era tonul epocii. Pentru Shake-speare, Elisabeta era „o frumoasă vestală" şi „crinul cel mai alb".

Viciile epocii sunt rezumate în rivalitatea celor mai mari doi jurişti ai ei, Bacon şi Coke – ultimul, cel mai învăţat dintre jurişti, dar îngust, crud şi lipsit de scrupule; celălalt, de largă intuiţie, intelect cuprinzător, dar şi el puţin incomodat de scrupule.

Coke, cel mai în vârstă dintre cei doi oameni, era al doilea consilier juridic al Coroanei, cu o vastă practică şi o mare avere, când Bacon, cu marile lui avantaje de familie, a încer-cat să câştige funcţia de procuror al Coroanei împotriva lui. Coke sta la coada avansării în grad. Era crunt ofensat de porecla pe care i-a dat-o Bacon de „Cârpaci" – nu un nume nemeritat pentru autorul unei cărţi precum Coke despre Littleton. Apoi au devenit rivali pentru mâna văduvei lui Sir William Hatton, o frumoasă femeie, în vârstă numai de douăzeci de ani, cu o imensă avere şi mari pretenţii la modă. Bătrânul şi zbârcitul Coke, văduv de şase luni, a învins. Dar cu toate că doamna era dispusă să-l ia în căsătorie pe Coke, ea a refuzat să se mărite cu o momâie bătrână printr-o cunu-nie religioasă. Astfel Coke s-a căsătorit cu ea într-o casă particulară, şi drept urmare a călcat legea. Scuza lui când i s-a intentat proces a fost necunoaşterea legii. Poate acesta este adevăratul motiv pentru deseori citata formulare a lui Coke în ceea ce priveşte dreptul scris. Dar Bacon a evadat fericit, şi a avut satisfacţia de a se bucura de nefericirile casnice ale lui Coke. Lady Hatton a refuzat, după câteva certuri, să trăiască cu Coke; în plus a refuzat să ia numele lui, pe care ea insista să-l scrie „Cook". A refuzat chiar să-l lase pe Coke să vadă fiica pe care ea i-o născuse şi l-a alungat de la uşa ei.

Apoi a început procesul Essex. Coke s-a întrecut chiar pe sine însuşi în brutalitate, în timp ce Bacon şi-a părăsit binefăcătorul. Cei doi oameni au avut curând o altercaţie publică în Curtea Fiscală. Pentru a se da bine pe lângă noul rege, James, Coke l-a acuzat pe Raleigh atât de sălbatic încât chiar judecătorii au fost scârbiți. Neîndurătorul Popham a protestat, și un asemenea sicofant ca Lordul Salisbury l-a dojenit pe Coke. După care Coke s-a așezat fierbând de mânie și s-a bosumflat, până ce judecătorii i-au cerut stăruitor să continue. Lordul Mansfield a spus multă vreme după aceea: „Eu nu aș fi rostit discursul lui Sir Edward Coke împotriva lui Sir Walter Raleigh pentru a câștiga toată averea și reputația lui Coke". Când Coke i-a tradus în fața justiției pe conspiratorii Complotului Prafului de Pușcă*, el a arătat pe deplin metoda lui de a-i jigni pe acuzați. Alte procese nu erau mai puțin rușinoase. Însă, în tot timpul, mai rău decât brutalitatea lui Coke, este fariseica lui mulțumire de sine, nenorocita, sclifosita, ipocrita lui pietate. Cea mai bună scuză pentru Bacon este aceea că era angajat într-o rivalitate cu un astfel de om.

Coke a devenit Judecător Superior al Curții proceselor de drept comun în 1606, și a folosit locul lui pentru a-l umili și a-l insulta în mod grosolan pe Bacon. Dar suplețea lui Bacon câștiga încrederea Regelui. Coke se umflase atâta în pene încât devenea independent. Bacon l-a făcut pe James să-l pună pe Coke în fruntea Judecătoriei regelui. Coke i-a reproșat cu asprime lui Bacon, care a răspuns: „Ah! domnule judecător, ai crescut în tot acest timp în lățime; trebuie să crești în înălțime, că de nu vei fi un monstru". Coke pe scaunul judecătoresc era cu desăvârșire la fel de brutal precum la bară. Într-un proces i-a spus juriului că inculpata, dna Turner, avea cele șapte păcate de moarte – că era o târfă, o codoașă, o vrăjitoare, o hârcă, o papistașă, o criminală și o ucigașă.

În fine Coke s-a angajat în faimoasa lui controversă cu Lordul-Cancelar Ellesmere, asupra puterii curții de justiție a Lordului-Cancelar de a impune procese verbale la tribunal și a scos la lumină măiestrita opinie în celebrul proces al Conte-

---

* Un complot pentru a arunca în aer clădirea Parlamentului. (*n.t.*)

lui de Oxford.[20] Coke a ameninţat să-i închidă pe toţi cei vizaţi; dar Bacon l-a convins pe rege că Coke nu avea dreptate, şi Judecătoria Regelui s-a supus. Bacon în cele din urmă a determinat ca Coke să fie suspendat din funcţie şi să i se ordoneze să-şi îndrepte cartea de dosare ale proceselor, „în care să fie multe opinii extravagante şi exorbitante înregistrate şi publicate pentru pozitivă şi bună justiţie".

Bacon acum l-a succedat pe Ellesmere ca Lord-Cancelar. Dar Coke, la vârsta de şaizeci şi şase de ani, nu era încă învins. El avea o tânără şi frumoasă fiică; a oferit-o ca mireasă lui Sir John Villiers, fratele lui Buckingham. Soţia lui Coke a fugit cu copilul ei; dar Coke a urmărit-o, a smuls copilul din braţele mamei sale şi a dus-o cu sine la Londra. Bacon nu a putut să o ajute pe Lady Hatton. Mama în închisoare a fost silită să se supună, şi copilul, după o splendidă căsătorie, a fost predat lui Sir John Villiers. Căsătoria s-a sfârşit după cum s-ar fi putut aştepta. Tânăra soţie a fugit cu Sir Robert Howard. Singurul ei fiu a fost declarat nelegitim şi nu a primit numele de Villiers.

Coke nu a primit nici o răsplată pentru neasemuita lui josnicie. A încercat să se împace cu Regele prin câteva sentinţe ruşinoase în Camera Instelată. Dar când eforturile lui nu au găsit nici un răspuns, s-a întors la Parlament ca un patriot. Dr. Johnson[*] trebuie să-l fi avut pe Coke în minte când a făcut celebra lui definiţie a patriotismului ca „ultimul refugiu al unui ticălos". Setos de răzbunare asupra lui Bacon, Coke a determinat inculparea şi distrugerea lui. Coke a trăit în continuare fiind un om foarte bătrân. Lady Hatton presăra umor situaţiei plângându-se mereu de buna sănătate a soţului ei. În sfârşit el a murit, vegheat de nefericita lui fiică. A sfârşit extrem de pios – manifestându-şi astfel totala inconştienţă a propriului său caracter real.

---

[20] 2 WHITE AND TUDOR LEAD. CAS. EQUITY 601.

[*] Samuel Johnson, 1709-1784, scriitor englez, critic şi lexicograf, cunoscut ca *Dr. Johnson*. (*n.t.*)

Sub domnia lui Charles I, au avut loc unele procese bine conduse la încercarea Regelui de a obține un venit fără recurs la Parlament. Baroul era destul de independent ca să reziste cu succes puterii Coroanei. Judecătorii au decis că o punere sub pază nespecificând nici un delict era nedreaptă. O altă decizie interzicea tortura inculpaților. Normele probelor judiciare nu erau încă stabilite; dar în acțiunile penale obișnuite, un inculpat nu era acum obligat să depună mărturie împotriva lui însuși. Shakespeare pare să considere regula proastă, de a nu fi urmată la Judecata Cerească; fiindcă

> In the corrupted currents of this world,
> Offence's gilded hand may shove by justice;
> And oft'tis seen the wicked prize itself
> Buys out the law; but 'tis not so above;
> *There* is no shuffling, there the action lies
> In his true nature; and we ourselves compell'd,
> Even tot the teeth and forehead of our faults,
> To give in evidence. [*]

În faimosul proces al Impozitului pentru Construcții Navale intentat lui Hampden[**] era o mare paradă judiciară. Al doilea consilier juridic al Coroanei a vorbit timp de trei zile, avocatul principal al inculpatului a vorbit patru zile, lui Oliver St. John pentru apărare i-au trebuit două zile și procurorul Coroanei a răspuns în trei zile. Pledoaria lui St. John a fost considerată cea mai frumoasă care fusese auzită vreodată

---

[*]   În coruptele șuvoaie ale ăstei lumi,
       A crimei aurită mână poat-să fie-mpinsă de justiție;
       Și-ades se vede însăși pleașca rea
       Cumpărând legea cu bani; dar în cer nu e așa;
       Acolo nu e șovăire, acolo fapta stă
       În firea sa; și noi înșine siliți,
       Chiar până-n dinții și fruntea alor noastre vini,
       Să punem mărturie. (*n.t.*)

[**] John Hampden, 1594-1643, om de stat englez, s-a opus lui Charles I în lupta pentru drepturile Parlamentului. (*n.t.*)

în Westminster Hall. Dar acest discurs a fost curând întrecut de nobila şi patetica pledoarie a lui Strafford[*] în propriul său interes. În cele din urmă însuşi Regelui i s-a intentat proces. Juriştii parlamentari de frunte, Rolle, St. John şi Whitelock, au refuzat să facă parte din tribunal. Bradshaw, un jurist capabil, a fost făcut preşedinte al tribunalului ilegal. Procedura apărării regelui era proiectată pentru el de Sir Matthew Hale. Bradshaw a încercat să-l intimideze pe Rege, dar a fost copleşit de raţionament pătrunzător, o demnitate regească, şi o nobilă prezenţă, de gândirea liberală a Regelui şi elocinţă reală. În alte procese, de exemplu cele ale Ducelui de Hamilton, Contelui de Holland, Lordului Capel şi Sir John Owen, acuzaţii au fost condamnaţi prin manieră la fel de arbitrară ca orice sub dinastia Tudorilor. Avocatul de rang superior Glyn la judecarea bravului Penruddock era rivalul lui Coke la procesul lui Sir Walter Raleigh. Protectorului Cromwell puţin îi păsa de tribunale sau justiţie. Aceiaşi oameni care atacaseră impozitul pentru construcţii navale judecau impozitul arbitrar al lui Cromwell. Judecătorul Superior Rolle şi judecătorii au încercat să judece legalitatea unui astfel de impozit; dar Cromwell a trimis după ei şi a admonestat cu severitate libertatea lor excesivă, vorbind cu obscenităţi şi dispreţ despre Magna Charta a lor. I-a destituit pe judecători, spunând că ei nu trebuie să-i lase pe avocaţi să debiteze ceea ce nu le-ar prinde bine să audă. Avocatul de rang superior Maynard, care pledase împotriva impozitului, a fost trimis în Turnul Londrei, în timp ce Prynne a suferit o amendă şi închisoare. Sir Matthew Hale a fost ameninţat de regimul lui Cromwell pentru energica lui apărare a Ducelui de Hamilton şi Lordului Capel, dar Hale a răspuns că el pleda în favoarea legii, îşi făcea datoria către clienţii săi, şi nu se speria de ameninţări. În timpul ascendentului cromwellian, Hale, la

---

[*] primul Earl de Strafford (Thomas Wentworth), 1593-1641, om de stat englez, consilier al lui Charles I. (*n.t.*)

solicitarea juriștilor regaliști, a acceptat o funcție de judecă-tor. În circuit l-a judecat și l-a condamnat pe unul dintre soldații lui Cromwell pentru uciderea unui regalist și a făcut ca inculpatul să fie spânzurat atât de repede încât Cromwell nu a putut să-i acorde o grațiere. A invalidat o listă a juraților când a descoperit că îi fusese aleasă la ordinul lui Cromwell. Protectorul, la întoarcerea lui Hale la Londra, l-a luat zdravăn la refec, spunându-i că nu era bun să fie judecător.

Multe reforme juridice au fost proiectate în timpul Republi-cii[*], dar ele au eșuat la Restaurație. S-a făcut o încercare (printre altele) de a înlocui legea lui Moise cu dreptul cutumi-ar. A existat o încercare serioasă de a desființa curtea de justiție a Lordului-Cancelar, dar a fost zădărnicită de St. John. S-a votat o lege pentru reglementarea practicii în cercetarea Lordului-Cancelar, dar s-a constatat a fi inutilă. Majoritatea avocaților din clasa mai înstărită erau regaliști și au încetat practica la tribunal. Confiscarea și popririle erau la ordinea zilei. Dar avocații regaliști care redactau acte de transmisiune a proprietăților, Orlando Bridgman și Jeffrey Palmer, deși nu vor apare în tribunal, aveau imensă consultație la domiciliu și prin noile lor stratageme de pacte de familie, clauze de moștenire înlocuitoare, au păstrat multe posesiuni regaliste.

The Inns of Court în timpul domniei Tudorilor și mai de început a Stuarților continuaseră să se bucure de mare prospe-ritate. Din vremea lui Fortescue până la Charles I, este aproa-pe imposibil să se indice un singur jurist de vază care nu fusese preliminar educat la Oxford sau Cambridge. Sub domnia Reginei Maria împuternicicii și avocații consultanți au fost pentru totdeauna excluși din cele patru școli de drept. De-aici încolo numai avocații pledanți erau pregătiți în acele instituții și împuterniciții au devenit obiecte de dispreț. De fapt, într-o ordonanță în 16 Charles II, un împuternicit este numit „o persoană imaterială de caracter inferior". Instrucția

---

[*] Commonwealth. (*n.t.*)

în **the Inns** continua să fie aceeași ca în vremea lui Fortescue. Legea era acum complet bazată pe precedente juridice. Fitzherbert spune că întreaga Curte a fost de acord că Bracton nu a fost niciodată privit ca autoritate în jurisprudența noastră. În distracțiile mondene **the Inns** străluceau. Petreceri costisitoare, magnifice festivități teatrale pentru curteni, mascarade și spectacole, unde familia regală asista, splendidele ceremonii de propuneri pentru avocați de rang superior, banchetele date de docenți, sunt toate în întregime descrise în analele vremii. Citim despre „pâine condimentată, zaharicale și alte fantezii plăcute la vedere, și hipocrase[*]", și lista de livrare a unuia dintre aceste ospețe, cuprinzând „douăzeci și patru de vaci mari", „o sută de berbeci grași", „cincizeci și unu de viței mari", „treizeci și patru de porci", „nouăzeci și unu de purcei", printre nesfârșiți claponi, potârnichi, porumbei și lebede până la trei sute patruzeci de duzini de ciocârlii, arată că viciul epocii era lăcomia.

S-a constatat necesar în timpul acestei perioade să se constrângă studenții. Unele din reglementări sunt ciudate – interzicerea bărbilor de peste o creștere de două săptămâni, a îmbrăcăminții luxoase, a purtării de săbii; și restricțiile asupra sportului îi indică pe membrii gălăgioși în **the Inns.** S-a constatat necesar să se facă obligatorie prezența la dezbaterea proceselor, ca practică judiciară. A fost ridicat nivelul de cunoștințe. S-a cerut o prezență de zece ani înainte de o numire în avocatură; aceasta a fost mai târziu repusă la cinci ani și apoi ridicată la șapte ani; și timp de trei ani după numirea sa, unui avocat pledant nu i se permitea să practice în fața instanțelor la Westminster.

Perioada republicii a fost aproape distrugătoare a celor patru școli de drept, însă la Restaurație s-au lansat într-o nouă carieră de splendoare. Toate vechile ceremonii și practici au fost reînviate. Heneage Finch, după aceea Lord Nottingham,a

---

[*] Vinuri aromatizate cu condimente. (*n.t.*)

reînviat banchetele docenților din zilele de altădată. A salvat aleea în **the Temple** de a se construi peste ea; și consumul lui zilnic de vin a oferit un admirabil exemplu foarte băutorilor tineri cetățeni ai Restaurației.

Cei doi mari juriști sub domnia lui Charles al II-lea erau aproape exact opuși. Finch, născut dintr-o veche familie, cu o mare avere, trăind în stil magnific, princiar în cheltuielile sale, un adevărat cavaler, era însăși antiteza puritanismului lui Hale. Numele său este unul dintre cele bine cunoscute pe voluta Bisericii lui Christos la Oxford. El este al doilea dintre marii noștri oratori juridici. Ben Johnson ne-a spus despre impresionanta și hotărâtoarea elocvență a lui Bacon, dar nu putea fi comparată cu oratoria cu limbă de aur și gesturile grațioase ale unui „Roscius englez". Finch a trecut prin gradul de al doilea consilier juridic al Coroanei, către locul procurorului Coroanei, și apoi a devenit Lord-Cancelar, cu titlul de Lord Nottingham. Era un model de bune maniere juridice, calm și răbdător în examinare, prompt în chestiunile instanței sale, ținând ședință să judece procese deși chinuit de suferința gutei. Atent în elaborarea sentințelor sale și, în același timp, un om perfect al lumii, el rămâne fără rival în afară de Lord Mansfield.

Când el a venit la scaunul de marmură, jurisprudența pe bază de echitate era o masă confuză de precedente juridice fără legătură. Cu toate că nu a inventat nimic nou, el a introdus ordine în haos și a stabilit marile culmi ale echității în forma lor durabilă.

> Our laws that did a boundless ocean seem,
> Were coasted all, and fathomed all by him.[*]

El a stabilit, în fine, restricția legală asupra intereselor executorii, prin marea lui sentință în procesul Ducelui de

---

[*]   Legile noastre care-au făcut un ocean nemărginit socot,
Navigând pe lângă ele toate, pre toate el le-a măsurat. (*n.t.*)

Norfolk.[21] S-a uitat că Nottingham a trecut peste obiecțiunile celor trei șefi ai tribunalelor de drept cutumiar – North, Pemberton și Montague – în ședință cu el. North, devenind cancelar, a anulat procesul, dar Camera Lorzilor, la cererea Lordului Jeffreys (la fel de mare jurist ca Nottingham), a reintegrat prima sentință și a restabilit decizia împotriva inalienabilităților.

Sir Matthew Hale nu este o figură atât de fermecătoare. El era mai curând un puritan, și vreme de treizeci și șase de ani nu a ratat niciodată prezența la biserică Duminica. Era Baron Superior după Restaurație, și apoi Judecător Superior. În pură învățătură era fără rival. Lordul Nottingham a vorbit cu generozitate de „neobosita hărnicie, invincibila răbdare, exemplara integritate, și disprețul pentru lucrurile lumești", ale lui Hale, și Nottingham adaugă, în felul său maiestuos:

Era atât de absolut un maestru al științei dreptului, și chiar al celor mai profunde și ascunse părți ale lui, încât se poate spune cu adevărat despre cunoștințele sale în drept ceea ce Sfântul Augustin a spus despre cunoștințele Sfântului Hieronim asupra divinității – „*Quod Hieronymus nescivit, nullus mortalium unquam scivit*".

Prefața lui Hale la Ediția prescurtată a lui Rolle conține cele mai utile cuvinte care s-au adresat vreodată studenților. Critica, totuși, a fost îndreptată împotriva lui că a expediat problema prea repede. Și este aproape incredibil că el credea în vrăjitorie cu cea mai ignorantă superstiție, și a judecat și a făcut să fie executate două sărmane femei bătrâne, pe care un juriu neghiob sub conducerea lui le-a găsit vinovate de posedare drăcească.[22] A fost doar câțiva ani mai târziu că o altă femeie a fost judecată pentru vrăjitorie în fața judecătorului Powell, un bătrân domn vesel și spiritual. Crima ei era că putea să zboare. „Poți să zbori?" a întrebat judecătorul. Smintita femeie a răspuns că putea. „Păi,

---

[21] 3 Ch. Cas. 1.
[22] 6 State Trials 647.

atunci", a spus el „poți, fiindcă nu există nici o lege împotriva zburatului". Și deci s-a încheiat procesul.

O figură a acelor timpuri era experimentatul Prynne, un jurist capabil, o mare autoritate în antichități. El ataca tot, de la intelectuali din mediul de artă și actrițe până la episcopi. Mai târziu și-a pierdut urechile, apoi a fost exclus din barou și condamnat la stâlpul infamiei. Din nou a pierdut puținul din urechile sale care rămăsese de la primul ras. I-a atacat pe quakeri, apoi a suferit în închisoare sub regimul lui Cromwell; după aceea a sprijinit deschiderea unui proces împotriva regicizilor, chiar și împotriva celor care erau morți, și în sfârșit și-a rotunjit cariera în calitate de păstrător al arhivelor în Turnul Londrei. Egal cu Prynne în netemătoare consecvență era judecătorul Jenkins, autorul lui *Jenkins' Centuries* – o foarte ciudată serie de dosare de procese.

Este obișnuit să se reprezinte șirul de judecători sub domnia lui James al II-lea până la vremea Revoluției din 1688 ca un foarte ignorant, depravat și neînsemnat grup de oameni. Dar acest tablou este în mare măsură exagerat. Este adevărat că falnicii și impunătorii regaliști, ca Lord Clarendon sau Nottingham, dispăreau, și că succesorii lor erau cu greu egalii lor. Scroggs, primul Judecător Superior, își datora ridicarea talentului său de orator juridic. O dată de pe scaunul judecătoresc i-a spus mulțimii care asculta că „oamenii trebuie să fie mulțumiți de justiția publică, și nu justiția să caute să-i mulțumească pe oameni. Justiția trebuie să curgă ca un râu puternic și dacă mulțimea, ca un vânt nesupus, bate împotriva ei, râul pe care l-a făcut agitat își va păstra cursul". Și astfel Scroggs și-a debitat frazele, făcând o strălucită pledoarie pentru independența judiciară. Este un semn al epocii că sentințe cu prerogative înalte, care păreau absolut firești sub domnia Elisabetei, să trezească un atât de violent resentiment public. Scroggs a pierdut orice influență asupra juriilor; astfel el a fost demis, și Francis Pemberton i-a luat locul. Acest om, născut cu o mare avere, o făcuse praf în câțiva ani după ce devenise major și s-a trezit într-o zi să se afle închis pe baza unei grămezi de sentințe. Dar în cei cinci ani de întemnițare a lui s-a făcut un desăvârșit jurist. A obținut o eliberare din închisoare și curând a dobândit situație și avere în avocatură.

Dar nu cu mult timp după numirea lui Pemberton judecător, s-a hotărât să se încalce privilegiile Orașului Londra, astfel ca să se câștige control asupra listelor de jurați, care erau selectați de un șerif, electivi pe baza privilegiilor. Acest sfat îi fusese dat regelui de către celebrul avocat pledant, Edmund Saunders. Acest om remarcabil avusese o carieră ciudată. Născut din părinți umili, fugise de acasă, se lăsase dus de valurile vieții spre Londra, și găsise adăpost ca mesager la hanul lui Clement. A învățat să scrie, a devenit un scrib copiator, și în acest fel a putut să arunce o privire la argumentele specioase. Avocații apărători l-au convins să se înscrie la un **Inn of Court**. La timpul cuvenit un avocat pledant, s-a făcut cel mai mare maestru al argumentelor specioase din dreptul cutumiar pe care l-a cunoscut vreodată acel sistem. Nu avea opinii politice, nici nu căuta bogății sau avansare. Spiritual, amabil și vesel, avea totdeauna în jurul lui o mulțime de studenți, cu care făcea procese, răspundea la obiecții și dezbătea puncte neclare. Înfățișarea lui fizică era respingătoare. Rachiul era băutura lui constantă, schimbată de o cană cu bere totdeauna lângă el. Beția și lăcomia pricinuiseră o ruinare generală a corpului său. Răni hidoase și o miasmă nesuferită făceau prezența lui un chin. Cu toate acestea cârmuirea avea atât nevoie de serviciile lui încât North, Lord Arhivar, fără îndoială îl ruga să cineze cu el. Saunders a întocmit procedura juridică în marele proces Quo Warranto, și i-a determinat pe avocații apărători pentru Orașul Londra să pledeze asupra unui punct unde erau sigur a fi învinși. După care Saunders a elaborat un ingenios răspuns, la care orașul a ridicat obiecții. Tocmai când speța era pe punctul de a fi susținută Pemberton a fost înlăturat și Saunders a fost numit, și (incredibil cât poate părea) el apoi a ascultat pledoaria asupra propriei sale proceduri juridice. Cauza a fost susținută pe două termene, dar când, la al treilea termen, s-a dat sentința, Saunders zăcea pe moarte în locuința sa. Cel mai bun memorial al său este cartea lui de dosare de procese, cea mai perfectă mostră a unei astfel de opere în literatura noastră juridică.

Saunders a fost urmat, după un interval, de faimosul Jeffreys, în mod popular considerat cel mai rău judecător care a stat vreodată în Westminster Hall. Dar această părere populară nu poate fi luată în locul faptelor adevărate. Era dintr-o veche familie în Wales. A primit educația obișnuită a timpului său, și a frecventat Trinity College, Cambridge. A studiat la **the Middle Temple**, și a fost admis în avocatură la vârsta de douăzeci de ani. A sărit imediat la o poziție dominantă. A fost făcut avocat public de rang superior, și apoi Magistrat principal al Londrei. Aceasta i s-a datorit splendidelor lui talente juridice. Avea una din acele rari minți care pe baza a mari mase de evidență prind adevărata problemă. Avea o uimitoare măiestrie în profesiunea de avocat, și o curgătoare, pasionată, magnetică elocință. Adăugată la aceasta era o covârșitoare asprime de denunțare care uneori îi îngrozea pe ascultătorii lui. Știm că Sir Matthew Hale era un bun cunoscător de juriști, și ni se spune că Jeffreys a căpătat un ascendent tot atât de mare asupra lui Hale cum totdeauna un avocat a avut asupra unui judecător.

La talentele lui intelectuale, Jeffreys a adăugat o nobilă și falnică prezență. Există trei portrete ale sale; primul îl reprezintă când avea treizeci de ani, următorul este despre Jeffreys în veșmintele lui complete ca Judecător Superior, ultimul ni-l arată pe omul în veșmintele sale de Cancelar. Este o foarte nobilă, delicată și distinsă față care privește afară din tabloul lui Kneller. Există descendență, maniere, distincție în fiecare linie. Trebuie să fi fost un mare jurist; căci la mărturia lui Hale am putea să o adăugăm pe aceea a perfectului judecător, un confirmat whig, Sir Joseph Jekyll; a președintelui Camerei Comunelor Onslow, care depune mărturie pentru iscusința și onestitatea lui în probleme particulare; a lui Roger North, care l-a urât pe Jeffreys dar a fost silit să admită: „Când era calm și lucruri indiferente veneau în fața lui, i se potrivea scaunul său de dreptate mai bine decât oricare altuia pe care l-am văzut vreodată în locul său". Dar cele mai bune mărturii dintre toate sunt sentințele lui notate în scris. Incomparabila stupiditate a lui Vernon, raportorul, a distrus valoarea lui *Eustace v. Kildare* și a lui *Attorney General v. Vernon*[23]; însă decizia lui în procesul East India Company este admisă de toți juriștii a fi o minune de raționament juridic minuțios. În Camera Lorzilor el a salvat procesul Ducelui de Norfolk, și chiar adversarii lui politici după Revoluție nu au suprimat spețele sale. Un maestru al dreptului cutumiar, era în afară de aceasta un mare cancelar. A promulgat un set de decizii în cercetarea Lordului-Cancelar, cel mai bun din vremea lui Bacon. Alte dintre deciziile sale pot fi găsite în dosarele proceselor lui Sir Bartholomew Shower, un excelent jurist.

Desigur Jeffreys era un băutor serios. La fel era Lord Eldon, la fel erau mulți juriști capabili în țara noastră. Era fără îndoială cuprins de mânie și tiranie uneori. Se purta grosolan cu inculpații și avocații lor. Îi ura pe puritani și toate treburile lor. Era adeseori crud și neîndurător. Însă chiar Lord Hale însuflețea procese izbucnind asupra martorilor: „Ești un ticălos sperjur, un adevărat nemernic! Ah, tu nemernic nerușinat!" „Blestematul verdict al juraților" al lui Jeffreys este cea mai mare pată asupra memoriei sale; dar nici o persoană nevinovată nu a fost pedepsită în acele procese. Lucrul cel mai rău care poate fi spus despre

---

[23] 1. Vernon 419, 369.

Jeffreys poate fi citit în Istoria lui Macaulay[*]. Mare parte din el este adevărat; ceva din el este neadevărat; dar el în întregime aparține spiritului acelei epoci de certuri sălbatice și vrăjmășii politice ranchiunoase. Totuși, la urma urmei, Jeffreys era doar unul dintre cei cinci judecători care au ținut ședință împreună în acel circuit.

Pentru a-l vedea pe Jeffreys la înălțime, ar trebui să-l vedem în procesul Lordului Grey de Werke. Măiestria și dexteritatea lui Jeffreys de a prezenta probe judiciare împotriva marelui lord whig, cinicul seducător al surorii în vârstă de șaisprezece ani a propriei lui soții; blândețea și excesiva amabilitate față de martorii lui, puținele lui cuvinte de scuze față de curte pentru lacrimile mamei victimei, sunt modele de demnitate juridică. În tactul său, priceperea sa delicată, niciodată un cuvânt prea mult, din când în când punând o întrebare să sublinieze vreun punct care fusese omis, Jeffreys arată de la un capăt la celălalt îndemânarea maestrului.

L-a tradus în fața justiției pe Lordul William Russel și l-a condamnat. Marea lui artă a apărării pur și simplu îl copleșea pe inculpat; căci Russel a avut un proces corect și juriul a fost cu calm exhortat de Pemberton. Jeffreys ca judecător l-a judecat pe Algernon Sidney, care a fost condamnat pe baza probelor judiciare. Nimic în cariera lui Jeffreys nu se poate compara cu maniera lui Coke la procesul lui Raleigh, sau cu a lui Glyn când judiciar l-a omorât pe Penruddock. Chiar în procesul doamnei Lisle, ea a fost condamnată pe baza unei mărturii reale, credibile, depusă conform normelor probatoriului.

Când Jeffreys s-a întors din campania sa în vest a fost făcut Lord-Cancelar și i s-a dat titlul de pair. Wright a urmat ca Judecător Superior, și în fața lui a apărut celebrul proces al celor Șapte Episcopi. Regele nătâng a încercat să anuleze

---

[*] Macaulay, Thomas Babington, 1800-1859, istoric, eseist, poet și om de stat englez. (n.t.)

Legea Testelor prin proclamație. Atât sectanții cât și clericii s-au unit împotriva unei declarații care i-ar tolera pe romano-catolici. Episcopii au protestat, și regele, împotriva sfatului lui Jeffreys, a intervenit pentru ca episcopii să fie puși sub acuzație. Procesul a început în fața Tribunalului regelui. Apărarea a strâns un mare alai de avocați. Pemberton, un concediat judecător superior, Levinz, un alt judecător demis, care mersese în blestematul circuit cu Jeffreys, Heneage Finch, fiu al Lordului Nottingham, și Somers, după aceea marele Cancelar, au apărut pentru apărare. O astfel de grămadă nu a apărut niciodată din nou la un proces în Westminster Hall, până ce Warren Hastings s-a întors din India pentru a înfrunta o punere sub acuzare. Episcopii au fost achitați, și Wright și confrații lui au fost în dizgrație.

Regele și-a completat curtea din nou; iar legalitatea legii marțiale în armată a apărut apoi pentru judecare în fața Judecătorului Superior Herbert. În acea perioadă în Anglia, în cazul unei dezertări sau răscoale, ofițerii din armată erau fără autoritate, dacă nu îl chemau pe șerif. Dar Judecătorul Superior Herbert a refuzat să cedeze dorințelor Regelui, și a susținut că armata nu putea fi condusă prin lege marțială. Din nou Regele și-a măturat curtea. Una dintre noile lui unelte era Christopher Milton (frate al poetului). Regele i-a chemat pe judecătorii lui să susțină că Regele prin proclamație putea să se dispenseze de legile Parlamentului. Jones, Judecătorul Superior, a refuzat. I-a spus Regelui că era jignit să creadă că Maiestatea sa îl credea capabil de o sentință pe care nimeni decât un om ignorant sau necinstit putea să o dea. Regele i-a spus că era decis să aibă doisprezece avocați ca judecători, toți în felul lui de a gândi. Jones a răspuns: „Maiestatea Voastră poate să găsească doisprezece judecători de părerea voastră, dar niciodată doisprezece avocați". Dar regele epuizase acum indulgența publică și era curând în fugă spre Franța.

S-ar părea probabil, din mărturia acestei perioade, că puțin folos ar fi putut fi realizat în dezvoltarea justiției. Dar această concluzie ar fi o eroare. Am observat, la începutul acestei epoci, un sentiment general că procesul cu jurați era fără valoare. Munca realizată de această epocă era de a îmbunătăți metodele proceselor cu jurați astfel încât să le facă promotoare de justiție. Primul lucru săvârșit în această perioadă de mai târziu a fost de a face jurații independenți, stabilind regula că nu puteau fi amendați sau închiși pentru ceea ce era conceput a fi un verdict fals. A doua îmbunătățire era de a da instanțelor puterea să admită rejudecări și astfel să plaseze verdictul sub controlul judecătorului. Ultima îmbunătățire era de a stabili normele probatoriului. Aceste norme erau astfel redactate și modelate încât să excludă de la jurați orice mărturie care în mod impropriu i-ar influența, sau care nu depindeau pentru credibilitatea ei de veracitatea unui martor sub jurământ. În primul rând, juriului i se cerea să acționeze numai pe baza mărturiei depuse în proces public, care fusese supusă testului unui interogatoriu încrucișat. A fost în vremurile grele ale Stuarților că aceste norme au fost stabilite. Destul de ciudat, primul caz care este autentic, în excluderea palavrelor, este o decizie de către Lord Jeffreys. Deși normele probatoriului au fost extinse de Lordul Mansfield, ele nu au fost schimbate, cu excepția prin lege, din acea zi până azi. Cel mai mare dintre oratorii juridici a spus în procesul lui Hardy: „Normele probatoriului se bazează pe binefacerile religiei, pe filosofia naturii, pe adevărurile istoriei, și pe experiența vieții comune". Fără îndoială, o generație de juriști care a creat și a formulat aceste norme este îndreptățită la o amintire recunoscătoare, și din acea generație, cel mai mare jurist de drept cutumiar a fost, desigur, proscrisul Jeffreys.

V. PERIOADA REFORMEI

DE LA WILLIAM AL III-LEA LA VICTORIA[24]

De îndată ce judecătorii care serviseră sub domnia lui James al II-lea fuseseră înlăturați, după Revoluția de la 1688, s-a făcut o întoarcere la vechea doctrină lancastriană ca judecătorii să-și mențină funcția în timpul bunei purtări, nu în timpul voinței coroanei. Unii dintre judecători care refuzaseră să se supună dispozițiilor Regelui, și în consecință suferiseră destituire, erau acum reintegrați. De la Revoluție nu a fost niciodată o destituire a unui judecător de către puterea executivă, nici un singur caz cunoscut al unei decizii corupte. Covârșitoarea importanță a Camerei Comunelor a acordat de la 1688 marile recompense bănești ale profesiunii pentru juriști care au fost folositori partidei lor în Parlament. Avansarea obișnuită pentru un jurist capabil a fost de la un loc în Camera Comunelor până la funcția de al doilea consilier juridic al Coroanei, apoi către locul procurorului Coroanei, și în sfârșit către șefia uneia dintre judecătorii sau către funcția de Lord-Cancelar. Dar avansarea profesională și politică a venit invariabil ca răsplata, nu cauza, situației înalte profesionale. Lord Somers, Sir John

---

[24] Autoritățile pentru această perioadă sunt prea numeroase pentru a fi numite aici. LIVES a LORDULUI CAMPBELL, atât ale Judecătorilor Superiori cât și ale Lorzilor-Cancelari, sunt foarte complete. Descrierile vieții de către el a lui Mansfield și Eldon sunt excelente; dar Brougham și Lyndhurst ai lui sunt lamentabili. Foss este vrednic de încredere. LIVES OF EMINENT ENGLISH JUDGES a lui WELSBY, LIVES OF EMINENT LAWYERS a lui ROSCOE, LIFE OF SOMERS a lui COOKSEY, LIFE OF ELDON a lui TWISS, AUTOBIOGRAPHY a lui BROUGHAM, MEMOIR OF DENMAN a lui ARNOULD, LIFE OF LYNDHURST a lui MARTIN, VICTORIAN CHANCELLORS a lui ATLAY, și LIVES OF EMINENT SERJEANTS a lui WOOLRYCH, pot fi consultate. A CENTURY OF LAW REFORM rezumă schimbările făcute în justiție, în timp ce LAW AND OPINION IN ENGLAND a lui DICEY arată spiritul care subliniază schimbările juridice. Există, firește, nesfârșite alte autorități pentru această perioadă, inclusiv aproape nenumărate articole de revistă. Ediția lui Bowring a operelor lui Bentham, cu Memorii adăugate la începutul cărții este prețioasă.

Holt, Lord Talbot şi Lord Hardwicke erau foarte mari jurişti înainte de a fi primit vreo recompensă politică. Mai târziu Mansfield, Thurlow, Eldon, Erskine, Loughborough, Melville şi Ellenborough deveniseră lideri ai baroului, până ce au început o carieră parlamentară. În ultimul secol, Lyndhurst, Brougham, Tenterden, Cottenham, Denman, Campbell, Westbury, Cockburn, Selborne, Cairns, Coleridge şi Russel toţi au câştigat avansarea lor profesională şi juridică prin mari calităţi juridice. Funcţia de director al arhivelor la înalta curte de casaţie a fost considerată una dintre marile recompense profesionale; dar judecătorii subalterni în diferitele instanţe de drept cutumiar, şi mai târziu vice-cancelarii, şi încă mai târziu judecătorii Curţilor de Apel, nu au avut nici o legătură directă cu viaţa parlamentară.

Bogăţia de informaţii pe care o avem relativ la avocaţi şi judecători după Revoluţie ne permite să înţelegem mult mai clar decât în cazul judecătorilor mai de odinioară firile diferiţilor mari jurişti.[25] Dar desigur aceleaşi fenomene sunt vizibile în avansarea avocaţilor în magistratură pe care ar trebui să le găsim în veacurile de mai înainte dacă am avea informaţii mai precise. Cursa nu a revenit totdeauna celui rapid nici bătălia celui puternic. Adeseori o mediocritate cu plămâni de piele, tare de cap, întrecută de străluciţi concurenţi, a câştigat un loc pe scaunul judecătoresc. La judecători şi avocaţi, aceleaşi trăsături pe care le observăm astăzi erau preponderente în aceste vremuri de demult. Invidiile între avocaţi, favoritismul judecătorilor către anume membru ales al baroului, apar continuu. Un individ mediocru, spunând monotone platitudini de lemn din scaunul judecătoresc, a câştigat reputaţia unui mare judecător, pentru că mintea lui era la acelaşi nivel cu aceea a majorităţii baroului, deşi pentru cei mai capabili avocaţi stupiditatea lui a fost o permanentă iritare.

---

[25] Nu va fi făcută nici o încercare aici de a face ceva mai mult decât a indica atitudinea marilor jurişti faţă de reformele în jurisprudenţă.

Ilustrul avocat, pe de altă parte, în anumite cazuri, când a ajuns la scaunul judecătoresc, a cunoscut prea multă jurisprudență pentru practicianul obișnuit; a fost prea rapid, a sărit la concluzii, a luat o atitudine sau alta, și, neștiutor de parțialitate, a fost practic nepotrivit pentru a cântări cum se cuvine dovezi contradictorii sau afirmații întemeiate. Laboriosul avocat, care a ajuns la magistratură, a pornit adeseori o vânătoare pentru lucruri prostești și irelevante și a stânjenit clientela printr-o morbidă inabilitate de a formula propriile lui concluzii. Semețul, irascibilul, arbitrarul și autoritarul judecător, insolent față de bară și sălbatic față de martori, nu a corespuns. Judecătorul care și-a proclamat dorința pentru mai puțină lege și mai multă dreptate, care a zbierat despre drepturile poporului și ale omului sărman, și a violat principii stabilite și a devenit un demagog juridic, a avut nevoie de mustrarea și corectarea unor tribunale superioare. De-a lungul întregii istorii judiciare, este limpede că adevărata minte judiciară, care ascultă întregul caz înainte de a decide, care este capabilă de a suspenda judecata până în posesia fiecărui considerent de valoare, care este absolut neafectată de simple probleme temporare sau irelevante, care privește la fiecare caz atât din punctul de vedere al normelor de drept generale, fixate și stabilite, dar în același timp cu un ascuțit simț pentru dreptate și o reală dorință de a propăși justiția, este cel mai rar tip al intelectului uman.

Dar un singur fapt despre juriști este unul demn de atenție. Timp de secole juriștii dreptului cutumiar fuseseră o tagmă de oameni care s-au interesat puțin de orice știință în afara dreptului cutumiar însuși. Observând această îngustime a minții legată de înțelegerea pătrunzătoare și larga erudiție în propriul lor domeniu, marele savant Erasmus remarcase despre juriștii lui Henric al VII-lea și Henric al VIII-lea, că erau „*doctissimum genus indoctissimorum hominum*". După câte putem stabili, puțini dintre ei știau ceva despre oricare alt sistem de drept. Dar o schimbare începea să apară. Jude-

cătorul Superior Vaughan sub domnia lui Charles al II-lea se
afla o dată în ședință în tribunalul său între cei doi subalterni
ai lui, când s-a ridicat o problemă de drept canonic. Ambii
subalterni cu oarecare mândrie au tăgăduit pe loc orice cu-
noaștere despre acea învățătură, dar Judecătorul Superior
ținându-și mâinile sus, a exclamat: „În numele Domnului, ce
păcat am comis eu, că sunt condamnat să stau aici între doi
oameni, care își recunosc în public necunoașterea dreptului
canonic?" Lord Nottingham își ilustrase multe dintre decizii-
le lui prin referiri la dreptul civil. Holt a dobândit reputația de
enormă erudiție, prin cunoașterea de către el a dreptului
roman. Pe scurt, de la Revoluție mai departe se va vedea că
cei mai mari juriști englezi se întorc înspre jurisprudența
romană și îi altoiesc regulile pe dreptul indigen. Chiar
Bracton își primește dreptul său din nou, ca acel ilustru
scriitor despre jurisprudența noastră.

Așa cum am remarcat în precedentele eseuri, justiția încer-
case până aici propria sa reformă. Fără ajutorul statutelor,
imensa desfășurare de acțiuni de drept cutumiar fusese trans-
formată în cele câteva acțiuni pe care le avem în contract, în
ofensă, și pentru recuperarea de proprietate specifică. Întregul
sistem al curții de justiție a Lordului-Cancelar era o dezvoltare
naturală, nu una legislativă. Chiar acolo unde statutele încerca-
seră oarecare intervenție în justiție, dăduseră puțin rezultat. Un
fapt care este foarte dificil pentru o minte profană, sau pentru
mintea juridică inadecvat informată, de a fi înțeles, dar este
dovedit de istoria jurisprudenței, este că deosebirile între lege
și echitate, deosebirile între forme de acțiune judiciară, există
chiar în natura obligațiilor și drepturilor și nu pot fi șterse de
legislație. Deși procedura poate fi generalizată, deși formele de
acțiuni judiciare pot fi reduse la o singură formă generală, deși
doar un singur tribunal poate fi asigurat pentru a prezenta unei
dezbateri toate regulile relevante prevăzute de lege, totuși noi
trebuie încă să vorbim de contract și ofensă, de lege și echitate,
de daune și reparare specifică.

Revoluția nu a produs nici un fel de schimbări în procedura juridică, în afară de două. Prima a dat persoanelor acuzate de înaltă trădare privilegiul de a avea avocați și dreptul de a aduce martori; dar cât despre toți inculpații traduși în fața instanței pentru crimă, epoca era mulțumită să creadă că regimul va aduce toți martorii și că judecătorul prezidând ședința va acționa ca avocat pentru acuzat. A doua era un statut de *jeofails*[*] propus de noul cancelar, Lord Somers. Multe dintre prevederile originale ale legii au fost tăiate prin amendamente, dar așa cum ea a trecut a conținut unele îmbunătățiri. A necesitat o excepțiune specială pentru a ajunge până la viciile de formă, dar procedura era practic deja în acea stare. A salvat legea prescripțiilor de a curge în favoarea persoanelor absente din regat. I-a dat creditorului dreptul de a intenta proces asupra cauțiunii date șerifului pentru punerea în libertate a datornicului. A interzis emiterea de citație în cercetarea Lordului-Cancelar până la înregistrarea legii. Această ultimă cerință pur și simplu legifera o stăpânire a curții de justiție a Lordului-Cancelar de către Lordul Jeffreys. Dar o trăsătură într-adevăr importantă a noii legi era că unui inculpat i se dădea dreptul să invoce la depoziție tot atâtea pledoarii câți avocați ai apărării avea. O altă prevedere îi îngăduia donatorului de pământ să-l dea în judecată pe un arendaș în posesie fără a dovedi un transfer. Existau alte prevederi ale legii, dar cele precedente arată scopul ei general. După trecerea ei energiile reformei s-au epuizat, și toate schimbările și îmbunătățirile viitoare, până la agitația benthamită[**], au fost făcute chiar de către judecători.

Noul Judecător Superior, Sir John Holt, studiase cu migală dreptul civil. A știut să introducă mare parte din dreptul comercial sub pretextul obișnuinței. Deciziile lui Holt au devenit o parte a dreptului cutumiar, deși forma în care s-a

---

[*] A se vedea pagina 45. (*n.t.*)
[**] Bentham, Jeremy (1748-1832) jurist și filosof englez. (*n.t.*)

efectuat schimbarea a făcut necesar în multe din Statele noastre să se asigure prin lege drepturile beneficiarului unei andorsări la hârtii de valoare. În conformitate cu alte secțiuni ale legii, același judecător putea să sprijine normele înguste ale dreptului cutumiar prin versatele deosebiri ale dreptului civil. În *Coggs v. Bernard*[26] dreptul medieval al obligației, arătat în opiniile magistraților inferiori, s-a încrucișat cu dreptul civil în opinia lui Holt, și Bracton a fost reabilitat de Judecătorul Superior ca o autoritate în dreptul englez.

Începuturile unei legi a agenției sunt vizibile în deciziile asupra noului comerț bancar. În decursul Evului Mediu și până la Restaurație, casetele rezistente ale negustorilor și moșierilor și aprozilor lor ofereau singurele înlesniri bancare; însă practica adoptată de giuvaergii de a păstra banii depunătorilor, și folosirea comenzilor la giuvaergii, care sunt cecurile noastre bancare moderne, au ajuns să fie la modă. Biletele aurarilor au început să circule ca bani, în timp ce Banca Angliei, care a fost fondată curând după Revoluție, a început să emită biletele sale. Casa bancară a lui Child, la început un atelier de giuvaergerie, rămâne și acum ca cea mai veche ocupație bancară în Anglia.

Procesele mai vechi[27] tratează toate problemele de agenție în termenii regulii de stăpân și servitor. Din punct de vedere istoric, desigur, este imposibil să se despartă regula servitorilor de cea a agenților; totuși acum recunoaștem distincția clară în uzanța juridică după care cuvântul „servitor" este folosit numai în legătură cu o răspundere în ofensă, în timp ce cuvântul „agent" este folosit în ceea ce privește o răspundere decurgând dintr-un contract sau corelativul lui, înșelăciune. Cuvântul „agent", împrumutat din jurisprudența continentală, a intrat treptat în uz, dar modul dezvoltării legii agenției are mult de-a

---

[26] Ld. Raym. 909.
[27] Ward v. Evans, 2 Salk, 442; Thorald v. Smith, 11 Mod. 71, 87; Nickson v. Brohan, 10 Mod. 109.

face cu confuzia care se naşte chiar astăzi din eşecul de a discerne între un agent şi un servitor, în sensul de mai sus.

În 1733, în timpul funcţiei de cancelar a Lordului King, juriştii erau în sfârşit obligaţi să folosească limba lor maternă. Minuta glăsuia acum în engleză în loc de latină, şi declaraţia şi dezbaterile următoare intrate pe rol au devenit acum traduceri literale ale formelor latinei vechi. Susţinătorii legii erau siliţi să învingă o puternică opoziţie din partea judecătorilor. Judecătorul Superior Raymond în numele tuturor judecătorilor se opunea schimbării. În vremuri de mai târziu atât Blackstone cât şi Ellenborough au regretat Legea. Ellenborough afirma că ea avea o tendinţă de a-i face analfabeţi pe avocaţi; dar cu siguranţă un om trebuie să fie inexact, într-adevăr, care consideră „latina juridică" o limbă literară.

Influenţa dreptului civil era în permanenţă în creştere. Lord Talbot, cel mai iubit dintre toţi cancelarii englezi, era savant în dreptul civil. Lord Hardwicke a studiat *Corpus Juris Civilis* şi *Commentaries* ale lui Vinnius şi ale lui Voet. Lord Camden a urmat acelaşi studiu sistematic al dreptului civil. Multe dintre sentinţele lui Thurlow sunt împodobite cu ilustraţii luate din dreptul civil; deşi se spune că acele părţi din opiniile lui erau furnizate de învăţatul Hargrave, care a acţionat ca"negru" al lui Thurlow timp de câţiva ani.

Totuşi nici unul dintre aceşti oameni nu a făcut nimic pentru reforma justiţiei. Hardwicke, la fel de mare cancelar ca Nottingham sau Eldon, nu a propus niciodată măcar o îmbunătăţire. Henry Fox, vorbind despre Hardwicke, a spus: „Atinge doar o pânză de păianjen din Westminster Hall, şi bătrânul păianjen al legii se arată asupra ta, cu toată vermina lui mai tânără în urma sa". Lordul Camden şi-a cheltuit energia într-o încercare de a-i face pe juraţi să hotărască atât asupra prevederilor legii cât şi asupra faptelor în procese de calomnie. În neputinţa noastră în prezenţa de calomnii de nescuzat asupra oricărui fel de persoană, suntem astăzi foarte înclinaţi să regretăm opera sa şi legislaţia care a urmat. Insistenţa lui

Camden asupra daunelor punitive a făcut o mare figură în subiectul legii noastre compensatorii. Lord Thurlow a inventat și a perfecționat doctrina echitabilă în ceea ce privește bunurile separate ale femeilor căsătorite, care este baza legilor de astăzi ale femeilor măritate. Atitudinea lordului Loughborough față de reforma justiției este definită de oroarea lui nedisimulată față de Bentham; în timp ce Lord Eldon s-a împotrivit cu hotărâre oricărei propuneri de reformă.

Secolul al XVIII-lea în Europa era epoca unei autocrații binevoitoare în politică și un cultivat optimism în literatură. Ultima trăsătură este deosebit de vizibilă în Anglia în sfera juridică.

Marea masă a națiunii și a juriștilor era amplu satisfăcută de constituția engleză și regulile ei. Limbajul folosit de admiratorii propriei noastre constituții este vădit împrumutat din adorația mai veche a constituției engleze. Blackstone a ținut faimoasele sale prelegeri la Oxford în 1763, și le-a publicat de la 1765 până la 1769. Într-un mod limpede și cuprinzător, cu amplă erudiție, el a schițat întregul domeniu al jurisprudenței. Farmecul literar al frazelor sale ușor curgătoare a făcut *Comentariile* lui lectură obișnuită chiar printre nespecialiști. Critica nu demonstrase nici una dintre greșelile ori sofismele lui Blackstone. Englezi, citind prelegerile, umflați de mândrie să audă că „despre o constituție, atât de înțelept născocită, atât de puternic ridicată, și atât de tare finisată, este greu să vorbești cu acea laudă, care este atât de drept și sever dreptul ei cuvenit". După o descriere a solidelor ei temelii, planului ei vast, armonia părților ei, eleganta proporție a întregului, Blackstone cu impresionantă elocință i-a îndemnat pe compatrioții săi: „A susține, a repara, a înfrumuseța acest nobil edificiu, este o datorie pe care englezii și-o datorează lor înșiși, de care se bucură, strămoșilor lor, care au transmis-o, posterității lor, care va revendica de pe urma lor acest cel mai bun drept câștigat prin naștere și cea mai nobilă moștenire a umanității".

Însă chiar când Blackstone scria aceste fraze răsunătoare, doi mari reformatori erau la lucru. Unul dintre ei, lordul Mansfield, lucra prin metoda înceată şi migăloasă a legislaţiei judiciare. Celălalt, Jeremy Bentham, strângea acel mare stoc de material reformator, care avea să-i aprovizioneze pe Brougham şi Romilly în următoarea generaţie. Opera lui Mansfield nu se găseşte în legi; este înregistrată în dosarele proceselor. Bentham a luat în derâdere legea făcută de judecător, şi a susţinut că orice lege trebuie să fie scrisă în codul de legi. Mansfield a urmat practica tradiţională a juristului englez; Bentham s-a îndreptat spre codificatoarele continentale. Mansfield a extins şi a transformat vechi principii, construind întregi ramuri ale dreptului prin lărgirea normelor acceptate. Ideea lui Bentham a unei schimbări era să şteargă întreaga jurisprudenţă existentă, printr-un set de codici ale căror cuvinte trebuie să fie singura normă de decizie.

William Murray, întâiul Earl de Mansfield, s-a născut în 1705. Sorţii au conspirat să-l facă cel mai mare dintre jurişti. Familia sa era aproape cea mai veche în Scoţia. Comparaţi cu aceştia cei din familia Moravia sau Murray, Burbonii, Habsburgii şi Hohenzollernii sunt lucruri de ieri; chiar casa de Savoia nu este mai veche. O ramură mai tânără a familiei Murray avea titlul de Viconte Stormont, iar Judecătorul Superior era un fiu mai tânăr al acelei case. În tinereţe a fost trimis în Anglia, să fie educat, şi Dr Johnson a explicat totdeauna minunata lui capacitate spunând că „mult poate fi făcut dintr-un scoţian, dacă el este prins tânăr". Adolescentul a fost plin de grijă educat la **Westminster School**, şi apoi la **Christ Church**, Oxford. A fost admis la **Lincoln's Inn**, şi în timp ce s-a aflat acolo a studiat cu migală dreptul civil; el totdeauna l-a considerat a fi baza jurisprudenţei. A studiat cu nu mai puţină atenţie dreptul cutumiar, însă nu a avut o veneraţie deosebită pentru el. Oracolul acestuia, Coke, îi displăcea; dar îi plăcea Bracton şi Littleton. Era un bun cunoscător al codului comercial al Franţei. Cunoştinţele sale

de istorie antică și modernă erau deosebit de precise și pro-
funde. În același timp își cultiva gustul literar prin prietenie
intimă cu oameni de litere. Constituția lui fizică a devenit
robustă și i-a permis să susțină mare efort. Facultățile sale
spirituale erau pătrunzătoare și bine educate, hărnicia lui
neobosită, memoria lui cuprinzătoare. Când adăugăm la
aceste însușiri un uimitor talent pentru oratorie și o voce de
limpezime argintie, l-am descris pe cel mai bine calificat om
care și-a asumat vreodată profesiunea de jurist.

Poziția înaltă în avocatură era asigurată. A dobândit ra-
pid cel mai mare succes profésional și pecuniar. A trecut din
funcția de cel de-al doilea consilier juridic al Coroanei în
aceea de procuror al Coroanei, și a devenit lider al partidu-
lui său în Camera Comunelor. A ales ca răsplată a sa în
1756 postul de Judecător Superior, și a deținut locul până la
retragerea sa în 1788. Cariera sa în magistratură este înde-
obște cunoscută. Legea navigației, a comerțului și a asigură-
rii a fost modelată de el. Acțiunea judiciară a promisiunii
solemne din dreptul cutumiar a fost lărgită până a cuprins o
despăgubire la aproape orice fel de obligație pecuniară.
Legea probatoriului el a amplificat-o și a ilustrat-o, încli-
nând ferm spre părerea că obiecțiunile la depoziția de mar-
tori priveau mai curând credibilitatea decât competența
martorilor. Printr-o singură decizie a creat întreaga lege a
res gestae în probatoriu. Vasta lui cultură îi dădea un neo-
bișnuit de liber și deschis orizont. Nu putea suporta legile
împotriva dizidenților sau romano-catolicilor. Nu va permi-
te ca un preot să fie condamnat pentru oficierea liturghiei.
În „dezordinile fără papistașie” conacul său a fost ars de o
mulțime protestantă. Cu toate acestea Lord George Gordon,
care a fost judecat pentru înaltă trădare adunând mulțimea, a
ales în mod voluntar să fie judecat în fața lordului
Mansfield. Calmul său, discursul exhortativ fără culoare
ținut juraților, nu mai puțin decât apărarea lui Erskine, au
determinat achitarea inculpatului.

Ca judecător de primă instanţă, atitudinea sa era irepro-
şabilă. Ascuţimea minţii sale, marea sa experienţă, maniera
sa fermă dar curtenitoare, marea lui răbdare, tratamentul său
imparţial al tuturor avocaţilor, lipsa lui de patimă şi entuzi-
asm, puterea lui de a isprăvi treburile, absoluta lui libertate
de orice influenţă, l-au făcut un judecător ideal. Deciziile
lui, cu rafinatul lor finisaj literar, combinând strălucirea
savantului cu erudiţia unui profund jurist, fac dosarele
proceselor ale lui Burrow şi Douglas marele depozitar al
speţelor de seamă. În cei treizeci şi trei de ani cât a servit în
magistratură nu s-a prezentat niciodată o cerere de excepţi-
uni la una dintre deciziile sale judecătoreşti; avocaţii fiind
perfect mulţumiţi că atunci când cererea pentru un nou
proces a venit în faţa completului de judecată, probatoriul
va fi prezentat în mod imparţial. Un alt fapt neobişnuit este
că el avusese doar două sentinţe anulate, fie la Curtea Fi-
nanţelor fie în Camera Lorzilor. Foarte rar, de asemeni,
permitea el o reargumentare a speţei, şi în general deciziile
sale erau date pe baza concluziei pledoariilor.

Lord Mansfield era cu deosebire scutit de un defect care i-a
caracterizat pe unii dintre cei mai mari judecători. El nu arăta
nici favoritism nici invidie faţă de nici unul dintre liderii avoca-
turii. Sir Matthew Hale îl avea pe Jeffreys ca favoritul său, în
timp ce el ura astfel de oameni ca Scroggs şi Wright. Jeffreys,
deşi nu avea nici un favorit, arăta antipatii violente. Lord
Macclesfield l-a luat sub patronajul său pe Philip Yorke, după
aceea Lord Hardwicke, şi i-a făcut averea la baroul curţii de
justiţie a Lordului-Cancelar. Lordului Kenyon i-a fost făcută
averea de Thurlow, pentru care a acţionat ca „negru", şi de
Dunning, multe dintre ale cărui opinii le-a semnat în numele lui
Dunning. Kenyon deşi Judecător Superior era complet sub
dominaţia lui Erskine, care l-a convins să exhorteze juriul într-o
speţă că problema calomniei sau necalomniei era pentru juriu.
Kenyon îl ura pe Law (după aceea Lord Ellenborough), şi făcea
orice putea să se opună şi să-l umilească pe acel foarte manierat

avocat. Law a ripostat bătându-şi joc de latina stricată a lui Kenyon, hainele lui ieftine, deprinderile lui calice şi lipsa generală de educaţie de gentleman. Law se delecta adresându-i citate latineşti lui Kenyon pe scaun, şi judecătorul, neînţelegând latina, era totdeauna într-un impas, dacă să fie mulţumit de tributul faţă de erudiţia sa ori să-i displacă citatul ca ridiculizând unele dintre defectele sale. Ellenborough cât timp Judecător Superior şi-a rezervat cele mai caustice cuvinte pentru Campbell; dar Campbell s-a răzbunat scriind o biografie a judecătorului. Lord Eldon nu avea nici un favorit, dar atitudinea sa cea mai amabilă a fost arătată, destul de ciudat, faţă de Romilly. Lord Tenterden l-a făcut pe Scarlett un destinatar special al favorurilor sale, şi nu pierdea nici un prilej să-l reducă la tăcere pe Copley (mai târziu Lord Lyndhurst). Lyndhurst pe scaunul judecătoresc era fără nici o părtinire sau duşmănie printre avocaţi. Brougham, însuşi niciodată favoritul vreunui judecător, îl ura pe Sugden, după aceea Lord St. Leonards, şi nu scăpa nici un prilej să-şi bată joc de limbuţia lui.

Dacă ar fi existat o succesiune de judecători ca Mansfield, justiţia nu ar fi avut nevoie de multă îmbunătăţire statutară. Dar Mansfield a fost urmat de Kenyon, un foarte obtuz jurist, în timp ce la curtea de justiţie a Lordului-Cancelar, Eldon avea curând să domnească suveran. Amândoi erau obişnuiţi să vorbească fără consideraţie despre „ultimele noţiuni dezlânate" care prevalaseră în Westminster Hall. Nu cea din urmă datorie pe care profesia i-o datorează lui Mansfield este persuasiunea lui a lui Blackstone de a ţine prelegerile sale la Oxford. Mai târziu Mansfield i-a asigurat lui Blackstone un loc la Curtea proceselor de drept comun. Cu toate acestea chiar Blackstone a fost factorul principal la Curtea Finanţelor în anularea deciziei judecătoreşti a lui Mansfield, unde el şi-a pus mâna reformatoare asupra chivotului legii avocaţilor de bunuri imobiliare, şi a încercat să stabilească regula în eficienţa speţei Shelley faţă de intenţia clar exprimată a testatorului.

A fost după retragerea lui Mansfield că ecourile Revoluției Franceze au determinat acele procese de stat care au oferit prilejul lui Erskine să-și demonstreze faima ca orator juridic. Este un fapt singular că cel mai mare judecător englez și cel mai mare avocat englez erau amândoi scoțieni de obârșie înaltă. Erskine era un membru al casei conților de Mar, cel mai vechi titlu în Europa care a supraviețuit până în vremurile noastre. Dar el nu avea pregătirea fină a lui Mansfield. Sărăcia tatălui său, Contele de Buchan, l-a făcut pe Erskine de copil să intre în armată, și nu a fost până nu a împlinit douăzeci și șapte de ani că s-a îndreptat către jurisprudență. Din nou profesia trebuie să-i mulțumească lui Mansfield pentru sfatul său către tânărul subaltern. Cariera neîntreruptă a lui Erskine în avocatură a justificat părerea lui Mansfield. Probabil lumea poate să vadă din nou un orator juridic la fel de perfect, dar indiscutabil până în vremea noastră romanul Cicero este singurul avocat care poate fi găsit a fi egal cu Erskine.

În timp ce Mansfield se afla în magistratură, Jeremy Bentham își scria operele sale epocale. Era fiu și nepot de avocați apărători, membri ai treptei inferioare a profesiunii. Era educat la **Westminster School** și la **Queen's College**, Oxford. La vârsta de douăzeci și cinci de ani a intrat la **Lincoln's Inn**. A fost de față la instanța judecătorească a Tribunalului regal și a ascultat, după cum ne spune el, cu extaz hotărârile lordului Mansfield. A audiat prelegerile lui Blackstone la Oxford, dar spune că a descoperit imediat sofismele subliniind acele curgătoare fraze. Din fericire, era posesorul unei ample averi care i-a dat răgaz pentru studiu. Devenind dezgustat de profesie și dispus să dezamăgească dorințele tatălui său, care sperase că marile talente ale fiului său îl vor plasa în sfârșit în scaunul de marmură, Bentham a renunțat în mod spontan la orice efort de a lua o parte activă în viață, fie ca jurist, fie ca legislator, și s-a dedicat studiului subiecților asupra cărora trebuia să acționeze legislația și principiilor asupra cărora ea trebuia să se îndrepte. Vastele lui mijloace de a folosi secretari l-a salvat de la o viață de muncă ingrată. A strâns în jurul său o mică dar strălucită companie; proeminenți în cercul său erau Romilly, Mackintosh și Brougham, exponenții părerilor sale despre reforma juridică.

Îmbunătățirile juridice ale lui Bentham erau numai o mică parte a activității lui. Era un filosof, care susținea prin singurul său principiu a fi rezolvat enigma vieții și destinului omenesc. Formula sa utilitaristă a celei mai mari fericiri a celui mai mare număr este numai o reformulare a tezei unei școli grecești de filosofie. Juriștii vreme de secole aplicaseră principiul sub forma maximei lor, *„salus populi est suprema lex"*. Această dogmă a fost aceea care a dat un aspect practic vederilor lui Bentham despre reforma justiției. El este unul dintre puținii reformatori ai legii care a fost amplu citit și informat în problema pe care încerca să o reformeze. Avea capacitatea juristului de a sesiza principiile juridice, dar cu logică subtilă și spirit inventiv, arunca un potop de lumină nouă asupra vechilor noțiuni tipice în jurisprudență. Însușindu-și doctrinele practice ale dreptului a făcut (potrivit expresiei lui Brougham) „pasul enorm de a judeca întregile prevederi ale jurisprudenței noastre prin testul eficacității".A probat normele și reglementările ei potrivit condițiilor societății, nevoilor oamenilor, și în primul rând potrivit promovării fericirii umane.

Ani îndelungați de studiu sunt cuprinși în scrierile lui Bentham despre legislație. În 1776, la vârsta de treizeci și doi de ani, și-a publicat *Fragment on Government*, despre care lordul Loughborough a spus că ea formula un principiu periculos. Opera sa *Principles of Morals and Legislation* a apărut în 1789. *Art of Packing* a fost publicată în 1821. *Rationale of Judicial Evidence* a văzut lumina în 1827, când el avea șaptezeci și nouă de ani. Aceste opere oferă doar o mică parte a ostenelilor sale cu privire la jurisprudență; îndrăzneț și curajos într-adevăr este omul care se va angaja de a citi tot ceea ce Bentham a scris asupra deficiențelor sistemului nostru juridic.

El avea puțin respect pentru drept așa cum l-a descoperit. Jurisdicțiile separate de drept și echitate erau pentru el o absurditate. O plângere în cercetarea Lordului-Cancelar el o caracteriza ca un volum de minciuni notorii. Procedura tehnică de drept cutumiar și știința ocultă a argumentelor specioase erau relicve de barbarism. El a atacat normele excluzând dovada cu martori a părților și martorii interesați. Zelul său de a modera legislația criminală era o problemă de umanitate. Sistemul cu jurați nu găsea întreaga lui aprobare. El pleda pentru instanțe locale prezidate de un singur judecă-tor instruit în munca judiciară, fără un juriu, exceptând în cazul în care se cere în mod special, și atunci numai ca o siguranță împotriva susceptibilității de clasă, asuprire sau corupție guvernamentală. La început a fost ignorat de persoa-nele din profesie ca un om ridicol și vizionar, care își punea ideile într-o limbă engleză foarte stricată. A reușit să asigure o lege împotriva cruzimii față de animale, și asta a fost tot. Totuși când el a murit în 1832 a fost venerat ca fondatorul legislației moderne.

Discipolii săi s-au dedicat reformelor sale practice deasupra celei mai importante părți a dreptului – mijloacele pe care el le pune la dispoziție, pentru aplicarea drepturilor și repararea delictelor.[28] Instanțe ușor accesibile, o ieftinire a reparațiilor

---

[28] O schimbare în jurisprudență, care altădată părea o foarte importantă problemă în Anglia, fusese făcută înainte ca reformatorii să se pună pe lucru. Judecătorii Angliei susținusera uniform că într-un proces de calom-nie în scris jurații treceau peste fapte, judecătorul peste lege. Construcția documentului scris, dacă era defăimător sau nu, era în conformitate cu principii bine stabilite o problemă pentru instanță. Faptele reale, în ceea ce privește dacă învinuitul publicase calomnia și dacă referirile ei erau la persoane și lucruri menționate în acuzare sau denunț, erau pentru jurați. Dar cât timp juriul dădea un verdict general de nevinovăție, se prezenta o șansă pentru jurați de achitare, pe motivul că, deși publicarea a fost găsită și insinuările dovedite, documentul era de fapt nici un fel de calomnie. Judecătorii încercaseră să scape de această dilemă punând juriului proble-ma publicării și a veracității insinuărilor, dar Legea Calomniei a lui Fox prevedea, în fapt, ca jurații să treacă atât peste faptă cât și peste lege.

juridice şi prevenirea amânărilor, erau propuse ca probleme de primă importanţă. Probatoriul judiciar urma să fie reglementat, astfel încât să fie sigur că toate depoziţiile de martori să fie audiate. Dezbaterile urmau să fie scurtate şi simplificate, ficţiunile de drept urmau să fie lichidate, dezbaterile simulate făcute imposibile, şi toate distincţiile în forme de urmăriri şi în jurisdicţia tribunalelor urmau să fie suprimate. Pentru „generalităţi sclipitoare" mintea lui Bentham nu avea nici un fel de toleranţă. El a disecat cu mai multă sau mai puţină severitate sofismele Declaraţiei noastre de Independenţă. El a respins aşa-zisele adevăruri evidente că toţi oamenii sunt creaţi egali, că sunt înzestraţi cu anumite drepturi inalienabile, printre ele dreptul la viaţă, libertate şi căutarea fericirii.

Lupta pentru reformă fusese iniţiată de Sir Samuel Romilly, în efortul său de a atenua codul penal. An după an Romilly a trecut proiectul său de lege prin Camera Comunelor; însă totdeauna a căzut în Camera Lorzilor în faţa împotrivirii lui Eldon şi Ellenborough. Până la urmă el trebuie să fi reuşit, însă moartea soţiei lui în 1818 l-a aruncat într-o atât de profundă durere încât într-un moment de nebunie şi-a luat propria sa viaţă. Practica lui în avocatură a fost numai în curtea de justiţie a Lordului-Cancelar. Favoarea lordului Eldon l-a făcut avocatul pledant principal al acestei curţi. Am păstrat pentru noi substanţa pledoariei sale într-un mare proces de seamă.[29] Lord Cottenham, mai târziu, vorbind de pe scaunul judecătoresc[30] despre celebrul răspuns al lui Romilly a spus: „Din ascultarea lui, am primit atât de multă plăcere, încât amintirea lui nu a fost micşorată de trecerea a mai mult de treizeci de ani". Personalitatea cuceritoare a lui Romilly, înfăţişarea lui încântătoare, onestitatea şi dragostea lui de umanitate, elocinţa lui cu adevărat extraordinară, îl fac una dintre cele mai interesante figuri ale baroului englez. Fiul său Lord Romilly, bine cunos-

---

[29] Hugenin v. Baselee, 14 Ves. 273.
[30] Dent v. Russel, 4 Myl. & Cr.277.

cutul director al arhivelor la înalta curte de casație, a făcut numele unul vestit în analele juridice.

Un mai mare decât Romilly a reluat acum povara reformei. Henry Brougham a fost, poate, în anumite momente, cel mai eficient orator al primei jumătăți a secolului al XIX-lea; dar nu a fost niciodată un avocat meticulos și precis. El nu a avut nimic precum succesul avocatului Law, apărătorul lui Warren Hastings, ori al lui Erskine. Nu avea nici fermitate nici aplicație în practica obișnuită. Dar a fost figura cea mai importantă în cel mai faimos proces al secolului. Când George al IV-lea a încercat să se descotorosească de soția lui, Caroline de Brunswick, printr-un proces sub pedeapsa cu moartea sau altă pedeapsă ce va atrage asupra ei, a fost apărată de Brougham, Denman și Wilde, în timp ce John Singleton Copley a ajutat acuzarea. Toți dintre ei au atins cele mai înalte onoruri; trei dintre ei erau cancelari și unul judecător superior. Atât Brougham cât și Denman la acel proces au pronunțat splendide discursuri, dar cea mai frumoasă pledoarie din punctul de vedere al unui avocat a fost a lui Copley.

Romilly, Brougham și Mackintosh au găsit cel mai mare obstacol în fața muncii lor pentru reforma justiției a fi prezența lordului Eldon în Camera Lorzilor. Eldon însuși suferise din pricina încercărilor de a reforma propria lui curte de justiție a Lordului-Cancelar. Îndelungata lui funcție de cancelar fusese martoră la o mare creștere a obligației acestei curți. Excesiva lui cumpănire a împovărat calendarul de termene cu procese neaudiate. Mulți reclamanți în disperare și-au abandonat procesele. Chiar atunci când o speță fusese audiată, decizia întârzia mult, în timp ce mare cheltuială de procedură a curții de justiție a Lordului-Cancelar era groaznic de apăsătoare. Cu regularitate, la deschiderea fiecărui Parlament, Michael Angelo Taylor înainta moțiunea sa pentru o investigare a curții lui Eldon. După ce Taylor a renunțat la luptă, un avocat pledant numit John Williams a reluat moțiunea anuală. În dezbateri curtea de justiție a Lordului-Cancelar a fost tratată cu asprime, deși Eldon, ca judecător a primit lauda fiecăruia. Lord Eldon era foarte îngrijorat de plângeri, dar s-a opus ferm oricărei schimbări în propriul său tribunal precum și în tribunalele de drept cutumiar. Poate e spre cinstea lui că în fapt a contribuit la înlăturarea dezbaterilor prin luptă; dar a contestat legea îndepărtând pedeapsa cu moartea pentru furt. S-a opus tuturor schimbărilor în legea proprietății mobiliare. A deplâns proiectul de lege desființând sumele plătite drept compensație și despăgubirile publice, și chiar Sugden, marea autoritate asupra legii proprietăților mobiliare, a declarat noul plan imposibil. Proiectul de lege desființând funcțiile sinecură în curtea de justiție a Lordului-Cancelar și simplificând anumite dezbateri ale curții i-a provocat lui Eldon atâta suferință încât a scris că nu va mai coborî la Parlament din nou. Căile ferate le-a denunțat ca inovații periculoase. Desființarea târgurilor cu un număr mare de alegători dar care își păstraseră dreptul de a alege doi deputați în Camera Comunelor era pentru el o invazie șocantă a drepturilor învestite. A exclamat asupra Reformei electorale din Anglia: „'Salvează-mi țara, Cerule', este rugăciunea mea de dimineață și seara, dar că poate fi salvată, nu se poate spera". Propunerea de a anula deosebirea între testamente de proprietate mobiliară și personală a provocat cea mai mare alertă a lui Eldon. El a zădărnicit eforturile lui Romilly de a atenua codul penal. A fost iritat de îmbunătățiri în procedura dreptului cutumiar ca încălcări ale echității. În domeniul general al politicii Eldon era același soi de obstrucționist. S-a opus cu îndârjire abrogării Legii Testelor, și când s-a propus să se înlăture incapacitățile romano-catolicilor, a declarat în Camera Lorzilor: „Dacă aș avea o voce care ar răsuna în cel mai îndepărtat colț al Imperiului, aș relua ca un ecou principiul că, dacă vreodată unui romano-catolic i se permite să facă parte din legislatura țării noastre, ori să dețină oricare dintre marile funcții executive ale guvernării, din acel moment soarele Marii Britanii este apus pentru totdeauna". Aceasta era atitudinea față de reformă a omului care, dacă privim numai la substanța deciziilor lui, trebuie să fie numit cel mai mare cancelar englez.

După ce Brougham se certase cu partidul său, povara de a trece proiectele de lege pentru îmbunătățirile juridice promise a căzut asupra lui Sir John Campbell. Cel mai capabil adversar al multora dintre aceste măsuri era liderul conservator, Lord Lyndhurst. Acest mare om s-a născut la Boston chiar înainte de Revoluție. Tatăl său era pictorul Copley, mama sa o fiică a acelui nefericit negustor din Boston a cărui încărcătură de ceai a fost răsturnată în portul Boston.[31] Lyndhurst a fost dus în Anglia, educat la Cambridge, și a căpătat dreptul de a profesa avocatura de la **Lincoln's Inn**; și-a croit încet drum spre șefia profesiunii. La procesul regine a rezumat probatoriul într-un discurs care ca piesă de raționament juridic îl depășește de departe pe cel al lui Brougham sau Denman. Ca judecător a demonstrat că era înzestrat cu cel mai fin intelect juridic pe care Anglia îl poate arăta în secolul al XIX-lea. Suntem interesați aici numai în atitudinea lui față de îmbunătățiri în jurisprudență.

În timp ce era Procuror al Coroanei propusese un proiect de lege pentru îmbunătățirea curții de justiție a Lordului-Cancelar, care așa cum toate părțile erau obligate să admită, avea nevoie de îmbunătățire. În 1826 a rostit un mare discurs împotriva permiterii avocaților pentru acuzat în procese de crimă capitală să se adreseze juraților; însă câțiva ani mai târziu a contribuit la o astfel de schimbare în jurisprudență. Ar trebui de amintit că judecătorul Park a amenințat că își dă demisia dacă un proiect de lege permițând avocați pentru acuzat ar trece, și că doisprezece dintre cei cincisprezece judecători au condamnat cu tărie promulgarea. Cei mai mulți dintre judecători s-au opus prevederii permițând inculpaților în procese penale să aducă martori.

---

[31] Acest act de hoție este de obicei descris ca o izbucnire de patriotism.

În dezbaterile asupra Reformei electorale apare o practică într-unul din târgurile cu un număr mic de alegători care aruncă o ciudată lumină asupra moralității politice predominante. Lyndhurst, în mijlocul râsetelor ascultătorilor săi, a citit acea parte a mărturiei care arăta că eminentul reformator Campbell, plătise pentru alegerea lui de către corpul electoral Stafford, la cinci sute treizeci și unu din cinci sute cincizeci și șase de alegători, suma de trei lire și zece șilingi pentru un singur vot și șase lire pentru un singur vot dat unui singur candidat. Apărarea lui Campbell a fost că, „aceasta nu putea fi propriu-zis numită mituire, fiindcă el se conformase pur și simplu bine cunoscutului obicei de a plăti „bani în avans", și votantul a primit aceeași sumă de oricare parte a votat". În timpul altei dezbateri Lyndhurst a condamnat practica avocatului de la curtea de justiție a Lordului-Cancelar mergând de la un proces la altul, și fiind în realitate angajat în urmărirea cauzelor de importanță în două instanțe în același timp. Dar acest tip de păcat nu era mai puțin vizibil în tribunalele de drept cutumiar.

Lyndhurst s-a opus proiectului de lege inițial privind judecătoriile de ocol, care după multe schimbări și îmbunătățiri s-a dovedit de o atâta valoare în Anglia; totuși Lyndhurst a numit atât comisia pentru a examina legea proprietății mobiliare cât și o altă comisie pentru a investiga procedura dreptului cutumiar. În 1852, când se afla în discuție Legea Procedurii Dreptului Cutumiar, atât Lyndhurst cât și Brougham s-au opus proiectului de lege pentru că nu îndepărta toate afirmațiile scrise. De regulă, Lyndhurst era un prieten față de schimbări raționale în jurisprudență, și cele mai multe dintre ultimele îmbunătățiri avea sprijinul său competent.

Treptat curtea de justiție a Lordului-Cancelar a fost îmbunătățită. Onorariile și cheltuielile ei au fost mai întâi reduse. Potrivit raportului unei Comisii a curții de justiție a Lordului-Cancelar compusă din astfel de juriști ca Lord Romilly, Turner, James, Bethell și Page-Wood, consilierii la înalta curte de casație au fost înlăturați. Mai târziu au fost eliminate

chestiunile de drept și s-a cerut ca mărturia să fie luată verbal
în fața judecătorilor de instrucție. În sfârșit, s-a renunțat la
judecătorii de instrucție pentru un sistem de depoziție dată în
forma de jurământ pentru o anumită dezbatere, sau dată
verbal în fața judecătorului.

Încă din 1843 legea probatoriului a fost schimbată de re-
zoluția lordului Denman astfel încât să permită martorilor
interesați să depună mărturie. În 1851 o parte, precum și soțul
ori soția unei părți, a devenit un martor competent într-un
proces civil. Toți judecătorii de drept civil și cancelarul, Lord
Truro (mai bine cunoscut ca avocatul pledant, Wilde, care a
apărut cu Brougham și Denman pentru regina Caroline), s-au
opus proiectului de lege. Chiar Lord Campbell, care a pus
actul prima dată la încercare, a spus: „A pornit foarte nefast;
o parte, dacă nu ambele părți, depunând până acum mărturie
mincinoasă în fiecare proces". În sfârșit, în 1898, inculpatul
într-un proces penal a fost făcut un martor competent la
judecarea lui.

Schimbările originale în normele apărării la dreptul cutu-
miar erau făcute pe baza ordonanțelor formulate de judecători.
În 1860 tuturor tribunalelor de drept cutumiar li s-au dat puteri
de echitate în privința tuturor problemelor în litigiu în fața lor.
Acestui proiect de lege i s-a opus cu violență lordul St.
Leonards, dar a fost sprijinit de toți judecătorii de drept cutu-
miar. S-a dat putere tuturor tribunalelor de drept cutumiar să
interogheze martori *de bene esse*, să ordone descoperirea de
documente și să impună un interogatoriu al unei părți de către
adversarul său. În acest fel a fost îndepărtată întreaga jurisdic-
ție auxiliară distinctivă a echității.

În fine, Comisia Judecătorimii și-a făcut raportul, iar cei
doi mari juriști, Lord Selbourne pentru liberali și Lord Cairns
pentru conservatori, au propus și au făcut să fie votată Legea
Judecătorului din 1873. Toate curțile istorice ale Angliei au
fost combinate într-o singură Înaltă Curte de Justiție. I s-a dat
o Secție a Curții de Justiție a Lordului-Cancelar, o Secție a

Judecătoriei regelui, o Secție de Deschidere a Testamentelor, Divorț și Amiralitate[32]. Peste Înalta Curte de Justiție a fost constituită o Curte de Apel, și de la Curtea de Apel un alt apel se afla la Camera Lorzilor. Tuturor ramurilor Înaltei Curți de Justiție li s-a dat puterea să administreze și repararea juridică și echitabilă, și oriunde exista orice conflict între normele de echitate și normele de drept, echitatea urma să prevaleze. S-a acordat puterea de a se transfera o cauză de la o secție la alta, astfel încât lordul Cairns a putut să spună[33]: „Curtea nu este acum o curte de drept sau o curte de echitate, ci o curte de jurisdicție completă". Rezultatul Legii, s-a afirmat, „a fost în cel mai înalt grad satisfăcător, și a dus la flexibilitate, simplitate, uniformitate și economie de timp juridic". Rezultatul final al legislației este considerat de lordul Bowen a fi, „că nu este posibil în anul 1887 ca un onest împricinat la Curtea Supremă a Majestății ei să fie anulat de orice simple detalii tehnice, orice scăpare, orice pas greșit, în litigiul său". Este ciudat să se observe că învățatul Foss a amintit trist Legea Judecătorimii. A deplâns-o ca o restaurație a vechii *Aula Regis* normande.

Astfel vedem că practic s-a realizat întregul șir de îmbunătățiri benthamite. În cursul unui secol, pas cu pas, întreaga față a părții formale a dreptului englez a fost schimbată. Și totuși, când cineva privește înapoi asupra istoriei dreptului, este obligat să admită că în orice moment dat sistemul de justiție era pe deplin la fel de bun cum era meritat de oamenii pe care îi cârmuia. Cel mai înalt și mai bun indiciu pentru ferma înaintare a rasei este continua îmbunătățire în jurisprudență. Formalismului vechii justiții îi datorăm că dreptul nostru de sine stătător este ceea ce este. Rigiditatea crescândă a procedurii dreptului cutumiar a produs acel sistem de echitate care a împrumutat atât de mult de la jurisprudența romană. Diferitelor

---

[32] Cele două Secții Adiționale din Legea originală, Curtea proceselor de drept comun și Finanțe, au fost la scurt timp după aceea desființate.
[33] 7 App. Cas. 237.

jurisdicții de drept și echitate noi suntem îndatorați pentru un progres care a fost realizat prin atenta cumpănire a primului sistem față de celălalt. Chiar normele probatoriului care au exclus depoziția martorilor interesați și a părților față de litigiu au dat roadele lor complete ajutând la crescânda veracitate a rasei noastre. Cruzimile dreptului criminal și-au îndeplinit opera lor făcând dreptul nostru criminal cel mai cu îngăduință administrat sistem de pedepsire publică.

Este mai mult decât o coincidență ca procedura reorganizată să-și înceapă cariera într-o nouă casă. În 1882 Westminster Hall a fost în cele din urmă abandonat pentru noua Curte de Justiție. Juristul care iubește tradițiile profesiunii sale nu poate să se rețină de la regret când se desparte de Westminster Hall, sau când vede stingerea vechiului Ordin al Coifului care a dăinuit vreme de șapte sute de ani. Destul de potrivit noile Tribunale se află în mijlocul vechii universități de drept. Către nord se ridică turnurile de la **Lincoln's Inn,** și peste **Strand** către sud se află **the Middle** și **Inner Temple**. Înconjurat de atât de multe amintiri juridice, dense, într-adevăr, trebuie să fie avocatul care nu este mișcat de a fi demn de acea știință a împărțirii dreptății care a scris cele mai glorioase pagini ale istoriei engleze.

III
ELEMENTE DE DREPT[*]

DE MUNROE SMITH

I. JURISPRUDENȚĂ

VIEȚILE noastre sunt controlate, într-un grad pe care nu îl măsurăm fără efort, de reguli de comportare ce ne sunt impuse de mediul nostru înconjurător și pe care nu le putem

Diferitele feluri de reguli guvernând comportarea umană

încălca fără a ne pune în pericol existența noastră, bunăstarea noastră sau fericirea noastră. În mod obișnuit nu ne dăm seama de multiplicitatea acestor reguli sau de acțiunea lor coercitivă, pentru că acceptarea noastră a lor este în mare măsură inconștientă și ascultarea noastră de ele, ducerea unei vieți normale sau obișnuite, este în mare măsură automată. Când, însă, ne forțăm să luăm în seamă toate aceste reguli și când încercăm să le clasificăm, vedem că unele dintre ele, ca de exemplu regulile vieții sănătoase, reprezintă în primul rând adaptarea comportării noastre față de mediul nostru înconjurător fizic; altele, ca de exemplu regulile comportării, adaptarea la ceea ce poate fi în mod convenabil denumit mediul nostru ambiant fizico-social, adică, la acele condiții care rezultă din interacțiunea și modificarea reciprocă a societății omenești și climatul ei; în timp ce

---

[*] Cu excepția capitolului despre *Jurisprudență*, care este retipărit din MUNROE SMITH, A GENERAL VIEW OF EUROPEAN LEGAL HISTORY AND OTHER PAPERS (1927) cu permisiunea COLUMBIA UNIVERSITY PRESS, această subdiviziune a a cărții este formată din notițele de clasă ale editorului după prelegerile Profesorului Munroe Smith, care sunt reproduse aici cu permisiunea Dnei Munroe Smith. Vezi Introducere, pp. 13-16.

un al treilea grup de reguli, care poate fi numit social, pare să
ne fie impus de sentimentele sau voința semenilor noștri. Când
reguli pe care le atribuim grupului fizic sau fizico-social apar
deopotrivă, cum de multe ori apar, în grupul social distinct –
când, de exemplu, descoperim că violări ale regulilor de
sănătate sau de cumpătare sunt denunțate ca imorale și sunt în
unele cazuri sancționate de lege – rămâne încă adevărat că
aceste reguli nu sunt în primul rând sociale. Ele nu își au
originea în opinia socială, și neglijarea lor este însoțită de
riscuri pe care societatea nu le-a creat. Ele primesc sancțiunile
suplimentare ale moralei și ale legii deoarece interesele umane
sunt atât de solidare încât individul nu poate trăi sau muri sau
prospera ori suferi doar pentru el însuși.

Poate desigur fi exprimată o îndoială dacă noi avem vreun
drept să considerăm societatea umană ca un lucru distinct de
mediul său ambiant fizic, acționând independent asupra acelui
mediu și impunând asupra noastră, ca

Voința socială ca
bază a legii

indivizi, reguli de conduită care sunt
exclusiv sociale. În alcătuirea societă-
ții umane, într-adevăr,există mult care este incalculabil; dar este
posibil ca inabilitatea noastră de a prevedea acțiunea socială să
se datoreze numai complexității fenomenelor, și că impresia
noastră că societatea determină în vreun grad propria ei alcătuire
și comportare este o iluzie. Aceste întrebări, însă, se află în afara
domeniului jurisprudenței. Legea cu care știința noastră are de a
face presupune existența de voințe individuale și își bazează
autoritatea pe voința socială. Dacă voința individuală este în
orice sens liberă; dacă voința socială este rezultanta voințelor
individuale libere sau un produs direct și independent al vieții
sociale; în ce grad viața socială este ea însăși controlată de forțe
pe care oamenii nu le creează și nu le pot controla – acestea sunt
întrebări pe care juristul cu bucurie le lasă psihologului, sociolo-
gului și filosofului.

Normele juridice, chiar când sunt atribuibile, datorită ori-
ginii lor, grupului fizic sau fizico-social, aparțin în ceea ce

privește calitatea lor juridică, în grupul regulilor sociale. În

Normele juridice, parte a regulilor sociale

același grup găsim un al doilea corp de reguli pe care le numim morale; și în plus la normele juridice și normele morale cunoaștem un al treilea corp de reguli mai mult sau mai puțin eterogene pe care îmi veți îngădui, pentru mai multă ușurință, să le numesc moravuri.

Care este acum caracteristica ce deosebește legea de moravuri și morală? Evident nu domeniul în care acționează, nu

Ce deosebește legea de moravuri și morală? Nu domeniul ei

problemele de care se ocupă. Legea are într-adevăr un domeniu, sau un număr de domenii, în care acționează singură. Legea a creat instituții

ale ei proprii; și normele care modelează aceste instituții și guvernează acțiunea lor nu au avut o existență precedentă în moravuri sau în morală. Într-o mare măsură, însă, moravuri, morală și lege cuprind același domeniu. A doborî un om, de exemplu, sau a-i smulge valori portabile este, în cele mai multe cazuri, în același timp grosolan, imoral și ilegal. Cu deosebire larg este domeniul care este comun legii și moralei – atât de larg, într-adevăr, încât multe definiții seculare ale legii capătă o corespondență completă a legii cu morala, și a fost posibil să se spună, deși eronat, că legea este doar morală aplicată.

Este la fel de imposibil de a găsi trăsătura distinctivă a legii în scopul sau țelul ei. Scopul principal al legii este menți-

Nici scopul ei

nerea orânduirii sociale; dar acest scop este ajutat, în mare măsură, de morală și moravuri. Tulburările mai

grave ale orânduirii sociale stabilite sunt de obicei stigmatizate ca imorale. Existența, în diferite domenii a efortului uman, a modurilor acceptate și obișnuite de activitate face mult să micșoreze fricțiunea vieții sociale; și formele stabilite de legături sociale, moravuri în cel mai îngust sens al cuvântului, iau din lupta pentru existență mare parte din asprimea ei şi poate fac mai mult decât sau morala sau legea pentru a preveni încălcările ordinii.

Scopul ultim al legii, într-adevăr, nu este menţinerea orânduirii sociale ci asigurarea condiţiilor progresului social.

Scopul legii Ca omul să capete control crescând asupra mediului ambiant fizic; ca relaţiile oamenilor să devină din ce în ce mai blânde; ca viaţa omenească să fie din ce în ce mai vrednică de trăit – acestea sunt scopurile finale ale legii. Pentru a atinge aceste ţeluri efortul individual nu trebuie să rămână numai vrednic de osteneală, el trebuie să fie din ce în ce mai încurajat; cu alte cuvinte, competiţia trebuie să continue; şi totuşi acţiunile antisociale trebuie să fie din ce în ce mai restrânse şi trebuie să fie conlucrare crescândă. Problema fundamentală şi eternă a civilizaţiei umane este armonia individului cu interesele sociale. Atare progres cum s-a făcut până acum către soluţionarea acestei probleme a fost obţinut prin ridicarea planului competiţiei şi prin creşterea spaţiului de conlucrare. În metodele competiţiei vicleşugul a înlocuit forţa brutală, şi corectitudinea înlocuieşte vicleşugul. Ţelurile competiţiei au devenit şi devin din ce în ce mai puţin materiale: se caută onoarea mai degrabă decât bogăţia, şi onoarea mai înaltă se acordă pentru serviciu social decât pentru succes personal. Conlucrarea hoardei a fost înlocuită cu aceea a clasei şi, în multe domenii, cu aceea a naţiunii; conlucrarea internaţională există şi este în creştere. Toate aceste ţeluri, însă, sunt ţeluri morale precum şi juridice, şi idealuri etice mai înalte arată linii de progres juridic.

Obţinem prima noastră privire a trăsăturii distinctive a legii, şi poate aceea a moralei deopotrivă, când notăm diferitele

Diferenţe în efect ale încălcării legii, moralei şi moravurilor rezultate care se leagă de neglijarea sau încălcarea diferitelor reguli de comportare socială. Dacă regula încălcată este una de moravuri pur şi simplu, există de obicei o reacţie socială de surpriză, însoţită îndeobşte de ridiculizarea vinovatului. Dacă regula încălcată este una de morală, reacţia socială este mai energică: este mai mult decât o surpriză, este un şoc, şi este însoţită de mai multă sau mai puţină dezaprobare înfierbântată, care poate să se situeze de la dispreţ prin batjocură până la dezgust. În mintea contravenientului însuşi există un reflex de dezaprobare socială; există mustrarea de conştiinţă, simţul ruşinii; şi dacă el este un om religios şi onfesa lui este una pe care religia o stigmatizează ca un păcat, va exista un simţ de nemulţumire divină. Arnold a definit religia ca moralitate puţin emotivă; dar există un element vizibil de emoţie în moralitate însăşi, independent de religie. Toate aceste reacţii, se va observa, sunt numai psihice, şi pedepsele care decurg din încălcările de moravuri şi morală acţionează asupra simţămintelor vinovatului. Legea, pe de altă parte, încurajează anumite direcţii de conduită impunând dezavantaje sau pedepse care afectează proprietatea sau persoana; iar aceste consecinţe pur juridice pot fi întărite, în caz de nevoie, de întreaga putere fizică a comunităţii.

Observăm mai departe, şi aceasta ne aduce a doua *differentia* a legii, că avantajele care decurg din respectarea normelor juridice şi dezavantajele sau pedepsele care însoţesc

Încălcarea legii atrage voinţa socială

neglijarea sau încălcarea unor astfel de norme nu se leagă numai în virtutea atitudinii sau opiniei sociale, ci şi în virtutea voinţei sociale. În comunităţile civilizate această voinţă socială este formulată prin procese speciale şi de obicei prin organe speciale. Procesele sunt în special politice şi organele sunt în cea mai mare parte guvernamentale. În constituţii adoptate de popor, în legi votate de organe reprezentative, în ordonanţe ale persoanelor oficiale administrative şi în decizii ale instanţelor judecătoreşti găsim, stabilite cu autoritate, normele de drept, avantajele care se leagă de respectarea lor, dezavantajele sau pedepsele decurg din neglijarea sau încălcarea lor. Normele de moravuri şi de

morală, pe de altă parte, nu sunt stabilite în nici o astfel de
formă autoritară. În societatea de început, într-adevăr, autorita-
tea asupra întregului domeniu de comportament este de obicei
acordată preoților, și în fazele de mai târziu ale dezvoltării
sociale această autoritate frecvent persistă în domeniul mora-
lei; dar într-o civilizație avansată tinde să dispară. Ea poate
încă să se afirme, și ea poate mult timp să insufle recunoaștere
amplă; dar recunoașterea devine din ce în ce mai puțin genera-
lă, și morala, ca și moravurile, tinde să se sprijine direct pe
atitudinea și opinia socială. Ele sunt chestiuni de deprindere.

A afirma că legea este formulată prin procese speciale, și
mai ales prin organe speciale ale comunității, nu este a nega
că normele sale sunt în mare măsură determinate de atitudi-
nea socială. Moravurile și morala
Relația dintre sunt, într-o mare măsură, antece-
voința socială și dente legii, și deprinderea socială a
atitudinea socială furnizat totdeauna mare parte din
materialul din care a fost făcută legea. În cele mai timpurii
faze ale dezvoltării sociale deprinderea după câte s-ar părea
furnizează întregul material; este transformat în lege numai
adăugând sprijinul forței sociale; și în fiecare situație de
progres social noua lege se formează prin recunoașterea și
întărirea obiceiurilor stabilite. Moravuri, morală și lege, toate
par să se sprijine în ultimă instanță pe utilitatea socială.
Transformarea deprinderii în lege, hotărârea dacă orice
regulă particulară de conduită va fi sprijinită de puterea fizică
a comunității, este evident o problemă de eficacitate socială.
Utilitatea sau eficacitatea socială este determinată, în întregul
domeniu al comportării, de judecata socială, și forța socială
poate fi exercitată numai în virtutea voinței sociale. Judecata
socială, însă, este de obicei nearticulată; se revelă ca senti-
ment. În problemele pe care le tratează legea, numim acest
sentiment simțul dreptății. Voința socială de asemeni este, în
cele mai multe cazuri, nu fără scop într-adevăr, ci numai vag
conștientă de adevăratul ei țel; se manifestă ca impuls de a

face ceva, de a depărta cu un gest larg sau a zdrobi ceva care se simte că este străin și ostil. Așa cum este funcția primară a eticii practice de a interpreta emoția morală și a da formă articulată atitudinii morale, la fel este funcția primară a jurisprudenței practice de a interpreta simțul dreptății și a formula în reguli juridice acele țeluri către care voința juridică bâjbâie orbește. Deși imposibil de apărat din punct de vedere filologic, „*nomen iuris a iustitia*", a lui Ulpian[*], este bună filosofie. În interpretarea atitudinii sociale și a voinței sociale judecătorii și legislaturile au într-adevăr o autoritate pe care nici un fel de oameni sau grupuri de oameni nu o posedă în domeniile moravurilor și moralei: chiar atunci când ei interpretează greșit sensul general al justiției și se împotrivesc voinței generale, normele pe care le stabilesc sunt legea. O astfel de lege, însă, nu are rădăcină, și, dacă nu ar fi oficial abrogată sau înlăturată, devine o literă moartă. Până la urmă, atitudinea și opinia generală controlează nu numai găsirea și formarea legii, ci și aplicarea ei.

Neglijarea persistentă a atitudinii generale din partea descoperitorilor de legi sau autorilor de legi este neobișnuită; în statul democratic este aproape imposibilă. Conflicte între atitudinea generală și legea fermă apar, de regulă, numai când schimbările sociale au făcut normele juridice stabilite nesatisfăcătoare.

Efectul conflictului între voința socială și atitudinea socială

Atari conflicte iau forma agitației pentru îmbunătățirea legii, și ele încetează când legea este amendată în mod corespunzător. Conflicte între atitudinea regională sau locală sau de clasă și legea generală apar, din contră, în fiecare tip de stat, și astfel de conflicte sunt practic neîncetate. Fără putere, de regulă, de a controla găsirea de legi sau alcătuirea de legi, atitudinea minorității adverse se face simțită în rezistență la aplicarea legii; și în circumstanțe favorizante rezistența poate

---

[*] Domitius Ulpianus, jurist roman A.D. 228. (*n.t.*)

avea ca rezultat anularea legii. Din astfel de rezultate se deduce uneori că sancțiunile fizice ale legii sunt mai puțin coercitive decât sancțiunea psihică a opiniei, chiar atunci când opinia este aceea numai a unei părți a comunității, a unei localități sau a unui grup social. Va trebui să se observe, însă, că atunci când legea este biruită în aceste conflicte ea nu își arată întreaga putere. Este înfrântă pentru că își leagă propriile mâini. Legile sunt anulate, de exemplu, pentru că autoritățile administrative locale sunt juridic independente de administrația centrală, sau pentru că juriilor li se permite de către lege să interpreteze legea după cum cred de cuviință. Nu poate fi recomandabil să se distrugă sau să se limiteze în mod serios autoguvernarea locală întrucât legile închiderii de Duminică sunt anulate pe plan local, ori să se împuternicească judecători să respingă verdicte în procese penale pentru că treburile sau interesele muncii fac dificil să se pedepsească combinații ilegale; dar acestea sau schimbări similare în lege pot fi făcute dacă aceasta este voința generală.

Puterea legii stă în faptul că sancțiunile ei fizice acționează, sau pot fi făcute să acționeze, cu forță egală de-a lungul întregii suprafețe a unui stat și în rândul tuturor claselor. Slăbiciunea opiniei generale stă în faptul că acționează mai puțin puternic asupra minților oamenilor decât acționează opinia localității lor și aceea a clasei lor. În special puternică este influența opiniei de grup și este cea

Sancțiunea legii

mai puternică în cele mai mici și mai omogene grupuri. Presiunea opiniei sociale pare să varieze invers cu pătratul distanței sociale. De aici tendința oricărei deprinderi către variație și particularism; de aici creșterea puternică, întotdeauna, a moralei de grup – morala clasei, a profesiei, a ocupației, a cetei. Lăsată sieși, aplicându-se numai prin presiunea opiniei sociale, moralitatea noastră existentă ar tinde să revină la forma ei primitivă, deprinderea hoardei. Utilitățile sociale mai înalte pe care le reprezintă normele moralei generale nu ar fi putut niciodată să prevaleze asupra intereselor hoardei sau tribului sau ale clasei prin nici un apel la rațiune sau la interes individual; căci simțul este mai tare decât rațiunea și sentimentul de grup este mai tare decât interesul propriu. Factorii care în trecut au subordonat încet morala de grup față de morala generală, și prin care morala generală a fost poate mai întâi formulată, sunt religia și legea. Fiecare religie ce s-a dezvoltat dincolo de stadiul unui cult de clan și-a împrumutat, cu totul, sancțiunea ei psihică moralei mai generale; și sancțiunea religioasă, ca și cea juridică, poate fi făcută să acționeze cu forță egală asupra unor suprafețe indefinite și asupra tuturor claselor sociale. Legea, în măsura în care s-a ocupat de probleme morale, și-a pus de asemenea sancțiunea ei specială, aceea a forței fizice, în spatele moralei generale. În fazele timpurii ale civilizației, religia aparent a jucat rolul mai important în formularea normelor moralei generale și în asigurarea triumfului lor; în perioadele de mai târziu și în prezent legea a devenit poate cel mai eficient factor. Religia îl influențează numai pe credincios; legea îl constrânge chiar și pe anarhist. Confesiunile sunt divizate în secte, și bisericile sunt organizate, în anumite cazuri, de-a lungul liniilor clivajului de clasă; statele devin mai mari prin cucerire sau prin federație, și statele moderne devin de ce în ce mai democratice.

Analiza noastră a regulilor sociale și a acțiunii lor asupra individului nu este completă fără un cuvânt privind constrângerile care nu sunt nici exclusiv psihice nici exclusiv fizice ci economice. O asociație religioasă, *Locul constrângerilor economice* neavând la început nici un mijloc de a asigura ascultarea în afară de acelea care sunt pur psihice, poate ajunge să exercite o influență atât de generală asupra minților oamenilor încât indivizii înlăturați din comuniunea ei sunt complet boicotați și nu pot obține nimic din cele trebuincioase traiului. Un număr relativ mic de persoane, unit prin legături de interes de clasă, poate să monopolizeze în așa fel pământul sau alte mijloace de producție încât nimeni nu poate trăi prin munca sa în afara termenilor pe care îi prescrie grupul. Un număr mai mare de persoane, la fel unit prin legături de interes de clasă, poate să monopolizeze piața muncii încât nimeni din afara asociației lor nu poate obține ocupație obișnuită și încât producția de bunuri devine imposibilă în afara termenilor pe care îi dictează ei. Au existat perioade în care astfel de asociații sau grupuri au devenit state, sau cel puțin guverne. Acesta a fost cazul în evul mediu cu biserica creștină, nobilimea feudală și unele dintre breslele orașelor; și regulile stabilite de aceste asociații au devenit lege în cel mai strict sens al cuvântului, deoarece ele au fost în general acceptate și au fost sprijinite prin forță fizică. În statul democratic, însă, cu guvern monarhic sau reprezentativ, la astfel de asociații nu li se permite să exercite în permanență o constrângere economică egalând și posibil neutralizând constrângerile impuse de voința generală și aplicate prin intermediul organelor guvernamentale. Dacă scopurile pe care astfel de asociații le urmăresc sunt aprobate de judecata socială, constrângerile sunt legalizate, dar asociațiile sunt aduse sub control juridic. Altfel, eforturile lor de a exercita o irezistibilă constrângere extralegală sunt reprimate ca ilegale conspirații. Statul democratic este foarte grijuliu cu monopolul său de coercițiune, întrucât numai pe guvernul său se poate conta pentru a exercita coercițiunea în interesele libertății.

În scopul rezumării rezultatelor atinse până aici, sugerez, cu toată deferența pentru autoritatea superioară a specialiști-

Morală și lege definite

lor în etică, anume că morala este acea parte a orânduirii sociale care este sprijinită de opinia socială, influențată de mai multă sau mai puțină emoție; și, cu mai multă încredere, eu descriu legea ca acea parte a orânduirii sociale care în virtutea voinței sociale poate fi sprijinită prin forță fizică.

Legea este în parte găsită, în parte făcută; adică, este stabilită parțial prin decizii și parțial prin legislație. Din aceste procese decizia nu este doar cea mai veche ci și cea mai importantă și cea mai persistentă. O decizie nu este doar sfârșitul unei controverse pendinte, *Deciziile comunității* este de asemenea un precedent juridic pentru viitoare decizii. Pentru noi, astăzi, cuvântul sugerează în primul rând o decizie judiciară; dar existau decizii înainte de a exista tribunale, și decizii care fac legea sunt și acum date în zilele noastre în afara tribunalelor. Comunitatea umană primitivă seamănă cu acele forme cele mai de jos ale vieții animale care exercită cu întreg corpul un număr de funcțiuni pe care animalele superioare le exercită numai prin organe speciale. Decizia primitivă este o decizie-comunitate și forma ei cea mai de început este linșarea sau alergarea afară a insului care a încălcat una din regulile de conduită pe care comunitatea le simte a fi fundamentale. În comunități întrucâtva mai avansate există o altă formă foarte importantă de decizie-comunitate. Când un om l-a ucis pe altul în autoapărare sau într-o dreaptă răzbunare, comunitatea poate interveni pentru a-l apăra de ura ancestrală, la fel cum astăzi comunitatea, acționând prin mijlocirea unor organe speciale, absolvă de răspundere individul care a împușcat un hoț noaptea în dormitorul său. În ambele cazuri uciderea răufăcătorului precede decizia că el a fost omorât pe drept; dar în ambele cazuri decizia în favoarea omului care a luat legea în propriile-i mâini recunoaște că ceea ce a luat în propriile-i mâini este legea.

După stabilirea instanțelor judecătorești, deciziile-comunitate tind să dispară în acea parte a legii de care instanțele sunt competente să se ocupe. În acele părți ale legii, însă, în care instanțele nu sunt competente, în *Decizii judiciare* dreptul politic, de exemplu, deciziile-comunitate au continuat să stabilească legea în timpuri moderne. Toate constituțiile nescrise se

bazează pe precedente juridice, iar precedentele juridice con-
stituționale sunt stabilite ori de câte ori acte ale puterii sunt
sprijinite sau acceptate de întreaga comunitate. Iar în comuni-
tatea internațională singurele norme care sunt strict juridice
sunt cele care au fost aplicate în trecut și vor fi de aceea proba-
bil aplicate în viitor, de comunitatea internațională, concertul
puterilor. Restul a ceea ce noi numim drept internațional este
până acum morală și moravuri internaționale.

Procesele prin care societatea timpurie dezvoltă organiza-
re judiciară și legislativă au început doar de curând să fie
înțelese. În ceea ce privește comunitățile europene, putem

*Originea deciziilor
și legislației
comunității*

acum să spunem cu încredere că
nici găsirea de legi nici formarea de
legi nu are nici o legătură istorică
cu autoritatea unui patriarh de a
aplana conflicte ale urmașilor săi și de a stabili reguli pentru
conduita lor viitoare. În general, se poate spune că cu cât mai
multă lumină căpătăm asupra condițiilor prevalând în socie-
tatea omenească realmente primitivă, cu atât mai puțin vedem
a ceva semănând cu un patriarh. Par să fi fost necesare veacuri
pentru stabilirea autorității maritale și paternale, și încă veacuri
pentru dezvoltarea capului unei comunități; nici nu este nici un
patriarhat atât de complet ca acela al romanilor cunoscut să fi
existat la vreun alt popor european. Cea mai de început curte
europeană nu a fost patriarhală ci populară. În ea comunitatea
încă acționa în mod colectiv, dar nu acționa ca o gloată ci cu o
adunare organizată. Curtea adunării avea de la început organe
speciale pentru găsirea de legi; a dezvoltat treptat organe de
decizie; și modificarea, rearanjarea sau combinarea acelor
organe au produs fiecare tip de curte modernă.

Legislația, așa cum o cunoaștem, are două rădăcini isto-
rice; acordul formal al comunității (care inițial, se pare,

*Cele două izvoare ale
legislației*

trebuia să fie unanim) și ordinul
dat de comandantul suprem de
armată oamenilor sub arme. Din

puterea conducătorului militar de a da ordine oamenilor săi a derivat, când conducerea temporară s-a transformat în regalitate, puterea de a emite ordine în timp de pace. La popoarele europene, însă, astfel de ordine nu au fost privite ca legi în nici un sens propriu, ci numai ca măsuri administrative; și nici la germani nici la romani nu puteau asemenea ordine să fie aplicate, la început, prin nici un alt mijloc decât o amendă, legal limitată ca sumă. Numai pe măsură ce un rege a câștigat putere prin cucerire a putut să se extindă puterea lui de poruncire la ceva de felul puterii legislative; și ea a atins putere legislativă generală numai când regele a devenit monarh absolut. În statul modern ordinul executiv a scăzut la ceva precum dimensiunile lui originale, în timp ce puterea generală a poporului de a legifera prin acord este și acum exercitată direct sau prin reprezentanții săi.

Chiar în fazele cele mai timpurii de dezvoltare juridică, deși voința socială se manifestă direct în acțiune socială – în linșări, de exemplu – există experți să spună comunității de ce acționează așa cum acționează.

Legea și preoții   Acești experți nu sunt numai juriști, ei aparțin singurei profesii nediferențiate din care au apărut toate profesiile vieții civilizate; ei sunt experți în toate problemele naturale, umane și divine; ei formulează regulile de sănătate, de cumpătare, de moravuri și de morală. Toată această știință este un corp de înțelepciune și toate aceste reguli sunt parte a religiei ai cărei acești oameni sunt preoții. În activitatea lor nediferențiată noi putem totuși să recunoaștem domenii speciale de acțiune juridică. Ele definesc nu numai cazurile în care indivizi pot fi pe drept uciși sau împinși afară în deșerturi sau păduri, ci și cazurile în care se iscă pe drept vrajba clanului și se produce pe drept răzbunarea. Ele născocesc de asemenea cele mai vechi metode de a hotărî cazurile îndoielnice și de a încheia disputa. La vechii romani activitatea juridică a preoților devenise atât de

înalt specializată încât nu numai exista o clasă de preoți a
căror ocupație era îndeosebi juridică, ci existau trei conduceri
ale acestor preoți: una pentru relații între state, alta pentru
dreptul public al Romei, și a treia pentru dreptul privat.

   După ce au fost stabilite curți de justiție, descoperitorul
preoțesc de legi a fost urmat și înlocuit, în dezvoltarea juridi-
că europeană, de descoperitorul secular, pe care romanii l-au
descris ca jurisprudentul sau juris-
Descoperitorul secular consult, germanii ca pe înțeleptul
de legi sau vorbitorul de legi. Acești des-
coperitori de legi erau persoane neoficiale: nu erau nici aleși
de adunare nici numiți de rege sau magistrat. Ieșeau la iveală
din corpul poporului printr-o selecție naturală; erau îndrituiți
să declare legea deoarece cunoșteau legea. Decisivă, desigur,
în ceea ce privește autoritatea unui nou vorbitor de legi era
părerea generală a vorbitorilor de legi mai bătrâni și recunos-
cuți. Acești experți nu erau judecători în sensul nostru, nici
nu decideau direct dispute. În vechea curte europeană un
președinte guvernamental asculta pledoariile părților, dar nu
era în mod necesar jurist. Decizia era dată la început de
întregul corp de oameni liberi, ca la germani; într-un stadiu
mai avansat de dezvoltare era dată, ca în Grecia și Roma
republicană, de un corp mai mare sau mai mic de cetățeni,
sau de un singur cetățean; însă chiar atunci când, ca la Roma,
decizia asupra legii și faptelor era dată de un singur cetățean,
el nu era în mod necesar instruit în drept. Experții neoficiali
selecționați în mod natural îl informau pe președintele curții
dacă pledoariile erau reglementare; și a fost la astfel de
experți că oamenii sau reprezentanții lor au învățat normele
de drept care să guverneze deciziile lor. În afara curții acești
experți dădeau sfaturi juridice la persoane. De aceea ei îmbi-
nau funcțiile judecătorului descoperitor de legi modern și ale
avocatului modern.

   Tipul modern de curte cu care suntem obișnuiți a fost con-
struit la Roma în vechiul Imperiu, și a fost construit din nou o

mie de ani mai târziu în Anglia Normandă, prin simplul
Descoperitorul de legi expedient de a selecţiona un jurist
oficial sau înţelept ca preşedinte al curţii.
Această schimbare a înlocuit de-
scoperitorul de legi neoficial selecţionat în mod natural cu un
descoperitor de legi oficial selecţionat în mod artificial. În
tipul englez de curte reapare în juriu conlucrarea populară în
aplicarea justiţiei; dar, aşa cum decizia oamenilor în cea mai
veche curte europeană era îndrumată de instrucţia expertului,
tot aşa decizia juriului modern este îndrumată de judecătorul
experimentat.

După ce judecătorii au fost scoşi din corpul general de ex-
perţi, restul profesiei juridice (inclusiv anumite elemente care
Organizarea nu erau istoriceşte derivate din
profesiunii juridice clasa vorbitorilor de legi sau jurişti)
a fost organizat fie, ca în Anglia, în
două grupuri de avocaţi pledanţi şi avocaţi consultanţi fie, ca
în Roma imperială şi în Statele Unite, într-un singur corp
nediferenţiat de avocaţi practicanţi.

Când spunem că legea este stabilită prin decizii, nu înţele-
gem că condamnarea sau achitarea unei persoane acuzate de
crimă sau pronunţarea unei sentinţe pentru reclamant sau
Legea ca opinie inculpat într-un proces civil stabi-
expertă leşte legea. Este în determinarea
chestiunii juridice în litigiu, prin
recunoaşterea şi formularea normei juridice care guvernează
speţa, că se stabileşte legea. Aceasta, cum am văzut, a fost
totdeauna opera experţilor. Acea parte a legii pe care romanii
au descris-o ca legea uzuală sau nescrisă, pe care noi o de-
scriem drept cutumă sau lege bazată pe precedente, este, în
realitate, absolut opinie expertă. Legea nescrisă a Romei
consta, în perioada republicană, în „replici" ale juriştilor
neoficiali; în perioada imperială a replicilor juriştilor care
erau autorizaţi să răspundă şi care, în cea mai mare parte,
erau judecători imperiali. Vechea lege tribală germană a fost

întâlnită în „înțelepciunea" ori „sentințe" ale înțelepților sau vorbitorilor de legi; dreptul cutumiar englez și american constă din opinii pronunțate în instanță de judecători experimentați.

Acești experți, trebuie să se observe, au fost totdeauna oameni angajați în aplicarea practică a legii; și opiniile lor au fost totdeauna în legătură cu spețele într-adevăr în litigiu și ținând seamă de faptele fiecărui caz special. Ar trebui să se observe, în plus, că opiniile nesus-ținute ale unor experți individuali au fost rareori privite ca autorizate.

Nu opinie individuală ci colectiv expertă

Replica juristului individual la Roma, înțelepciunea vorbitorului individual de legi la germani, era privită ca stabilind legea numai în măsura în care era acceptată de întregul corp de experți juridici. În mod similar, în cel mai recent stadiu de dezvoltare juridică, opiniile care sunt citate ca autorizate sunt cele pronunțate la recurs de curțile de ultimă instanță. Trebuie să se adauge că magistratura modernă depinde totdeauna în mare măsură de barou pentru a arunca lumină asupra tuturor părților unei dificile chestiuni juridice, și că, în practica engleză și americană, autoritatea unui caz poate totdeauna fi recuzată pe motiv că nu a fost pe deplin pledat. Pentru a face descrierea noastră a legii nescrise ori a legii bazate pe precedente pe deplin exactă, ar trebui să spunem așadar că ea este opinie deliberată și concordant expertă.

Deși descoperitorii de lege experți au susținut totdeauna că ei urmau precedente juridice și se bizuiau pe reguli stabilite în cazuri decise, au exercitat întotdeauna mare libertate în interpretarea deciziilor mai vechi. În dezvoltarea legii uzuale sau nescrise s-a presupus totdeauna că legea care este întâlnită în cazuri decise a existat undeva înainte de deciderea cazurilor. Unul dintre cele mai vechi cuvinte germane pentru lege este *êwa*, acela care a fost totdeauna. Din această eternă lege înțelepciunea sau

Dezvoltarea legii prin reinterpretarea precedentelor juridice

sentințele pronunțate de înțelepți erau absolut formulările acceptate. Aceasta este și acum doctrina clasică a tuturor curților de justiție. Din ea se trage foarte importanta concluzie că forma în care o regulă a fost formulată în cazuri mai vechi nu este obligatorie; este totdeauna admisibil să se reexamineze cazurile și să se reformuleze regula. Posibilitățile de schimbare și dezvoltare inerente în astfel de teorie sunt evident foarte mari; au fost suficiente să permită curților să satisfacă, prin permanentă reinterpretare, cea mai mare parte a nevoilor unei societăți ascendent progresive. A fost de fapt mai ales prin interpretare că dreptul roman și dreptul englez s-au dezvoltat din obiceiuri primitive în alcătuirile falnice sub al cărui adăpost trăiesc acum toate popoarele civilizate cu excepția chinezilor și mahomedanilor.

În legătură cu dezvoltarea regulilor legii nescrise apare de asemeni treptat un set de reguli mai generale descrise ca principii. Acestea se prezintă ca propuneri din care regulile obișnuite sunt doar corolare; și din *Apariția regulilor sau principiilor generale* aceste principii se derivă frecvent, în caz de nevoie, cu totul noi reguli. Existența eternă a acestor principii este afirmată cu și mai mare energie și persistență decât este existența eternă a regulilor speciale; dar aici de asemeni se recunoaște că nici o formulare particulară a unui principiu nu este definitivă.

Când facem abstracție de ficțiunile seculare ale descoperitorilor de legi și examinăm ceea ce experții juridici, preoți, vorbitori de legi și judecători europeni fac într-adevăr în cele *Natura științifică a descoperirii de legi* douăzeci și trei de veacuri peste care se întinde observația noastră, este imposibil, cred, să se nege că metodele lor au fost științifice – mult mai științifice decât propria lor descriere a metodelor lor. Presupunerile fundamentale pe care s-a bazat opera lor sunt clar acestea: că legea există pentru apărarea intereselor sociale și că interesele sociale sunt mai exact reflectate în atitudinea socială, în simțul general al dreptății, decât în orice teorii bine gândite. În efortul lor de a da simțului social de dreptate expresie articulată în reguli și principii, metoda experților descoperitori de legi a fost totdeauna experimentală. Regulile și principiile legii bazate pe precedente nu au fost niciodată tratate ca adevăruri finale ci ca ipoteze de lucru, în permanență experimentate în acele mari laboratoare ale jurisprudenței, curțile de justiție. Fiecare caz nou este o experiență; și dacă regula acceptată care pare aplicabilă produce un rezultat care este socotit a fi nedrept, regula este reconsiderată. Ea nu poate fi modificată imediat, deoarece încercarea de a face absolută dreptate în fiecare caz individual ar face dezvoltarea și menținerea regulilor generale imposibilă; dar dacă o regulă continuă să producă injustiție, va fi până la urmă reformulată. Principiile înseși sunt în permanență reexaminate; căci dacă regulile derivate dintr-un principiu nu lucrează bine, principiul însuși trebuie până la urmă să fie reexaminat.

Cu cât este dus mai departe acest proces, cu atât mai mult recunoașterea utilității sociale devine adevărata, deși nedeclarata, bază a deciziilor – „rădăcina secretă", cum spune Holmes

Utilitatea socială baza deciziilor

în a sa *Common Law*[*], „din care legea își trage toate sevele vieții". În cazuri noi, însă, în special când noutatea lor se datorează unor condiții sociale schimbate – în cazuri, adică în care simțul utilității sociale nu a atins totuși justificarea ei întemeiată – găsirea unei noi legi este întotdeauna controlată de atitudine mai degrabă decât de rațiune.

Că experții juridici în general nu au descris metodele lor ca experimentate și inductive se datorează probabil faptului

Forma deductivă a descoperirii de legi

că în general caracterul științific al unor astfel de metode nu a fost recunoscut până în vremurile moderne. De-a lungul veacurilor în care deducția din premise

---

[*] Drept cutumiar. (*n.t.*)

necontestate a fost privită ca singurul mod științific de gândire, juriștii nu în mod nefiresc s-au străduit să reprezinte premisele lor ca absolute și neschimbătoare și metoda lor ca pur deductivă.

Mari cum sunt posibilitățile dezvoltării, prin interpretare, a legii care nu are deloc existență obiectivă exceptând în interpretarea ei, aceste posibilități nu sunt nelimitate. În
orice lege, și înainte de orice în

Limitări asupra interpretărilor descoperirii de legi
legea stabilită prin decizii, există o tendință către persistență, o rezistență la schimbare. Aceasta este adevărat despre orice lege, întrucât societatea cere nu numai ca regulile legii să fie juste, ci și ca ele să fie sigure. Este îndeosebi adevărat despre legea bazată pe precedente, pentru că dezvoltarea acestei legi este complet în mâinile juriștilor, care sunt în general mai conservatori decât nespecialiștii. Conservatismul lor este rațional, deoarece ei înțeleg, mai bine decât nespecialiștii, semnificația și valoarea principiilor și regulilor acceptate ale legii nescrise; și este valoros pentru societate, pentru că aceste principii și reguli reprezintă simțul trainic al dreptății, în comparație cu gusturile momentane ale atitudinii populare și experiența acumulată de secole, în comparație cu impresiile derivate din situații care sunt excepționale și care pot fi trecătoare. Conservatismul juridic, totuși, este un impediment constant pentru schimbări necesare; dacă el nu poate să le prevină, le întârzie; și întârzierea pe care el o determină este cea mai constantă în legea bazată pe precedente. Un curent de decizii poate fi deviat, dar nu poate cu desăvârșire fi făcut să curgă înapoi; și dacă direcția lui trebuie serios modificată, nu se va întoarce brusc ci va vira încet într-o foarte lungă curbă. Prin urmare, în perioade de rapidă schimbare socială, legea e făcută prin alte procese decât acelea pe care le-am examinat.

Unul dintre aceste procese este acela prin care legea pretoriană a fost descoperită la Roma şi echitatea în Anglia. În ambele cazuri legea nouă a fost făcută şi aplicată de autoritatea executivă şi administrativă, şi în ambele cazuri această lege nouă a fost dezvoltată în mod experimental în împărţirea dreptăţii între părţile litigante. A fost astfel în fond acelaşi proces prin care fusese descoperită legea mai veche; dar vechile precedente juridice erau ignorate şi s-a făcut un început proaspăt. Atât la Roma cât şi în Anglia noua lege a fost creată de experţi: la Roma de juriştii care s-au întrunit în consiliile pretorilor, în Anglia de o curte specială cu propriul ei barou. În ambele cazuri au fost obţinute admirabile rezultate; dar în ambele cazuri producerea de noi legi prin aceste organe administrative a încetat când nevoile sociale care le puseseră în mişcare au fost satisfăcute. Pretorii şi cancelarii au început să adere cu stricteţe crescândă la precedentele juridice stabilite de predecesorii lor; noua lege a devenit reactiv stabilă; şi dezvoltarea juridică ce a urmat a continuat pe vechile direcţii de interpretare până când legislaţia a devenit activă.

Raţiunea pentru legea pretoriană şi echitate

În vremuri moderne, însă, reapare formarea legii prin deciziile autorităţilor administrative. Pe continentul Europei există curţi administrative obişnuite, şi deciziile lor nu doar controlează funcţionarea maşinăriei administrative, ci afectează interesele indivizilor. În ţara noastră tribunalele administrative se înmulţesc în forma comisiilor federale şi statale, care sunt investite cu puteri cvasi – judiciare precum şi cvasi – legislative şi care satisfac noi exigenţe sociale prin decizii precum şi prin ordine administrative. Când, cum e cazul atât în Europa cât şi în Statele Unite, anumite probleme cad exclusiv în cuprinsul jurisdicţiei acestor autorităţi administrative,

Organe administrative

deciziile lor creează noi legi. În Europa este recunoscut că judecătorii administrativi trebuie să fie experți deopotrivă în administrație și în drept. În Statele Unite, unde tribunalele administrative sunt comparativ noi și importanța lor este imperfect înțeleasă, această dublă calificare nu este pentru moment cerută.

Legislația este limitată, în fazele timpurii ale dezvoltării juridice, la probleme de politică și este mai ales folosită pentru adoptarea de măsuri temporare în fața exigențelor speciale. Orânduirea socială

Sferă limitată a legislației timpurii

trainică, legea veche, este un lucru prea sacru pentru a fi schimbat în mod intenționat și deschis. Când legislația timpurie atinge domeniul legii generale, este de obicei declarativă, adică, afirmă pur și simplu legea deja recunoscută și aplicată în deciderea disputelor. Asemenea legislație declarativă mai întâi apare, în multe comunități, în legătură cu încercări timpurii de a anunța legea ca un tot, ca prevederile ei să poată fi mai bine cunoscute. Folosirea legislației, fie populară, regală sau reprezentativă, ca un mijloc de a schimba legea generală vine târziu în viața politică europeană. Ideea că legea se află în nevoia de constantă schimbare și că schimbările necesare sunt normal de a fi realizate de legislație este o idee care apare numai într-o civilizație foarte avansată. În Imperiul Roman a apărut numai în perioada de declin și decădere. În Imperiile Vizigot și Franc legislația era destul de frecventă din cauza persistenței tradițiilor romane târzii. În Europa medievală, după secolul al IX-lea, a existat puțină legislație în afară de sinodurile bisericești și în orașele libere; și în orașe legislația era activă numai când ele atinseseră un înalt grad de dezvoltare economică și politică. În statele europene moderne exista puțină legislație corecțională înainte de secolul al XVIII-lea, nici nu a câștigat legea statutară ceva ca volumul ei modern înainte de secolul al XIX-lea.

Rolul crescând jucat de legislație în perioadele târzii de dezvoltare juridică se datorează în oarecare măsură rapidității crescute a schimbării sociale, în oarecare măsură unei credințe exagerate în puterea legii de a modifica condițiile sociale și de a remedia tarele sociale, dar în principal, evident, faptului că există anumite părți ale legii pe care curțile sunt complet incapabile să le dezvolte și anumite părți în care legea făcută de judecători este mai puțin satisfăcătoare decât legea promulgată. Dreptul politic, constituțional și administrativ, este de obicei dincolo de competența tribunalelor. Această parte a dreptului, dezvoltat în cursul unor lungi intervale de timp prin decizii-comunitate, este în sfârșit întruchipată în statute și în constituții scrise. Iarăși, acea parte a dreptului care exprimă interese ce sunt în primul rând sociale tinde întotdeauna, și îndeosebi într-o societate democratică, să fie formulată prin directa formare a voinței generale. În sfârșit, există o parte considerabilă a jurisdicției care este vizibil arbitrară. Aici de asemenea trebuie să fie reguli; dar din punctul de vedere al dreptății pare imaterial ceea ce vor fi regulile. Aici faptul sigur, nu dreptatea, este comanda socială imperativă, și aici mișcarea spre legislație începe la o perioadă foarte timpurie.

De ce legislația tinde să înlocuiască deciziile în anumite domenii

După cedarea tuturor acestor domenii legislației, un larg domeniu poate încă să fie rezervat pentru dezvoltarea experimentală a legii de către instanțe. Instanțelor poate fi lăsat acea parte a legii care în special este subordonată intereselor indivizilor, care deci acordă indivizilor o largă măsură de libertate și care, din acest motiv, trebuie să trateze extrem de variate și foarte complexe relații. În această parte a legii comanda pentru dreptate este mai imperioasă decât comanda pentru faptul sigur. Această parte a dreptului, în general vorbind, este legea proprietății perso-

Sferă largă rămânând a deciziilor

nale, a contractelor și a ofenselor. Chiar până la sfârșitul Imperiului Roman această parte a dreptului a rămas înfățișată în cazuri decise și același lucru este adevărat astăzi la toate popoarele vorbitoare de limbă engleză. Credința, atât de general susținută astăzi, că într-o civilizație cu adevărat avansată legislația trebuie să acopere întregul domeniu al legii, că descoperirea legii de către tribunale este rămășiță a condițiilor arhaice destinate treptat să dispară – această credință nu are nici o bază în afara condițiilor existente astăzi în Europa continentală și în acele țări care și-au derivat instituțiile din Europa continentală. Dar în Europa continentală, de la dizolvarea Imperiului Franc până la stabilirea de state naționale, dezvoltarea politică și juridică a fost anormală. În Imperiul Roman, și în Anglia după cucerirea normandă, au existat întotdeauna organe capabile de a găsi legea generală precum și organe capabile de a face atare lege și a existat întotdeauna o autoritate centrală capabilă să subordoneze legea locală legii generale. Atât în dezvoltarea juridică romană cât și engleză, așadar, a fost posibil să se creeze drept general sau cutumiar prin decizii precum și prin legislație. În Europa continentală statul național s-a dezvoltat mult mai târziu decât în Anglia: în Germania și în Italia nu a fost organizat până în secolul al XIX-lea. Până a fost organizat nu au existat organe eficiente pentru descoperirea sau formarea legislației naționale. Când a fost organizată, jurisdicția existentă era în general provincială sau locală; și legile provinciale și locale erau atât de ferm stabilite încât dreptul național nu putea să fie produs numai prin legislație, și un corp complet de legislație națională putea fi creat numai prin codificare.

Munca legislatorului este înrudită cu munca judecătorului, în aceea că este îndatorirea lui să exprime voința socială în forma regulilor. În munca legislato-

Metode legislative moderne

rului se cere un grad mai înalt de măiestrie decât în munca instanțelor, pentru că regulile stabilite în legi sunt mai puțin ușor de amendat decât regulile stabilite în decizii. O legislatură reprezentativă, în particular, este o piesă buclucașă a mașinăriei politice, nu ușor de pus în mișcare; și dacă o lege este pripită sau prost întocmită, va face mult rău înainte de a trezi destulă indignare pentru a asigura amendarea sau revocarea ei. În țările europene moderne, inclusiv Marea Britanie, aceste considerații au dus la dezvoltarea unei clase de experți legiuitori, oameni care sunt mai ales juriști titrați dar care sunt de asemenea autori titrați de proiecte de legi, și care dețin funcții permanente în serviciul guvernamental. Acești experți nu numai că întocmesc toate proiectele de legi care sunt prezentate de guvern, ci și examinează proiectele de legi prezentate de membri individuali ai corpului legislativ; și este de obicei imposibil ca un membru individual să asigure adoptarea unui proiect de lege dacă acesta nu este pus în astfel de formă încât experții guvernamentali să o considere satisfăcătoare. Sub influența acestui corp de experți legiuitori, o teorie științifică a legislației a căpătat acceptare generală. Este recunoscut că nici o inteligență finită nu poate anticipa diferitele situații la care o lege propusă poate deveni aplicabilă sau variatele condiții în care poate fi aplicată. O lege europeană modernă așadar stabilește principiile care urmează să fie aplicate sau indică țelurile ce urmează a fi atinse și lasă regulile detaliate care vor da urmare scopului legislativ a fi formulat în ordonanțe administrative sau a fi realizat în decizii. În Statele Unite expertul legiuitor abia începe să apară și este încă în faza neoficială de dezvoltare. În aceste condiții nu este surprinzător că teoria noastră a legislației este aceea a unei epoci trecute. Legiuitorii noștri încearcă să facă prea mult, și încercând să prevadă toate eventualitățile ei nu numai stânjenesc administrația și tribunalele, ci în multe cazuri își zădărnicesc propriile țeluri.

Alcătuirea unui cod, în special a unui cod civil, care stipulează normele dreptului privat, adică, dreptul proprietății, al contractelor, al familiei şi al moştenirii, este cea mai grea muncă în domeniul ştiinţei juridice. Rezolvarea reuşită a acestei probleme presupune un larg *Metode de alcătuire* şi bine gândit corp de jurisprudenţă *a codului* şi numeroase tratate sistematice bine studiate. Nici un expert individual nu a construit vreodată un cod civil satisfăcător: munca trebuie făcută, aşa cum a fost făcută în statele europene moderne, de o comisie de experţi. Cel mai ştiinţific proces care a fost folosit vreodată în munca de codificare este acela care a fost folosit în Imperiul German în construirea codului civil existent. Un comitet asupra planului şi metodei a fost numit în primăvara lui 1874. În toamna aceluiaşi an, potrivit recomandării acestui prim comitet, s-a constituit o comisie de unsprezece eminenţi jurişti, cu judecătorul superior al celei mai înalte curţi imperiale ca preşedinte al ei. În anul 1887 un prim proiect complet a fost prezentat guvernului. În 1888 acesta a fost publicat, cu cinci volume de „motive". O enormă cantitate de critică expertă a apărut în acesta şi în anii următori. Toată această critică a fost atent analizată de experţi guvernamentali. Rezumatul lor a fost aranjat în ordinea secţiunilor codului – proiect şi a fost publicat în 1894. Cu ajutorul acestui rezumat o a doua comisie a revăzut proiectul din 1887 şi un foarte îmbunătăţit al doilea proiect a fost publicat în 1895. După altă revizuire uşoară de către un comitet al Dietei Imperiale, codul a fost adoptat în 1896, şi a intrat în vigoare în 1900.

Ocuparea unei părţi a domeniului juridic de către legea scrisă, constituţională sau statutară, în nici un chip nu sfârşeşte activitatea instanţelor în acel domeniu; nu sfârşeşte chiar puterea lor de a descoperi legi. *Interpretarea juridică* Legislaţia ştiinţifică recunoaşte pe *a legislaţiei* deplin că normele detaliate care sunt necesare pentru a aduce la îndeplinire o politică legislativă trebuie să fie elaborate parţial sau complet de instanţe.

Legislația neștiințifică cere de la instanțe ceva mai mult decât această descoperire subsidiară de legi; ea cere interpretare corectivă. Același lucru este adevărat despre cea mai complet chibzuită și cu grijă redactată lege, când condițiile sociale la care ele trebuie aplicate au suferit serioase schimbări. Potrivit teoriei separării puterilor, instanțele nu trebuie să folosească puterea lor de interpretare cu scopul de a corecta sau amenda legislația; ele trebuie să aplice legea așa cum este scrisă, lăsând legislaturilor sarcina de a o îmbunătăți. Practic, însă, acest curs ar rezulta în atât de mare inconveniență și nedreptate încât ar stârni resentimentul public, nu împotriva legislaturilor ci împotriva instanțelor. Scopul general al legii, s-ar spune, este evident; de ce nu se străduiesc instanțele să realizeze acest scop? Aceasta prin urmare este ceea ce încearcă instanțele să facă. Timp de mai bine de două mii de ani a fost un principiu acceptat ca, în interpretarea legii scrise, să se dea urmare, pe cât posibil, spiritului și intenției legii. Aici din nou posibilitățile descoperirii de legi sub masca interpretării sunt foarte mari. Un distins jurist german, Windscheid, a remarcat că în interpretarea legislației instanțele moderne pot și de obicei „mai reflectează asupra gândului pe care legiuitorul încerca să-l exprime”, dar că juristul roman a mers mai departe și a „imaginat gândul pe care legiuitorul încerca să-l gândească”. Despre acest mai liber mod de interpretare Windscheid ar fi putut găsi exemple moderne. Președintele celei mai înalte curți franceze, M. Ballot-Beaupré, a explicat, cu câțiva ani înainte, că prevederile legislației napoleoniene fuseseră adaptate la condiții moderne printr-o interpretare judiciară în „*le sens évolutif*”. „Noi nu întrebăm”, a spus el, „ce a vrut legiuitorul acum un secol, dar ce ar fi vrut el dacă ar fi știut cum ar fi condițiile noastre prezente”. În țările vorbitoare de limbă engleză acest mai liber mod de interpretare a fost totdeauna aplicat la legea nescrisă sau cutumiară, și este de obicei aplicat la legea scrisă cu un grad de îndrăzneală care este proporționat de foarte aproape cu dificultatea de a asigura amendament formal. Astfel rigiditatea constituției noastre federale a constrâns Curtea Supremă a Statelor Unite să împingă puterea de interpretare la limitele ei cele mai îndepărtate. Acest tribunal nu numai imaginează gândurile pe care Întemeietorii încercau să le gândească acum o sută douăzeci de ani, ci se angajează să determine ce ar fi gândit dacă ar fi putut să prevadă condițiile schimbate și noile probleme din ziua de azi. El a interpretat și reinterpretat constituția în „sensul evolutiv", până ce în unele privințe acel instrument a fost reconstruit.

Fiecare știință clasifică fenomenele de care se ocupă. În jurisprudență clasificarea este în special necesară pentru că, fără clasificare de persoane, de acte și de relații, ar fi evident imposibil să se formuleze orice norme generale. În fazele timpurii ale dezvoltării juridice

Necesitatea clasificării în jurisprudență

clasificarea este grosolană: persoanele sunt fie pe deplin capabile și responsabile fie complet incapabile și iresponsabile; acte prin care poate fi transferată proprietate sau datorie creată sunt limitate ca număr, și astfel de acte sunt valide sau nule după cum anumite forme sunt sau nu sunt rigid urmate. În dreptul timpuriu siguranța este mult mai importantă decât echitatea. În fazele mai târzii de dezvoltare juridică clasificarea devine din ce în ce mai rafinată, și, corespunzător, legea devine din ce în ce mai echitabilă; fiindcă echitate, în ultimă analiză, înseamnă discriminare. Față de acest proces, însă, există limite necesare. În cea mai avansată dezvoltare a ei legea se ocupă în mod necesar cu persoane tipice, acte tipice și relații tipice; căci dacă ar încerca să se ocupe special cu variații din tipul normal ar pierde orice siguranță. Devenind echitate absolută ar înceta să fie lege. Societatea modernă, însă, prevede organe speciale de discriminare, în astfel de instituții, de exemplu, ca puterea de grațiere și juriul. Marele avantaj social al juriului

este că poate înclina legea în cazuri grele fără a crea prece-
dente juridice autoritare.

Fiecare știință, iarăși, analizează fenomenele de care se
ocupă. În jurisprudență fiecare act se rezolvă în elementele
lui interioare și exterioare: crima devine o combinație de
Analiza fenomenelor juridice intenție nelegiuită și comportare ilegală; contractul devine o întâlnire a două voințe corespunzătoare în
declarații corespunzătoare. Fiecare relație juridică este rezol-
vată în puterile sau drepturile ei constitutive; și în ciuda
varietății foarte mari a relațiilor juridice, varietatea titlurilor
legale e văzută a fi limitată.

Concepția titlului legal este astăzi atât de familiară și pare
atât de simplă, încât ne putem cu greu da seama cu ce dificul-
tate a fost obținută. Dar așa cum legea timpurie a fost în
Analiza titlului legal, privat și public întregime reparatorie și orânduirea legală independentă pe care o
sprijineau despăgubirile era numai
încet recunoscută, tot așa titlul legal zăcea de mult ascuns în
spatele noțiunii corelative și esențial etice a dării. Brunner ne
spune că în limbile germanice cuvântul *Recht*, dacă folosit în
sensul de titlu sau de lege, este clar mai tânăr decât celelalte
cuvinte pentru lege; iar Hozumi ne asigură că limba japoneză
nu avea nici o expresie pentru titlul legal până la 1868, când
un cuvânt a fost fabricat de un scriitor japonez care studiase
dreptul european la Leyden. Și numai în propria noastră
epocă s-a perceput clar că titlul legal, înainte privit ca atomul
tuturor relațiilor juridice, este el însuși o combinație a unui
interes definit și a unei puteri limitate și că aceste două
elemente sunt separabile. Aceasta a fost una dintre marile
contribuții ale lui Jhering la jurisprudență. Cuplând această
analiză cu deosebirea netă a lui Burgess între stat și guverna-
re, vedem că nu este în nici un sens inexact, așa cum s-a
afirmat frecvent, de a vorbi despre titluri legale publice.
Desigur puteri limitate nu pot fi atribuite statului, pentru că

statul este legal omnipotent; dar puteri limitate pot fi pro-
priu-zis atribuite oricărui organ de guvernare, şi drepturile
noastre publice sunt de fapt o combinaţie de interese publice
definite cu puteri guvernamentale limitate. Posibilele dezvol-
tări ale acestei linii de gândire în dreptul privat şi în cel
public sunt până acum imperfect realizate.

Sarcina finală a ştiinţei juridice este clasificarea metodică
şi convenabilă a tuturor instituţiilor şi normelor dreptului,
public şi privat, real şi reparator, într-un sistem logic. Dificul-
tăţile acestei probleme sunt foarte mari, din cauza nenumăra-
telor puncte la care fiecare parte a legii atinge orice altă parte.
Interrelaţii atât de complicate încât mintea trebuie să lucreze
într-o a patra dimensiune pentru a le sesiza nu pot fi în mod
satisfăcător expuse de-a lungul singurei linii a unei clasificări
topice.

Am arătat deja că formularea normelor şi principiilor juri-
dice a fost, în general, opera juriştilor practici, oameni anga-
jaţi activ în aplicarea justiţiei. Aceeaşi afirmaţie poate fi
făcută în ceea ce priveşte clasifica-

*Formularea ştiinţei
juridice opera
juriştilor practici*

rea şi analiza juridică, atât în drep-
tul roman cât şi englez. Nu numai a
fost cea mai mare parte a acestei
opere făcută în laboratorul judiciar, în legătură cu discutarea
şi deciderea de cazuri concrete, ci rezultatele obţinute sunt în
mare măsură cuprinse în opinii judiciare. În plus, literatura în
care sunt prezentate aceste rezultate a fost produsă în cea mai
mare parte de jurişti practici. Aproape toţi scriitorii juridici ai
Imperiului Roman erau judecători imperiali (doar câţiva erau
profesori de drept) şi scrierile lor erau substanţial digeste ale
practicii curţii supreme imperiale. În ţările vorbitoare de
limbă engleză literatura juridică a fost mai puţin importantă;
în aceste ţări clasificarea şi analiza legală, ca şi normele
dreptului, sunt de cele mai multe ori a fi căutate în dosarele
proceselor; dar în aceste ţări, ca la Roma, cele mai valoroase
contribuţii în aceste domenii de ştiinţă juridică au fost aduse

de avocați practici, de judecători sau de membri ai baroului. În această privință, iarăși, dezvoltarea europeană continentală, în timpul evului mediu și în vremurile moderne, a fost diferită. Ca urmare a dezvoltării frânate a justiției naționale, s-a recurs la compilațiile lui Justininan; din cauza vechimii acestor compilații, studiul lor s-a concentrat în universități; și din secolul al XI-lea până în prezent aproape toată literatura juridică a fost scrisă de profesori. Acești autori nu erau, într-adevăr, nicidecum străini de aplicarea justiției. Nu numai erau unii dintre ei judecători, ci până comparativ în vremuri recente, facultățile de drept ale universităților erau frecvent chemate să decidă cazuri grele. Relația între literatura juridică și dreptul aplicat era, însă, fundamental diferită de aceea care exista în cea mai productivă perioadă a jurisprudenței romane și există în țările vorbitoare de limbă engleză. Era o relație nu de dependență ci de control. Opera constructivă a autorilor universitari se baza mai ales pe acea parte a literaturii juridice romane care se păstrează în *Codul lui Justinian*. În această literatură aveau la dispoziția lor un bogat și admirabil argumentat corp de jurisprudență. Aplicarea descentralizată a justiției în instanțele seculare nu producea nici o lege bazată pe precedente comparabilă cu cea romană în categorie sau în calitate. Din toate aceste motive, literatura juridică a obținut, și reține încă într-o măsură, o influență directă asupra deciziilor instanțelor europene continentale pe care ea nu a exercitat-o în vechea lume romană până în perioada de decadență juridică în cel de-al patrulea și următoarele secole, și pe care rareori a exercitat-o în țările dreptului englez.

Pe de altă parte, încercări de a prezenta dreptul sau mari părți din drept în tratate sistematice s-au făcut totdeauna sub influențe universitare. Gaius, care a scris *Instituțiile* sale de drept roman în secolul II, și a cărui

Tratate sistematice opera profesorilor de drept

clasificare a fost în general urmată, chiar în țările vorbitoare de limbă engleză, până în secolul al

XIX-lea, pare să fi fost profesor de drept. Cele mai importante opere sistematice produse în Franța înainte de secolul al XIX-lea erau cele ale lui Donellus și Pothier, ambii profesori, deși Pothier era și judecător. Clasificarea modernă germană (*Pandekten-system*), care o înlocuiește pe cea a lui Gaius, a fost dezvoltată în prelegeri universitare; și o serie de autori universitari, de la Savigny și Puchta la Windscheid și Dernburg, au dăruit germanilor cel mai admirabil corp de literatură juridică sistematică ce a fost produs vreodată. În Anglia, încercarea de a prezenta întregul drept în chip sistematic a fost făcută doar o dată înainte de perioada lui Blackstone, anume, de Bracton. Bracton era judecător, dar el a împrumutat întreaga structură a tratatului său de la Azo, un profesor italian de drept. Blackstone era profesor universitar și comentariile lui erau pregătite ca prelegeri. În țara noastră tratatele sistematice ale lui Story și ale lui Kent au crescut din învățământ universitar.

Teoriile filosofice ale dreptului ne solicită atenția numai în măsura în care au influențat puternic sau influențează puternic mișcarea jurisprudenței sau a politicii.

Vița omului, spuneau stoicii, este doar o parte a ordinii universale. Pentru individ și pentru stat există legi naturale eterne și imuabile cu care conduita umană și legile umane

Teoriile filosofice
ale dreptului

trebuie să fie în armonie. În ceea ce privește legea umană, se va observa că această teorie are o asemănare singulară cu doctrina judiciară ortodoxă, potrivit căreia fiecare normă de drept formulată într-o decizie

Teoria legii naturale

judiciară a existat înainte de a fi fost descoperită și enunțată. Teoria legii naturale dă acestei legi eterne, dacă nu o bază obiectivă sau o sursă demonstrabilă, cel puțin un nume. Judecătorii-juriști ai Imperiului Roman acceptau teoria stoică și foloseau numele; și când o nouă regulă a fost necesară pentru deciderea unui caz nou, ei au tras din legea naturală regula ce le-a părut dezirabilă. Biserica medievală a acceptat teoria legii naturale, adăugând explicația că ordinea naturală era pur și simplu o parte a ordinii divine, astfel încât atunci când revelației divine îi lipsea voința divină era perceptibilă ca lege naturală. În Biserica Romano-Catolică la fel ca în Imperiul Roman descoperirea și interpretarea legii naturale erau pe de-a-ntregul în mâinile experților autorizați.

Sporadic perceptibilă în lumea antică este o teorie că legea naturală este ceva mai mult decât un rezervor din care pot fi trase reguli suplimentare când este nevoie, că este o lege superioară, și că legea umană care *„Legea superioară"* nu este în armonie cu legea naturală nu are nici o autoritate. Nici un jurist roman nu a întreținut această teorie esențial anarhică. Ea nu a primit nici o favoare din partea bisericii medievale în ceea ce a privit legea ecleziastică; dar a fost acceptată de către biserică în ceea ce a privit legea seculară. Atare lege era nulă nu numai de vreme ce era contrară voinței revelate a lui Dumnezeu precum interpretată de biserică, ci și de vreme ce era contrară legii naturale precum interpretată de aceeași autoritate. Când în secolul al XVI-lea și următoarele s-a ajuns să se susțină în mod general că nici biserica nici statul nu aveau autoritate exclusivă de a interpreta voința divină sau legea naturală, teoria că legea naturală era superioară legii pozitive și-a dezvoltat toate calitățile ei dinamice latente. Teoriile legii naturale erau folosite pentru a legitima revoluția. *„Este* și trebuie să fie", era formula revoluționară pentru revendicarea fiecărui drept nerecunoscut în prealabil.

Reacția în favoarea autorității constituite a produs atât teoriile pozitiviste cât și istorice ale dreptului, sau cel puțin a dus la mai precisa lor formulare . Teoria *Teoria pozitivistă* pozitivistă, precum formulată de Hobbes, era un   rezultat direct al revoltei engleze împotriva coroanei. Hobbes nu a negat existența legii naturale, ci a afirmat că ea nu era „lege propriu-zisă". Legea naturii, a remarcat el clar, „este devenită dintre toate legile cea mai obscură, şi are aşadar cea mai mare nevoie de interpretare capabilă". Numai suveranul sau judecătorii cărora el le deleagă autoritatea sunt interpreți competenți. Aceasta desigur este teoria care a fost implicită în jurisprudența romană, dar Hobbes a fost primul să o facă explicită.

Teoria istorică era formulată în reacția împotriva Revoluției Franceze. Şcoala istorică şi-a găsit antidotul la teoria legii naturale, nu în voința suveranului, ci în autoritatea trecutului.

Teoria istorică

Potrivit acestei teorii, prezentată în domeniul dreptului public de Burke, formulată ca aplicabilă oricărei legi de către Savigny, legea nu este făcută, ea creşte. Judecătorul care o declară, legislatorul care pare să o facă, sunt simpli interpreți ai simțului național al dreptății; iar aceasta la rândul ei este un produs al întregii existențe istorice a națiunii.

Într-o anumită măsură şcoala istorică de asemenea reprezintă, cel puțin în țările vorbitoare de limbă engleză, o reacție împotriva şcoli pozitiviste; mai puțin într-adevăr împotriva

Şcoala istorică drept reacție împotriva şcolii pozitiviste

teoriilor expuse de Hobbes decât împotriva acelora formulate de aşa-numiții jurişti „analitici". Confundând, aşa cum a făcut chiar Hobbes, statul cu guvernarea şi aflând suveranitate nu în coroană, cum a făcut Hobbes, ci în Parlament, juriştii analitici au fost totdeauna înclinați să privească legislația ca sursa normală de „lege propriu-zisă". Maine şi alți aderenți ai şcolii istorice nu numai au reabilitat legea făcută de judecători, ci au restabilit obiceiul față de vechea (şi poate nemăsurat exaltata) ei demnitate şi importanța.

Dacă este admisibil să se vorbească de o şcoală comparativă de jurisprudență, în sensul în care vorbim de şcoala legii naturale sau de şcoala istorică, poate probabil fi discutat. Se poate susţine că jurisprudenţa comparativă nu a produs nici o teorie distinctă a dreptului. În scrierile lui Jhering, însă, găsim o interesantă şi, cred, tipică reacţie împotriva teoriei istorice precum

Reacţia lui Jhering împotriva şcolii istorice

formulată de Savigny. Fără a nega o clipă că legea este un fenomen istoric, Jhering insistă că nu este pe de-a-ntregul nici chiar îndeosebi un produs naţional. Chiar legea naţională este în general un produs mondial. Istoria dreptului, la fel ca istoria civilizaţiei, este o istorie de împrumuturi şi de asimilări. Mai mult, Jhering neagă vehement că legea creşte şi afirmă că este şi totdeauna a fost făcută. Este un produs de voinţă umană conştientă şi din ce în ce mai determinată. În această ultimă afirmaţie Jhering se apropie de poziţia pozitiviştilor, dar el pune mai puţin accent decât ei pe autoritatea prin care se stabileşte regula subliniind ca esenţial pentru conceptul legii posibilitatea aplicării. Observând afirmaţia unui autor contemporan că un anumit obicei era într-adevăr lege, numai că nu era aplicată, Jhering răspunde: „Am putea de asemenea spune: Acesta este foc, numai că nu arde".

Fiecare dintre aceste teorii reprezintă un adevăr parţial. Multe dintre contradicţii dispar când ne dăm seama că teoreticienii legii naturale şi juriştii istorici sunt mai ales interesaţi în substanţa normelor juridice, juriştii

Împăcând contradicţii aparente

analitici şi ceilalţi pozitivişti în calitatea juridică a normelor.

Studiul istoric al legii nu îşi are originea în şcoala istorică de jurisprudenţă, nici nu au fost legile diferitelor popoare pentru prima oară comparate când şcoala comparativă şi-a reformulat teoriile. Măsura în care

Studiul istoric al legii

legea s-a bizuit întotdeauna pe precedente juridice a făcut întotdeauna necesar ca juristul să privească înapoi; şi el a fost totdeauna gata, dacă nu a putut găsi un precedent juridic satisfăcător în trecutul apropiat, să privească înapoi în măsura în care orice mărturie sau tradiție existentă a făcut privirea retrospectivă posibilă. Folosirea metodei istorice în literatura juridică este și ea foarte veche; și chiar acel tip de istorie care a fost recent descris, în prelegerea netehnică despre istorie, ca „morfogenetică" este distinct vizibil în *Instituțiile lui Gaius*, scrise pentru uzul studenților în anul întâi la drept mai bine de șaptesprezece veacuri înainte. Reînviată de Cujacius în veacul al XVI-lea, inspirată cu un binemeritat simț al propriei ei importanțe de către Savigny în secolul al XIX-lea, istoria morfogenetică a fost la fel de asiduu cultivată de juriști ca și de orice alt corp de oameni de știință. Metoda comparativă este, dacă se poate vorbi de așa ceva, mai veche decât cea istorică. Povestea că, în secolul V înainte de Hristos, când romanii se gândeau să pună propriile lor legi în formă scrisă, au trimis în Grecia pentru o transcriere a legilor lui Solon, poate să nu fie adevărată; dar faptul că povestea a fost crezută la Roma în Imperiul timpuriu este semnificativ. De fapt juriștii romani erau activ angajați în ultimele două secole ale Republicii, în studierea și compararea legilor și obiceiurilor tuturor popoarelor mediteraneene, pentru a stabili un cod comercial uniform – o problemă pe care au rezolvat-o cu asemenea succes încât comerțul lumii a fost guvernat de atunci încoace, în general, de norme pe care le-au formulat atunci. Studiul istoric și comparativ al legii este continuat astăzi pe o scară mai intensivă și cu metode mai științifice decât în orice perioadă precedentă, dar aceste studii sunt lucruri noi doar în spiritul în care ele sunt continuate și în modul în care sunt acum combinate.

Istoria juridică este studiată nu numai pentru elucidarea legislației existente ci în interesul ei propriu. A devenit o parte a istoriei generale, și una dintre cele mai esențiale părți. În istoria politică importanța ei a fost de mult recunoscută; în istoria socială semnificația ei este și acum imperfect apreciată. Pentru multe perioade obscure ale istoriei,

Importanța istoriei juridice

materialul juridic este cel mai complet pe care îl posedăm și cu mult cel mai veridic. Interpretarea materialului juridic cere pregătire specială, dar rezultatele a fi obținute merită osteneala. În decursul timpului istoricul artificial va pricepe că materialul juridic este acela pe care el își poate permite cel mai puțin să-l neglijeze; că fără dreptul proprietății și al contractului, al familiei și al moștenirii, al crimelor și al ofenselor, istoria socială este tot atât de nevertebrată și moale pe cât este istoria politică fără dreptul constituțional.

Studiul juridic comparativ este și el continuat astăzi, nu numai pentru sugestiile practice pe care legislatorul poate să

Studiu juridic comparativ

le obțină din experiența acumulată și clasificată a altor națiuni, ci și de dragul său. El a devenit o ramură a noii științe despre societate și una dintre cele mai viguroase și mai rodnice ramuri.

Nouă și ea – o invenție a timpului nostru – este combinarea metodei istorice cu cea comparativă; și rezultatele în

Studiul istoric comparativ al legii

fiecare domeniu al științei sociale au fost surprinzător de bogate. Studiul comparativ al instituțiilor de început a fost în mod activ continuat în timpul ultimelor două generații, filologi și juriști, antropologi și etnologi, lucrând alături; și nu este prea mult a spune că concepțiile noastre despre începuturile civilizației au fost revoluționate. Activitatea comparativă în fazele mai târzii de dezvoltare juridică promite o recoltă bogată.

Aceste linii de studiu l-au purtat pe jurist departe de sarcinile practice ale interpretării și dezvoltării legislației propriului său timp și propriului său popor; și totuși noi începem să vedem că unele dintre rezultatele obținute sunt de valoare practică. O poziție avantajoasă este câștigată din care legislația existentă a fiecărei națiuni poate fi obiectiv examinată și criticată. Devine din ce în ce mai posibil să se vadă cât de mult din orice sistem juridic existent este mort sau muribund, cât de mult este vital.

Perspectiva rezultând din câteva tipuri de studiu

Devine de asemenea posibil să se vadă în ce privințe legislația fiecărei națiuni este în avans față de alte sisteme, și în ce privințe suferă de dezvoltare întârziată.

Aceste studii, în plus, ne pregătesc să înfruntăm marea problemă a viitorului – aceea a stabilirii ordinii mondiale și asigurarea condițiilor progresului mondial. Chiar la cele mai înaintate națiuni există multe probleme sociale nerezolvate; dar problema mondială se impune din ce în ce mai insistent atenției noastre; nu va fi evitată sau amânată.

Stabilirea ordinii mondiale; asigurarea condițiilor progresului mondial

Problemele ordinii mondiale și progresului mondial nu pot fi rezolvate numai cu morala internațională. În comunitatea internațională, legea presiunii în descreștere a opiniei care se lărgește este evident verificată; influența opiniei mondiale asupra conducătorilor și popoarelor statelor unice este foarte mult mai slabă decât influența opiniei naționale asupra nevoilor și acțiunii de grup; iar triumful moralei universale asupra moralei naționale poate fi asigurat numai prin intermediul dreptului internațional. Rudimentar cum este acest drept, a asigurat deja importante câștiguri. A suprimat comerțul cu sclavi; a forțat deschiderea tuturor ușilor comerțului mondial; a stabilit libertatea mărilor deschise și înguste; a asigurat tuturor oamenilor folosirea liberă a marilor fluvii navigabile ale lumii. Civilizația este dusă în părțile înapoiate ale lumii prin mijlocirea statelor naționale unice, însă dreptul internațional începe să

Dezvoltarea dreptului internațional

definească puterile şi îndatoririle statelor care îşi asumă această misiune.

În ciuda caracterului foarte rafinat al multora dintre normele sale, dreptul internaţional abia dacă a atins până acum stadiul de dezvoltare pe care legea tribală europeană îl atinse-

Dreptul internaţional încă primitiv
se într-o perioadă preistorică; însă dezvoltarea este în progres rapid. În arbitrajul internaţional lumea a făcut primii paşi către judecarea internaţională dar judecători-arbitri nu au pentru moment nici un fel de autoritate mai mare decât le este dată de supunerea voluntară a părţilor. Legislaţia mondială este încă în stadiul contractual de dezvoltare; vine pe lume numai prin acord unanim; un congres internaţional este o dietă poloneză cu *liberum veto*. Convenţiile internaţionale între mari grupuri de state devin, însă, din ce în ce mai numeroase şi importante, iar aceste convenţii ajung din ce în ce mai mult în domeniul relaţiilor comerciale; în afară de dreptul public al naţiunilor un drept privat convenţional al lumii este în curs de construcţie. Forţa socială care este necesară de a transforma dreptul internaţional dintr-un corp de maniere şi înţelegeri, sprijinită numai de simţământ moral, într-un „drept propriu-zis"există în concertul puterilor. Această forţă a fost exercitată, până acum, numai împotriva statelor înapoiate sau slabe; dar fiecare caz în care este exercitată stabileşte un precedent juridic. Toate mijloacele esenţiale de dezvoltare juridică există; ele devin din ce în ce mai active; şi cu greu se poate pune la îndoială că dezvoltarea va fi mai rapidă în următoarele trei generaţii decât în ultimele trei secole.

Într-un stadiu similar în dezvoltarea legii tribale sarcina de a interpreta şi a călăuzi voinţa socială era peste tot în mâinile

Problema unei magistraturi şi a unui barou internaţional
preoţilor; a fost într-o perioadă mai târzie că sarcina a fost transferată descoperitorilor seculari de legi. Lumea de astăzi are multe religii;

ea va asculta numai de juristul secular. A ascultat de el, în mare măsură acceptând ordonanțele și ordinele lui judecăto-rești, din vremea lui Grotius, primul dintre purtătorii de cuvânt juriști ai lumii. În curtea de la Haga ea îl înlocuiește acum pe expertul neoficial selectat în mod natural cu expertul oficial selectat în mod artificial, judecătorul experimentat. În acest nou laborator al dreptului universal magistratura va avea nevoie de sprijinul constant al unui barou internațional experimentat, iar magistratura și baroul vor avea nevoie de tot ajutorul pe care îl pot câștiga din literatura juridică inter-națională. Timp de secole ce vor urma, poate în timpul între-gii existențe viitoare a rasei umane, vor exista ample domenii pentru activitate juridică în cadrul națiunilor unice; totuși marea sarcină a jurisprudenței viitorului va fi să interpreteze voința socială a umanității federate și de a exprima în tot mai precisă și logică formă simțământul universal de dreptate.

II. DREPT ANTIC

În timpul ultimei jumătăți de secol a existat mult studiu despre istoria și evoluția dreptului; mult studiu comparativ despre sistemele primitive și avansate ale dreptului. Două domenii de studiu au fost dezvolta-te. În primul cronologia este fără importanță: dreptul timpuriu al diferitelor națiuni – ca, de exemplu, dreptul timpuriu al romanilor și dreptul timpuriu al teutonilor – este pentru prima oară comparat, și apoi dreptul lor de mai târziu este comparat într-un efort de a descoperi stadiile normale de dezvoltare juridică la națiuni. Dar cu toate că există aceste stadii norma-le de dezvoltare juridică, s-a întâmplat frecvent că o națiune a accelerat creșterea legislației sale împrumutând de la alte națiuni, și prin urmare există o înlesnire de a scrie o istorie universală a dreptului precum și istorii naționale ale dreptului – o istorie, adică, a furnizărilor și împrumuturilor universale. În acest al doilea domeniu de studiu cronologia este de mare

Istoria universală a dreptului

importanță. Este cu această istorie universală a dreptului, această istorie a furnizărilor universale și împrumuturilor universale în dezvoltarea jurisprudenței, că ne ocupăm aici.

În acest scop vom începe cu studiul dreptului antic, folosind acel termen să însemne drept care este vechi din punct de vedere cronologic, în contrast cu *Drept babilonic* dreptul timpuriu, care înseamnă drept primitiv, indiferent cât de vechi sau cât de modern în ceea ce privește cronologia. Dreptul babilonic este cel mai vechi sistem de drept cunoscut nouă. Datează din 3.000 la 2.000 î.Hr. Destul de curios, noi știm mult mai mult despre el decât știm despre dreptul egiptean sau grec, și aceasta din obiceiul babilonic de a păstra mărturii pe tăblițe sau cilindri de argilă – „cărămizile de contract" – care erau arse dacă tranzacția înregistrată era importantă, sau numai uscate la soare dacă tranzacția era de mai mică importanță. Argila păstrează bine și este, într-adevăr, practic perpetuă din cauza uscăciunii climatului în acea parte a Asiei; argila, în plus, este un produs atât de ieftin încât nu exista nici o tentație de a distruge sau refolosi tăblițele, cum s-a întâmplat atât de des cu mărturiile de bronz sau marmură. De aceea avem multe dintre aceste mărturii astăzi. În afară de această masă de material documentar, avem codul lui Hammurabi pe piatră, acum la Luvru și practic în întregime descifrat. Acest cod, cel mai vechi înregistrat, datând, așa cum datează, din aproximativ 2250 î.Hr., răstoarnă în mare parte teoriile precedente de dezvoltare juridică, nu în privința treptelor în dezvoltarea anumitor ramuri de drept cum cunoșteam noi dezvoltarea lor din dreptul european, ci mai curând teoriile în ceea ce privește ordinea dezvoltării diferitelor părți ale dreptului. Există în acest cod instituții juridice, care din analogii europene ne-am aștepta să le găsim la distanță de secole. De exemplu, în legea probatoriului, găsim că atunci când lipsea mărturia scrisă, ei recurgeau la ordalie sau jurământ – moduri de dovadă care sunt la distanță de secole în dezvoltarea juridică europeană. Și ordalia lor cu apă este mai rațională decât ordalia europeană, întrucât concepția babilonică era că apa limpede îl susținea pe cel curat și nevinovat, în timp ce concepția europeană era că apa limpede îl va primi pe cel curat și nevinovat – și adeseori cei nevinovați erau înecați. Dreptul lor al contractelor și dreptul lor al proprietății erau extraordinar de dezvoltate, și aveau drept al familiei parțial redactat. Întreg marele corp de drept comercial pe care îl găsim secole mai târziu în Bazinul Mediteranean, îl putem de asemenea găsi complet dezvoltat aici – dreptul contractelor, dreptul vânzărilor, multele varietăți de asociere, diferitele forme de chezășie, și altele de felul acesta.

Cât de mult din acest drept babilonic a fost trecut în Bazinul Mediteranean? Această întrebare este parte a unei întrebări mai mari, cât de mult din civilizația babilonică a fost transferat într-acolo? Asupra acestei întrebări mai mari experții diferă. Este totdeauna greu să afirmi originea și derivarea instituțiilor. Asemănarea, fără legături intermediare, nu constituie nici o probă: instituțiile ar fi putut să se dezvolte în mod separat. Eu cred că este probabil ca acest mare corp de legislație a fost astfel transferat, dar nu poate fi dovedit. Verigile de legătură erau probabil Fenicia, despre ale cărei legi noi știm doar că ea probabil avea drept comercial foarte dezvoltat, deoarece fenicienii erau un mare popor comercial, și Egipt, unde cunoașterea noastră a legilor este destul de incompletă. Dar, deși nu se poate spune despre eventualitate a fi dovedită, cei mai mulți cercetători cred că multă civilizație și prin urmare multă știință și dezvoltare juridică au fost transferate din Babilonia către țărmurile Mediteranei.

Dreptul fenician și egiptean

Întrucât cunoașterea noastră a dreptului fenician și dreptului egiptean este destul de incompletă, interesul nostru se concentrează, secole mai târziu, în Roma. Căci Grecia nu pare să fi adus nici o contribuție la dreptul universal. Grecii nu au promovat niciodată prea mult drept, întrucât exista prea multă echitate în sistemul lor pentru a da stabilitate legislației lor. Există, cum am subliniat, un conflict etern între comanda individuală pentru dreptate și echitate în fiecare speță și comanda socială pentru stabilitate și siguranță și o regulă fixă pentru toate cazurile. Națiunile care au dezvoltat legislația ca un sistem sunt acelea care au rămas credincioase precedentului juridic pentru a dezvolta siguranța și stabilitate mai degrabă decât aplicarea unei mari cantități de echitate. Romanii, cu dorința lor pentru consistență, siguranță și ordine, erau o astfel de națiune.

Dreptul grec

Dreptul roman timpuriu nu este important din punctul de vedere al dreptului universal, dar este interesant. Pe la 450 î.Hr. găsim cele Douăsprezece Table, arătând o legislație în multe privințe mai primitivă decât codul babilonic. Evident romanii nu aveau nici un comerț pe vremea aceea, ci trăiau prin agricultură și creșterea vitelor. Legile sunt formulate cu o claritate și o conciziune neegalate la acel stadiu de dezvoltare juridică. Ele stipulează într-o formă nemaiîntâlnită drepturile individului de a-și fixa poziția prin propria sa acțiune, adică, dreptul de contract. Legislația este complet seculară, cum nu fusese altundeva înainte. După legenda romană codul a fost scris de plebei, care fuseseră în dezavantaj înainte în lupta lor cu patricienii în aceea că erau supuși legii nescrise. Veracitatea poveștii a fost atacată, dar este substanțial credibilă. Din cauza originii ei populare romanii aderă la ea tot așa cum englezii aderă la Magna Carta, și în Perioada Republicană era dificil să se treacă legi modificând cele Douăsprezece Table.

Dreptul roman: cele douăsprezece table

Totuși înainte de sfârșitul acelei perioade, luase naștere un mare corp de legi, o masă de interpretări, de precedente de jurisprudență, care fuseseră elaborate de experți juridici, juriștii sau jurisconsulții, care erau experți selectați în mod natural, nu selectați oficial. Judecătorii sistemu-

Iudex-ul și jurisconsultul

lui nostru juridic sunt experți ofici-ali, dar la Roma dezbaterile erau audiate în fața unui magistrat, care putea sau nu putea să cunoască legea. Speța era apoi supusă de el unui arbitru, sau iudex sau juriu de unu, pentru decizie. Iudex-ul, la rândul lui, era îndrumat de experți, care pentru primii o sută cincizeci de ani erau preoți, și de atunci încolo un grup secular ales în mod natural, juriștii sau jurisconsulții, care practic controlau dezvol-tarea sistemului roman de justiție. Iudex-ul putea să accepte părerea juristului chiar dacă ea venea la el printr-una din părțile în dispută. Un obicei vechi prevala făcându-l pe jurist să spună că, dacă faptele erau așa și așa, la fel legea ar fi așa și așa. Nu pare să se fi presupus că doi juriști vor apărea unul împotriva altuia. Motivul probabil era că ei nu erau o categorie plătită; uneori primeau daruri însă nu întotdeauna, și tot ceea ce așteptau era sprijin pentru funcție publică, în general o magistratură. Cele două mari căi spre funcția publică erau succes în război și cunoașterea legii. Aceste considerații arată diferența dintre juriștii romani și toți ceilalți.

Dreptul roman a început să fie important când orașul-stat roman a început pe la 250 î.Hr. să-și extindă stăpânirea peste Bazinul Mediteranean. Până în două secole întregul Bazin și Galia fuseseră invadate și cucerite. Romanii trebuiau să admi-nistreze justiție în aceste provincii cucerite. Ei nu au aplicat justiția romană pentru motivul practic că cei cuceriți erau

Expansiunea Romei și aplicarea justiției

adeseori mai dezvoltați economic decât cuceritorii, care nu erau încă un popor comercial. Problema prin-cipală în această perioadă era reglementarea comerțului, și un sistem agricol de justiție în mod sigur nu putea fi aplicat unor astfel de condiții. Acela era motivul de bază, dar în mod con-știent romanii simțeau că legea era inextricabil legată de organizarea civilă – iar pentru ei organizarea civilă însemna

literalmente organizarea urbană. Era de neconceput pentru
romani să guverneze supuşi romani prin legea cetăţenilor
romani. Lucrul firesc să-l fi făcut ar fi fost să aplice legea aşa
cum exista în fiecare provincie. Dar aceste provincii pierduseră
civitas ori statul lor şi, prin acel fapt, legea lor specifică. Aceea
fiind dispărută după părerea romanilor, ei trebuiau să rezolve
problema pe dibuite şi în mod experimental, fiindcă au văzut
că supuşii romani nu erau nici cetăţeni romani nici cetăţeni ai
propriului lor stat. Guvernatorii romani erau, în cele mai multe
cazuri, mari exemplare de spoliere, dar împărţirea lor a justiţiei
era foarte bună, fiindcă în general propriile lor interese nu erau
în joc şi aveau înaltul simţ roman al ordinii şi destoiniciei.

Ce justiţie aplicau ei? De la început guvernatorii păreau să
considere că, la fel ca la Roma, magistraţii nu trebuie să
decidă cazul, ci, ca la Roma, că trebuia să fie lăsat unui
iudex. Dar pe ce urma iudex-ul să dea decizia sa, dacă el nu
putea folosi legea romană? Pentru prima dată magistratul a
început să-l instruiască pe iudex cât despre ce lege trebuia să
fie aplicată, dacă faptele erau con-
Edictum-ul şi formula   statate a fi aşa şi aşa. Aceste in-
strucţiuni erau numite formula, şi
fiecare formulă stabilea o regulă de justiţie. În forma ei
tipică, formula era foarte simplă: „Fie ca X să fie iudex. Dacă
vi se pare că aşa şi aşa este adevărat, fie ca inculpatul să
procedeze aşa şi aşa. Dacă aşa şi aşa nu este adevărat, fie ca
el să procedeze aşa şi aşa". Această dare de acţiuni era repa-
ratorie la suprafaţa ei, dar implica multă justiţie independen-
tă. De fapt, singura justiţie independentă în provincii era
justiţia conţinută în formule. Fiecare acţiune trebuie să fi fost
de probă la început, dar treptat ele au atins formă destul de
permanentă. Pe măsură ce veneau noi guvernatori către
diferitele provincii, a ajuns să fie un obicei pentru ei la înce-
putul termenelor să fixeze în piaţă un edictum sau program
pentru aplicarea justiţiei. Edictumul spunea că în astfel şi
astfel de cazuri, eu, guvernatorul, voi da astfel şi astfel de

judecăţi şi astfel şi astfel de satisfacţii. Apoi erau comisii suplimentare, prezentând cuvintele formulelor astfel încât fiecare om să poată şti despăgubirea sa şi dreptul său. Pe măsură ce se manifestau noi litigii, se inventau noi formule ori se modificau cele vechi. Aparent guvernatorii permiteau legilor locale să conducă atunci când ele priveau numai unitatea locală, dar în legea proprietăţii personale şi legea contractelor exista fireşte un efort depus pentru a păstra uniformă legea întregului imperiu.

Existau mulţi provinciali la Roma, conlucrând cu cetăţeni romani. Ei trebuie să aibă justiţie, dar ei nu puteau, desigur, să fie aduşi în faţa curţii romane. Romanii aveau pretori aleşi anual pentru a prezida dezbaterile. Pe la mijlocul primului secol, au început să aleagă un nou pretor – praetor peregrinus, care prezida dezbaterile în procese între străini sau între străini şi cetăţeni romani. Astfel de procese erau numite inter peregrinos sau inter peregrinum et civem în contrast cu procese inter cives, care erau prezidate de praetor urbanus. Noul praetor peregrinus trebuia să facă legea care urma să guverneze în procese aduse în faţa lui în acelaşi fel cum guvernatorii trebuiseră să facă legea în provincii – prin formulae şi edicta. Procesele în această curte erau îndeosebi comerciale, şi această curte modela legea mai repede decât orice altă instituţie. Fireşte praetor peregrinus a acceptat cea mai bună lege care fusese elaborată în fiecare provincie, ca, de exemplu, legea rodeziană a avariilor generale în probleme maritime. Şi destul de firesc modelul pentru provincii era legea fiind iniţiată din această sursă la Roma. Astfel exista o continuă mişcare tinzând atât spre uniformitate cât şi dezvoltare superioară. Această nouă lege romanii o deosebeau de a lor ius civile drept ius gentium, pentru a indica originea ei – fiindcă era legea lui gentes sau naţiuni (acum noi am transferat termenul pentru a se înţelege drept internaţional) – sau ius honorarium (de la honora,

Ius gentium

funcție) pentru a arăta sancțiunea ei, căci noua lege se bizuia pe funcția lui praetor peregrinus.

Această lege pare să fi fost formată de la 250 î.Hr. la 150 î.Hr. Romanii au început să devină agitați sub ius civile, căci ei puteau să vadă prin efectivă comparație de zi cu zi că justiția pe care o aplicau în folosul străinilor era superioară propriului lor sistem tradițional, o justiție arhaică adaptată la o civilizație agricolă, cu forme vechi intolerabil de complexe și nefolositoare în comparație cu simplele, echitabilele, flexibilele formulae. În ciuda conservatismului lor, romanii nu puteau tolera acest dezavantaj, astfel că s-au repezit la problemă într-un mod caracteristic roman și englez. Au văzut că sub sistemul lor praetorul nu avea nici o șansă să formeze dezbaterile,. Lex Aebutia, pusă în fața poporului de Tribunul Aebutus, prevedea că praetorul putea să renunțe la dezbateri, legis actionis, când credea de cuviință. Ea nu înlătura dezbaterile, ci le făcea facultative pentru praetor. Îi permitea să asculte dezbateri neoficiale când credea de cuviință și îi dădea o posibilitate de a trimite instrucțiuni către iudex. Legea în sine nu conținea nici o procură pentru praetor de a trimite ordine către iudex, deoarece el nu avea nevoie de nici o astfel de autoritate. Praetorul putea să emită ordine către orice cetățean roman și să-l amendeze, dacă nu se supunea. Se întâmpla deseori sub această lege că instrucțiunile trimise către iudex difereau de legea veche, dar întrucât pe iudex nu-l interesa personal problema, el nu va risca o amendă neascultând ordinele. În acest fel formulele au ajuns să fie alăturate la vechea ius civile, și Roma a luat corpul de cod comercial practic in toto. Pe măsură ce praetorul a început să simtă bucuria îmbunătățirii, a început să modifice altă lege, ca, de exemplu, legea testamentelor, legea relațiilor familiale, și așa mai departe. Între 150 î.Hr. și sfârșitul Perioadei Republicane, vechea ius civile era în mare măsură modificată sau înlocuită de justiția prin edict. Aici găsim o strânsă analogie

Influența ei asupra Ius civile

față de cursul dreptului cutumiar și echitate o mie de ani mai târziu.

Pentru a rezuma situația în primul secol î.Hr., exista o justiție pentru toți cetățenii romani – vechea ius civile precum modificată de edicte – și exista o altă justiție pentru supuși și cetățeni romani conlucrând cu ei.

Rezumat de la secolul I î.Hr.

Aceasta este o expunere a situației formale. Dar în realitate exista un cod comercial uniform elaborat atât pentru cetățeni cât și supuși, căci divergențele celor două sisteme erau practic toate în treburi locale. În treburi locale romanii, bineînțeles, aderau la vechiul drept civil precum modificat de edicte, pe când națiunile supuse aveau fiecare justiția propriului său drept precum modificat de guvernatorii romani.

Cu apariția Imperiului, prin schimbări foarte treptate, puterea politică și justiția erau consolidate. (1) Cea mai importantă schimbare era în organizarea tribunalelor. Vechile tribunale fuseseră fiecare finale în propria lui sferă și fără apel. În ultima parte a secolului II d.hr., magistratul care asculta dezbaterile fie la Roma fie în provincii era de obicei numit de împărat și experimentat în drept. În

Dezvoltări în perioada Imperiului

unele dintre tribunalele mai vechi iudex-ul a fost încă păstrat, dar iudex-ul era în general o persoană oficială de tribunal subordonată, participând în ședință cu magistratul. Magistratul asculta dezbaterile și chiar probatoriul, și iudex-ul dădea decizia. Dar exista o tendință, devreme ce magistratul era experimentat în drept, să-l facă pe iudex arbitru, care ducea decizia lui înapoi la magistrat pentru analiză și decizie finală. În noile tribunale magistratul făcea totul, dând decizia atât asupra legii cât și faptelor. În toate tribunalele exista un apel la o curte supremă, o curte nouă pentru Imperiu, la început constând dintr-un Consiliu al Împăratului, și mai târziu, dintr-o curte supremă distinctă compusă din praefectus praetorio, judecătorul superior și asociații săi, ca delegați ai

Împăratului. (2) O altă schimbare a venit în secolul II în edictul lui Caracalla, făcându-i pe toți cetățenii liberi cetățeni romani. Aceasta s-a făcut, nu din dărnicie, ci cu scopul de a impune asupra supușilor impozitul de moștenire de cinci la sută cerut de la toți romanii. Rezultatul tehnic, însă, a fost să nu lase pe nimeni căruia legea străină, ius gentium, îi era aplicabilă, totuși dreptul civil inclusese deja cele mai bune elemente din ius gentium prin edictele lui praetor urbanus. (3) Juriștii independenți erau înlocuiți de alți factori în această perioadă și au dispărut. Ei construiseră în realitate legea străină, deoarece guvernatorii și praetorii nu erau în cele mai multe cazuri juriști și trebuiau să se bizuie pe ajutorul lor în formarea legii. Dar venirea Imperiului le-a luat speranța unei funcții elective, și categoria în mod firesc a căzut și a deviat în altele două: prima, categoria judecătorilor învățați și numiți de împărat; a doua, avocați practicanți, care așteptau onorarii sau recompense. De fapt, Augustus a instituit o curte specială cu scopul de a rezolva disputele asupra onorariilor. Funcțiile mai vechiului jurisconsult au fost astfel împărțite între două categorii distincte. (4) Exista o anumită cantitate de legislație în Imperiul timpuriu, constând din decrete ale Senatului și edicte ale Împăratului. Dreptul praetorian era complet și stagnase, edictul orășenesc fiind în formă finală până la vremea lui Adrian. (5) Dezvoltarea dreptului privat în Imperiul timpuriu a fost în special prin interpretarea legii bazată pe precedente, ca în Republică, dar acum sursa legii bazată pe precedente nu era jurisconsulții, ci judecătorii. Augustus a emis autoritate la anumiți judecători de a interpreta legea în numele său, și astfel răspunsuri neoficiale au fost făcute oficiale. Împăratul a decis mai departe că iudex-ul în fiecare caz trebuia să privească răspunsurile unor astfel de judecători ca definitive, dar în caz de conflict între răspunsurile lor iudex-ul să poată să decidă după cum credea de cuviință. Sistemul a fost dezvoltat mai departe în secolele II și III făcându-i pe judecători singurii juriști recunoscuți. În

Imperiul timpuriu despre judecători se vorbea pur și simplu de parcă erau jurisconsulți. Deciziile lor nu erau publicate oficial, dar își scriau propriile cărți. Cele mai vestite dintre aceste cărți erau cele ale lui Papinianus, Ulpianus și Paulus, care au fost succesiv judecători superiori. Scrierile lor erau practic rezumate ale deciziilor curții supreme și aveau o importanță neacordată scriitorilor obișnuiți. Aceste fapte nici unul dintre istorici nu par să le aducă la lumină în mod clar.

În Imperiul de mai târziu această producție de drept judiciar a încetat. Motivul era că Imperiul devenea mai absolutist și declinul în civilizație era marcat, în plus, de un declin în jurisprudență. Auzim mai mult *A doua perioadă a* despre rescripta ale Împăratului. În *Imperiului* secolul V găsim Împărați spunând în așa numitele lor constituții că spețe trebuie să fie decise potrivit cu legea scrisă și că precedente juridice trebuie să nu aibă importanță. Era o recunoaștere publică a falimentului jurisprudenței romane. Vechile decizii mențineau o autoritate neștirbită, dar cele noi erau ignorate. Astfel în secolele IV și V justiția era privită precum constând în decizii ale marilor juriști și rescriptele Împăraților – ius și leges – ca deosebirea noastră între drept cutumiar (inclusiv echitate) și legislație. Leges au început pe la secolul III, pentru că toată legislația mai veche fusese încorporată în ius.

Primele încercări oficiale la codificare au fost făcute în secolul V. În secolul IV existau compilații private de leges în circulație. Dar în secolul V – 435 d.Hr. – Împăratul Theodosius a publicat *Codex Theodosianus*, în care leges sau legislația imperială a fost sistematic aranjată. În secolul VI – 529-534 d.Hr. – Împăratul Justinian, prin comitete, a produs o mai elaborată codificare a legii. Era în trei opere distincte. (1) *Institutiones*, un mic manual oficial pentru uzul studenților. *Instituțiile lui Gaius* fuseseră o carte populară pentru cercetătorii dreptului în secolul II. Ele au adus opera lui Gaius la zi în folosul studenților, și în formă oficială. Când terminaseră lucrarea, au fost atât de mulțumite de ea încât au făcut-o o parte a sistemului cu putere statutară. (2) *Pandecta* sau *Digesta*, care a luat literatura juridică, în special din secolele II și III, și a redus-o la doi la sută în volum din masa originală. Această a cincizecea parte din masa originală este opera foarte substanțială, astfel putem vedea că literatura juridică timpurie era destul de copioasă. De cele mai multe ori au luat literal extrase, dar acolo unde fuseseră schimbări în lege, au modificat textul. Digestele erau astfel o compilație a legii bazată pe precedente cu oarecare enunț dogmatic al legii independente. Opera este împărțită în cincizeci de cărți, subîmpărțite în titluri, care urmează în principal diviziunile din edictul orășenesc. (3) *Codex* sau *Codex Justinianus*, cum este în general numit, o carte de statute revizuite ale Imperiului. Apoi a venit (4) *Novellae*, legile noi sau de mai târziu ale lui Justinian, care nu a fost niciodată publicată în mod oficial, și care formează o carte aproximativ de mărimea digestului. Este de mică importanță, în afară de problema legii moștenirii. A fost în secolul al XIII-lea că întreaga operă a primit numele prin care este îndeobște cunoscută, *Corpus Iuris Civilis.* Numele nu ar fi putut fi folosit în vremea lui Justinian, întrucât atunci ar fi însemnat drept urban; dar a fost folosit în Evul Mediu pentru a-l deosebi de dreptul canonic. Codul lui Justinian a avut mică influență în Vest la vremea când a fost publicat, fiindcă a fost privit ca drept esențial răsăritean. De fapt, exista puțină jurisprudență în Vest cu excepția Codului lui Theodosius.

În partea de mai târziu a Imperiului au venit anumite schimbări sociale care au prevestit importante evenimente juridice în Evul Mediu. Există unii *Schimbări sociale* care cred că dezvoltarea Evului Mediu ar trebui să fie socotită din vremea lui Diocletian sau Constantin, fiindcă ei văd în aceste perioade anumite lucruri care sunt tipice Evului Mediu, mai degrabă decât de la căderea Imperiului în Vest. Există trei considerente importante care îi conduc la această părere.

(1) Schimbările în posesiunea pământului. Chiar în Republica târzie mici parcele de pământ fuseseră consolidate și construite în mari proprietăți, atât în Italia cât și în provincii.

Posesiunea pământului

În unele părți sistemul plantării de cete de sclavi a fost încercat pe aceste mari proprietăți, dar fără succes. Pământul era mai bine lucrat de arendași cu mici parcele. În consecință arendași-cultivatori de pământ și proprietăți luate în arendă erau binecunoscute în dreptul roman al Republicii; în acea perioadă colonus era virtual un arendaș cu stare liberă de contract. În perioada imperială, însă, în special în secolul IV, starea lui începea să fie schimbată, nu de legislație, ci de forțe economice, pe care legislația imperială mai întâi a încercat să le învingă, dar până la urmă a sfârșit prin a le recunoaște. Dacă colonus fugea, era urmărit până când era prins și făcut să se reîntoarcă: aceasta este bună distanță de la starea liberă de contract. Când s-a constatat că legislația nu putea să modifice această condiție, legislația a fost apoi folosită pentru a-l proteja spunând că el avea un drept să rămână pe pământ, că nu putea fi vândut ca un sclav și că renta lui obișnuită nu putea fi mărită. Legislația a fost astfel silită să recunoască ceea ce mai întâi i se opusese. Din cauza superiorității sistemului colonist mulți sclavi erau ridicați la gradul de colonus, deși în același timp toți colonii erau asupriți în sclavie. Singura diferență între sclavul colonizat și colonus era în privința capitației, pe care proprietarul trebuia să o plătească pentru colonist. Altminteri aveau aceleași poziții juridice și economice.

(2) Immunitas ori Dispensă. Multe proprietăți erau stăpânite de împărat; multe, de asemenea, erau stăpânite de consilii municipale, multe de organizați

Dispensa

lii municipale, multe de organizați bisericești; unele, de mari proprietari de pământ, puternicii sau magnații. În stăpânirea romană timpurie, orașul sau municipium era unitatea, orașul stăpânind țara, întrucât civilizația antică era eminamente o civilizație urbană. Împăratul administrându-și pământurile a socotit bine să le scoată din mâinile municipalităților, și să le încredințeze unui intendent sau vătaf. În acest mod proprietățile erau degrevate de servicii și impozite către municipium local. Cum aceste servicii și taxe datorate orașului din averi erau cunoscute ca munita, faptul de a nu fi nevoie să se plătească astfel de taxe și să se contribuie cu astfel de servicii era cunoscut ca immunitas – un principiu de mare importanță în Evul Mediu. Taxele, desigur, erau plătite împăratului. Puternicele organizații bisericești doreau și ele această scutire de la cârmuirea municipală, și au primit-o. Magnații, având de asemenea mare influență, în general primeau și ei privilegiul, procesul fiind regularizat făcându-i apărători ai păcii. Acest proces a fost de extremă importanță în pregătirea terenului pentru feudalism schimbând controlul resurselor de la guvernarea obișnuită la Împărat și proprietari de pământ.

(3) Poziția Bisericii Creștine în Imperiul Roman de mai târziu și principiul jurisdicției ecleziastice. În cursul primelor trei secole creștinii erau în general în conflict cu legea; când legea a reacționat la rezistența lor, găsim persecuțiile. Religia de stat romană nu era ostilă noilor zei, dar un compromis era imposibil pentru creștini. Ei se închinau în fața unui singur Dumnezeu și numai unui singur Dumnezeu. Erau în conflict cu religia de stat, fiindcă nu puteau tolera straniile jurăminte ale organelor politice și judiciare ale statului. În consecință au alcătuit un grup aparte cât mai mult cu putință, și îl găsim pe Pliniu numindu-i ființe „animate de ura rasei umane". Creștinismul s-a răspândit mai rapid în orașe și mai încet la țară (de unde termenul, păgân sau necredincios). Până la vremea lui Constantin majoritatea locuitorilor de la oraș erau creștini. În lupta ei pentru existență, Biserica dezvoltase o puternică organizare ierarhică de forță extraordinară – episcopii în orașe

cu jurisdicţie asupra ţinutului înconjurător, arhiepiscopii, patriarhii, cinci la număr, cu cel de la Roma începând să aibă supremaţia. Constantin a legalizat religia creştină, mai întâi printr-un edict de toleranţă, şi apoi dăruind clericilor aceleaşi drepturi ca preoţilor Bisericii Romano-Catolice, o biserică întemeiată cu adevărat pe cultul împăraţilor morţi. Sub domnia lui Constantin Biserica a devenit religia de stat şi găsim legislaţie împotriva ereticilor începând de asemenea ca incapacităţi juridice împotriva evreilor şi păgânilor. În Imperiul de mai târziu maşinăria bisericească era parte a sistemului politic însuşi. În provinciile mai mici parohul sau guvernatorul şi episcopul erau persoanele oficiale de căpetenie şi se presupunea că lucrau mână în mână.

A fost în cursul acestei dezvoltări a Bisericii către o poziţie de importanţă în Imperiu că putem urmări creşterea jurisdicţiei ecleziastice. Biserica şi-a asumat de timpuriu o jurisdicţie asupra moralei şi a exercitat această jurisdicţie cu ajutorul confesiunii, un sistem de penitenţe şi posibilitatea excomunicării. În perioada de început a existat o aversiune de înţeles a creştinilor de a intra în tribunale, fiindcă trebuiau să depună jurăminte ciudate şi fiindcă doreau să se ţină departe de lumea păgână. Astfel în mod firesc ei şi-au adus diferendele în faţa episcopului. Aceasta nu era o procedură legală, ci un fel de arbitraj, care, chiar în ochii dreptului roman, ar fi fost definitiv dacă părţile consimţeau la el. Când Biserica a devenit religie de stat, jurisdicţia ei morală generală a devenit cvasi–legală, întrucât, deşi excomunicatul avea încă un statut legal, el putea să aibă necazuri ca fiind un apostat sau eretic. Şi când Imperiul a devenit Creştinat, ei puteau intenta procese în public în faţa Episcopului cu consimţământul părţilor, şi sentinţa va fi legal aplicată. În secolul V un creştin avea alegerea sa a bisericii sau a unui tribunal civil în dispute civile obişnuite şi de regulă alegerea unui reclamant era

Poziţia Bisericii Creştine

obligatorie pentru inculpat; aici găsim jurisdicție legală reală. Și, în sfârșit, în Imperiul târziu instanțele bisericești cereau jurisdicție specială asupra persoanelor clerului în procese penale. Ele nu cereau la început absolvire de pedeapsă pentru crimă, ci susțineau că era o ofensă pentru Biserică să judeci o persoană clericală într-o instanță civilă pe baza unei învinuiri penale. Ele cereau dreptul de a-l judeca pe așa-zisul criminal și, dacă îl găseau vinovat, să-l despopească și apoi să-l dea pe mâna jurisdicției instanțelor civile pentru pedeapsă laică. Cererea lor nu a fost niciodată recunoscută în Imperiu ca obligatorie, dar treptat ea a devenit un precedent juridic. Ori de câte ori instanțele civile intentau un proces clericilor în mod individual, exista o furtună de proteste.

Aceste mari schimbări sociale au pregătit drumul, ca precedente juridice, pentru condițiile speciale din Evul Mediu.

III. DREPT MEDIEVAL ÎN GENERAL

După răsturnarea Imperiului în Vest și stabilirea regatelor germane, până în secolul V romanii au ținut linia Dunării, linia Rinului, și linia de legătură între ele. În decursul acestei perioade nu a existat ostilitate *Invaziile germanice* perpetuă între romani și barbari ci frecvente armistiții, în timpul cărora, negustorii și misionarii creștini își făceau drum printre barbari. Chiar înainte ca germanii să invadeze Italia, ei fuseseră în cea mai mare parte convertiți, deși nu toți la religia ortodoxă, căci în decursul acestei perioade arienii erau mai zeloși misionari decât atanasienii. Din punctul de vedere ortodox, atanasian, arienii erau eretici, și acest fapt a întârziat contopirea raselor timp de un secol sau mai mult până când majoritatea barbarilor a devenit ortodoxă. Mulți dintre germani, de altminteri, după ce fuseseră capturați în luptă au fost colonizați în rezervații. Mulți alții au fost închiriați să lupte în armată. De fapt, forțele agricole și militare ale Romei erau menținute cu sânge german. În secolul V germanii erau generali și miniștri în guvernul roman. Așa erau relațiile obligatorii între cele două rase înainte ca marile invazii din secolul V să înceapă. Germanii apoi s-au ridicat în valuri peste Europa Apuseană – ostrogoții în Italia, vizigoții în Franța și Spania, burgunzii în Galia sud-estică, păgânii angli, saxonii și iuții în Anglia, vandalii în Africa de Nord, cu francii împingându-i pe năvălitori afară din Galia de Nord. Din acest vălmășag de națiuni au apărut regatul franc al Galiei și regatul vizigot al Spaniei, pentru a menționa doar cele mai importante națiuni.

Care era condiția legii la aceste triburi? Legea diferea în fiecare trib, totuși era destul de asemănătoare pentru a ne permite să vorbim despre un sistem de drept german – un sistem care a fost un factor în toată jurisprudența Europei Apusene. Dreptul era un sistem de lege interpretat de tribunale și capabil de modificare prin hotărâre tribală, însă era un sistem mult mai primitiv și mai rudimentar decât orice drept roman timpuriu pe care îl cunoaștem. Era în primul rând obiceiul pământului, transmis în tradiție de un corp ales în mod natural, înțelepții sau dătătorii de legi, care nu aveau nici o autoritate oficială, însă care primeau recunoaștere extra-oficială.

Legea tribală germanică

Organul pentru aplicarea și dezvoltarea dreptului german era curțile. Curtea germană timpurie era o curte populară, compusă din toți oamenii liberi în suta ori trib, după cum e cazul, toți în găteală militară. Dacă exista un rege, el era președinte; dacă nu, unul dintre prinți prezida în trib, sau omul–sută în sută. Dar întrucât până în secolul V toți în afară de saxoni erau monarhici, regele prezida în curtea tribală, contele sau vicontele în curtea sutei. În fiecare curte înțelepții stăteau în fața președintelui, în timp ce oamenii liberi stăteau în picioare. Procedura era grosolană și cuprindea numai

Procedura Curții germanice

acțiuni penale și ofense, cu nici o prevedere pentru executarea contractului sau despăgubirea proprietății exceptând în legătură cu prejudicii. Reclamantul totdeauna venea susținut de prietenii lui și cerea ca pârâtul să fie pus în afara legii în cazul unei învinuiri penale sau ca să fie silit să plătească pedeapsa fixată în cazul unei acțiuni de prejudiciu. Dezbaterile erau extrem de formale și complexe, ca în procedura romană timpurie: o greșeală din partea reclamantului îl arunca afară din instanță, una din partea acuzatului îl arunca afară din apărarea lui obișnuită. Dezbaterile erau prea complexe pentru germanul obișnuit, și astfel s-a născut treptat obiceiul prietenilor știutori ai litigantului de a-i șopti la ureche. Până în secolul V, spre deosebire de obiceiul roman, el avea un purtător de cuvânt (sau vorsprecher, sau Fursprecher) ca să-i rostească apărarea pentru el – nu un avocat apărător, ci un exponent pentru litigant, începuturile unui avocat pledant. Când formulae fuseseră recitate, înțelepții erau chemați să sugereze o sentință sau președintele propunea o sentință sugerată lui de către înțelepți. Adunarea vota asupra acestei propuneri în același fel ca și cum ei legiferau. Dacă aprobau, își izbeau lăncile de scuturi; dacă dezaprobau, murmurau. Acest mod de a proceda era de cele mai multe ori o problemă de formă, din cauza respectului popular pentru înțelepți. Înțelepții rosteau „cuvântul"; adunarea, „cuvântul deplin". Aceste aceleași forme erau în uz la anglo-saxoni chiar după cucerirea normandă, doar că ei numeau judecățile ori sentințele lor, legi, și înțelepții lor, legiuitori sau propunători de sentințe.

Aceste legi sau judecăți nu indicau deciziile, ci doar metoda prin care urma să fie decis procesul: „Dacă pârâtul nu se reabilitează pe sine însuși printr-o astfel și astfel de ordalie, el trebuie proscris (în cazul unui delict penal) ori să plătească compromis, la început, de atâtea vite, și mai târziu de atâția taleri (în caz de un prejudiciu)". O analiză a unei judecăți sau legi arată că ea îi dădea pârâtului (1) povara

Însemnătatea lor

dovezii şi (2) metoda dovezii. Când sentinţa fusese acceptată de adunare, curtea a parcurs problema: urma ca părţile să rezolve diferendul potrivit termenilor sentinţei.

Asemănarea întregii acestei proceduri cu mult mai extrem de dezvoltata procedură romană din vremurile de început este evidentă. Preşedintele semăna cu magistratul. Ambele sisteme aveau dezbateri formale. Ambele aveau judecări care decideau, nu diferendul, cu cum să fie decis acel diferend. Romanii progresaseră dincolo de ordalie, dar ei aveau arbitraj din afară de către un singur om, *Analogie cu* iudex-ul. Germanii decideau dife- *procedura romană* rendul în afara curţii prin jurămin- te,ordalii sau bătălie. Cu singura excepţie a problemei apro- bării populare la germani, cele două sisteme erau strâns analoge.

Rezolvarea diferendului în afara instanţei, potrivit cu ter- menii judecăţii, era primitivă, într-adevăr. Metodele dovezii prevăzute în „cuvântul deplin" de *Metode de judecare;* către adunare erau jurământul, *executare* ajutorul prin jurământ, ordalia şi lupta. Ordaliile − sau, cum ar trebui să spunem mai corect, judecăţile dumnezeieşti, căci termenul ordalie singur însemna numai judecată − erau cu foc, apă, sau luptă. Evident nici un om liber nu trebuia să se supună uneia dintre aceste dureroase ordalii dacă prezumţia împotriva lui nu era foarte puternică, şi ele erau în general rezervate pentru cei care nu erau oameni liberi. Metoda dovezii prescrisă pentru oameni liberi era în general jurământul, ajutorul prin jurământ sau ordalia prin luptă. Un om liber putea să depună propriul său jurământ şi să-l sprijine cu jurămintele a şase, sau doisprezece, dintre prietenii săi că el spunea adevărul − ajutor prin jurământ. Aceşti susţinători prin jurământ erau numiţi martori, dar ei nu erau martori în sensul nostru al cuvântului ca martori ai unei fapte în cauză. Erau martori pentru caracterul acuzatului şi ei jurau că credeau că acuzatul jura adevărul. Valoarea dovedi-

toare a jurământului se baza pe conştiinţa religioasă, căci zeii
ştiau tot, şi ei vor arăta dreptatea fie direct prin fie prin ordalii
– judecăţi dumnezeieşti – sau indirect prin jurăminte. Şi exista
ciudată suprasolicitare la ajutorul prin jurământ. Când ajutorul
prin jurământ era egal de ambele părţi sau când un jurământ
era pus la îndoială, se va revărsa în ordalie prin luptă. Chiar la
franci dovada unui document era făcută punându-l pe un
martor care îl semnase, să ateste sub jurământ adevărul lui,
după care cineva din partea cealaltă îl va împunge cu lancea şi
va spune că este abjurat şi va urma o luptă pentru a stabili
validitatea lui. Toate aceste procedee aveau loc în afara instan-
ţei. Dacă rezultatul jurămintelor sau ordaliei nu era favorabil
acuzatului, el era automat scos în afara legii în cazuri de delict
penal sau obligat să plătească compromis în cazuri de prejudi-
ciu. Executarea punerii în afara legii era neobişnuit de promp-
tă: acuzatul era urmărit de întreaga comunitate cu foc şi tăciu-
ne aprins. Dacă executarea era pentru compromis, reclamantul
şi prietenii lui o executau ei înşişi impunând o dare asupra
inculpatului sau chiar arestându-l, dacă nu putea sau nu aranja.
Dacă forţele reclamantului nu aveau putere de a aplica execu-
tarea sentinţei, apelau la curte pentru punere în afara legii.
Acesta este singurul caz de apel înapoi la curte, cu excepţia
unde acuzatul refuza să aducă dovadă. În acea eventualitate
reclamantul avea cazul său stabilit şi putea proceda să execute
sentinţa el însuşi.

Lucrul uimitor despre dreptul german timpuriu este că
nimeni nu a intrat niciodată în tribunal, numai dacă nu era
slab sau numai dacă dreptatea lui era îndoielnică. Dacă

*Autoajutorare şi
compromis*

delictul era clar şi răufăcătorul era
prins asupra faptului, comunitatea
doar îl urmărea şi îl trimitea în
codri – „mergătorul în codri” – sau, după cum spuneau ei
adeseori, făceau un „lup” din el. Era o cale spontană de
acţiune. Erau aceste anumite fapte care, *ipso facto*, îl puneau
în afara legii pe un om, fapte de nimic, cum le numeau scan-

dinavii de la **nithing**, un om de nimic. Şi oricine putea omorî un **nithing** fără teama sau gândul judecăţii. Aplicarea dreptului criminal nu era astfel transmisă instanţelor, dacă speţa nu era clară sau reclamantul prea slab să aplice pedeapsa. Şi în dreptul privat, de asemenea, un om şi rudele lui aplicau legea, dacă speţa era clară, şi comunitatea accepta acţiunea lor. La francii din secolele VII, VIII şi IX, în toate cazurile de „sânge şi onoare" omul sau rudele lui aveau o alegere a vrajbei, cum era numită autoajutorarea, sau o reparaţie prin instanţă. Împăraţii franci de mai târziu au încercat să lichideze vrajba, dar fără succes. Alegerea părţii vătămate era obligatorie asupra inculpatului. A fost un lung pas înainte să determini rudele să accepte compromis în cazurile „sânge şi onoare". La oameni stăruia sentimentul că a accepta un compromis în astfel de cazuri era o ruşine – atât de mult încât la scandinavi constatăm că înainte ca părţile vătămate să accepte compromis în aceste cazuri ele cereau de la răufăcător un jurământ de egalitate, un jurământ care dacă acelaşi lucru i se întâmpla lui, el de asemenea să accepte compromis. Acest puternic simţ al onoarei personale la germani este cel, care chiar până în ziua de azi este o piatră de încercare în calea arbitrajului internaţional.

Cel mai vechi cuvânt german pentru lege era *ewa*, obicei, cel dintotdeauna, care a fost mereu. Manifestarea lui concretă era judecata, expresia înţelepţilor. *Sitzung*, sau *Gesetz*, însă,

Legislaţie populară:
Gesetz

era un act acceptat de adunare independent de orice diferend – era cea „alcătuită". Trebuia să fie consimţământ universal faţă de orice nouă lege sau orice schimbare în lege, exact ca în Dieta poloneză din secolul al XVIII-lea. Dar presupunerea era că toţi vor vota într-un fel sau altul. În triburile germane timpurii nu exista multă schimbare de lege prin legislaţie. Hotărârile tribale erau în general pe probleme de administraţie sau de politică precum depozitarea hranei în pregătirea pentru război sau alegerea unui rege. Era, de aceea, ca la Roma, nu mult de schimbat legea ci sentințele experților aleși în mod natural în problema juridică, la germani înțelepții, la romani mai extrem de civilizații dar de asemenea în mod natural aleși jurisconsulți; iar ambele dintre aceste categorii decideau nu legea în caz, ci cum se ajungea la decizie.

A existat întotdeauna un alt mijloc pentru legislație în afară de consimțământul general al adunării în hotărâri, și acela a fost în edicte sau interdicții, corespunzând decretelor noastre. Șeful de război avea dreptul să

Edicte sau interdicții emită edicte sau interdicții. Când șeful de război a devenit și conducătorul în pace, acest proces a devenit mai important. De fapt, autorilor mai de început asupra jurisprudenței acest mijloc li s-a părut atot-important, dar era în realitate numai rădăcina secundară a legii. Rădăcina primară a legii era clar deciziile bazate pe obiceiurile oamenilor; următoarea dar mai puțin importantă era legislația prin consimțământ general, cu comanda conducătorului ocupând al treilea loc cu posibilitatea de a se dezvolta într-un corp separat de lege. La germani interdicția era aplicată printr-o amendă la început în vite, mai târziu în bani, dar aceasta era doar puterea conducătorului de a-și aplica interdicția sau edictul, cel puțin în vremuri de pace. Există o strânsă analogie cu obiceiul roman care permitea unui magistrat să amendeze până la o anumită sumă, dar îl obliga să meargă la adunare pentru permisiune de a amenda mai mult decât acea sumă. Dar această analogie, ca și alte analogii pe care le-am văzut, indică nu derivare a obiceiului german de la Roma ci pur și simplu dezvoltare analogă.

Când germanii au ajuns să ocupe teritoriu roman și să guverneze peste supuși romani, ei nu aveau nici o intenție de a renunța la propria lor lege, deoarece în concepția lor acea lege era parte din trib și specifică

Codul lui Teodoric lui, exact cum în concepția romană dreptul civil era specific Urbei.

Problema era, ce lege urma să fie aplicată în cazul că un german și un roman erau în conflict. Theodoric cel Mare în secolul V a vrut ca goții lui în Italia să trăiască potrivit legii romane. El se socotea pe el însuși ca un Caesar și goții lui ca armata romană. A emis o compilație de drept roman ca un edict și l-a făcut obligatoriu atât asupra germanilor cât și romanilor. Regatul său a fost de așa scurtă durată, însă, că ea nu a fost de nici o valoare ca un precedent juridic. Secolul VI a văzut opera lui răsturnată.

Unii dintre regii germani erau atât de mult interesați în supușii lor romani încât ei aveau compilații de drept pregătite pentru uzul lor, similare celei pe care Theodoric o pregătise pentru toți supușii lui. Astfel de *Alte compilații* coduri existau la vizigoți și burgunzi înainte de perioada codului lui Justinian, și din acest motiv ele sunt importante din punct de vedere istoric. Se bazau pe materialul cel mai mult în general folosit în Europa Apuseană, *Codul Theodosian* și astfel de compilații convenabile ca *Instituțiile lui Gaius* și *Sententia* sau *Deciziile lui Paulus*. La vremea când barbarii s-au ridicat în valuri asupra Imperiului, marea masă a jurisprudenței nu era în uz în provinciile apusene din cauza costului cărților și pentru că decadența civilizației a eliminat necesitatea oricărei legi complexe. Nominal compilația vizigotă s-a aplicat numai supușilor romani vizigoți iar vizigoții au fost curând izgoniți din Franța de către franci. Dar noii-veniți și alții și-au însușit-o, și de la sfârșitul secolului VI până la secolul X aceasta a fost singura jurisprudență romană folosită în Apus. Toate citațiile erau față de acest cod, în afară de cele făcute de câțiva preoți învățați care cunoșteau Codul Theodosian și cei foarte puțini care cunoșteau Codul Justinian, iar influența lor nu era mare în treburile practice. Acest cod a fost făcut de unii dintre cei mai buni juriști în Galia Sudică după afirmația Regelui Alaric, și a fost aprobat de un Consiliu de Notabili ținut în Galia Sudică. Era cunoscut în întregul Ev Mediu ca Breviarul lui Alaric, dar în Spania a fost numit Breviarul lui Anianus, fiindcă el era cancelarul regelui Alaric și numele său a apărut pe toate documentele.

Compilațiile timpurii ale dreptului german erau datorate în mare măsură imitării Breviarului lui Alaric și de asemenea posibil faptului că germanii se temeau că obiceiurile lor vor fi corupte de dreptul roman, dacă nu sunt scrise. Până la sfârșitul secolului V au început să le scrie, și, destul de ciudat, în latină, căci runele germane puteau cu greu fi numite o limbă scrisă. Metoda de a culege aceste obiceiuri ale națiunii era ca regele să aibă consultul înțelepților și apoi să spună judecățile lor adunării, care apoi dădea consimțământul ei, în timp ce scribii le notau în latină, nu ca judecăți pentru un singur caz, ci ca judecată pentru toate cazurile similare. Aceasta a fost făcută prima oară de vizigoți în secolul V. Această compilație, acum în Biblioteca Națională din Paris, a fost numită *Codul vizigot* *Vechea Lege a Vizigoților* și de asemenea *Legea lui Eurich*, fiindcă s-a crezut că a fost făcută sub domnia lui. Francii salici, care înaintaseră în Galia, au scris Lex Salica a lor sau Legea Salică, și cum francii salieni reprezentau dinastia francă, legea lor este importantă. Alte triburi au scris legea tribală, dar acestea două erau cele mai importante din punct de vedere istoric. Legea scrisă era în esență crimă și ofensă, mai ales ultima. Legea Salică avea în general legătură cu diferite compromisuri îndeosebi prejudicii. Lipsa de generalizare arată originea legii bazate pe precedente a acestor opere. Cât de mult erau aceste compilații timpurii de drept german influențate de dreptul roman? De dreptul civil, puțin; de dreptul canonic, considerabil, căci toate dintre ele fuseseră de mult convertite, și Biserica influențase obiceiurile lor, îndeosebi în îndepărtarea poligamiei, în insistarea asupra relațiilor de căsătorie permanente desfăcute numai de moarte şi în încurajarea folosirii documentelor şi testamentelor, în special pentru binele sufletelor lor.

Cele două mai importante state germane timpurii din punct de vedere istoric erau vizigoţii şi francii. Dezvoltarea vizigotă era mai scurtă, dar a exercitat mare influenţă asupra dreptului spaniol, care de atunci a fost răspândit asupra unei mari părţi a lumii. Istoria juridică spaniolă începe cu codul vizigot. Vizigoţii au fost izgoniţi din Galia în secolul VI de către franci, dar au stăpânit în Spania timp de două secole până ce au fost măturaţi de mauri. După ce au abjurat arianismul lor, clerul a devenit mai proeminent ca niciodată, chiar întrecându-i în număr pe magnaţii seculari în Consiliu, care ajunsese să ia locul adunării populare întrucât nici un fel de legi nu puteau fi trecute fără consimţământul lui. Multă legislaţie a fost legiferată de acest Consiliu. Pe la secolul VII, *Breviarul lui Alaric* sau al lui *Anianus* cum l-au numit, nu mai era în vigoare, şi o nouă compilaţie, obligatorie în acelaşi mod asupra romanilor şi a goţilor, a fost trecută. Era aparent o victorie pentru dreptul gotic, dar în realitate era mult drept roman încorporat în ea. Au urmat câteva compilaţii până ce arabii au măturat peninsula. În ultimele compilaţii existau împărţiri în capitole şi titluri, ca în *Codul Theodosian* după care era modelată. Multă cutumă a rămas, desigur, dar exista o mare parte de drept roman şi o parte şi mai mare a masei dreptului canonic s-a amalgamat în cod. Odată cu venirea maurilor, creştinismul în Spania a fost curând limitat la câteva regate mici în nord, însă din secolul VIII până în al XVI-lea valul de recucerire creştină s-a rostogolit încet înapoi asupra Spaniei. Întrucât acest val s-a rostogolit de-a lungul câtorva secole, aceste mici regate au luat un caracter feudal, şi până la urmă s-au unit în două regate de Aragon şi Castilia – cu Portugalia separată —şi în sfârşit aceste două regate au devenit unite sub Ferdinand şi Isabella. Însă chiar în condiţii feudale Dreptul vizigot era privit ca un drept subsidiar, în special în Castilia, care, prin Isabella, a exercitat cea mai mare influență asupra coloniilor spaniole. Din punctul de vedere spaniol, așadar, Dreptul vizigot este prima sursă a dreptului național.

Imperiul francilor este chiar mai important decât regatul vizigot în istoria dezvoltării juridice, căci pentru majoritatea Europei Apusene francii au adus civilizația și împreună cu ea dezvoltarea juridică. Exceptând în

Imperiul francilor ceea ce privește Spania și Anglia, istoria juridică europeană modernă începe cu adevărat în regatul francilor. Instituțiile lor au fost baza sistemelor juridice din Europa continentală și, venind prin Normandia, ele au fost de mare importanță și în Anglia. Influența francilor se datorează marii suprafețe a teritoriului lor și marii durate a stăpânirii lor. În secolul V au intrat în Galia de Nord, în secolul VI i-au alungat pe vizigoți și au anexat Burgundia, apoi au luat cu ei triburile din Italia de Nord și Centrală, învingându-i pe lombarzi, și în sfârșit au cucerit toate triburile germane, în afară de cele ocupând Britania. În cea mai mare întindere a lui regatul cuprindea întreaga Europă Continentală Apuseană cu excepția Spaniei la sud (și chiar acolo includea Catalonia) și mergea spre est până la triburile hunice. Includea ceea ce este acum Franța, Țările de Jos, Elveția, Italia de Nord și Centrală, Austria Apuseană, Germania Apuseană. Spania la sud; slavii, hunii și Imperiul de Răsărit la răsărit; scanzii la nord; și marea la Apus erau granițele acestui puternic imperiu.

Motivele pentru marea importanță a Imperiului în dezvoltarea juridică europeană, precum și în alte domenii, nu sunt departe de căutat:

Importanța Imperiului în dezvoltarea juridică europeană
(1) Din punctul de vedere al creștinismului, Imperiul îi cuprindea pe toți creștinii recunoscând supremația Episcopului de la Roma cu excepția englezilor și spaniolilor. Acest fapt a dus la importante relații, în general de colaborare cordială, între

Biserică şi Imperiu. Aceasta era în special adevărat despre carolingienii de mai târziu, care datorau succesul uzurpării lor pentru sancţionarea puterii lor *Creştinismul* de către Episcopul de la Roma. În afară de înclinarea dinastică spre Roma, interesele lor erau strâns unite în sarcina comună de a lărgi tărâmul Creştinătăţii, în timp ce Biserica a socotit spre avantajul ei să-şi pună înrâurirea şi înţelepciunea în spatele Imperiului, Astfel a fost că în acele zile un excomunicat a devenit un proscris, un proscris un excomunicat. În acest fel s-a dezvoltat teoria relaţiei Bisericii şi Statului care a durat de-a lungul Evului mediu şi chiar are oarecare forţă astăzi.

Feudalism (2) Întregul sistem de feudalism s-a dezvoltat în Imperiul Franc, însă despre aceasta, mai mult mai târziu în următorul capitol.

(3) Acolo, de asemenea, s-a dezvoltat teoria Contradicţiei între legi. Imperiul Franc a început cu vechile legi tribale germane, fiecare trib de franci trăind cu propriile lui legi. *Contradicţie între legi* Înainte de stabilirea Imperiului toate micile state germane acţionaseră pe teoria că romanii cuceriţi trebuie să aibă propria lor lege, exceptând acolo unde exista un conflict între german şi roman, în care caz dreptul tribal german era de preferat. Dar francii aveau problemele de a avea de-a face atât cu dreptul roman cât şi cu multe feluri de drept german. De aceea trebuiau să elaboreze teorii privitor la care drept tribal să recurgă în diferite cazuri, şi făcând aceasta ei fireşte puneau dreptul roman pe acelaşi plan ca diferitele genuri de drept tribal german. Cu alte cuvinte, oamenii trăind sub drept roman erau puşi pe o bază egală cu alţi oameni. A fost din această problemă de care lege să aplice că noi avem începuturile marilor doctrine ale Contradicţiei între Legi. Vechea concepţie a dreptului era tribală şi naţională. Noi concepem dreptul, nu ca tribal, ci ca teritori-

al, însă chiar găsim că dreptul străin trebuie să fie deseori aplicat în cadrul propriului nostru teritoriu în interesul justiției. Ceea ce încercau francii să elaboreze era dreptul tribal propriu-zis să se aplice fiecărei persoane în fiecare caz, și efortul lor ne-a dat rădăcinile doctrinelor moderne ale Contradicției între Legi. Potrivit teoriei lor, fiecare sistem de drept urma să rămână separat și independent, și nu putea să fie schimbat fără consimțământul acelui trib. Totuși, într-o manieră destul de neobișnuită erau propuse propuneri oamenilor de către rege, și apoi votate de ei. Și, în sfârșit, când regele a devenit foarte puternic, el își permitea să neglijeze de a recurge la oameni și să facă legea pe propria lui autorizație – adică, lege regală.

(4) Din ce în ce mai mult a existat o dezvoltare a dreptului regal ca deosebit de dreptul tribal. Izvoarele lui, la fel ca ale altui drept, erau duble: (a) Legislație în forma decretelor, sprijinite de amenzi. Regele putea *Dezvoltarea dreptului* delega puterea de a aplica ordinele *regal* sale conților și altor demnitari și să-i autorizeze să emită interdicții aplicate prin amenzi mai mici. Astfel a apărut un sistem de drept cu decrete care deseori a nesocotit dreptul tribal atât în problemele dreptului administrativ cât și privat, în special în domeniul reparațiilor și procedurii. (b) În plus, dreptul regal era extins de instanțele regale ca deosebite de instanțele populare. Regele putea să țină propria lui instanță, oriunde era, cu jurisdicție paralelă cu instanțele locale, și el avea o mână mult mai liberă în aplicarea satisfacțiilor. Instanța care călătorea cu el semăna cu instanțele locale cu înțelepți, dar ei dădeau deciziile lor cu mână mai liberă pentru că știau că nu aveau lege tribală de urmat. Ei dădeau deciziile lor *secundem equitatem*, sau, cum era numită în Anglia, justiție „domolită". În general judecata nu era ținută de regele însuși ci de conți ai palatului. Erau îngăduite să fie aduse cazuri din toate părțile țării, și deciziile se bazau mai mult pe echitate decât cele ale instanțelor loca-

le. Întrucât această instanță a crescut în grația populară, se năștea un drept cutumiar special.

(5) Un alt pas important este văzut sub domnia lui Carol cel Mare. Carol a împărțit imperiul în subdiviziuni administrative, și în fiecare subdiviziune fiecare an trimitea în circuit doi emisari, primul un mirean, *Emisarii* celălalt un cleric, și ei organizau instanțe regale semănând cu instanța regelui și acționau cu aceeași libertate. Reformele lui Henric al II-lea în Anglia erau analoge acestei practici. Dacă Imperiul Franc și-ar fi păstrat coeziunea, i s-ar fi dat probabil Europei un drept cutumiar similar cu acela în Anglia, dar Imperiul s-a sfărâmat în bucăți în secolul IX (843, Tratatul de la Verdun; reunit, 887; dizolvat, 888). De-aci încolo nu era nici un imperiu, ci începuturile de state naționale.

(6) Printre schimbările în procedură realizate de instanțele regale exista o alta care era importantă în dezvoltarea juridică normandă și engleză. În instanțele locale timpurii exista numai jurământ sau ordalie ca o *Ancheta ca un juriu* metodă de dovadă, dar nu luarea de *civil* mărturie. Dezvoltarea treptată a anchetei este mai întâi urmărită în rezolvarea în instanțele regelui de diferende asupra pământurilor regelui. Multe astfel de probleme s-ar ridica firește într-o țară feudală. Urmând obiceiul roman, chiar în timpurile merovingiene, regele va trimite un emisar în țară să decidă problema, nu în instanțele locale, ci pentru el însuși. Aceasta el o făcea printr-o anchetă. Ce este o anchetă? Determinarea oamenilor din vecinătate, oameni respectabili, îndeosebi cei în vârstă de peste patruzeci și cinci de ani, să se jure, și chemându-i ca jurați sau ca jurata (considerați ca un tot) să spună adevărul în problemă, să dea un verdictum sau declarație de adevăr. Ei nu decideau nimic, dar ei ofereau o nouă metodă de dovadă, destul de diferită de ordalie sau jurământ. Exista o credință că tot pământul pe care îl împărțea regele păstra dreptul regelui. De aceea oame-

nii, văzând avantajele anchetei, au început să o pretindă ca pe un drept. Ancheta nu era mult folosită în instanțele locale, astfel oamenii au început să prefere instanțele regale. Alți proprietari de pământ ecleziastici și seculari au apelat pentru privilegiul anchetei, și până la sfârșitul Imperiului Franc majoritatea împărăției îl avea prin cesiune specială, deși nu prin lege generală. Aceasta este rădăcina juriului civil. La începutul instituției el nu a fost legat de instanțele populare. Era o măsură regală de a obține mărturie, și singurele probleme în care astfel de mărturie valora ceva erau probleme de statut legal sau drept la pământ. Asupra tuturor celorlalte probleme opinia vecinătății nu valora nimic.

(7) Carol a făcut un nou uz de anchetă. I-a instruit pe emisarii lui să întrebe dacă se comiseseră unele crime care continuau să fie nepedepsite, și această cercetare urmau să o facă prin anchetă. Pe baza deciziei vecinătății, emisarii urmau să inițieze proceduri penale: amintiți-vă că înainte de această perioadă nu existau urmăriri judiciare publice. Dar odată ce procedurile erau începute, jurământul și ordalia erau încă metodele dovezii. Încă nu exista asemenea lucru ca judecarea unei crime prin anchetă, doar incriminare prin anchetă.

Anchetă privitor la crime nepedepsite

Astfel două funcții ale juriului modern pot fi găsite încă de la franci: (1) determinările întrebărilor de fapt privitor la statutul legal și dreptul la pământ; (2) determinarea posibilității crimei nepedepsite. Dar aceasta era în măsura în care francii reușeau să realizeze dezvoltarea sistemului cu jurați.

Ce mărturii scrise despre Dreptul franc sunt acum existente? (1) Am văzut că compilațiile brute ale vechii cutume a francilor salici și vizigoților în secolul V au fost curând urmate de compilații similare de către burgunzi și un secol mai târziu de longobarzi. Aceste două compilații de mai târziu au devenit parte a dreptului regatului

Mărturii scrise ale dreptului franc

franc, aşa cum au făcut legile altor naţiuni scrise de scribii germani la instigaţia lui Carol. Aceste colecţii erau cunoscute în Evul Mediu ca *Leges Barbarorae*. În fiecare secol găsim copişti adăugând noi înţelepciuni şi legislaţie suplimentară într-un mod neoficial. În acest fel putem să urmărim dezvoltarea dreptului medieval de la secol la secol. Este lege simplă şi în special se ocupă de prejudicii. (2) Am văzut că începea să se dezvolte un drept regal bazat pe puterea decretului, puterea ordinului. În partea de mai târziu a Imperiului găsim că aceste decrete erau supuse unei adunări anuale a bisericii şi magnaţilor mireni. Această adunare nu era legislativă (deşi urma în acest fel să se dezvolte) ci numai dădea sancţiunea ei morală. Un edict regal era cunoscut ca un capitular, şi multe dintre ele ni s-au transmis din generaţie în generaţie. În regatele de mai târziu erau capitulare diferite ecleziastice şi seculare şi capitulare pentru emisari, fiind ordine de la rege către acei oficiali.

Este clar că unele dintre aceste inovaţii juridice ale lui Carol cel Mare erau prea mult în avans faţă de oameni şi de aceea erau teribil de nepopulare, în special trimiterea emisarilor. Sub domnia lui Ludovic cel Pios găsim *Influenţa dreptului franc* petiţii ca oamenii să nu fie vexaţi cu ancheta. Odată cu prăbuşirea Imperiului în secolul IX, aceste inovaţii au căzut în majoritatea ţărilor. S-au păstrat cel mai bine în Normandia în ciuda faptului invaziei scandinave, căci regii vikingi ai Normandiei, deşi erau aspri, au înţeles valoarea acestor instituţii pentru poziţia lor. Ancheta în probleme de proprietate a fost continuată după cucerirea Angliei, dar în alte părţi ale Europei instituţiile carolingiene erau destul de părăsite, în special în Germania şi Ţările de Jos, unde oamenii s-au retras spre dreptul tribal şi vrajbă.

După prăbuşirea Imperiului, s-au dezvoltat patru sisteme de drept care pot fi corect numite europene: (1) Dreptul Feudal era practic european pentru că feudalismul a cuprins întreaga Europă în Evul Mediu şi s-a menţinut într-o anumită măsură până în prezent. (2) Dreptul Canonic, spre deosebire de Dreptul Feudal, într-adevăr avea o sursă comună și o organizare *Patru sisteme de drept european* centrală din cauza sistemului ierarhic al instanțelor bisericești cu apeluri progresive mergând în final la Roma. (3) Apoi după căderea Imperiului, odată cu dezvoltarea orașelor, s-a dezvoltat treptat un drept comercial sau Legea Comercială, care, la fel ca dreptul feudal, nu avea sursă comună, dar care, din cauza legăturii generale a întregii Europe, era practic același pretutindeni. (4) Pentru dreptul cutumiar nu era nimic lăsat cu excepția domeniului neacoperit de sistemele precedente. Dezvoltarea acestui drept cutumiar sau obicei al pământului era complet locală. În Evul Mediu nu exista nici un sistem de drept național: Europa era guvernată de trei sisteme de drept și multe obiceiuri locale. Această stare de lucruri a fost aceea care a condus, odată cu dezvoltarea națiunilor, la al patrulea sistem de drept european, asimilarea dreptului roman, care era cu adevărat modernizarea vechiului drept. Aceste patru mari sisteme se nășteau, în parte, în mod simultan. Ele toate au avut influența lor asupra dreptului englez și trebuie să le înțelegem din acest motiv.

IV. FEUDALISM ȘI DREPT FEUDAL

Feudalismul, când s-a dezvoltat complet, a echivalat cu (1) un sistem de guvernare, și deci de drept, (2) un sistem al societății – o orânduire socială și (3) un sistem al posesiunii de pământ, toate în interdependen- *Natura feudalismului* ță. Tot terenul era în teorie deținut de la și sub autoritatea regelui, dar numai câțiva oameni îl dețineau de la el direct – arendașii-șefi. Mult mai mulți nobili de la acești vasali principali, și așa mai departe o scară progresivă până ce venim la omul care administrează o considerabilă parcelă de pământ. El este fie un cavaler deținând pământul său ca urmare a serviciului militar față de stăpânul de la care îl deține, fie un cleric sau o corporație bisericească deținând pământ ca urmare a serviciilor religioase – rugăciuni și altele de felul acesta – fie, dacă el sau ea dețin mult pământ, ca urmare atât a serviciului religios cât și militar, în special, în acele zile marțiale, acesta din urmă. Persoana deținând astfel de pământ datora serviciul ei nu regelui direct, ci omului de la care deținea direct pământ, și așa mai departe până la rege. În mod obișnuit pe Continent regele nu putea să facă apel la cavaleri direct, ci numai indirect prin vasalii principali, ei la vasalii lor imediați, și așa mai departe până ce se ajungea la cavaleri și clerici. Acest sistem a fost numit posesiunile superioare, în contrast cu posesiunile obișnuite, care se refereau la sistemul prin care pământul era deținut de șerbi de la oamenii ce se luptau și se rugau. Șerbii difereau mult în starea lor în întreaga Europă, dar încă exista mult în comun. Pământul șerbului în general trecea la copiii lui sau la unul dintre ei. Pământul îl plătea lucrând parte din timpul său pe pământul stăpânului, și dându-i stăpânului parte din produsul propriului său pământ. În general nu putea fi alungat, nici nu putea fi slobozit. Astfel posesiunile superioare și obișnuite dezvăluie un sistem de deținere a pământului, o orânduire socială (în general militară) și un sistem de guvernare.

Forțe lucrau spre feudalism atât în Imperiul roman cât și la triburile germane. În Imperiul roman târziu cei mai mulți dintre oameni erau cu adevărat șerbi, colonizați pe pământ,

Tendința către feudalism plătind impozite și făcând serviciu proprietarilor de pământ. Acest sistem germanii l-au găsit în provincie la vremea invaziei lor, și s-au adaptat la el. O mare parte a pământului au luat-o de la posesori pentru germanii luptători; regele și-a însușit pământurile fiscale; pământurile bisericești au fost lăsate neatinse. Cuceritorilor germani nu le păsau de viața urbană, ci preferau să trăiască la țară. De aceea orașele au fost lăsate în mare măsură în voie, plătind, însă, impozite nobilului care le deținea sau intendentului regelui.

În triburile băştinaşe germane exista o mult mai simplă organizare a societăţii. Existau nobili, oameni liberi, oameni liberi pe jumătate şi robi, însă majoritatea erau oameni liberi. Pluralitatea soţiilor permisă nobililor era o distincţie economică mai degrabă decât o diferenţiere juridică a lor de oamenii liberi ca în toate ţările îngăduind poligamia. Conform atât lui Caesar cât şi Tacit ei nu cunoşteau prea mult despre proprietatea privată în secolul I. În vechea lege salică doar moştenirea directă către un fiu este îngăduită în privinţa pământului arabil. În vremurile de mai târziu, moştenirea colaterală bărbătească era permisă, şi atunci inegalităţile de avere au început să se arate mai proeminent. O altă sursă de inegalitate a averii era defrişarea terenului păduros, un privilegiu în teorie deschis tuturor la plata către rege a unei mici taxe, dar în realitate deschis numai acelora care puteau controla munca. Pe măsură ce s-a dezvoltat civilizaţia, de altminteri, oamenii au crezut despre toate pământurile neocupate ca aparţinând regelui, şi el a început să acorde mari suprafeţe pentru a fi defrişate la o vreme viitoare, şi aceasta de asemeni a promovat inegalitate de avere. Omul liber pe jumătate, lete sau lite, din vremea lui Tacit se credea a reprezenta o rasă cucerită de origine celtică, ce trăise pe pământ înainte de venirea germanilor, şi se presupune că lucrau în serviciul grupurilor cu legături de rudenie. Datorită acestor cauze producând inegalitate de avere numărul oamenilor liberi pe jumătate a crescut din secolul VI până în secolul IX şi numărul oamenilor liberi de rând a scăzut: societatea a început să se apropie de starea societăţii romane la vremea invadării germane a Galiei.

Am observat tendinţele către inegalitatea averii atât ca o moştenire de la Roma cât şi ca o evoluţie naturală la germanii înşişi. Acum rămâne de descoperit *Dezvoltarea posesiunilor obişnuite* câţi oameni au fost constataţi să lucreze aceste mari parcele. Numărul robilor era mic şi proviziile insuficiente, şi deci majoritatea proprietăților funciare trebuiau să fie lucrate pe baza planului micilor gospodării. De unde veneau acești arendași liberi care lucrau micile parcele? (1) Din cele mai vechi timpuri fusese un obicei ca orice om liber care avea nevoie de protecție, să se pună el însuși sub protecția unui alt om liber și să devină paznicul familiei sale. În perioada timpurie omul fără rude sau „sălbatic" era în mare dezavantaj într-o țară unde dreptatea era împărțită pe bază de familie cum era la germani. Era destul de natural ca un astfel de om să se pună el însuși sub protecția vreunui alt om liber, întrucât în nici un fel nu își pierdea poziția ca un om liber. Și era doar natural pe măsură ce inegalități în deținerea de pământ sporeau că magnații, marii proprietari de pământ, erau oamenii ce erau căutați ca protectori. Și era perfect natural, de asemenea, ca magnații să-și stabilească vasalii potrivit suprafeței de pământ. (2) De altfel, prin împărțirea unei proprietăți la numeroși moștenitori, ar putea să nu fie lăsat un mijloc de trai pentru fiecare cu familia sa, și magnatul le-ar transfera oamenilor puțin pământ ca acest mai mult să-l lucreze ei cedându-i pământul lor. Următoarea generație va fi fără pământ, și ei, de asemenea, vor trebui să vină la magnat pentru pământ să-l lucreze. (3) Pe măsură ce Evul Mediu se apropia, micul proprietar de pământ nu avea timpul să se dedice îndatoririlor sale militare și judiciare și încă să aibă cu ce trăi din gospodăria lui. Magnatul, pe de altă parte, era liber pentru astfel de lucruri. Carol cel Mare încercase să remedieze această inegalitate prevăzând că toți oamenii având mai puțin de trei huferi* (aceea era cantitatea de pământ cerută pentru traiul mediu) urmau să fie scutiți de a merge la război – ei puteau combina până când posesiunile lor totalizau trei huferi și apoi să trimită pe unul din numărul lor la război, ceilalți lucrându-i pământul pentru el în timpul absenței lui. Dar până ce a fost întreprinsă această acțiune mulți fuseseră

---

* Pogoane – lb. germană. (n.t.)

siliți să renunțe la lupta lor pentru independență individuală și deveniseră arendași. (4) În plus, amenzi și compromisuri erau greu de plătit – amenda pentru omucidere fiind echivalentă cu un hufer – și mulți erau astfel siliți să renunțe la poziția lor liberă. Apoi jumătate din compromis era plătită de rudele unui om, și o singură amendă va face adesea necesar ca mult mai mulți decât singura persoană direct implicată să devină arendași. (5) Opoziția marilor proprietari de pământ față de conții regelui a accelerat procesul. Ei susțineau că conții aspirau nu la dreptate ci la sporirea propriilor lor averi. Emisarii lui Ludovic cel Pios îi raportau că conții jefuiau mari cantități din proprietatea lor. Această opoziție față de conți și curțile lor a fost aceea care a dus la răspândirea dispensei de la Imperiul Roman în întreaga Europă Apuseană. Întrucât dispensa fusese găsită în Imperiul Roman ea a fost acceptată de către germani împreună cu multe alte instituții romane. Dispensă însemna că jurisdicția locală nu era sub jurisdicția instanțelor regelui (căci regele moștenise locul consiliilor municipale) ci sub jurisdicția vreunui magnat, sau bisericii, sau a regelui însuși ca o persoană privată prin intendentul său. Dispensa, analizată din punctul de vedere personal, înseamnă o persoană sau corporație între individ și stat, și vechiul obicei al unui om puternic protejând pe cel slab a ajutat de-a lungul procesului dispensei. Omul liber, legal independent dar în realitate legat, avea încă un drept să meargă în instanță, dar a devenit un obicei, destul de firesc, dacă se intenta proces împotriva lui, ca el să fie intentat mai întâi protectorului său pentru rezolvare, și dacă el trebuia să intenteze un proces în instanță, a devenit un obicei ca el să-l ia împreună pe administratorul stăpânului pentru a-l ajuta. Aceste obiceiuri au tins să dezvolte curtea seniorială de-a lungul liniilor unei mici jurisdicții în Imperiu. Procesul, desigur, nu a fost completat sub împărații franci deoarece încercau să protejeze pe micii proprietari de pământ, dar la prăbușirea Imperiului această forță restrictivă a dispărut. Astfel s-a întâmplat că mulțimile aveau fiecare asupra lor un senior, cum îl denumea textul Legii Salice. Ele nu erau încă legate de pământ dar lucrau pe bază de termeni contractuali. Erau economic dependente dar juridic independente.

Într-un fel sau altul titlul la pământ pare să fi venit de la rege. Donațiile timpurii erau date în baza unei înțelegeri tacite că dacă donatarul nu se purta frumos, ele erau returnate donatorului. Și sub această nedefinită lege tribală germană buna purtare includea serviciul militar. Apoi, de asemenea, multe dintre aceste donații de pământ erau făcute însoțitorilor și servitorilor imediați ai regelui; aici găsim latura superioară a ideii de protecție și îndatorire a unui vasal, în contrast cu posesiunile obișnuite. Fiecare rege și prinț avea comitatus-ul său, dar aici persoanele protejate nu erau cei fără de pământ și cei fără rude ci nobili și oameni înstăriți și în special fiii lor, care veneau la curte pentru pregătire și serviciu militar. Curtea era îndată o școală de cadeți și o permanentă gardă de onoare. Acești comites locuiau cu demnitarii într-un mod destul de simplu în vremurile de început, întrucât citim într-un loc că comites se roagă de prințul lor să-i facă rost de o soție astfel încât hainele lor să poată fi reparate. Din această relație au crescut relativele idei de protecție și loialitate. Însoțitorul era ades trimis afară de la curte să dețină pământul și să îndrume lucratul lui pentru rege sau stăpân, în baza unor termeni nu foarte definiți, în timp ce alții au început să exercite presiuni pentru privilegiul de a fi în escorta de onoare. Având mijloacele să țină doar un număr limitat de însoțitori la curte, și cu toate acestea înțelegând importanța de a avea un corp cât mai mare cu putință de servitori personali pe care putea să-i cheme mereu, regele sau stăpânul în mod firesc îi trimitea afară pe moșia lui. Acest proces continua în Anglia și în Spania precum și în regiunile germane.

La început a existat doar o idee generală vagă despre credință față de rege sau stăpân în schimb pentru binefacerile

Dezvoltarea posesiunilor superioare

lui. Ideea specială a serviciului militar definit a răsărit în timpul lui Carol Martel, Primarul Palatului, dar adevărat conducător al Franței, și șef al unei dinastii care urma să fie. Maurii își croiseră drum către nord prin peninsula spaniolă, și marele conflict care avea să vină urma să hotărască dacă musulmanul sau creștinul va domina Europa. Maurii erau obișnuiți să lupte iute călare, în timp ce toți germanii, cu excepția nobililor și suita lor personală, erau luptători pedeștri. Exista o nevoie imperioasă de mai multă cavalerie, dacă maurii nu trebuiau să copleșească Europa. Mulți șerbi au fost avansați la titlul de cavaler pentru a înfrunta acest pericol, dar încă nu erau de ajuns. Carol Martel a înțeles că pământul era singurul lucru pe care putea să-l ofere oamenilor. Cum pământul era puțin, a confiscat mare parte din pământurile bisericești și l-a împărțit pe baza unei înțelegeri hotărâte de a furniza atâția luptători călare, Biserica permițând confiscarea drept prețul de a salva creștinătatea asigurându-și un aranjament pentru zeciuială. În acest mod s-a născut ideea unei posesiuni militare definitive. Carol Martel nu a împărțit, desigur, pământ direct, ci în mari cantități pentru a fi distribuit în posesiuni intermediare. Acest pământ nu a fost dat pentru totdeauna; el nu trecea la moștenitorii donatarului, ci revenea la moartea arendașului donatorului și moștenitorilor săi. În general, însă, exista o înapoiere către moștenitorul donatarului, dacă stăpânul considera că noul vasal putea să-și mențină cota parte de oameni luptători. Treptat s-a întâmplat că o înapoiere putea fi făcută unei fiice a unul vasal decedat, dacă ea putea să găsească un soț care ar fi capabil să continue obligațiile de luptă ale pământului. El trebuia, desigur, să-l mulțumească pe stăpân în legătură cu aceasta, de unde concepția feudală a căsătoriei tutelare. În oarecare mod ca acesta posesiunile superioare au ajuns să reprezinte idei în contrast și relative tot așa de mult cum au reprezentat posesiunile obișnuite – pământ și protecție cu incidentele lor în schimb pentru credință și serviciu militar definitiv.

Pe continent dezvoltarea feudalismului chiar în timpul pe-
rioadei Imperiului franc a fost marcată de ascensiunea la
putere a seniorilor. (1) Conții ajungeau să aibă aceleași poziții
ca marii proprietari de pământ cu
posesiune militară. La început

*Ascensiunea la puterea
guvernamentală a
seniorilor și a orașelor*

contele fusese agentul local al
regelui, i se dăduse ceva pământ
regal în regiune cu care să se întrețină pe sine, căci, lipsind un
sistem de impozitare definitiv, regele nu avea nimic afară de
pământ să ofere. Astfel poziția contelui era analogă aceleia a
seniorului, deși poziția primului era cea mai veche și seniorul
reprezenta o încălcare a puterii lui cu ajutorul dispensei. Exista
o cerere firească în timpul Imperiului ca poziția contelui să fie
făcută ereditară, dar i s-a rezistat în decursul perioadei imperia-
le. În mod popular, însă, contele era privit ca un fel de senior.
(2) Pe urmă episcopii ajungeau să aibă același loc și interese ca
seniorii. Cererea ca regele să aibă un cuvânt în alegerea demni-
tarilor ecleziastici a devenit mai hotărâtă pe când cererea
pentru un anumit număr de oameni luptători a devenit mai
fixă. Episcopul și abatele erau puși în același loc ca seniorul,
căci deși erau parte a bisericii erau în același timp o parte a
cârmuirii. Existau, desigur, câteva posesiuni pur religioase, dar
se ajungea a fi o noțiune generală că episcopul și abatele erau
dețînători ai unei feude. (3) Chiar odată cu dezvoltarea națiuni-
lor a existat puțină putere centrală. Avem noțiunea din istorie
că națiunile Europei au început odată cu prăbușirea Imperiului
franc. Aceasta nu este în întregime adevărat. Unele dintre
națiunile Europei sunt de origine recentă. Italia, de exemplu,
era un complex de stătulețe și principate, mai târziu de proprie-
tăți papale și mici republici, și numai recent a devenit ea o
națiune. La fel, de asemenea, despre Germania, și chiar despre
Spania, și într-o mai mică măsură despre Franța și Anglia.
Diferitele regate într-adevăr constau din provincii semiinde-
pendente cu un rege ca suzeran, însă regele avea puțină putere
reală. Iar în provincii, de asemenea, conducătorul local nu avea

deloc putere prea mare – aceea se concentra în omul pe moşie, seniorul. „Omul seniorului nu este omul regelui" exprimau adevărul în propriul lor limbaj. Regele avea autoritate directă numai asupra arendaşilor-şefi, şi ei numai asupra arendaşilor nemijlociţi. Regele trebui să-şi trimită ordinul în aval de linie şi firul autorităţii se putea rupe în orice loc, în special în locuri depărtate de curte. (4) Curtea regală era limitată în libertatea de acţiune, şi nu exista nici un drept regal. Curtea regală acţiona numai în relaţie cu vasalii direcţi ai regelui. Exista o noţiune de durată în tot cursul Evului Mediu că regele era izvorul dreptăţii, dar pe continent aceea era mai mult o teorie decât o practică. Ei, şi prinţii deopotrivă, erau prea slabi să exercite multă putere. De aceea existau puţine apeluri la instanţele regale de la tribunalele locale şi municipale senioriale, şi în consecinţă nu exista nici o şansă de a construi un sistem de drept regal. (5) Exista puţină legislaţie regală şi puţină putere legislativă. Consiliul crescuse în putere în timpul Imperiului, şi existau diete sau consilii, în special în Spania. Dar în Franţa şi Germania ele nu exercitau multă putere legislativă, fiindcă a proceda aşa ar fi fost direct contrar efortului lor principal – preîntâmpinarea centralizării în mâinile monarhului. Ele se temeau de legislaţia regală ca distrugând instituţiile locale şi independenţa locală. (6) Ca urmare a tuturor acestora, puterea guvernamentală a ajuns să rezide în mâinile seniorilor şi oraşelor, care se bucurau şi ele de dispensă. Şi când seniorul aplica dreptatea, arendaşii erau la discreţia lui. Treptat arendaşii liberi erau împinşi la categoria de şerbi, deşi au rămas însă câţiva arendaşi liberi. Aceasta a fost urmarea directă de a nu avea apel de la instanţa seniorială, de a nu avea un for unde seniorul nu era în acelaşi timp o parte în interes şi judecătorul.

Existau diferite compilaţii de drept feudal, dar cea mai importantă era *Libri Feudorun*, o compilaţie privată din

Compilaţii de drept feudal

Lombardia, care a fost treptat construită în forma ei prezentă în secolul al XII-lea. S-a bucurat de multă autoritate pe continent și a ajutat să păstreze dreptul feudal mai mult sau mai puțin uniform în întreaga Europă. Principala forță, însă, care a păstrat dreptul feudal în orice stare de uniformitate nu a fost atât de mult codul care a expus în mod amănunțit dreptul cât a fost faptul că condiții similare și organizare similară, ajutate, desigur, prin forța imitației, au produs drept similar.

V. DREPT CANONIC

Dreptul canonic avea izvoarele sale, după cum am văzut, în dreptul roman. În jurisdicția lui asupra moralei se dezvolta un cod moral, care, fiind aplicat numai prin pedepse biseri-

Cauzele influenței crescânde a Bisericii

cești, este mai degrabă a fi numit morală decât drept. Cererea lui la dreptul de a fi primul să-l judece pe un cleric acuzat cu scopul de a-l răspopi dacă ar fi găsit vinovat, deși încă nerecunoscut ca lege, ajungea să fie mai respectată. La germani puterea bisericii era mult mare mare. Motivul era simplu: când germanii au devenit ortodocși, Biserica trebuia să-i educe pe barbari. Biserica era, printre altele, profesorul Evului Mediu. Își păstra poziția înaltă din cauza serviciilor pe care le făcea. Ideile sale de guvernare erau mult în avans față de ideile germane, și astfel conducătorii barbari au ajuns să depindă mult de sfaturile clerului. În general, de aceea, biserica și autoritățile seculare au conlucrat, în special în Imperiul franc.

Puterea Bisericii în Imperiul franc era amplă. (1) Statul recunoștea codul moral al Bisericii drept lege, oferindu-i sprijinul autorității seculare. Excomunicatul care nu se împăca cu Biserica într-un an și o zi devenea, *ipso facto*, un pro-

Puterea Bisericii în Imperiul Franc

scris. Morala devenise lege. Apăreau cărți de penitențe catalogând păcate și pedepsele lor și li se dădeau putere de lege. (2) Biserica și Statul aveau jurisdicție paralelă în multe privințe. În probleme de căsătorie Biserica

împărtăşea părerea că aceasta era o taină şi căuta să o regle-
menteze şi la fel viaţa de familie. În propriul ei interes Bise-
rica introducea ultima dorinţă şi testamentul roman, deoarece
înţelegea că un ins muribund se prea putea să dea de pomană
decât un om sănătos. Cum acest obicei era străin de dreptul
german, a fost desigur lăsat Bisericii de reglementat, şi
curând instanţele creştine au ajuns să aibă putere în problema
validării testamentelor. Şi apoi, dacă un om nu lăsa un testa-
ment ci murea intestat, biserica se angaja să administreze
îngrijirea sufletului său. Fără un testament dăruind Bisericii,
sufletul unui om era în oarecare stare periculoasă de iad sau
purgatoriu, şi a ajuns să fie un obicei de a divide proprietatea
personală a unui om (proprietatea lui reală era prevăzută
exclusiv de dreptul feudal) în trei părţi egale – una pentru
soţie, una pentru copii în porţiuni egale, şi restul pentru
Biserică pentru îngrijirea ei a sufletelor. Dar, în general,
Biserica nu căuta jurisdicţie exclusivă în aceste probleme din
motivul că putea în general să-şi atingă scopurile prin instan-
ţele locale, ca în Anglia, unde episcopul participa cu şeriful
în instanţa judecătorească locală. Aceeaşi situaţie prevala în
Spania vizigotă. În Franţa acelaşi rezultat era produs în
general prin influenţa episcopului asupra contelui local. (3)
Biserica solicita jurisdicţie asupra clericilor. Dreptul de a
acorda unui cleric acuzat judecarea preliminară în faţa epi-
scopului (sau dacă episcopul ar fi acuzat în faţa consiliului)
era pretins de la dreptul roman şi, cu toate că dreptul nu a fost
concedat, era o tendinţă crescândă în acea direcţie. Nu exista
nimic, totuşi, să împiedice ca el să fie chemat într-o instanţă
civilă imediat. Schimbarea a venit în timpul Imperiului franc,
dar nu fără un conflict. Până la vremea lui Carol cel Mare
episcopul sau sinodul, depinzând dacă un cleric obişnuit sau
un episcop era acuzat, făcea o cercetare preliminară, care era
considerată definitivă. Dacă acuzatul era găsit vinovat, era
răspopit şi predat autorităţilor civile; dacă declarat nevinovat,
decizia era definitivă şi o oprelişte pentru acţiune civilă.

Exista o excepție tipică germană, însă, că chiar un cleric, găsit direct în crimă sau prins cu strigăte, putea fi sumar pus în afara legii sau condamnat fără judecată. Germanii concepeau instanțele de judecată pentru cazuri îndoielnice numai, și din acest motiv Biserica nu avea deplina ei dorință chiar în Imperiu, iar acest obicei a persistat în părți ale Europei chiar în jos spre timpuri moderne devreme. Dar cu această excepție, cursul era cum am menționat. Dar trebuie să observăm, de asemenea, că regele avea supraveghere asupra proceselor și cercetărilor ecleziastice, căci emisarii vizitau aceste curți, deopotrivă, devreme ce episcopii precum și conții erau persoane oficiale regale. Sinodul, afară de aceasta, era în realitate o secțiune ecleziastică a curții regelui, în parte numită de el și participând oriunde se întâmpla să fie el, întocmai cum proceda secțiunea civilă a curții lui, și cu pricinașul lui acolo pentru a-și prezenta și susține cauza. În Anglia, Henric al II-lea și Thomas à Becket și-au dat toată osteneala în dispută înflăcărată să rezolve această problemă. Henric a menținut aceeași poziție ca aceea a împăratului, în timp ce Becket lupta pentru nelimitata jurisdicție a Bisericii. Întrucât Becket a fost omorât practic la instigația lui, Henric a fost silit prin proteste populare zgomotoase să se domolească în aplicarea Ordonanțelor de la Clarendon.

Poziția Bisericii fusese satisfăcătoare față de ea în timpul perioadei Imperiului. Însă pericolul dezintegrării politice a provocat teamă pentru poziția Bisericii, cum este arătat de *Lupta pentru putere în Evul Mediu* cele două instrumente falsificate, pseudo-Decretele[*] Isidoriene și capitularele lui Benedict. Biserica crease Imperiul în mare măsură sub influența marelui ei ideal de a uni toată Creștinătatea sub un singur cap spiritual și un singur cap secular. Nu fusese tulburată de nici un fel de conflicte de autoritate, căci în vremea lui Carol găsiseră un

---

[*] Colecție de decrete, de edicte papale. (*n.t.*)

acceptabil *modus vivendi*. Dar conducătorii ecleziastici au prevăzut precaritatea și iminența afacerilor imperiale. Care ar fi rezultatul unei scindări în puterea seculară asupra puterii Bisericii? Destul de evident, puterea care fusese suficientă să facă față unei organizări politice unite nu ar fi suficientă să facă față numeroșilor conducători. Neliniștea clerului sub domnia lui Ludovic cel Pios este arătată de pretențiile crescute atât ale episcopului de la Roma cât și ale sinodurilor locale. Majoritatea pretențiilor lor nu erau înțelese până după prăbușirea Imperiului. La vremea prăbușirii Imperiului, dreptul canonic consta din lege interpretând propriile lui dogme, propria lui guvernare și poziția lui față de morală. Aceste reguli erau exprimate în canoanele consiliilor și în scrisurile decretale sau decretalele papei (care ajungeau să aibă din ce în ce mai multă greutate asupra canoanelor) și în Biblie. Diferitele părți ale Bibliei aveau însemnătate diferită. Noul Testament, precum interpretat de Biserică desigur, avea autoritate absolută. Vechiul Testament avea însemnătate numai în probleme de morală, restul dreptului iudaic fiind ignorat. Cea mai larg folosită compilație de canoane și decretale în secolul IX era una făcută în Spania, greșit atribuită Sfântului Isidor din Sevilla. Era o compilație onestă; nu cunoștea nici un fel de decretale înainte de secolul V târziu. Dar în ultima parte a secolului IX a apărut în Franța o nouă ediție cu mult material nou și conținând decretale referindu-se la ultimele noutăți din secolul I. Noua ediție conținea o sută sau mai multe decretale falsificate în afară de alte schimbări în text. Această colecție o cunoaștem ca decretalele pseudo–Isidoriene. Există o interesantă introducere în care compilatorul relatează o convorbire între papa care a scris primele decretale în secolul V și altul care întreba dacă nu erau unele decretale mai vechi. Papa din secolul V a spus că erau, și cartea le reproducea. Falsificatorul nu a așternut nimic de la sine – ceea ce arată atitudinea lui psihologică – dar a luat material autentic și a făcut noi permutări și combinații din vechile surse. Unii chiar presupun că el nu știa că falsifica, că el credea că producea o compilație mai utilă. Pe deasupra, la aproximativ același timp și același loc a apărut o nouă ediție a capitularelor regilor și împăraților franci. Multora dintre aceste capitulare nu le putem găsi urme la sursa lor. În acest caz autorul și-a ascuns identitatea sub pseudonimul de Benedict Levitul. Ce este important în aceste două falsuri este că de-a lungul ambelor dintre ele străbate o politică persistentă a predominației Bisericii asupra Statului, a clerului asupra puterii seculare. Biserica fusese totdeauna mai bine educată, mai bine pregătită decât statul și simțise valoarea ei, dar niciodată înainte nu își afirmase superioritatea atât de direct. Falsurile tind să mărească puterea papei asupra creștinătății și asupra episcopilor în special în detrimentul arhiepiscopilor și patriarhilor, totul în scopul centralizării puterii papei. Putem stabili datele acestei opere destul de bine din datele ultimelor decretale și capitulare pe care le conțin și prima oară sunt menționate în consilii bisericești. În acele zile fericite orice lucru scris era luat ceva drept bun, și aceste documente aveau o mare influență în treburile bisericești. Dar ele sunt chiar mai importante în aceea că arată cât de esențial părea clerului să sporească puterea Bisericii, atât prin micșorarea puterii Statului cât și prin centralizarea puterii spirituale la Roma, dacă venerabila lor misiune în această lume trebuia să prevaleze în timpul anarhiei politice pe care o prevedeau că se ivea. Ele erau, într-adevăr, simptomatice pentru atitudinea clerului față de Biserică și Stat.

În decursul veacurilor urmând destrămarea Imperiului, Biserica era într-adevăr un mare stat european. Se bizuia pe enorma ei putere morală, pe puterea laică a papei, în special în *Puterea Bisericii în Evul Mediu* statele papale, și pe puterea laică și posesiunile feudale ale episcopilor și abaților atât în orașe cât și în câmp deschis. Se străduia să capete poziția pe care decretalele și capitularele falsificate o stabilise ca idealul ei. Desigur, a existat la început multă bătaie de cap asupra punerilor în posesie, confirmării şi instalării demnitarilor bisericeşti care erau în acelaşi timp vasali feudali ai regelui. În această primă luptă Biserica nu a avut succes în întregime. Era esenţial, în plus, ca marii prelaţi, dacă numiţi de biserică sau stat, să nu-şi rotunjească puterea împotriva papei aşa cum seniorii feudali şi-o rotunjiseră împotriva regelui. De aici lupta asupra celibatului clericilor. Celibatul fusese de mult un principiu al Bisericii, dar nu a fost decretat până la destrămarea Imperiului de către marele Hildebrand, mai târziu Papa Grigore al VII-lea. Această acţiune a detaşat clerul de interese seculare; acum ei nu aveau nimic de trecut nici pe nimeni cui să transmită. Când această luptă a fost câştigată, problema punerii în posesie a devenit secundară.

Biserica, în plus, avea cel mai bun sistem de administrare în Europa pentru aplicarea legilor ei – o ierarhie, logică în organizarea ei şi eficace în execuţie – toate având ca rezultat marea creştere a puterii instanţelor bisericeşti. În vremea Imperiului franc, atunci când relaţiile între Biserică şi Stat erau apropiate, Biserica fusese mulţumită să lase puterea civilă să administreze unele din treburile ei juridice. Acum ea a luat asupra sa aceste funcţii direct şi exclusiv. În acest scop a fost dezvoltat un mare sistem de instanţe. Prima instanţă era instanţa episcopului, rar deţinută de el în persoană, ci în general de un jurist ecleziastic ori surrogatus („numit sub" episcop, de unde „surogatul" nostru). Episcopul era deseori cunoscut ca judecătorul, şi de aici instanţa este adesea denumită instanţa judecătorului. Sub acest tribunal în fiecare dioceză era instanţa arhidiaconului, cu o jurisdicţie inferioară corespunzând aproximativ tribunalului nostru de poliţie. Peste instanţa judecătorului era tribunalul de prerogativă sau tribunalul arhiepiscopului, la care mergeau apeluri de la instanţa inferioară. Şi în sfârşit erau apeluri la Roma însăşi. Nominal curtea la Roma era ţinută de

Instanţele ecleziastice

papa în persoană şi deciziile ei emise ca decretale, dar era în realitate ţinută de un colegiu ales de papă, ale cărui decizii erau definitive. *„Roma loquita est, causa decreta est",* era un dicton din Evul Mediu. Este ciudat să se observe modul în care prevala nu numai vechiul obicei roman de apeluri, ci şi metoda de a audia procese în prima instanţă. Cazul ar veni la papă (în timpurile mai vechi la împărat) pentru o decizie în ceea ce priveşte legea, până ce cazul era judecat în instanţa inferioară. Se spunea că papa este judecătorul universal, *id est*, avea jurisdicţie paralelă cu toţi episcopii. În acest mod el putea să decidă toate noile articole de lege, şi apoi să aibă speţa în realitate judecată în instanţa episcopului sau printr-un nunţiu papal trimis jos anume în acel scop. Ambele decizii asupra apelului şi cele în prima instanţă erau numite decretale.

Suntem acum în situaţia de a vedea ce era jurisdicţia instanţelor creştine până la perioada Reformei[*]. (1) Biserica reuşise să scoată persoanele clerului afară din jurisdicţia civilă. Un cleric acuzat era judecat în instanţa ecleziastică şi, dacă era găsit vinovat, era degradat şi răspopit iar apoi predat autorităţilor civile pentru pedepsire. Dacă găsit nevinovat de instanţa bisericească, era sfârşitul problemei. (2) Ea avea de asemenea jurisdicţia proceselor civile împotriva clericilor, (3) şi a urmăririlor pe calea justiţiei împotriva mirenilor, când nu puteau obţine dreptate în instanţele civile. Văduve, orfani şi oameni lipsiţi de ajutor în general aveau acelaşi privilegiu. (4) În virtutea jurisdicţiei ei asupra păcatelor, lua jurisdicţie asupra crimelor care sunt de cele mai multe ori păcate, ca de exemplu apostazia, erezia, schisma, farmecele, vrăjitoria, sacrilegiul şi simonia (vânzarea de venituri bisericeşti). (5) Din cauza jurisdicţiei ei asupra căsătoriei, avea competenţă asupra

Rezumat al jurisdicţiei instanţelor ecleziastice înaintea reformei

---

[*] din secolul al XVI-lea. (*n.t.*)

tuturor crimelor sexuale – intemperanţă, procurare, adulter, incest, sodomie, bigamie şi altele de felul acesta. (6) Avea chiar jurisdicţie asupra unor delicte mai seculare, precum falsificarea greutăţilor, măsurilor şi banilor, contrafacere de documente, depoziţie de mărturie falsă, calomnie şi ponegrire şi cămătărie. Curtea arhidiaconului de obicei avea jurisdicţie asupra ultimelor două grupe. (7) Mai distinct în domeniul dreptului civil, cerea întreaga jurisdicţie asupra căsătoriei pe motivul că era o taină. Înaintea Conciliului din Trent în secolul al XVI-lea, nu se considerase necesar ca Biserica să îndeplinească ceremonia. Simplul acord mutual al părţilor, ceea ce acum numim o căsătorie după obiceiul pământului, era suficient. Însă chiar în perioada mai veche, ea privise căsătoria ca o taină şi o controlase totdeauna, hotărând ce erau impedimente la căsătorie, când era o căsătorie şi când nu era o căsătorie. A decis aceste probleme că ea putea să determine când trebuia să decreteze separare din pat şi întreţinere. Biserica nu recunoştea divorţul, întrucât credea că mariajul dăinuia până la moarte. Dar putea să decreteze o desfacere pentru înşelătorie sau impediment. Dacă nu era posibilă o anulare, ea putea acorda o separare din pat şi întreţinere, după cum s-a menţionat mai sus, dar niciodată un divorţ. Biserica controla contractele de căsătorie dar nu exclusiv, cu excepţia statelor papale. Instanţele civile insistau asupra controlării pământului, dar Biserica îşi păstra jurisdicţia de proprietate personală în aceste probleme. (8) Atât din cauza jurisdicţiei ei asupra căsătoriei cât şi a registrului ei de naşteri, botezuri şi căsătorii, ea putea decide probleme de legitimitate şi astfel a ajuns în mare măsură să controleze legea părintelui şi copilului, şi în acest fel, în general, avea jurisdicţie asupra relaţiilor de familie. (9) Biserica avea cunoştinţă de instrumente testamentare, în special cele dispunând de proprietate personală şi de administrarea averilor intestaţilor, în special în ceea ce priveşte hotărârea de a dispune de proprietatea personală în modul cum am descris mai înainte. (10) Avea,

de asemenea, jurisdicție asupra contractelor la două articole.
(a) Asupra tuturor cazurilor de jurăminte, făgăduieli și cheză-
șii de încredere. Dacă acestea erau călcate, vinovatul era
răspunzător în fața instanțelor bisericești, și în consecință
multe cazuri veneau sub jurisdicție ecleziastică din acest
motiv. Ce era chezășia de încredere în contract? Ideea unei
strângeri de mână asupra unei tranzacții dându-i creditorului
o garanție asupra persoanei debitorului este foarte primitivă;
era un semn de supunere feudală. Noua coloratură introdusă
de chezășia de încredere era ideea că debitorul îi dădea
creditorului o garanție asupra speranței de salvare a debitoru-
lui. Aceasta era o schimbare sensibilă în concepție. Acum
dacă creditorul nu rezolva reclamația, diavolul putea și o
rezolva. Simpla strângere de mână venea, în mod firesc, a fi
luată ca o chezășie de încredere. Dacă contractul, chezășia,
erau încălcate, Biserica avea jurisdicție asupra debitorului
pentru binele sufletului său în pericol. Biserica a dezvoltat
astfel propria ei lege asupra acestui subiect și a aplicat con-
tractele care ar fi fost neaplicabile în instanțele civile. Biseri-
ca, firește, îi stătea în puterea ei să se dispenseze de un jură-
mânt, dar era o permisiune care nu era utilizată cu ușurință.
(b) Celălalt fapt care a adus contracte în jurisdicția ecleziasti-
că era controlul ei asupra cămătăriei. Cămătăria în Evul
Mediu nu însemna nici o dobândă. Biserica nu era singură în
concepția ei că banii erau un lucru nefolositor și astfel nu
puteau în mod cinstit să dea naștere la nici un fruct. Aceasta
fusese concepția greacă, deși nu-i influențase pe romani.
Biserica, în devoțiunea ei față de Aristotel, a urmat conceptul
grec, dar a părut chiar mai condamnabil Părinților Bisericii
decât grecilor, căci se profita de nevoile unui seamăn creștin
să se ceară dobândă pentru folosirea banilor dați cu împru-
mut. Astfel de purtare, firește, punea în pericol sufletul celui
care dădea cu împrumut. Biserica nu se sinchisea de practica
necreștinilor. Ei erau condamnați oricum în concepția ei, și
nimic nu-i putea salva. Grija ei era pentru cei în cadrul țarcu-

lui. În consecință marii cămătari ai Evului Mediu erau evreii. Erau, desigur, multe evaziuni ca de exemplu asocierea mută, prin care se înțelegea ca creditorul să nu ia dobândă ci să aibă o participație în întreprindere, sau un contract întocmit în asemenea formă că debitorul era în lipsă de la început astfel încât creditorul putea să-și recupereze capitalul fix cu daune – această practică instanțele o permitea – și întocmirea de contracte după cum se spune mai sus cu daune (dobândă în realitate) lichidate de la început. Cuvântul interest[*] e derivat din latină pentru daune, „*quod interest creditores*", arătând vechiul înțeles de dobândă ca diferit de cămătărie. Erau multe încurcături de jurisdicție, ca de exemplu procesele care au apărut în timpul lui Alexandru al III-lea, în care un om jurase să plătească dobândă. Să permită Biserica creditorului să colecteze dobândă ori să-i permită debitorului să-și calce jurământul? Pe care corn al dilemei să-l apuce? Practica originală în aceste cazuri era să-l facă pe debitor să-și țină jurământul și să-și plătească dobânda, pentru binele sufletului său, și apoi să-l facă pe creditor să restituie, pentru binele Bisericii. Practica de mai târziu era mai liberală. Aceste reguli de contract erau aplicate la o vreme sau alta în Anglia și ele au avut influența lor asupra dreptului cutumiar.

Dezvoltarea corpului de drept canonic era o mișcare firească rezultând din munca juriștilor calificați angajați de episcopi și a juriștilor și mai experți ai Romei. În secolele al XI-lea și al XII-lea studiul sistema-
Corpul de drept canonic   tic al dreptului ecleziastic la univer-
sitățile italiene a început în strânsă legătură cu renașterea studiului operelor lui Justinian în secolul al XI-lea târziu. În secolul al XII-lea a existat o mare facultate de drept la Bologna în Italia, unde erau predate atent și sistematic ambele sisteme de drept. Mișcarea s-a răspândit în toată Europa la toate universitățile. Unul dintre primele

---

[*] dobândă. (*n.t.*)

rezultate ale acestui nou studiu a fost (1) *Gratian Decretum*, marele digest de drept canonic de Gracian, pe care el l-a numit o concordanță de canoane discordante. Era cel mai aproape ca formă de orice până la acea vreme de un digest modern. Gracian a detaliat regulile dreptului mai mult sau mai puțin sistematic în propriile lui cuvinte, în general atașând autorități pentru a-și dovedi afirmațiile. Afirmațiile sale nu erau autoritate deloc, ci formularea autorității; dar în realitate au ajuns să fie privite ca autoritate efectivă, și opera lui a înlocuit toate celelalte surse, deși doar o compilație privată, în instanțele creștine în toată Europa. În secolele al XII-lea și al XIII-lea jurisdicția papală era la cea mai mare înălțime și presiune a ei. Erau multe apeluri la Roma asupra punctelor de lege. Aceste apeluri erau decise în decretale – jurisprudența Bisericii – și Gracian le topise pe toate până la vremea lui în marea sa operă. Găsim apoi compilații de decretale după perioada lui Gracian ca autoritate până în vremea sa. De acest fel erau (2) decretalele lui Grigore al IX-lea în 1234, (3) decretalele lui Bonifaciu al VII-lea în 1298, și (4) decretalele lui Clement al V-lea în 1317. Odată cu Reforma Protestantă, legătura Angliei și Scandinaviei cu corpul de drept canonic s-a întrerupt; corpul lor original de drept canonic constă din aceste patru compilații împreună cu orice decretale neadunate pe atunci în existență. În 1582 Grigore al XII-lea a produs o nouă ediție a lui Gracian, recunoscând astfel oficial opera lui și a făcut o colecție definitivă de decretale, (5) *Extravagentes Gregory XIII* (*id est*, cele rătăcind detașate). Aceste cinci opere constituie corpul de drept canonic, Corpus Juris Canonici. Cele patru completări la opera lui Gracian aproximativ egalează compilația lui în volum, și fiecare dintre cele patru compilații are cam același volum. Aceste fapte sunt semnificative arătând când dreptul s-a dezvoltat cel mai rapid și când apelurile curgeau cel mai repede la Roma.

VI. DREPT URBAN ŞI DREPT COMERCIAL

Dezvoltarea dreptului comercial era condiţionată de creşterea oraşelor. După nimicirea Imperiului franc, oraşele erau conduse practic ca moşii feudale. Oraşele erau asimilate provinciei. Erau conduse de un conte pentru rege sau erau date unui favorit sau erau făcute parte a unui venit bisericesc. În general, nu exista nici o deosebire între guvernarea oraşului şi aceea a provinciei. Mişcarea care făcuse şerbi din proprietarii de pământ săraci în provincie îi lega pe meseriaşi de ateliere în oraşe. În perioada Cruciadelor au survenit multe schimbări în statutul legal al meseriaşilor şi în guvernarea oraşelor. Oraşele şi meseriaşii, de asemenea, se ridicau spre libertate, uneori cumpărându-şi-o prin înzestrarea stăpânilor lor neprevăzători cu fonduri pentru a întreprinde cruciade sau pentru a merge la curte, uneori devenind liberi prin luptă.

Creşterea oraşelor

Unul dintre primele lucruri pe care fiecare oraş a încercat să-l asigure era privilegiul de a deţine propriul său tribunal. Jurisdicţia contelui era în special împovărătoare pentru comunităţile negustoreşti. În instanţele judecătoreşti urbane avem izvorul unui nou corp de drept – dreptul urban. Dreptul aplicat în instanţele urbane era la început obiceiurile locale ale localităţii. Dar treptat erau necesare reguli speciale pentru a satisface mersul comerţului, în special în legea contractelor şi legea proprietăţii personale în general. Legislaţia era activă în unele locuri (martor mustrarea lui Dante a florentinilor din această pricină) dar nu în general.

Tribunale urbane şi drept urban

De la independenţa oraşelor s-ar aştepta un mod firesc să se găsească mare diversitate în dreptul urban din diferite locuri. Dar existau puternice forţe lucrând către uniformitate: (1) Condiţii similare întotdeauna tind să producă rezultate similare. (2) Apoi

Tendinţe spre uniformitate în dreptul urban

imitația și chiar împrumutul direct era o mare influență. Primele compilații de drept urban erau făcute expres să ajute orașele care abia își câștigaseră libertatea și ceruseră copii de legi de la alte orașe. (3) În fine comerțul se concentra în orașe, și intercomunicarea între locuri era cel mai mult simțită acolo. În orașele situate înăuntrul țării erau mari târguri în perioade fixe și negustorii veneau de departe. S-a ivit nevoia de a rezolva diferende ale oamenilor din afara orașului. Ei recurgeau la tribunalele comerciale pe Continent iar în Anglia la tribunalele de piepraf (o corupție din franceză, piepoudre, praf sau picior prăfuit, referindu-se la marchitanii sau negustorii, care în acele zile veneau de obicei pe jos). La porturile maritime tribunalele comerțului care erau chiar mai importante se dezvoltau. Acolo valutele străine și transportul erau natural cele mai puternice. Atât comerțul de coastă cât și din interior serveau la a introduce obiceiurile negustorilor străini. Exista o dorință firească pentru uniformitate – deoarece comerțul este totdeauna nerăbdător de variații în jurisprudență, ca martor al mișcării pentru legislație uniformă în țara noastră, în special în drept comercial – și exista o tendință naturală ca legea mai bună să prevaleze în caz de conflict. Ca rezultat al acestor forțe, era o tendință vădită spre uniformitate în toate orașele.

Unde s-a conturat dreptul comercial medieval? Bancherii Evului Mediu erau lombarzii din Italia de Nord, și activitatea bancară a Europei era realizată după model lombard. Așa *Originea dreptului comercial* cum ei au învățat întreaga Europă arta contabilității și practica afacerilor bancare, ei le-au dat de asemenea cel mai bun precedent juridic pentru dreptul comercial. Dreptul maritim, de altfel, s-a dezvoltat inițial în Italia. Comercianții italieni au fost primii să se lupte cu comerțul Mediteranei de la Bizanț înainte de Cruciade (alte afirmații în sens contrar însă) și natural primele probleme de comerț ale Evului Mediu s-au ivit pentru rezolvare în Italia. În plus,

italienii aveau legea bizantină la care să recurgă, aşa cum alte
naţiuni nu aveau, din cauza contactelor lor strânse cu Bizan-
ţul. Cum am văzut, dreptul comercial original a venit proba-
bil din Babilon, a fost remodelat mai întâi la Roma, şi mai
târziu de comercianţii din Bizanţ, care dominau comerţul
european şi asiatic până la creşterea comerţului maritim
italian şi cucerirea Constantinopolului de către turci.

Prima codificare a dreptului maritim nu a venit din Italia,
deşi se baza pe dreptul italian, ci din Barcelona, Spania. În
secolul al XIII-lea era cunoscută drept *Costumes de la Mar*,

Codificări ale dreptului comercial

sau Obiceiurile Mărilor, şi în
ediţiile de mai târziu din secolele al
XIV-lea şi al XV-lea a fost numită
Libro del Consolat de Mar, Cartea Instanţei Judecătoreşti a
Mării. Consolat este derivat din consol, judecător, fiindcă în
Italia consol sau consul, ca în vechile timpuri romane, era
demnitarul administrativ-şef şi judecător. Ultimul titlu al
compilaţiei în secolul al XV-lea era *Consolatus Maris*. Con-
ţinea şi drept public şi maritim, mai ales ultimul. (2) Oare-
cum mai târziu a venit o compilaţie de la Oléron, departe de
Rochelle, Franţa, nu un important oraş acum, dar atunci un
mare centru de transport. Ea a apărut în secolul al XIII-lea şi
a mers înapoi în cel de-al XII-lea. S-a numit *Judgments of the
Sea of Charle d'Oléron*[*], şi se ocupa în principal de dreptul
de transport privat în vremuri de pace. A fost extraordinar
primită în Anglia şi i s-a găsit un loc în *Book of Admiralty*[**].
În această vreme tribunalele regelui pofteau drum în jurisdic-
ţia altor sisteme de tribunale şi a părut ciudat juriştilor că în
pofida acestui fapt codul de la Oléron a fost primit în dreptul
englez. Astfel ei au inventat legenda lui Richard mergând la
Oléron şi emiţând un edict încorporându-l în dreptul englez.
Întreaga poveste este un mit curat, deşi i-a înşelat pe Reeves

[*] Sentinţe ale mării ale lui Charle d'Oléron. (*n.t.*)
[**] Cartea Amiralităţii. (*n.t.*)

şi alţii. (3) *Wisby Waterrecht*, o compilaţie din Wisby, un oraş frizian, era cu deosebire importantă în teritoriile baltice şi slave. Aceste compilaţii nu sunt în conflict: ele pur şi simplu se adaugă uneia alteia. Sunt formulări uniforme de drept maritim, călătorind din Italia, prin Spania, până la coasta marină a Atlanticului, atingând Anglia şi ajungând la Baltica. Aceste compilaţii au avut mare influenţă în Anglia. În timp ce tribunalele regelui erau angajate în reducerea jurisdicţiei altor tribunale, aveau aceste compilaţii după care să copieze.

VII. RENAŞTERE ŞI ASIMILARE A DREPTULUI (LUI JUSTINIAN) ROMAN

Chiar în vremea Imperiului franc tribunalele feudale şi bisericeşti începuseră să se dezvolte. Din secolul al XII-lea, în general vorbind, tribunalele urbane începuseră să creeze al treilea sistem de drept european. Din secolul al XII-lea până la sfârşitul celui de-al XV-lea găsim un al patrulea sistem luând naştere – renăscutul drept roman cum s-a găsit în cărţile de drept ale lui Justinian.

Pentru a înţelege de ce legile lui Justinian, scrise în practic o limbă moartă cu şase secole înainte, au devenit un sistem de drept extinzându-se peste Europa Apuseană, trebuie să vedem care erau cauzele profunde sau pasive care au făcut o parte dintr-un astfel de sistem de drept necesară.

Cauze pasive sau profunde ale renaşterii şi asimilării dreptului roman

(1) În primul rând, ce fel de drept era folosit în speţe care nu erau controlate nici de sistemele existente de drept, feudal, ecleziastic, sau comercial? Care era dreptul restant al diferitelor ţări ale Europei? În Imperiul Franc, după cum am văzut, dreptul era tribal, nu teritorial. Provincialii erau toţi priviţi ca membri ai unui mare trib roman. Treptat ideea tribală s-a pierdut. În secolele al X-lea şi al XI-lea găsim drept teritorial local bazat pe obiceiuri

locale, pe obiceiuri teutonice în regiuni teutonice, pe obice-
iuri romane crude și primitive în regiuni romane, căci ele nu
aveau nevoie de drept roman extrem de specializat, care
fusese prin urmare în mod inconștient și treptat înlăturat de
cele mai multe ori. Atât vechiul drept roman cât și vechiul
drept tribal căzuseră în desuetudine. Chiar în cele mai pro-
fund romanizate țări, țările romanice cum le numim, operele
lui Justinian nu erau citite în secolele precedând pe al XI-lea
în afară de unii ecleziaști învățați. Dacă vreun cod măcar era
folosit, era cel al lui Alaric, vizigotul. Dreptul teritorial local
ajunsese să fie doar obicei local. Acest drept teritorial local,
bazat doar pe obicei local, a fost acel drept restant care a fost
aplicat când dreptul feudal, dreptul canonic sau dreptul
comercial s-au dovedit inaplicabile.

(2) Aceasta ne aduce la a doua noastră investigație. Care
erau factorii administrând acest drept restant? Care erau
instanțele judecătorești locale? Am văzut compoziția vechii
instanțe germane locale cu oamenii ei liberi și înțelepții ei.
Am observat faptul că îndatoririle judiciare și militare cădeau
atât de tare pe micul proprietar de pământ încât în Imperiul
Franc de mai târziu i s-a permis un compromis în treburi
militare iar în probleme juridice se aștepta de la el doar să ia
parte la ședințele trimestriale regulate ale judecătorilor de
pace și nu la ședințele speciale ale curții. Apoi îl aflăm pe
rege desemnând anumiți oameni ca descoperitori de legi la
sesiuni regulate și speciale deopotrivă. Fiindcă datoria de a
participa la curte întotdeauna era impusă doar asupra oameni-
lor cu parcele frumoase,regele, în mod destul de firesc, a
ajuns să gândească despre datoria și privilegiul descoperirii
de legi ca fiind într-un fel legată de deținerea de pământ.
Acești descoperitori de legi erau numiți schoeffen în germana
de sus, selpen în germana de jos, scabini în saxonă, și
échevins în franceză. Curtea locală, atunci, consta din țăranii
liberi, dacă se poate vorbi de țărani liberi, proprietarii de
pământ liberi nu de rang nobil și cavalerii, din cauza posesi-

unii lor de pământ, sub preşedinţia contelui sau vreun cavaler şi scabini, care votează legea. În multe părţi ale Europei curţile constau numai din cavaleri, fiindcă nu au rămas arendaşi. Au rămas totuşi, mulţi în Italia. Deţinerea de pământ pretutindeni era baza puterii de a face legi. Grosul populaţiei trăia pe moşii feudale şi era astfel subiect faţă de curţile seniorale pe măsură ce se dezvoltau, iar aceste curţi erau ţinute de baron ca o întâmplare pentru deţinerea de către el de pământ. Exista, însă, o inevitabilă supravieţuire de vechi obiceiuri, ca atunci când aflăm arendaşi dând sentinţa asupra altora de rangul lor şi chiar în cazuri sporadice şerbi dând sentinţa asupra propriului lor rang. Tribunalul regelui era rezervat pentru arendaşi-şefi iar legea era găsită de vasalii-şefi. Peste tot găsirea legii era legată de deţinerea de pământ. Acest lucru era adevărat chiar în oraşe, unde a fi un cetăţean, trebuia să ai pământ. Acest fapt important, că toate curţile din Evul Mediu, exceptând numai curţile creştine, depindeau de deţinerea de pământ, nu este subliniat în nici una dintre istorii. Care este semnificaţia acestui fapt? Situaţia este anormală, fiindcă simpla stăpânire de pământ nu denotă cunoaştere specială a dreptului. Evoluţia naturală a descoperirii de legi este ca expertul ales în mod natural să fie urmat de expertul ales în mod artificial, ca judecătorul la Roma. Aici descoperim o evoluţie diferită: expertul ales în mod natural este înlocuit de neexpertul ales în mod artificial, de oameni care erau „spaţioşi în posesiunea pământului". Aceea era caracteristica instanţelor reziduale, exceptând în Anglia, şi era la fel de adevărată despre curţile de comerţ şi curţile feudale. Curţile creştine furnizează singurul exemplu în această perioadă al dezvoltării normale a descoperirii de legi la expertul ales în mod artificial şi acest fapt în special explică influenţa superioară şi jurisdicţia lor întinsă. Au avut activitate pentru că erau competente.

(3) Nu exista nici un apel, de altfel, de la descoperitorii de legi deţinători de pământ. Deşi în teorie regele era izvorul

dreptății, el era încă prea slab pentru a interveni în treburile locale. Acestea, deci erau limitările asupra acestui drept restant, bazat pe obicei local așa cum influențat de obiceiuri provinciale, căci localitățile vecine se influențau una pe cealaltă.

(4) Cuplată cu această primitivă natură a dreptului restant, și limitările factorilor încercând să-l aplice din cauza alegerii lor pe baza falsă a deținerii de pământ, și lipsa apelului la un tribunal superior din cauza slăbiciunii coroanei – toate unindu-se să împiedice orice dezvoltare în legea locală – era o cerere pentru dezvoltarea de drept nou pentru a satisface noi condiții de ocupație și comerț. Tribunalele urbane se ocupau numai de comercianți. Dar odată cu creșterea comerțului alți oameni afară de comercianți au început să-și găsească poziția lor economică mutându-se. Proprietatea personală a devenit din ce în ce mai importantă. S-au ivit în mod firesc diferende asupra diferitelor forme de proprietate personală, și noua orânduire economică a adus schimbări fără precedent în tribunalele locale. Totuși, cum tocmai am văzut, legii locale îi lipsea puterea inerentă spre a se extinde pentru a satisface noile condiții.

(5) Legislația, de asemenea, era imposibilă. Stările erau prea mult interesate în a vedea propriile lor drepturi păstrate pentru a schimba legea existentă. Și regele era prea slab deopotrivă spre a legifera prin ordonanță. Dificultatea este că Europa avea nevoie de un nou drept pentru a se potrivi noii structuri sociale, și nu era nici un mijloc existent pentru a suplini acea nevoie. Acela, pe scurt, este motivul care a făcut posibil ca Europa să adopte dreptul roman din secolul VI. Dreptul lui Justinian a fost adaptat la același stadiu de civilizație ca acela în care intra Europa. Acestea sunt cauzele pasive sau profunde care au făcut posibilă introducerea dreptului lui Justinian. Istoricii prea mult neglijează aceste cauze de bază profunde și se mulțumesc cu tratarea cauzelor pozitive sau active ale asimilării dreptului roman.

Care erau cauzele active ale asimilării dreptului lui
Justinian? (1) Instrucția universitară în drept în Evul Mediu s-a

*Cauze pozitive sau
active ale introducerii
dreptului roman*

concentrat în jurul Universității din
Bologna. Nu a început aici, însă, ci
la Ravenna cu un secol mai devre-
me, în secolul al XI-lea. În același
timp găsim câțiva juriști lombarzi referindu-se la opera lui
Justinian ca *Lex Communis Omnium*, iar juriștii spanioli din
Catalonia deosebeau dreptul civil și dreptul canonic. Până în
secolul al XII-lea Bologna devenise mai importantă decât
Ravenna. Marele profesor de drept era Irnerius. Studenții la
Bologna în acest secol se numărau cu miile din toată Europa,
inclusiv Anglia și chiar Scoția, cu corpul de studenți organizat
în „națiuni". De ce veneau aceste mii din toată Europa să
studieze un drept care nu putea practic să fie aplicat? Presupun
că veneau să studieze știința politică în scopul de a-și asigura
poziții ca sfetnici la regi, prinți și nobili, și chiar ca grefieri
municipali, dacă nu se oferea nimic mai bun. Se pregăteau să
concureze cu sfetnicii ecleziastici. Apariția lor a fost salutată
de monarhi și de nobilime, care nu erau niciodată prea siguri
de sfatul consilierilor lor bisericoși din cauza supunerii lor
duble. Orașele îi preferau pe acești consilieri mireni, cu atât
mai mult din pricină că erau mai eficient pregătiți pentru
munca lor. De aceea studiul dreptului roman a fost atât de
zelos urmat. Regi, în special, îi favorizau, pentru că ei găseau
în dreptul roman un text pentru absolutism. Și astfel a devenit
cunoscut în toată Europa că acești juriști, acești doctori în
drept, erau nu numai sfetnici competenți, ci erau capabili să
rezolve oricare dintre problemele complicate care îi puneau în
încurcătură pe ineficienții judecători ai curților locale.

(2) Cum și-a forțat introducerea acest drept roman pe care
doctorii în drept îl posedau? La această întrebare se răspunde
printr-o alta – Cum au reușit acești doctori în drept să-i
înlocuiască pe vechii, ineficienții deținători de pământ,
descoperitori de legi, în instanțele locale și chiar în cele

regale? Condiţiile sociale şi economice se schimbau; un nou drept era cerut pentru a corespunde noilor condiţii. În special proprietatea personală devenea mai importantă. Aceşti noi doctori aveau o reputaţie pentru ştiinţă, şi oamenii în mod firesc se duceau la ei cu noile lor probleme. Şi totdeauna primeau informaţiile pe care le doreau, deoarece operele lui Justinian pe care doctorii le cunoşteau erau adaptate la exact stadiul de civilizaţie în care Europa intra atunci. Şi părerile lor atât de complet îi puneau în încurcătură pe inexperţii vechi descoperitori de legi încât ei erau nevoiţi să le accepte fără dubiu. În acest mod dreptul roman şi-a croit drumul său în vechile tribunale locale.

(3) Puterea regelui, de altfel, creştea atât de mult încât el putea acum să întreţină apeluri. Slăbiciunea însăşi a instanţelor locale accelera acest proces. Puterea feudală era în declin; regii şi principii deveneau mai puternici; iar ei deveneau capabili să suplinească nevoia pentru drept mai puternic, mai bun. Mai întâi au auzit aceste apeluri în consiliile lor. Aceste consilii erau compuse, în principal, din marii vasali, care nu erau mai în stare să hotărască problemele decât instanţele locale. Fireşte monarhii îi chemau din ce în ce mai mult pe noii lor consilieri pentru sfat în adjudecarea acestor cazuri. Doctorii în drept fuseseră folosiţi în probleme pur politice la început, dar acum a venit o tendinţă să se arunce aceste apeluri afară din consilii, astfel încât ele puteau să se dedice mai mult problemelor de stat şi politicii, în instanţe separate în care doctorii predominau. Astfel doctorii au ajuns să li se dea utilizare juridică. Apoi, de asemenea, era o tendinţă să se arunce apelurile înapoi la instanţele locale, pe care tot doctorii le conduceau. Astfel a apărut un sistem de instanţe regale, pe care le conduceau doctorii şi în care explicau singurul drept pe care îl ştiau să satisfacă condiţiile, dreptul lui Justinian. Prin aceste demersuri s-a obţinut pe continent aceeaşi condiţie pe care Henric al II-lea a realizat-o pentru Anglia, anume, un sistem de instanţe regale cu apeluri la rege

în consiliu, ocupate cu experți aleși în mod artificial. Toată această dezvoltare depindea de puterea regelui.

(4) Pe cât instanțele regale au înlocuit instanțele locale, pe atât dreptul roman a tins să disloce cutuma locală. Însă dreptul local nu a fost măturat. Judecătorii au încercat să aplice dreptul local mai întâi; dacă nu exista nici unul, atunci dreptul provincial; însă dacă nu exista nici unul nici altul, ei invocau dreptul roman. Însă dreptul local și provincial fusese de mult inert și era mult în urma nevoilor vremii. În plus, doctorii îl disprețuiau. De aici s-a ivit regula pentru ca un obicei local să fie acceptat de către curte el trebuie să fie pus la probă. Prin aceste mijloace asimilarea dreptului roman a fost grăbită și poziția lui întărită, deși în teorie era privit ca subsidiar.

(5) Apoi, de asemenea, întreaga mișcare a fost accelerată de teoria imperiului continuu, *id est,* toate condițiile politice erau derivate din vechiul Imperiu Roman. Această concepție a exercitat mare influență de-a lungul Evului Mediu. Există, de altfel, bun argument istoric în spatele ideii. Năvălitorii teutonici fuseseră dornici să aibă legalizată poziția lor și se străduiseră să păstreze teoria. Carol cel Mare fusese încoronat împărat roman în 800. Chiar după destrămarea Imperiului Franc, Sfântul Imperiu Roman era cel puțin un nume, în special în Europa de Nord, în final devenind ereditar în casa regală de Austria. Această recrudescență a Imperiului Roman nu era pusă la îndoială în Evul Mediu. Pură teorie că ne poate părea, era atunci un fapt acceptat. Și această convingere a facilitat asimilarea dreptului roman, căci acești succesori ai Imperiului Roman, dacă le lipsea o lege, puteau bine să se întoarcă și să urmeze una dintre legile predecesorilor lor. Această forță numai, desigur, nu ar fi cauzat introducerea dreptului roman, dar ea a facilitat procesul asimilării.

Destul de firesc, dreptul roman a fost mai întâi asimilat în acele țări care crescuseră pe civilizație romană, *id est,* Europa de sud. În Germania doctrina imperiului continuu a fost de ajutor, însă din cauza lipsei de putere centralizată asimilarea a fost întârziată. Mişcarea căpăta formă, în general, din secolul al XI-lea până în secolul al XVI-lea. Erau unele părţi ale Europei unde nu exista absolut nici o asimilare aşa cum am descris, ţări unde legile lui Justinian nu erau acceptate chiar ca drept subsidiar. Astfel erau cantoanele împădurite din Elveţia, Scandinavia şi ţările slavonice către est. De ce a fost aceasta? Ele nu aveau nevoie de un drept extrem de complicat pentru a corespunde condiţiilor economice avansate: ele erau ţările înapoiate ale Europei. Mai târziu, când condiţiile lor economice au cerut o schimbare, *id est*, în vremurile moderne de început, le-au împrumutat de la vecinii lor. Astfel ele sunt rânduite în grupele dreptului roman modern de către o dezvoltare mai târzie. Deşi dreptul roman a fost asimilat în unele dintre regatele Spaniei, nu a fost acceptat nici în Aragon sau Castilia, cele mai puternice două regate ale peninsulei, şi în timp ce a fost asimilat în Franţa de Sud, nu a fost introdus în Franţa de Nord. De ce a fost aşa? Atât Castilia cât şi Aragon se iviseră a fi regate unite mai devreme decât orice alte state europene, cu excepţia Angliei. Astfel regele şi consiliul erau un corp care putea legifera să facă faţă noilor necesităţi. Codul celor Şapte Părţi (*Siete Partidas*) este al doilea mare jalon al istoriei juridice spaniole. Era, ca şi dreptul roman, subsidiar dreptului local şi folosit să umple crăpăturile. Deşi schimbarea a venit prin legislaţie, există atât de mult drept roman în el încât putem spune că este în esenţă drept roman. În Franţa de Nord, regii puteau să audieze apeluri mult mai devreme decât în Franţa de Sud. În Parlamentul din Paris, s-a născut un fel de drept cutumiar nord-francez care a suplimentat obiceiurile locale nord-franceze. A căpătat formă destul de repede ca să nu lase să pătrundă dreptul roman. Curţile din Franţa de Nord au permis dreptului roman să fie citat, deşi nu era autoritate. Cum a spus limpede un jurist francez, a fost primit *non ratione imperii, imperio rationis*, nu din cauza autorităţii, ci din autori-

Unde a fost asimilat dreptul roman

tatea cauzei. În Anglia, de asemenea, unde noul drept se dezvolta rapid, dreptul roman nu era formal introdus, deși era profund studiat, Oxford situându-se alături de Bologna ca un centru al studiului său. A fost, însă, formal asimilat în Scoția. Toate patru sisteme de drept european au avut, de fapt, mai multă influență asupra dreptului englez decât au fost dispuși să recunoască istoricii lui insulari. Maitland a fost primul într-adevăr să înțeleagă acest fapt. Când judecătorii lui Henric al II-lea au început să călătorească în circuit, Anglia avea drept feudal, canonic și comercial, iar judecătorii erau scăldați în drept roman. Dar treptat dreptul cutumiar le-a absorbit și le-a asimilat pe acestea. Dezvoltarea următoare a dreptului european de la această vreme înainte a avut puțină influență directă asupra Angliei, dar atât de strânse sunt relațiile noastre cu Europa și atât de multe învățăminte, pozitive și negative, să fie trase din istoria ei juridică încât poate să merite osteneala de a schița dezvoltarea ei foarte pe scurt.

VIII. CODIFICĂRI ÎN EUROPA CONTINENTALĂ

La sfârșitul Evului Mediu nici un stat în Europa nu avea un sistem de drept național. În fiecare, obiceiul local era suplimentat de cele câteva sisteme de drept general european pe care le-am subliniat. În ciuda dezvoltării celor patru sisteme de drept european, exista prea multă vitalitate în obiceiurile locale ca ele să fie în întregime zdrobite. Găsim multe compilații ale acestor obiceiuri locale în imitație a codurilor romane, exact cum erau codurile mai vechi. Avem, de exemplu, faimoasa *Sachenspiegel* de Ripkow, un cavaler saxon, inițial scrisă în latină, limba literară a timpului, dar pusă în clară, concisă saxonă la cererea princi- pelui său. În comparație cu corespunzătoarele Anuare, arată cât de retrograd devenise obiceiul pământului. Cam în același timp a apărut în Franța de Nord *Custom of Beauvoisis* de Beaumanior, care, de asemenea, a avut mare influență în

Codificări timpurii

păstrarea obiceiurilor locale. Aceste două compilații sunt cu deosebire importante pentru luminile laterale pe care le aruncă asupra istoriei juridice engleze. Dar existau multe alte compilații, dintre care acestea sunt doar mostre, la început private și mai târziu cu autoritate.

În secolul al XVIII-lea situația dreptului continental era aceasta: dreptul feudal era în decădere, celelalte trei sisteme erau codificate, și obiceiurile locale erau de asemenea reduse la scris. În Franța,de exemplu, în *Codificarea din secolul al XVIII-lea, cauzele și întinderea sa* ajunul Revoluției existau 300 de obiceiuri locale și 70 de obiceiuri generale, fără a mai vorbi de dreptul subsidiar, care în Franța de Nord era jurisprudența creată de Parlamentul din Paris și în Franța de Sud dreptul roman renăscut. În Germania, pentru a arăta mai departe complexitatea legii, existau 300 de sisteme de lege a proprietății matrimoniale. Pentru că cele patru sisteme generale de drept se întăriseră și obiceiurile locale deveniseră de asemenea fixate în scris, și pentru că centralizarea puterii în coroană a venit prea târziu pentru a putea permite dezvoltarea dreptului prin decizie, noul drept putea veni numai prin legislație. În efortul de a reduce haosul la ordine, legislația a luat forma codificării. Primul cod modern, codul civil francez sau *Code Napoleon*, a apărut în 1804. În Europa un cod civil înseamnă un cod tratând problemele obișnuite ale unor oameni obișnuiți, și conținutul general al fiecăruia este același ca acest cod: – statut legal, proprietate, contract, prejudiciu, succesiune. Codul francez a fost în mare măsură imitat mai întâi în Austria în 1811. Italia a devenit o națiune în 1860: codul ei civil a fost adoptat în 1865. În mod similar unul a fost adoptat în Spania în 1887-1888, dar sentimentul popular era atât de puternic împotriva lui încât nu a putut fi aplicat exclusiv exceptând în coloniile spaniole. Germania a început să fie o națiune în 1866-1867; în 1870-1871 s-a lărgit într-un imperiu; în 1874 a început să codifice dreptul său; în 1894 codul în proiect a fost completat; în 1900 codul completat a fost pus în vigoare. Elveția, o țară cu drepturi stricte ale statelor, avea coduri diferite în diferitele cantoane, dar un singur cod dezvoltat în mod treptat. Altele au urmat. Toate aceste coduri țintesc la atingerea acelorași rezultate: – (1) pentru a înlocui uniformitatea și simplicitatea cu diversitate și complexitate; (2) pentru a scăpa de dreptul străin.

IX. ÎNCEPUTURILE DREPTULUI CUTUMIAR ENGLEZ

Literatura în engleză despre subiectele pe care le-am discutat anterior este nesatisfăcătoare, dar despre această temă situația este cu totul diferită. *History of English Law* a lui Reeves, publicată în secolul al XVIII-lea, este

Bibliografie

destul de lăudabilă pentru vremea ei, dar lui Reeves îi lipsea temperamentul critic și vremea lui nu era prea mult dăruită cercetării răbdătoare. Totuși opera este lăudabilă și de folos chiar până acum. Majoritatea edițiilor acum în uz sunt cele ale lui Finlason, care era chiar mai necritic decât Reeves și al cărui hobby era că dreptul roman avusese o continuă existență în Anglia, netulburat de astfel de evenimente ușoare precum Cucerirea Saxonă. De aceea eforturile lui la imaginație reconstructivă cuprinse în notele sale și chiar în modificări ale paginilor lui Reeves sunt fără valoare. Dacă doriți să folosiți Reeves, cumpărați edițiile lui mai vechi, nemutilate. *Commentaries* ale lui Blackstone, deși nu scrise ca istorie, au multă istorie inclusă în ele, din care o parte investigația de mai târziu a modificat-o și suplimentat-o. *Commentaries*, scrise în secolul al XVIII-lea târziu, sunt, totuși, de valoare chiar astăzi. S-a făcut mult în acest domeniu în secolul al XIX-lea, în special în a doua jumătate. Opera monumentală este Istoria Dreptului Englez de Pollock și Maitland. Această operă este în special de Maitland, atât în ceea ce privește concepția cât și execuția, așa cum a spus Pollock în mod sincer după moartea lui Maitland, când a afirmat că singurul motiv că numele său apare primul este din cauza obiceiului

englez al avocatului mai în vârstă de a-și pune numele primul ca
rezultat al colaborării lor. Erau amândoi oameni extrem de
experimentați. Maitland a scris multe eseuri în acest domeniu,
care merită să fie adunate[1]. În istoria lor nu există nici o schiță
sistematică a dezvoltării dreptului englez din timpuri saxone
până în prezent, cum titlul prescurtat ar face pe cineva să-și
imagineze. În schimb, autorii și-au concentrat atenția asupra
condiției dreptului în vremea regilor de la Henric al II-lea la
Edward I. După un capitol de deschidere de Maitland, care este
cel mai bun résumé[*] în engleză al materialului pe care vi l-am
prezentat și o valoroasă schiță în linii generale a dreptului
timpuriu de Pollock, nu există nici o tratare sistematică a dez-
voltării dreptului, ci o examinare a condiției diferitelor ramuri
ale dreptului în vremea lui Edward I, cu astfel de antecedente și
post–recenzii cum alege Maitland să prezinte. *History of En-
glish Law* a lui Holdsworth, până acum în trei volume[2], este cea
mai bună prezentare a dezvoltării dreptului pe care o avem.
Primul volum este consacrat în întregime unei istorii a curților,
organizării și jurisdicției lor. Aceea este cu adevărat linia centra-
lă a istoriei juridice engleze. Schițează administrația, jurisdicția
și procedura în jos până la perioada victoriană. După 1776, este,
bineînțeles, nu atât de importantă pentru noi, în afară de scopuri
de comparație. Acest curs presupune o cunoaștere a volumului
unu, din care voi generaliza și extrage comparații cu sistemele
continentale de drept.

Deși romanii au ocupat și au instalat administrațiile lor mili-
tare și civile, Anglia, spre deosebire de Galia, nu a fost niciodată

*Întemeierea saxonă
a dreptului englez*

asimilată în Imperiul Roman. Civili-
zația romană avea puțin efect asupra
vieții rurale britanice. Retragerea

---

[1] De atunci publicate ca THE COLLECTED PAPERS OF FREDERIC WILLIAM
MAITLAND, editate de H.A.L. Fisher, 3 volume, Cambridge (1911).
[*] Folosit în forma franceză de autor. (*n.t.*)
[2] Cele douăsprezece volume publicate înainte de moartea autorului, în
1944, coboară Istoria până la 1875.

soldățimii romane din provincie a făcut posibil în secolul V pentru frizieni, saxoni și iuți să cotropească Anglia și partea de sud a Scoției, același teritoriu care fusese ocupat de romani înaintea lor, și să-i extermine ori să-i alunge pe locuitorii celți. Acești invadatori, singurii teutoni cu excepția francilor să rămână neconvertiți la creștinism, aveau o atitudine diferită față de civilizația romană decât aveau triburile care invadaseră mai mult asimilatele provincii romane. Ultimii, cu excepția francilor, erau creștini și serviseră în multe cazuri ca soldați romani. Saxonii erau nemiloși cu toată civilizația romană și izgoneau cu vigoare elementul celtic masculin din țară. Multe dintre femei erau cruțate și din acel izvor mult sânge celt curge în vine engleze. Umilii lucrători ai pământului erau cruțați spre a deveni ceea ce corespundea șerbilor în Germania. Civilizația care a rămas era aceeași cum fuseseră ei obișnuiți în vechile lor cămine în Germania de Nord. Bineînțeles nu putea fi nici o supraviețuire a influenței romane în asemenea condiții.

Multele mici regate de teutoni în Anglia erau în fine aduse laolaltă, după multă luptă internă și presiune externă, sub conducerea nominală a casei de Wessex. În comparație cu regalitatea francă, puterea regală era puțin dezvoltată. În consecință era puțină centralizare posibilă. Inovațiile lui Carol cel Mare nu au

Administrarea saxonă a dreptului

găsit loc în Anglia. Dreptatea era aplicată în curțile locale ca în triburile germane. Curtea obișnuită era curtea celor o sută. Împărțirea politică era comitatul sau districtul sub șerif (*shir-graf* sau *gerifa, graf* însemnând conte) corespunzând contelui franc drept reprezentantul regal. El prezida peste judecătoriile de ocol și în persoană sau prin ajutorul său peste curțile de o sută, dar la fel ca președintele teuton el nu decidea nici un punct al legii, exceptând dacă sau nu dezbaterile erau regulate. Ca în Germania, oamenii doar aprobau sau dezaprobau sentința înțelepților sau witan. Aici, de asemenea, nu exista nici o rezolvare a diferendului, ci o decizie privitor la cum trebuia să fie rezolvat cazul, *id est,* care parte urma să demonstreze cazul (povara dovezii) și cum trebuia să-l dovedească. Metodele dovezii folosite erau jurământul, ajutorul prin jurământ și, în special în probleme criminale, ordalia. Însă ordalia teutonică a judecății prin luptă nu exista în Anglia după introducerea creștinismului. Fără îndoială saxonii au început să o folosească dar misionarii irlandezi, care începuseră convertirea englezilor, erau predispuși împotriva rămășagului luptei. S-au descotorosit de el prin simpla metodă de a refuza să binecuvânteze armele, deși erau dispuși să binecuvânteze focul și apa. Cum aceste ordalii erau privite ca un apel la Dumnezeu pentru dreptate, era esențial ca instrumentele ordaliei să fie binecuvântate. Cu această singură excepție, administrarea saxonă a dreptului era, cum spune Maitland, un butaș transplantat de lege teutonică. Ordalia prin luptă, poate fi remarcat, a fost reintrodusă de normanzi. Ca în Germania, regele putea să țină curte oriunde era, și teoria la fel era că el avea jurisdicție paralelă cu toate curțile locale și nu era legat de obiceiuri locale. Se spunea că avea puterea de echitate a sentințelor „blânde". Dar în perioada saxonă această curte a judecat doar câteva procese – procese mari implicând oameni mari. Saxonii nu au dezvoltat niciodată instituția judecătorilor în circuit sau un corp de drept regal.

Deși nu a existat nici o dezvoltare despre care să se vorbească în dreptul regal, saxonii aveau ceva drept scris, mai întâi, obiceiurile locale și apoi legile uniforme ale regatului, așa cum apăreau ele regelui. Astfel

Dreptul scris saxon   de compilații de drept tribal au început imediat după începuturile compilațiilor pe Continent. Au început în Europa la sfârșitul secolului V; au început în Anglia în secolele VI și VII. O însemnare a legii din Kent a apărut în secolul VI, și mai târziu au venit formulări mai cuprinzătoare ale legii din Kent și Wessex. Alfred nu a putut să unifice legea locală sau cutumă, ci a sancționat și a aprobat încercarea de a formula legile uniforme ale regatului. Chiar în perioada normandă existau mari variații. Aceste compilații se deosebeau de cele de pe Continent fiind scrise în limba maternă în loc de limba literară, în saxonă în loc de latină. Ele nu erau în esență legislație, deși au influențat ordonanțe judecătorești de mai târziu. În formă se dezvoltau ca germana, „Dacă..., atunci..." Această lege s-a născut din judecăți și înțelepciuni, și era deseori cunoscută pur și simplu ca înțelepciuni. Astfel cuvântul „domes", ca și cuvântul „wisdom"[*] pe Continent, are dublul înțeles de lege în general și o singură judecată.

În ce măsură erau condițiile feudale care s-au ivit brusc în Europa dezvoltate în Anglia saxonă? Condiții asemănătoare produseseră în Anglia foarte mult feudalism. Ca și pe Continent, inegalitatea economică produsese subordonarea celui mic față de cel mare. Existau feude din timpuri romane cu proprietari saxoni. Sistemul franc de posesiuni superioare se repeta în Anglia. Relația stăpânului și vasalului aici deopotrivă a fost urmarea relației casnice. Servitorii de început sau gesithas au fost așezați pe pământ, și se pare că aveau servitori liberi și iobagi ai lor proprii. Dacă erau chemați să-l urmeze pe rege în război, și trădau, pierdeau dreptul asupra pământului și plăteau o amendă. Gesithas care nu aveau pământ, plăteau o amendă numai jumătate din sumă. Gesithas au devenit o nobilime ereditară. Gesithcunde, de exemplu, avea un wergeld[**] mai mare decât omul liber obișnuit. Thanes erau un al doilea strat de nobilime prin același proces. Fără îndoială exista multă șerbie din perioada britanică și mai multă după Cucerirea Saxonă; aceleași procese pentru împovărarea micilor arendași liberi acționau în Anglia. Dispensa s-a dezvoltat pe măsură ce regele a ajuns să se îngrijească de thanes pentru păstrarea ordinii, și astfel puterea

Feudalism în Anglia saxonă

---

[*] înțelepciune, judecată. (*n.t.*)
[**] preț al sângelui (vărsat). (*n.t.*)

locală și jurisdicția șerifilor erau tăiate de dezvoltarea feude-
lor. Exista, cum subliniază Holdsworth, ideea ca nobilii să
furnizeze trupe similar sistemului continental de posesiuni
militare. Dar asemănarea este oarecum exagerată, pentru că
nu există condiții egalând marele efort al lui Carol Martel de
a copleși invazia maurilor. Până la vremea Cuceririi Nor-
mande, a existat aceeași idee nedefinită a posesiunii militare
ca pe Continent înainte de perioada lui Carol Martel.

În Normandia condițiile erau diferite. Când Rollo și adep-
ții lui vikingi au pus stăpânire pe țară, nimic realmente nu s-a
întâmplat decât o schimbare de conducători. Feudalismul era
Feudalism în deja dezvoltat. Ducele ținea de re-
Normandia gele francez; conții și viconții, și
ecleziaștii, de asemenea, țineau de
duce; iar alții țineau de ei. Ducii normanzi, deși se făceau
neobișnuit de liberi de rege, păstrau mai multă putere decât
de obicei asupra vasalilor lor și asupra aplicării dreptății
decât păstrau contemporanii lor.

Când Wilhelm a cucerit Anglia, a procedat astfel în baza
teoriei că el era succesorul legal al lui Edward Confesorul și
gata să se supună obiceiurilor lui și să le continue. Potrivit
Efecte ale cuceririi teoriei lui, Harold era un uzurpator
normande asupra și adepții lui rebeli, o părere care a
feudalismului în Anglia provocat prea cuprinzătoare con-
fiscare de pământ. Răscoalele
repetate care au urmat au sporit și mai mult procesul de
confiscare, astfel încât sub domnia lui practic tot pământul a
trecut prin mâinile lui, fiindcă cei care nu erau tulburați au
trebuit să-i recunoască suzeranitatea. Realmente cum spune
Holdsworth, Wilhelm a dat definiție precisă și sistematizare
feudalismului englez, făcându-l similar sistemului normand
de feudalism. Nu toate posesiunile erau militare sau pentru
serviciul cavalerului; existau posesiuni de sergenție. Acel
termen ne duce înapoi la începuturile feudalismului în
menajul seniorului: sergent – servenus – servitor. Inițial

posesiunea de sergenție era dată la oameni alții decât cava-
leri care serveau regele, e.g., marea gospodărie a militarilor,
care trebuiau să aibă ceva pentru a se hrăni − și pământul
era atunci singura măsură de valoare. Pământul astfel dat
reprezenta capitalul a cărui chirie era echivalentul unui
salariu. Chiar atunci când acestea încetau să fie mai mult
decât funcții ceremonioase, ele erau totuși cunoscute ca
mari sergenții. Posesiuni de sergenție erau de asemeni
oferite pentru daruri de arcuri și săgeți și altele de felul
acesta. Erau date, în al treilea rând, când lăncieri și arcași,
spre deosebire de cavalerii posesiunii militare, erau furni-
zați. Apoi, ca pe Continent, era un al treilea fel de posesiu-
ne, posesiunea ecleziastică, dintre care singurul serviciu era
persoana care se roagă, împărțitorul de pomeni darnice.
Majoritatea pământurilor bisericești erau de acest tip, deși
unele ofereau și serviciu cavaleresc. În fine exista ceva
pământ dat cu condiția chiriei sau serviciului pe propriul
domeniu al regelui, posesiune în socaj. Se deosebea de
șerbie. Era o posesiune restantă. Vechii proprietari de
pământ saxoni liberi au apărut aici. Atât de mult din pământ
se dusese prin mâinile regelui încât era ușor să se formeze
teoria că tot pământul a venit prin mâinile lui, și că ceea ce
nu a venit din oricare din celelalte surse a venit în posesiune
în socaj. Toate aceste posesiuni superioare erau donații de la
rege, cu, desigur, multe subingradări, multe legături între
proprietar de pământ și coroană. În vremea lui Edward I,
Maitland citează un caz neobișnuit unde erau șapte stăpâni
între rege și proprietar de pământ, care stă la baza scării
feudale și pare să fie posesorul pământului, cu șerbi sub el,
sprijinind întreaga structură a feudalismului. Fiecare nobil
de la rege în jos avea domeniul său nedat în arendă ca o
sursă de venit, ținându-l pe acela și dând alt pământ în plus,
până când venim la cavaler care stă asupra domeniului său
ca singurul său teritoriu. Regele în general avea un vechil
sau intendent să-i administreze pământurile pentru el. În

general, ca pe Continent, iobagilor li se da propriul lor
pământ, deoarece renta mai bine. Dădeau atât chirie în
natură cât şi în serviciu.

Pământul a trecut prin subînfeudare (trecând pământul prin
acordarea de feudă unui vasal) şi de asemenea prin substituire
(strecurând pe cineva în locul tău în
Transmitere de pământ   scara feudală). Şi într-un caz şi în
altul seniorul feudal fireşte avea
ceva de spus despre transmitere. În cele din urmă seniorul
feudal a ajuns să nu aibă nici un drept pentru a obiecta la
transmitere, dacă nu putea să arate că schimbarea era dăună-
toare propriilor lui drepturi. În Anglia toate fiefurile erau
transmisibile. Dar, ca pe Continent, titlul superior al seniorului
era recunoscut plătindu-i un ajutor (de obicei chiria pe un an).
Şi existau aceleaşi drepturi de tutelă ca în Europa atunci când
moştenitorul sau moştenitoarea era un minor. În cazul moşteni-
toarei exista dreptul de căsătorie, alegerea unui bărbat satisfă-
cător interesului seniorului. Căsătoria unei moştenitoare în
general implica plătirea unui fief. Drepturile superioare ale
stăpânirii lui erau de asemenea exprimate în cereri pentru
ajutoare, contribuţii cu ocazii speciale, şi în reversiuni în caz
de nici un moştenitor sau de insubordonare sau de delict.
Delictul la început însemna nu crimă gravă, ci doar lipsa de a
face servicii feudale.

Vecini şi şerbi erau iniţial categorii distincte în Anglia sa-
xonă. Şerbii erau sclavi la muncă, treptat urcaţi la şerbi legaţi
de pământ. Vecinii erau cei care nu fuseseră niciodată sclavi la
muncă şi în multe cazuri fuseseră
Posesiuni de bază   iniţial oameni liberi. În perioada
normandă munca cu sclavi a trecut,
şi în secolul al XIII-lea găsim doar o singură clasă neliberă,
numită de-a valma villeini, servi sau nativi, toţi în mod obişnu-
it legaţi de pământ şi ţinuţi să lucreze pe terenul grădinii şi
parcului seniorului. Serviciile lor către senior erau limitate ca
volum dar nu în ceea ce priveşte caracterul lor. Ei nu puteau

să-şi dea fiicele lor în căsătorie la oameni din altă feudă, nici
să-i lase pe fiii lor să primească ordine, nici să vândă cai sau
boi fără permisiunea seniorului – toate din motive economice
evidente. Întreaga clasă mai bună de vecini îşi stabilise parcele
proprii de treizeci sau mai mulţi acri*. Alţi vecini erau argaţi,
având numai puţin pământ sau grădină şi lucrând în zilele lor
libere pe pământul altui vecin sau pe pământul seniorului
pentru plată. Posesiunile de bază erau pe placul seniorului, însă
erau practic sigure atâta timp cât serviciul era făcut. Ca în
posesiunile superioare, exista o taxă pentru moştenire, heriot
(here-gratu, war-gear, un cuvânt degradat, deoarece cuvintele
normande intrau, luând rang mai mare). Şerbii erau şi ei răs-
punzători pentru o taxă specială – birul – corespunzând ajutoa-
relor şi în general rezultatul unei chemări pentru ajutoare mai
mari. Şerbul inevitabil achita nota pentru practic orice. Posesi-
unile de bază alcătuiau singura supravieţuire a civilizaţiei
romane; erau aceleaşi ca pe Continent.

Ca pe Continent, mare putere era pusă în mâinile magnaţi-
lor retrăgând-o de la administrator ca reprezentantul local al

*Creşterea puterii
guvernamentale a
magnaţilor;
dezvoltarea dispensei*

regelui. Aceasta era adevărat chiar
despre vremurile saxone. În perioa-
da normandă juriştii deosebeau,
potrivit lui Bracton, drept feudal şi
imunitate în problema jurisdicţiei
senioriale. Prin drept feudal seniorul avea jurisdicţie asupra
arendaşilor neliberi în instanţa obişnuită ţinută de intendent
pentru senior şi asupra arendaşilor liberi în probleme de
posesiune feudală. Existau instanţe superioare pentru judeca-
rea vasalilor mergând în sus până la instanţa regelui pentru
judecarea marilor feudali. Până la secolul al XIII-lea, găsim
seniori mijlocii ţinând instanţe pentru judecarea vasalilor lor.
De la curtea regelui în jos, exista o strânsă asemănare cu
sistemul continental. În aceste curţi, erau decise probleme de

---

* 4047 m², *aprox.* pogon. (*n.t.*)

STUDIIND DREPTUL

posesiune, fiecare rang în scara socială fiind judecat de reprezentanți din „semenii" sau egalii lor potrivit vechiului obicei german. Acest vechi obicei german era în vigoare în toată Anglia. Când magnații la Runnymede* au cerut judecată de către egalii lor, au avut în vedere exact acest obicei în referirea lui la curțile feudale. În trecere trebuie să se noteze că s-a întâmplat o ciudată răsucire de înțeles în cuvântul „peer"** prin dezvoltarea Camere Lorzilor într-un peerage***. În al doilea rând, exista jurisdicție seniorială conferită de imunitate (donație sau prescriere regală). Aceste donații arhaice îi acorda seniorului drepturi descrise ca „sac and soc, toll and team, infangthef and utfangthef". Exact ceea ce erau aceste drepturi s-a discutat cu aprindere chiar în secolul al XIII-lea, dar ele îi acorda neînsemnată jurisdicție de poliție, ca pe Continent. Pe măsură ce seniorii normanzi îi succedau pe proprietarii de pământ saxoni, regii normanzi și angevini confirmau aceste donații. Această mișcare a fost ajutată de sistemul care îl făcea pe fiecare om într-o zeciuială răspunzător pentru acțiunile altor membri, mergând înapoi în perioada saxonă, atunci numit frith-both, sau zălog pentru pace. Era un aranjament prin care toți oamenii care nu erau într-o gospodărie sau atașați vreunei familii erau aranjați în grupe de zece – zeciuieli și făcuți răspunzători pentru buna purtare a fiecărui celuilalt, cu un singur om ca borough – principal sau both (garant principal) pentru toți. Răspunderea pentru supravegherea ca aceste grupe să fie menținute îi revenea șerifului. Era datoria lui să „supravegheze sistemul zeciuielii", să vadă că fiecare om era în grupa lui pentru menținerea ordinii sociale. Când, prin obicei sau donație, supravegherea sistemului zeciuielii era dată unui senior, practic însemna că el avea jurisdicție de poliție asupra acestor persoane. Existau chiar mai mari dona-

---

* pajiște pe malul sudic al Tamisei, la vest de Londra, unde se credea că regele Ioan și-a întâlinit baronii în 1215 și a semnat Magna Charta. (n.t.)
** egal. (n.t.)
*** nobilime. (n.t.)

ții peste sute.[3] Maitland spune că în 1255 aproape trei cincimi dintre cele o sută de curți din Wiltshire erau în mâinile magnaților mireni și spirituali. Trei sferturi de secol mai târziu, toate din Durham fuseseră lăsate pe seama acestor puteri. Acest cuvânt franchise sau îngăduință însemna întra-adevăr dispensa din Continent. Chiar înainte de Cucerirea Normandă fuseseră mult mai largi imunități, arătând partea negativă a dispensei în libertate din amestecul regelui. Cele mai faimoase dispense erau Scaunul Episcopal Durham, Comitatul Chester, Granițele Velșe și Ducatul Lancaster. Scaunul Episcopal Durham, creat în timpurile saxone, a fost lăsat netulburat de Wilhelm, care nu a încercat să-l includă în Cartea Judecății de Apoi a sa. Celelalte datau din secolele al XIII-lea și al XIV-lea. Henric al II-lea, de exemplu, nu a încercat să trimită judecătorii săi în circuit în aceste regiuni. Ele erau numite Palatinate, un nume împrumutat de pe Continent. Acestea, pe scurt, sunt principalele asemănări ale feudalismului englez și continental. Deosebirile vor fi tratate în capitolul următor.

Ca pe Continent, Biserica și Statul în general au conlucrat în Anglia Saxonă. Biserica a reușit să fie încorporat în legile locale tot ceea ce ei au socotit esențial. Astfel găsim în legisla-

Legea ecleziastică în Anglia în timpurile saxone

ția din Kent și în legislația lui Alfred probleme de căsătorie, înscrisuri, testamente, datoria statului de a suprima erezia, și altele asemenea. Dar în timpurile saxone, jurisdicția specială care s-a dezvoltat mai târziu era încă necunoscută. Instanțele bisericești erau expres pentru pedepsirea păcatelor. Ca în Spania vizigotă, cazurile matrimoniale erau încă sub jurisdicția curților celor o sută. Dar în ambele locuri era obișnuit ca episcopul să stea cu șeriful în toate cazurile interesând biserica.

Odată cu venirea lui Wilhelm din Normandia această stare de lucruri s-a modificat. Relația lui Wilhelm față de

---

[3] Vezi I POLLOCK AND MAITLAND; HISTORY OF ENGLSH LAW 545.

Biserică era cu deosebire strânsă deoarece el fusese sprijinit de autoritatea papală în efortul său de a cuceri Anglia.

Legea ecleziastică sub normanzi

Expediția lui a fost considerată o cruciadă. El datora ceva Bisericii, deci, și practic a stabilit în Anglia extinsa jurisdicție de care se bucura Biserica pe Continent. „Lucruri care țin de cârmuirea sufletelor nu trebuie să fie judecata oamenilor seculari", spunea Wilhelm[4]. Efectul practic al acestui drept era că, precum în cazul feudalismului, curțile ecleziastice au îmbrăcat o formă definită și au asumat jurisdicție care mai înainte fusese decisă în curțile seculare. Până la vremea lui Henric al II-lea aceste curți aveau aceeași jurisdicție ca pe Continent și, ca urmare a conflictului său cu Becket, ele au ajuns să aibă chiar mai multă autoritate în problema pedepsirii clericilor. Curțile bisericești obișnuite existau – curtea regulată a arhidiaconului pentru probleme mărunte; curtea obișnuită a episcopului ținută în numele său de vreun om priceput în drept; cu apeluri mergând cu regularitate la arhiepiscopul de Canterbury sau York și de acolo la curtea papală la Roma; cu privilegiul papei ca judecător universal luând fiecare caz în prima instanță, ca pe Continent, de a decide noua lege în speță. Până la Henric al II-lea jurisdicția ei, potrivit lui Maitland, era la fel de imensă ca pe Continent.

Situația dreptului comercial și jurisdicției comerciale era aceeași în Anglia ca pe Continent când condițiile o cereau.

Dreptul comercial în Anglia

Curțile regulate urbane erau modificate să satisfacă noile cerințe ale comerțului și să acționeze ca instanțe comerciale. Atât curțile diverselor spețe cât și curțile orașelor-porturi maritime erau formate din curți locale obișnuite cu adăugarea negustorilor străini pentru a ajuta pe descoperitorii locali de legi. Curțile orașelor principale erau

---

[4] STUBBS'S SELECT CHARACTERS, p. 85.

astfel de curți locale. Cu excepția curții amiralității, care era o instanță regală, în care era în special folosit codul lui Oléron, cum vom vedea în capitolul următor, curțile comerciale erau construite din curțile locale.

Date aceste trei mari corpuri de drept, administrate aproape cum erau pe Continent, este simplu de văzut că începuturile dreptului cutumiar erau restante. Marea lui dezvoltare în Anglia era datorată centralizării puterii în coroană, cauzată în parte direct de cucerirea normandă, în parte de concurențele de rasă ale normanzilor și saxonilor, silindu-l pe rege să intervină pentru a păstra pacea. Puterea era mai centralizată în Anglia Normandă decât era în Europa până secole mai târziu. Regii normanzi de început au dezvoltat ceea ce lipsea pe Continent – jurisdicție polițienească efectivă – în mare măsură prin puterile lor locale. Drepturile lor fiscale, deopotrivă, erau mai bine apărate. Cartea Judecății de Apoi era o mare anchetă în drepturile cuvenite și resursele Coroanei. A fost creat Tezaurul pentru a se ocupa de astfel de interese și treptat a ajuns să aibă o jurisdicție administrativă, chiar înainte de perioada lui Henric al II-lea. Arăta ca o mare curte centrală, limitată, desigur, la probleme fiscale de interes pentru rege.

Natura restantă a dreptului cutumiar timpuriu

Marea piatră de hotar în istoria juridică engleză este domnia lui Henric al II-lea. Inovațiile lui importante erau (1) o curte regală centrală permanentă stabilită cu scopul de a audia plângeri ale supușilor în general; (2) judecători itineranți călătorind în circuit, aplicând justiție regală în localități, (3) apeluri la justiția regală, grăbite de ordonanțe regale provenind de la cancelaria regelui, curtea de justiție a Lordului-Cancelar, de a lua spețe de la alte curți ca un drept, unde înainte fusese o favoare; (4) dezvoltarea anchetei în (a) juriul civil și (b) juriul penal (acesta din urmă

Opera lui Henric al II-lea

nu pe deplin realizat în vremea lui, deși el a pus bazele siste-
mului cu juri).

1. În 1178 găsim începuturile curții regale centrale, *id est*,
ca în evoluțiile tuturor curților centrale, găsim câțiva oameni
aleși din Consiliu să se ocupe de apeluri. În acel an Henric a
numit doi clerici și trei mireni să „asculte toate plângerile din
regat și să facă justiție". Cuvântul pentru plângeri, *clamores*,
este interesant fiindcă merge în miezul vremurilor când
autoajutorarea prevala, și acțiunea legală și ilegală erau
diferențiate prin strigarea omului care făcea acțiunea legală,
în parte poate fi pentru ajutor, dar mai mult pentru a atrage
atenția și arăta că era dispus să aibă pe oricine să vadă acțiu-
nea sa. Îi dădea acțiunii sale publicitatea care o făcea legală.
Această curte a fost stabilită printr-o ordonanță sau ședință a
unui tribunal. Cea mai mare parte a legislației perioadei a
îmbrăcat această formă. Sesiunea judecătorească era deseori
supusă magnaților, dar nu pare că ei au făcut vreodată mai
mult decât să aprobe. Aceste ordonanțe erau numite sesiuni
periodice ale curții cu juri pentru că erau supuse magnaților la
o sesiune judecătorească sau ședință. În caz că această curte nu
putea să decidă speța, era adusă în fața Regelui și oamenilor
mai înțelepți, sapientores. În regatele de mai târziu au ajuns să
fie trei curți distincte, Procesele de drept comun, Judecătoria
Regelui și Tezaurul, care își lărgise între timp funcția lui.
Acolo unde se ridica o problemă grea, era transmisă la Camera
Tezaurului, compusă din judecătorii tuturor celor trei curți, și
astfel în realitate o curte supremă. Dincolo de aceasta, firește,
exista posibilitatea unui apel la însuși regele.

2. Doi ani până ce curtea centrală a fost instituită (1176),
Henric a împărțit regatul în circuite și a trimis afară judecă-
tori în ele să aplice justiție în numele regelui. Până la urmă a
ajuns să fie un obicei ca judecătorii curților centrale la
Westminster, unde instanțele erau în sfârșit stabilite în loc de
a urma persoana regelui, să asculte apeluri acolo parte din an
și să parcurgă circuitul în rest. Acești judecători itineranți

seamănă emisarilor lui Carol cel Mare. Toate aceste instanțe regale erau cunoscute drept *curia regis*, dar cele la Westminster se numeau *curia regis capitales*.

3. Ordonanțele erau la început generale, instruind judecătorii să cerceteze cazul și să facă dreptate. Pe măsură ce se dezvolta justiția, întocmirea de ordonanțe a devenit o îndeletnicire specială a cancelariei secretariale a regelui, *id est*, curtea de justiție a Lordului-Cancelar. Ordonanțele au devenit specializate, fiecare ordonanță numind ce remediu urma să fie aplicat unui anume diferend. La început acțiunea autorilor de ordonanțe în cercetarea Lordului-Cancelar era liberală și înaintată, dar cu timpul a venit o reacție din partea magnaților, care au început să vadă că aceste ordonanțe le limitau puterile și lărgeau puterea regală. În Prevederile de la Oxford (1258), magnații, care pe atunci alcătuiau un soi de parlament, au declarat că fiecare nouă ordonanță care era emisă trebuie să fie aprobată de Parlament sau Consiliu (în sensul mai larg al acelui termen). Această restricție a fost găsită stânjenitoare, însă, și după această reacție temporară, Parlamentul a socotit că era necesar să emită noi ordonanțe și prin Statutul de la Westminster 2 d (1285) a autorizat noi ordonanțe *„in consimili causa"*, *id est*, în cazuri similare celor acoperite de vechile ordonanțe. S-a argumentat adeseori că dacă curtea de justiție a Lordului-Cancelar și-ar fi utilizat întreaga ei putere în această privință, nu ar mai fi fost deloc nevoie de dezvoltarea de mai târziu a echității.

4. Juriul dezvoltat în Imperiul franc era, cum am văzut, un mod mai rațional de dovadă decât vechile metode teutonice. Dovada prin mărturia oamenilor din vecinătate inițial s-a aplicat numai la diferende în care era implicat regele, apoi treptat s-a extins la corporații ecleziastice, și încă mai târziu la marii magnați. Practica a fost continuată în Normandia după căderea Imperiului franc, și Henric al II-lea, ca Duce de Normandia, a făcut juriul general ca o problemă de justiție, unde înainte fusese o problemă de privilegiu special. Câțiva

ani mai târziu el l-a introdus în Anglia în aceleaşi condiţii de generalitate ca de justiţie. Dar juriul nu era încă un juriu în sensul modern. Era un juriu de dovadă, nu încă de decizie. Dovada lui era pur şi simplu mărturie concludentă asupra problemelor de care se ocupa. Era fireşte limitat la probleme de statut legal şi de pământ, întrucât aceste lucruri care existaseră de mul timp erau singurele probleme asupra cărora se putea aştepta ca oamenii din vecinătate să aibă cunoştinţe concludente. Vechea procedură juridică a continuat până la punctul unde s-a spus ce metodă de dovadă să fie folosită. Pe urmă părţile vor cere dovadă prin juriu. Dezvoltarea juriului în proces cu juraţi este tratată în *Preliminary Treatise on Evidence* a lui Thayer şi *Jury Trial* a lui Brunner, căruia Thayer şi toţi autorii de mai târziu îi datorează mult. Scrisă în germană şi încă netradusă, tratează condiţiile engleze doar în măsura necesară să explice instituţiile europene. Procesul era acesta: se presupunea că oamenii buni din vecinătate, care se aflau sub jurământ să spună adevărul, cunoşteau toate faptele în speţă (de aceea erau aleşi; de aceea întrebările erau limitate la probleme de statut legal şi pământ, despre care fireşte ar cunoaşte totul), li se permitea treptat să suplimenteze şi să-şi împrospăteze memoria prin referire la documente. Apoi fireşte, dacă puteau să ţină seama de documente, de ce nu puteau să primească mărturia altor oameni pentru a-i ajuta în descoperirea întregului adevăr? Şi pe măsură ce au ajuns să ţină seama de alte lucruri decât propria lor cunoaştere, au ajuns treptat să stea în şedinţă cu instanţa şi să transmită dovada. Până la urmă în loc de a-i alege pe cei care se presupunea că ştiu totul despre caz, erau aleşi cei care nu ştiau nimic despre caz, astfel încât să poată fi imparţiali în decizia lor asupra dovezii. A fost o lungă, treptată dezvoltare spre o metodă raţională de dovadă. Întregul drept englez al probatoriului a fost elaborat să facă problema în litigiu să vină la juraţi în asemenea formă simplă încât să nu-i deruteze. Juriul era specific instanţelor regale. Toate celelalte instanţe aveau metodele mai vechi de dovadă. Dar în instanțele regale corpul de martori devenise un corp de judecători. Această metodă de dovadă a fost folosită numai în procese civile până în secolul al XV-lea. Până în acea vreme chezășia bătăliei a fost obiceiul în Anglia în procese penale.

5. Juriul civil nu era singura instituție juridică engleză a fi dezvoltată din juriu. După cum ne amintim Carol cel Mare folosise juriul în legătură cu inspecțiile oficiale ale emisarilor pentru a descoperi crimele nepedepsite. La verdictul lui putea fi deschisă procedura de emisari, dar ei decideau numai cum să se elibereze acuzatul. Henric al II-lea nu arăta interes deosebit pentru acest obicei. Fusese folosit de mai vechii regi normanzi și chiar saxoni, când thanii au fost chemați să dea o declarație șerifului privind crimele nepedepsite. Dar instanțele regale au făcut juriul general și obișnuit la inculpat, desigur, liberându-l prin ordalie. Cum s-a dezvoltat juriul penal? Prin analogie cu juriul civil. Juriul penal s-a ivit pentru că în 1215 un Consiliu Bisericesc, ținând seama de fraudele crescând din folosirea ordaliilor, a decretat ca preoțimea să nu mai ia deloc parte la ele. Dacă fețele bisericești nu puteau să binecuvânteze armele, nu putea să fie nici un apel la Dumnezeu pentru judecata lui, și astfel nu era nici o metodă existentă prin care acuzatul putea fi judecat pentru a-i determina vinovăția. În timpul acestei perioade juriul civil se dezvoltase alături de folosirea ordaliilor în probleme penale, și acum că folosirea ordaliilor era distrusă, ce era mai natural decât de introdus juriul în probleme penale? Era necesar mai întâi să-l faci pe acuzat să se supună el însuși țării, cum era expresia, căci era teoria la acea vreme că acuzatul trebuia să-i acorde juriului jurisdicție asupra lui. Această supunere voluntară a acuzatului față de țară era asigurată prin proces *forte et dure, id est*, dacă acuzatul nu se supunea era pus sub mari greutăți și hrănit numai cu hrană proastă și apă proastă până ce se supunea. Firește astfel de tratament era menit să-l aducă pe acuzat rapid în cadrul jurisdicției, deși nu era totdeauna

încununat de succes, în care un om prefera să piară în acest mod detestabil, dacă știa că era sigur de a fi declarat vinovat, mai degrabă decât să aibă bunurile sale confiscate de la familia lui. În decursul timpului, procesul cu juri a devenit socotit ca modul firesc de judecată, și dreptul la luptă a fost uitat de oameni în general. În secolul al XIX-lea, însă, un avocat amator de antichități s-a declarat în favoarea dreptului la luptă pentru clientul său. Examinând problema, s-a descoperit că dreptul rămășagului de luptă nu fusese niciodată lichidat, și omul a plecat liber. Parlamentul a abolit prompt dreptul rămășagului de luptă. Cursul dezvoltării judecății cu juriu este remarcabil: mai întâi a fost o instituție regală, apoi un privilegiu nobil, pe urmă s-a extins la popor în probleme civile, după aceea a fost forțat asupra inculpaților care se opun, și în sfârșit a fost foarte prețuit ca o libertate populară de către oameni. A fost strâns legat de dezvoltarea marelui juriu penal, care a avut începuturile sale chiar înapoi în timpurile saxone.

În timp ce începuturile dreptului cutumiar englez erau stabilite de Henric al II-lea în acest mod și extinse de regi următori, un alt factor era la lucru tot timpul în puterea crescândă a Parlamentului. Termenul drept civil pentru noi înseamnă drept făcut de judecător, dar la acea vreme însemna drept general al pământului ca separat de cele trei alte mari sisteme, și legislația era tot atât o parte a lui ca decizii. Englezii în utilizarea lor a termenului drept cutumiar erau conștienți că națiunile europene nu aveau acest drept general. Până la vremea lui Edward I, legislația era vag drept de ordonanțe, cu consimțământul baronilor doar de formă și nu totdeauna obținut chiar în legislație importantă. Toate legile înaintea lui Richard I erau declarate parte a dreptului cutumiar și erau astfel interpretate de judecători în aplicarea justiției. Chiar după ce Parlamentul devenise stabilit, era un corp de declarare a legii mai degrabă decât de alcătuire a legii. Par-

Începuturile dreptului cutumiar prin legislație

lamentul i-a înaintat regelui şi consiliului o petiţie pentru aplicarea obiceiurilor care erau deja stabilite sau a cerut stăruitor aplicarea vreunui nou obicei. Regele apoi făcea o astfel de ordonanţă şi Parlamentul o anunţa.[5] Deosebirea puterilor Parlamentului şi a regelui era vagă şi slab definită.[6] Ordonanţe, decizii şi legislaţie se întretăiau una cu alta. A fost numai în perioada lancastriană că Parlamentul a indicat păsurile sale şi leacul de urmat în problemă. Apoi iniţiativa a trecut de la rege. Legislaţia nu mai era „după sfatul Lorzilor şi Comunelor „ ci „prin autoritatea Parlamentului", regele fiind parte a Parlamentului.

X. EXTINDEREA DREPTULUI CUTUMIAR

Vom examina apoi cum dreptul cutumiar a înlocuit celelalte sisteme de drept, sau mai degrabă cum jurisdicţia regală a înlocuit celelalte jurisdicţii. Când tribunalele regelui au început să acţioneze, ele aveau numai jurisdicţia care nu era feudală, ecleziastică sau comercială.

Dezvoltarea jurisdicţiei regale

Jurisdicţia lor s-a extins la crime, cu excepţia delictelor feudale sau păcatelor ecleziastice; ofense în general; începuturile de contract, cu excepţia chezăşiilor de credinţă care erau în jurisdicţia Bisericii. Ele nu se ocupau de posesiuni de pământ, nici de succesiune nici de avere mobiliară.

I. Înlocuirea curţilor locale a avut loc în mod firesc. Întrucât speţe la instanţele regale acţionau numai prin ordonanţă regală, instanţele regale la început nu făceau să dispară curţile locale. Ca să scoată un proces de la curtea locală, un om trebuia să obţină o ordonanţă de la cancelaria judecătorului suprem la Westmisnter, ca procesul să fie judecat la Wesminster, afară dacă judecătorii regelui nu

Înlocuirea Curţilor locale

[5] JENKS, LAW AND POLITICS IN THE MIDDLE AGES 63.
[6] ILBERT, LEGISLATIVE METHODS AND FORMS 5.

trebuiau să vină mai devreme (*nisi prius*) în acea localitate. Curțile locale nu erau niciodată suprimate ci dispăreau rapid, în special în câmp deschis din cauza metodei mai raționale de dovadă și mai rapidei și mai adecvatei justiții aplicate de instanțele regale. Curțile municipale, cu dreptul lor comercial, erau mai viabile, dar ele, de asemenea, au cedat teren.

II. Trebuie acum să urmărim cum jurisdicția dreptului cutumiar a invadat jurisdicția celorlalte sisteme de drept. Vom examina mai întâi răspândirea jurisdicției dreptului

Jurisdicția feudală invadatoare

cutumiar în jurisdicția feudală. În capitolul precedent, am schițat asemănările feudalismului european și englez. Acum vom trata deosebirile celor două sisteme. Wilhelm de Normandia fusese un vasal neascultător chiar el, și era hotărât să biruie în Anglia tendințele descentralizatoare ale feudalismului european. În primul rând, proprietățile marilor feudali erau risipite în întreaga țară și nu formau unități coerente. Se discută dacă sau nu aceasta era intenția chibzuită din partea lui Wilhelm. Se afirmă că era probabil rezultatul firesc al modului treptat în care a fost cucerită Anglia. Totuși este cu greu posibil ca Wilhelm să fie neștiutor de avantajul pentru coroană al separării proprietăților. Oricum ar fi putut fi aceasta, a existat cu siguranță intenție chibzuită și conștientă în unele dintre celelalte măsuri ale lui. Astfel ca o a doua măsură, s-a ridicat împotriva teoriei că omul stăpânului nu era omul regelui, afirmând că omul fiecăruia era omul lui. Fiecare jurământ de omagiu avea în el rezerva „în afară de credința pe care i-o datorez regelui". El impunea vechiul obicei franc de jurăminte directe de credință din când în când. În al treilea rând, Palatinatele erau într-un sens palatinate regale. Durham ca un palatinat ecleziastic unic avea dispensă față de rege. Chester, Granițele Velșe și Ducatul de Lancaster erau create fie pentru rege însuși fie pentru vreun moștenitor legal. Astfel aceste trei palatinate erau palatine regale,

semănând cu dispensele romane originale în folosul stăpâni-
torului însuşi, guvernate de funcţionarul lui, în loc de auto-
ritatea locală. Aceste palatinate au supravieţuit până în
vremurile recente. De exemplu, cancelarul Ducatului de
Lancaster este chiar acum un membru al cabinetului fără
portofoliu. Scaunul episcopal Durham este cu deosebire
interesant pentru americani, fiindcă pe guvernarea sa au fost
modelate coloniile de proprietari particulari în America.
Prin aceste trei mijloace, atunci, regele a ştiut să biruie
tendinţele dezintegratoare ale feudalismului european.

Vom schiţa apoi cum jurisdicţia dreptului cutumiar a in-
stanţelor regale a tocat jurisdicţia feudală, protejându-l şi mai
mult pe rege împotriva puterii dezintegratoare a feudalismu-
lui. În afară de palatinele regale şi Scaunul Episcopal
Durham, existau multe scutiri mai mici, bazându-se pe dona-
ţie sau lege nescrisă, unele dintre ele mergând înapoi la
timpuri saxone şi confirmate de stăpânitori normanzi, multe
dintre ele proaspăt create de regii normanzi. Aceste scutiri
private reprezintă acelaşi proces ca acela în desfăşurare pe
Continent, unde scutirile magnaţilor tocau jurisdicţia curţilor
locale şi chiar probabil jurisdicţia regală. Juriştii regelui au
inventat teoria importantă că aceste dispense (mergând înapoi
la Imperiul Roman, deşi poate ei nu erau conştienţi de ea
câtuşi de puţin) erau donaţia regelui şi exercitate pentru
coroană. Cu deosebire se pretindea aceasta în perioada
angevină. În secolul al XIII-lea îi găsim pe jurişti cerând ca
exceptând acolo unde exista jurisdicţie ca drept feudal (peste
vasali şi şerbi), reclamantul trebuie mai întâi să arate un
privilegiu de la rege pentru a susţine cererea lui la o favoare
de jurisdicţie: „Timpul nu curge împotriva regelui".[7] Aceasta
tindea să pună capăt ideii de jurisdicţie prin lege nescrisă.
Numai obicei sau practică imemoriale ca o excepţie erau
insuficiente. Potrivit lui Bracton, apelantul trebuia să arate

---

[7] I POLLOCK AND MAITLAND, *op. cit.*, p. 559.

privilegiul său, pe deasupra, de la prezentul rege. Aceste două afirmații ale lui Bracton sunt, cum spune Holdsworth, a fi luate ca profetice mai degrabă decât reale. Dar în 1234, Edward I a încercat să le facă efective numind împuterniciți să ancheteze uzurpările drepturilor regale. Raportul lor a fost inclus în cele O Sută de Liste, corespunzând raportului fiscal al lui Wilhelm asigurat de Cartea Judecății de Apoi. Pe baza acestui raport, exista procedură *quo warranto* în care juriștii adoptau cu îndrăzneală teoria lui Bracton. Potrivit teoriei lui Guilbert Thornton, acolo unde reclamantul nu putea să arate o donație de la prezentul rege, era silit să renunțe la jurisdicția lui. Dacă aceste cereri ar fi fost pe deplin aplicate, toată jurisdicția feudală exceptând cea de drept ar fi fost distrusă. Regele, însă, nu a împins cererile lui complet, și după câteva proscrieri a început să ajungă la o înțelegere cu nobilii. În 18 Ed. I, Stat. 2d și 3d of Gloucester (1290), s-a declarat că „posesiunea neîntreruptă a unei imunități la începutul domniei lui Richard I trebuie să fie socotită concludentă". Astfel din nou găsim domnia lui Richard I ca perioada memoriei juridice. Câștigul net pentru puterea regală era că nici un fel de legi nescrise mai târziu decât începutul lui Richard I nu erau recunoscute.

Aceste curți de imunități, ca deosebite de curțile feudale de justiție, erau nepopulare atât la rege cât și mai târziu la Parlament, din cauza dovezii lor iraționale, slaba lor procedură și legea lor neprogresistă. Disparitia acestor curți de imunități, ca și curțile locale, a fost treptată. Au existat sporadic până în timpurile moderne. Sistemul care îl făcea pe fiecare om într-o zeciuială răspunzător pentru acțiunile altor membri, sau lista de candidați a curții cum a fost numită mai târziu, și taxă pentru pâine și bere (un vechi exemplu de reglementare polițienească a hranei pure) au existat timp îndelungat. Legile Judecătoriei de Ocol în 1846 și 1848 au recunoscut interesele legitime ale anumitor gentilomi în aceste probleme în cazuri sporadice. Însă după epoca lui Edward I curțile de imunitate au fost suspendate pentru un timp, cum au fost şi curţile populare.

Chiar instanţele strict feudale, care au existat de drept chiar sub aspra teorie a juriştilor curţii, păreau să se ofilească sub domnia regilor normanzi şi angevini. Curţile feudale de justiţie erau de trei feluri – curţi de onoruri, curţi ale stăpânirii proprietăţii funciare şi curţi obişnuite. Curţile de onoruri (curţile ţinute de seniorii feudali mijlocii asupra vasalilor lor) nu par să fi avut multă forţă, pentru că parcelele lor risipite făceau neconvenabil, şi în unele cazuri aproape imposibil, ca vasalii să fie prezenţi la această curte. În 1259 Prevederile de la Westminster şi 1267 Statutul de la Marlborough spuneau că un senior care cerea ca un proces al unui vasal să fie judecat la curtea lui trebuie să arate stipulaţie sau prescripţie expresă. Prin această acţiune încercând să submineze curţile de onoruri, şi din cauza dezvoltării instanţelor regale cu avantajele lor intrinsece şi fiindcă nu exista nici un drept direct de apel către instanţele regale aceste curţi de onoruri au dat greş în încercarea lor de a construi o jurisdicţie intermediară. Apoi modificarea întregului drept criminal care avea loc, creând noi definiţii de crime şi vechi crime cu nume noi, a servit să ajute procesul de a le aduce în jurisdicţia regală, fiindcă nu apăreau anume în prescripţia către seniorul feudal. Mai important însă în transferarea jurisdicţiei criminale spre instanţele regale era faptul că o încălcare a jurământului de credinţă, care iniţial însemna un eşec de a îndeplini o îndatorire feudală şi care pe Continent era pedepsită de seniorul feudal, era în Anglia, din cauza faptului că fiecare om depunea jurământul de directă supunere faţă de rege, un delict împotriva regelui precum şi un delict împotriva seniorului feudal. În consecinţă exista o jurisdicţie regală de încălcări ale jurământului de credinţă, a căror listă a fost treptat lărgită. Interesele regelui şi seniorului erau ingenios împăcate de prevederea că dacă proprietatea unui om era confiscată sau întoarsă la donator din cauza încălcării jurământului său de credință, nu se întorcea la rege ci la senior. Pentru senior acesta părea să fie un aranjament foarte convenabil pentru executarea îndatoririlor lui feudale. El nu vedea că dădea o lovitură fatală aristocrației feudale, căci dacă unui om ar fi să aibă crima lui judecată de persoane oficiale regale el ar fi foarte potrivnic să-l urmeze pe senior în luptă împotriva regelui, cu perspectiva funcționarilor regelui confiscându-i pământurile sale către stăpânul său pentru osteneala lui. Rezultatul net al acestui proces a fost că încălcarea jurământului de credință a devenit baza dreptului criminal englez, a fost definită și permanent lărgită de Parlament – spre marele folos și centralizare a puterii regelui.

Când venim să tratăm despre a doua categorie de curți feudale de justiție, curțile stăpânirii proprietății funciare, nu exista problema inconvenienței care întârziase atât de mult curțile de onoruri. Curțile stăpânirii proprietății funciare erau foarte importante înainte de sfârșitul secolului al XII-lea, dar treptat jurisdicția lor a fost diminuată de jurisdicție paralelă sau superioară a instanțelor regale. Ultimele se prefăceau a avea jurisdicție asupra proprietății unui feud liber, dacă arendașul se posta pe mare preț fix. Apoi, după Statutul de la Westminster 2d (1285), noi ordonanțe ofereau noi reparații care nu puteau fi atinse în curțile baronilor, ci numai în instanțele regale. În plus, prin Statutul de la Marlborough „proprietarii unui feud liber nu puteau fi sechestrați ca să apară în instanță fără citația regelui". Adică, nu puteau fi sechestrați să apară ca jurați în instanțele baronilor împotriva voinței lor. În acest mod încercarea baronilor de a copia planul regal de proces cu juriu era zădărnicită. Prin urmare aceste forme mai vechi de dovadă, jurământ și ajutor prin jurământ și ordalie, erau în general folosite în instanța feudei. Chiar dacă seniorul putea asigura un juriu, verdictul juriului nu putea fi folosit afară dacă ambele părți erau de acord cu el. Mai târziu, prin Lege de Parlament, jurisdicția lor a fost limitată la procese civile implicând sume nu peste patruzeci de şilingi. Rezultatul net al acestei mişcări era de a aduce practic toate procesele arendaşilor liberi în instanţele regale pentru marea extindere a jurisdicţiei regelui. Mişcarea era importantă, în plus, din cauza efectului ei asupra dezvoltării sociale, păstrând oamenii în mare parte liberi în loc de a-i forţa în jos spre şerbie ca pe Continent.

Curţile obişnuite, curţile senioriale de drept feudal care aveau jurisdicţie asupra arendaşilor neliberi, erau mai viabile şi nu au început să dispară până la mijlocul secolului al XV-lea. Pentru şerb curtea seniorială era curtea de primă şi ultimă instanţă. Dar obiceiurile senioriale erau păstrate mai liberale ca pe Continent prin influenţa indirectă a dreptului cutumiar. Înainte de sfârşitul secolului al XIII-lea munca acestor curţi era făcută de jurişti pregătiţi în dreptul cutumiar; existau cărţi tehnice de drept pentru a învăţa intendenţii cum să asculte pledoariile.[8] Jurisdicţia de apel a instanţelor regale în acest domeniu nu era exercitată până în secolul al XV-lea: apoi când seniorul nu va face dreptate, atât curţile de drept cutumiar cât şi curtea de justiţie a Lordului-Cancelar, iar în perioada Tudor Camera Instelată şi Curtea de Interpelări de asemenea au intervenit. Aceste curţi au diminuat puterea curţilor obişnuite până când au avut jurisdicţie numai asupra problemelor dreptului de arendă. În această privinţă Anglia era mult înaintea Europei, unde această măsură nu a fost luată, în afară de oraşe, până în secolul al XVIII-lea.

Vom nota apoi cum o mare parte a dreptului feudal a devenit parte a dreptului cutumiar englez. Dreptul cutumiar englez a importat dreptul feudal, unde nu fusese înainte modificat, în special dreptul proprietăţii mobiliare. Situaţia era complet diferită în această privinţă de situaţia de pe Continent. Acolo, pe măsură ce feudalismul dispărea, dreptul roman restant a venit să-i ocupe locul. Astăzi dreptul proprie-

---

[8] I POLLOCK AND MAITLAND, *op. cit.* 580.

tății mobiliare în Europa este în realitate dreptul roman al proprietății mobiliare, sau, cel puțin, dreptul roman al proprietății mobiliare precum elaborat în orașe. În Anglia, însă, instanțele regale care dobândiseră jurisdicție asupra problemelor feudale, decideau acele probleme potrivit dreptului feudal existent. O mare parte a dreptului feudal a devenit astfel parte a dreptului cutumiar și avem rezultatul anormal al jurisdicției regale biruind tendințele dezintegrante ale feudalismului, numai pentru a face dreptul feudal al proprietății mobiliare parte esențială a dreptului cutumiar.

III. Vom trasa acum legătura jurisdicției regale cu jurisdicția ecleziastică. Wilhelm de Normandia și succesorii lui

Legătura jurisdicției regale cu jurisdicția ecleziastică

puseseră Anglia în linie cu Continentul în problema jurisdicției ecleziastice, și, destul de ciudat, în unele privințe ei chiar au mers mai departe decât practica continentală. Henric al II-lea dorea să limiteze dreptul Bisericii, în special în problema judecării delictelor criminale ale clericilor și în ceea ce privește chezășiile de credință. Cererile lui erau nu mai mult decât rezonabile din punctul de vedere a ceea ce se credea convenabil pe Continent. Exista împotrivire îndărătnică de către Biserică, dar uciderea lui Becket l-a pus pe rege în delict. El a trebuit să se supună canoanelor, și Biserica a obținut drepturi mai mari decât oriunde în Europa. Ca urmare procesul prin care dreptul cutumiar a tocat jurisdicția ecleziastică a fost treptat.

Henric nu a pus la îndoială dreptul curților bisericești la judecarea preliminară a clericilor, dar el a cerut ca un reprezentant al coroanei să fie prezent și că dacă preotul ar fi declarat vinovat, el ar trebui să fie predat curților civile pentru pedeapsă. Aceasta era părerea și practica europeană obișnuită. Din cauza uciderii lui Becket regele a trebuit să renunțe la acest drept, și nu exista nici un reprezentant al regelui prezent la judecări de către Biserică și nici o pedepsire de către autoritatea civilă. Întrucât Biserica nu putea să verse sânge, cea mai aspră pedeapsă pe care putea să o dea era să întemnițeze un om cu o hrană limitată, să închidă între patru pereți pe deținut, cum se spunea. Tradiția era că ei în realitate îi zideau pe oameni și îi lăsau să moară, dar aceasta nu este așa. Regimul de carceră era cea mai rea pedeapsă impusă. Acest mare „beneficiu al clerului" era de aceea că un preot nu putea fi spânzurat. Are o ciudată istorie în Anglia. În Evul Mediu proba clerului era putința de a citi. Beneficiul clerului s-a schimbat într-un privilegiu de știință de carte și educație. Exista un efort statornic din partea coroanei și Parlamentului de a limita acest beneficiu al clerului. Imediat după domnia lui Henric al II-lea, instanțele regale au început să deosebească crimele capitale și alte crime și să-și asume pedepsirea vinovatului pentru delicte mai mici. După Henric al VIII-lea au fost adoptate legi „fără beneficiul clerului", însemnând prin aceasta, nu ceea ce se crede adeseori în chip popular că unui om i se refuza ultimele ritualuri, ci că un om care știa să citească să fie pedepsit în aceiași termeni ca unul care nu știa. Prin numeroase legi succesive, privilegiul a fost înlăturat.

În al doilea rând, curțile bisericești au încercat să obțină jurisdicția proprietății ecleziastice. Nu a fost niciodată admis în Anglia sau pe Continent că Biserica putea decide spețe în care ținea posesiune feudală, întrucât acel drept aparținea la origine curților feudale și mai târziu instanțelor regale. Principiul a fost stabilit de timpuriu că singurele posesiuni asupra cărora Biserica avea jurisdicție erau acelea pe care le ținea în împărțirea pomenilor darnice, *id est*, posesiuni exclusiv pentru rugăciuni. Dar atunci s-a ivit interesul contradictoriu al donatorului (în general regele sau un mare senior feudal) și al donatarului, și el treptat a devenit principiul ca aceste spețe să fie decise în instanțele regale. Curțile bisericești au ajuns să aibă jurisdicție asupra doar a pământului deținut exclusiv pentru scopuri ecleziastice (edificiul bisericii, cimitirul, casa parohială, și așa mai departe) și aceasta era regula chiar înaintea Reformei. Deşi Biserica a întârziat dezvoltarea dreptului criminal, nu a împiedicat dezvoltarea dreptului proprietăţii.

Apoi Biserica avea jurisdicţie asupra contractelor pe Continent pe baza celor două motive ale interzicerii cămătăriei şi jurisdicţia ei asupra chezăşiilor de credinţă. Henric al II-lea a lăsat jurisdicţia chezăşiilor de credinţă pe seama instanţelor regale. A existat jurisdicţie paralelă pentru un timp. Dar în fine instanţele regale au ajuns să aibă jurisdicţie exclusivă asupra cămătăriei şi jurămintelor.

În legătură cu relaţiile de familie, jurisdicţia Bisericii asupra căsătoriei era necontestată. Tribunalele regelui nu făceau nici o încercare să decidă unde exista o căsătorie, când erau legitimi copiii, când putea fi anulată căsătoria *ab initio*, şi unde putea fi admisă separarea. Existau două întrebări interesante ridicate asupra problemei pământului. Dacă o văduvă putea moşteni dota depindea dacă era cu adevărat văduvă. Dacă un bărbat putea moşteni proprietate depindea dacă era legitim. Era un lucru ciudat că tribunalele regale şi oamenii în general insistau asupra unei forme mai stricte de căsătorie decât insistau curţile bisericeşti. Până la Consiliul din Trent în secolul al XVI-lea, curţile bisericeşti nu cereau ca o căsătorie pentru a fi validă să fie oficiată de un cleric. Acela, desigur, era procedeul obişnuit, şi erau pedepse ataşate pentru neconformarea la această reglementare. Dar o căsătorie, chiar o căsătorie secretă, era perfect bună dacă putea fi dovedită, *id est*, dacă o parte o va afirma şi cealaltă o va admite. Dar oamenii şi instanţele regale se opuneau căsătoriilor secrete şi socoteau că trebuie să fie în faţa vreunui persoane oficiale. Deci în problema dotei sau moştenirii proprietăţii, instanţele regale refuzau să recunoască persoane legate de căsătorii secrete. Ele refuzau să supună problema căsătoriei curţilor bisericeşti, afară dacă putea fi arătat că oficierea căsătoriei era în faţa Bisericii. În acea eventualitate următoarele probleme în speţă erau trimise la instanţa creştină, dar nu altfel.

Această teorie a fost elaborată de perioada lui Bracton.[9] Instanțele regale elaborau astfel propria lor teorie a dotei în fața teoriilor bisericești ale căsătoriei.

În problema legitimității, care era implicată în problema moștenirii proprietății, a avut loc același proces. Cum am văzut, Biserica avea jurisdicție asupra legitimității în întreaga Europă, pentru că ea singură lua cunoștință de aceste evenimente. Biserica, desigur, nu ținea o socoteală a nașterilor, dar ținea o socoteală a botezurilor, care era practic echivalentul ei, fiindcă era obiceiul să se boteze fiecare prunc până în trei zile de la nașterea lui. Instanțele regale nu erau dispuse să recunoască legitimitatea unei forme de legitimizare pe care curțile bisericești au recunoscut-o, *id est*, ele nu considerau copiii născuți din cununie legitimi pentru a moșteni proprietatea din pricina căsătoriei ulterioare a părinților lor. Acest drept roman pentru legitimizarea copiilor, instanțele regale, sprijinite de aprobarea populară exprimată de jurii, nu erau dispuse să-l aplice, cel puțin în scopurile moștenirii proprietății. Prelații și clericii se străduiau să facă instanțele regale să adopte acest punct de vedere, dar la Consiliul de la Merton, 1236, baronii au spus, „Noi nu suntem dispuși să schimbăm legea Angliei", însemnând că ei vroiau să rămână ca instanțele regale să nu trimită problema legitimității în astfel de cazuri la curțile bisericești. Lipsa de respect față de Biserică a fost evitată neridicând problema direct. Judecătorul a trimis întrebarea la juriu, „Era copilul născut înainte sau după cununie?" Este de observat, însă, că ambele aceste cazuri se refereau numai la pământ. Văduva și copiii în aceste două situații ar fi fost recunoscuți de instanțele regale ca legitimi pentru fiecare alt scop, cu excepția moștenirii de pământ. Așa de exemplu, un copil nelegitim, legitimizat potrivit metodei pe care am schițat-o, ar fi fost considerat ca eligibil pentru cler.

[9] I POLLOCK AND MAITLAND, *op. cit.* 376, 377.

În perioada anglo-saxonă, Biserica a încercat să asigure recunoașterea ultimei dorințe și testament în dreptul tribal. Aparent a avut succes în realizarea scopului, căci găsim cel puțin un dar de pământ *post obit*. După Cucerirea Normandă, însă, s-a ajuns să se vadă că nimeni nu putea să facă un dar de pământ *post obit*, fiindcă abia se potrivea cu concepția feudală. În perioadele normande și angevine un bărbat putea să dispună de proprietatea lui personală. Validarea și aplicarea testamentelor erau ambele în mâinile curților bisericești. Atât de adevărat era aceasta, încât în secolul al XIII-lea curtea episcopului era declarată curtea perfectă pentru validarea testamentelor. Nu există mărturie directă a validării testamentelor înaintea lui Henric al III-lea, dar în timpul lui Henric al II-lea și Glanville nu exista nici o pretenție regală la această jurisdicție, astfel putem presupune că instanțele bisericești aveau acest drept și că mărturia lipsește doar pentru perioada mai veche. Ce s-a întâmplat de obicei a fost că testamentul era înregistrat și verificat la curtea episcopală, și averea era împărțită sub supravegherea curții de către executorii testamentari. Orice creditor sau oricine având un legat pe care executorii testamentari refuzau să-l aplice putea să intenteze proces la instanțele regale, dar ei trebuiau să aibă sentința lor aplicată la curțile bisericești.

Am văzut cum pe Continent curțile bisericești au obținut jurisdicție a averilor intestaților, pentru binele sufletelor lor. În același sens găsim prevedere în Magna Carta pentru distribuirea unor astfel de averi sub îndrumarea Bisericii. Și-au îndeplinit lucrarea atât de perfect încât în 1268 un consiliu al Bisericii a fost silit să amintească episcopilor că ei nu trebuie să socotească astfel de averi ale lor în întregime și că creditorii și văduva și copiii aveau unele drepturi. În 1342 o ordonanță a arhiepiscopului de Stratford a interzis înșelarea Bisericii și păgubirea văduvelor, copiilor și creditorilor. Aceasta evident arată puterea Bisericii în această privință. În 1557 o ordonanță îl instruia pe prelatul judecător să dea administrarea averilor rudei celei mai apropiate. Astfel vedem că atât îndeplinirea testamentelor cât şi administrarea averilor fără testament erau în instanţele prelatului judecător, dar puteau fi intentate procese împotriva executorului testamentar sau administrator în instanţele regale. Pe la sfârşitul secolului al XV-lea găsim petiţii la curtea de justiţie a Lordului-Cancelar în procese implicând cazuri de evaluare. După reformă în secolul al XVI-lea şi al XVII-lea, este clar că Biserica confirmă executorii testamentari, numind administratori şi supraveghind împărţirea averilor, curtea de justiţie a Lordului-Cancelar supraveghind curţile bisericeşti —o situaţie care a existat până în secolul al XIX-lea.

Când încercăm să înţelegem de ce regele şi Parlamentul au lăsat curţilor bisericeşti după câte s-ar părea atât de multă jurisdicţie, trebuie să ne amintim că averea mobiliară era relativ neimportantă. Multe lucruri *Influenţa jurisdicţiei* care erau transportabile ca de *bisericeşti asupra* exemplu instalaţii fixe, accesorii, *dreptului cutumiar* mobilă, cărţi etc., erau privite ca proprietate mobiliară şi veneau sub legea proprietăţii mobiliare. Proprietatea personală, ca de exemplu haine, giuvaericale, articole de comerţ, ocupau un domeniu relativ mic la o vreme când comerţul era relativ neimportant. În timp ce curţile bisericeşti au pierdut practic întreaga jurisdicţie asupra pământului, care era atunci de cea mai mare importanţă, ele au reţinut jurisdicţia asupra virtual întregii averi mobiliare. Am văzut cum dreptul englez al proprietăţii mobiliare era în esenţă feudal. Dar în averea mobiliară avem un cu totul diferit set de reguli, derivat din dreptul roman prin dreptul canonic. În Anglia, deci, avem unica situaţie că deosebirea dintre lucrurile mobile şi imobile parcurge două domenii, ca de pildă legea familiei şi legea tutorilor, şi ne dă două feluri de testamente când Parlamentul în sfârşit a permis lăsarea prin testament a pământului, două sisteme de a trata averile fără testament etc. Linia de fisură mergând prin legea familiei, legea tutelei şi legea moştenirii, se datorează deosebirii istorice în dezvoltarea lor, în parte din dreptul feudal, în parte din dreptul romano-canonic. Este din acest motiv că studenţii în drept americani trebuie să studieze Testamentele şi teme similare ca parte a cursurilor de Proprietate.

Organizarea curţilor bisericeşti era analogă organizării pe Continent – curtea arhidiaconului (curtea de primă instanţă),

Organizarea Curţilor bisericeşti curtea prelatului judecător sau episcop, curţile celor doi arhiepiscopi la York şi Canterbury, cu un ultim apel la curtea papală la Roma. Cazuri implicând puncte delicate de drept erau trimise la această curte în primă instanţă pentru determinarea legii asupra faptelor expuse, cu o referire la un delegat sau curtea prelatului judecător pentru determinarea acelor fapte şi aplicarea la acestea a deciziei curţii papale, după obiceiul roman. Până la Reformă toate cazurile asupra cărora Biserica avea jurisdicţie puteau fi apelate la Roma ori duse acolo în primă instanţă, limitate numai de astfel de reglementări după cum papa ar putea să le impună.[10] În secolul al XIII-lea numărul proceselor duse la papă din Anglia era mai mare decât numărul din orice altă singură ţară.[11] Până la Reformă nu s-a făcut nimic să se verifice apelurile în această categorie de cazuri. Statutele de Provizori şi Praemunire[*], deseori menţionate în această legătură, au fost votate (Reeves şi Blackstone în sens contrar totuşi) pentru a menţine exclusivă jurisdicţie a pământului, asupra căruia instanţele regale îşi asumaseră deja jurisdicţie, în cadrul instanţelor regale. Existau cazuri limită asupra investitorilor, sau mai de grabă dreptul de prezentare la beneficii, care fuseseră date de rege sau o persoană. Orice astfel de încredinţare era o recompensă juridică (vezi Statutul

---

[10] MAITLAND, CANON LAW, 108, 115.

[11] *Idem*, 122, 123.

[*] Prevenire; ofensa de a asculta de altă autoritate decât aceea a Coroanei, pedeapsa pentru această ofensă. (*n.t.*)

Provizorilor[12]). Primul Statut de Praemunire[13], doi ani mai târziu, a înlăturat cazuri „despre care jurisdicția aparține tribunalului regelui". Încercarea curților bisericești engleze de a lărgi jurisdicția lor a fost întâmpinată cu ordonanțe de interzicere. Fiind imposibil de emis asemenea ordonanță către papă, Parlamentul a emis acest statut, nu negând jurisdicția papală, ci numai definindu-l în cazuri delicate pentru propriul său domeniu. Sentințele erau aplicate prin penitențe. Excomunicarea era ultimul mijloc. Prin aceleași mijloace era forțată prezența la curte. De la Cucerirea Normandă până la Reformă puterea seculară a dat urmare excomunicării. Bracton spune că astfel de persoane nu puteau să „facă nici o acțiune în justiție". Ele nu puteau să dea în judecată, dar puteau fi chemate în judecată.

Înainte de Reformă papa avusese aceeași plenitudine de autoritate ca pe Continent. Prin Reformă, Henric al VIII-lea nu avea în gând o nouă religie, căci era la fel de zelos catolic ca oricare, ci o schimbare de autoritate. Statutul Apelurilor[14] declara că regele avea putere deplină să aplice justiția „oricărui fel de oameni înlăuntrul regatului

Efectul reformei asupra jurisdicției ecleziastice

său fără apel la orice rege sau tat străin". O revizuire a dreptului canonic era preconizată de 27 Henry VIII C.15 (1536), și între timp „acele canoane care nu erau în conflict cu legea lui Dumnezeu și legea regelui trebuie să continue".Aceste și alte acte sprijină presupunerea unui drept ecleziastic englez special, dar faptul real este că dreptul ecleziastic englez era foarte mult același ca dreptul ecleziastic al Continentului. Fiecare revoluție, odată realizată, încearcă să se justifice și să se legitimeze pe sine mai ales prin satisfacerea dorinței noastre omenești înnăscute pentru precedent și consistență. Această operă este în general îndeplinită de reinterpretarea, conștientă sau inconști-

---

[12] 25 Edward III, St. 6.
[13] 27 Edward III, St. 1C 1.
[14] 24 Henry VIII, C. 12 (1533).

entă, a istoriei. Această părere reinterpretată a unui drept ecleziastic englez al Angliei, ca deosebit de dreptul ecleziastic al Continentului, este punctul de vedere oficial prezent. În *Queen v. Millis*[15], Judecătorul Superior Tindal vorbește despre dreptul ecleziastic al Angliei precum „cunoscut din cele mai vechi timpuri ca drept ecleziastic al regelui". Acesta a fost un caz ivindu-se în Irlanda în ceea ce privește validitatea unei căsătorii, nerecunoscută în Anglia, din cauza statutului, care, însă, nu avea de a face cu Irlanda. S-a pus atunci întrebarea în ceea ce privește dacă mariajul urma să fie interpretat în lumina dreptului ecleziastic. Judecătorul superior a susținut că era dreptul ecleziastic al regelui care stăpânea. Problema era una care nu se putea ivi în Anglia și este privită ca de foarte îndoielnică corectitudine. Maitland o consideră șubredă. Chiar dacă este drept stabilit, nu este bună istorie. De exemplu, Bracton vorbește de dreptul canonic precum separat de dreptul cutumiar, unul aparținând papei, celălalt regelui.

În plus, ruperea legăturilor cu Roma nu a implicat multă reorganizare a curților, exceptând că 23 Henry VIII, C. 9 a lipsit curțile arhiepiscopului de jurisdicția inițială pe care o exercitaseră în comun cu instanța papală la Roma. A devenit necesar atunci să se creeze oarecare curte supremă pentru a lua locul curților papale și a asculta apeluri de la curțile arhiepiscopului, care erau prin acest act limitate la jurisdicția de apel. Prin 25 Henry VIII, C.9 s-a stabilit în acest scop o Înaltă curte de Delegați, o curte care nu era permanentă, ci formată *ad hoc*, constând dintr-o comisie specială pentru fiecare caz. Nu a fost foarte satisfăcătoare în lucrările ei, și în 1832 jurisdicția ei a fost transferată la Consiliul de Coroană. În 1529, de asemenea sub domnia lui Henric al VIII-lea, a fost stabilită o altă curte supremă pentru a pune în practică supremația regală în afaceri ecleziastice, pentru a avea jurisdicție asupra dogmei și ritualului, pentru a disciplina clerul,

---

[15] 10 Clark and Finnelly 534 (1843).

pentru a intenta proces renegaților papistășești și dizidenților protestanți – Curtea Înaltei Comisii. Înaltei Curți de Delegați i-a rămas practic toată munca obișnuită de apel, deși Curtea Înaltei Comisii era autorizată să asculte plângeri ale soțiilor împotriva soților lor. Sub domnia Stuarților, Curtea Înaltei Comisii era foarte nepopulară, întrucât juriștii se opuneau totdeauna curților cu drept exclusiv, și puritanilor nu le plăcea folosința care era pusă în supunerea lor. A fost atacată în 1610, și odată cu victoria puritană în 1620, a dispărut. În 1640, într-adevăr, toate curțile ecleziastice au dispărut, dar în 1660 toate în afară de Curtea Înaltei Comisii erau restabilite. Acte succesive ale Parlamentului au restrâns jurisdicția acestor curți, iar curțile de drept cutumiar foloseau ordonanțe de interzicere împotriva lor cu rezultatul că la începutul secolului al XIX-lea curțile bisericești nu aveau nici o juris-dicție, în afară desigur în probleme pur ecleziastice, excep-tând în cauze matrimoniale, validarea testamentelor, și acor-darea administrației asupra proprietății decedaților. În 1857, jurisdicția în aceste probleme a fost transferată curților secu-lare, cunoscute ca instanțe de divorț și validare. Odată cu reorganizarea sistemului judiciar în 1873, a fost stabilită o secțiune specială a Înaltei Curți de Justiție, Secțiunea de Validare, Divorț și Amiralitate. Motivele pentru aducerea laolaltă a acestor evident incompatibile subiecte erau pur istorice. Se bazau toate pe dreptul civil, în contrast cu dreptul cutumiar. Timp de secole, fusese o separare între avocații de drept cutumiar și civiliștii sau doctorii în drept civil. Civiliștii trăiau singuri într-o parte a Londrei, **Doctors' Commons**, în timp ce avocații trăiau în **Inns of Court**. Acesta este adevăra-tul motiv istoric pentru gruparea acestor subiecte. Motivul popular explicat, este că ele tratau despre „Neveste Rele, Testamente Rele, Vase Rele". Astfel au asimilat instanțele regale jurisdicția ecleziastică.

IV. Dezvoltarea comercială a Angliei era înapoiată în comparație cu țări ale Mediteranei, și chiar în urma aceleia a

Germaniei şi Franţei. Atitudinea corporaţiilor engleze era mărginită şi egoistă. Magna Carta, însă, garanta negustorilor

Autoritatea legii comerciale

străini intrare, ieşire şi şedere libere, dar în acelaşi timp reitera libertăţile oraşelor mici, astfel era doar puţin câştig din acea sursă. În secolele al XII-lea şi al XIII-lea, regele a privit mai larg afacerile şi a socotit profitabil să-i ocrotească pe negustorii străini care puteau să plătească pentru privilegiu. În fine Parlamentul a venit în ajutorul comerţului. Carta Mercatorum, deşi nu generală, dădea unor comercianţi privilegii în comerţ angro şi dreptul de şedere unde doreau, le permitea justiţie promptă şi un juriu compus în mod egal din pământeni şi străini – *jurata de meditate*. Statutul Oraşelor Principale[16] (1353) dădea comercianţilor în oraşele principale dreptul de a trata în comerţ angro numai în aceste oraşe, fixa lista unor astfel de oraşe, extindea privilegiile lor la comercianţi străini şi le dădea privilegii egale în faţa curţilor oraşelor principale, care erau organizate în baza legii. Aceste curţi nu erau tribunalele regelui, ci curţi de o natură locală, organizate sub autoritatea Parlamentului.

Curţile comerciale erau mai întâi modificări ale curţilor locale, ca pe Continent. Se găseau în importante oraşe-târguri (curţile de diverse speţe), în oraşe-porturi maritime, unde aveau jurisdicţie deopotrivă asupra problemelor maritime şi în oraşele principale. Era obişnuit pentru aceste curţi, care erau sub preşedinţia primarului ori seneşalului, să ofere reprezentare comercianţilor străini. Astfel, în instanţele oraşelor principale erau primarul, doi conetabili, doi comercianţi, unul din Nord şi unul din Sud, şi doi comercianţi străini, unde partea era din altă ţară – *jurata meditate*. Aceea era o

Organizare şi administrare a Curţilor comerciale

---

[16] 27 Ed III, St. 2.

modificare a vechilor curți comerciale, fiindcă ele nu avuse-
seră deloc juriu, juriul fiind privilegiul numai al curților de
drept cutumiar. Curților orașelor principale li s-a dat largă
jurisdicție în toate problemele atingând datorie, violare de
proprietate și contract. De fapt, jurisdicția tribunalelor
regelui era a lor cu excepția proceselor de proprietate liberă
și încălcări ale jurământului de credință. În caz de tărăgăna-
re sau refuz al justiției, exista apel la judecătorul suprem.
Scopul curților comerciale era justiție promptă. Îl găsim
enunțat în *Cartea Judecății de Apoi de la Ipswich*, compila-
tă în vremea lui Edward I, însă datând din vremea lui Ioan,
că instanțele în aceste cazuri erau ținute „din zi în zi, din oră
în oră, din reflux în reflux". Într-un raport către Henric al
II-lea se menționează că procesele sunt ținute înăuntrul a
trei întoarceri ale refluxului.

Justiția aplicată în aceste curți nu era nici obicei urban nici
drept cutumiar, ci dreptul comercial al Europei, inclusiv,
firește, dreptul maritim. Sursele continentale obișnuite erau
recunoscute, dar *Sentințele lui Oléron* se bucurau de autorita-
te specială în Anglia. Exemplare ale ei din secolele al
XIII-lea și al XIV-lea se găsesc în arhivele din Londra și în
Little Red Book[*] din Bristol. A fost citată în apeluri către
Consiliu și curtea de justiție a Lordului-Cancelar și a fost
menționată ca de autoritate în Acte ale Parlamentului.

În Legea Orașelor Principale nu a fost prevăzut nici un
apel obișnuit exceptând în cazul de tărăgănare sau refuz al
justiției. Aceste apeluri veneau la judecătorul suprem în

*Control regal al
Curților comerciale*

consiliu (deoarece curtea de justi-
ție a Lordului-Cancelar nu era încă
un corp separat și judecătorul
suprem era încă funcționarul secretarial și juridic al regelui
în consiliu). Când curtea de justiție a Lordului-Cancelar a
apărut din Consiliu, jurisdicția nu a mers la curtea de justiție

---

[*] Cărțulia Roșie. (*n.t.*)

a Lordului-Cancelar ci la Amiralitate. Amiralul era inițial un membru al Consiliului, așa cum fusese cancelarul. În mijlocul secolului al XIV-lea găsim referiri la Marele Amiral în Consiliu și spre sfârșitul secolului a fost formată o curte separată a Amiralității cu un secol înaintea curții de justiție a Lordului-Cancelar. În secolul al XV-lea s-a ținut la **London Bridge**,dar mai târziu s-a alăturat curților bisericești la **Doctors' Commons**. Nu era administrată în persoană, ci prin delegați, așa cum era cazul cu instanțele bisericești. Sub domnia Tudorilor aceste curți s-au bucurat de o largă jurisdicție, *e.g.*, jurisdicție criminală asupra delictelor în largul mării de către supuși britanici și pe ambarcațiuni britanice.

Mult mai devreme Amiralul à Cinque Ports[*] la Canalul Mânecii se bucurase de o jurisdicție asemănătoare în reprimarea pirateriei și neplăcerilor de comerț. În vremurile vechi comerțul și pirateria mergeau mână în mână. În procese de piraterie, jurisdicția se extindea la toate persoanele. În procesele civile jurisdicția curților comerciale includea cazuri negustorești, mai ales contracte făcute în străinătate, polițe și procese de transport; jurisdicție pentru aplicarea drepturilor Coroanei pe mare sau țărm, cunoscute ca Admiralty Droits, jurisdicție asupra bunurilor și navelor inamicului capturate în război ca un fel de tribunal de priză, care a ajuns să fie privită ca una din funcțiile ei speciale. *Black Book of the Admiralty*[**] în ediția standard de Travers Twiss, este de autoritate asupra legii comerțului.

Înainte de Evul Mediu curțile de drept cutumiar au început să încalce jurisdicția curților comerciale. Curțile orașelor mici și feudale fuseseră treptat lipsite de controlul lor. Întrucât curțile comerciale locale erau numai modificări ale

---

[*] Cele cinci porturi – numele unui grup de orașe, inițial cinci: Dover, Sandwich, Romney, Hastings, Hythe în sud-estul Angliei, folosit în special în legătură cu unele privilegii. (*n.t.*)

[**] Registrul de Amenzi al Amiralității. (*n.t.*)

curților orașelor mici, au trecut repede. Curțile municipale erau mai viabile, în special în jurisdicția lor asupra comerțului străinilor. La sfârșitul secolului al XVI-lea comerțul intern era guvernat în întregime de dreptul cutumiar, administrat de instanțele regale obișnuite. Comerțul străin a rămas în special sub jurisdicția Curții Amiralității. Atacuri de către avocați de drept cutumiar asupra Amiralității au început îndată ce ea a apărut din Consiliu. Aceasta a influențat acțiunea Parlamentului. În vremea lui Richard al II-lea au fost votate statute limitând oarecum jurisdicția Amiralității. Sub domnia lui Henric al VIII-lea, jurisdicția criminală a Amiralității a fost restrânsă, dar jurisdicția civilă a fost lărgită, parțial prin statut și parțial prin dispensă regală. În vremea Elisabetei, atacuri asupra curții de justiție a Lordului-Cancelar au dus la atacuri asupra Amiralității. Sub domnia lui James I, Coke a luptat pentru drepturile oamenilor împotriva tuturor curților cu drept exclusiv. Atacul asupra Amiralității a avut chiar mai mult succes decât atacul asupra curții de justiție a Lordului-Cancelar. Perioada Stuart a fost marcată de câștiguri pentru curțile de drept cutumiar. Spre sfârșitul secolului al XVII-lea jurisdicția civilă a Amiralității fusese redusă la o jurisdicție foarte îngustă. Primul rezultat a fost mai degrabă dezastruos în măsura în care privea comerțul, deoarece curțile de drept cutumiar au recunoscut în silă principiile dreptului comercial și au cerut ca aceste reguli să fie dovedite la fel ca în cazul oricărui obicei local. Ele considerau amiralitatea ca parte a obiceiurilor locale mai degrabă decât un sistem de drept european. Oarecare ușurare a fost dată de curtea de justiție a Lordului-Cancelar, dar întregul corp de drept comercial precum administrat în parte de curțile de drept cutumiar și în parte de curtea de justiție a Lordului-Cancelar era nesatisfăcător la începutul secolului al XVIII-lea. Lordului Mansfield i se datorează încorporarea dreptului comercial în dreptul cutumiar. El l-a privit ca un *ius gentium*, și s-a întors la Justinian să studieze principiile lui.[17] Mansfield a comercializat dreptul cutumiar englez, aşa cum praetorii romani făcuseră cu dreptul roman din secolele II şi III. Dezvoltarea următoare a amiralităţii este dincolo de interesul direct al juriştilor americani, dar merită osteneala să se ştie că în secolul al XIX-lea acte de Parlament au restabilit Amiralităţii mult din jurisdicţia ei şi acum ea formează parte a unei secţiuni speciale a Înaltei Curţi de Justiţie. Astfel dreptul comercial european, inclusiv amiralitate, au devenit parte a dreptului cutumiar englez. Deşi decizii şi compilaţii străine nu au greutatea pe care au avut-o odinioară, totuşi, ca în cazul legii testamentelor şi proprietăţii personale, dreptul comercial poartă urme ale originii sale.[18]

XI. JURISDICŢIE ÎNTEMEIATĂ PE PRINCIPII DE DREPTATE

Chiar în perioada saxonă regele în Witanegemote[*] se bucura de puterea de a „domoli legea" pentru a o face conform cu ceea ce părea justiţie naturală. În acelaşi fel pe Continent

Originea jurisdicţiei de echitate

regii exercitau prerogativa de a împărţi dreptatea prin ordonanţă într-un mod mai liberal decât puteau judecătorii lor. Cuceritorul normand şi succesorii lui, ca „izvor al justiţiei", au glorificat această putere în ei înşişi şi Marele Consiliu, care îi asista. Această stare de lucruri, după cum am văzut, a fost aceea care a dus la originea jurisdicţiei curţilor de drept cutumiar. Apelurile erau la

---

[17] Vezi Luke v. Lyde (1759) 2 Burrows 887.

[18] Vezi SCRUTTON, ELEMENTS OF COMMERCIAL LAW, 1891; MITCHELL, THE LAW MERCHANT (istoric) – ambele mici, dar valoroase cărţi; BRODHURST, *The Merchants of the Staple* III SELECT ESSAYS IN ANGLO—AMERICAN LEGAL HISTORY 16-33; BURDICK, *Contribution of the Law Merchant to the Common Law, idem*, 34-50.

[*] *witan*, a şti, înţelept, membrii consiliului regelui, sau chiar consiliul însuşi. (*n.t.*)

început ascultate în Consiliu. Cum treburile naționale pre-
sau asupra atenției Consiliului, apelurile au fost îndreptate
spre un comitet al Consiliului, Aula Regis. Acesta a fost la
început prezidat de rege în persoană. Dar pe măsură ce
treburile presau, a fost plasat sub conducerea Justițiarului
Superior. Dar sub justițiar s-a simțit nevoia de a acționa mai
prudent decât făcuse regele, de a proceda în conformitate cu
precedentul juridic. Puterea de a interpreta legea liber era
percepută a fi numai la monarh. Apoi a venit organizarea
celor trei curți regale, Judecătoria regelui, Curtea proceselor
de drept comun și Tezaurul, care au fost toate sistematizate
sub domnia lui Henric al II-lea și obiceiul de a trimite afară
judecători pentru a asculta protestele din regat. Precedentul
juridic a ajuns să lege curțile de drept cutumiar din ce în ce
mai mult. Legislația ostilă din partea marilor baroni, invidi-
oși pe autoritatea crescândă a curților regale[19], a limitat
donarea de ordonanțe originale pentru a intenta proces în
tribunalele regelui la spețe unde ele fuseseră mai înainte
acordate. Până când Statutul de la Westminster 2d în 1285 a
autorizat acordarea de ordonanțe în cazuri similare celor în
care fuseseră acordate înainte, forța precedentului juridic a
fost atât de tare și efectul restricției mai vechi atât de puter-
nic încât cancelarul, ca dătător de ordonanțe, nu a extins
ordonanțele regale pentru a acoperi fiecare caz posibil. Este
posibil că dacă dreptul cutumiar ar fi continuat să se extindă
prin acordarea de noi ordonanțe pentru a acoperi noi cazuri,
nu ar mai fi fost nevoie de jurisdicție de echitate. Dar cu
jurisdicția dreptului cutumiar mai curând îngust marcată, se
iveau permanent în noi și schimbate condiții sociale cazuri
în care dreptul cutumiar fie nu asigura nici o reparație fie
reparația pe care o oferea era nepotrivită pentru nevoile
părților și justiției. În astfel de cazuri creștea obiceiul de a
apela la rege în Consiliu, sau eventual la rege în Parlament,

---

[19] *E.g.*, The Provisions of Oxford, 1258.

prin memorandum sau petiție. Din activitățile regelui în
această privință a crescut jurisdicția Înaltei Curți de Justiție
a Lordului-Cancelar, a Camerei Lorzilor și a Consiliului de
Coroană; în timp ce din activitatea Parlamentului pe această
linie au crescut proiecte de lege parlamentare privitoare la
persoane particulare pentru a remedia defectele justiției.

Acum ne interesează în mod special dezvoltarea curții de
justiție a Lordului-Cancelar. În secolele al XIII-lea și al
XIV-lea Consiliul cuprindea pe cancelar (care era atunci
secretarul principal sau scriitor de scrisori al regelui, un înalt
demnitar bisericesc cu o jurisdicție independentă de judecată,
precum și donatorul de ordonanțe regale pentru darea în jude-
cată) vistiernic, judecătorii celor trei curți regale și astfel de
magnați precum erau convocați în acel scop. În Consiliu regele
împărțea dreptate în persoană ca răspuns la apeluri prin memo-
randum și petiție pentru reparații extraordinare conform justiți-
ei naturale. Deoarece numărul acestor apeluri pentru reparații
extraordinare s-a înmulțit sub domnia regilor Edward, regele a
ajuns să le trimtă prin ordonanță regală la cancelar, ca secretar
al său, scriitor de scrisori și dătător de ordonanțe, și la directo-
rul arhivelor la înalta curte de casație, registratorul decretelor
de la *Aula Regis*, poruncindu-le să dea ceva reparație „în
armonie cu onestitatea”. Dar curtea de justiție a Lordu-
lui-Cancelar nu era totuși o curte separată. Dădea numai
reparații, care erau trimise înapoi la Consiliu pentru acțiune
definitivă. Următorul pas era citația sau ordonanța de la 22 Ed.
III, care trimitea toate aceste probleme la cancelar cu autorita-
tea generală de a acorda reparare în toate problemele având de
a face cu „prerogativa clemenței”. Această funcție trebuie să
fie păstrată separat de îndatoririle cancelarului ca dătător de
ordonanțe în instanțele regale sau de drept cutumiar. Ordonan-
țele de drept cutumiar erau acordate numai potrivit prevederi-
lor dreptului pozitiv, în timp ce în exercitarea noii sale funcții
cancelarul acționa sub larga autoritate a „prerogativei clemen-
ței”. Însă chiar cu toate acestea noi nu trebuie să considerăm

curtea de justiție a Lordului-Cancelar o curte separată. Curtea de justiție a Lordului-Cancelar nu apăruse încă în întregime din Consiliu. Cancelarul era un fel de comitet permanent al Consiliului pentru a determina ce reparare să fie permisă în fiecare caz și apoi să raporteze înapoi concluzia lui la Consiliu, care dădea decretul ca de la și al Consiliului. Tot ceea ce 22 Ed. III a făcut a fost să-l facă pe cancelar un comitet în fiecare caz de petiție sau memorandum fără o ordonanță preliminară în fiecare caz de la rege. În secolul al XV-lea motivele jurisdicției de echitate, mai înainte vagi și nedefinite exceptând în ceea ce privește probleme de clemență, au devenit limpezi, și în cursul acestei dezvoltări curtea de justiție a Lordului-Cancelar a rezultat din Consiliu, pe la anii 1480. Ca o curte separată, era compusă din cancelar, directorul arhivelor la înalta curte de casație (un fel de vice-cancelar) o duzină de institutori și o jumătate de duzină de clerici. Într-un sens toți erau clerici până la Reformă. A fost sub domnia Elisabetei că avem primul cancelar mirean. Cancelarul, firește, cunoștea dreptul canonic și în general ceva drept civil roman; institutorii trebuiau să le cunoască pe amândouă.

În această formă de domolire a legii, de exercitare a dreptului regal de a face echitate și dreptate, curtea de justiție a Lordului-Cancelar a dobândit o natură ecleziastică. Cancelarul era numit păzitorul conștiinței regelui. Influența ecleziastică

Natura ecleziastică și guvernamentală a jurisdicției de echitate

este de văzut în atitudinea curții față de acuzat și în forma procedurii ei. Acuzatul era somat sub citație, o formă ecleziastică. Dezbaterile erau aproape de la început în scris și de multe ori foarte lungi, în contrast cu dezbaterile de drept cutumiar. Părțile erau examinate sub jurământ numit prezentare a actelor și faptelor pe care le sprijină cineva în justiție, cu mai mare putere de a forța răspunsuri decât la curțile de drept cutumiar. Curtea însăși descoperea atât legea cât și faptele; nu exista juriu. Și toate sentințele acționau direct asupra persoanei. Toate aceste caracteristici arată natura inchizitorială a unei curți ecleziastice. În înjghebarea ei ecleziastică, curtea de justiție a Lordului-Cancelar era prea nepăsătoare față de dreptul cutumiar și chiar față de propriile ei precedente juridice. Însă chiar acest fapt a făcut-o un organ folositor în stabilirea reparațiilor care nu puteau fi obținute la dreptul cutumiar. Curtea de justiție a Lordului-Cancelar era în fond guvernamentală în natura ei, de asemenea, mai degrabă decât un instrument sau organ fondat de comun acord. Acest lucru poate fi văzut în metoda ei de a forța prezența inculpatului și în modul ei de a aplica sentințele sale. Ca și praetorul, acționa *in personam*, sprijinită de puterea ei de procedură disprețuitoare, dar nu putea să dea o decizie judecătorească de daune cum dădeau judecătoriile. Curtea de justiție a Lordului-Cancelar aparținea în esență jurisdicției administrative, cel puțin în originea ei, mai degrabă decât jurisdicției descoperirii de legi sau alcătuirii de legi. Nu se baza pe consimțământ general, ci pe voință guvernamentală. Natura ei precisă poate cel mai bine fi arătată de o schemă a diferiților factori pentru alcătuirea legii:

	Drept Popular	*Drept Administrativ*
În *decizia* cazurilor așa cum se ivesc.	Jurisdicție de drept cutumiar – descoperirea legii – interpretând obiceiul – bazat pe consimțământ-progresiv.	Poruncă administrativă la supus, potrivită cazului special în mână – poruncile tind să devină obicei de echitate sau precedent juridic.
În *afirmarea* legii înainte de aplicarea ei.	Legislație – expresia voinței populare – bazată pe consimțământ.	Ordonanțe – porunci la supuși.

Exact cum separarea tribunalelor maritime din consiliu în secolul al XIV-lea fusese făcut semnalul pentru un atac de către avocații de drept cutumiar, la fel stabilirea curții de justiție a Lordului-Cancelar în secolul al XV-lea era un semnal similar pentru atac de către baroul și magistratura de drept cutumiar. Judecătorii instanțelor regale nu au primit favorabil anularea hotărârilor lor chiar de către Consiliu, dar era atât de clar o acțiune regală încât nu au îndrăznit să i se opună. Dar când cancelarul a ajuns să stea singur, i s-a opus imediat rezistență. Prin 21 Ed. IV dreptul Judecătoriei regelui de a interzice recurgerea la curtea de justiție a Lordului-Cancelar, unde curțile de drept cutumiar erau competente a fost afirmat – o aluzie la folosirea ordonanței de interzicere împotriva curților ecleziastice și locale. În 22 Ed. IV, un reclamant era îndemnat să ignore sentința cancelarului.[20] Împotriva cardinalului Wolsey în deplinătatea puterii sale nu era nici o rezistență fățișă, dar la căderea lui modul în care el a năpădit curțile de drept cutumiar a fost una din acuzațiile împotriva lui. Împotrivirea a continuat sub domnia Elisabetei și a lui James I, cu Judecătorul Superior Coke ca avocat al jurisdicției curților de drept cutumiar împotriva curților cu drept exclusiv. În 1590 pasul la care s-a făcut aluzie în 21 Ed. IV a fost făcut, când Curtea proceselor de drept comun a emis o ordonanță de interzicere la Înalta Curte de Justiție a Lordului-Cancelar, și Judecătoria regelui a dat culoarea cerută. Diferendul a trecut sub domnia lui James I, care a numit o comisie cu Lord Bacon ca șef al ei să cerceteze problema. Acționând în baza raportului lui Bacon, regele a decis să susțină cererile curții de justiție a Lordului-Cancelar. Ordonanțe de interzicere nu puteau să funcționeze împotriva curții de justiție a Lordului-Cancelar, dar curtea de justiție a Lordului-Cancelar putea să acționeze asupra părților litigante în curțile de drept cutumiar *in personam.*[21]

Conflict al Curților de drept cutumiar și Curții de justiție a Lordului-Cancelar

---

[20] Vezi I HOLDSWORTH, *op. cit.*, 346-347.
[21] Vezi I AMES, CASES IN EQ. JURIS. 5.

Două sisteme de curți par atât de firești englezului de rând încât el nu-și poate imagina nici o altă situație. La Roma, însă, deși erau două sisteme de drept ca în Anglia, praetorul era judecătorul în ambele curți și el nu *Cauzele diferendului* putea foarte bine să se lupte cu el însuși. Dar în Anglia erau organe diferite pentru administrarea fiecărui fel de drept, și diferendul era prin urmare cu atât mai acut – nu numai cele două sisteme de drept se luptau ci și organele care le exprimau. Lupta era cu atât mai aspră, de asemenea, din moment ce practica sporită a curții de justiție a Lordului-Cancelar tindea să micșoreze onorariile avocaturii dreptului cutumiar în folosul juriștilor curții de justiție a Lordului-Cancelar. Dar fundamental conflictul era numai o fază a conflictului universal între cererea pentru siguranță în justiție și cererea pentru dreptate în cazul individual, între regularitate și discriminare. Selden oferă punctul de vedere al dreptului cutumiar: „Echitatea este un lucru hoțesc. Pentru lege avem o măsură, dar echitatea este în funcție de conștiința cancelarului", adăugând că regula echită-ții diferea ca măsura piciorului cancelarului.[22] Ideea dominantă în lupta lui Selden este cererea pentru siguranță în justiție. Ellsmere, mai târziu cancelar, el însuși pregătit în drept cutu-miar, stabilește poziția echității: „Echitatea remediază legea, unde legea este imperfectă din cauza generalității ei", folosind opera lui Grotius. Există un și mai puternic motiv pentru existența echității. Nu numai produce generalitatea și fixitatea regulilor legii nedreptate în cazuri individuale, ci de asemenea în întregi categorii de cazuri. Condiții sociale schimbate cer noi reguli de drept, pe care dreptul cutumiar, bazat pe prece-dente juridice, cu generalitatea și fixitatea lui, nu putea să le asigure. Curtea de justiție a Lordului-Cancelar, însă, era flexi-bilă și capabilă să satisfacă cerințele a noi condiții sociale. Acest puternic argument în favoarea echității nu a fost obser-

---

[22] I HOLDSWORTH, *op. cit.* 254 *et seq.*

vat până în vremurile moderne, căci evoluția este în esență o idee modernă. Lord Hardwicke, Cancelar din 1737 până în 1759, face aluzie la ea când spune, „Noi descoperiri și invenții în comerț au dat naștere la noi condiții".

Treptat vechiul antagonism a dispărut, și adaptarea și împăcarea mutuală prin care cele două seturi de curți și cele două sisteme de drept au devenit părți ale unui singur sistem și-a luat locul în secolul al XVII-lea târziu iar mai activ în secolele al XVIII-lea și al XIX-lea. Efectul acestei mișcări asupra curților de drept cutumiar a fost o interpretare mai liberală a precedentelor juridice și încorporarea în dreptul cutumiar a rezultatelor jurisdicției de echitate, datorită în mare măsură eforturilor Lordului Mansfield, care de asemenea a încorporat dreptul comercial și dreptul maritim în dreptul cutumiar. El a spus că niciodată nu i-a plăcut legea atât de mult ca atunci când semăna cu echitatea. Asemănarea legii și echității a fost de asemenea sporită, pe de altă parte, prin ajungerea curții de justiție a Lordului-Cancelar să fie bazată practic pe propriile ei precedente juridice. Aceasta s-a întâmplat deoarece curtea de justiție a Lordului-Cancelar satisfăcuse nevoile sociale ale timpului ei, când importanța proprietății mobiliare scădea și aceea a proprietății personale creștea. Motivul în general atribuit în cărți pentru această schimbare este că fețele bisericești au încetat de a fi cancelari și erau înlocuite de juriști obișnuiți. Sub domnia Elisabetei și a Stuarților alternau clerici și mireni. Shaftesbury (1672-1673) a fost ultimul cancelar care nu era jurist. Dar acest motiv este numai cel pur superficial. Adevăratul motiv era că curtea de justiție a Lordului-Cancelar își împlinise sarcina de a reajusta legea la noi condiții sociale în secolul al XVIII-lea. Pe măsură ce veneau în fața ei procese, tot ceea ce dreptatea și echitatea cereau în majoritatea cazurilor era ca ea să aplice aceeași reparare cum acordase în vreun caz prece-

Împăcarea și acomodarea Curților de drept cutumiar și Curții de justiție a Lordului-Cancelar

dent. Rapoartele cancelarilor de mai târziu subliniază această dependență de precedente juridice. În *Cook v. Fountain*[23], Jessel, directorul arhivelor la înalta curte de casație, a spus: „Cu asemenea conştiință cum este numai *naturalis et interna*, această curte nu are nimic de a face; conştiința prin care sunt legat să procedez este pur *civilis et politicalis*, şi legată de anumite măsuri [implicând precedente juridice]; şi este infinit mai bine pentru public ca o tutelă, garanție sau aranjament care este complet secret, să eşueze decât ca noi să pierdem averile lor prin simpla fantezie sau imaginație a unui cancelar. Regula *nullus recedat e cancellaria sine remedio* nu a avut niciodată în vedere procedură de echitate, ci numai ordonanțe originale când cazul ar produce una". Astfel în Re Hallett[24] natura arbitrară a curții de justiție a Lordului-Cancelar este arătată în numai privirea ei înapoi din punct de vedere istoric. În anul 1886 judecătorii de echitate nu profesau pentru a face lege nouă; când ei spun ceea ce este legea, ei nu vor să spună precum ar fi putut spune cu două sau trei secole înainte, că ei formulau legea precum o credeau că trebuie să fie.

De ce a fost dreptul englez în Evul Mediu târziu şi dreptul în secolele precedând era creştină adaptate la noi condiții de

Motive pentru dezvoltarea jurisdicției administrative la Roma şi în Anglia

societate prin jurisdicție administrativă fără precedent juridic? Primele sisteme de drept a se dezvolta deveniseră fixate de precedente juridice, îşi pierduseră flexibilitatea.

În ambele țări această jurisdicție administrativă avea un avantaj asupra legislației (prin care încercăm acum să înfruntăm problemele secolelor al XIX-lea şi XX-lea) în aceea că proceda experimental şi cu titlu de încercare, şi astfel putea să-şi corecteze propriile greşeli. Aceasta este adevărat despre orice acțiune judiciară. Dar atât la Roma cât şi în Anglia această

---

[23] 3 Swanston, 585, 600 (1672).
[24] 21 Beavan 250 (1855).

jurisdicție administrativă a fost urmată de activitate legislativă. Această problemă o vom discuta mai târziu.

Atât dreptul praetorian cât și echitatea lucrau *in personam*, dar cu această deosebire – cancelarul avea jurisdicție *in personam* asupra părților litigante, și praetorul avea jurisdicție *in personam* asupra iudex-ului, a cărui opinie în ceea ce privește legea, fusese de mult stabilită, era definitivă, astfel încât în acest mod noua lege venea sub masca vechii legi. Curtea de justiție a Lordului-Cancelar nu avea deloc juriu: ar fi fost imposibil să se acționeze prin constrângere asupra a doisprezece oameni, astfel curtea de justiție a Lordului-Cancelar acționa direct asupra părților litigante. La Roma, în plus, legea era într-un sens codificată în fiecare an: în Anglia era greu să se afle ce era de fapt noua lege.

Analogii și deosebiri ale jurisdicției administrative romane și engleze – ale dreptului praetorian și echității

Este echitatea lege independentă sau lege de reparație? Senzația de deosebire între lucrările dreptului cutumiar și echitate o găsim întruchipată în astfel de fraze ca „lege și echitate", „justiție de drept cutumiar și interes echitabil" etc.

Este echitatea lege independentă sau lege de reparație?

Numai în timpurile moderne odată cu acomodarea și adaptarea lor mutuală a fost ștearsă de fapt deosebirea între ele, care încă persistă în terminologie. Un rezultat al acestei schimbări de atitudine față de echitate este văzut în afirmația multor cărți că echitatea este un sistem de reparații. Dar aceasta nu este adevărat. Noile reparații ale echității au dezvoltat lege independentă nouă. Acum credem, deși destul de eronat din punctul de vedere istoric, că legea independentă este una – o unitate – protejată în parte de reparații legale și în parte de echitate. Este absurd a spune că echitatea este numai un sistem de reparații, căci reparațiile extind drepturi existente şi creează lege independentă nouă. Legea independentă este doar generalizarea lucrurilor implicate în legea de reparaţie.

XII. DREPTUL ROMAN ÎN ANGLIA ŞI DREPTUL ENGLEZ PE CONTINENT

Condiţiile sociale în schimbare şi importanţa crescândă a proprietăţii personale au necesitat justiţie nouă în Anglia precum şi pe Continent. Pe Continent dreptul roman a fost chemat să satisfacă această necesitate. În Anglia, pe de altă parte, instanţele regale şi o administraţie centralizată a justiţiei în mâinile coroanei a făcut posibil să dezvolte nou drept general pentru a corespunde noilor condiţii fără a încorpora un sistem străin de drept. În Anglia, în plus, jurisdicţia de echitate şi legislaţia au servit în a ajuta să arunce punţi de legătură în domeniul dreptului, care, pe Continent, erau ocupate de dreptul roman. Profesorul Maitland arată exact că a existat mare pericol al unei primiri a dreptului roman în timpul perioadelor Tudor şi Stuart, din cauza studiului universitar, folosirea civiliştilor la curte, în curtea de justiţie a Lordului-Cancelar şi în alte curţi cu drept exclusiv, şi el sugerează că a fost numai împotrivirea magistraturii şi baroului englez, o clasă distinctă, care a acţionat ca o falangă solidă în opunerea ei la dreptul roman, care l-a ţinut afară din Anglia.[25] Pericolul, însă, nu era atât de ameninţător cum crede el, nici nu sunt motivele sale pentru a se teme de el fundamentale. De ce magistratura şi baroul, ca o clasă, au aderat la dreptul cutumiar? Fiindcă ele aveau un sistem de drept care era folositor şi onorabil de studiat. Pe continent era diferit: în primul rând nu exista nici un astfel de sistem de drept şi nu exista nici o astfel de clasă puternică precum

De ce sistemul de drept roman nu a fost primit în Anglia

[25] ENGLISH LAW AND THE RENAISSANCE – 1901.

magistratura şi baroul englez, ci numai descoperitorii de legi funciari locali pentru a se opune introducerii dreptului roman. Faptul că dreptul roman nu a fost introdus în Anglia ca un sistem de drept nu se datorează fundamental magistraturii şi baroului, ci cuceririi normande şi rezultatelor ei, şi, mai mult decât oricărei alte persoane, lui Henric al II-lea.

Deşi sistemul de drept roman nu a fost acceptat în Anglia, aceasta nu înseamnă că dreptul roman nu avut nici o influenţă asupra dreptului englez. Cât de mult a fost primit în Anglia dreptul roman, fie din *Cât de mult a fost primit dreptul roman în sistemul englez?* cărţile de drept ale lui Justinian fie din diferitele compilaţii europene la care clerici şi civilişti englezi au avut acces? Dreptul roman a fost mai întâi predat în Evul Mediu în Italia, dar în secolul al XII-lea, Vacarius, un profesor italian a început să-l predea la Oxford, şi de atunci încolo Anglia a avut civiliştii şi clericii ei învăţaţi, pregătiţi în dreptul roman. Când dreptul cutumiar era construit din diferitele obiceiuri ale ţării, cu o tendinţă de a favoriza obiceiurile din Wessex, existau multe spaţii rămânând să fie umplute în sistemul de drept. Unele din aceste spaţii erau umplute prin analogie şi deducţie. Nu este în întregime *a priori* şi nefiresc de a gândi că atunci când nu exista nici un precedent juridic, judecătorii (clerici titraţi majoritatea dintre ei şi formaţi în mare parte pe continent) să fi recurs la acest vast rezervor de foarte dezvoltată jurisprudenţă, dar nu putem dovedi. Aceşti judecători nu ar fi recunoscut niciodată că au luat cu împrumut. Ei pretindeau să găsească legea în nori, în sânul curţii, în raţiunea naturală etc. Pură analogie de dezvoltare nu este nicidecum dovadă de împrumut, totuşi există considerabilă probă de această natură. Terminologia sugerează că asemănările sunt adesea mai mult decât accidentale. Dar asupra acestui subiect opinia diferă de la o extremă la alta. În echitate a existat, fireşte, mai mult împrumut decât oriunde. Şi în timpuri moderne judecători, urmând exemplul Lordului Mansfield, au recunoscut de multe ori tot ceea ce datorează dreptului roman, ca, de exemplu, în 9 Smith's Leading Cases 354; 3 Durnford and East 474; 12 Meeson and Welsby 334; L.R. 7 C.P. 372.[26]

Mai importantă cu mult decât implicația ei asupra normelor dreptului englez în mod direct era influența dreptului roman asupra felului englez de a privi la justiție, asupra jurisprudenței engleze și asupra felului englez de a scrie legi. Prezentarea din secolul al XIII-lea asupra obiceiurilor Nord-Franceze de către Beaumanior, cum am văzut, a urmat planul de prezentare roman. Același lucru este adevărat în Anglia. Prima încercare sistematică de a scrie un tratat asupra dreptului nostru este opera atribuită lui Glanville, 1187-1189, zisă a fi opera secretarului său, care arată urme puternice de influență romană nu numai în plan ci și în multe din semnele lui distinctive. Această influență este mult mai mult arătată în opera lui Bracton asupra *Laws and Customs of England*[*] în structură, în detalii și chiar în ilustrații atât din surse romane cât și din contemporana Summa Azonis, a lui Azo, marele profesor din Bologna (d.-1230). De la Azo el împrumută aranjamentul și pagini întregi de formulări generale. Oriunde obiceiul englez nu fusese prelucrat, el împrumută regula romană. Cu alte cuvinte, el a dăruit dreptul englez, așa cum Beaumanior a dăruit dreptul din Franța de Nord, spunând că tot dreptul englez exista odată cu drept roman închizând crăpăturile. Opera lui ar fi fost imposibilă în afara dreptului roman. Este cea mai bună operă despre dreptul englez până în secolul al XVII-lea.

Influența dreptului roman asupra jurisprudenței engleze

Dreptul teutonic și dreptul roman s-au întrepătruns în varii grade în diferitele țări ale Europei. Anglia și Austria reprezintă extremele. Există mult mai multe elemente teuto-

---

[26] Vezi SCRUTTON, ROMAN LAW IN ENGLAND.
[*] Legi și obiceiuri din Anglia. (*n.t.*)

nice în dreptul spaniol şi italian decât sunt în dreptul din Austria. Aceasta se datorează împrumutului din *Code Napoleon*, creatorii căruia au făcut multe concesii dreptului teutonic pe toată linia ca noul cod

Dreptul englez pe continent

să poată fi acceptabil oriunde într-un imperiu diferind mult. Care sunt împrumuturile specifice din dreptul englez? Ele au fost în întregime în domeniul dreptului public. Când absolutismul din Europa Apuseană a trecut, singurul model de guvernare reprezentativă era Anglia. Administraţia locală engleză, ceea ce Gneist numeşte autoguvernare, reprezentanţii locali aplicând dreptul general, era modelul clasic pentru Europa. Apoi în cazurile limită de drept criminal, exista mult împrumut din Anglia, în special după Revoluţie, ca parte a sistemului politic pe care îl preluau. Dar europenii au refuzat să aibă ceva de a face cu juriul civil.

Rezultatul mişcării pe care am descris-o este că nu există asemenea lucru precum pur drept teutonic sau pur drept roman. Fiecare varietate de drept

Drept european pretutindeni o îmbinare de elemente romanice şi teutonice

european reprezintă o îmbinare a celor două elemente. Multe dintre aceste amestecuri şi îmbinări sunt ciudate. De exemplu, Anglia a adoptat dreptul roman şi ţările continentale au adoptat norma teutonică în ceea ce priveşte dreptul unui *bona fide* cumpărător de bunuri mobiliare. Romanii au avut ideea de proprietate ca diferită de posesiune. Această idee nu a fost pe deplin dezvoltată în dreptul teutonic. Astfel când un depozitar a vândut din greşeală un bun mobiliar, sub autoritatea dreptului teutonic exista numai o pretenţie *in personam* împotriva depozitarului, iar deponentul nu putea să urmeze proprietatea fiindcă s-a despărţit de posesiune în mod voluntar. Aceasta era legea în Franţa de Nord, şi a ajuns să fie încorporată în *Code Napoleon* că în ceea ce priveşte posesia bunurilor mobiliare era echivalentă cu titlu,

Possesion vaut titre, în afară de bunuri furate. *Code Napoleon* a influenţat codurile spaniol şi italian, care nu avuseseră decizia înainte, dar care au acceptat-o deoarece funcţiona bine. Pe Continent acum proprietarul are o pretenţie numai împotriva depozitarului său şi nici una împotriva cumpărătorului de la depozitar. Anglia, pe de altă parte, a renunţat la decizia teutonică şi a adoptat decizia romană, care distinge între proprietate şi posesiune şi permite proprietarului să urmărească proprietatea sa chiar în mâinile unui cumpărător nevinovat. Acesta este un exemplu ciudat al unei absolute inversări a modului obişnuit de îmbinare.

XIII. RĂSPÂNDIREA DREPTULUI EUROPEAN, ENGLEZ ŞI CONTINENTAL

Deşi dreptul diferitelor ţări ale Europei constă din diverse îmbinări de drept roman şi teutonic, totuşi, din punctul de vedere universal, poate fi socotit ca un singur sistem, compus, desigur, din trei elemente – dreptul roman, dreptul teutonic şi legislaţia medieval-modernă în proporţii variabile la diferite naţiuni. Acest drept european s-a răspândit larg în perioada modernă a istoriei în toată lumea. Procesul este numai un element, un element foarte important, în marea mişcare pe care o numim expansiunea civilizaţiei europene asupra majorităţii lumii cunoscute. Această mare mişcare de descoperire, explorare, colonizare şi comerţ, care datează din vremea lui Columb, şi chiar din zilele Prinţului Henric Navigatorul, este încă în curs. În această mişcare, Spania şi Portugalia au luat conducerea, olandezii au urmat şi încă mai târziu au venit francezii şi englezii.

Expansiunea Europei

Ca rezultat al colonizării, dreptul spaniol a ajuns să guverneze Indiile de Vest, Mexic, America Centrală şi de Sud, cu excepţia Braziliei, şi Filipine. Dreptul portughez era practic limitat la Brazilia. În vremea colonizării, nu exista drept uniform pentru toată Spania, deoarece monarhia spa-

niolă era atunci doar o aglomerare de regate unite sub Ferdi-
nand şi Isabella. Dar deoarece coloniile erau privite ca pose-
Spaniol şi portughez siunile personale ale Isabellei, dreptul coloniilor era bazat pe dreptul Castiliei. Exista, desigur,
mult drept de ordonanţă, şi erau multe coduri private din
aceste ordonanţe. *Leyes de las Indias** era prima compilaţie
oficială de legislaţie colonială. A apărut în 1680 şi se ocupa
îndeosebi cu drept administrativ şi criminal, lăsând dreptul
obişnuit să fie dedus din dreptul castilian. Chiar astăzi, drep-
tul spaniol joacă un astfel de rol important în dreptul din
Louisiana încât juriştii din acel stat au găsit necesar să tradu-
că vechiul *Code of the Seven Parts*** pentru luminarea lor.

Apoi a venit expansiunea combinaţiei olandeze de drept
european. Olandezii au venit cel mai mult pentru comerţ şi
relaţii de afaceri şi nu să facă aşezări vaste. Noi Olande şi
Africa de Sud erau bastioanele lor.
Olandez Dreptul olandez este încă parte a dreptului fundamental din Africa de
Sud. Dar cea mai înaltă curte din New York a hotărât că
dreptul olandez nu este deloc parte a dreptului acelui stat,
pentru motivul că ei susţin că ocupaţia olandeză nu era decât
o uzurpare a drepturilor mai vechi engleze, şi astfel ceea ce
este socotit în mod obişnuit drept cucerire engleză, nu este
câtuşi de puţin cucerire, ci o ocupaţie legitimă.

Dreptul francez s-a extins în special în Canada şi Louisiana.
În acea vreme, de asemenea, nu exista deloc drept francez
general. Dreptul fundamental din colonii era obiceiurile din
Paris − dreptul Nord-Francez − cu
Francez drept administrativ şi criminal pre-
văzut mai ales în legislaţie, ca în
coloniile spaniole. Exista de aceea prezent în colonii numai

---

* Legile Indiilor. (*n.t.*)
** Codul celor Şapte Părţi. (*n.t.*)

atât drept roman cât exista în obiceiurile din Paris şi se va aminti că în acea jurisdicţie elementul roman nu era în nici un caz la fel de substanţial ca în dreptul spaniol. Coloniile franceze erau efective mai ales în Canada Inferioară. Când Canada a trecut la Anglia, tratatul rezerva dreptul francez pentru locuitori, dar colonilor englezi nou veniţi le păsa puţin de dreptul francez. Astfel s-a ivit brusc un sistem dual comod, cu mult amestec. În fine, în 1865-1867, o comisie regală a produs o reproducere fidelă a obiceiului existent, obiceiul din Paris încrucişat de influenţa engleză şi astfel aproape tot atât de teutonic precum dreptul Angliei însuşi. Fireşte, acest drept se aplica îndeosebi Canadei Inferioare, unde francezii erau cei mai numeroşi, dar nu majorităţii noului Dominion al Canadei, care are drept englez. În Louisiana situaţia este mai complicată. Dreptul francez a fost urmat de cel spaniol şi apoi cel spaniol de către cel francez, până ce Statele Unite au dobândit posesiune în 1803. Tratatul de cedare către Statele Unite asigura locuitorilor limba, legile şi instituţiile lor, şi când Louisiana a devenit un teritoriu fără drept de stat, ei au luat imediat măsuri să profite de combinaţia lor de drept spaniol şi francez. Comisia din 1808 – James Brown şi Morain Lislet – nu au putut să pună mâna pe *Code Napoleon* din 1804 după câte s-ar părea, probabil din cauza dificultăţilor de comunicaţie marină în timp de război, dar au beneficiat de ultimul proiect al Codului. Nu s-au legat de el ca nişte sclavi, ci au făcut un cod oarecum mai elaborat. Cu acest cod ca o bază judecătorii din Louisiana au aplicat legea, dar au fost influenţaţi în interpretarea lor de atmosfera de drept cutumiar din statele vecine. Astfel, *e.g.* nici *Code Napoleon* nici Louisiana Code nu prevăd nici o acţiune pentru o încălcare a promisiunii de căsătorie – codurile sunt pasive asupra subiectului – dar judecătorii au interpretat codul sub influenţa dreptului cutumiar, cu rezultatul că un proces de încălcare a promisiunii este posibil în Louisiana deşi nu este în Franţa. De altminteri, legislatura din Louisiana a fost chiar mai mult în mod conştient influenţată de exemplul statelor cu drept cutumiar. Dreptul din Louisiana conținea numai atât de mult drept roman cât conține *Code Napoleon*, și chiar acela este modificat prin interpretare și legislație sub influența dreptului englez.

Se va aminti că în vremurile coloniale Louisiana și Mexic aveau o mult mai vastă întindere decât în ziua de azi. Deși practic necolonizate, dreptul francez și respectiv dreptul spaniol se aplicau. În Texas, *e.g.*, imigrația americanilor a fost urmată de un exod de

Cantitatea de drept roman în statele de la sud-vest

mexicani. Americanii nu vor avea nimic din dreptul spaniol și dreptul este practic englez. Dar i-a pus în încurcătură pe judecători să-l explice. Pare ca o migrație de națiuni, fiecare luându-și dreptul ei cu ea, cum s-a întâmplat de fapt în vremurile vechi. Dar ei nu au susținut această teorie. Părerea care în general a prevalat este că, deși nu există drept cutumiar american, coloniștii americani au dus obiceiurile lor cu ei, și aceste obiceiuri au devenit drept prin recunoaștere juridică. Și astfel, în timp ce aceste state nu sunt istoric și tehnic state cu drept cutumiar, ele au efectiv drept anglo-american, încrucișat de drept spaniol, oriunde este îndeosebi adaptat la situația locală, precum în cazul legii drepturilor mării.

Colonizarea engleză a început mai târziu decât cea spaniolă, portugheză, olandeză și franceză. Imperiul Englez a fost construit în special prin însușirea coloniilor altor națiuni la încheierile războaielor. Nu a fost ni-

Englez

ciodată nici o încercare de a impune dreptul englez asupra pământului astfel dobândit din cauza dificultăților de administrare. Un judecător al Consiliului de Coroană trebuie să aibă un foarte larg orizont intelectual într-adevăr. El poate avea cazuri în fața lui implicând nu numai diferite îmbinări și modificări de drept european, ci de asemenea implicând drept mahomedan și hindus. Desigur, există ceva drept pe care o națiune cuceritoare trebuie să-l impună, în afara dreptului administrativ și criminal, pentru că este fundamental, de exemplu în India împotriva căsătoriei copiilor şi arderii văduvelor. De fapt, putem să avem o bună idee a ceea ce este într-adevăr fundamental în legislaţia unei ţări observând ceea ce ei tolerează şi ceea ce ei refuză să tolereze într-o provincie cucerită. De exemplu, când imperiul nostru transmarin era format, se prevedea ca Porto Rico să aibă vechea sa legislaţie în măsura în care nu era incompatibilă cu ideile americane. Comandantul militar, obişnuit cu legea marţială, putea să tolereze lipsa de judecată cu juri, dar refuza să îngăduie preoţilor să fie plătiţi din vistieria publică. După părerea noastră, biserica şi statul trebuie să fie complet separate. Acest exemplu este în special interesant întrucât concepţia separării bisericii şi statului, cum o recunoaştem acum, nu este prevăzută în Constituţie în mod explicit, ci este o dezvoltare ulterioară. Expansiunea Angliei prin colonizare efectivă a fost în principal în America de Nord, Africa de Sud şi Australasia. Nu mă voi aventura să ţin o lecţie despre istoria dreptului american, fiindcă nu a fost niciodată scrisă şi chiar studiile preliminare lipsesc. În unele din colonii, Vechiul Testament era mai de autoritate decât dreptul cutumiar. Influenţa migraţiei spre vest nu a fost niciodată urmărită, nici nu au fost discutate amănunţit împrejurările juridice de stat şi federale.

Extinderea dreptului european a fost mult sporită în ultimul secol prin împrumut şi imitaţie directă. De exemplu,

Extinderea dreptului european prin împrumut şi imitaţie

în Europa de Sud-Est de la căderea Constantinopolului, dreptul mahomedan – un sistem de drept bazat pe Coran, şi nu diferit de religie – prevalase. Pe măsură ce creştinii au devenit emancipaţi, au adoptat dreptul Vest-European. Grecia a fost prima să facă un cod, modelându-l după *Code Napoleon*. Apoi Turcia şi Egipt, dependentul lui nominal, au urmat, deşi încă ţări mahomedane.

În plus, în Orient a fost mult împrumut interesant din Occident. Devreme în ultima jumătate a secolului al XIX-lea, Japonia a devenit deschisă la influențele europene. În Universitatea Imperială a Japoniei exista considerabil studiu al dreptului englez, american și francez și al dreptului naturii cu o coloratură puternic franceză. Japonia a trecut de la feudalism la monarhie absolută printr-o *coup d'état*. În sfera dreptului aceasta însemna, cum însemnase în Europa în Evul Mediu, trecerea de la obiceiuri provinciale la drept național. În curioasă analogie față de asimilarea dreptului roman în Europa, deoarece nu exista deloc timp în care să se dezvolte un drept național, era recurgerea firească de către japonezi la dreptul european pentru umplerea spărturilor în dreptul japonez. Prin descoperirea de legi, a existat considerabil drept european introdus. Apoi a venit împrumutul angro prin cod. Acesta a fost încercat mai întâi în ultimul deceniu al ultimului secol, când monarhia devenea constituțională, de către un profesor francez de drept la Universitatea Imperială, și baza muncii este *Code Napoleon*. Dar exista o puternică aversiune din partea juriștilor de a adopta în asemenea volum dreptul francez. Pe urmă noul cod a fost pregătit de trei eminenți juriști japonezi. Este bazat pe un vast studiu comparativ de drept european. Este eclectic în originea lui, incluzând elemente engleze și franceze, dar este bazat în special pe codul german. În general, dreptul proprietății și contractelor este european. Dar în legislația familiei, intrăm într-o lume diferită, căci este drept japonez. Familia japoneză este un mic clan și există o doctrină specifică de conducere. Există de asemenea coduri de procedură, influențate de procedura europeană, și coduri penale, inclusiv folosirea juriului englez. Tot acest lucru este în domeniul dreptului privat. Firește, a existat o vastă răspândire a dreptului public european. Japonia, Persia și China sunt exemple ale acestei faze a mișcării.

Răspândirea dreptului francez, spaniol și englez în Statele Unite a fost parte a mișcării generale care a răspândit dreptul european în toată lumea. Coloniștii englezi au adus noțiuni engleze de drept, însă dreptul englez pe care îl trăiau

Asimilarea dreptului cutumiar și echității în Statele Unite

era de un fel grosolan și gata pregătit, potrivit pentru viața aspră și expeditivă a coloniilor. Coloniile cu privilegiu și cu drept de proprietate (ultimele modelate pe Palatinatul Durham, însă chiar atunci având o anumită importanță de reprezentare) în general aplicau justiția după cum vroiau, cât timp rămâneau mici și neimportante. Îndată ce deveneau demne de considerație, se făcea desigur un efort pentru a aplica legea mai direct cu ajutorul judecătorilor englezi. Pe măsură ce oamenii deveneau mai bogați și mai prosperi, unii oameni au ajuns să cunoască legea în mai mult decât felul vag în care toată lumea o cunoștea, și clasa juriștilor s-a ivit. În câteva colonii, autoritatea judiciară nu era complet separată de ramura legislativă. Desemnarea ramurii legislative în Colonia din Golful Massachusetts drept „Curte Generală" este o aluzie la acest fapt. Unele din primele curți au răsărit din legislatură. În vremea Revoluției, dreptul cutumiar englez era bine asimilat.

Curtea predominantă era curtea de drept cutumiar. Exista foarte puțină echitate administrativă. Aceasta se datora în parte încorporării multor principii echitabile în dreptul cutumiar, în parte de asemenea vieții simple a oamenilor, care nu cerea discriminări limpezi de echitate nici nu pretindea caracterul ei progresist, și în parte prejudecății oamenilor și legislaturilor față de lege care venea prin grația regelui și fără ajutorul unui juriu. În New York prima curte distinctă de echitate era guvernatorul și consiliul (1701), o întoarcere la vechea practică engleză a regelui și consiliului, stabilită prin ordonanță și viguros contestată de Adunare. A judecat puține procese.[27] Odată cu Revoluția, a ajuns a se recunoaște că

---

[27] Vezi 1 Johnston Chancery Reports.

această curte a existat numai prin autoritate legislativă. Practica generală a fost de a da jurisdicție echitabilă curților de drept cutumiar. Maine, New Hampshire, Massachusetts și Pennsylvania au făcut chiar aceasta în silă. Pe de altă parte, alte state, ca New Jersey și Delaware, au continuat tribunale separate pentru lege și pentru echitate. În formarea Constituției federale, a fost urmată teoria americană generală de a da jurisdicție echitabilă tribunalelor. Prin Legea Judecătorească din 1792 curților federale li se dau jurisdicție de echitate echivalentă cu aceea a Înaltei Curți Engleze de Justiție a Lordului-Cancelar în vremea Revoluției. În ciuda tuturor acestor lucruri, nu se poate spune că echitatea a dezvoltat mult drept în Statele Unite. Curtea de justiție a Lordului-Cancelar își cheltuise forța înainte de Revoluție. În general, aceste curți au continuat să nu aplice nimic în afară de reparațiile echitabile dezvoltate înainte de Revoluție. Există câteva exemple sporadice în care ele au dezvoltat nou drept. De exemplu, în Tennessee, unde există mulți proprietari de pământ nerezidenți, există un mare pericol din partea colonilor uzurpatori. Într-o acțiune în revendicare, chiar în curțile federale, juriul este totdeauna gata să decidă împotriva proprietarului nerezident. În teorie strictă, ceva ce face ca un titlu să apară îndoielnic este oarecare defect în forma titlului, dar un colon uzurpator poate fi cu greu numit așa ceva. Dar legislatura fusese ades destul de neglijentă să acorde aceeași proprietate de două ori în multe cazuri, și aceasta a oferit o scuză de a acționa prin plângere în echitate în curțile federale. Efectul deciziei nu este de a-l îndepărta pe colonul uzurpator, ci este o sentință preliminară, care este greu pentru juriu să o scape din vedere într-o acțiune în revendicare. Singura dezvoltare remarcabilă a jurisdicției de echitate în America este în folosirea mai liberală a hotărârii preventive de interdicție, în special în neplăceri de muncă. Însă chiar acest principiu este bine cunoscut în Anglia. A existat, pe scurt, foarte puțină dezvoltare în domeniul jurisdicției de echitate în Statele Unite.

Obţinând independenţa multe dintre state, prin constituţie sau statut, au făcut dreptul cutumiar legea ţării. Dar dacă au făcut aşa sau nu avea puţină importanţă, căci afirmaţia era pur declarativă. Nu tot dreptul cutumiar a fost asimilat, ci numai atât de mult cât era adaptat la condiţiile locale.

Dezvoltarea dreptului în America

Acesta, de asemenea, a fost modificat de legislaţie, care a măturat ca un val de la Est la Vest. În vremuri recente, însă, multă legislaţie progresistă este iniţiată în Vest. Unele progrese cerute în legislaţie erau făcute aici până ce erau acceptate în Anglia. Aceasta este în special adevărat despre legea căsătoriei. Anglia se bucurase de căsătorie civilă sub Cromwell, dar ea a dispărut după vremea lui şi mai întâi a devenit permanentă de această parte a mării. Ţara noastră a condus de asemenea în abolirea teoriei dreptului cutumiar a contopirii bărbatului şi soţiei într-o singură persoană – şi acea persoană bărbatul – o teorie pe care Blackstone o privea ca pe o favoare femeilor. „Atât de favorită e femeia", spune el. Dar în America ea este chiar mai mult o favorită. Dezavantajele ei speciale au fost îndepărtate, dar nici unul din privilegiile ei. O femeie bogată, trăind la Newport prin propriile ei mijloace, poate să-l dea în judecată pe nevoiaşul ei soţ în New York pentru nesprijin şi moştenire. În Vestul Central şi Vest, dezvoltarea juridică a fost analogă dezvoltării în colonii. A fost drept popular, administrat cu mâini populare. A coborât chiar uneori, ca în câmpurile de minerit unde era o recrudescenţă a linşării, spre metoda primitivă a justiţiei aplicate de comunitate *en masse* ori autoajutorare sprijinită de atitudinea comunităţii. Treptat Blackstone a reuşit să lumineze comunitatea, şi deci pe judecătorul şi avocatul modern. Principiile de drept cutumiar au făcut astfel de incursiuni pe teritoriu teoretic acoperit de drept spaniol şi francez încât, afară de Louisiana, există practic un sistem de drept anglo-american. Există destul drept spaniol în Arizona şi New Mexico, însă, pentru a le împiedica de a fi propriu-zis numite state cu drept cutumiar.

Americanii erau desigur pregătiți pentru interpretarea juridică a dreptului. Cât timp statele fuseseră colonii, legislaturile lor au ocupat o poziție subordonată Parlamentului. Ele erau legislaturi cu puteri limitate, aşa cum Anglia cunoscuse deja în corporaţii municipale și altele asemenea. Ele nu puteau acționa în conflict cu legile generale ale regatului. Dacă acționau, curţile erau libere să pună legile lor deoparte. Pentru a determina dacă o lege colonială deroga de la o lege a Parlamentului, cazurile mergeau la Consiliul de Coroană, cum fac acum. În acest mod coloniştii erau obişnuiţi să vadă curţile determinând dacă legislaţia în chestiune era în conflict cu sau încălcând legea superioară. Ei au ajuns să privească spre dreptul curţilor federale de a anula legislaţia statului în mod firesc. Dreptul Curţii Supreme de a anula actele Congresului era nou, dar teoria lui nu era nouă. Era o paralelă perfectă la condiţia mai veche a legii superioare de a anula legea inferioară – legea superioară în acest caz, și acela era elementul nou în situaţie, fiind Constituţia. Constituţia, ca expresie directă a voinţei oamenilor, este precumpănitoare faţă de indirecta expresie a voinţei oamenilor prin reprezentanţii lor aleşi. Deciziile lui Marshall au urmat în mod firesc și logic din precedente juridice mai vechi.

Supremaţia puterii judecătoreşti în Statele Unite

XIV. SURSELE DREPTULUI AMERICAN

Va fi potrivit mai întâi să discutăm sursele dreptului federal și apoi să vorbim de sursele dreptului statului.

I. Constituţia Federală în sfera ei este legea fundamentală a ţării. De ce a cerut Constituţia atât de multă interpretare? Este fără îndoială adevărat, după cum am văzut, că volumul de interpretare cerut în orice arie dată depinde de generalitatea cu care este aplicat. Depinde de asemenea de necesitatea situaţi-

Constituţia Federală: Interpretarea ei în probleme nepolitice

ei. În crearea Constituției alcătuitorii au făcut o greșeală cel
puțin în a face extrem de dificil să amendeze Constituția,
necesitând ca ei să facă fie o propunere din partea unei
convenții naționale convocate asupra aplicării legislaturilor
a două treimi din state fie din partea Congresului în baza
unui vot a două treimi din fiecare cameră, și apoi ratificarea
de trei pătrimi din state prin legislaturile lor sau convenții
populare. Amendarea este nu imposibilă, ci extrem de
dificilă. Majoritatea amendamentelor erau adoptate imediat
pentru a îndeplini promisiunile făcute în campania pentru
adoptarea Constituției, de a garanta anumite drepturi priva-
te. Aceste amendamente într-adevăr au apărut ca parte
componentă odată cu Constituția și erau promulgate *en
bloc*. Legalitatea și validitatea amendamentelor adoptate
imediat după Războiul Civil sunt cel puțin deschise îndoielii
academice. Exact acum câteva ierni legislatura din Florida a
hotărât că aceste amendamente erau nevalabile din cauza
felului în care au fost amestecate. Astfel Constituția este
foarte dificil de modificat. Dacă este să fie adaptată la
condiții sociale schimbătoare, povara este aruncată asupra
judecătorilor. Teoria lor este că legea a fost întotdeauna
acolo și ei doar o proclamă. Dar de fapt e nevoie de volume
să proclami această lege suplimentară a Constituției . În
unele cazuri tribunalele au gândit cu siguranță gândurile pe
care fondatorii încercau să le gândească. De exemplu, prin
tratatele noastre cu unele națiuni, ca Turcia, China etc., este
rezervat dreptul ca americanii să fie judecați de propria lor
justiție. În astfel de cazuri consulul ține judecată și un
acuzat ar putea fi executat prin decizia unui consul, deși
aceasta nu s-a întâmplat niciodată. Pedeapsa pe viață, însă, a
fost dată. Aceste curți au un statut legal ciudat. Ele lucrează
fără un juriu, pentru că un juriu de cetățeni americani este
de multe ori imposibil de procurat. Problema a fost mult
discutată în Congres în ceea ce privește dacă un reprezen-
tant al Statelor Unite poate să judece un cetățean fără un

juriu care hotărăşte sau respinge punerea sub acuzare şi proces cu juriu, contrar declaraţiei exprese din Constituţie garantând acel drept cetăţenilor. Problema în fine a ajuns la Curtea Supremă care a spus că fondatorii nu au putut niciodată să fi intenţionat ca aceste garanţii să fie aplicate în afara graniţelor Statelor Unite. Ei au gândit ceea ce fondatorii ar fi gândit dacă ar fi cunoscut împrejurările. Încă o dată, englezii timp de secole se luptaseră împotriva absolutismului dăunând persoanei şi proprietăţii, şi victoriile lor erau exprimate în declaraţii ale drepturilor omului, care în ochii lor au sfinţenie deosebită. Alcătuitorii Constituţiei au simţit influenţa acestei experienţe engleze. Se poate spune cu siguranţă astăzi, însă, că în timp ce aceste drepturi sunt esenţiale, drepturile de proprietate nu sunt investite cu aceeaşi sfinţenie ca atunci când s-a făcut Constituţia. Dl. Judecător Holmes a spus că el nu se gândea că Cel de-al Patrusprezecelea Amendament decreta *Social Statics* a lui Herbert Spencer. Curtea Supremă a interpretat această schimbare de atitudine a societăţii faţă de proprietate. A recunoscut două mari excepţiuni pentru drepturi private în comparaţie cu statele şi guvernul federal. Cu o generaţie înainte s-a descoperit că drepturile de proprietate nu împiedicau acţiune de poliţie legitimă de către un singur stat. Interpretarea puterii organelor însărcinate cu paza ordinii în stat a fost extinsă să includă orice de la siguranţa publică la bunăstare generală. Nu a fost niciodată definită, dar a fost deseori descrisă – cu descrieri lărgite. Concepţia acestei puteri este extrem de elastică. În al doilea rând, folosirea proprietăţii private este reglementată ori de câte ori proprietatea este hărăzită folosirii publice ca, de exemplu, silozuri de cereale. Linia între cele două feluri de proprietate nu a fost niciodată clar trasată, şi mult este nestabilit. Îmi pare că tribunalul face ceea ce a făcut în alte cazuri – spunând că părinţii au uitat să spună anumite lucruri, astfel remediind defectele lor. Dar această teorie este eterodoxă. Teoria ortodoxă este că este totul în Constituţie, dar este invizibil.

Această scriere invizibilă este adusă la lumină de Curtea Supremă în focul discuției.

Curtea Supremă nu a pretins niciodată jurisdicție asupra problemelor politice, afară dacă nu erau implicate drepturi private. Multe probleme politice par să fie decise de această curte, dar ele sunt cazuri în care sunt implicate drepturi private, *e.g.*, impozit, monedă etc. Dar sunt probleme politice care nu implică drepturi private, ca probleme între diferitele departamente de guvernare. Cum sunt astfel de probleme interpretate? În Anglia și în fiecare țară cu o constituție nescrisă, sunt dezvoltate prin conflict și decizia opiniei publice. În cele din urmă este o dezvoltare de tratare guvernamentală. În măsura în care Constituția noastră a trebuit să fie dezvoltată în probleme politice, a fost dezvoltată în acest mod. Astfel împuternicirile de război ale Președintelui au fost dezvoltate, nu de Curtea Supremă, ci de actele Președintelui în vremuri de necesitate extremă, cum este aprobat de Congres.

Interpretarea ei în probleme politice

II. Apoi vin actele Congresului, care sunt valide numai când sunt în cadrul competenței Congresului sub autoritatea Constituției. Congresul are numai puteri enumerate, dar Curtea Supremă susține că toate puterile Congresului nu sunt enumerate în Articolul despre Congres, dar unele se găsesc, *e.g.*, în Articolul Justiție. Astfel Marshall a susținut legislație a Congresului prevăzând executarea sentințelor federale în state. În timpuri mai recente Curtea a spus că Congresul are dreptul de a reglementa transportul maritim pe alte temeiuri decât clauza comerțului, care nu se aplică comerțului în interiorul unui stat al S.U.A., și a găsit acest alt temei în aprobarea jurisdicției maritime față de justiție în Articolul Justiție.

Actele Congresului

III. Tratatele stau alături cu legislația Congresului potrivit Constituției. Problema relației puterii de a elabora tratate față de actele Congresului a fost mult discutată. În general puterea de a

Tratate

elabora tratate şi puterea legislativă sunt egale. Legislaţia de mai târziu şi tratate de mai târziu aduc o atingere legislaţiei şi tratatelor mai vechi.

IV. Apoi vine interpretarea actelor Congresului şi a tratatelor de către instanţe. Acestea sunt cele patru organe principale ale dreptului naţional.

V. Există cvasi-organe judiciare dând decizii în plus faţă de tribunalele obişnuite în virtutea autorităţii congresionale. Acestea sunt curţile consulare după cum *Decizii administrative* s-a menţionat mai înainte şi curţile de arbitraj pentru scopuri specifice, precum curtea pentru a împărţi bani primiţi de la francezi în timpul lui Napoleon spre a compensa distrugerea comerţului american de vase de corsari francezi, care a durat mulţi ani din cauza dificultăţii împărţirii echitabile, şi tribunalul similar pentru a distribui banii din reglementarea Cererilor Alabamei împotriva Marii Britanii. Apoi există permanenta Curte de Reclamaţii pentru a decide asupra reclamaţiilor împotriva Guvernului însuşi, ale cărei decizii au fost făcute efective la început prin alocări specifice de către Congres dar acum de mulţi ani de către trezorierul Statelor Unite direct din fondul de alocaţie general fără nici o alocare specială a Congresului. Apoi există o Curte a Vămilor separată, la care poate fi dus un apel de la inspectorul de pe doc. De asemenea în probleme de imigraţie probleme de fapte şi justiţie sunt luate de la curţile federale şi predate comisarului imigraţiei. Ele nu sunt curţi în sensul constituţional, căci judecătorii nu deţin funcţie pe viaţă, dar ele sunt cel puţin organe cvasi-judiciare fiindcă decid probleme de justiţie şi fapte. Comisia de Comerţ Interstate este un alt exemplu de acest tip de organ cvasi-judiciar.[28]

---

[28] Conferenţiind în 1910, Profesorul Munroe Smith nu putea anticipa remarcabila creştere a agenţiilor administrative atât în guvernele federale cât şi ale statelor, în special în timp de război. Multe dintre aceste agenţii administrative exercită funcţii legislative şi judiciare precum şi executive. Legislaţia acestor agenţii în guvernul naţional umple paginile Registrului

Există un drept cutumiar federal? Aceasta este mai curând o întrebare literară. Stă marele sistem de drept cutumiar anglo-american interpretat de curți în spatele dreptului național,

Există un drept cutumiar federal?

așa cum stă în spatele dreptului unui singur stat? Pot curțile federale să găsească un sprijin în dreptul făcut de judecător pe care noi îl numim drept cutumiar? De fapt, totdeauna s-a recunoscut că Constituția și actele Congresului trebuiau interpretate în lumina dreptului cutumiar în descoperirea intenției alcătuitorilor, fiindcă ele erau făcute sub influența lui și în atmosfera lui. Dar aceasta se spune a fi numai un mod de interpretare. Majoritatea problemelor care vin înaintea curților federale se învârtesc în jurul construcției Constituției, sau a vreunui statut federal, sau a dreptului vreunui stat, cum vom vedea mai târziu. Aceste cazuri vin la ea în virtutea jurisdicției ei asupra proceselor între cetățeni ai diferitelor state. Curțile federale, se spune, nu trebuie să facă drept cutumiar, exceptând în cazul dreptului cutumiar al statelor. Actul Justiției din 1789, aproape la fel de vechi precum Constituția însăși, prevedea ca tribunalele federale inferioare în diferitele state să fie, în absența dreptului federal, guvernate de dreptul celor câteva state în măsura în care aplicabil. Dacă nici un fel de drept federal nu este aplicabil, curțile federale aplică regulile conflictului legii, care este un sistem de drept internațional, care nu are nici o autoritate într-un stat în afară de autoritatea dată de acel stat. De unde își iau curțile federale normele lor ale conflictului legii, deoarece nu există nici o acțiune a Congresului asupra subiectului? Din teoria engleză a conflictului

---

Federal și deciziile lor judiciare sunt mult mai numeroase decât cele ale curților federale. Acum legislația administrativă și deciziile administrative trebuie să fie adăugate la cele patru surse principale ale dreptului național. Faptul că un atât de exact autor precum Profesorul Smith nu a menționat legislația administrativă deloc și a discutat numai câteva agenții administrative exercitând puteri judiciare servește doar să sublinieze rapiditatea și dimensiunea dezvoltării dreptului administrativ în ultimele trei decenii.

legii, care este drept cutumiar general. Apoi determinând cu ajutorul normelor dreptului cutumiar ale contradicției între legi care lege a statului este potrivită, curtea aplică acea lege. Nu se poate recurge la dreptul cutumiar al statului al contradicției între legi să determine care lege este potrivită, întrucât acela ar fi un cerc vicios. Ar reveni unui sistem de drept să vadă dacă acel corp de legi ar fi un corp de legi potrivit.

Dar să presupunem că instanța a hotărât să se bizuie pe dreptul unui stat dat în determinarea unei cauze, este ea legată să se bizuie pe precedentele juridice ale dreptului cutumiar din acel stat? Nu: din vremea lui Marshall, s-a decis, *e.g.*, că dreptul comercial este mai larg decât dreptul oricărui stat și Actul Justiției nu a intenționat să se aplice la astfel de cazuri. Dreptul comercial este o expresie foarte largă. Curtea Supremă a mers mai departe. Transmițând titlul proprietății bisericești, a aplicat dreptul ecleziastic. Curtea Supremă dă propria ei interpretare dreptului cutumiar. Susține că interpretând dreptul cutumiar al statului în baza teoriei ortodoxe că legea a existat întotdeauna, cum o declară ei, dar a fost stabilită greșit de curțile statelor. Ceea ce spun ei este că noi vom aplica adevăratul drept cutumiar al statelor pe care curțile statelor l-au interpretat greșit. Astfel, *e.g.*, un contract scutind de răspundere pentru neglijența căpitanului comercial și echipajului unui vas nu va fi susținut în curțile din Massachusetts sau Statele Unite, în timp ce este primit în alte state. Rezultatul practic, în ciuda tuturor teoriilor, este că, în caz de deosebire între cetățeni din state diferite, curțile federale sunt legate numai de dreptul scris al statelor, și în probleme de drept nescris ele își dau părerea lor, chiar dacă trec peste părerile celei mai înalte curți a statului. Vă puteți forma opinia în ceea ce privește dacă dreptul nescris astfel uniform interpretat în curțile federale este drept național sau nu. Este o problemă de opinie personală, depinzând dacă judecați din teoria ortodoxă a interpretării sau din fapte ca fapte. Eu cred că există în mod evident un drept cutumiar federal.

Dar în timp ce dreptul cutumiar federal este național în sensul că prevalează oriunde curțile federale au jurisdicție, nu este național deoarece Constituția, actele Congresului, tratatele și interpretările lor sunt naționale în precumpănirea asupra legislației statelor. El există numai la îndurarea sau îngăduința legislației statelor, întrucât Actul Justiției prevede că tribunalele federale trebuie să accepte și să aplice dreptul statelor. Aceasta ele fac în domeniul dreptului scris, dar în domeniul dreptului nescris ele fac propria lor interpretare uniformă. Curțile federale puteau fi înlăturate de la întreaga putere de a interpreta dreptul cutumiar dacă statele urmau să desființeze dreptul cutumiar, exceptând, firește, dreptul curților federale de a folosi dreptul cutumiar al conflictelor legii în determinarea a ceea ce era lege potrivită spre a fi aplicată la caz. În interpretarea statutelor statelor, curțile federale au acceptat în general dar nu exclusiv interpretarea pusă asupra lor de curțile statelor.[29]

VI. Dreptul statelor arată aceleași împărțiri ca dreptul național. Constituția este cea mai înaltă lege în fiecare stat, exprimând voința oamenilor statului. În statele mai vechi aceste constituții sunt asociate cu cartele coloniale, care defineau puterile guvernării. În fiecare caz,

Constituții ale statelor

carta regelui a fost aruncată și poporul a definit puterile guvernării din nou. Primele constituții erau scurte și generale, dar pe măsură ce sunt succesiv adoptate sau amendate, a fost o tendință ca ele să încalce puterile legislaturii, intrând în domeniul dreptului privat precum și dreptului public, îmbrățișând orice cred ele că este în special important pentru a-i da o sancțiune mai înaltă și mai mare imunitate, și astfel devenind mai voluminoase. Desigur, exista un element de drept privat în vechile constituții în declarația

---

[29] Această opinie care provine din Swift v. Tyson, 16 Peters 1 (1842) a fost anulată de Erie Railroad v. Tompkins, 304 U.S. 64 (1938). Vezi de asemenea nota, p. 347 *post*.

drepturilor omului, dar aceea este acum mult extinsă în constituţiile mai recente şi există multe prohibiţii şi restricţii directe asupra puterii legislative. Primele constituţii erau făcute în convenţii, dar de la început a existat o tendinţă de a transmite problema spre votul poporului şi aceea este acum practica generală.

VII. În general sistemele judecătoreşti ale statelor nu au exercitat o putere atât de liberă de interpretare asupra constituţiilor statelor cum a exercitat sistemul judecătoresc federal asupra Constituţiei naţionale. Nu a fost necesitatea pentru atât de multă interpretare. Constituţiile statelor sunt amendate mult mai simplu, rar necesitând mai mult decât aprobarea unei majorităţi a legislaturii şi a unei majorităţi a poporului. Nu numai sunt aceste constituţii amendate, ci deseori se adoptă unele noi. Există, însă, o linie de decizii sporadice, care sunt foarte interesante, care declară acte ale legislaturii neconstituţionale, nu pentru că ele sunt contrare oricărei puteri exprimate în constituţie, ci pentru că sunt contrare naturii fundamentale de guvernare.

Interpretare a constituţiilor statelor

VIII. Statutele statelor, adoptate de legislatura statelor reprezentând poporul diferă de actele congresionale în aceea că legislaturile pot vota orice act pe care propria lor constituţie sau aceea a Statelor Unite nu le împiedică anume de a le da putere de lege. S-a susţinut că legislaturile statelor au suveranitate, cel puţin suveranitate restantă. Dar ele pot fi private de toată puterea lor prin amendarea constituţiei. Astfel dinamic suveranitatea este în ele, dar potenţial ea este în popor.

Statutele statelor

În unele dintre state, notabil în Oregon, a fost legislaţie populară înlocuită, în parte cel puţin, cu legislaţia obişnuită a reprezentanţilor poporului în forma referendumului (când la cererea unui anumit procentaj de votanţi un act al legislaturii este

Iniţiativă şi referendum

suspendat până ce votanții și-au exprimat voința asupra lui printr-un vot), sau în forma de inițiativă)când la cererea unui anumit procentaj de votanți poate fi ridicată o problemă și supusă votului popular. Fiind o expresie directă a voinței poporului, aceste legi sunt cu adevărat amendamente constituționale. În unele cazuri ele sunt trecute în Oregon sub numele de legi, în unele cazuri ca amendamente constituționale. Această practică în măsura în care a avut trecere a dus la această deosebire că o măsură votată ca o lege poate fi anulată de o legislatură care urmează, dar un amendament constituțional nu poate fi astfel abrogat. O lege de mai târziu aduce o atingere unui statut mai vechi dar nu unui amendament constituțional mai vechi. Cât timp această poziție anormală de legislație populară nefiind privită ca amendament al constituției ci doar ca lege ordinară pe care orice legislație poate să o abroge va persista este nesigur, dar nu poate fi menținută pentru totdeauna. În situația prezentă există într-adevăr dualism în puterea legislativă.

O dificultate la orice legislație, dar mai ales la legislația populară, este că nu este abil redactată. Redactarea este o sarcină foarte grea, cerând pregătire specială și experiență. *Autori de proiecte de legi* Este lucru pe care chiar un jurist bun nu poate totdeauna să-l facă. În Europa există totdeauna oarecare aranjament pentru redactarea de măsuri legislative. În Anglia există un mic număr de autori parlamentari de proiecte de legi asociați cu un birou al trezoreriei, și cu toate că pot fi introduse în mod privat proiecte de legi,au mică șansă de trecere dacă nu sunt aprobate de autorii de proiecte de legi. Pe Continent proiectele de legi vin în principal de la cabinetul miniștrilor, care este ajutat de autorii de proiecte de legi. În Statele Unite o astfel de clasă răsare neoficial, mai ales în legătură cu bibliotecile statelor. Este o problemă foarte serioasă în ceea ce privește cum va fi redactată tehnic legislația inițiată. În unele cazuri s-a încercat expedientul de a născoci o măsură care să expună voința populară într-un mod general și folosind aceasta ca un mandat la legislatură pentru a adopta o lege întruchipând trăsăturile ei. În alte cazuri oamenii nu au fost dispuși să aibă încredere în legislaturi.

IX. Îndărătul legislației, atât ordinare cât și populare, există un larg sistem de drept, bizuindu-se pe precedente juridice, dreptul cutumiar nescris. Există bun motiv pentru a-l numi drept nescris, căci dreptul în decizii *Drept cutumiar* judiciare peste tot în lume nu este *al statelor* privit ca definitiv în ceea ce privește cuvintele lui și poate fi schimbat în expresia lui de decizii ulterioare. Deciziile judiciare sunt expresia dreptului, nu dreptul însuși. Exceptând în Louisiana, New Mexico și Arizona, acest drept restant este drept anglo-american.

XV. CODIFICAREA ÎN STATELE UNITE

În tendința legislaturilor de a da năvală în domeniul justiției și deciziilor ei și în tendința alcătuirii populare de legi de a da năvală asupra legislației reprezentative, vedem două faze ale aceluiași fenomen – tendința *Tendința către* puterii superioare de a o uzurpa pe *codificare* cea mai slabă. În nici unul dintre state, însă, năvalele asupra dreptului cutumiar prin codificare sau promulgare sistematică a legii nu au mers atât de departe încât să disloce în întregime dreptul cutumiar. Chiar în California și în unele dintre statele vestice apropiate care au adoptat codul său civil, dreptul cutumiar este încă subsidiar. În Louisiana, unde nu există deloc drept cutumiar îndărătul codului, exact ca în Europa când codul este mut, ceva trebuie atribuit codului de către judecători. Într-adevăr, în Franța, un judecător care refuză să decidă un caz deoarece codul este neclar sau nu la obiect, este amendat și dezonorat. El trebuie să derive o decizie prin analogie, sau altfel să interpreteze una într-un anumit mod, să spunem juriști europeni, prin spiritul întregului cod. Acesta este procesul juridic în Louisiana, influențat de un mediu de drept cutumiar. Dar în California procesul este diferit. Vechiul sistem de drept cutumiar este îndărătul codului. Legea este doar schimbată așa cum se exprimă în legislație, și principiul general susține că codul trebuie interpretat în lumina dreptului cutumiar, potrivit principiului general pentru interpretarea statutelor.

Statele diferă în gradul în care o încercare s-a făcut pentru a reduce dreptul cutumiar la formă statutară și a-l publica în forma unui cod. Cea mai ambițioasă încercare a fost în California și statele învecinate. Codul din California era plănuit să fie un cod complet. Era codul pregătit pentru New York de către David Dudley Field, dar respins în acel stat după multe vicisitudini. În plus, unele dintre statele vestice și sudice au făcut eforturi independente ale lor proprii, asemănător codurilor civile europene încercând să formuleze dreptul contractelor, proprietății mobiliare și personale, dreptul familiei și succesiunii – *i.e.*, dreptul privat. Statele care au mers cel mai departe sunt acestea nouă: California, Georgia, Iowa, Montana, Ohio, South Dakota, Texas, Utah și Wyoming. Acestea pot fi numite statele noastre cod. Dar în nici unul dintre acestea nu a fost înlocuit dreptul cutumiar, căci este îmbrăcat nu numai să interpreteze codul, ci să umple spărturile. În afară de aceste nouă state, nu a fost nici o încercare de a codifica întregul drept privat în formă scrisă. Există mare deosebire între statele care rămân în ceea ce privește volumul lăsat curților și dreptului cutumiar. Potrivit lui F.J. Stimson[30] statele care au mers apoi cel mai departe în reducerea dreptului cutumiar la formă statutară sunt: Alabama, Illinois, Indiana, Michigan, Minnesota, New York și Wisconsin. Cele mai conservatoare state în această privință sunt: Delaware, Kentucky, New Hampshire, South Carolina și Virginia. State nemenționate în nici una dintre cele trei liste

Clasificarea statelor în ceea ce privește codificarea

---

[30] AMERICAN STATUTE LAW, pp. ix-xiv.

sunt la mijlocul grupelor a doua și a treia, exceptând Arizona, Louisiana și New Mexico, care nu sunt grupate de Stimson ca state cu drept cutumiar.

Cu o generație înainte mișcarea pentru codificare era mult mai activă decât acum. Cei în favoarea codificării au arătat extrema dificultate de a stabili care

Argumentul în ceea ce privește lipsa de certitudine

este legea asupra oricărui punct, datorită în parte faptului că teoria juridică este că formularea unei norme de lege nu este niciodată definitivă, datorită în parte faptului că enorma masă de dosare ale proceselor a făcut imposibil să se obțină ceva din labirintul de decizii. Răspunsul obișnuit la această acuză era că legea într-un stat dat depindea în special de dosarele proceselor în acel stat și de deciziile federale și că celelalte dosare ale proceselor erau numai persuasive; și că chiar dacă ar fi codificare, tot ar fi nevoie de decizii pentru a interpreta codul, și astfel tot ar fi multe volume de lege. Dificultatea, spuneau ei, nu este de a găsi legea, ci de a găsi construcția și forța și orizontul ei, și pentru a obține aceasta ar trebui să mergi la dosarele proceselor, cod sau necod. Chiar dacă ordonanța legislativă ar fi să interzică recurgerea la vechile decizii, sistemul judecătoresc ar fi silit imediat să creeze un nou corp de legi interpretând codul. Tot ar fi nevoie de a consulta decizii pentru a afla ce însemna codul, ca pe Continent.

Un alt punct ridicat de codificatori era că, în cazul interpretării unui punct de drept cutumiar de o curte, forța dată deciziei este retroactivă. Ea afectează contracte încheiate până ce decizia a fost transmisă,

Argumentul că legea nescrisă este retroactivă

astfel acționând inechitatea. Curtea Supremă a recunoscut acest element de injustiție în cazul modificărilor în dreptul cutumiar ca transmis de curți ale statelor într-o linie de decizii sub autoritatea Constituției, prin care curtea a stabilit că în cazuri unde un contract ar fi fost valid sub autoritatea legii cum se afla într-un stat, dar aparent este făcut nevalabil de o schimbare în interpretarea legii de către curte, contractul va continua să fie valid, dar contracte încheiate de la transmiterea noii decizii trebuie să se bizuie pe noua interpretare. Cât de departe această atitudine a Curții Supreme se împacă cu teoria că instanțele nu fac lege nu este pentru mine să spun, deoarece curtea într-adevăr recunoaște decizia ca parte a legii statului și totuși recunoaște elementul de injustiție în natura sa retroactivă. Adversarii unui cod, în special James C. Carter, au răspuns că acolo unde s-a făcut o modificare a dreptului cutumiar de către curte era de a satisface o nevoie evidentă și partea care pretindea că i se făcea lui nedreptate încerca în realitate să smulgă în ajutorul lui o lege nedreaptă. Aceasta este de multe ori adevărat, dar nu întotdeauna. Trebuie să acceptăm faptul că deciziile judiciare sunt retroactive.

Una dintre cele mai mari forțe în spatele mișcării de codificare este pretenția că codificarea este într-adevăr scopul final normal al unui sistem juridic. Un motiv pentru acel fapt este că

Argumentul din experiența europeană

în perioadele mai târzii ale oricărui sistem există totdeauna mai multă legislație. Astfel, în Imperiul Roman și în Anglia mișcarea era de la echitate la legislație. Se subliniază că popoare continentale foarte civilizate au coduri și îndeosebi coduri civile, pe care noi le socotim ca domeniul specific dreptului cutumiar. Dar mi se pare că împrejurările cu privire la Europa continentală erau anormale în comparație cu experiența romană sau engleză, unde existau totdeauna organe centrale pentru dezvoltarea legislației. Căci pe Continent națiunile se dezvoltau încet și cu dificultate și fără nici un drept național altul decât un corp vast de obiceiuri locale divergente, care în multe cazuri fusese redus la scris. Ele erau silite să dezvolte drept național prin legislație. Din acest punct de vedere mi se pare că experiența continentală este anormală și este periculos să se întemeieze judecata pe ea.

Există aparent o strânsă analogie între dezvoltarea dreptului roman și aceea a dreptului englez. În dreptul roman la apogeul său, în secolul III d.Hr. exista ceva drept în formă

Paralela între dezvoltarea juridică romană și engleză

statutară, dar marea masă a dreptului era în forma cazurilor decise, bizuindu-se oarecum pe juriștii neoficiali mai vechi, dar mai ales pe judecătorii-juriști ai Curții Imperiale Romane – pe leges ca opuse ius sau statutelor senatului. Chiar codificatorii lui Justinian nu au încercat să distrugă deosebirea între cele două ramuri de drept. Ei au făcut o culegere din deciziile romane sau dreptul cutumiar, și un cod din statute. Situația este mult asemănătoare în toată lumea vorbitoare de limbă engleză ca în Roma, în aceea că dreptul cutumiar acoperă în special dreptul privat iar dreptul statutar ocupă celelalte domenii ale dreptului. Codificarea nu a mers niciodată departe în nici una dintre coloniile engleze exceptând acolo unde amestecul de rase a provocat confuzie, ca în codurile produse de această stare de lucruri în Canada Inferioară și în oarecare codificare făcută în India.

Este această analogie între dreptul roman și dreptul popoarelor vorbitoare de limbă engleză superficială, ori este ea mai adâncă și reală? Există vreo linie similară de despăr-

Similaritate în ceea ce privește despărțirea domeniului între dreptul scris și dreptul nescris

țire între domeniul dreptului făcut de judecători și domeniul dreptului statutar în fiecare caz? Există, de fapt, izbitoare similaritate. Organizarea guvernării și definirea puterii persoanelor oficiale, atât generale cât și locale, este total în formă statutară. Legea crimelor – acel cvasi-public sistem de drept – este în special în formă scrisă, și legea procedurii penale tinde mai puternic să fie codificată decât procedura civilă. În domeniul dreptului privat găsim în special drept cutumiar. Actele legislative fac numai sporadice invazii în acest domeniu; și când ele fac, este în problema proprietății mobiliare mai curând decât bunurilor mobiliare, şi în domeniul succesiunii prin metode legale cum ar fi administrarea mai degrabă decât prin metode testamentare. În domeniul dreptului familiei vedem o deosebire între dreptul roman şi cel al ţărilor vorbitoare de limbă engleză. În Roma nu exista drept scris asupra acestui subiect ci numai drept bizuindu-se pe cazuri, în timp ce în ţările vorbitoare de limbă engleză legea relaţiilor familiale a fost în mare măsură consemnată în scris în statute, mai ales în scopul de a se elibera din regula dreptului cutumiar negând femeilor căsătorite dreptul de proprietate. Tot ceea ce noi facem în această privinţă prin legislaţie romanii au făcut prin edicte praetoriene: adică, în acest caz, echitatea a făcut la Roma ceea ce noi am făcut prin legislaţie. În domeniile proprietăţii personale şi contractelor, dreptul roman era a fi găsit în decizii. Asupra acestor subiecte este puţin de găsit în Codex, dar mult în Digeste. Astfel există mare similaritate în despărţirea domeniilor dreptului scris şi nescris la Roma şi în ţările vorbitoare de limbă engleză.

Care sunt principiile subliniind această similaritate în despărţirea domeniului? Un jurist roman ar fi spus (dacă s-ar fi gândit câtuşi de puţin la o problemă care îi părea perfect naturală) că noi punem dreptul nostru public în formă statutară, iar dreptul nostru privat este de găsit în decizii, *i.e.*, este drept făcut de judecători. Ar fi fost un răspuns foarte firesc pentru el, căci prin drept public romanii înţelegeau drept care se ocupa de interesul public, *i.e.*, drept care se ocupă de ceea ce noi numim acum politică publică, şi prin drept privat ei înţelegeau drept care se îngrijea de interesele private. Acelaşi lucru este adevărat în ţările vorbitoare de limbă engleză. Drept constituţional, drept administrativ, dreptul proprietăţii mobiliare, din cauza interesului public ataşat, dreptul familiei pentru acelaşi motiv, toate tind să fie consemnate în scris în formă statuta-

Principii subliniind această similaritate

ră. Restul este drept cutumiar. Există un alt motiv care formează o explicație suplimentară pentru similaritatea despărțirii domeniilor dreptului scris și nescris la Roma și în țările vorbitoare de limbă engleză. Societatea cere două lucruri de la lege: ca să fie sigură, și ca să fie justă și echitabilă în cazuri individuale. Cele două exigențe sunt antagoniste și nu pe deplin reconciliate. Pentru a fi sigură, legea trebuie să fie largă și să acopere mari categorii. Cum spune Grotius, „Legea face nedreptate în cazuri unice din cauza universalității ei". O a doua injustiție este făcută de astfel de lege largă deoarece pe măsură ce societatea se schimbă, legea nu poate fi dreaptă dacă nu se schimbă în mod corespunzător. Acestea sunt dificultățile și nedreptatea legii sigure sau fixe. Împingeți fie siguranța fie echitatea la o extremă și o veți pierde pe cealaltă. Acum sunt anumite lucruri în care siguranța este mai dezirabilă și necesară decât în altele, și acestea rezidă în probleme care sunt pur arbitrare cum ar fi legea circulației, forma titlurilor la purtător, vechiul tarif german al daunelor etc. Luați politica publică și dorința pentru certitudine în probleme arbitrare împreună, și puteți explica linia de despărțire între drept nescris și scris în Roma și țările vorbitoare de limbă engleză. Linia de demarcație între drept tinzând să asume formă scrisă și acela care este făcut de judecători se bazează pe întrebarea dacă politica publică este sau nu interesată, traversată de principiul că în probleme care sunt pur arbitrare, unde n-are importanță ce este dreptul cât timp există o regulă definită, dreptul tinde să-și asume formă scrisă. În timp ce există o mare masă de legislație contribuind la interesul public, nu există nici o masă largă de legislație contribuind numai la interesele private. Astfel, chiar proprietatea este tolerată de lege pentru că este privită ca cel mai bun imbold la silință și spirit întreprinzător. Dreptul privat este în permanență intersectat de dreptul intereselor publice. Astfel, dreptul proprietății private este intersectat de dreptul suveran al statului asupra tuturor proprietăților. Astfel, în timp ce un om poate să posede și să administreze un siloz de cereale pentru profit, va fi luată în considerare bunăstarea publică și fixat un impozit maxim. Nu există nici un domeniu al dreptului preocupat în întregime de interesele private, ci dreptul public îl intersectează și reintersectează peste tot. Fiecare astfel de restricție de drept privat în interesul bunăstării publice tinde să se facă ea însăși în formă statutară.

De ce dreptul preocupat de interesul și politica publică tinde să asume formă statutară și legislația drepturilor private tinde să rămână în forma nescrisă? La prima întrebare se

De ce dreptul privind politica publică tinde să fie scris

răspunde ușor. Îndată ce se creează guvernare reprezentativă, ea preferă să aibă probleme de politică publică formulate de reprezentanții ei mai degrabă decât de judecători, care sunt mai independenți de voința publică. Până ce mașinăria reprezentativă a fost realizată, curțile au determinat politica publică găsind legea sau prin procesul mai rapid al echității. Dar îndată ce guvernarea reprezentativă a fost creată, oamenii doresc să exprime propria lor politică publică. De aceea masa legislației este în permanență în creștere.

La a doua întrebare, de ce tinde dreptul privat să asume forma nescrisă, nu este așa de ușor de răspuns. Un motiv este că dreptul privat este mai cu seamă domeniul îngăduinței și

De ce legislația drepturilor private tinde să fie nescrisă

libertății. În acest domeniu indivizii își urmăresc propriile interese și reglementează interdependențele lor cu cât mai puțină intervenție a statului cu putință. Firește, acest domeniu, care constă în principal din contracte și proprietate, trebuie să aibă unele reguli să vadă că jocul cinstit este menținut și forța este interzisă între indivizi. Însă deoarece trebuie să fie reguli în acest joc social, de ce determinarea lor a fost lăsată în așa de mare măsură arbitrului, judecătorului? Pentru că în acest domeniu al dreptului condițiile și faptele de viață sunt diferite și complexe, pentru că fiecare individ este liber să-și facă propriile sale relații. Ar fi greu de stabilit reguli aspre și durabile acolo unde este atât de multă nevoie de discriminare. Judecătorii au simțit că ei trebuie să aibă oarecare libertate și latitudine în acest domeniu de relații private, și legislatorii, reprezentând poporul, au recunoscut în general necesitatea acestei stări de lucruri. Este greu în orice sistem să definești astfel de termeni ca fraudă și neglijență, pentru că ei sunt concepții negative, dar este tot așa de greu să definești însuși-rile lor pozitive, cinste și grijă cuvenită. Dar nu este așa de greu pentru judecători să ia nivelul omului onest obișnuit pentru a spune care sunt cazuri de fraudă și neglijență. În același fel este tot atât de greu să inserezi cuvinte ce constitu-ie intenție în contract, ce categorii de greșeli sunt luate în considerație și ce categorii sunt ignorate. Nu suntem confrun-tați numai cu dificultăți de definiții ci cu dificultăți de deter-minare. Când s-a determinat o dată ce este un lucru în realita-te, este mai ușor să-l definești în cuvinte. Dar nu este nicioda-tă posibil să determini definitiv ce înseamnă aceste concepții exceptând acolo unde interesul public este implicat sau acolo unde regula este pur arbitrară. Ar fi întrecut puterea de jude-cată a oricărui Solon sau grup de Soloni să fi prevăzut multi-tudinea cazurilor. Astfel regulile în aceste cazuri de interese private au fost găsite, din vremea judecătorilor preoțești în jos, de către oamenii cei mai obișnuiți cu problemele pe care le tratează, judecătorii. Dar codificatorii spun, de ce să nu pună regulile într-o formă ordonată într-un cod când au fost determinate? Carter și discipolii lui au susținut că regulile dreptului cutumiar nu puteau fi puse în scris în nici o etapă. Eu nu pot să urmez acea linie de argument. Curțile s-au exprimat întotdeauna în cuvinte, și când cea mai bună redac-tare este găsită experimental, nu există nici un motiv de ce legislatura nu putea să folosească aceleași cuvinte. Dar

legiferarea cuvintelor nu este importantă, căci puțin ar fi
câștigat în siguranță asupra exprimării dreptului cutumiar a
regulii. Tot ar fi nevoie de interpretare.

Teoria ortodoxă a descoperirii de legi era că deciziile
erau totdeauna în nori – probabil norii erau în mintea jude-
cătorilor mai vechi – și de acolo legea era formulată și
elaborată de judecători. Dar formulată în termeni de logică,
faptul este că o decizie juridică într-un caz nou este totdea-
una bazată pe un simț de justiție sau promptitudine publică.
Holmes spune că promptitudinea socială este seva care
curge prin tot copacul legii. Regulile sunt inducții din
decizii și principiile sunt inducții din reguli. Principiile
depind de reguli, care la rând depind de decizii, care sunt
bazate pe un simț de justiție sau de promptitudine socială.
Acesta este procesul real de descoperire de legi, formulat în
termeni de logică și de faptă, dar este o concepție greu
pentru un jurist de realizat. Curțile par totdeauna să lucreze
deductiv mai curând decât inductiv, și acel fapt eclipsează
procesul real de inducție. Un alt mod de a explica formula-
rea legii făcute de judecător este de a spune, în termeni de
știință a naturii, că fiecare decizie este o ipoteză de lucru.
Una dintre obiecțiile codificatorilor față de legea făcută de
judecător este că aceste ipoteze de lucru tind să fie pietrifi-
cate în aserțiuni dogmatice. Dar modificarea este mai difici-
lă prin procesul legislativ decât prin cel judiciar. Desigur,
amendamentul legislativ nu este mai încet decât modificarea
judiciară unde o schimbare subită în politica publică ar face
necesar ca judecătorii să anuleze un lung lanț de decizii
pentru a se conforma promptitudinii sociale, dar, din nou,
aceea nu este în domeniul dreptului privat, ci în domeniul
politicii publice. Nevoia de lege făcută de judecător este
evidentă în lumina fluxului și schimbării societății. Curțile
reexaminează și reinterpretează și diferențiază cazurile, și
prin acest proces o nouă regulă este elaborată, potrivită
necesității sociale. Distincții și diferențieri aruncă la gunoi

vechea regulă, şi o nouă regulă îi ia locul. Acest proces ia timp, dar de asemenea ia timp să găsească legislaţie cuvenită, şi ia mai mult timp şi mai multă dificultate să asigure amendament legislativ. Aceasta este ceea ce se înţelege prin flexibilitatea legii, uşurată de amendament, şi este sigur dezirabilă. Adeseori termenul „flexibilitate" este folosit într-o manieră prea largă, şi prietenii codificării întreabă dacă aveţi flexibilitate în folosirea bancnotelor. Desigur, acesta nu este sensul în care e folosit termenul, ci mai degrabă ca uşurat de amendament.

Scopul codificării altundeva a fost de a produce un sistem naţional de drept. Dar noi puteam să avem numai coduri ale statelor în concepţia şi construcţia noastră prezentă a Constituţiei din cauza naturii federale a guvernului nostru. Situaţia noastră este diferită chiar de aceea a Angliei. Dacă englezii codificau dreptul, ei ar avea şi acum un drept naţional. Ei pur şi simplu ar substitui o formă de drept naţional cu altul. Aici singurul drept care se menţine în continuare asupra sistemului principal al ţării este dreptul cutumiar. În teorie acest drept cutumiar este drept cutumiar al statelor. Totuşi, când o nouă problemă vine în faţa unei curţi a unui stat, este potrivit să se citeze deciziile celorlalte state şi, cu toate că aceste decizii nu au autoritate obligatorie, au greutate ca argument şi ca argument hotărâtor. Dreptul cutumiar federal, am văzut, a fost păstrat uniform şi aceasta tinsese să împiedice divergenţe în statele individuale, şi astfel avem mai mult sau mai puţin un drept cutumiar naţional[31], existând la mila legislaturilor statelor. Dacă legislaturile statelor codifică dreptul, judecătorii ar putea numai să întrebe ce au înţeles legislatorii, şi sistemul judecătoresc federal şi-ar pierde puterea să păstreze

Complicaţii speciale în problema codificării în ţara noastră

---

[31] Erie Railroad v. Tompkins, cum s-a notat înainte (pagina 334, *supra*), a schimbat toate acestea; dacă pentru mai bine sau mai rău, din punctul de vedere al jurisprudenţei naţionale, este ca cercetătorul să decidă.

dreptul cutumiar uniform, căci în probleme statutare ei ur-
mează în general interpretările curților statelor. Ce am face
noi cu adevărat este diametral opus la ceea ce a făcut Europa.
Am substitui dreptul statelor și local cu dreptul național, pe
când Europa a substituit dreptul național cu dreptul și obice-
iurile locale. Eu nu am de gând să fac profeții, dar pot să
intuiesc rezultatul a cincizeci de coduri. Legiuitorii nu ar da
atenția unul altuia pe care o dau judecătorii, și peste tot ar fi
divergență, chiar admițând că ei toți ar porni de la un model
comun. Această nemulțumire de divergență ar rezulta fie
într-o nouă interpretare a Constituției fie în amendarea ei –
cât de greu este aceasta – și transferul problemei la guvernul
federal și Congres. Aceasta a fost experiența Elveției și
Germaniei.

IV
O INTRODUCERE ÎN DREPTUL AMERICAN[*]

DE ROSCOE POUND

I. CONCEPȚII FUNDAMENTALE

ORDINEA legală este un regim de relații de reglare și conduită de punere în ordine prin aplicarea sistematică și ordonată a forței unei societăți organizate politic, ca să prevină fricțiunea în folosirea și desfătarea umană a bunurilor de existență și să elimine risipirea lor.

Ea caută să facă acest lucru asigurând cât mai mult din interesele care presează pentru recunoaștere pe cât pot fi cu cea mai mică fricțiune și pierdere și cea mai mică alterare a schemei de interese ca un tot.

Un interes este o cerere sau dorință pe care ființele umane fie individual fie în grupuri caută să o satisfacă, de care, de aceea, ordonarea relațiilor umane în societatea civilizată trebuie să țină seama.

Schema intereselor a fi asigurate de lege:

I. INTERESE INDIVIDUALE.
 1. Personalitate.
  (a) *Persoana fizică – existența fizică.*
  (b) *Onoare și reputație – existența socială.*
  (c) *Credință și opinie – existența spirituală.*
 2. Relații Domestice.
  (a) *Părintești.*
  (b) *Maritale.*

---

[*] (*Nota autorului*) Revăzut de către autor pentru această publicare și retipărit cu permisiunea sa. Vezi Introducere, pp. 16-17.

3. Avere – existența economică.
   (a) *Proprietate.*
   (b) *Libertatea industriei și contractului.*
   (c) *Avantaje promise.*
   (d) *Relații avantajoase cu alții.*
     i Contractuale
     ii Afaceri
     iii Oficiale
     iv Sociale
     v Domestice
   (e) *Asociere cu alții.*

II. INTERESE PUBLICE.
  1. Interese publice ale Statului ca o persoană juridică.
   (a) *Personalitate (existență și integritate).*
   (b) *Avere.*
  2. Interese ale Statului ca paznic al intereselor sociale.

III. INTERESE SOCIALE.
  1. Securitate generală.
   (a) *Siguranță.*
   (b) *Sănătate.*
   (c) *Liniște și ordine.*
   (d) *Securitate a achizițiilor.*
   (e) *Securitate a tranzacțiilor.*
  2. Securitate a instituțiilor sociale.
   (a) *Domestică.*
   (b) *Religioasă.*
   (c) *Politică.*
  3. Morala generală.
  4. Conservarea resurselor sociale.
   (a) *Folosirea și conservarea resurselor naturale.*
   (b) *Protejarea și educarea persoanelor întreținute și cu defecte.*
   (c) *Reabilitare.*

5. Progres general.
   (a) *Progres economic.*
     i Stimulare a invenției
     ii Folosire liberă a proprietății
     iii Libertate a comerțului
     iv Libertate a industriei
   (b) *Progres politic.*
     i Critică liberă
     ii Opinie politică liberă
   (c) *Progres cultural.*
     i Știință liberă
     ii Erudiție liberă
     iii Încurajare a artelor și literelor
     iv Încurajare a învățăturii
6. Viața individuală.
   (a) *Afirmare de sine individuală.*
     i Fizică
     ii Mintală
     iii Economică
   (b) *Oportunitate individuală.*
     i Politică
     ii Fizică
     iii Culturală
     iv Socială
     v Economică
   (c) *Condiții individuale de viață.*

Bibliografie.
   Pound, *Interests of Personality*, 28 HARV L. REV. 343, 435.
   Pound, *Individual Interests in the Dometisc Relations, 14 MICH L. REV. 177.*
   Pound, *A Survey of Social Interests,* 57 HARV L. REV. 1.

Pentru a asigura cât mai multe din aceste interese pe cât poate fi, cu cât mai puțin sacrificiu al schemei de interese pe cât poate în general fi, noi căutăm să adaptăm ori să armonizăm, sau dacă nu poate fi făcut mai bine, să împăcăm interese contradictorii ori suprapuse. Pentru acest scop legea selectează și recunoaște anumite interese în cadrul anumitor limite pe care încearcă să le fixeze cât mai exact posibil. Interesele astfel recunoscute și delimitate sunt asigurate cu ajutorul

Drepturilor Legale, Puteri, Libertăți, Privilegii – conferite sau recunoscute la indivizi.

Îndatoriri (absolute, relative), Răspunderi – impuse asupra indivizilor.

Un drept legal este o capacitate de a influența acțiunea altora prin forța societății organizate politic. Corespunzând fiecărui drept legal există o îndatorire legală. Persoana în care este dată capacitatea de a influența pe alții pentru securitatea vreunui interes, sau în care e recunoscută, are un drept; persoana sau persoanele asupra cărora poate fi exercitată acea influență, au îndatoriri legale.

O putere este o capacitate, conferită sau recunoscută de lege, de a crea, lua sau modifica drepturi și astfel creând sau modificând îndatoriri.

Libertățile sunt condiții generale de neamestec legal sau jos mâinile, în care legea asigură anumite interese lăsând oameni în anumite domenii de activitate să exercite liber facultățile lor naturale.

Un privilegiu este o scutire de răspunderea legală pentru care, dacă n-ar fi privilegiul ar fi o încălcare a îndatoririi.

O îndatorire legală există acolo unde cineva este obligat să facă ori să nu facă ceva, din cauza vreunui interes, individual, public ori social, pe care legea se angajează să-l asigure prin forța statului invocată în procedura juridică. Îndatoririle legale sunt fie absolute fie relative. Îndatoririle absolute sunt impuse pentru menținerea intereselor sociale fără grijă pentru nici un drept individual (privat) corespunzător. Îndatoririle relative sunt impuse pentru a asigura interese individuale iar în fiecare caz corespund unui drept legal individual (privat). Îndatoririle absolute sunt aplicate de dreptul criminal.

Pentru a asigura interese individuale legea poate să necesite oameni în general să se conformeze anumitor reguli de conduită pe riscul propriu. Dacă nici un interes al altora nu este călcat de îndepărtarea lor de la aceste reguli nimic nu se întâmplă. Dacă îndepărtarea lor de la aceste reguli duce la o pagubă, ei trebuie să repare paguba prin plata daunelor. În astfel de cazuri există o răspundere − o stare în care cineva se expune unui risc de a avea să facă reparație dacă se îndepărtează de la o regulă legală de conduită.

În afară de drepturi legale, noi vorbim de drepturi naturale și de drepturi politice. Prin drepturi naturale înțelegem, uneori interes pe care noi simțim că trebuie asigurat de societatea organizată politic, uneori capacități de a influența conduita altora prin forța societății organizate politic care simțim noi trebuie să existe într-un stat ideal. Prin drepturi politice înțelegem puteri sau capacități de a lua o parte activă la guvernarea pe care statul o recunoaște în sau concede anumitor categorii de cetățeni. Dreptul antic nu distingea drepturile legale de drepturile politice. Permitea primele numai celor care le aveau pe ultimele. În statele moderne putem spune:

Drepturile naturale aparțin sau rezidă în ființele umane.

Drepturile legale (sau civile) aparțin sau rezidă în persoane, care sunt fie naturale (ființe umane) fie juridice (*e.g.,* municipalități, corporații).

Drepturile politice aparțin la cetățeni sau celor asupra cărora statul a conferit o cetățenie parțială, dar nu în mod necesar la toți dintre ei. Astfel femeile și copiii sunt cetățeni, dar cele dintâi pot sau nu pot avea anumite drepturi politice.

Întrucât cele trei categorii nu sunt în mod necesar identice, urmează că posesia unei forme de drepturi nu implică posesia celorlalte. În timpuri moderne legea țintește să acorde drepturi legale (civile) tuturor persoanelor naturale în măsura drepturilor lor morale sau naturale. Tendința este de asemenea de a extinde drepturile politice cât mai larg posibil. Dreptul antic le limita și le amesteca. Nu acorda nici un fel de drepturi legale străinului. Dacă statul îi dădea drepturi politice parțiale, acel fapt îi dădea de asemenea drepturi legale parțiale. Astăzi toate ființele umane sunt persoane legale, adică, au drepturi legale. Odinioară aceasta nu era așa.

Conferind sau recunoscând drepturi legale, puteri, libertăți și privilegii, legea pe urmă trebuie să prevadă mijloace pentru a le face efective. Mijloacele folosite pentru acest scop sunt trei:

1. Pedeapsă.
2. Îndreptare.
   (a) Specifică.
   (b) Substituțională.
3. Prevenire.

În administrarea acestor mijloace, curțile sunt guvernate de patru feluri de precepte legale:

1. Reguli. O regulă este un precept legal atașând o consecință legală detaliată definită la o stare de fapte detaliată definită – *e.g.*, regulile cât despre ceea ce este un titlu la purtător, cum poate fi transferat și efectul diferitelor moduri de transfer; regulile în ceea ce privește când și ce contracte vor „funcționa cu pământul"; regulile în ceea ce privește capacitatea pentru tranzacții legale.

2. Principii, adică premize de autoritate pentru deducție judiciară și juridică, la care noi ne îndreptăm pentru a da noi reguli, pentru a interpreta pe cele vechi, pentru a măsura sfera de acțiune și aplicarea regulilor și normelor, pentru a le împăca atunci când sunt în conflict.

3. Precepte definind concepții. O concepție legală este o categorie generalizată în care situații particulare de faptă pot fi puse, la care anumite reguli, principii și norme devin aplicabile.

4. Precepte stabilind reguli. Regulile sunt măsuri de conduită definite legal aplicate de sau sub direcția curților. *E.g.*, regula grijii cuvenite sau a precauției unui om rezonabil sub împrejurări; regula serviciului rezonabil în legea utilităților publice.

Bibliografie. Cercetătorul zelos care dorește să urmărească subiectul mai departe ar trebui să cunoască următoarele cărți:

Pollock, *First Book of Jurisprudence*, 6 ed. 1929.

Gray, *The Nature and Sources of the Law*,1909, 2 ed. 1921.

Salmond, *Jurisprudence*, 9 ed. 1937.

Holland, *Elements of Jurisprudence*, 13 ed. 1924.

Austin, *Jurisprudence*, 5 ed. 1911.

Korkunov, *General Theory of Law*, 1909.

Maine, *Ancient Law*, new ed. by Pollock, 1906.

Maine, *Early History of Institutions*, 7 ed. 1897.

Carter, *Law, Its Origin, Growth and Function*, 1907.

Dicey, *Lectures on the Relation between Law and Public Opinion in England*, 2 ed. 1914.

Green, *Principles of Political Obligation*, 1911.

Brown, *The Underlying Principles of Modern Legislation*, 6 ed. 1920.

Pound, *Introducion to the Philosophy of Law*, 1922.

Pound, *Social Control Through Law*, 1942.

Cardozo, *The Nature of the Judicial Process*, 1921.

Cardozo, *The Growth of the Law*, 1924.

II. ISTORIA DREPTULUI CUTUMIAR

Există două tradiții legale sau sisteme de drept principale, Dreptul Roman sau Civil și Dreptul Englez sau Cutumiar. Dreptul Roman, începând ca dreptul orașului Roma, a devenit dreptul imperiului roman și astfel al lumii antice, și până la urmă fiind absorbit în dreptul existent, sau asimilat și înlocuind dreptul existent, din secolul al XII-lea până în secolul al XVIII-lea, dreptul Europei continentale moderne. El este acum temelia sau un ingredient principal al dreptului în Europa continentală, Scoția, America Centrală și de Sud, Quebec și Louisiana și toate coloniile franceze, spaniole, portugheze sau olandeze sau țări stabilite de acele popoare. Dreptul Cutumiar, având rădăcinile sale în dreptul germanic, sau obiceiul pământului al popoarelor germanice din Europa apuseană, a fost dezvoltat de curțile engleze din secolul al XIII-lea până în al XIX-lea și s-a răspândit în lume odată cu rasa engleză. Acum[1] predomină în Anglia și Irlanda; Statele Unite exceptând Louisiana; Canada exceptând Quebec; India exceptând asupra hindușilor și mahomedanilor în ceea ce privește drept de moștenire și familie, și principalele colonii britanice exceptând în Africa de Sud.

Bibliografie.
Jenks, *Short History of English Law*, 1912.
Holdsworth, *History of English Law*, 12 vols. 1927-1938.
Pollock and Maitland, *History of English Law before the Time of Edward I*, 2 ed. 1898.
Select Essays in Anglo—American Legal History, 1907-1909.
Pound and Plucknett, *Readings on the History and System of the Common Law*, 3 ed. 1927.
Plucknett, *Concise History of the Common Law*, 2 ed. 1936.
Radin, *Handbook of Anglo—American Legal History*, 1926.

Îndreptare la Surse:
Winfield, *Chief Sources of English Legal History*, 1925.
Holdsworth, *Sources and Literature of English Law*, 1925.

---

[1] În a doua jumătate a secolului trecut. (*n.t.*)

1. DREPTUL ENGLEZ ÎNAINTE DE CUCERIREA NORMANDĂ

Dreptul primitiv și dreptul modern diferă fundamental în privința scopului pe care caută să-l atingă. Dreptul modern caută pentru scopul său imediat aplicarea justiției. Dreptul primitiv caută pentru scopul său imediat apărarea ordinii. Dreptul modern caută să satisfacă dorința pentru justiție; dreptul primitiv caută să satisfacă dorința pentru răzbunare. În consecință dreptul primitiv țintește numai la împiedicarea luptei private și apărarea ordinii. Dreptul modern interzice răzbunarea; dreptul primitiv cumpără răzbunarea.

Legile anglo – saxone constau mai ales din tarife complicate de înțelegeri pentru pagube, fixate nu în raport cu paguba făcută ci în raport cu dorința pentru răzbunare convenabilă a fi trezită.

Caracteristici ale dreptului primitiv:

(1) Era potrivit obiceiului pământului ca origine și când scris era o compilație de obicei cu amendamente numai acolo unde obiceiuri potrivnice a diferite grupuri sau localități urmau să fie împăcate.

(2) Era mai ales tradițional și păstrat în memorie.

(3) Era formal într-un grad înalt. Aceasta este cea mai izbitoare și cea mai universală caracteristică a dreptului primitiv.

(4) Nu dezvoltase decât slab sancțiune sau putere executivă.

(5) Nu distingea judiciarul de alte funcții.

(6) Era limitat în acțiune, ocupându-se în special de delicte violente față de persoană și proprietate.

(7) Ginta era unitatea, cel puțin într-o mare măsură și pentru multe scopuri, nu ființa umană individuală precum în dreptul modern.

Tribunale în dreptul anglo-saxon:

(1) Curtea de o sută – o adunare a oamenilor liberi ai celor o sută, ținută lunar.

(2) Judecătoria de ocol – o adunare a oamenilor liberi ai districtului, ținută de două ori pe an și prezidată de earl și de episcop.

Acestea erau adunări sub cerul liber, fără însemnări. Oamenii liberi care alcătuiau curtea păstrau procesul și sentințele lor în memoriile lor.

Bibliografie.
Thorpe, *Ancient Laws and Institutes of England*, 1840-1841.
Essays in Anglo –Saxon Law, 1876.

2. DEZVOLTAREA DREPTULUI CUTUMIAR

A. PACEA REGELUI

Moduri prin care statul incipient își extindea autoritatea:

(1) Restrângerea sferei de corectare personală.

(2) Diferențierea categoriilor de delicte.

 a. În unele cazuri legea cerea înțelegere pentru a fi acceptată.

 b. În unele cazuri adăuga sancțiunea proscrierii față de fief.

 c. În unele cazuri prelua întreaga problemă în mână.

(3) Armistițiul sau pacea – o scutire de anumite locuri sau timpuri sau persoane din feudă, astfel încât nici individul nici rudele lui să nu poată face nici o violență fără afrontul autorității a cărei pace era încălcată.

Schița armistițiului sau păcii:

(1) Pacea bisericească.

(2) Pacea domestică.

(3) Pacea adunărilor sau locurilor publice.

 a. gemot.

 b. Adunarea armatei.

 c. Piața.

 d. Pădurea.

 e. Petrecerile.

 f. Orașul înconjurat cu ziduri.

(4) Pacea regelui.

 a. Persoana Regelui.

   b. Prezența Regelui
   c. Casa Regelui
   d. Vremea încoronării Regelui
   e. Servitorii Regelui (miniștri) – extinși la
      i. Persoane luate special sub protecția sa.
      ii. Categorii de persoane luate sub protecția sa.
   f. Drumuri.
      i. Cele patru mari drumuri.
      ii. Drumuri de la orașul sau orășelul Regelui.
      iii. Drumuri militare.
      iv. Toate drumurile mari.
   g. Principalele drumuri de apă.
   h. Absorbția altor păci.

Bibliografie.
Pollock, *Oxford Lectures* (chap *iii*, The King's Peace), 1890.
Howard, *On the Development of the King's Peace and the Local Peace Magistracy*, 1890.

B. Ordonanța Regelui
Când se apela la rege pentru dreptate sau dorea să justifice autoritatea sa, el emitea ordonanța sa către șerif sau vreo altă persoană potrivită, poruncind ceea ce trebuia căutat. Ordonanța Regelui era folosită pentru toate scopurile legate de administrare, ordonanțele în procedură judiciară fiind în nici un fel diferite de cele în treburi pur administrative. Treptat un set obișnuit de ordonanțe s-a mărit pentru procedură judiciară, care în timp a devenit fix în formă și a determinat scopul și cursul reparării în instanța regelui.

Bibliografie.
Bigelow, *Placita Anglo-Normannica*, 1881 (ordonanțe și procedură juridică din vremea lui Wilhelm I până la Richard I în latina originală, cu rezumate engleze).

C. Drept canonic și drept de stat

Wilhelm Cuceritorul a poruncit că dreptul bisericii nu trebuia să fie administrat în curțile celor o sută cum fusese administrat înainte de Cucerire. Sfera precisă a dreptului ecleziastic a devenit un subiect de controversă în secolul al XII-lea. Cererile regelui față de biserică sunt detaliate în Ordonanțele de la Clarendon (1164). Până la urmă curțile ecleziastice aveau pentru supușii principali ai jurisdicției lor cauze matrimoniale, cauze testamentare și administrarea averilor. Se va observa că cele două din urmă au de a face numai cu proprietate personală. Un rezultat al acestei fărâme de istorie este a fi văzut în curțile de validare separate care sunt uzuale în Statele Unite.

Bibliografie.
Ordonanțele de la Clarendon sunt traduse în Henderson, *Historical Documents of the Middle Ages*, 11-16, 1892.

D. Curțile regelui

Înțelesuri originale și derivate de „curte".

„Curtea regelui" însemna la început locul unde locuia regele, însoțit de demnitarii lui principali și servitorii casei lui. A ajuns să însemne centrul administrației unde treburile cârmuirii erau conduse în toate ramurile ei, dacă regele era într-adevăr acolo sau nu. Deoarece o parte principală a activității regelui a ajuns să fie judiciară și a ajuns să fie făcută în numele lui de judecători numiți în acest scop, termenul a ajuns să însemne un loc unde justiția este administrată din punct de vedere judiciar. Curând după domnia lui Henric al II-lea, curtea regelui a început să se împartă în departamente, unul având de a face cu încălcările păcii regelui, și astfel cu crime și delicte de orice fel; unul cu redobândirea pământului și cu redobândirea datoriilor, privite inițial ca o redobândire de proprietate, și unul cu venitul regal. Prima categorie de spețe se spunea a fi audiate în fața regelui în persoană și de aici încolo pentru un timp astfel de spețe îl urmau peste tot oriunde războiul sau administrația puteau să-l cheme. A doua erau numite „procese de drept comun". Magna Charta (1215) prevedea: „Procesele de drept comun nu vor urma curtea noastră ci vor fi ținute în vreun loc sigur". Aceasta a scos în relief o curte distinctă care se întrunea la Wesminster. De la domnia lui Edward I erau trei curți superioare de drept cutumiar, fiecare având ședință la Westminster, anume, Curtea Judecătoriei Regelui, Curtea Proceselor de Drept Comun și Curtea Finanțelor. La început aceste curți aveau fiecare o jurisdicție distinctă, dar cu timpul au ajuns să aibă concomitent o jurisdicție completă de drept cutumiar.

Organizarea judiciară de drept cutumiar la vremea Revoluției Americane:

Curți de jurisdicție originală:
    Judecătoria Regelui.
    Procese de Drept Comun.
    Finanțe.
Curți de jurisdicție de apel (exercitate la drept cutumiar numai prin ordonanță de eroare și examinare a documentului de pergament al tribunalului inferior pentru a stabili dacă eroarea de proces urma să fie găsită acolo):
    Judecătoria Regelui.
    Camera de Finanțe.
    Camera Lorzilor.

Bibliografie.
Carter, *History of the English Courts;* fiind a 6-a ediție a *History of English Institutions*, 1935.

E. OBICEIUL REGATULUI
Când tribunalele regelui au ajuns să aplice justiția asupra și pentru tot regatul ele au susținut să aplice un obicei al

pământului general, obiceiul întregului regat sau obiceiul obișnuit sau dreptul cutumiar al Angliei. Dar nu exista de fapt nici un astfel de sistem general de obicei comun întregii Anglii. Dreptul cutumiar este un sistem de moduri obișnuite de decizie, nu un sistem de moduri obișnuite de acțiune populară.

F. PRECEDENTE JURIDICE ȘI JURISPRUDENȚĂ

Anglia, din cauza Cuceririi Normande, a avut un puternic tribunal central cu jurisdicție generală înaintea altor țări. Când acest tribunal, sau cum curând a devenit el, acest set de tribunale, a fost stabilit, asimilarea dreptului roman altundeva nu mersese destul de departe pentru a impune acel sistem asupra Angliei. Mai târziu când dreptul roman fusese asimilat în altă parte, Anglia avea un sistem de drept general al ei propriu destul de puternic pentru a se menține pe poziții. Acesta a fost realizat prin practica instanțelor urmând deciziile lor trecute în cazuri asemănătoare, căutând deciziile lor trecute ca principiile să fie aplicate deoarece noi situații cereau decizie, și folosind deciziile lor trecute în chip de analogie în dezvoltarea justiției. În altă parte în Europa dreptul roman a ajuns să fie folosit pentru astfel de scopuri. În Anglia curțile, chemate să aplice un drept cutumiar neexistent al Angliei, a făcut un astfel de drept prin considerarea deciziilor lor trecute nu ca pur decizii ale spețelor particulare înaintea curții ci și ca stabiliri solemne ale dreptului.

Sub domnia lui Henric al III-lea, Bracton, un judecător al proceselor de drept comun, a păstrat un carnet al sentințelor date care s-a transmis din generație în generație la noi precum cea dintâi culegere a noastră de precedente juridice. Curând juriștii au început să noteze în instanță pledoariile avocaților și motivele date de judecători pentru deciziile lor, și avem o substanțial neîntreruptă linie a acestor dosare ale proceselor de la domnia lui Edward I până în prezent. În secolul al XVIII-lea relatarea deciziilor a devenit o ocupație obişnuită a unui anumit număr al avocaţilor care s-au dedicat ei, şi a ajuns să fie o serie recunoscută de dosare ale proceselor pentru fiecare curte. În America primele dosare ale proceselor sunt notiţe luate în instanţă de eminenţi jurişti publicate de ei sau de alţii după moartea lor. Statele curând au luat problema în mână şi în cazul tuturor curţilor noastre de jurisdicţie de apel, exceptând curţile de apel federale în circuit, există raportori oficiali care sunt funcţionari publici şi au ca datorie a lor să relateze deciziile judiciare pentru informarea publicului.

În Anglia şi în America o problemă de justiţie decisă în mod solemn a devenit o parte a dreptului şi îi obligă pe judecători în alte cazuri similare ei precum şi să aplice principiul ei unde trebuie să se recurgă la analogie. Jurisprudenţa noastră nu se bazează pur şi simplu pe justiţia psihologică de asociere. Nu este că judecătorii făcând un lucru o dată îl fac iar din asociere de idei şi apoi de multe ori prin forţa obiceiului. Ea se bazează mai curând pe concepţia că instanţele noastre trebuie să decidă fiecare caz pe principii ale dreptului cutumiar dacă nu guvernează un statut, şi în consecinţă trebuie mai întâi să stabilească şi să anunţe regula dreptului cutumiar care este aplicabilă. Când această regulă sau principiu este astfel stabilită de cei care singuri au puterea de a proceda astfel ea obligă curtea şi toate curţile inferioare la aceasta, şi este o autoritate persuasivă de mai mare sau mai mică importanţă, în funcţie de poziţia şi puterea raţionamentului ei, în toate celelalte jurisdicţii de drept cutumiar.

Ştiinţa că speţele vor fi decise în lumina hotărârii judiciare a unor speţe asemănătoare în trecut îi dă posibilitatea avocatului zelos să aşeze în faţa lui materialele exacte din care instanţa va ajunge la soluţia ei în oricare caz particular, să cunoască exact cum va gândi curtea cu privire la aceste materiale, şi astfel să-l sfătuiască pe clientul său cu încredere. Nici o cantitate de detaliu sau precizie legislativă nu poate să se compare cu aceasta în producerea certitudinii în aplicarea justiţiei.

Bibliografie

Maitland, *Bracton's Note Book*, 1887 (introducerea în vol. 1 va fi utilă. Corpul lucrării este textul latin al notițelor lui Bracton).

Dillon, *Laws and Jurisprudence of England and America*, 1894. (Prelegeri 8-10.)

G. JURIUL

Unul din factorii principali în preschimbarea cursului obișnuit de litigiu de la curțile locale în curțile regelui, și astfel în stabilirea sistemului nostru de drept cutumiar, a fost superioritatea modului de judecată folosit în curțile regelui.

Deoarece scopul dreptului primitiv este în special să păstreze ordinea, și deoarece discuția sau pledoaria ar tinde în vremuri primitive să provoace mai degrabă decât să prevină violări ale ordinii, dreptul primitiv recurge la procedee mecanice grosolane pentru a determina punctele în litigiu de care trebuie să depindă decizia. Modul de judecare nu este niciodată în forma cercetării faptelor. Este un procedeu mecanic, arbitrar, de obicei bazat pe ideea obținerii judecății lui Dumnezeu prin recurgere la vreun test sau ordalie.

Moduri de judecare în vechiul drept englez:
1. Judecată și absolvire prin jurământ
2. Martori
3. Privilegii
4. Stăpânire de drept
5. Ordalie.
   a. Apă rece
   b. Apă fierbinte
   c. Fier încins
   d. Porția de mâncare
6. Luptă (adusă în Anglia de către normanzi).

La aceste moduri arhaice aspre de judecare curțile regelui adăugau procesul cu juri care a devenit modul normal de judecare și s-a dezvoltat treptat într-o metodă rațională de stabilire a problemelor disputate de fapt. Juriul avea originea lui în cercetare sau anchetă, un procedeu administrativ folosit de regii franci în probleme de venit şi posibil împrumutat de ei de la o practică similară a guvernatorilor romani din provincii. Regele franc, dorind să cunoască venitul pe care trebuie să-l plătească o localitate, trimitea după anumiţi cetăţeni din ea şi le cerea să declare faptele sub jurământ. Acest sistem a fost împrumutat de ducii normanzi şi a fost adus în Anglia la Cucerirea Normandă. La început a fost folosit pentru toate scopurile pentru care regele putea să ceară să cunoască faptele în cadrul informaţiei oamenilor liberi dintr-o anume localitate. Geniul juridic al lui Henric al II-lea l-a prefăcut într-o instituţie judiciară.

În forma sa cea mai timpurie procesul cu juri era un mod mecanic de judecare. Juraţii afirmau în verdictul lor ceea ce cunoşteau, nu din mărturia auzită, ci din ştiinţa personală şi reputaţia vecinătăţii. Printr-un curs treptat de evoluţie întinzându-se de-a lungul câtorva secole juraţii au încetat să fie martori şi au devenit numai judecători.

Alături de doctrina noastră de drept cutumiar a precedentului juridic juriul a făcut sistemul nostru legal ceea ce este.

Bibliografie.
Bigelow, *History of Procedure in England,* 1880 (capitolul 9 descrie vechile moduri de judecare).
Thayer, *Preliminary Treatise on Evidence at the Common Law,* 1898 (part I, Development of Trial by Jury).
Haskins, *Norman Institutions*, 1918 (chap. 6, The Early Norman Jury).

H. SUPREMAŢIA LEGII.

În Evul Mediu legea era considerată ca ceva superior şi anterior statului. În secolul al XVII-lea aceastâ doctrinâ a dus la o serioasâ controversâ între curţile de drept cutumiar şi regii Stuart, ca rezultat al câreia puterea curţilor de a judeca legalitatea actelor executive a devenit profund stabilită. Marii juriști de drept cutumiar din acea perioadă au pretins o putere similară cu privire la validitatea actelor legislative. Ca urmare a revoluției engleze din 1688 Parlamentul a devenit suprem. În America, unde curților li se ceruse să treacă peste validitatea legislației coloniale în privința privilegiilor coloniale, ideea era familiară în vremea când constituțiile noastre au fost adoptate, și pentru acela și alte multe motive a trecut în dreptul nostru constituțional.

La dreptul cutumiar orice funcționar public este sub aceeași răspundere pentru acte făcute fără justificare legală ca orice altă persoană și răspunderea este aplicată în aceleași curți. Dacă un funcționar public își depășește autoritatea și procedând astfel face pagubă altuia, delictul lui este considerat la fel ca delictul comis de oricine altcineva și este tratat printr-o acțiune obișnuită în instanțele obișnuite. Această doctrină este specific una dreptului anglo-american. În țările cu drept roman actele administrative sunt examinate în tribunale administrative distincte.

Stabilirea doctrinei supremației legii a fost ultima realizare a dreptului cutumiar ca un sistem administrat în curțile de justiție ale regelui. Acel sistem culminează cu stabilirea acestei doctrine în secolul al XVII-lea.

Bibliografie.

Dicey, *Law of the Constitution*, 8 ed. 1915 (Part II, *The Rule of Law*).

Thayer, *Legal Essays*, 1898 (Essay I, The Origin and Scope of the American Doctrine of Constitutional Law).

Coxe, *Judicial Power and Unconstitutional Legislation*, 1893.

McLaughlin, *The Courts, the Constituion and Parties*, 1912 (I, The Power of a Court to Declare a Law Unconstitutional).

Haines, *The American Doctrine of Judicial Supremacy*, 1914.

3. Dezvoltarea echității

În toate sistemele de drept vin perioade de rigiditate în care regulile sunt atât de grele și strânse încât ele încetează să aducă rezultate juste. În astfel de perioade dezvoltarea trebuie să aibă loc în vreun fel ori sistemul legal își pierde puterea. Potrivit faimoasei generalizări a lui Sir Henry Maine factorii unei astfel de creșteri sunt trei: ficțiuni de drept, echitate, legislație.

Echitatea în Anglia s-a dezvoltat din puterea restantă a regelui de a face dreptate la supușii lui – adică, acea parte a prerogativei lui de a aplica justiția care a rămas după dezvoltarea curților de drept cutumiar și transferarea către ele, ca delegații lui, a puterii lui de a aplica justiția în cazuri obișnuite. Cancelarul, ca secretar al regelui, ca să zicem așa, a ajuns să exercite această jurisdicție restantă.

Șase împrejurări au acționat să necesite intervenția Cancelarului în anumite categorii de cazuri, și astfel să creeze o curte de echitate și un sistem de echitate. Acestea sunt cheia la deosebirile între lege și echitate.

1. Caracterul formal al regulilor dreptului cutumiar în ceea ce privește proprietatea în teren care a făcut posibile mari fraude și încălcări de tutelă, deoarece curtea de justiție recunoștea numai deținătorul titlului legal formal.

2. Rigiditatea sistemului de ordonanțe și acțiuni judiciare care puteau fi desfășurate numai în cadrul unor linii înguste și lăsau multe situații neprevăzute în legi.

3. O curte de justiție nu putea să poruncească unui pârât să facă nimic ceva anume. Astfel, de exemplu, un răufăcător putea să-l oblige pe proprietar să vândă un unic bun mobiliar pentru ceea ce juriul alegea să evalueze ca daune într-o acțiune în restituire.

4. O curte de justiție din cauza modului ei de judecare (cu juriu) nu putea să se ocupe de nici unul decât de cazuri cu două aspecte. Trebuie să fie o parte de fiecare latură și numai două părți, sau altminteri părțile de fiecare latură trebuie să

aibă un interes comun astfel încât ele să poată fi tratate ca una singură.

5. O curte de justiție avea numai jurisdicție litigioasă. Nu avea jurisdicție preventivă. La dreptul cutumiar în mod substanțial singurul remediu preventiv este obligatoriu asupra păstrării ordinii.

6. O curte de justiție nu avea deloc putere să dea o sentință condițională și nici o putere să modeleze repararea la împrejurările cazurilor particulare. Putea numai să dea o formă fixă de sentință.

Echitatea constă din acea parte a sistemului nostru legal care s-a dezvoltat în curtea de justiție a Lordului-Cancelar și analogele sale în America. Curtea de justiție a Lordului-Cancelar nu avea nici un domeniu special scos în evidență pentru ea ca în cazul amiralității sau validării testamentelor. Cancelarul intervenea mai mult sau mai puțin asupra aproape întregului domeniu de drepturi individuale. În consecință a trata adecvat aproape orice subiect în sistemul nostru legal este necesar să înveți doctrinele legale cât și echitabile și remediile referitoare la acestea. Astfel dreptul proprietății este suplimentat de doctrinele echității în ceea ce privește procurile și servituțile echitabile; dreptul contractelor cu doctrinele echității în ceea ce privește executarea specifică și contabilitatea; dreptul prejudiciilor cu doctrine ale echității în ceea ce privește irosirea echitabilă și cu doctrine în ceea ce privește prevenirea prejudiciilor; dreptul cutumiar de ipoteci cu doctrinele echitabile în ceea ce privește amortizarea; dreptul reparării (cvasi-contract) cu doctrinele echitabile în ceea ce privește procura constructivă etc.

Un astfel de sistem dual nu este inerent necesar. Posibil toate regulile care alcătuiesc un sistem legal ar fi putut să fie dezvoltate și aplicate într-un set de curți și toate regulile despre orice subiect ar putea forma un singur sistem de doctrină. Aceasta este adevărat peste tot în lume exceptând în țările vorbitoare de limbă engleză.

Bibliografie.

Maitland, *Lectures on Equity*, 1909.
Kerly, *Historical Sketch of the Equitable Jurisdiction of the Court of Chancery*, 1890.
Spence, *History of the Equitable Jurisdiction of the Court of Chancery*, 1846-1849.
Langdell, *A Brief Survey of Equity Jurisdiction*, 2 ed. 1908.
Pentru o schiță a echității precum aplicată în Statele Unite cercetătorul poate să se refere la:
Bispham, *Principles of Equity*, 9 ed. 1915.
Pomeroy, *Equity Jurisprudence*, students' ed. 1907.

4. Dreptul comercial

Obiceiul negustorilor era un corp general de purtare comercială respectat de negustori în toată Europa apuseană. Comerciantul din Evul Mediu era într-o categorie prin el însuşi. Legea obişnuită nu era aplicată între negustor şi negustor, ci cum el era de obicei itinerant şi un străin, existau tribunale speciale spre a determina diferendele sale. Acest obicei de negustori era tratat în curțile de drept cutumiar ca un fapt de a fi stabilit de mărturia negustorilor, adică, prin mărturie expertă în fiecare diferend particular. În secolul al XVIII-lea dezvoltarea afacerilor şi comerțului a făcut continuarea unei astfel de condiții a dreptului comercial imposibilă. Judecătorii au recurs la doctrina dreptului cutumiar a precedentelor juridice obligatorii; ei au susținut că trebuia ca instanța să determine care era obiceiul negustorilor, şi determinând astfel asupra oricărui punct, decizia curții a devenit un precedent juridic a fi urmat în cazuri similare şi a fi dezvoltat prin analogie. Astfel obiceiul negustorilor a fost transformat într-un obicei de decizie în spețe comerciale, întemeiat, însă, pe primul în aceea că instanțele deveniseră familiare cu acesta şi întruchipa trăsăturile lui principale în noul drept comercial judiciar.

Subiectele principale care reprezintă dreptul comercial în dreptul nostru astăzi sunt efecte de comerţ şi asigurare.

Bibliografie.
Sanborn, *Origins of the Early English Maritime and Comercial Law*, 1930.
Trennery, *Origin and Early History of Insurance*, 1926.
Vezi *Select essays in Anglo-American Legal History*, vol. 3, Essays 47-58.

5. MIŞCAREA PENTRU REFORMĂ LEGISLATIVĂ

Modernizarea sistemului legal de drept cutumiar, începută de curtea de justiţie a Lordului-Cancelar şi continuată de dreptul comercial, a fost completată de mişcarea pentru reformă legislativă despre care se poate spune aproximativ că acoperă perioada din 1776 până în 1875. În ultimul pătrar din secolul al XIX-lea, deşi legislaţia era încă activă în toate jurisdicţiile de drept cutumiar, a încetat să fie direcţionată către schimbări prea cuprinzătoare şi pline de consecinţe. Tendinţa a devenit una de a codifica şi a formula din nou mai degrabă decât de a modifica. Mai recent cererea pentru legislaţie socială a început să producă legi făcând profunde schimbări în regulile şi doctrinele de drept cutumiar. Această tendinţă poate arată că o nouă perioadă este la îndemână, dar nu a progresat destul de departe pentru a ne da posibilitatea să spunem mai mult.

Bibliografie.
Bentham, *A Comment on the Commentaries*, edited by Everett, 1928.
Bentham, *Theory of Legislation*, edited by Ogden, 1931.
Select Essays in Anglo-American History, vol. 1, Essays 14-18.
A Century of Law Reform, 1902.

Atkinson, *Jeremy Bentham*, 1905.
Hunt, *Life of Edward Livingston*, 1864.
Field, *Life of David Dudley Field*, 1898.
Pound, *The Formative Era of American Law,*1938.

III. DREPTUL CUTUMIAR ÎN AMERICA

Când coloni merg într-o țară nouă care este fără drept, în teoria juridică ei duc propriul lor drept cu ei. Astfel sistemul de drept cutumiar a devenit stabilit în America Britanică. Este de asemenea un principiu stabilit că atunci când suveranitatea politică este schimbată dreptul rămâne neschimbat și poate fi modificat numai prin adoptare legislativă sau primire judiciară a vreunui alt sistem. În consecință aruncarea suveranității britanice la Revoluție a lăsat dreptul englez în vigoare în America, la fel cum dreptul spaniol este acum în vigoare în Porto Rico și în Filipine. Dar nu a existat nici o dorință din partea coloniilor în declararea independenței lor față de suveranitatea britanică de a arunca dreptul englez. Declarația Drepturilor Omului a Congresului Continental în 1774 a declarat solemn „că respectivele colonii sunt îndreptățite la dreptul cutumiar al Angliei".

De fapt asimilarea dreptului cutumiar în țara noastră a venit mai târziu decât ar indica teoria juridică. Pentru multă vreme justiția a fost aplicată de funcționari executivi sau adunări legislative guvernate de drept puțin sau deloc. Curți umplute cu judecători titrați și o profesie juridică versată au devenit uzuale în ultima jumătate a secolului al XVIII-lea, dar nu a fost până la câtva timp după Revoluție că instanțele au încetat să fie alcătuite în mare măsură din magistrați nepregătiți străduindu-se să aplice justiția potrivit bunului lor simț și luminii naturii. După Revoluție a existat oarecare opunere față de dreptul englez din cauza antipatiei generale față de instituțiile engleze crescând din război. Dezvoltarea economică a impus curând o organizare judiciară obișnuită cu judecători titrați și o profesie juridică versată, și dreptul cutumiar care teoretic fusese în vigoare în țara noastră de la început s-a stabilit în mod definitiv ca dreptul Americii.

Bibliografie
Warren, *History of the American Bar*, 1911.
În afară de *Select Essays in Anglo-American Legal History*, vol. 1, Essays 11-13 și vol. 2, Essays 45, 46, vezi *Two Centuries' Growth of American Law,* 1901.

Despre Dreptul Cutumiar Azi:
Pound, *The Spirit of Common Law*, 1921.
Harvard Tercentenary Publication: *The Future of the Common Law*, 1937.

IV. SURSELE ȘI FORMELE DREPTULUI

1. SURSE ȘI FORME ÎN GENERAL

„Sursele dreptului" poate fi folosit să desemneze metodele și mijloacele prin care sunt formulate reguli, principii și criterii juridice".Formele dreptului"poate fi folosit să desemneze modurile în care aceste reguli, principii și criterii sunt exprimate cu autoritate.

Legile își derivă autoritatea legală de la stat. Dar numai o mică parte a regulilor și principiilor care alcătuiesc un sistem de drept sunt formulate de către stat direct.

Surse sau mijloace de formulare:

(1) Obicei. Legislatura, sau, precum în cazul dreptului comercial, curțile, pot lua o problemă de obicei și să o facă lege.

(2) Religie. Aceasta era un mijloc de formulare de primă importanță în dreptul primitiv. În dreptul modern, principiile largi și concepțiile fundamentale cu care religia are de a face au fost de mult stabilite și această sursă nu mai este activă.

(3) Judecare. În sistemul nostru legal, cazurile judecate sunt o formă de drept. Dar în orice sistem judecarea formu-

lează reguli şi principii care capătă autoritate în altă formă. De exemplu, regulile codificate în Legea Efectelor de Comerţ sau Legea Vânzărilor.

(4) Discuţie ştiinţifică prin comentatori şi autori de text. În jurisprudenţa noastră astfel de discuţii nu au nici o autoritate directă sau intrinsecă. Dar în măsura în care criticile autorilor şi comentatorilor sunt bine primite, în măsura în care deducţiile lor sunt în concordanţă cu raţionament juridic solid şi în măsura în care propunerile pe care le avansează permit soluţionări adecvate ale problemelor presante, ele se recomandă curţilor sau legislaturilor şi li se dă formă de autoritate.

(5) Simţul moral general al comunităţii.

(6) Legislaţie.

În sistemul de drept cutumiar, există trei forme de drept:

1. Legislaţie, din care, folosind termenul în sens mai larg, există trei varietăţi în Statele Unite: Constituţii, Tratate federale, Statute federale şi ale Statelor.

2. Decizii judiciare.

3. Cărţi de autoritate.

A. LEGISLAŢIE.

Regulile lui Blackstone pentru construcţia statutelor:

"1. Sunt trei puncte de luat în seamă în construcţia tuturor statutelor de reparaţie: vechea lege, greşeala, şi reparaţia, anume, cum dreptul cutumiar a stat la facerea legii; care a fost greşeala pentru care dreptul cutumiar nu a prevăzut; şi ce reparaţie a prevăzut parlamentul pentru a lecui această greşeală. Şi este datoria judecătorilor astfel să desluşească legea ca să înlăture greşeala şi să propună reparaţia...

2. Un statut care tratează despre lucruri sau persoane de un rang inferior nu poate cu nici un fel de cuvinte generale să fie extins la cei de unul superior...

3. Statute penale trebuie să fie construite strict...

4. Statute împotriva fraudelor trebuie să fie în mod liberal şi benefic explicate...

5. O parte a unui statut trebuie să fie astfel explicată de o alta încât întregul să poată, dacă posibil, sta...

6. O rezervare total în contrazicere cu corpul legii este nulă...

7. Acolo unde dreptul cutumiar şi un statut diferă, dreptul cutumiar dă loc statutului; şi un statut vechi dă loc unuia nou...

8. Dacă un statut care îl anulează pe un altul este el însuşi anulat după aceea, primul statut este prin aceasta reînviat fără nici un fel de cuvinte formale pentru acel scop...

9. Acte de parlament dezavantajoase pentru puterea parlamentelor care urmează nu obligă...

10. În sfârşit, acte de parlament care sunt imposibil a fi realizate nu au nici o validitate: şi dacă apar din ele colateral orice consecinţe absurde, manifest contradictorii bunei judecăţi, ele sunt, cu privire la acele consecinţe colaterale, nule..."

B. Decizii judiciare.

Toate tribunalele inferioare faţă de şi ale căror decizii sunt supuse revizuirii de către o curte de jurisdicţie de apel care a decis un articol de lege, sunt obligate în mod absolut de decizie. Ele au datoria de a aplica articolul tuturor cazurilor implicându-l dacă ele aprobă sau nu. Curtea însăşi va urma de asemenea decizia şi va aplica principiul lui prin analogie în alte cazuri ca o regulă generală. Totuşi dacă articolul a fost decis numai o dată şi curtea simte decizia, cum spune Blackstone, a fi „categoric absurdă şi nejustă" va anula, deşi cu grijă, decizia precedentă a articolului. Unele curţi vor anula astfel o linie de decizii anterioare. Dar ca o regulă, când o problemă a fost decisă adesea într-un anumit fel, şi a devenit astfel stabilită prin decizii repetate, curţile o vor lăsa legislaturii pentru a face o schimbare. Dacă decizia stabileşte o regulă a proprietăţii curţile nu o vor anula deoarece titlurile şi drepturile legitime de proprietate ar putea fi stânjenite prin aceasta. Dacă are de a face cu o regulă de drept comercial unde uniformitatea cu alte state este la fel de importantă ca un curs uniform de decizie în cadrul statului, o decizie anterioară considerată a fi greșită va fi anulată mai prompt. Dacă are de a face cu o problemă de procedură curțile sunt chiar mai libere să-și schimbe părerea, deoarece substanța drepturilor nu va fi stânjenită.

În jurisdicții alta decât cea în care a fost dată decizia, sau în curți de autoritate coordonată se spune a fi „persuasivă" dar nu de control. Trebuie să se recomande ea însăși curții in care este citată drept corectă în raționament și în concordanță cu principiile dreptului cutumiar. De obicei, măcar de dragul certitudinii, o decizie bine gândită va fi urmată în altă parte. Dacă există o linie lungă și stabilită de judecări în jurisdicții coordonate cu un anumit efect curtea în care se ridică problema pentru prima dată se va simți obligată să renunțe la sentința ei personală în favoarea acesteia dacă nu într-un caz extrem, ca o asemenea linie de decizii să poată fi luată pentru a arăta dreptul cutumiar. Totuși poate fi bun motiv pentru a ajunge la o concluzie independentă într-un asemenea caz, și în consecință instanțele adesea diferă astfel încât se întâmplă să fie două sau mai multe linii divergente de autoritate asupra multor subiecte.

C. CĂRȚI DE AUTORITATE.

Sunt puține cărți de autoritate în sistemul nostru legal, adică, manuale, comentarii, sau discuții juridice care au autoritatea de lege în sau cu ele însele. În alte sisteme de drept astfel de cărți sunt adesea numeroase și de cea mai mare importanță. La noi, ca o regulă generală, o astfel de carte nu are nici o autoritate în sine și este privită numai în măsura în care explică exact deciziile judiciare pe care le citează și deduce corect principiile de drept a fi derivate din astfel de decizii.

Avem câteva cărți care sunt într-adevăr cărți de autoritate: un tratat asupra posesiunilor de Sir Thomas Littleton, judecător al Curții Proceselor de Drept Comun, sub domnia lui Edward al IV-lea, care este o absolută autoritate cu privire la problemele proprietății mobiliare; scrierile lui Sir Edward Coke, de obicei numit Lord Coke,care a fost Procuror al Coroanei sub domnia Elisabetei și Judecător Superior sub domnia lui James I, al cărui comentariu asupra lui Littleton în special este socotit ca o formulare de autoritate a dreptului cutumiar din perioada clasică în care a practicat, a judecat și a scris.

Bibliografie.
Black, *Judicial Precedents*, 1912.
Wambaugh, *The Study of Cases*, 2 ed. 1894.
Goodhart, *Precedent in English and Continental Law*, 1934.
Pound, *The Theory of Judicial Decision*, 36 HARV. L. REV. 641, 802, 940 (1923).
Sedgwick, *Construction of Constitutional and Statutory Law*, 1874.
Black, *Interpretation of Laws*, 2 ed. 1911.
Freund, *Standards of American Legislation*, 1917
Ilbert, *The Mechanics of Law Making*, 1914.
Plucknett, *Statutes and Statutory Interpretation in the First Half of the Fourteenth Century*, 1922.

2. Formele dreptului cutumiar în America

Șapte elemente merg să alcătuiască dreptul cutumiar în Statele Unite:
(1) Deciziile vechilor curți engleze. În unele state numai decizii înainte de colonizare, adică, înainte de domnia lui James I, sunt de autoritate, iar cele între domnia lui James I și Revoluție sunt numai persuasive cât despre ceea ce este

dreptul cutumiar. În alte state decizii engleze înainte de Revoluție sunt de autoritate. În altele, îndeosebi state din vest, unde adopția statutară a dreptului cutumiar este relativ recentă, se susține că statutul nu are nevoie de aderență la deciziile curților de drept cutumiar englez înainte de Revoluție, în caz că instanțele consideră decizii următoare, fie în Anglia fie America, mai bune expuneri ale sistemului legal anglo-american. Dar pentru a fi parte a dreptului nostru cutumiar, regulile și principiile pe care aceste decizii le stabilesc trebuie să fie aplicabile la condițiile sociale, economice și fizice în America.

(2) Decizii judiciare americane de la Revoluție.

(3) Decizii judiciare în Anglia și alte state cu drept cutumiar de la Revoluție.

(4)Dreptul comercial, în măsura în care nu a fost deja încorporat în dreptul cutumiar la Revoluție.

(5) Dreptul canonic (dreptul bisericii în Evul Mediu), în măsura în care a fost primit în curțile ecleziastice engleze, care aveau jurisdicție asupra deschiderii testamentului și divorțului, și intrat în dreptul nostru în forma tradițiilor rânduielii și a deciziilor curților ecleziastice în cauze de deschidere a testamentelor și divorț.

(6) Drept internațional, în măsura în care este un element comun în drepturile tuturor statelor civilizate.

(7) Statute engleze înainte de Revoluție, în măsura în care aplicabile la condiții în America, în susținere, dezvoltare sau amendare a dreptului cutumiar. Toate asemenea statute înainte de colonizare sunt parte a dreptului nostru cutumiar. Dar, cum coloniile aveau propriile lor legislaturi și toate statutele engleze după colonizare nu erau adoptate pentru America, statute engleze după colonizare și înainte de Revoluție pot sau nu pot fi parte a dreptului nostru cutumiar, după cum erau sau nu erau primite ca atare în America.

Bibliografie.
Cât despre asimilarea dreptului cutumiar, vezi: Associati-
on of American Law Schools, *Select Essays on
Anglo-American Legal History,* 367-463 și bibliografie.
Loyd, *Early Courts of Pennsylvania,* 1910.
Warren, *History of the American Bar,* 1911.

V. SISTEMUL DREPTULUI CUTUMIAR

Bibliografie: Cea mai bună operă sistematică în cuprins
scurt este Terry, *Leading Principles of Anglo-American Law,*
1884. Cărțile instituționale clasice sunt, Blackstone,
Commentaries on the Laws of England (1765) și Kent,
Commentaries on American Law (1826-1830). Pentru
Blackstone, ediția lui Lewis (1897) și ediția lui Jones
(1915-1916), și pentru Kent ediția a 12-a de Holmes (1873)
și ediția a 14-a de Gould (1896) pot fi recomandate. Cercetă-
torul trebuie de asemenea să cunoască de Holmes, *The Com-
mon Law* (1882).

1. DREPTURI

Unele drepturi legale sunt admisibile în general împotriva
fiecăruia, ca, de exemplu, drepturi de proprietate. Alte drep-
turi legale sunt admisibile numai împotriva unor persoane
definite, ca, de exemplu, dreptul unui creditor de a reclama
plata de la debitorul său. Primele se numesc drepturi *in rem.*
Ultimele se numesc drepturi *in personam.*

Bibliografie.
Hohfeld, *Fundamental Legal Conceptions as Applied in
Judicial Reasoning,* 65-114, 1934.
Pound, *Fifty Years of Jurisprudence,* 50 HARVARD LAW
REV. 557, 571-576 (1937).
Radin, *Hohfeld Restated,* 51 HARVARD LAW REV. 1141
(1938).

SCHEMA DREPTURILOR ÎN DREPTUL ANGLO-AMERICAN

I. In Rem

1. Integritatea personală. Dreptul de a nu fi prejudiciat în corp sau suflet de acțiunea culpabilă a altora. Acesta se extinde la:
   - a. Viață.
   - b. Corp.
   - c. Sănătate.
     - i. Corporală.
     - ii. Mintală.

La început luarea vieții nu dădea naștere la nici o răspundere civilă. Legislația modernă a dat o acțiune judiciară succesorilor sau averii persoanei omorâte. Se extinde acest drept la liniștea sufletului și sensibilitatea cuiva în măsura în care să apere împotriva invaziilor chinuitoare, umilitoare sau întristătoare de singurătate? Aceasta este în dispută.

2. Libertate personală. Dreptul de alegere liberă de domiciliu dacă nu restrâns de lege și restrâns legal de funcționari adecvați acționând în modul adecvat.

3. Societate și conducerea familiei și persoane întreținute.

4. Proprietate privată.

5. Avere generală.
   - a. Reputație.
   - b. Relații avantajoase cu alții.
   - c. Avere nediminuată față de fraudă și agresiune.

II. In Personam.

1. Contractual. Drepturi provenind independent din drepturi preexistente, din acordul părților.

2. Restituțional (cvasi contractual). Drepturi având reparare sau compensare pentru un beneficiu conferit, impuse de lege ca să prevină îmbogățirea nedreaptă a unei părți pe spinarea alteia.

3. Fiduciar. Drepturi având o tutelă sau încredere executată în mod specific. Aceste drepturi sunt recunoscute numai în curți de echitate sau în procedură în echitate.
4. Delictual. Drepturi la reparație provenind din violări de drepturi preexistente *in rem*.

2. PERSOANE

Bibliografie. Cercetătorul poate să se refere la Tiffany, *Persons and Domestic Relations*, 3 ed. 1921; Peck, *Law of Persons and Domestic Relations,* 1913: Morawetz, *Law of Private Corporations*, 2 ed. 1886; Warren, *Corporate Advantages Without Incorporation*, 1929; Cook, *Law of Corporations,* 6 vols. 8 ed. 1923.

Prin persoane, în drept, înțelegem acele entități pe care dreptul le înveșmântă cu capacitatea de a exercita un control legal asupra sau influență asupra acțiunilor altora. Persoanele sunt de două categorii, persoane naturale și persoane juridice. În dreptul modern, fiecare ființă umană este recunoscută ca o persoană naturală; și astfel ca o persoană legală, întrucât dreptul modern îngăduie o personalitate legală fiecărei persoane naturale. Persoanele juridice sunt asociații sau grupuri de persoane naturale sau totalități de drepturi sau chiar de obiecte, care pentru ușurința în anumite relații, sau pentru anumite scopuri, legea le tratează ca subiecte de anumite drepturi și astfel ca persoane. Cea mai importantă formă este corporația, care poate fi (a) publică – de exemplu, municipalități, precum orașe mari și orașe; (b) privată, incluzând companii de serviciu public, precum companii de cale ferată și companii de afaceri obișnuite.

Existența legală începe cu nașterea și se sfârșește cu moartea care poate fi sau naturală sau civilă. La dreptul cutumiar era moarte civilă dacă unei persoane i se îndepărta sau retrăgea domeniul prin procesul dreptului cutumiar, sau „intra în religie", adică, se ducea la o mănăstire și devenea acolo un călugăr de profesie. În câteva state sunt statute prevăzând ca persoane condamnate la închisoare pe viață să fie civil moarte. Altminteri moartea civilă este scoasă din uz.

Pierderea completă a personalității legale trebuie să fie deosebită de simplă incapacitate. O persoană poate avea drepturi legale și cu toate acestea să fie incapabilă de a executa legal acte valide, sau incapabilă de a atrage asupra sa răspundere legală, sau incapabilă de a atrage asupra sa responsabilitate pentru ce ar fi altfel socotit violări de îndatoriri absolute. O persoană care este civil moartă și-a pierdut identitatea legală; vechea personalitate legală este stinsă și există fie una nouă fie nici una câtuși de puțin în locul ei. Dar o persoană a cărei personalitate legală este neafectată poate să-și fi pierdut, sau poate să nu fi atins capacitatea legală de a acționa în vreunul sau în toate cazurile. De aceea legea distinge între persoane de deplină și completă capacitate și persoane de parțială sau limitată capacitate. Dreptul vechi acorda capacitate deplină la comparativ câțiva. Dreptul modern țintește să confere deplină capacitate legală cât mai larg posibil și în general să creeze incapacități legale numai acolo unde există și incapacități naturale. Singura excepție substanțială în dreptul modern este că din motive istorice femeile căsătorite sunt încă sub o incapacitate legală parțială în multe jurisdicții. În astfel de jurisdicții ele au numai o putere limitată de a se căsători. Cu această excepție incapacitățile legale recunoscute în dreptul modern coincid substanțial cu incapacitățile naturale. În sistemul legal anglo-american sunt acum cinci condiții care creează incapacitate legală, totală sau parțială: (1) Pruncie sau minorat; (2) Matrimoniu, adică, situația de a fi femeie măritată; (3) Idioție și iresponsabilitate sau alienație mintală; (4) Condamnare pentru trădare sau crimă capitală; (5) Alienaj.

3. LUCRURI

Primul element al unui drept legal poate fi spus a fi o persoană în care dreptul rezidă, ori asupra căreia legea l-a conferit. Al doilea element este un obiect în legătură cu care există și este exercitat. Obiectul poate fi personalitatea persoanei în care dreptul rezidă, sau el poate fi vreun obiect extern legat de existența ei economică în legătură cu care interesele ei de avere sunt asigurate.

Obiectele externe în privința cărora ființe umane individuale pot face reclamații sunt fie expuse proprietății fie nu expuse proprietății. Interesul social în folosirea și conservarea resurselor sociale exclude proprietatea individuală a anumitor lucruri cum ar fi lumina și aerul și apa curentă. Apa râurilor poate fi folosită, dar nu poate fi proprietate. La dreptul cutumiar proprietarul terenului peste sau pe lângă care curge apa unui râu natural se spune că are accesoriu de „un drept natural" la pământul lui pentru a folosi apa în măsura în care o astfel de folosire este potrivită cu o folosire asemănătoare de către ceilalți proprietari similar situați. În țări guvernate de Dreptul Roman drepturi de a folosi apa sunt acordate de către stat din când în când. În statele aride din porțiunea de vest a Statelor Unite drepturi de a folosi apa pot fi dobândite prin apropiere precedentă.

Lucruri expuse proprietății sunt fie corporale fie necorporale. În ultima secțiune sunt incluse astfel de lucruri ca patente, drepturi de autor și reclamații juridice împotriva altor persoane, ca, de exemplu, documente și note, conturi și acțiuni la bursă.

4. DOBÂNDIRE ȘI PIERDERE DE DREPTURI

A. ACȚIUNI.

Juriștii disting între evenimente și acțiuni. Prin evenimente ei înțeleg acele întâmplări care au loc independent de voința umană. Prin acțiuni ei înțeleg pe cele care sunt expuse controlului voinței umane și astfel decurg de acolo. Astfel acțiunile sunt exercitări ale voinței manifestate în lumea exterioară. Acțiunile pot avea consecințe juridice pentru că stânjenesc interese (sociale, publice sau private) recunoscute și protejate de lege, și astfel implică responsabilitate pentru încălcarea unei îndatoriri absolute sau răspundere pentru încălcarea unei îndatoriri corelative către vreun drept. Ele pot avea de asemenea consecințe juridice din moment ce sunt astfel realizate încât să se depărteze de modelul legal de conduită în împrejurări, și astfel să implice răspundere. În asemenea cazuri trebuie să întrebăm: are persoana în cauză capacitate pentru responsabilitate sau pentru răspundere? În general dreptul cutumiar obligă pe cineva la răspundere pentru încălcarea unui drept privat acolo unde nu l-ar obliga la responsabilitate pentru încălcarea unei îndatoriri absolute, ca în cazul unei persoane alienate care poate fi reținută pentru un prejudiciu (încălcarea unui drept individual *in rem*) dar nu pentru o crimă.

B. Tranzacții juridice.

Acțiunile pot avea de asemenea consecințe juridice pentru că aceasta a fost intenția persoanei sau persoanelor care le-au făcut și legea recunoaște și dă efect acelei intenții. Astfel de acțiuni se numesc tranzacții juridice. Ele sunt efectuate pentru a crea drepturi, puteri sau privilegii, și când sunt făcute de persoane competente și în maniera prescrisă, legea le recunoaște și aplică intenția. Exemple sunt transmisiuni de proprietate și transferuri de drepturi; contracte; declarație de tutele. În general capacitatea pentru tranzacții juridice este limitată mult mai mult decât capacitatea pentru responsabilitate. Astfel un copil peste vârsta de șapte ani poate fi responsabil, și un minor peste patrusprezece dar mai puțin decât în vârstă de douăzeci și unu de ani va fi responsabil, dacă nu există nici un alt defect, pentru încălcarea unei îndatoriri absolute. Totuși, pe de o parte, copilul poate fi răspunzător pentru ofense, și, pe de altă parte, un minor (sub 21) nu este obligat de tranzacții juridice. În general se poate spune capacitatea pentru drepturi cere personalitate; capacitatea pentru acțiuni, voință; capacitatea pentru tranzacții juridice, voință și judecată.

Acțiunile plănuite ca tranzacții juridice pot fi valide, adică, pot fi astfel încât legea le dă efectul plănuit, sau pot fi nule sau anulabile. Dacă nule nu au efect juridic deloc. Dacă anulabile au efect juridic dacă nu și până provocat, dar pot fi atacate pentru oarecare defect, și dacă astfel nu vor reuși să producă urmările legale plănuite. Acțiunile plănuite ca tranzacții juridice sunt nule unde nu sunt făcute în maniera pe care o prescrie legea, sau unde ele caută un scop pe care legea refuză să-l recunoască drept legitim, sau unde ele implică daună vreunui interes, social sau public, pe care legea îl socotește ca mai important decât interesul general în executarea intenției celor care le realizează. Ele sunt anulabile în special unde există vreun defect în capacitatea persoanei care acționează, sau unde intenția căreia legea este chemată să-i dea efect nu este formată în mod liber sau inteligent sau în împrejurări care o fac bună să țină partea la aceasta. Dacă cineva a fost silit sau înșelat într-o tranzacție sau a intrat în ea din greșeală, există motiv pentru atacarea ei ca fiind anulabilă. Aproape toate tranzacțiile juridice în timpuri moderne pot fi executate printr-un reprezentant care se numește legal un agent.

Asupra reprezentanței cercetătorul se poate referi la

Mechem, *Outlines of the Law of Agency*, 3 ed. 1923.

Mechem, *Treatise on the Law of Agency*, 2 ed. 1914.

American Law Institute, *Restatement of the Law of Agency*, 2 vols. 1933.

5. EXERCITAREA ȘI PROTEJAREA DREPTURILOR

A. AUTOAJUTORARE.

În dreptul primitiv mai întâi individul vătămat trebuie să se ajute singur. Era numai în mod excepțional că el putea invoca ajutorul tribunalelor publice. În cea mai mare parte legea limita și reglementa autorepararea, și sentințele unei curți inițial pur și simplu dădeau părții reclamante permisiunea justiției de a lua ceea ce se constata a fi dreptul său. În dreptul modern autoajutorarea și autorepararea sunt strict limitate. La dreptul cutumiar existau șase cazuri unde autoajutorarea era admisibilă, dar unele dintre acestea sunt scoase din uz și altele au fost mult limitate.

AUTOAJUTORAREA ȘI AUTOREPARAREA LA DREPT CUTUMIAR.

1. Autoapărare – apărarea de sine a persoanei și a altora stând în relația de soț și soție, părinte și copil, sau stăpân și slugă. În aceste cazuri dacă persoana însăși sau una în oricare dintre aceste relații față de ea este cu forța atacată în persoana sau posesia sa, este legal să se respingă forța cu forța.

2. Reintrare în posesie prin bună înțelegere. Când cineva l-a lipsit pe un altul de posesia bunurilor sau averii sale mobile sau pe nedrept reține soția, copilul, ori sluga lui, proprietarul, soțul, părintele sau stăpânul la drept cutumiar ar putea legal să-i ceară și să-i recapete oriunde s-a întâmplat să-i găsească, cu condiția că nu a fost făcut într-un mod turbulent ori însoțit de o încălcare a ordinii. În privința relației de stăpân și slugă această regulă merge înapoi la zilele de învățăcei când relația de stăpân și ucenic era analogă celei de părinte și copil.

3. Intrare pe pământ în caz de deposedare ilegală de proprietate. La drept cutumiar un proprietar care a fost pus în afara posesiei pământului de către o persoană care îl ia în posesiune ilegală avea o putere de a intra pe pământ și a-și recâștiga posesiunea funciară. Intrarea trebuie să fie pașnică și fără forță.

4. Anulare de infracțiuni. Unde o persoană împiedică nelegal un drept de drum sau stânjenește vreun drept accesoriu la pământul altuia sau menține pe propriul său pământ ceva care este sau amenință o vătămare continuă pentru sănătatea,

siguranţa, sau morala publică şi este special şi deosebit vătămător pentru un altul, ultimul poate să îndepărteze ori să înlăture ori să anuleze infracţiunea cu condiţia să nu comită nici o încălcare a ordinii executând-o.

5. Sechestru. Acesta poate fi sechestru de datorie prin pagube ale vitelor, ori sechestru pentru chirie. În primul caz o persoană în posesiune de pământ poate să pună sechestru pe vite făcând pagubă prin călcare de moşie şi să le ţină ca zălog pentru plata daunelor. În ultimul caz un proprietar de pământ poate să sechestreze bunurile aduse de chiriaş pe pământ şi să le ţină ca zălog pentru neplata chiriei, sau neîndeplinirea obligaţiilor datorate de chiriaş proprietarului de pământ. Sechestrul de datorie prin pagube ale vitelor a fost modificat sau reglementat prin statute în multe jurisdicţii, dar este în general permis. Sechestrul pentru chirie a fost mult modificat sau desfiinţat prin lege în multe jurisdicţii americane.

6. Confiscare de echipament de arme. La drept cutumiar la moartea unui chiriaş în anumite cazuri proprietarul de pământ avea dreptul la unele din bunurile lăsate de chiriaş şi el putea să confişte lucrul identic la care era îndrituit pentru a-şi menţine dreptul său. Acest soi de autoajutorare nu a fost niciodată obţinut în Statele Unite.

B. ORGANIZAREA ŞI JURISDICŢIA CURŢILOR.
Bibliografie.

Cercetătorul poate să se refere la Baldwin, *The American Judiciary*, 1905; Lucrări, *Courts and Their Jurisdiction*, 1894.

Se spune că o curte este „un loc în care justiţia este judiciar aplicată". Este un tribunal prezidat de unul sau mai mulţi judecători pentru exercitarea de astfel de putere judiciară cum a fost conferită de lege. Trebuie să stea la locul desemnat de lege şi persoanele autorizate să aplice justiţia trebuie să fie la acel loc pentru scopul de a aplica justiţia la astfel de perioade cum pot fi desemnate de lege. Perioadele fixate de lege pentru tranzacționarea activității juridice se numesc „termene". În țara noastră în cele mai multe jurisdicții termenele curții sunt prevăzute de lege. În câteva jurisdicții termenele au fost desființate și curțile sunt deschise întotdeauna.

În privința domeniului jurisdicției lor curțile sunt (1) de jurisdicție generală, sau (2) de jurisdicție specială sau limitată. Primele se numesc de obicei curți superioare, numele purtat de cele trei curți de drept cutumiar față de care sunt analoge. Curțile sunt de asemenea (1) de jurisdicție originală, sau (2) de jurisdicție de apel. O jurisdicție a curții este originală când spețe, sau o anumită categorie de spețe, sunt aduse acolo în primă instanță; este de apel când, având originea în vreo altă curte, spețe sunt aduse la curtea în cauză pentru a obține revizuirea hotărârii sau sentinței date. Curților li se dă adeseori ambele feluri de jurisdicție. Astfel Curtea Supremă a Statelor Unite are jurisdicție originală de diferende între state ale Uniunii, deși jurisdicția ei este în special de apel.

Jurisdicția poate fi de asemenea (1) exclusivă, sau (2) combinată. Jurisdicția unei curți este exclusivă când diferende sau o categorie de diferende trebuie să fie aduse în fața curții în cauză și nicăieri altundeva. Este combinată când ele pot fi duse în fața curții în cauză sau vreunui alt tribunal la alegerea reclamantului. Astfel Curtea Districtuală a Statelor Unite și curțile superioare de jurisdicție generală în fiecare stat au jurisdicție combinată de acțiuni judiciare sau procese în echitate în care este implicată o problemă federală sau există o diversitate de cetățenie, adică, unde părțile pe de o parte sunt rezidenți ai statului și cei pe de altă parte rezidenți ai vreunui alt stat sau state. Curțile Districtuale ale Statelor Unite, pe de altă parte, au jurisdicție exclusivă în bancrută.

Pentru a determina o speță o curte trebuie să aibă jurisdicție (1) a conținutului, (2) a persoanei împotriva căreia, sau lucrului în privinţa căruia, dă sentinţa sau face o ordonanţă. Jurisdicţia conţinutului înseamnă puterea de a întreţine felul de acţiune care este adusă în faţa curţii. Acesta este determinat de lege. Jurisdicţia persoanei este obţinută prin serviciul procesului, adică, prin citirea către, sau înmânarea persoanei, sau astăzi, prin lăsarea la domiciliul ei, a unei citaţii în numele suveranului poruncind apariţia ei în instanţă. Dacă acţiunea este îndreptată nu împotriva persoanei ci împotriva proprietăţii, curtea dobândeşte jurisdicţie asupra proprietăţii prin confiscarea proprietăţii, sau prin publicarea unui aviz sub autoritatea prevederilor statutelor.

C. ACŢIUNI JUDICIARE.

Atât de mult din legea independentă este, din motive istorice, încătuşat în norme de procedură încât este foarte important ca cercetătorul să devină familiarizat imediat cu mai importantele acţiuni judiciare de drept cutumiar. Deşi aceste acţiuni sunt acum înlocuite cu mai simple şi flexibile forme de procedură, ele au dat naştere la, sau corespund cu, importante deosebiri în substanţa legii, care sunt şi acum de aplicaţie zilnică.

Principalele acţiuni judiciare de drept comun sunt zece: (1) Acţiune în revendicare, (2) Acţiune posesorie de urmărire, (3) Redobândire sau recuperare de bunuri sechestrate pe zălog dat pentru supunerea la judecată şi sentinţă, (4) Datorie, (5) Acord, (6) *Promisiune solemnă* specială, (7) *Promisiune solemnă (Indebitatus)* generală, (8) Violare de proprietate, (9) Violare de Probe (Probe), (10) Acţiune în restituire. Aceasta este forma finală a acestor acţiuni, după ce ele se dezvoltaseră într-un sistem logic. Din punct de vedere istoric, Acţiune în revendicare, *Promisiune solemnă*, Probe şi Acţiune în restituire erau dezvoltări din Violare de proprietate, iar *Promisiune solemnă* şi Acţiune în restituire erau în formă la acţiuni finale de Violare de Probe.

Schema acțiunilor judiciare de drept cutumiar.
1. Pentru a redobândi proprietate.
   Pentru a redobândi proprietate mobiliară – Acțiuni Reale.

   Acțiunile reale sunt învechite, exceptând că Ordonanța de Intrare în Posesiune este în uz în Massachusetts, New Hampshire și Maine.
2. Pentru a redobândi posesiune –
   De proprietate mobiliară – Acțiune în revendicare.
   De proprietate personală –

   dobândită legal de inculpat, dar expusă unui drept superior de imediată posesiune la reclamant – Acțiune posesorie de urmărire.

   luată de inculpat de la reclamant – Redobândire sau recuperare de bunuri sechestrate pe zălog dat pentru supunerea la judecată și sentință.

   Această redobândire, în țara noastră, a înlocuit aproape complet acțiunea posesorie de urmărire, și în general stă în toate cazurile să redobândească posesiunea proprietății personale.
3. Pentru a primi ca despăgubire daune.
   (1) *Ex. contractu.*
   Pentru a încasa o sumă lichidată de bani, datorată la document prevăzut cu sigiliu particular, proces-verbal, statut, ori simplu contract – Datorie.
   Pentru a încasa daune pentru încălcarea unui acord, sau promisiune sub sigiliu –Acord.
   Pentru a încasa daune pentru încălcarea unui simplu contract – *Promisiune solemnă* (specială).
   Pentru a încasa daune la *Un așa-zis Contract* (nici o promisiune, dar speța tratată în proces ca și cum fusese unul) – *Promisiune solemnă* (generală).
   (2) *Ex. delicto.*
   Pentru a încasa daune pentru o intervenție fizică directă la persoană sau proprietate – Violare de proprietate.

Unde violarea de proprietate constă în luarea proprietă-
ții mobile din posesiunea reclamantului, acțiunea se
numește Violare *de bonis asportatis*, sau Violare *de
bonis*.

Unde violarea de proprietate este comisă asupra proprie-
tății mobiliare, acțiunea se numește Violare *quare
clausum fregit*, sau Violare *quare clausum*.

Pentru a încasa daune pentru acte ilegale nu în cadrul
spațiului altor acțiuni (și nu încălcări de contract)
care provoacă jignire, fără intervenție fizică directă
la persoană sau proprietate (*e.g.*, Calomnie, Defăi-
mare, o Injurie, Înşelătorie) – Probe.

Pentru a încasa daune pentru însuşirea de bunuri – Ac-
țiune în restituire.

Bibliografie.
Maitland, *Lectures on the Forms of Action at Common
Law*, 1909. Publicat cu prelegerile lui despre echitate.
Ames, *Lectures on Legal History*, 1913.
Stephen, *Principles of Pleading*, ed. by Williston, 1895.
Hepburn,*Historical Development of Code Pleading*, 1897.
Clark, *Code Pleading*, 1928.

6. PROPRIETATE

Bibliografie. Începătorul poate să se refere la următoarele
cărți, scrise mai cu seamă pentru studenți:
Digby, *History of the Law of Real Property*, 5ed. 1897.
Lawler and Lawler, *Short Historical Introduction to the
Law of Real Property*, 1940.
Williams, *Principles of the Law of Personal Property*, 18
ed. 1926. (englez).
Williams, *Principles of the Law of Real Property*, 22 ed.
1914. (englez).
Gray, *Restraints on Alienation of Property*, 2 ed. 1895.
Gray, *The Rule Against Perpetuities*, 4 ed. 1942.

Sines, *The Law of Future Interests*, 3 vols. 1936.
American Law Institute, *Restatement of the Law of Property*, 1936.
Schoulder, *Law of Personal Property*, 5 ed. 1918.
Tiffany, *Law of Real Property*, 2 ed. 3 vols.

A. NATURA PROPRIETĂȚII ȘI POSESIUNII.
Bibliografie.
Pollock and Wright, *Essay on Possession in the Common Law*, 1888.

Există trei grade în capacitatea pe care oamenii o au de a influența acțiunile altora în privința obiectelor corporale.

1. Păstrare. Aceasta este o simplă condiție de acțiune, o simplă deținere fizică de sau control fizic asupra lucrului, fără absolut nici un alt element. Este privită ca un element al gradului următor (posesiune). Dar poate exista complet independent de lege și de stat. Simpla posedare a unui obiect la îndemâna adecvată a cuiva dă un avantaj dependent de propria putere a cuiva, fără legătură cu legea. Intervenția împotriva păstrării este o intervenție împotriva persoanei păstrătorului.

POSTULAT JURIDIC I.

În societatea civilizată oamenii trebuie să știe să admită că alții vor comite agresiuni neintenționate asupra lor.

2. Posesiune. Aceasta este un adaos la și extensiune a ideii de păstrare. Unde păstrarea (exercitată singur sau de altcineva) este cuplată cu elementul mental de deținere pentru propriile scopuri ale cuiva, există posesiune, și legea dă persoanei astfel în posesie un drept legal de a continua în posesiune și de a fi restabilită în posesiune de va pierde sau va fi lipsită de ea, față de oricine în afară de proprietar.

În caz de păstrare, legea asigură relația persoanei fizice față de obiect, ca să asigure persoana fizică. În caz de posesiune legea asigură voința posesorului de a deține pentru propriile lui scopuri.

3. Proprietate. În cel mai înalt grad legea merge mult mai departe și asigură oamenilor exclusiva și ultima satisfacție a obiectelor mult dincolo de capacitatea lor de a ține în păstrare sau a poseda – dincolo de ceea ce ei ar putea deține la accesibilitatea lor personală și dincolo de ceea ce ar putea în realitate să dețină chiar cu ajutorul statului. *E.g.*, cineva poate deține zece ferme în zece state diferite.

În caz de proprietate legea asigură interesul de fond al posesorului – existența lui economică.

POSTULAT JURIDIC II.

În societatea civilizată oamenii trebuie să știe să admită că ei pot controla pentru scopuri folositoare ceea ce au descoperit și apropriat pentru propriul lor uz, ceea ce au creat prin propria lor muncă și ceea ce au dobândit sub orânduirea socială și economică existentă.

B. FELURI DE PROPRIETATE.

La dreptul cutumiar proprietatea este de două feluri: proprietate mobiliară și proprietate personală. Proprietatea mobiliară cuprinde proprietățile libere în teren și anumită proprietate nematerială, din care formele importante astăzi sunt drepturi anexate la sau provenind din teren. Proprietatea personală cuprinde bunuri mobiliare și averi în pământ mai puțin decât proprietatea liberă.

C. POSESIUNE ȘI PROPRIETĂȚI.

În cazul unui patrimoniu proprietarul posedă în mod legal bunul însuși. În caz de pământ se presupune a poseda nu chiar pământul, ci o proprietate în pământ, în virtutea căreia el poate folosi și se bucura de pământ potrivit calității acestei averi.

PROPRIETĂȚI
  1. Proprietatea liberă.
      a. Din moștenire.
          i Proprietate alodială.
          ii Proprietate cu drept de moștenire limitat.
      b. Nu din moștenire.
          i Convențională – creată prin act al părților.
              Proprietăți pe viață.
          ii Prin acțiune a legii.
              Favoare.
              Dotă.
  2. Mai puțin decât proprietate liberă.
      a. Proprietăți pe ani.
      b. Proprietăți la dorință.
      c. Proprietăți prin tolerare.
Proprietăți pot de asemenea fi (a) în posesiune, (b) în aș-
teptare. Proprietăți în așteptare sunt fie reversiuni fie drepturi
de moștenire a titlului.

D. COPROPRIETATE.
Proprietăți de orice cantitate sau lungime de durată, dacă
în posesiune sau în așteptare pot fi deținute la drept cutumiar
în patru moduri diferite: (1) în posesia unei singure persoane,
(2) în posesiune comună, (3) în moștenire în indiviziune, (4)
în comun.

E. DREPTURI ÎN PROPRIETATEA ALTUIA.
Schema drepturilor în proprietatea altuia în dreptul an-
glo-american:
  1. Servituți.
      a. Foloase.
      b. Avantaje.
      c. Angajamente funcționând cu pământul.
      d. Servituți echitabile.

2. Garanții.
   a. Amanet.
   b. Ipotecă.
   c. Drepturi de a sechestra averea datornicului în drept cutumiar.
   d. Drepturi statutare de a sechestra averea datornicului.
   e. Taxe echitabile sau drepturi de a sechestra averea datornicului.

F. DOBÂNDIRE DE PROPRIETATE.
Schema modurilor de dobândire în dreptul anglo-american:
   1. Inițială.
      a. Ocupare.
         i Bunuri abandonate.
         ii Animale sălbatice.
         iii Fructele pământului.
      b. Zăcământ aluvionar.
      c. Vânzare pentru impozite.
      d. Vânzare sub hotărâre judecătorească *in rem* (*e.g.*, pentru confiscare sub legislația fiscală).
      e. Posesiune contrară, prescripție.
      f. Adăugire.
      g. Confuzie.
   2. Derivată.
      a. Hotărâre judecătorească.
      b. Căsătorie.
      c. Bancrută.
      d. Succesiune.
         i „Ab intestat".
         ii Testamentară.
      e. Donație.
      f. Vânzare.
      g. Transfer.

G. Succesiune.

La drept cutumiar bunurile unui proprietar decedat trec la reprezentantul său personal, adică administratorul său, numit de secția Înaltei Curți de justiție care se ocupă de testamente și succesiuni, dacă el nu lasă nici un testament, sau executorul său, numit în testamentul său. Proprietatea lui mobiliară trece la moștenitorii lui, sau de la Statutul Testamentelor (domnia lui Henric al VIII-lea, 1540) la legatarii în testamentul său.

O donație de proprietate mobiliară într-un testament se numește o testare; o donație de proprietate personală într-un testament se numește legat.

După strângerea datoriilor cuvenite decedatului și luarea în posesie a proprietății activului și pasivului, reprezentantul personal are datoria de (1) a plăti datoriile decedatului și (2) a plăti legatele, dacă există suficientă avere după plata datoriilor. Astfel de proprietate personală așa cum rămâne după plata datoriilor și legatelor este împărțită la următoarele din rude ale decedatului potrivit Statutului de Distribuiri (domnia lui Charles II, 1670).

Statute în diferitele state prevăd în detaliu cine sunt moștenitori și următoarele din rude, ordinea în care vor lua și părțile la care vor avea dreptul.

Bibliografie.
Gardner, *Handbook of the Law of Wills,* 2 ed. 1916.
Page, Concise *Treatise on the Law of Wills, 2 ed. 1926.*
Woerner, *Treatise on the American Law of Administration,* 3 vols. 3 ed. 1923.

7. Obligații

Obligația este o relație juridică între o persoană sau un grup de persoane prin care unul este obligat la oarecare act definit sau îngăduință în folosul celuilalt.

POSTULAT JURIDIC III.

În societatea civilizată oamenii trebuie să ştie să admită că cei cu care tratează în relaţiile generale ale societăţii vor acţiona cu bună credinţă şi astfel

(a) vor face bune rezonabile perspective pe care promisiunile sau alt comportament al lor le vor crea în mod chibzuit;

(b) vor îndeplini promisiunile lor potrivit cu aşteptările pe care sentimentul moral al comunităţii le ataşează la aceasta;

(c) vor restabili în mod specific sau prin echivalent ceea ce vine la ei din greşeală sau slăbiciune a presupunerii unei tranzacţii sau altei situaţii neanticipate din care primesc pe socoteala altuia ceea ce ei nu s-ar fi aşteptat în mod rezonabil să primească în condiţiile reale.

SCHEMA OBLIGAŢIILOR ÎN DREPTUL ANGLO-AMERICAN.
    1. Provenind din tranzacţii juridice.
        a. Contracte
            i Formale – acte prevăzute cu sigiliu particular
                (1) drept cutumiar
                (2) comercial
            ii Reale
                (1) datorie
                (2) chezăşie
            iii Simple
        b. Tutele exprese
    2. Provenind din funcţie sau ocupaţie.
    3. Provenind din relaţii fiduciare.
    4. Provenind din îmbogăţire nedreaptă.

A. CONTRACTE.

O tranzacţie juridică plănuită să creeze obligaţie poate crea o obligaţie care poate fi urmărită şi aplicabilă în proces sau poate crea una care poate fi urmărită şi aplicabilă în echitate. În primul caz o numim un contract.

Contractele sunt formale, reale, sau simple. În contracte formale, care sunt acte de drept cutumiar prevăzute cu sigiliu particular (angajamente – *i.e.*, declaraţii autentificate formale de răspundere încheiate în faţa unei curţi şi puse în registrul ei – înscrisuri – *i.e.*, declaraţii autentificate de sumă datorată sub sigiliu şi acorduri – *i.e.*, promisiuni sub sigiliu sau acte comerciale prevăzute cu sigiliu particular (cambii şi obligaţii contractuale), tranzacţia capătă întreaga sa forţă legală din forma în care este pusă şi obligaţia este dependentă şi legată în instrumentul formal. Dacă aceea este pierdută, trebuie să se recurgă la echitate pentru reparare. Multe jurisdicţii au desfiinţat sigiliile particulare şi în consecinţă actele de drept cutumiar prevăzute cu sigiliu particular altele decât angajamente.

Cât despre legea efectelor de comerţ, cercetătorul poate să se refere la Brannan, *The Negotiable Instruments Law*, 5 ed. 1932.

În contracte reale, unul care a primit ceva de la altul este obligat chiar de faptul că a primit ceva. Obligaţia poate cere rambursarea banilor împrumutaţi (datorie) sau relivrarea unui bun tangibil livrat, împreună cu anumite îndatoriri de bună credinţă în ceea ce priveşte îngrijirea şi folosirea bunului (chezăşie).

Cât despre legea gajurilor, cercetătorul poate să se refere la Dobie, *Bailments and Carriers*, 1914.

Un contract simplu este o tranzacţie prin care părţile schimbă promisiuni sau schimbă o promisiune pe de o parte pentru un act pe de altă parte. Promisiunea sau actul persoanei căreia i s-a făcut promisiunea se spune a fi consideraţia promisiunii persoanei care a făcut promisiunea. Este formată dintr-o ofertă pe de o parte, -*i.e.*, o ofertă a unei promisiuni în schimb pentru promisiunea sau acţiunea celuilalt, sau a unei acţiuni în schimb pentru promisiunea celuilalt – şi acceptare -*i.e.*, dându-i opusului promisiune sau făcând acţiunea cerută – pe de altă parte.

Bibliografie.
Anson, *Principles of the English Law of Contract*, 17 ed. 1929.

Harriman, *The Law of Contracts*, 2 ed. 1901.
Pollock, *Principles of Contract*, ed. by Wald and Williston, 10 ed. 1936.
Williston, *Law of Contracts,* 5 vol. 2 ed. 1936-1937.

B. TUTELE.

O persoană este un tutore când are drepturi sau puteri legale pe care este obligat în echitate să le exercite în folosul altuia sau în vreun scop particular nu al său propriu.

Tutele pot fi create fără transfer de titlu sau posesiune, cineva declarându-se tutore pentru un altul, sau în legătură cu transfer de titlu prin prevedere expresă că cesionarul nu va deține în mod avantajos ci în tutelă pentru un beneficiar desemnat sau în scopuri desemnate.

Tutele pot fi urmărite numai în echitate.

Bibliografie.
Scott, *Law of Trusts*, 4 vols. 1939.

C. UTILITĂȚI PUBLICE.

Cea mai importantă dintre obligațiile provenind dintr-o funcție sau ocupație la drept cutumiar este aceea pe care legea o atașează profesiunii unui serviciu public – adică, de a se angaja în anumite ocupații care implică serviciu public. Legea impune asupra celor care se angajează în astfel de ocupații îndatoriri de a servi publicul fără discriminare, de a furniza servicii rezonabile și de a asigura facilități incidentale rezonabile.

Bibliografie.
Wyman, *Public Service Corporations*, 1911.

D. RELAȚII FIDUCIARE.

Deși nu există tutelă expresă, oriunde o persoană este într-o poziție în care un altul sau alții își pun nădejde și încredere în ea – *e.g.*, un executor, administrator, director al unei corporații, agent, consilier medical, soț, soție – echitatea nu o va lăsa să profite de situație, ci o va obliga să adere la cea mai strictă bună credință.

E. RESTITUIREA BENEFICIILOR NEMERITATE.

Există o obligație juridică, provenind fără referire la consimțământul persoanei obligate, din primirea unui beneficiu pe care nu îl poate reține pe merit.

Cercetătorul poate să se refere în această legătură la Woodward, *The Law of Quasi-Contracts*, 1913; Kenner, *Treatise on the Law of Quasi Contracts*, 1893; American Law Institute, *Restatement of Restitution and Unjust Enrichment*, 1936; de asemenea Wright, *Review of Restatement of the Law of Restitution*, 51 HARV. L. REV. 369, 1937.

Bibliografie.
Salmond, *The Law of Torts*, 9 ed. 1936.
Pollock, *The Law of Torts,* 14 ed. 1939.
Bohlen, *Studies in the Law of Torts*, 1926.
Wigmore, *Summary of Principles of Torts, Appendix to Selection of Cases on the Law of Torts*, vol. 2, 1911.
Burdick, *The Law of Torts,* 3 ed. 1913.
American Law Institute, *Restatement of the Law of Torts*, 2 vols. 1934.

COROLAR AL POSTULATULUI JURIDIC I.
Unul care intenționat face ceva care la suprafață este injurios altuia este obligat să repare prejudiciul rezultat dacă nu poate să stabilească o libertate sau privilegiu identificând pretenția sa pentru a acționa cum a făcut cu vreun interes public sau social recunoscut.

POSTULAT JURIDIC IV
În societatea civilizată oamenii trebuie să știe să admită că cei ce se angajează în vreun curs de conduită vor acționa cu

grija cuvenită ca să nu arunce un risc nechibzuit de pagubă asupra altora.

POSTULAT JURIDIC V

În societatea civilizată oamenii trebuie să știe să admită că alții care mențin lucruri sau folosesc mijloace, nevătămătoare în sfera uzului lor dar vătămătoare în acțiunea lor normală în altă parte și având o tendință naturală să treacă fruntariile propriului lor uz, îi vor opri sau păstra în cadrul propriilor lor limite.

Astfel cineva este răspunzător în ofensă pentru

I. Agresiune intenționată asupra personalității sau averii altuia.

a. Personalitate –
   i Violență.
   ii Detențiune.
   iii Încălcare a intimității (în dispută).

b. Personalitate și avere.
   i Încălcare a drepturilor în relațiile domestice.
   ii Urmărire judiciară cu rea-voință.
   iii Defăimare.
      (1) calomnie.
      (2) calomnie în scris.

c. Avere.
   i Încălcare a posesiunii.
      (1) de pământ.
      (2) de bunuri.
   ii Însușire de bunuri.
   iii Intervenție intenționată cu raporturi avantajoase.
   iv Înșelătorie.

(Dacă nu poate stabili justificare sau privilegiu, potrivit corolarului Postulatului I).

II. Intervenție neglijentă la persoană sau proprietate – *i.e.*, eșec de a se ridica la nivelul juridic de grijă cuvenită în aceste împrejurări, în timp ce continuă un curs de conduită, prin care se provoacă pagubă persoanei sau proprietății altuia.

III. Intervenție neglijentă, neintenționată la persoana sau proprietatea altuia prin eșec de a opri sau preveni scăparea a ceva pe care unul îl menține sau folosește, astfel de lucru sau mijloc având o tendință de a ieși din granițe și a face rău. Astfel cineva poate fi răspunzător pentru:

    a. Violare a proprietății altuia de animalele cuiva.

    b. Rană persoanei altora de
       i animale sălbatice
      ii animale domestice cunoscute a avea obiceiuri rele.

    c. Folosiri periculoase de pământ unde ceva menținut pe pământ care este probabil să scape și să facă pagube pe terenul învecinat nu este ținut acasă. (în dispută.)

V
O CERCETARE A INTERESELOR SOCIALE[*]

DE ROSCOE POUND

A fost o notabilă schimbare în toată lumea de la a reflecta la sarcina ordinii legale ca una de ajustare a exercitării voințelor libere la una de satisfacere a dorințelor, din care exercitarea liberă a voinței este doar una. În consecință, trebuie să pornim astăzi de la o teorie a intereselor, adică, a cerințelor sau trebuințelor sau dorințelor pe care ființele umane, fie individual fie în grupuri sau asociații sau relații, caută să le satisfacă, de care de aceea, ajustarea relațiilor și ordonarea conduitei prin forța societății organizate politic trebuie să țină seama. Am discutat teoria generală a intereselor, clasificarea intereselor, și detaliile intereselor individuale în alte locuri.[1] Este destul să spun aici că clasificarea în interese individuale, interese publice și interese sociale a fost sugerată de Jhering.[2] Cum aș spune eu, interese individuale

---

[*] (*Nota autorului*) Cu permisiunea autorului și a HARVARD LAW REVIEW, din 57 HARV. L. REV, pp 1-39 (1943). Vezi Introducere p. 17. Acest articol este o revizuire și rescriere completă a expunerii intitulate *A Theory of Social Interests* publicată în (mai 1921) 15 PAPERS AND PROCEEDINGS OF THE AMERICAN SOCIOLOGICAL SOCIETY 16-45. A fost retipărită din acel volum, dar a fost de mult epuizată și inaccesibilă. Ca răspuns la multe cereri a părut mai bine să fie rescrisă în întregime decât să fie retipărită. Am discutat subiectul în altă parte în anumită măsură în CONTEMPORARY JURISTIC THEORY (1940) lect. 3. și în SOCIAL CONTROL THROUGH LAW (1942) 63-99, 109-12.

[1] SOCIAL CONTROL THROUGH LAW (1942) 63-80; THE SPIRIT OF THE COMMON LAW (1921) 91-93, 197-203; INTRODUCTION TO THE PHILOSOPHY OF LAW (1922) 90-96; INTERPRETATIONS OF LEGAL HISTORY (1923) 158-64.

[2] DER ZWECK IM RECHT (1877) 467-83, tradusă de HUSICK, LAW AS A MEANS TO AN END (1921) 348-59.

sunt trebuințe sau cereri sau dorințe implicate imediat în viața individuală și afirmate în titlul acelei vieți. Interese publice sunt cereri sau trebuințe sau dorințe implicate în viață într-o societate organizată politic și afirmate în titlul acelei organizări. Ele sunt tratate în mod obișnuit ca cererile unei societăți organizate politic gândite ca o entitate juridică. Interese sociale sunt cereri sau trebuințe sau dorințe implicate în viața socială în societatea civilizată și afirmate în titlul acelei vieți. Nu este neobișnuit a le trata precum cereri ale întregului grup social ca atare.

Dar aceasta nu înseamnă că fiecare cerere sau trebuință sau dorință pe care ființele umane o afirmă trebuie pusă o dată pentru totdeauna pentru orice scop într-una din aceste trei categorii. Pentru unele scopuri și în unele conexiuni este potrivit să se privească la o cerere sau trebuință sau dorință dată dint-un singur punct de vedere. Pentru alte scopuri sau în alte conexiuni este potrivit să se privească la aceeași cerere sau trebuință sau același tip de cereri sau trebuințe dintr-unul din celelalte puncte de vedere. Când se ajunge la cântărirea sau evaluarea cererilor sau trebuințelor față de alte cereri sau trebuințe, trebuie să fim atenți să le comparăm pe același plan. Dacă punem una ca un interes individual și pe cealaltă ca un interes social putem decide problema în prealabil în chiar felul nostru de a o pune. De exemplu în procesele „legii care limitează sistemul plății muncitorilor în mărfuri"[3] cineva poate gândi la cererea patronului de a face contracte liber ca un interes individual de avere. În acel caz, trebuie să o cântărim odată cu cererea angajatului nu de a fi constrâns de presiune economică în a face contracte pentru a-și lua salariul în bilete de favoare la

---

[3] Am dat acest exemplu pentru că a încetat să fie controversat cu o generație înainte. Vezi State v. Haun, 61 Kan. 146, 59 Pac. 340 (1899); State v. Loomis, 115 Mo. 307, 22 S.W. 350 (1893); Godcharles & Co v. Wigeman, 113 Pa. 431, 6 Atl. 354 (1886); State v. Goodwill, 33 W. Va. 179, 10 S.E. 285 (1889).

un magazin al întreprinderii pentru salariați, gândit ca un interes individual de personalitate. Dacă ne gândim la unul din doi în termeni de o politică trebuie să ne gândim la celălalt în aceiași termeni. Dacă ne gândim la cererea angajatului în termeni de o politică de a asigura un minimum sau o viață umană normală, trebuie să ne gândim la cererea patronului în termeni de o politică de sprijinire și aplicare a contractelor. Dacă unul este socotit ca un drept și celălalt ca o politică, sau dacă unul este socotit ca un interes individual și celălalt ca un interes social, modul nostru de a formula întrebarea nu poate lăsa nimic de decis.

În general, dar nu întotdeauna, este indicat a pune cereri sau trebuințe în forma lor cea mai generalizată, *i.e.*, ca interese sociale, pentru a le compara. Totuși unde problemele sunt relativ simple, este uneori posibil a se ține seama de toți factorii în mod suficient comparând interese individuale puse direct ca atare. Trebuie păstrat în minte că deseori avem aici moduri diferite de a privi la aceleași cereri sau același tip de cereri așa cum sunt afirmate în diferite titluri. Astfel, interese individuale de personalitate pot fi afirmate în titlu sau subsumate sub interesul social în securitatea generală, sau interesul social în viața individuală, sau uneori din diferite puncte de vedere sau în diferite aspecte, ambele. Din nou, interese individuale în relațiile domestice pot fi subsumate sub interesul social în securitatea instituțiilor sociale din care instituțiile domestice sunt cele mai vechi și în nici un caz cele mai puțin importante. Din nou, interesul public în integritatea personalității statului poate fi socotit drept interesul social în securitatea instituțiilor sociale din care instituțiile politice sunt o formă. Când noi am recunoscut și juridic am delimitat și asigurat un interes, este important să identificăm interesul individual generalizat în spate și dând importanță și definiție dreptului juridic. Când examinăm ce cereri sau trebuințe să recunoaștem și în cadrul căror limite, și când căutăm să reglăm cereri și trebuințe contradictorii și suprapuse în vreun nou aspect sau nouă situație, este important să subsumăm interesele individuale sub interese sociale și să le cântărim ca atare.

Acum câțiva ani unul dintre judecătorii Curții noastre celei mai înalte, fiind în dezacord cu sentința acelei Curți în *Arizona Employers' Liability Cases*[4], [*] ne-a spus că exista o „amenințare în... judecarea tuturor drepturilor, supunându-le fără reținere concepțiilor politicii publice".[5] Fără îndoială dacă anumite drepturi legale erau precis stabilite de Constituție ar fi o amenințare pentru securitatea generală dacă Instanța care trebuie până la urmă să interpreteze și să aplice prevederile acelui instrument ar îngădui unei legislaturi de stat să încalce acele drepturi legale pe simple considerații de eficacitate politică. Dar a fost numai ambiguitatea termenului „right"[**] un cuvânt cu mai multe înțelesuri[6] și lipsă de înțelegere clară a ceea ce dreptul nostru a căutat să realizeze prin obscura concepție de „politică publică" ce a făcut posibil să se gândească despre decizia în cauză într-un astfel de mod. „ Drepturile" despre care Dl. Judecător McKenna vorbea nu erau drepturi legale în același sens ca dreptul meu legal la integritatea persoanei mele fizice sau dreptul meu legal de posesie a ceasului meu. Ele erau nevoi individuale, cereri individuale, interese individuale, care se simțea că trebuiau să fie asigurate prin drepturi juridice sau prin vreo altă mașinărie legală. Cu alte cuvinte, era o politică de a le asigura. Cel de-al Patrusprezecelea Amendament nu a stabilit aceste sau nici alte interese individuale ca drepturi legale absolute. El impunea un etalon asupra legiuitorului.[7] Îi spunea că dacă încălca aceste interese individuale nu trebuia să procedeze atât de arbitrar. Acțiunea lui trebuie să

---

[4] 250 U.S. 400 (1919)

[*] Procesele privind responsabilitatea patronilor din Arizona. (*n.t.*)

[5] Dl. Judecător Mckenna în dezacord, *id.* la 439.

[**] drept (*n.t.*)

[6] Vezi POUND, SOCIAL CONTROL THROUGH LAW (1942) 81-92.

[7] Cât despre semnificația de „standard" vezi Pound, *Juristic Science and Law* (1918) 31 HARV. L. REV. 1047, 1061; SOCIAL CONTROL THROUGH LAW (1942) 47-49.

aibă oarecare bază în raţionament. Se afirmă că acea bază trebuie să fie una pe care dreptul cutumiar a căutat totdeauna să acţioneze, una implicată în chiar termenul „proces cuvenit de drept", anume, o cântărire sau echilibrare a diferitelor procese care se suprapun sau vin în conflict şi o împăcare sau armonizare raţională. Astfel politica publică despre care vorbea Dl. judecător McKenna este văzută a fi ceva măcar nu pe un plan mai jos decât aşa – zisele drepturi. În timp ce ultimul termen se referă la interese individuale care noi socotim că trebuie asigurate de lege, primul se referă la interese sociale care noi socotim că legea trebuie sau care în fapt legea le asigură delimitând interese individuale şi stabilind drepturi legale. Există o politică într-unul din cazuri tot atât de mult ca în celălalt. Sistemul de drept cutumiar este format din ajustări sau compromisuri de interese individuale contradictorii în care ne întoarcem la oarecare interes social, frecvent sub numele de politică publică, pentru a determina limitele unei armonizări rezonabile.

În dreptul cutumiar am fost obişnuiţi să vorbim de interese sociale sub numele de „politică publică".[8] Astfel când un mare judecător a fost chemat să cântărească anumite cereri cu referire la interesul social în securitatea instituţiilor politice, el a spus că o „mare şi adumbritoare politică publică" interzicea aplicarea la speţă a unuia dintre cele mai fundamentale principii ale dreptului.[9] Din nou, când a părut unei majorităţi a Curţii Supreme a

---

[8] „Politică Publică... este acel principiu al dreptului care susţine că nici un supus nu poate să facă legal ceea ce are o tendinţă de a fi vătămător publicului sau împotriva binelui public..." Lord Truro în Egerton v. Lord Brownlow, 4 H.L. Cas. 1, 196, 10 Eng. Rep. 359, 437 (1853). „Orice este vătămător pentru interesele publicului este nul, pe temeiurile politicii publice." Tindal, C.J. (Judecător Superior, *n.t.*), în Hornor v. Graves, 7 Bing. 735, 743, 131 Eng. Rep. 284, 287. (1831). „oriunde orice contract este în conflict cu morala timpului şi contravine oricărui interes stabilit al societăţii, este nul, ca fiind împotriva politicii publice." 1 STORY, CONTRACTS (1844) § 675.

[9] Breese, J., în People v. Brown, 67 III. 435, 438 (1873).

Statelor Unite că validitatea unei achiziții de la Guvernul Federal trebuie rezolvată definitiv față de o reclamație de fraudă, deși prescripția nu curgea împotriva Guvernului, Curtea a vorbit de „politica" în spatele statutului de prescripții și a invocat doctrina alegerii reparațiilor ca exprimând aceeași politică.[10] Astfel, deopotrivă, când un mare profesor de drept a dorit să spună că o altă doctrină juridică fundamentală era uneori limitată în aplicarea ei din cauza interesului social în securitatea generală, el a declarat că „exceptând în anumite cazuri bazate pe politică publică" legea astăzi face răspundere dependent de vină.[11] Dar această limitare a aplicării principiilor, sau reliefare a excepțiilor, pe motive de politică publică, a fost socotită a fi ceva anormal. Expresia clasică a acestei percepții este în opiniile judecătorilor în *Egerton v. Lord Brownlow*.[12] Deși cazul a fost decis până la urmă pe motivul politicii publice, remarcile judecătorilor au colorat toată gândirea judiciară care a urmat asupra subiectului. Din secolul al XVII-lea până la sfârșitul celui de-al XIX-lea, teoria juridică a căutat să formuleze toate interesele în termeni de drepturi naturale individuale. În plus, secolul al XIX-lea, sub influența lui Hegel, a scris istorie legală precum desfășurarea în experiența umană a unei idei de liberate, ca un rezultat al ciocnirii voințelor libere individuale, ducând la descoperirea legăturilor invizibile în cadrul cărora fiecare putea să realizeze un maximum de autoafirmare.[13] Astfel pentru un timp interesele sociale au fost împinse în fundal. S-a spus că politica publică era „un cal foarte nărăvaș, și odată ce te răschirezi nu știi niciodată unde te va duce".[14] S-a intuit că o curte trebuie să fie înceată și

---

[10] Sutherland, J., în Statele Unite v. Oregon Lumber Co. 260 U.S. 290, 299-302 (1922).

[11] Ames, *Law and Morals* (1908) 22 HARV. L. REV. 97, 99.

[12] 4 H.L. Cas. 1,70, 106, 123, 10 Eng. Rep. 359, 387, 402, 408 (1853).

[13] Vezi *e.g.*, 1 SAVIGNY, SYSTEM DES HEUTIGEN ROMISCHEN RECHTS (1840) § 52.

[14] Burrough, J., în Richardson v. Mellish, 2 Bing. 229, 252, 130, Eng. Rep. 294, 303 (C.P. 1824.) Vezi o discuție completă în Fender v. St John

prudentă în a lua politica publică în seamă, şi că dacă reguli de drept urmau să fie limitate în aplicarea lor, sau dacă exercitarea drepturilor individuale de acţiune era să fie ţinută sub călcâi pe astfel de motive, problema trebuia să fie lăsată legislaturii.[15]

Probleme de politică publică s-au ridicat în trei forme: (1) în legătură cu validitatea contractelor sau tranzacţii similare; (2) în legătură cu validitatea condiţiilor în transferuri şi donaţii testamentare; (3) în legătură cu validitatea dispoziţiilor testamentare. Astfel interese sociale diferite au fost cântărite faţă de o politică în favoarea contractului liber („drept" de contract liber) şi o politică în favoarea dispunerii libere de proprietate care a fost acceptată a fi implicată în securitatea achiziţiilor şi a fi un corolar de interese individuale de avere (drepturi de proprietate). În consecinţă, neîncrederea în politica publică a crescut din sentimentul că securitatea achiziţiilor şi securitatea tranzacţiilor erau politici dominante. „...dacă există un lucru", spunea Sir George Jessel, „care mai mult decât altă politică publică o cere este că oameni de vârstă deplină şi înţelegere competentă vor avea cea mai mare libertate de a contracta, şi că ale lor contracte... vor fi întărite de Curţi de Justiţie".[16]

În adevăr, atitudinea secolului al XIX-lea faţă de politica publică era ea însăşi numai expresia unei politici publice. Ea

---

Mildmay, [1938] A.C. 1, şi vezi Mamlin v. Genoe, 340 Pa. 320, 17 A. (2d) 407 (1941).

[15] „Politica publică nu este un motiv sigur sau demn de încredere de decizie juridică." Lord Halsbury, C., în Janson v. Driefontein Consolidated Mines, [1902] A.C. 484, 491-92, 495-97. Un mod de scăpare era de a pune „politici" ca „drepturi". Un exemplu poate fi văzut în punerea securităţii achiziţiilor ca „un drept inerent"de proprietate: „Şi legea pedepseşte furtul proprietăţii, nu numai din cauza oricăror drepturi ale proprietarului, ci şi din cauza propriilor ei drepturi legale inerente ca proprietate..." Cushing, J., în Commonwealth v. Rourke, 10 Cush. 397, 399 (Mass. 1852.) Aceste „drepturi inerente" sunt interesul social în securitatea achiziţiilor.

[16] Printing & Numerical Registering Co. v. Sampson, L.R. 19 Eq. 462, 465 (1875).

a rezultat dintr-o evaluare a interesului social în securitatea generală împotriva altor interese sociale pe care oamenii le căutaseră pentru a asigura printr-o prea multă înțelepciune de magistrat în stadiul echității și justiției naturale.[17]

Astfel concepția de politică publică nu a fost niciodată clar rezolvată[18], nici nu au fost cele câteva politici recunoscute de dreptul cutumiar definite cum au fost interesele individuale cărora gândirea juridică din ultimul secol le-a acordat întreaga ei atenție. Cărțile sunt pline de scheme de drepturi naturale. Nu există scheme adecvate de politici publice. Deseori evaluarea intereselor sociale este mascată de raționamentul despre „cauzare"[19], sau de desenul a ceea ce pare pe fața lor distincții arbitrare.[20] Dar trei tipuri generale de politici sunt clar recunoscute ca atare în cărțile de drept din ultimul secol. Primele și cele mai numeroase sunt politicile cu referire la securitatea instituțiilor sociale. Cât privește instituțiile politice, există o politică recunoscută împotriva acțiunilor favorizante de crimă sau violare a legii – cu alte cuvinte, o politică de sprijinire a instituțiilor legale[21] – și o politică împotriva acțiunilor în mod păgubitor afectând serviciul public efectuat de funcționari publici.[22] Cât despre instituții domestice, există bine cunoscuta politică împotriva acțiunilor afectând securitatea relațiilor domestice[23] sau în

---

[17] Am discutat acest punct în *The End of Law as Developed in Rules and Doctrines* (1914) 27 HARV. L. Rev. 195, 217.

[18] „Politica publică nu admite definiție și nu este ușor explicată." Kekewich, J., în Davies v. Davies, 36 Ch. D. 359, 364 (1887).

[19] Vezi Smith, *Legal Cause in Actions of Tort* (1911) 25 HARV. L. REV. 103.

[20] Vezi Shaw, C.J. (Judecător Superior – J.S. – *n.t.*), în Farwell v Boston & Worcester R.R, 4 Metc. 49 (Mass. 1842).

[21] Mithcell v. Smith, 4 Dall. 269 (U.S. 1803); First Congregational Church V. Henderson, 4 Rob, 209 (La. 1843); De Groot v. Van Duzer, 20 Wend. 390 (N.Y. 1838); Hooker v DePalos, 28 Ohio St. 251 (1876); Gas Light & Coke Co. v. Turner, 5 Bing. N.C. 666, 132 Eng. Rep. 1257 (C.P. 1839).

[22] City of Jackson v. Bowman, 39 Miss. 671 (1861).

[23] Cross v. Cross, 58 N.H. 373 (1878); Rogers v. Rogers, 4 Paige 516 (N.Y. 1834); Merryweather v. Jones, 4 Giff. 509, 66 Eng Rep. 807 (Ch. 1864).

constrângere a căsătoriei[24]. Cât despre instituții economice,
există politica împotriva acțiunilor distructive de concuren-
ță[25], politica împotriva acțiunilor afectând libertatea comerci-
ală[26] și politica împotriva restricțiilor permanente sau genera-
le asupra folosirii libere și transferul de proprietate[27]. În al
doilea rând, există politici cu referire la menținerea moralei
generale. Astfel există o politică recunoscută împotriva
acțiunilor favorizante de necinste.[28] De asemenea există o
politică recunoscută împotriva acțiunilor ofensând morala
generală.[29] În al treilea rând, există politici cu referire la viața
socială individuală: o politică împotriva lucrurilor tinzând la
opresiune[30] și o politică împotriva restricțiilor generale sau
extensive asupra libertății individuale de acțiune[31]. Unele

---

[24] Lowe v. Peers, 4 Burr. 2225, 98 Eng. Rep. 160 (K.B. 1768); Hervey v.
Aston, Cas. t. Tal. 212, 214, 25 Eng. Rep. 741, 742 (Ch. 1736); Barlow v.
Bateman, 3 p. Wms. 65, 24 Eng. Rep. 971 (Ch. 1730).

[25] Miller, J., în Western Union Tel. Co. v. Union Pac. Ry. 3 Fed. 721, 725, 734
(C.C.D. Kan. 1880).

[26] Alger v. Thacher, 19 Pick, 51 (Mass. 1837); Mitchel v. Reynolds, 1 P.
Wms. 181, 24 Eng. Rep. 347 (Ch. 1711).

[27] Motion Picture Patents Co. v. Unversal Film Mfg. Co., 243 U.S. 502
(1917); Park v. Hartman, 153 Fed. 24, 42 (C. C. A. 6th, 1907); Smith v.
Clark, 10 Md. 186 (1856); Mandlebaum v. McDonell, 29 Mich. 78 (1874);
London & S.W. Ry v. Gomm, 20 Ch. D. 562 (1882); Bradley v. Peixoto, 3
Ves. 324, 30 Eng. Rep. 1034 (Ch. 1797).

[28] Harrington v. Victoria Graving Dock Co. 3 Q.B.D. 549 (1878). O
politică afirmativă de a promova cinstea a fost făcută baza deciziei în ceea
ce privește posesia de bani găsiți de un funcționar public în cursul angajării
sale. Mathews v. Harsell, 1 E.D. Smith 393 (N.Y. 1852); Hamaker v.
Blanchard, 90 Pa. 377 (1879).

[29] Stockdale v. Onwhyn, 7 Dowl. & Ry. 625 (K.B. 1826).

[30] E.g., Coke considera fiecare opresiune contrară legii și că era o politică
favorizând libertatea astfel încât lucruri „împotriva îngăduinței și libertății
supusului" erau „împotriva legii țării." 2 Co. INST * 42, 47, 48 (1642).
Aceasta devine o politică în ceea ce privește libertatea ființelor umane.
Pentru un caz remarcabil, vezi United States v. Ah Sou, 132 Fed. 878
(N.D. Wash. 1904).

[31] Herbert Morris, Ltd. Saxelby, [1916] 1. A.C. 688.

dintre politicile cu privire la instituții economice sugerează acest același interes în viața individuală.

Într-un fel sau în altul majoritatea intereselor sociale de care legea trebuie să țină seama astăzi sunt cel puțin sugerate în lista celor recunoscute ca politici în dreptul cutumiar. Totuși un interes social care a exercitat o influență asupra ideilor juriștilor întotdeauna și a jucat un rol de control în gândirea trecutului imediat este relativ puțin accentuat ca o politică. Interesul social în securitatea generală pare să fi fost gândit ca ceva aparte, ca ceva implicat în însăși ideea de drept și intrând în fiecare relație legală ca un element necesar. Acesta apare clar în teoriile secolului al XIX-lea în ceea ce privește scopul legii și în metoda juridică din secolul al XIX-lea.

Juriștii din ultimul secol au gândit despre lege ca implicând constrângeri asupra libertății care ar putea doar fi justificate în măsura în care era necesar pentru a menține libertatea.[32] În consecință, au intuit că ordinea legală urma să fie ținută sub călcâi la minimumul care era cerut să-l apere pe individ împotriva agresiunii și să asigure coexistența armonioasă a voinței libere a fiecăruia și voinței libere a tuturor.[33] Dar acesta este numai un mod de a formula un interes social dominant în securitatea generală în termeni de libertate individuală. Din nou, oamenii s-au străduit cu zel în ultimul secol de a asigura securitate completă prin certitudine și uniformitate absolute în administrare judiciară.

---

[32] *E.g.*: „Legea există de dragul libertății... Ea există pentru a apăra libertatea în aceea că limitează voința arbitrară..." ARNDTS, JURISTISCHE ENCYKLOPÄDIE (2d ed. 1850) § 12. „Fiecare normă de drept în sine este un rău, căci poate doar avea ca obiect al ei reglementarea exercitării drepturilor, și a limita exercitarea unui drept este inevitabil a-l limita." BEUDANT, LE DROIT INDIVIDUEL ET L'ÉTAT (1891) 148. „Libertatea... este supremul scop. Fiecare îngrădire a ei cere o scuză, și singura scuză bună este necesitatea de a o păstra." CARTER, LAW: ITS ORIGIN, GROWTH, AND FUNCTION (1907) 337.
[33] 1 LIOY, PHILOSOPHY OF RIGHT (Hastie's trans. 1891) 121.

Când ideea din secolul al XVIII-lea că aceste lucruri ar
putea fi realizate printr-un complet şi perfect cod s-a năruit,
ei au căutat să le dobândească printr-o metodă de deducţie
logică mecanică din concepţii juridice fixe. Cum şi aceasta
s-a năruit în multe puncte, juriştii au căutat aceleaşi scopuri
prin definiţii universale de drepturi absolute. Dar în spatele
căutării de certitudine şi uniformitate este scopul lor real –
interesul social în securitatea generală. Încercări de a aplica
justiţia cu un ochi doar la acel interes social s-au năruit din
cauza presiunii altor interese sociale care s-a dovedit impo-
sibil de ignorat.[34] Atenţia exclusivă la securitate i-a condus
pe jurişti să caute abstracte, universale, eterne ajustări sau
armonizări de interese contradictorii sau suprapuse care
erau prea abstracte pentru a se dovedi realizabile. Noi am
aflat încet că este problema, anume, de a satisface cererile şi
trebuinţele şi dorinţele umane – că este constantă, nu maşi-
năria exactă de a le satisface. Pentru a merge înapoi la
„legile care limitează sistemul plăţii muncitorilor în măr-
furi”, în America rurală, pionieră, agricolă, nu era nici o
chemare de a limita contractele pe care putea să le facă un
muncitor în ceea ce priveşte luarea salariului său în mărfuri.
Să fi impus o limitare s-ar fi împiedicat libertatea individua-
lă a industriei şi contractului fără vreun câştig corespunzător
în asigurarea unui alt interes. Pe de altă parte, în America
industrială a sfârşitului secolului al XIX-lea, un regim de
contract liber nelimitat între patron şi angajat în anumite
întreprinderi a dus nu la păstrare ci la distrugere de valori. A
dus la sacrificiul interesului social în viaţa umană a munci-
torului individual. Astfel am început să punem limite liber-
tăţii de contract între patron şi angajat şi să cerem ca salarii-
le să fie plătite în bani. A fost inevitabil ca legilor impunând
aceste limite să li se opună cu înverşunare o generaţie care

---

[34] Am discutat aceasta în *Administrative Application of Legal Standards*
(1919) 44 A.B.A. Rep: 445, 454, 458 *et seq.*

putea numai să gândească la contracte de angajare în termeni de drepturi individuale şi securitate de tranzacţii.[35]

Nu numai s-a înşelat gândirea noastră în ultimul secol presupunând că proceda numai pe baza libertăţii individuale şi drepturilor individuale deduse de acolo, s-a înşelat la fel de mult în interpretarea ei a dezvoltării juridice. Concepţia că presiunea intereselor individuale a adus statul şi dreptul şi a fasonat instituţiile juridice nu are garanţie istorică. Din contră, de la bun început, factorul predominant este nevoia grupului social de a fi sigur împotriva acelor forme de acţiune şi cursuri de conduită care ameninţă existenţa lui. Acest interes social de primă importanţă este primul interes de orice fel a-i fi dată recunoaştere legală. Nu este prea mult de spus că dreptul în sensul juristului al acelui termen a apărut şi dreptul primitiv a existat numai pentru a menţine o fază îngustă a acestui interes, anume, interesul social în linişte şi ordine.[36]

Trebuie să fie păstrat în minte că gândirea juridică a devenit fixată nu în mică măsură în tiparul dreptului strict. Acel tipar a fost în mare măsură modelat de împrejurarea că la începuturile lui dreptul nu era mai mult decât un mijloc spre ordonarea paşnică a societăţii, un factor regulator prin care oamenii erau constrânşi şi securitatea generală era menţinută. Dreptul reţine acest caracter al unui factor regulator şi mijloc spre ordonare paşnică, deşi alte funcţiuni şi alte scopuri devin evidente pe măsură ce el se dezvoltă. Astfel interesele care erau dominante în timp ce

---

[35] Vezi Johnson v. Goodyear Mining Co. 127 Cal. 4, 59 Pac. 304 (1899); *Ex parte* Kuback, 85 Cal. 274; 24 Pac. 737 (1890); *In re* Morgan, 26 Colo. 415, 58 Pac. 1071 (1899); Frorer v. People, 141, ILL. 171, 31 N.E. 395 (1892); State v. Haun, 61 Kan. 146, 59 Pac. 340 (1899); State v. Loomis, 115 Mo. 307, 22 S.W. 350 (1893); Low v. Rees Printing Co., 41 Neb. 127, 59 N.W. 362 (1894); Godcharles & Co. v. Wigeman, 113 Pa. 431, 6 Atl. 354 (1886) State v. Goodwill, 33 W. Va. 179, 10 S.E. 285 (1889).
[36] Vezi o discuţie mai completă în POUND, THE SPIRIT OF THE COMMON LAW (1931) 206 *et. seq.*

dreptul era formativ au lăsat amprenta lor asupra lui și au fixat liniile gândirii juridice. La început, pentru a stabili o ordonare pașnică a societății, ordinea legală trebuia să-și asume două sarcini. Trebuia să reglementeze autorepararea și în cele din urmă să o înlocuiască. Trebuia de asemenea să împiedice agresiunea. Simplul program de drept primitiv se ocupă numai de atac, omucidere și hoție[37], care sunt cauze de luptă personală și de nelegiuire[38], care se credea că ar fi putut provoca intervenția zeilor în forma calamităților naturale. În ultimul secol a fost ușor să se spună că primul (*id est*, dând o reparație pentru agresiune) este drept privat, asigurarea intereselor individuale, în timp ce ultimul (*id est*, reprimarea nelegiuirii) este drept criminal – asigurarea intereselor sociale ca atare. Este adevărat că reprimarea luptei private s-a transformat în drept privat, și în secolele al XVIII-lea și al XIX-lea am ajuns să ne gândim la el numai în termeni de interese individuale. Când autorepararea și lupta privată fuseseră înăbușite de secole, oamenii au văzut numai că ordinea legală a împiedicat agresiunea, că împiedica sau repara încălcări de interese individuale. În societatea primitivă, însă, semnificația principală a agresiunii asupra indivizilor era că era sigur să ducă la luptă privată. Unde numai interesele individului erau implicate noi avem altă poveste. Ca atare dreptul privat îl ignoră.[39] Numai omul liber, capul unei familii și capabil să tulbure liniștea societății, era cel care

---

[37] Hippodamus (C. 408 î.Hr.) citat din ARISTOTEL, POLITICS, Bk. II, 8 (1 Jowetts's trans. 1885, 46-47).

[38] GIRARD, HISTOIRE DE L'ORGANISATION JUDICIAIRE DES ROMAINS (1901) 33-34. Vezi de asemenea JENKS, LAW AND POLITICS IN THE MIDDLE AGES (2d ed. 1913) 57.

[39] *E.g.*, în dreptul anglo–saxon prețul de sânge nu este plătit vasalilor omului ucis ale cărui interese individuale sunt afectate ci rudelor lui insultate sau persoanei sub a cărei protecție s-a aflat, care altfel se va război. Laws of Ine, 23, 1 THORPE, ANCIENT LAWS AND INSTITUTES OF ENGLAND (1840) 117; Laws of Wihtraed, 8, *id.* at 39.

avea poziție în dreptul roman să recurgă la lege pentru reparare.[40] Într-o societatea în care grupuri de rude sunt elementul important, un delict implică mult mai mult decât simpla vătămare pentru John Doe[*] sau Richard Roe.[41] În faza dreptului strict oamenii au descoperit cum să asigure interesul social în liniște și ordine cu ajutorul reparațiilor juridice acordate indivizilor vătămați.

Într-o fază mai târzie de dezvoltare juridică, ființa umană individuală, unitatea morală, devine unitatea juridică, și dreptul caută să transmute îndatoririle lui morale în îndato-riri juridice. În maturitatea dreptului, drepturile legale sunt puse în spatele îndatoririlor și reparațiilor și reglărilor și apar a fi scopurile finale pentru care există ordinea legală. Era firesc, în acea perioadă de dezvoltare juridică, să se scrie istoria juridică dintr-un punct de vedere individualist abstract și să se interpreteze ca o elaborare de restricții asupra agresiunii individuale pentru a asigura libertatea individuală de acțiune. Din contră, libertatea individuală de acțiune ca un scop este ceva care a venit în gândirea juridică în timpuri moderne, pe măsură ce am început a fi conștienți de un interes social în viața umană individuală. Drepturi individuale legale au fost elaborate în strădania de a menți-ne interesul social în securitatea generală.

Astfel reparațiile formale ale dreptului strict, filosofia juridică individualistă abstractă a secolului al XIX-lea, interpretarea individualistă a istoriei juridice de către juriștii istorici, pe scurt, întreaga pregătire a juristului, l-au condus să se gândească la ordinea legală exclusiv în termeni de

---

[40] Personalitatea legală era implicată în *libertas, civitas, familia*. G. 1. 159-62.

[*] John Doe – reclamant imaginar într-un proces; Richard Roe – inculpat imaginar într-un proces; nume juridice fictive. *(n.t.)*

[41] Law of Draco, quoted by DEMOSTHENES, AGST. ARISTOCRATES, 96; Salic Law, tit. 57; Laws of Alfred, cc. 26-28, 30-31, 1 THORPE, ANCIENT LAWS AND INSTITUTES OF ENGLAND (1840 79,81; Laws of Edward, I, 4, *id.* at 161, 163; Laws of Ethelred, II, 6, IX, 23, *id.* at 345.

securitate generală şi la securitatea generală exclusiv în termeni de drepturi individuale. Când interesul social în securitatea generală este a fi cântărit în tipsia de cântar, curţile au avut puţină dificultate. Dar când alte interese sociale sunt implicate, a fost obişnuit să se folosească o vagă concepţie de „politică", despre care curţile şi juriştii sunt pe drept neîncrezători, deoarece politicile sunt în mare măsură prost definite şi în aplicarea lor au fost percepute a lăsa prea mult spaţiu pentru echilibrul personal al tribunalului particular. Astfel presiunea noilor interese sociale a dat curţilor pauză şi uneori le-a condus să arunce îndoială asupra metodelor de a se ocupa de interesele individuale pe care conştient sau inconştient justiţia le-a folosit întotdeauna. Astăzi, juriştii trebuie să ţină seama de tot felul de probleme apărând din conştiinţa noilor interese sociale, sau cel puţin din noi faze ale celor vechi. În contrast cu încercările din secolul al XIX-lea de a formula scopul ordinii legale în termeni de securitate a achiziţiilor şi securitate a tranzacţiilor, s-au făcut încercări de a-l formula în termeni de interes social în viaţa individuală[42], sau de a evalua acel interes împreună cu interesul în securitatea generală asupra căruia ultimul secol a insistat aproapc în mod exclusiv. Nici nu este limitată această schimbare la gândirea juridică. Se insistă astăzi asupra individualizării concrete mai degrabă decât tratamentul abstract în fiecare domeniu de activitate umană.[43] În drept aceasta înseamnă grijă sporită pentru împrejurările actualei practici judecătoreşti şi duce la o recurgere continuu sporită la tribunale administrative sau la metode administrative. Când încercăm să generalizăm procesul pentru scopuri juridice şi judiciare, apare ca o recunoaştere conştientă a interesului social în viaţa indivi-

---

[42] STAMMLER, LEHRE VON DEM RICHTIGEN RECHTE (1902) 209-11.
[43] Vezi SOUTHARD AND JARRET, THE KINGDOM OF EVILS (1922) 377, 380-81, 544.

duală.[44] În dreptul criminal noi vorbim de o justiție punitivă „socializată".[45]

O fază importantă a interesului social în viața individuală cere securitate pentru liberă și spontană autoafirmare și este legată ușor cu gândirea juridică a trecutului imediat. Dar sunt multe condiții în viața de astăzi în care alte faze ale acestui interes trebuie să vină în calcul și pot cere restricții asupra autoafirmării abstracte. Astfel legislația americană a restrâns puterea micilor arendași indieni de a dispune de suprafețele acordate lor.[46] Legislația britanică a limitat *jus disponendi* al chiriașilor irlandezi, brusc transformați în proprietari și fără experiență de libertate economică.[47] Curțile de echitate au abolit contractele marinarilor[48], contracte cu moștenitori și vânzări de reversiuni și așteptări[49] și înțelegeri cu debitori

---

[44] CHARMONT, LE DROIT ET L'ESPRIT DÉMOCRATIQUE (1908) C. 2; DUGUIT, LES TRANSFORMATIONS GÉNÉRALES DU DROIT PRIVÉ DEPUIS LE CODE NAPOLÉON (1912), translated in 11 CONTINENTAL LEGAL HISTORY SERIES (1918) C.3; JHERING, SCHERZ UND ERNST IN DER JURISPRUDENZ (13th ed. 1924) 408-25; Mack, *The Juvenile Court* (1909) 23 HARV. L. REV. 104; Pound, *Liberty of Contract* (1909) 18 YALE L.J. 454; Stoner, *The Influence of Social and Economic Ideals on the Law of Malicious Torts* (1910) 8 MICH. L. REV. 468.

[45] Pound, *The Rise of Socialized Criminal Justice* in YB. NAT. PROB. ASS'N (1942) 1.

[46] United States v. Rickert, 188 U.S. 432, 436 (1903); Jones v. Meehan, 175 U.S. 1, 21 (1899); Taylor v. Brown, 147 U.S. 640 (1893); Pickering v. Lomax, 145 U.S. 310 (1892).

[47] Vezi comentarii despre aceasta din punctul de vedere al jurisprudenței metafizice din secolul al XIX-lea în MILLER, LECTURES ON THE PHILOSOPHY OF LAW (1884) 73.

[48] How v. Weldon & Edwards, 2 Ves. SR. 517, 518, 28 Eng. Rep. 330, 331 (Ch. 1754); Taylour v. Rochfort, 2 Ves. Sr. 282, 28 Eng. Rep. 182 (Ch. 1751).

[49] Earl of Aldborough v. Trye, 7 Cl. & F. 436, 7 Eng. Rep. 1136(H.L. 1840); Davis v. Duke of Marlborough, 2 Swanst. 108, 36 Eng. Rep. 555 (Ch. 1818); Peacock v. Evans, 16 Ves. 512a, 33 Eng. Rep. 1079 (Ch. 1809); Earl of Chesterfield v. Janssen, 2 Ves. Sr. 125, 156, 28 Eng. Rep. 82, 100 (Ch. 1750).

împiedicând echitatea lor de a scoate proprietatea lor ipoteca-tă[50] unde exista o presiune economică şi numai o libertate abstractă, teoretică de contract.[51] În spatele acestor doctrine de echitate era o nedesluşită recunoaştere a unui interes social despre care noi am ajuns să fim pe deplin conştienţi. Astăzi cărţile noastre de legi sunt pline de astfel de restricţii.[52] Noi nu întrebăm: Ce va promova maxima libertate abstractă de contract ca o chestiune de libertate abstractă generală luată a fi capătul legii? Noi întrebăm în schimb: Este înţelept ca ingineria socială, în condiţiile sociale şi economice actuale de timp şi loc, să limiteze autoafirmarea liberă, sau ce în aparen-ţă este autoafirmarea liberă, pentru un timp în anumite situa-ţii? Asigură ea un maximum din schema noastră de interese în general, cu cel mai puţin sacrificiu, să lăsăm persoane în anumite relaţii libere pentru contract aşa cum aleg ele sau cum necesităţile lor par să dicteze, sau mai degrabă noi să limităm ceea ce nu este în actualele condiţii o alegere liberă? Un astfel de mod de gândire nu se potriveşte uşor în metoda de concepţii aspre şi tari pe care ultima generaţie s-a bazat pentru a menţine securitatea generală. Cu o generaţie înainte

---

[50] Fairclough v. Swan Brewey Co., [1912] A.C. 565; Noakes & Co. v. Rice, [1902] A.C. 24.

[51] „...oamenii nevoiaşi nu sunt, sincer vorbind, oameni liberi, dar, ca să răspundă unei exigenţe prezente, se vor supune oricăror condiţii pe care viclenii ar putea să le impună asupra lor." Lord Northington, C. în Vernon v. Bethell, 2 Eden 110, 113, 28 Eng. Rep. 838, 839 (Ch. 1761). „...era o regulă potrivită de politică, să impună asupra tuturor care se ocupă de Moştenitori în expectativă şi Reversionari, obligaţia de a dovedi că plătiseră un preţ bun, şi altminteri să anuleze tranzacţiile lor şi să impună o retrocedare a Proprietăţii cumpărate." Sir John Leach, V.C. (Vicecancelar, *n.t.*), în Shelly v. Nash, 3 Madd. 232, 236, 56 Eng. Rep. 494, 496 (Ch. 1818). „Întreaga doctrină a Curţilor de Echitate în privinţa moştenitorilor în expectativă şi reversionarilor şi altora într-o categorie similară, presupune că o parte este fără apărare şi este expusă la cererile celeilalte sub presiunea necesităţii." I STORY, EQUITY JURISPRUDENCE (13th ed. 1886) § 339.

[52] Un exemplu izbitor poate fi văzut în Fair Labor Standards Act of 1938, 52 STAT. 1060 (1938), 29 U.S.C. § 201 (1940).

legislația socială modernă s-a prezentat pe sine minții juridice ca implicând, pe de o parte, un drept natural de contract liber, garantat de Constituție ca o parte de libertate, și, pe de altă parte, o concepție aspră și tare a organelor statului însărcinate cu paza ordinii în stat, definită în termeni de sănătate publică, siguranță și morală.[53] Astfel curțile nu erau puțin probabil să atingă un *impasse* și erau sigure de a fi disidențe juridice. Rezultatul net era să distrugă metoda de concepții, când folosită ca o metodă de a aplica un etalon, și de a ține seamă de un număr crescând de interese sociale ca atare.[54] În realitate, curțile foloseau un ideal al scopului legii ca o măsură de înțelepciune sau de „scop public", deoarece „organele însărcinate cu paza ordinii în stat"erau puterea guvernului de a-și realiza scopurile în moduri neinterzise prin legea fundamentală stabilită în Constituție.[55]

Poate s-a spus destul pentru a se arăta importanța practică de a recunoaște interesele sociale ca atare, în loc de a gândi politicile și despre o mai completă formulare a lor și o mai adecvată clasificare. Totuși un punct de plecare satisfăcător

---

[53] *E.g.*, Peckham, J., în Lochner v. New York, 198 U.S. 45, 57 (1905).

[54] *E.g.*, comparați definiția de „organe însărcinate cu paza ordinii în stat" în termeni de securitate generală, și mai ales în termeni de securitatea achizițiilor, în State *ex. rel*, Zillmer v. Kreutzberg, 114 Wis. 530, 536, 90 N.W. 1098, 1100 (1902), cu limbajul majorității Curții Supreme din Minnesota în State *ex. rel.* Twin City B. & I. CO. v. Houghton, 144 Minn. 1, 174 N.W. 885 (1920). Lărgimea catalogului de mai târziu este la fel de semnificativă ca mărginirea celui mai vechi. Acesta este exprimat și în opinia dizidentă în cazul de mai târziu. Pentru majoritatea dizidentă, „public" însemna strict guvernamental. Însemna ceva de-a face cu menținerea ordinii publice a comunității pentru a păstra securitatea generală. Pentru majoritate însemna „social" și cere să se țină seama de toate interesele sociale.

[55] „Dar ce sunt organele însărcinate cu paza ordinii unui Stat? Ele sunt nimic mai mult sau mai puțin decât puterile guvernului inerente în fiecare suveranitate în măsura posesiunilor lui." Taney, C.J., în Licence Cases 5 How. 504, 583 (U.S. 1847). „...acea vastă, neclasificată rămășiță de autoritate legislativă, care se numește, nu întotdeauna în chip inteligent, organele însărcinate cu paza ordinii în stat..." THAYER, LEGAL ESSAYS (1908) 27.

pentru o astfel de clasificare necesită oarecare discuție. Cu o generație înainte, în mod firesc, ne-am fi bazat pe deducție logică. Am fi dedus cele câteva interese sociale ca presupuneri de existență socială generalizată. Dar scheme de presupuneri necesare de drept sau de instituții legale îmi par a fi la bază scheme de elemente observate în sisteme juridice actuale, sistematic aranjate, reduse la termenii lor cei mai de jos și deduse, cum s-ar putea spune, la ordine. Eu pun la îndoială capacitatea juristului de a întocmi deductiv presupunerile juridice necesare ale societății în abstract.

La o vreme părea că un punct de plecare mai atractiv ar putea fi găsit în psihologia socială. Trebuie numai a se întoarce privirea către lista așa-ziselor instincte în oricare dintre psihologiile mai vechi pentru a vedea o legătură evidentă între interese, așa cum juristul folosește acum acel termen, sau ceea ce noi fusesem deprinși să numim drepturi naturale sau politici publice, pe de o parte, și aceste „instincte" sau oricum sunt ele numite acum, pe de altă parte. Astfel în *Social Psychology* a lui McDougall obișnuiam să găsim un instinct de repulsie[56] și predispoziție la discriminare estetică"[57]. În jurisprudență noi trebuie să luăm în seamă un interes social în ambianță estetică pe care dreptul începe fără plăcere să-l recunoască. În McDougall obișnuiam să găsim un instinct de degradare de sine[58] și în jurisprudență noi trebuie să luăm în seamă așa-numitul drept la intimitate[59]. Din nou, pentru a lua așa-zise instincte cu care dreptul a avut totdeauna mult de-a face, există evidentă legătură între „instinctul de combativitate" și legea în ceea ce privește autoapărare; între „instinctul de autoafirmare" și îngrijorarea legii că voința

---

[56] (12th ed. 1917) 55.

[57] HAYES, INTRODUCTION TO THE STUDY OF SOCIOLOGY (1915) 219.

[58] SOCIAL PSYCHOLOGY (12th ed. 1917) 62.

[59] „Intimitatea a fost declarată un drept natural pentru că este bazată pe un instinct uman adânc înrădăcinat." Cobb, J., în Pavesich v. New England Life Ins. Co., 122 Ga. 190, 194, 50 S.E. 68, 69 (1905).

individului nu va fi călcată în picioare[60]; între „instinctul de achiziție" și interese individuale de avere și interesul social în securitatea achizițiilor; între „instinctul de gregaritate" și loialitate și veracitate ca tendințe sau obiceiuri legate cu aceasta[61] și interesul social în securitatea tranzacțiilor. Dar în ultimele decenii, după o aprinsă controversă între sociologi și psihologi sociali, și redefiniri și categorii înlocuitoare, la majoritatea ceea ce a fost acceptat cu o generație înainte în această legătură s-a renunțat destul de mult.[62] Desigur noi nu mai putem să construim pe schema lui McDougall și astfel de definiții și clasificări cum sunt sugerate astăzi sunt departe de ceea ce avem nevoie în jurisprudență.

Dacă nu ne putem bizui pe deducție logică nici pe o teorie și clasificare a ceea ce altădată numeam instincte, rămâne o metodă mai puțin pretențioasă care totuși nu poate fi pe teren mai sigur. Dacă fenomenele juridice sunt fenomene sociale, observarea și studiul despre ele ca atare pot prea bine să aducă roade pentru știința socială în general precum și pentru jurisprudență. De ce să nu facă juristul o cercetare a sistemelor juridice ca să afle întocmai ce cereri sau trebuințe sau dorințe au presat ori presează acum pentru recunoaștere și satisfacere și cât de departe au fost ori sunt acum recunoscute și asigurate? Aceasta este exact ceea ce s-a făcut în cazul intereselor individuale[63], în schemele drepturilor naturale[64], deși procesul a fost de obicei ascuns de o pretențioasă țesătu-

---

[60] „O voință nu trebuie să fie expusă la voința arbitrară a altuia." STAMMLER, LEHRE VON DEM RICHTIGEN RECHTE (1902) 208.

[61] COLVIN AND BAGLEY, HUMAN BEHAVIOR (2d ed. 1929) 133; McDOUGALL, SOCIAL PSYCHOLOGY (12 ed. 1917) 84 *et sq.*

[62] Vezi BERNARD, INSTINCT, A STUDY IN SOCIAL PSYCHOLOGY (1924), *Instinct* în 8 ENCYC. SOC. SCIENCES (1937) 81.

[63] Pound, *Interests of Personality* (1915) 28 HARV. L. REV. 343, (1915) 28 HARV. L. REV. 445, *Individual Interests in the Domestic Relations* (1916) 14 Mich. L. Rev. 177.

[64] GREEN, PRINCIPLES OF POLITICAL OBLIGATION (1911) §§ 148-56, 210-33, SPENCER, JUSTICE (1891) cc. 9-18.

ră de deducţie logică. Aceeaşi metodă poate prea bine fi aplicată la interese sociale, şi aceasta trebuie să fie făcut conştient şi direct, cum şade bine ştiinţei de astăzi. Este adevărat că s-a obiectat faţă de aceasta întrucât acelaşi interes social apare în spatele multor instituţii şi doctrine şi precepte juridice, iar instituţii şi doctrine şi precepte juridice aproape întotdeauna au în spatele lor, nu un interes social sau o simplă ajustare sau înţelegere a doi, ci un complex armonizat de mulţi.[65] Totuşi este de primă importanţă să se perceapă aceasta, să se observe care sunt acele interese, să se vadă cum sunt ajustate sau armonizate sau împăcate şi să se cerceteze de ce este făcut în acest fel mai degrabă decât în altul. Primul pas într-o astfel de investigaţie este o simplă cercetare a ordinii legale şi un inventar al intereselor sociale care au presat asupra legiuitorilor şi judecătorilor şi juriştilor pentru recunoaştere.

Într-o astfel de cercetare şi inventar, primul loc trebuie acordat interesului social în securitatea generală – cererea sau nevoia sau trebuinţa, afirmate în titlu de viaţă socială în societate civilizată şi prin grupul social, a fi sigură împotriva acelor forme de acţiune şi cursuri de conduită care ameninţă existenţa ei. Chiar dacă acceptăm părerea lui Durkheim că este ceea ce şochează conştiinţa generală, nu ceea ce ameninţă securitatea generală, ce este reprimat, îmi închipui că conştiinţa generală reflectă experienţa sau superstiţia în ceea ce priveşte siguranţa generală. Un judecător de drept cutumiar a observat că nu ar fi siguranţă pentru viaţa umană dacă ar fi considerat ca justiţie că beţia putea fi arătată a anula elementul intenţionat de crimă unde un om băut omoară în timp ce este beat deşi nu ar face niciodată un astfel de lucru când e

---

[65] Brown, *Judicial Regulation of Rates of Wage for Women* (1919) 28 YALE L. J. 236. Vezi o obiecţie similară la o sugestie ca sociologii să abordeze aşa-zisele instincte din punctul de vedere al instituţiilor sociale cu care sunt legaţi. ELLWOOD, SOCIAL PSYCHOLOGY (1917) 211.

treaz.[66] Se va nota cum exigențele securității generale au prevalat asupra teoriei tradiționale a dreptului criminal.

Acest interes social de primă importanță ia multe forme. În forma lui cea mai simplă este un interes în siguranța generală, de mult recunoscut în ordinea legală în maxima că siguranța oamenilor este cea mai înaltă lege.[67] A fost recunoscută în dreptul constituțional american în secolul al XIX-lea punând siguranța generală împreună cu sănătatea generală și morala generală în „ organele însărcinate cu paza ordinii în stat" ca un motiv de restricție rezonabilă la care drepturile naturale trebuie să dea cale liberă.[68] Într-o altă formă, destul de evidentă astăzi dar nu atât de aparentă în trecut, până ce natura și cauzele bolii au fost înțelese, este un interes în sănătatea generală.[69] Într-o altă formă, recunoscută din înseși începuturile dreptului, este un interes în liniște și ordine publică.[70] Într-o societate dezvoltată eco-

---

[66] Park, J., în Rex v. Carroll, 7 C & P. 145, 147, 173 Eng. Rep. 64, 65 (N.P. 1835).

[67] GROTIUS, DE JURE BELLI AC PACIS, iii, 20,7; MONTESQUIEU, L'ESPRIT DES LOIS, Bk. 26, c. 23; Governor v. Meredith, 4 T.R. 794, 797, 100 Eng. Rep. 1306, 1307 (K.B. 1792); Case of the Kings's Prerogative in Saltpetre, 12 Co. 12, 77 Eng. Rep. 1294 (K.B. 1607). Cf. Noy, MAXIMS (1641) no. 26.

[68] Shaw, C.J., în Commonwealth v. Alger, 7 Cush. 53 (Mass. 1851).

[69] Local Government Act, 1929, 19 GEO. V, c. 17, § 104, and Note, Jennings (1932) 48 L.Q. REV. 22; GREAT BRITAIN, PUBLIC HEALTH ACTS AND OTHER STATUTES RELATING TO PUBLIC HEALTH AND ALLIED SUBJECTS, 1875-1930 (1931); NEW YORK STATE PUBLIC HEALTH MANUAL (1925); CITATIONS TO PUBLIC HEALTH LAWS AND REGULATIONS (U.S. Pub. Health Serv. 1923); CAFFEY, HEALTH LAWS (1914); GLEN, LAW OF PUBLIC HEALTH AND LOCAL GOVERNMENT (14th ed. 1922-25); HEMENWAY, PRINCIPLES OF PUBLIC HEALTH ADMINISTRATION (1914); LUMLEY, PUBLIC HEALTH ACTS ANNOTATED (10th ed. 1930); TOBEY, PUBLIC HEALTH LAW: A MANUAL OF LAW FOR SANITARIANS (1926); Slaughter-House Cases, 16 Wall. 36, 61-62 U.S. 1869) Cf. SPENCER, SOCIAL STATICS (1850) 197-216.

[70] Statute of Westminster I, 1275, 3 EDW. I, preamble and c. 1; 1 BL., COMM. *349-54; 4 id. at *142-53. „O principală maximă a dreptului, imprimis interest rei publicae ut pax in regno conservetur", 2 Co. INST. *158. HALE, PLEAS OF THE CROWN (1678) 53.

nomic îmbracă două alte forme strâns înrudite, anume, un interes social în securitatea achizițiilor[71] și un interes social în securitatea tranzacțiilor.[72] Ultimele două au ajuns să fie bine înțelese în secolul al XIX-lea, în care au fost mai mult sau mai puțin identificate cu interese individuale de avere și interese individuale în libertate de contract. Totuși o diferență caracteristică între dreptul din secolul al XVIII-lea și dreptul din secolul al XIX-lea dezvăluie natura lor adevărată. Curțile din secolul al XVIII-lea, adoptând un punct de vedere pur individualist, priveau statutul prescripțiilor ca ceva să fie ținut sub călcâi cât mai mult posibil și să fie evitat în orice fel. Lord Mansfield în special, sub influența ideilor justiției naturale și privind statutul numai ca o pledoarie individuală care permitea interesului individual al unui reclamant să fie lipsit de securitate legală, a căutat și a găsit numeroase născociri viclene să ocolească cele mai evidente prevederi ale sale. Dacă unul spunea, „Sunt gata să socotesc, dar nimic nu ți se cuvine", dacă el făcea prevedere în testamentul lui pentru plata „datoriilor lui juste", dacă

---

[71] G. 2.44; I.2.7.2; FRENCH CIVIL CODE art. 931; GERMAN CIVIL CODE § 518; BROOM, MAXIMS (8th ed. 1911) 737 *et seq.*; 1 COLIN ET CAPITANT, DROIT CIVIL FRANÇAIS (8th ed. 1934) § 866; DUMAS, REGISTERING TITLE TO LAND (1900); HALE, PLEAS OF THE CROWN (1678) 54-56; PUFENDORF, DE JURE NATURAE ET GENTIUM, IV, 12, 1-3; TORRENS, ESSAY ON THE TRANSFER OF LAND BY REGISTRATION (1882).

[72] „Inviolabilitatea contractelor, și datoria de a le realiza, precum făcute, sunt temelii ale oricărei societăți bine rânduite, și pentru a împiedica înlăturarea sau tulburarea acestor temelii a fost unul dintre marile obiective pentru care Constituția a fost alcătuită." Strong, J., în Murray v. Charleston, 96 U.S. 432, 449 (1877). „O doctrină atât de distructivă pentru securitatea tranzacțiilor comerciale, acum atât de larg condusă prin acțiune constituită, nu are nici un suport în justiție." Van Syckel, J., în Kuser v. Wright, 52 N.J. Eq. 825, 828, 31 Atl. 397, 398, (E.&A. 1895). Vezi de asemenea Statute of Frauds, 1676, 29 CAR: II, C. 3; THE FEDERALIST, No. 44; HUSTON, ENFORCEMENT OF DECREES IN EQUITY (1915) 124-31; MOENCLAEY, DE LA RENAISSANCE DU FORMALISME DANS LES CONTRATS EN DROIT CIVIL ET COMMERCIAL FRANÇAIS (1914); 1 PARSONS, CONTRACTS (1853) 4-5.

executorii lui testamentari dădeau un anunț, înștiințându-i pe cei care aveau „datorii juste" de încasat să prezinte cererile lor, în acestea și cazuri similare se susținea că era o înștiințare suficientă pentru a scoate o datorie barată afară din statut.[73] Curțile moderne au ajuns să vadă că era ceva mai mult aici decât interesele individuale ale reclamantului și inculpatului. Ele au ajuns să vadă că baza statutului era un interes social în securitatea achizițiilor, care cere ca titlurile să nu fie nesigure prin a fi deschise la atac la infinit, și un interes social în securitatea tranzacțiilor care cere ca tranzacțiile din trecut să nu fie expuse la anchetă la nesfâr-șit, astfel ca să deranjeze creditul și să tulbure afacerile și comerțul.[74] Dacă comparăm regula franceză[75], *en tout cas de meuble possession vaut titre**, cu doctrina romană că nimeni nu poate să transfere un titlu mai mare decât are[76],

---

[73] Lewis v. Bacon, 3 Hen. & Mun. 89 (Va. 1808); Trueman v. Fenton, Cowp. 544, 98 Eng. Rep. 1232 (K.B. 1777); Quantock v. England, 5 Burr. 2628, 98 Engl. Rep. 382 (K.B. 1770); Gofton v. Mill, 2 Vern. 141, 23 Eng. Rep. 698 (Ch. 1690).

[74] Bell v. Morrison, 1 Pet. 351, 360 (U.S. 1828); Pritchard v. Howell, 1 Wis. 131 (1853). Așadar politica împotriva obiceiului curților de a afirma pretenții învechite, care implică prea mult risc de fraudă și impunere, exprimat în doctrina de echitate cât privește amânarea. Smith v. Clay, 3 Bro. C.C. 639 n., 29 Eng. Rep. 743 (Ch. 1767). Aceasta vine la interesul social în securitatea generală, care este periclitat nu numai de fraudă și impunere ci și de tulburarea titlurilor după o perioadă de timp. Vezi Sutherland, J., în United States v. Oregon Lumber Co. 260 U.S. 290, 299-300 (1922).

[75] FRENCH CIVIL CODE arts. 2279-80; GERMAN CIVIL CODE § 931. Cf. Case of Market-Overt, 5 Co. 830, 77 Eng. Rep. 180 (K.B. 1596).

* în orice caz posesiune mobilă este titlu. *(n.t.)*

[76] D. 50. 17. 54. „Este o completă greșeală să se presupună că principiul roman potrivit căruia nimeni nu poate să transfere mai multe drepturi decât însuși are este unul universal aplicabil înrădăcinat în natura subiectului. Aceasta poate fi afirmat numai de un punct de vedere juridic superficial. Din contră, este foarte ușor posibil ca succesorul să poată dobândi mai multe drepturi decât a avut predecesorul său; și tocmai în aceasta stă acea particularitate pe care se bazează securitatea comerțului." KOHLER, PHILOSOPHY OF LAW (Albrecht's trans. 1914) 130.

dacă notăm dezvoltarea ideii de negociabilitate în drept pretutindeni[77] și în dreptul nostru atât prin legislație cât și prin decizie judiciară[78], putem vedea ceva din cât de departe recunoașterea interesului social în securitatea tranzacțiilor a mers în maturitatea dreptului.

Alte exemple de recunoaștere a securității tranzacțiilor pot fi văzute în prezumția cât despre tranzacții ale unei corporații prin funcționarii ei în activitate[79], accentul pe care curțile îl pun pe *stare decisis* în cazuri implicând drept comercial[80], și doctrina permițând numai superiorului să provoace transferuri *ultra vires* ale corporațiilor[81]. Cât privește recunoașterea interesului social în securitatea achizițiilor, observați insistența curților asupra *stare decisis* unde sunt implicate norme de proprietate.[82] În astfel de cazuri este o propunere stabilită că este mai bine ca legea să fie stabilită decât să fie stabilită cu totul.[83]

---

[77] GERMAN CIVIL CODE §§ 518, 929-32; 1 COLIN ET CAPITANT, DROIT CIVIL FRANÇAIS (8th ed. 1934) § 865; COSACK, LEHRBUCH DES HANDELSRECHTS (7th ed. 1910) § 28 (II); THALER, TRAITÉ ÉLÉMENTAIRE DE DROIT COMMERCIAL (5th ed. 1916) §§ 900-17.

[78] Mercer County v. Hacket, 1 Wall. 83 (U.S. 1863); White v. Vermont & Mass. R.R., 21 How. 575 (U.S. 1858); Goodwin v. Robarts, L.R. 10 Ex. 337, 346 (1875); UNIFORM BILLS OF LADING ACT §§ 5-14, 15, 28, 29, 38, 39, 47, 48; UNIFORM SALES ACT § 2; UNIFORM STOCK TRANSFER ACT § 8; UNIFORM WAREHOUSE RECEIPTS ACT §§ 37-49. Vezi HUSTON, ENFORCEMENT OF DECREES IN EQUITY (1915) 124-31.

[79] Bank of the United States v. Dandridge, 12 Wheat. 64, 69-70 (U.S 1827).

[80] Rothschild v. Grix, 31 Mich. 150, 152 (1875); Kneeland v. Milwaukee, 15 Wis. 691 (1863).

[81] „Această regulă, deși recunoscând autoritatea guvernului în fața căruia corporația este răspunzătoare, are efectul salutar de a asigura securitatea titlurilor și de a evita consecințele vătămătoare care altminteri ar rezulta." Hughes, J., în Kerfoot v. Farmers' & Merchants' Bank, 218 U.S. 281, 287 (1910). Vezi de asemenea Ayers v. South Australian Banking Co., L.R. 3 P.C. 548, 559 (1871).

[82] Harrow v. Myers, 29 Ind. 469 (1868); Rogers v. Goodwin, 2 Mass. 475 (1807); BLACK, JUDICIAL PRECEDENTS (1912) §§ 76-80.

[83] Ralston v. Hamilton, 4 Macq. 397, 405 (H.L. 1862); Lozon v. Pryse, 4 Myl & C. 600, 617, 41 Eng. Rep. 231, 237 (Ch. 1840). De asemenea în

În al doilea rând, putem pune interesul social în securita-tea instituțiilor sociale – cererea sau nevoia sau trebuința implicată în viață în societatea civilizată ca instituțiile ei fundamentale să fie asigurate împotriva acelor forme de acțiune și cursuri de conduită care amenință existența lor sau diminuează funcționarea lor eficientă. Privind la ele în ordine cronologică, acest interes apare în trei forme.

Primul este un interes în securitatea instituțiilor domesti-ce, de mult recunoscut în forma unei politici împotriva acțiu-nilor afectând securitatea relațiilor domestice[84] sau în restric-ție a căsătoriei[85]. Legislația plănuită să promoveze familia ca o instituție socială a fost obișnuită.[86] Există o politică împo-triva acțiunilor de către membri ai familiei împotriva unul altuia.[87] Astăzi, deși legea devine mult relaxată, acest interes social este și acum cântărit foarte mult împotriva cererilor individuale ale persoanelor căsătorite în majoritatea legislați-ei de divorț.[88] Mai cântărește greu împotriva cererilor indivi-

---

drept criminal. „Este de obicei mai important ca o normă de drept să fie stabilită, decât să fie stabilită cu totul." Brandeis, J., în Di Santo v. Pennsylvania, 273 U.S. 34, 42 (1927).

[84] BISHOP, NEW COMMENTARIES OF MARRIAGE, DIVORCE AND SEPARATION (1891) §§ 249-66; 2 STORY, EQUITY JURISPRUDENCE (13th ed. 1886) §§ 1427-28.

[85] 1 STORY, EQUITY JURISPRUDENCE §§ 274-91.

[86] D. 25.2.2; MUIRHEAD; HISTORICAL INTRODUCTION TO THE PRIVATE LAW OF ROME (3d ed. 1916) 274-76; 1 RUDORFF, RÖMISCHE RECHTSGESCHICHTE (1857) § 27.

[87] Între soț și soție: Thompson v. Thompson, 218 U.S. 611(1910); Schubert v. August Schubert Wagon Co., 249 N.Y. 253, 164 N.E. 42 (1928); Gottlieff v. Edelston, [1930] 2 K.B. 378. Astfel importanța autorității chiar sub statute moderne. Contra în ceea ce privește politica în condiții de astăzi. Brown v. Brown, 88 Conn. 42, 89 Atl. 889 (1914), și astfel câteva state sub statute recente. Între părinte și copil: Luster v. Luster, 299 Mass. 480, 13 N.E. (2d) 438 (1938). Astfel marea importanță a autorității. Contra: Dunlap v. Dunlap, 84 N.H. 352, 150 Atl. 905 (1930). Statute au afectat această problemă.

[88] 1 BIRKENHEAD, LAW, LIFE AND LETTERS (1927) 197; DRUMMOND, GETTING A DIVORCE (1931); HAYNES, DIVORCE PROBLEMS OF TODAY

duale în justiție în ceea ce privește copii nelegitimi. Uneori aceasta a fost împinsă atât de departe încât mari și numeroase incapacități au fost atașate la astfel de copii ca nu cumva recunoașterea intereselor lor individuale să slăbească o instituție socială fundamentală.[89] Mișcarea pentru a da independență femeilor măritate a avut efecte colaterale de a micșora securitatea acestui interes, și echilibrul nu este ușor de făcut nici de menținut[90]. Tendința de a relaxa regulile care altă dată au prevalat este dezvoltată în *Russel v. Russel*[91], în care doi dintre cei cinci lorzi juriști au avut păreri diferite în ceea ce privește aplicarea politicii de „păstrare a sfințeniei vieții căsătorite", și *Fender v. St. John Mildmay*, în care iarăși doi din cinci lorzi juriști au avut păreri diferite în ceea ce privește regula referitoare la validitatea unei promisiuni de căsătorie până când nu s-a dat în sfârșit o soluție asupra unui proces de divorț.[92] Există, însă, cazuri recente care tind să susțină politica altădată bine stabilită.[93]

(1912); HERBERT, HOLY DEADLOCK (1934); Llewllyn, *Behind the Law of Divorce* (1932) 32 COL. L. REV. 1281, (1933) 33 COL. L. REV. 249; *A Symposium in the Law of Divorce* (1943) 28 IOWA L. REV. 179-340.

[89] *In re* De Laveaga's Estate, 142 Cal. 158, 75 Pac. 790 (1904); Pederson v. Christofferson, 97 Minn. 491, 106 N.W. 958 (1906); Watts v. Owens, 62 Wis. 512, 22 N.W. 720 (1885); I. 1. 10. 12-13; C. 5 27. 11. 3; GERMAN CIVIL CODE § 1699; 1 BL. COMM: * 446, 454-58; 1 COLIN ET CAPITANT, DROIT CIVIL FRANÇAIS (7th ed. 1931) §§ 226-52; SCHUSTER, PRINCIPLES OF GERMAN CIVIL LAW (1907) §§ 425-27; STIMSON, AMERICAN STATUTE LAW (1886-92) 6631-32.

[90] Vezi 1 COLIN ET CAPITANT, DROIT CIVIL STATUTE FRANÇAIS (8th ed.) 1934) §§ 599-634; DICEY, LAW AND PUBLIC OPINION IN ENGLAND (2d ed 1914) 371-98. MAINE, EARLY HISTORY OF INSTITUTIONS (1875) lect. 11; SCHUSTER, PRINCIPLES OF GERMAN CIVIL LAW (1907) §§ 413-19; Barbey, *French Family Law* (1909) 34 A.B.A. REP. 431; Beale and others, *Marriage and the Domicil* (1931) 44 HARV. L. REV: 501.

[91] [1924] A.C. 687.

[92] [1938] A.C. 1.

[93] Arno v. Arno, 265 Mass. 282, 163 N.E. 861 (1928); Nachimson v. Nachimson, [1930] p. 85.

Nu este nici o îndoială prea curând a fi siguri chiar de drumul pe care gândirea juridică din viitorul imediat îl va urma. Dar importanța sporită acordată interesului social în viața individuală în concreta, în loc de abstracta libertate, pare a fi indicată. Există accentuare asupra cererilor concrete ale ființelor umane concrete...
Legea familiei, în care trebuie să fie un echilibru între securitatea instituțiilor sociale și viața individuală, este în mod necesar mult afectată de o astfel de schimbare.[94]

Într-o altă parte a legii, interesul social în securitatea instituțiilor domestice mai cântărește greu, în comparație, însă, cu securitatea generală. O soție nu este a fi ținută ca tăinuitor pentru ascunderea unui soț delicvent sau pentru ajutarea lui să fugă. Dreptul cutumiar nu cere unei soții să aleagă între fidelitate față de relația soțului și soției și datoria față de stat.[95] De asemenea legislația în ceea ce privește pensiile mamelor purcede cel puțin în mare parte de la acest interes.[96]

O a doua formă este un interes în securitatea instituțiilor religioase. La început aceasta este strâns legată de securitatea generală. Un punct principal de origine a dreptului criminal, a acelei părți a dreptului prin care interesele sociale ca atare sunt direct și imediat asigurate, este în religie. Jertfa delincventului nepios care a sfidat pe zei, și excluderea din societate a delincventului nepios a cărui prezență amenință să aducă asupra semenilor săi mânia zeilor, sunt, în parte cel puțin, originalele pedepsei capitale și ale punerii în afara legii.[97] Organizarea religioasă a fost mult timp un mai puter-

---

[94] Pound, *Foreword to A Symposium in the Law of Divorce* (1943) 28 Iowa L. Rev. 179, 181. Cât despre părerile filozofilor, mai vechi și recente, vezi 2 Ahrens; Cours De Droit Naturel (8th ed. 1892) §§ 96-102, 127; Hegel, Philosophy of Right (Dyde's trans. 1896) § 270; Kohler, Philosophy of Law (Albrecht' trans. 1914) 98-119; Miller, Lectures on the Philosophy of Law (1884) 150-75.

[95] 1 Bishop, Criminal Law (9th ed. 1923) & 365.

[96] Devine, *Pensions for Mothers* (1913) 3 am. Lab. Leg. Rev. 191.

[97] Brunner, Deutsche Rechtsgeschichte (1892) § 131, Girard, Histoire de l'organisation judiciare des romains (1901) 33-34;

nic și mai activ factor de control social decât organizarea politică. În legile anglo-saxone apelurile sau îndemnurile adresate oamenilor ca creștini sunt cel puțin la fel de importante ca amenințările adresate lor ca supuși.[98] Unul dintre marile statute engleze din secolul al XIII-lea relatează că Parlamentul se întrunise să facă legi „pentru Profitul comun al sfintei Biserici și al Regatului".[99] Este numai în timpuri relativ recente că am ajuns să ne gândim la blasfemie ca implicând nu mai mult decât un interes social în morala generală[100], la legi de Duminică numai în termeni de un interes social în sănătatea generală[101], la erezie ca mai puțin periculoasă social decât vederile radicale asupra economiei sau politicii[102], sau la predicare sau predare a ateismului ca implicat într-o

---

HERMANN, GRIECHISCHE RECHTSALTERTÜMER (4th ed. 1895) 49; MOMMSEN, RÖMISCHES STRAFRECHT (1899) 902, 918; 2 POST, GRUNDRISS DER ETHNOLOGISCHEN JURISPRUDENZ (1895) § 61; 1 STRACHAN DAVIDSON, PROBLEMS OF THE ROMAN CRIMINAL LAW (1912) 8-9.

[98] *E.g.*, Laws of Edward, 4, 1 THORPE; ANCIENT LAWS AND INSTITUTES OF ENGLAND (1840) 161-62; Laws of Ethelred, 22-26 id. la 311. Există frecvente îndemnuri religioase în chip de prefață la decrete. *E.g.*, lungul prolog la decretele lui Alfred, *id.* la 45-59; Ordonanța lui Æthelstan, *id.* la 195-99; Decretele ecleziastice ale lui Cnut, *id.* la 359-77.

[99] Statute of Westminster I, 1275, 3 EDW. I, preamble.

[100] „Principiile eterne ale Religiei Naturale sunt parte a Dreptului cutumiar: Principiile esențiale ale Religiei Revelate sunt parte a Dreptului cutumiar; astfel încât orice persoană insultându-le, răsturnându-le sau ridiculi-zându-le poate fi dată în judecată la Drept cutumiar." Lord Mansfield în Chamberlain of London v. Evans, Appendix to American ed. 1772 of BL. COMM., appendix 2, pp 142, 145. Vezi de asemenea Commonwealth v. Kneeland, Th. C.C. 346, 377 (Mass. 1834); People v Ruggles, 8 Johns. 290 (N. Y. 1811); Updegraph v. Commonwealth, 11 S.&R. 394 (Pa. 1824); 4 BL. Comm. *42-64.

[101] Swann v. Swann, 21 Fed. 299,303 (C.C.E.D. Ark. 1884); Judefind v. State, 78 Md. 510, 513, 28 Atl. 405, 406 (1894); Lindenmuller v. People, 33 barb. 548, 563 (N.Y. 1861); Specht v. Commonwealth, 8 Pa. 312, 323 (1848). Vezi Bloom v. Richards, 2 Ohio St. 387, 390-92 (1853).

[102] Vezi Updegraph v. Commonwealth, 11 S.&R. 394(Pa. 1824); Note, *The Legality of Atheism* (1917) 31 HARV. L. REV. 289.

libertate garantată[103]. Astăzi ceea ce se referea altădată la acest interes se referă de obicei la interesul social în morala generală. Probleme în ceea ce privește interesul în securitatea instituțiilor religioase au fost dezbătute în toate țările.[104]

Într-o a treia formă interesul este unul în securitatea instituțiilor politice.[105] Acest interes a cântărit greu în mult prea familiara legislație a secolului al XX-lea pentru a necesita mai mult decât menționare.[106] Când publicul a cerut astfel de

[103] Comparați Vidal v. Girard, 2 How. 127, 198 (U.S. 1844) Zeisweiss v. James, 63 Pa. 465, 470 (1870), cu Bowman v. Secular Society, [1917] A. C. 406, Note (1917) 31 HARV. L. REV. 289.

[104] Vezi 2 AHRENS, COURS DE DROIT NATUREL (8th ed. 1892) §§ 130-31; AHRENS, DER STRAFRECHTLICHE SCHUTZ DES RELIGIÖSEN GEFÜHLS (1912); DESDEVISES DU DEZERT, L'ÉGLISE ET L'ÉTAT EN FRANCE (1907-08): 2 DUGUIT, TRAITÉ DE DROIT CONSTITUTIONNEL (1911) §§ 110-12; 1 GAREIS UND ZORN, STAAT UND KIRCHE IN DER SCHWEIZ (1877) §§ 2-3; HARING, GRUNDZÜGE DES KATOLISCHEN KIRCHENRECHTS (2d ed. 1916) §§ 24-25; HEGEL, PHILOSOPHY OF RIGHT (Dyde's trans. 1896) § 270: KOHLER, PHILOSOPHY OF LAW (Albrecht's trans. 1914) 221, 223; 1 LIOY PHILOSOPHY OF RIGHT (Hastie's trans. 1891) 151-98; MILLER, LECTURES ON THE PHILOSOPHY OF LAW (1884) 365-71; MISCH, DER STRAFRECHTLICHE SCHUTZ DER GEFÜHLE (diss. 1911); STAMMLER, RECHT UND KIRCHE (1919); STUCK, DIE RELIGIONSVERGEHEN IM REICHSSTRAFGESETZBUCH (diss. 1912); TEMPSKI, DIE RELIGIONSVERGEHEN (diss. 1908); THUMMEL, DAS NEUE STRAFGESETZBUCH UND DIE RELIGIONSVERGEHEN (1927); Guerlac, The Separation of Church and State in France (1908) 23 POL. SCI. Q. 259.

[105] 4 BL. COMM. *74-93, 103-18, 119, 126; FIGGIS, DIVINE RIGHT OF KINGS (2d ed. 1914) 219-66; 3 GARRAUD, DROIT PÉNAL FRANÇAIS (3d ed. 1916) § 215; KANT, PHILOSOPHY OF LAW (Hastie's trans. 1887) 174-82; LISZT, LEHRBUCH DES DEUTSCHEN STRAFRECHTS (20th ed. 1914) §§ 104-65; 1 STRACHAN-DAVIDSON, PROBLEMS OF THE ROMAN CRIMINAL LAW (1912) 11-19.

[106] CHAFEE, FREE SPEECH IN THE UNITED STATES (1941), FREEDOM OF SPEECH (1920) cc. 2-5, app. V, și bibliografie la p. 383, DONOGH, HISTORY AND LAW OF SEDITION AND COGNATE OFFENCES (1917); NELLES, ESPIONAGE ACT CASES (1918); PATTERSON, FREE SPEECH AND A FREE PRESS (1939) 153-81; Chafee, Freedom of Speech in WarTime (1919) 32 HARV. L. REV. 932; Pound, Civil Rights During and After the War (1943) 17 TENN. L. REV. 706-23; Liberty of Speech (1914) 9 PAPERS AND PROC. AM. SOCIOLOGICAL SOC. Observați în special State v. Haffer, 94 Wash. 136, 162, Pac. 45 (1916) – „calomnie" asupra lui George Washington.

legislație pentru securitatea instituțiilor politice, garanții constituționale absolute de libertate a cuvântului și drepturi naturale de autoafirmare individuală, care în alte timpuri mișcaseră curțile să interzică repetate și neîndoioase calomnii, de teamă ca să nu fie încălcată libertatea[107], nu au fost tolerate să stea în drum[108]. Dacă interesele individuale implicate ar fi fost percepute mai puțin absolut și ar fi fost privite în altă lumină, ca identificate cu un interes social în progresul general, lor le-ar fi putut merge mai bine.

Poate o a patra formă a interesului în securitatea instituțiilor sociale ar trebui să fie adăugată, anume, un interes în securitatea instituțiilor economice. Odinioară, acestea erau mai ales comerciale. Astăzi instituțiile industriale de asemenea trebuie să fie luate în seamă. Recunoașteri judiciare ale interesului social în securitatea instituțiilor comerciale sunt numeroase. Într-un proces important în care s-a conchis că o bancnotă plătibilă la purtător a trecut obișnuit ca monedă, Lord Mansfield și-a bazat sentința „pe cursul general al afacerii, și... consecințele afacerilor și comerțului: care ar fi mult mai incomodă de o încheiere contrară".[109] Mai mult decât o decizie în ultima generație asupra legislației muncii pare să meargă pe un interes în menținerea regimului industrial în fața presiunii persistente din cererile muncitorilor organizați.[110] Unele din politicile a fi luate în seamă în prezent sub interesul social în progres general ar putea fi atribuite acestui titlu.[111]

---

[107] Vezi Pound, *Equitable Relief against Defamation and Injuries to Personality* (1916) 29 HARV. L. REV. 690; Francis v. Flinn. 118 U.S. 385 (1886).

[108] Pierce v. United States, 252 U.S. 239 (1920); Schaefer v. United States, 251 U.S. 466 (1920); Abrams v. United States, 250 U.S. 616 (1919).

[109] Miller v. Race, 1 Burr. 452, 457, 87 Eng. Rep. 398, 401 (K.B. 1758).

[110] *E.g.*, American Steel Foundries v. Tri-City Central Trades Council, 257 U.S. 184 (1921); Truax v. Corrigan, 257 U.S. 312 (1921). Vezi ERLE, TRADE UNIONS (1869) 5-26.

[111] Vezi *e.g.*, United States House of Representatives, Investigation of Communist Propaganda, Hearings (6 vols. 1930); United States House of

În al treilea rând, putem pune interesul social în morala gene-rală, cererea sau nevoia sau trebuința implicată în viața socială în societatea civilizată a fi asigurată împotriva acțiunilor de cursuri de conduită ofensatoare față de sentimentele morale ale sistemului general de indivizi aici deocamdată. Acest interes este recunoscut în dreptul roman în protecția *boni mores*.[112] Este recunoscut în dreptul nostru prin politici împotriva necinstei, corupției, jocurilor de noroc, și lucruri cu tendință imorală[113]; prin tratarea amenințărilor continui față de morala generală drept contravenții[114]; și prin doctrina dreptului cutumiar că acțiuni contrare bunei morale și distructive pentru morala generală sunt infracțiuni.[115] Este recunoscut în echitate în maxima că cel care intră în echitate vine cu mâinile curate.[116] Prevederi similare se găsesc în dreptul privat și în dreptul criminal în alte țări.[117] Idei de moralitate susținute cu obstinație pot în timp să vină în conflict cu idei apărând din condiții sociale și economice schim-bate sau păreri religioase și filozofice mai noi. În astfel de cazuri trebuie să ajungem la un echilibru între interesul social în mora-la generală și interesul social în progresul general, luând formă într-o politică de discuție liberă.[118] Ceea ce s-a spus mai sus în

---

Representatives, Exclusion and Expulsion of Cmmunists: *Hearings before the Committe on Imigration and Naturalization* (1932).

[112] D. 45. 1. 26; C. 8. 38. 4; 1 SAVIGNY, SYSTEM DES HEUTIGEN RÖMISCHEN RECHTS (1840) 407-410 (Holloway's trans. 332-34); SALKOWSKI, ROMAN PRIVATE LAW (Whitfield's trans. 1886) § 57.

[113] Vezi GREENWOOD; PUBLIC POLICY (1886) 136-77, 201-10, 222-37, 292-96, 306-15, 357-67; Stockdale v. Onwhyn, 7 Dowl & Ry. 625 (K.B. 1826).

[114] 1 BISHOP, CRIMINAL LAW (9th ed. 1923) §§ 500-506.

[115] *Id.* la §§ 1085, 1106,1113, 1125, 1135.

[116] PHELPS, JURIDICAL EQUITY (1894) §§ 256-59.

[117] FRENCH CIVIL CODE arts. 1133, 1965; GERMAN CIVIL CODE § 138 (1); 5 GARRAUD, DROIT PÉNAL FRANÇAIS (2d ed. 1901) §§ 1795-1800; LISZT, LEHRBUCH DES DEUTSCHEN STRAFRECHTS (20th ed. 1914) § 103; MISCH, DER STRAFRECHTLICHE SCHUTZ DER GEFÜHLE (diss. 1911).

[118] Vezi SCHROEDER, CONSTITUTIONAL FREE SPEECH (1919); OBSCENE LITERATURE AND CONSTITUTIONAL LAW (1911).

ceea ce privește libertatea cuvântului și scrisului și interesul social în securitatea instituțiilor sociale se aplică aici deopotrivă.

În al patrulea rând, există interesul social în conservarea resurselor naturale, adică, cererea sau nevoia sau trebuința implicată în viața socială în societatea civilizată ca bunurile existenței să nu fie irosite; ca acolo unde toate cererile sau nevoile sau trebuințele umane nu pot fi satisfăcute, în vederea a infinite dorințe individuale și limitate mijloace naturale de a le satisface, ultimele să fie făcute să continue cât mai departe posibil; și, în acel scop, ca acțiuni sau cursuri de conduită care tind inutil să distrugă ori să diminueze aceste bunuri să fie împiedicate. În cea mai simplă formă a lui acesta este un interes în folosul și conservarea resurselor naturale[119] și este recunoscut în doctrinele referitoare la *res communes*, care poate fi folosit dar nu stăpânit[120], de către dreptul cutumiar în ceea ce privește drepturile riverane și prevederile constituționale și statutare unde se practică irigația[121], de legislația modernă pentru vânat[122], de doctri-

---

[119] ASHBURN, CONROD, AND PLANK, CONSERVATION AS A NATIONAL PROBLEM (Arnold Foundation Studies in Public Affairs, 1938); BEARD, THE AMERICAN LEVIATHAN (1930) C. 17; Rinehart, *Conservation of Natural Resources and Legal Control* (1934) 18 MINN. L. REV. 168, Schultze *Zur Zerstreung der Weltkraft* (1930) 23 ARCHIV FÜR RECHTS- UND WIRTSCHAFTSPHILOSOPHIE 460.

[120] FRENCH CIVIL CODE arts. 538, 642-45; I 2.1 1; D. 1. 8. 4; D. 43. 12. 1. 3-4; D. 43. 14. 1. pr. and 1-6; D. 43. 20. 1 pr. and 1-2; 1 PLANIOL, TRAITÉ ÉLÉMENTAIRE DE DROIT CIVIL (12th ed. 1932) § 2428; WULFF UND HEROLD, WASSERGESETZ VOM 7. APRIL, 1913.

[121] Lux v. Haggin, 69 Cal. 255, 4 Pac. 919 (1886); Embrey v. Owen, 6 Ex. 353 (1851); ARIZ. CONST. Art. 17, §§ 1-2; COLO. CONST. Art. 16 §§ 5-6; IDAHO CONST. Art. 15, § 3, MONT. CONST. Art. 3, § 15, N.D. CONST. § 210; N.M. CONST. art. 16, §§ 1-2; UTAH CONST. Art. 17, § 1; WASH. CONST. Art. 1, § 16, Art. 21, § 1; WYO. CONST. Art. 8, §§ 1-3.

[122] Geer v. Connecticut, 161 U.S. 519 (1896); American Express Co. v. People, 133 Ill. 649, 24 N.E. 758 (1890); Haggerty v. Ice Mfg. & Storage Co., 243 Mo. 238, 44 S.W. 1114 (1898); State v. Dow, 70 N.H. 286, 47 Atl. 734 (1900).

nele recente referitoare la apă filtrată şi apă de suprafaţă[123] şi de legislaţia în ceea ce priveşte irosirea gazului natural şi petrolului[124]. A fost o tendinţă progresivă de a restrânge *ius abuntendi* pe care maturitatea dreptului l-a atribuit proprietarilor.[125] O lume aglomerată şi înfometată poate totuşi cântări acest interes împotriva cererilor individuale pentru acţiune liberă şi mai departe prin împiedicarea distrugerii bunurilor pentru a rămâne ridicate preţurile, sau chiar retezând libertatea de drept cutumiar a proprietarului de pământ să-l semene până la salinitate dacă aşa vrea.[126] Uneori supraproducţia produselor agricole a dus la propuneri pentru restrângerea *ius utendi* al proprietarului prin reglementarea a ce culturi agricole poate să crească.[127] Alteori sunt proiecte pentru dezignare administrativă de executori judecătoreşti de pământ agricol cultivat sau administrat de proprietar „în aşa fel încât să prejudicieze material producţia de hrană

---

[123] Vezi Huffcut, *Percolationg Waters* (1904) 13 YALE L.J. 222; Dickey v. Maddux, 48 Wash. 411, 93 Pac. 1090 (1908). Vezi SWAIN, CONSERVATION OF WATER BY STORAGE (1915) C: 3-5, şi Book Review (1915) 28 HARV. L. REV: 824.

[124] Walls v. Midland Carbon Co., 254 U.S 300 (1920); Ohio Oil Co. v. Indiana, 177 U.S. 190 (1900); Manufactures Gas Co. v. Indiana Natural Gas Co., 155 Ind. 461, 468-74, 57 N.E. 912, 915-17 (1900); La. Acts 1906, No. 71, §§ 1-3; ELY, THE OIL AND GAS CONSERVATION STATUTES (1933), THE PROPOSED INTERSTATE COMPACT FOR OIL CONSERVATION (1933); Hervey, *Anti-Trust Laws and Conservation of Minerals* (1930) 147 ANNALS 67; Marhsall and Meyers, *Legal Planning of Petroleum Production* (1931) 41 YALE L. J. 33 (1933) 42 YALE L. J. 702; Note (1930) 43 HARV. L. REV. 1137.

[125] Vezi analiza proprietăţii în HEARN, THEORY OF LEGAL DUTIES AND RIGHTS (1883) C. 10, § 1.

[126] Vezi DUGUIT, LES TRANSFORMATIONS GÉNÉRALES DU DROIT PRIVE DEPUIS LE CODE NAPOLÉON (1912), translated in 11 CONTINENTAL LEGAL HISTORY SERIES as PROGRESS OF CONTINENTAL LAW IN THE NINETEENTH CENTURY (1918) 135-36.

[127] Jennings and Sullivan, *Legal Planning for Agriculture* (1933) 42 YALE L. J. 878.

pentru el...".[128] Restricții în privința construcției de locuințe purced de la un alt aspect al acestui același interes social.[129]

Un interes social strâns înrudit este unul în ocrotirea și instruirea persoanelor întreținute și a celor cu defecte.[130] Ar putea dintr-un punct de vedere fi numit un interes în conservarea averii umane a societății. Într-o formă a fost recunoscut cu mult timp înainte în sistemul de drept cutumiar de jurisdicția cancelarului, reprezentând pe rege ca *parens patriae*, asupra minorilor[131], alienaților și idioților[132]. Această jurisdicție a avut o dezvoltare semnificativă în timpurile recente în curtea pentru minori[133] și o extindere către delincvenți tineri

---

[128] (1920) 65 SOL. J. 54.

[129] English Law of Property Act, 1925, 15 GEO. V, C. 20, § 84; Improvement of the Land Act, 1864, 27 & 28 VICT., C. 114; Housing Acts, 1925, 15 GEO. V, c. 14, and 1930, 20 & 21 GEO. V, C. 39; Town and Country Planning Act, 1932, 22 & 23 GEO. V, C. 48.

[130] ARISTOTLE; POLITICS, Bk. VIII, 1-2 (1 Jowett's trans. 1885, 244-45); 2 AHRENS, COURS DE DROIT NATUREL (8th ed. 1892) § 133; DICEY, LAW AND PUBLIC OPINION IN ENGLAND (2d ed. 1914) 276-79; 1 LIOY, PHILOSOPHY OF RIGHT (Hastie's trans. 1891) 224-26 LORIMER, INSTITUTES OF LAW (2d ed. 1880) 225-26; MILLER, LECTURES ON THE PHILOSOPHY OF LAW (1884) 182-84; 1 SPENCER, PRINCIPLES OF ETHICS (1892) §§ 236-37; SPENCER, SOCIAL STATICS (1850) 153-84; WILSON, THE STATE (1900) § 1534.

[131] FRENCH CIVIL CODE arts. 388-487; 1 BL. COMM: *460-67; 1 SPENCE, THE EQUITABLE JURISDICTION OF THE COURT OF CHANCERY (1846) *611-15. Comparați I. 1. 13, 15, 18, 20, 22, 23, pr. și 1.

[132] I. 1. 23. 3-4; 1 BL. COMM. *302-306; 1 COLIN ET CAPITANT, DROIT CIVIL FRANÇAIS (4th ed. 1923) 572-613; HENDERSON, DEPENDENT, DEFECTIVE AND DELINQUENT CLASSES (2d ed. 1904) 169-209; SCHUSTER, PRINCIPLES OF GERMAN CIVIL LAW (1907) §§ 28-31; 1 SPENCE, THE EQUITABLE JURISDICTION OF THE COURT OF CHANCERY (1846) *618-20.

[133] Vezi FRENCH LOI DU 22 JUILLET, 1912 și DÉCRET DU 31 AOÛT, 1913; ANN. REP. OF SOCIETY FOR REFORMATION OF JUVENILE DELINQUENTS (1827-1928); COMPLETE REVISION OF LAWS FOR WELFARE OF MISSOURI CHILDREN (Mo. Code Comm. 2d ed. 1917); FIRST REP. COMM. to STUDY NEED FOR LEGISLATION AFFECTING CHILDRENT IN DISTRICT OF COLUMBIA (U.S. Dep't of Justice, 1915); REP. LONDON COMMITTEE FOR INVESTIGATING THE CAUSES OF THE ALARMING INCREASE OF JUVENILE DELINQUENCY IN THE METROPOLIS (1916); ATHERLEY-JONES AND BELLOT, LAW OF CHILDREN AND

dincolo de perioada copilăriei este recomandată[134]. Din nou, a fost o extindere a ideii de ocrotire și instruire a persoanelor întreținute, pe de o parte către corectarea delincvenților maturi[135], și pe de altă parte către ocrotirea celor maturi care sunt însă din punct de vedere economic mai mult sau mai puțin dependenți[136]. Aceasta a parcurs un lung drum în tim-

---

YOUNG PERSONS (1909); BRECKINRIDGE AND ABBOTT, THE DELINQUENT CHILD AND THE HOME (1912); ELIOT, THE JUVENILE COURT AND THE COMMUNITY (1914); FERTIG AND HENNESTAD, COMPILATION OF LAWS RELATING TO JUVENILE COURTS AND DEPENDENT, NEGLECTED, INCORRIGIBLE, AND DELINQUENT CHILDREN (1916); FLEXNER AND BALDWIN, JUVENILE COURTS AND PROBATION (1914); FLEXNER AND OPPENHEIMER, THE LEGAL ASPECT OF THE JUVENILE COURT (U.S. Dep't of Labor, 1922); HART, JUVENILE COURTS LAWS IN THE UNITED STATES (1910); LOU, JUVENILE COURTS IN THE UNITED STATES (1927) (full bibliography); ANDRÉ, TRIBUNAUX POUR ENFANTS ET LIBERTÉ SURVEILLÉE (1914); BAERNREITHER, JUGENDFÜRSORGE UND STRAFRECHT IN DEN VEREINIGTEN STAATEN (1905); STAMMER, STRAFVOLLZUG UND JUGENDSCHUTZ IN AMERIKA (1911).

[134] Vezi NATIONAL EDUCATION AND EMPLOYMENT PROGRAM (N.A.M. 1927); MEYER AND THOMPSON, LIST OF REFERENCES ON CHILD LABOR (U.S. Dep't of Labor, 1916); Goldmark, *Child Labor Legislation Handbook* (1908) 31 ANNALS; Scott, *Child Labor: Summary of Laws in Force*, 1910 (1910) LEGISLATIVE REV: No. 5 OF AMER. ASS'N FOR LABOR LEGISLATION.

[134] Vezi *The Correction of Youthful Offenders* (1942) 9 LAW & CONTEMP. PROB. 579-759.

[135] Vezi BARROWS, INDETERMINATE SENTENCE AND THE PAROLE LAW (1899), REFORMATORY SYSTEM IN THE UNITED STATES (1900); BROCKWAY, FIFTY YEARS OF PRISON SERVICE (1912); COOLEY, NEW GOALS IN PROBATION AND DELINQUENCY (1927); HENDERSON, PENAL AND REFORMATORY INSTITUTIONS (1910); HERR, DAS MODERNE AMERIKANISCHE BESSERUNGSSYSTEM (1907); IVES, HISTORY OF PENAL METHODS (1914); LAWES, TWENTY THOUSAND YEARS IN SING SING (1932); LEESON; THE PROBATION SYSTEM (1914); LEWIS, THE OFFENDER (1917); MINER, PROBATION WORK IN THE MAGISTRATES' COURTS OF NEW YORK CITY (1909); YOUNG, SOCIAL TREATMENT IN PROBATION AND DELINQUENCY (1937).

[136] Vezi Frankfurter and Goldmark, Brief in Oregon Minimum Wage Cases, Bunting v. Oregon, 243 U.S. 426 (1917); Frankfurter, Argument and Brief in Adkins v. Children's Hospital, 261 U.S. 525 (1923); MASS. MINIMUM WAGE COMM. REPORTS AND BULLETINS; MINN. MINIMUM WAGE COMM. BIENNIAL REP: FOR 1913-1914; REP. ON CONDITIONS OF WAGE

puri recente în legislația securității sociale sau asigurării
sociale[137] și în legislația împrumuturilor mici[138]. Ultima a
avut un mediu istoric în intervenția echității pentru a împie-

---

EARNING WOMEN AND GIRLS (Conn. Bureau of Labor, 1916); REP. ON
WAGE BOARD IN THE FRUIT AND CANNING INDUSTRY (Cal. Industrial
Welfare Comm. 1916); ANDREWS, MINIMUM WAGE LEGISLATION (1914);
ANDREWS AND HOBBS, ECONOMIC EFFECTS OF THE WAR UPON WOMEN AND
CHILDREN IN GREAT BRITAIN (1918); BROWN, MINIMUM WAGE AND THE
MINNESOTA STATUTE OF 1913 (1913); BULKLEY, ESTABLISHMENT OF
LEGAL MINIMUM RATES IN THE BOXMAKING INDUSTRY (1915); TAWNEY,
ESTABILISHMENT OF MINIMUM RATES IN THE CHAINMAKING INDUSTRY
(1914), ESTABILISHMENT OF MINIMUM RATES IN THE TAILORING INDUSTRY
(1915). Vezi de asemenea 2 RECENT SOCIAL TRENDS (1933) 1437-40.

Adkins v. Children's Hospital, 261 U.S. 525 (1933); THE SUPREME
COURT AND MINIMUM WAGE LEGISLATION (Compiled by Nat. Consumer's
League, 1925); Brown, *Judicial Regulation of Rates of Wage for Women*
(1919) 28 YALE L. J. 236.

Ribnik v. McBride, 277 U.S. 350 (1928), și bibliografii în note asupra
pp. 364-72.

COMMONS AND ANDREWS, PRINCIPLES OF LABOR LEGISLATION (1916);
DICEY, LAW AND PUBLIC OPINION IN ENGLAND (2d ed. 1914) 220-40; Ruegg,
Changes in the Law of England Affecting Labour în A CENTURY OF LAW
REFORM (1901); *Review of Labor Legislation of 1911* (1911) 1 AM: LAB. LEG.
REV. NO. 3. Vezi de asemenea BULLETINS OF THE INTERNATIONAL LABOUR
OFFICE; MASS. BOARD OF LABOUR AND INDUSTRIES REPORTS AND BULLETINS;
N.Y. STATE DEP'T OF LABOR REPORTS AND BULLETINS; PA. DEP'T OF LABOR
AND INDSUTRY REPORTS; Frankfurter and Greene, *Labor Injunctions and
FEderal Legislation* (1929) 42 HARV. L. REV: 766, 778-79; Jennings, *Poor
Relief in Industrial Disputes* (1930) 46 L. Q. REV: 225, 229, 233-34; Note, *The
Federal Wages and Hours Act* (1939) 52 HARV. L. REV. 646; Attorney-General
v. Merthyr Tydfil Union [1900] 1 CH. 516.

[137] ARMSTRONG, INSURING THE ESSENTIALS (1932); DOUGLAS, SOCIAL
SECURITY IN THE UNITED STATES (1936) (cu bibliografie); HOHMAN, THE
DEVELOPMENT OF SOCIAL INSURANCE (1933); Jacobson, *The Wisconsin
Unemployment Compensation Law* (1932) 32 COL. L. REV. 420; Note, *Old
Age Security – A Problem of Modern Industrialism* (1933) 46 HARV. L.
REV: 1012.

[138] People v. Stokes, 281 Ill. 159, 118 N.E. (1917); BECKNER, LABOR
LEGISLATION IN ILLINOIS (1929) 111-13; GALLERT, HILBORN, AND MAY,
SMAL LOAN LEGISLATION (1932); 2 RECENT SOCIAL TRENDS (1933)
1436-37.

dica oprimarea debitorilor şi persoanelor nevoiaşe.[139] De asemenea după primul război mondial a existat recunoaştere legislativă a unui interes social în reabilitare a celor mutilaţi.[140] Mare parte din legislaţie se referea la cereri împotriva insistenţei asupra libertăţii individuale abstracte în teoria juridică din ultimul secol. A fost odinioară de multe ori pronunţată arbitrar şi astfel neconstituţional de curţi a căror schemă dogmatică nu putea să admită nici un interes social altul decât securitatea generală. A fost o însemnată lărgire a domeniului intereselor sociale recunoscute şi asigurate în mod juridic. Dar în cea mai mare parte cererile sau trebuinţele aici analizate sunt mai bine tratate în legătură cu interesul social în viaţa individuală.

În al cincilea rând, există un interes social în progres general, adică, cererea sau nevoia sau trebuinţa implicată în viaţa socială în societatea civilizată, ca dezvoltarea puterilor umane şi a controlului uman asupra naturii pentru satisfacerea nevoilor umane să meargă înainte; trebuinţa ca ingineria socială să fie din ce în ce mai mult şi continuu îmbunătăţită; cum s-ar spune, autoafirmarea grupului social către mai înaltă şi mai completă dezvoltare a puterilor umane. Acest interes apare în trei forme principale, un interes în progres economic, un interes în progres politic şi un interes în progres cultural. Interesul social în progres economic a fost de mult recunoscut în drept şi a fost asigurat în multe feluri.[141] În dreptul cutumiar este exprimat în patru politici: politica în ceea ce priveşte

---

[139] HANBURY AND WALDOCK, LAW OF MORTGAGES (1938) 83-105; 1 STORY, EQUITY JURISPRUDENCE (13th ed. 1886) §§ 334-44. Comparaţi dreptul roman în ceea ce priveşte *laesio enormis*, C. 4. 44. 2. 8., şi interzicând clauza procedurii stricte prin care se stinge dreptul de a achita o ipotecă (*lex commissoria*) în chezăşii, C. 8. 34 (35). 3.

[140] *E.g.*, Act to Create a Commission for the Rehabilitation of Physically Handicapped Persons, N.J. Laws 1919, C. 74, p. 138.

[141] Cât despre acest interes în general, vezi Darmstäder, *Das Wirtschaftsrecht in seiner soziologischen Struktur* (1928) BEIHEFT TO 23 ARCHIV FÜR RECHTS- UND WIRTSCHAFTSPHILOSOPHIE.

libertatea proprietății de restricțiile la vânzare sau folosință[142], politica în ceea ce privește comerțul liber și politica apărând ca urmare împotriva monopolului[143], politica în ceea ce privește industria liberă[144], care a trebuit să cedeze mult teren în recenta legislație și decizie judiciară și politica în ceea ce privește încurajarea invenției[145], care este în spatele legislației brevetelor și vine în conflict cu politica referitoare la comerțul liber.[146] Toate dintre aceste politici au consecințe importante în dreptul de fiecare zi. Se poate crede că unele dintre ele ar trebui să fie clasificate mai bine ca forme ale unui interes social în securita-

---

[142] Dr. Miles Medical Co. v. Park, 220 U.S. 373 (1911); Park v. Hartman, 153 Fed. 24, 39 (C.C.A. 6th, 1907); International Tea Stores Co. v. Hobbs, [1903] 2 Ch. 165, 172; Brown v. Burdett, 21 Ch. D. 667 (1882); Haywood v. Brunswick Building Society, 8 Q. B. D. 403 (1881); Dawkins v. Lord Penrhyn, 4 App. Cas. 51 (1878); 2 BL. COMM. *269-74; GRAY, RESTRAINTS ON ALIENATION (2d ed. 1895) § 4; GRISWOLD, SPENDTHRIFT TRUSTS (1936) cc. 1, 2; SCRUTTON, LAND IN FETTERS (1886); Bordwell, *English Property Reform and Its American Aspects* (1927) 37 YALE L. J 1-9; Hogg, *Tulk v. Moxhay and Chattels* (1912) 28 L. Q. REV. 73; Manning, *The Development of Restraints on Alienation Since Gray* (1935) 48 HARV. L. REV: 373. Vezi de asemenea D. 8. 1. 15. 1.

[143] Raladam Co. v. FTC, 42 F. (2d) 430, 435 (C.C.A. 6th, 1930), 26 STAT. 209 (1890), 15 U.S.C. § 1(1940); Mitchel v. Reynolds, 1 P. Wms. 181 (K. B. 1711); Darcy v. Allen, Moore 671, 72 Eng. Rep. 830 (K.B. 1602); BEARD, THE AMERICAN LEVIATHAN (1930) C. 14; CLARK, THE FEDERAL TRUST POLICY (1931) cc. 1, 5, 12; 2 CO. INST. *47; Hamilton, *Affectation with Public Interest* (1930) 39 YALE L. J. 1089, 1106-1109; Jaffe and Tobriner, *The Legality of Price-Fixing Agreements* (1932) 45 HARV. L. REV. 1164; 2 RECENT SOCIAL TRENDS (1933) 1432-36.

[144] Jacobs v. Cohen, 183 N. Y. 207, 219, 76 N. E. 5, 9 (1905); BECKNER, LABOR LEGISLATION IN ILLINOIS (1929) C. 4; ERLE, THE LAW RELATING TO TRADE UNIONS (1869) C. 1, § 3.

[145] Bauer v. O'Donnell, 229 U.S. 1 (1913); LADAS; THE INTERNATIONAL PROTECTION OF INDUSTRIAL PROPERTY (1930); 2 STORY, COMMENTARIES ON THE CONSTITUION (4th ed. 1873) §§ 1151-52; ERMAN, WISSENSCHAFTLICHES EIGENTUM (1929); Smith, *Protection of Scientific Property* (1932) 14 J. OF PAT. OFFICE SOC. 336; Note (1934) 47 HARV. L. REV. 1419; Chafee, Book Review (1930) 43 HARV. L. REV. 1328, 1330.

[146] Motion Picture Patents Co. v. Universal Film Mfg. Co., 243 U.S. 502 (1917); Paper Bag Patent Case, 210 U.S: 405, 424 (1908).

tea instituțiilor economice. Cum am înțeles eu cazurile, însă, aceste trebuințe au presat asupra curților și juriștilor din punctul de vedere al relațiilor lor cu cu progresul economic. Dacă acea relație eșuează, ele s-ar putea să nu se mențină. De asemenea dreptul a recunoscut de mult un interes social în progresul politic. În declarațiile drepturilor omului americane, și în constituții scrise în general, o politică de critică liberă a oamenilor publici, actelor publice și funcționarilor publici și o politică de formare liberă, deținere liberă și exprimare liberă a opiniei publice sunt garantate ca identificate cu drepturile individuale.[147] De altminteri, la dreptul cutumiar, privilegiul de comentariu corect asupra oamenilor publici și treburilor publice recunoaște și asigură același interes.[148] Însă cea de-a treia formă, interesul social în progresul cultural, nu a fost recunoscută în drept atât de clar. Se poate spune a implica patru politici: o politică de știință liberă, o politică de literatură liberă, o politică de încurajare a artelor și literelor și o politică de promovare a educației și erudiției. Ultimele două au fost recunos-

---

[147] English Bill of Rights, 1688, 1 WILL. & MARY C. 2, Declarations 5, 9; Constitutions: Argentina, pt I, art. 14; Belgium, tit. I, arts. 14, 18; Brazil, tit. IV, art. 72, §§ 8, 9, 12; Chile, c. IV, art. 10, §§ 6,7; Denmark, art. 86; Italy, arts. 28, 32; MExico, arts. 6-8; Netherlands, C. I, arts. 7, 8; Norway, art. 100; Switzerland, C. I, arts. 49-50, 55.

Herndon v. State, 178 Ga. 832, 174 S.E. 597 (1934); Wason v. Walter, L. R. 4 Q. B. 73, 93-94 (1868); CHAFEE, FREEDOM OF SPEECH (1920), FREE SPEECH IN THE UNITED STATES (1941), THE INQUIRING MIND (1928) 3-162; COOLEY, CONSTITUTIONAL LIMITATIONS (7th ed. 1903) 12; PATTERSON, FREE SPEECH AND A FREE PRESS (1939); ROSENBERG, CENSORSHIP IN THE UNITED STATES (1928); WHIPPLE, THE STORY OF CIVIL LIBERTY IN THE UNITED STATES (1927); WICKWAR, THE STRUGGLE FOR THE FREEDOM OF THE PRESS, 1819-1832. (1928); HEUSS, ANREIZUNG ZUM KLASSENKAMPF (diss. 1909); FREEDOM OF THE PRESS (Newspaper-Radio Comm. 1942); Chafee, *Freedom of Speech in War Time* (1919) 32 HARV. L. REV. 932; Eliel, *Freedom of Speech During and Since the Civil War* (1924) 18 AM. POL. SCI. REV. 712; *Liberty of Speech* (1914) 9 PAPERS AND PROC. AM. SOCIOLOGICAL SOC.; Note (1931) 41 YALE L.J. 262, 267-71.

[148] Wason v. Walter, L.R. 4 Q.B. 73 (1868).

cute într-o anumită măsură în legislație de drept de autor[149] și
în prevederi constituționale americane pentru promovarea
științei superioare.[150] Primele două și-au croit drumul mai încet
din cauza conflictului sau presupus conflict cu securitatea
instituțiilor religioase și politice.[151]

Strâns legat cu interesul în progresul cultural este un inte-
res social în mediul estetic, care recent a presat pentru recu-
noaștere juridică. Acum cincizeci de ani, Sir Frederick Pol-
lock putea spune cu asigurare că dreptul nostru a ignorat
relațiile estetice[152], și, comparându-i pe englezi cu francezii
în această privință[153], putea să citeze versurile lui Hood:

> Nature which gave them the goût
> Only gave us the gout.[*]

În Statele Unite, curțile și legislaturile erau de mult angajate
într-o luptă ascuțită asupra legislației panourilor și legislației
împotriva formelor hidoase de reclamă exterioară.[154] Pentru

---

[149] 2 Bl. Comm. *406-407.

[150] *E.g.*, Mass: Const. C. 5 §1, art. 1 (1780).

[151] Bury, History of Freedom of Thought (1913). Comparați conflictul
între politica de știință liberă și interesul social în morala generală implicat
în legile antivivisecțiune. Vezi Goff and Levy, Politics and Disease
(1906); între știință liberă și idei religioase în legislație în ceea ce privește
predarea evoluției vezi Tenn. Acts 1925, C. 27, p. 50, Scopes v. State, 154
Tenn. 105, 289 S.W. 363 (1927); și între științele sociale și securitatea
instituțiilor economice, 3 N.Y Laws 1921, cc. 666, 667.

[152] Note (1897) 13 L. Q. Rev. 337-38.

[153] Vezi prevederile în French Town Planning Law of 1919 (Pound's
trans., published by Nat. Civic Federation, 1919).

[*] Natura care le-a dat lor gustul
Nouă ne-a dat doar guta. *(n.t.)*

[154] St. Louis Poster Advertising Co. v. City, 249 U.S. 269, 274 (1919);
People v. Village of Oak Park, 266 ill. 365, 107 N.E. 636 (1914);
General Outdoor Advertising Co. v. Department of Public Works, 289
Mass. 149, 201, 193 N.E. 799, 823 (1935); Bill Posting Co. v. Atlantic
City, 71 N.J.L. 72, 58 Atl. 342 (Sup. Ct. 1904); Bryan v. City of Chester,
212 Pa. 259, 61 Atl. 894 (1905); Advertisements Regulation Act, 1907, 7
Edw. VII, C. 27, § 2; Jenks, Governmental Action for Social

un timp şi interesul a presat într-un alt mod în legătură cu legislaţia planificării urbanistice.[155] Este semnificativ că tribunalele sunt acum gata să admită o politică în favoarea esteticului ca rezonabilă şi constituţional permisibilă.[156]

Ultimul, şi în unele feluri cel mai important dintre toate, cum ajungem acum să credem, este interesul social în viaţa individuală.[157] S-ar putea numi interesul social în morala individuală şi viaţa socială, sau în viaţa umană individuală. Este cererea sau nevoia sau trebuinţa implicată în viaţa socială în societatea civilizată ca fiecare individ să poată trăi o viaţă omenească din ea potrivit cu etaloanele societăţii. Este cererea sau nevoia sau trebuinţa ca, dacă toate nevoile individuale nu pot să fie satisfăcute, să fie satisfăcute cel puţin în măsura în care este rezonabil cu putinţă şi în măsura unui minimum omenesc. Trei forme ale acestui interes social au fost recunoscute în dreptul cutumiar sau în legislaţie: autoafirmare individuală, oportunitate individuală şi condiţii individuale de viaţă. Prima, interesul în libera autoafirmare, include activitate fizică, mintală şi economică. În schema lui Spencer de drepturi naturale, ele apar ca un „drept de liberă mişcare şi locomoţie", un „drept de liber schimb şi liber contract", dedus ca un fel de liberă mişcare şi locomoţie

WELFARE (1910) 81; 2 RECENT SOCIAL TRENDS (1933) 1440-41; Gardner, *The Massachusetts Billboard Decision* (1936) 49 HARV. L. REV. 869; Terry, *The Constitutionality of Statutes Forbidding Advertising Signs on Property* (1914) 24 YALE L.J. 1; BILLBOARD AND OTHER FORMS OF OUTDOOR ADVERTISING (Chicago City Club Bull. V, no. 24, 1912).

[155] Village of Euclid v. Ambler Realty Co., 272 U.S. 365 (1926); Windsor v. Whitney, 95 Conn. 357, 111 Atl. 354 (1920); State *ex. rel.* Twin City B. & I. Co. v. Houghton, 144 Minn. 1, 174 N.W. 885 (1920); Piper v. Ekern, 180 Wis. 586, 194 N.W. 159 (1923).

[156] Gardner, *The Massachusetts Billboard Decision* (1936) 49 HARV. L. REV. 869; Note, Hardman, *The Social Interest in the Aesthetic and the Socialization of the Law* (1923) 29 W. Va. L. Q. REV. 195; Note (1930) 8 CAN: B. REV: 384.

[157] Vezi ARMSTRONG, INSURING THE ESSENTIALS (1932); CARDOZO, PARADOXES OF LEGAL SCIENCE (1928) lects. 3,4.

economică, un „drept de liberă industrie", dedus expres ca un produs modern de liberă mişcare şi locomoţie, ca un drept de activitate economică liberă, un „drept de liberă credinţă şi opinie religioasă" şi un drept de liberă credinţă şi opinie politică, ultimele două fiind deduse deopotrivă ca dezvoltări moderne din acelaşi drept natural de liberă mişcare şi loco- moţie.[158] Acestea sunt deduse dintr-un „drept de libertate egală" care este acceptat a fi fost descoperit prin observarea fenomenelor sociale şi verificat prin observaţie ulterioară. Fără ajutorul „dreptului său al libertăţii egale" ar fi putut să le găsească prin observarea politicilor detaliate în cărţile de drept. Vechea politică de drept cutumiar în favoarea libertă- ţii[159], doctrina pe care unul o poate justifica prin libertatea lui naturală de acţiune, exceptând acolo unde acţiunea lui ia forma de agresiune şi astfel ameninţă securitatea generală[160], şi în parte politica de liberă industrie[161], sunt exemple de recunoaştere a unui interes social în autoafirmare fizică individuală. Politica în favoarea libertăţii cuvântului şi liberei credinţe şi opinii, deşi înrudită de asemenea cu interesul social în progresul politic, trebuie să fie atribuită în parte unui interes social în autoafirmare mintală individuală.[162]

---

[158] JUSTICE (1891) cc. 9-18.

[159] Astfel încât statute în micşorare a libertăţii sunt strict construite. Ramsey v. Foy, 10 Ind. 493, 498 (1858); Case of Pierce, 16 Me. 255, 256 (1839); Matter of Baker, 29 How. Pr. 485 (N.Y. Sup. Ct. 1865). Vezi de asemenea Lord Mansfield in Sommersett's Case, 20 St. Tr. 1, 81-82 (1772).

[160] *E.g.*, procesele unde dreptul cutumiar îngăduie autoajutorare, 3 BL. COMM. *2-15. FOSTER, CROWN LAW (3d ed. 1792) 273-78. Vezi de aseme- nea distincţia între crearea intenţionată şi neglijentă de spaimă şi vătămarea nervoasă rezultată. Pound, *Interests of Personality* (1915) 28 HARV. L. REV: 343, 359-62.

[161] Vezi notă 144 *supra*.

[162] Vezi *e.g.*, adevăr ca o justificare a defăimării şi constrângerea statutară în unele state în caz de calomnie la publicare pentru bune motive şi scopuri justificabile. Perry v. Porter, 124 Mass. 338 (1878); Foss v. Hildreth, 10 Allen 76 (Mass. 1865). Leyman v. Latimer, 3 Ex. Div. 15 (1877). Vezi de asemenea Statutes of New South Wales, 1912 no. 32, § 7, extinzând prescripţia la orice

Politici favorizând comerţ liber şi industrie liberă sunt în parte referitoare la un interes social în autoafirmare economică liberă.

Dar cea mai importantă fază a interesului social în autoafirmare individuală, din punctul de vedere al dreptului modern, este ceea ce ar putea fi numit interesul social în libertatea voinţei individuale – cererea sau interes sau politică recunoscând, că voinţa individuală nu va fi supusă în mod arbitrar voinţei altora.[163] Acest interes este recunoscut într-o veche politică de drept cutumiar care este declarată în Amendamentele al Cincilea şi al Patrusprezecelea.[164] Dacă o voinţă e să fie supusă voinţei altuia prin forţa societăţii organizate politic, nu trebuie făcut în mod arbitrar, ci trebuie făcut pe oarecare bază raţională, pe care persoana constrânsă, dacă rezonabilă, ar putea să o aprecieze. Trebuie făcut pe o cântărire chibzuită a intereselor implicate şi o încercare chibzuită de a le împăca şi a le armoniza. Această politică evident exprimă experienţa politică şi juridică a ceea ce psihologia modernă a descoperit în privinţa efectelor proaste ale represiunii. De exemplu, ea este din ce în ce mai recunoscută astăzi în legislaţia noastră penală şi în tratarea noastră a delincvenţilor.[165] A ajuns să fie recunos-

---

defăimare. Aici există un echilibru al interesului în securitatea generală şi interesului în autoafiramre liberă.

[163] STAMMLER, LEHRE VON DEM RICHTIGEN RECHTE (1926) 148, translated by HUSIK, THEORY OF JUSTICE (1925). 161. Vezi de asemenea insistenţa dreptului cutumiar că cineva nu trebuie să fie judecător în propriul său caz. Employees Benefit Ass'n v. Johns, 30 Ariz. 609, 620, 249 Pac. 764, 767 (1926); Railway Conductors Benefit Ass'n v. Robinson, 147 Ill. 138, 159, 35 N. E. 168, 176 (1893); Wallace v. Brotherhood of Locomotive Firemen and Enginemen, 230 Iowa 1127, 1133, 300 N.W. 322, 325 (1941); Goodwin v. Mutual Ins. Co. 118 Iowa 601, 606, 92 N. W. 894, 895 (1902): City of London v. Wood, 12 Mod. 669, 687, 88 Eng. Rep. 1592, 1601 (K.B. 1702); Day v. Savadge, Hobart 85, 87, 80 Eng. Rep. 235, 236 K.B. 1615); Bonham's Case, 8 Co. 114a, 77 Eng. Rep. 646, 652 (K.B. 1610).

[164] 2 Co. INST. *50.

[165] IVES, HISTORY OF PENAL METHODS (1914) cc. 11, 19; LEWIS, THE OFFENDER (2d ed. 1921) pt. I, c. 8.

cută îndeosebi de puțin timp ca urmare a presiunii asupra curților și legiuitorilor pentru securitate în relația patronului și angajatului.[166] Vine să fie recunoscută de asemenea în gândirea juridică în altă legătură pe măsură ce teorii sociologice de proprietate înlocuiesc teorii metafizice. Există multe semne ale unei atitudini crescânde că excluderea completă a tuturor în afară de el pe care legea îl pronunță proprietar din obiecte care sunt mijloacele naturale de existență umană sau mijloace de activitate umană, trebuie să fie măsurată și justificată printr-o cumpănire chibzuită a intereselor de ambele părți și o încercare chibzuită de a le armoniza ori de a salva cât mai mult putem cu sacrificiul cel mai mic din partea celui exclus, nu mai puțin decât din partea proprietarului, pe cât putem.[167]

Eu am numit o a doua formă interesul social în oportunitate individuală. Este cererea sau nevoia sau trebuința implicată în viața socială în societatea civilizată ca toți indivizii să aibă juste sau rezonabile (poate, așa cum ajungem să gândim, noi trebuie să spunem egale) oportunități – politice, fizice, culturale, sociale și economice. În gândirea americană noi am insistat mai ales asupra oportunităților politice egale, deoarece în condițiile de pionierat în care instituțiile noastre erau formative alte oportunități, în măsura în care oamenii le cereau, erau la

---

[166] GOMPERS, LABOR AND THE EMPLOYER (1920) c. 9; MAROT, AMERICAN LABOR UNIONS (1914) c. 8; WEBB, HISOTRY OF TRADE UNIONISM (rev. ed. 1920) 646-49. Comparați BRUNNER, GRUNDZÜGE DER DEUTSCHEN RECHTSGESCHICHTE (4th ed. 1910) § 59, cu legislația recentă a muncii în ceea ce privește „angajarea și concedierea". Vezi Note (1935) HARV. L. REV. 630, 648-53.

[167] Vezi, e.g., relaxarea regulilor în privința persoanelor care violează o proprietate. Comparați formulările în ceea ce privește vătămările transgresorilor în *Restatement of Torts* de către American Law Institute la Maynard v. Boston & Maine R.R., 115 Mass. 458 (1874); Planz v. Boston & A.R.R., 157 Mass 377, 32 N.E. 356 (1892); Grand Trunk Ry. of Canada v. Barnett, [1911] A.C. 361. Vezi de asemenea tendința în procese recente de a ține corporații caritabile pentru ofense de slujitori. President and Directors of Georgetown College v. Hughes, 130 F. (2d) 810 (App. D.C. 1942).

îndemână pretutindeni. Dar un drept la oportunități fizice juste este recunoscut în prevederea publică de parcuri și terenuri de joc și în prevederi publice pentru recreație[168], dreptul la oportunități culturale juste este recunoscut de legislație în ceea ce privește educația obligatorie a copiilor[169], (deși interesele sociale în progresul general și în persoane întreținute sunt de asemenea recunoscute aici) precum și de prevederile statelor pentru universități și pentru educația adultă; dreptul la oportunități sociale juste este recunoscut de legislația drepturilor civile[170]; și dreptul la oportunități economice este recunoscut, de exemplu, în dreptul legal la „libertatea pieței" [171] și în așa-zisul „drept de a urma o vocație legală[172], care este cântărit cu alte interese sociale în reglementarea instruirii pentru și admiterii în profesii.

Într-o a treia formă, un interes în condiții individuale de viață, interesul social în viața individuală apare ca un drept ca fiecare individ să aibă asigurate pentru el condițiile a cel puțin unei vieți umane minimale în circumstanțele de viață în timp și loc. Am spus minimum, care desigur a fost tot ceea ce a fost recunoscut până relativ perioada recentă. Dar poate ar trebui să spunem acum rezonabil sau chiar egal. O cerere pentru condiții egale de viață este presantă și noi nu putem pune problema cât despre ceea ce este recunoscut cu siguranță cum am fi putut

---

[168] TRUXAL, OUTDOOR RECREATION LEGISLATION (1929).

[169] Massachusetts Act of 1641, Lawes and Libertyes of Massachusetts (1648) 47; England, Elementary Education Act, 1870, 33 & 34 VICT. C. 75, §§ 18, 74 (1).

[170] N.Y. CIV. RIGHTS LAW § 40; People v. King, 110 N.Y. 418, 18 N.E 245 (1888).

[171] Jersey City Printing CO. v. Cassidy, 63 N.J. Eq. 759, 766, 53 Atl. 230, 233 (1902). Cât despre teoria economică în spatele acestuia, vezi Hardy, *Market* (1937) 10 ENCYC. SOC: SCIENCES 131.

[172] Butchers' Union Co. v. Crescent City Co., 111 U.S. 746, 762 (1884); Cummings, v. Missouri, 4 Wall. 277, 321 (U.S. 1866); *In re* Leach, 134 Ind. 665, 34 N.E. 641 (1893); Schnaier v. Navarre Hotel & Importation Co, 182 N.Y. 83, 87-89, 74 N.E. 561, 562 (1905); Wilkinson and Bregy, Shoemakers' Children (1942) 2 BILL OF RIGHTS REV. 209.

face cu o generație înainte. În plus, domeniul cererilor în general afirmate cu privire la viața individuală este evident în creștere. Dreptul roman a recunoscut o politică de acest fel, și ea a fost de mult recunoscută în legislația americană. În cântărirea intereselor individuale ținând seamă de interesul social în securitatea achizițiilor și securitatea tranzacțiilor, noi de asemenea trebuie să ținem seama de interesul social în viața umană a fiecărui individ, și astfel trebuie să restrângem aplicarea legală a trebuințelor la ceea ce este în acord cu o existență umană din partea persoanei supusă la aceasta. Dreptul roman a impus o astfel de limitare într-un număr de cazuri în ceea ce se numește *beneficium competentiae*.[173] La dreptul cutumiar existau restricții la ceea ce putea fi luat în sechestru pentru chirie[174], și statutul din secolul al XIII-lea prevăzând executarea prin ordonanță de scutiri *elegit* a boilor și animalelor de plug ale debitorului și jumătate din pământul său.[175] În Statele Unite și recent în Europa continentală, aceastâ politică este adusă la îndeplinire în legislația gospodăriilor rurale și în scutirile de executare.[176] În ultima, interesul social în familie ca o instituție socială este de asemenea un factor. Dar împotrivirea din secolul al XIX-lea față de legislația gospodăriilor rurale și scutirilor[177] și în Europa față de *beneficium*

---

[173] D. 42.1.16,17,19.1.; D. 43.3.4. pr.; D. 1.17.173; C. 2.11.11; C.7.71.1. KLINGEMAN, INHALT, RECHTLICHE NATUR UND ANWENDUNGSGEBIET, DES BENEFICIUM COMPETENTIAE (1904).

[174] 3 BL. COMM: *9.

[175] *Id.* la *418-19.

[176] THOMPSON, HOMESTEAD AND EXEMPTION LAWS (1878) §§ 40-379; Charmont, *Changes of Principle in the Field of Family, Inheritance, and Persons* (translation in part of CHARMONT, LES TRANSFORMATIONS DU DROIT CIVIL (1912) in *Progress of Continental Law in the Nineteenth Century*, 11 CONTINENTAL LEGAL HISTORY SERIES (1918) 147, 162-64; GERMAN CIVIL CODE §§ 528-29; GERMAN CODE OF CIVIL PROC: § 850.

[177] În Gunn v. Barry, 15 Wall. 610, 622 (U.S. 1873), Swayne, J., a spus despre o prevedere pentru scutirea gospodăriilor rurale în cosntituția unui stat: „Este în fapt luând proprietatea unei persoane și dând-o altuia... Aceasta este contrar judecății și dreptății, și principiilor fundamentale ale

competentiae[178], este semnificativă. Secolul al XIX-lea a căutat să trateze astfel de cazuri ca şi cum ele nu implicau nimic mai mult decât interesele individuale ale părţilor faţă de relaţia debitor-creditor, sau dacă un interes social a fost analizat, a căutat să gândească numai despre securitatea generală, care aici ia forma de securitate a tranzacţiilor.[179] Alte recunoaşteri ale acestui interes pot fi văzute în restricţii asupra puterii debitorilor sau contractanţilor de a-şi lua asupra lor poveri apăsătoare, ca în doctrinele echităţii înainte menţionate[180], ca în legislaţia dobânzii cămătăreşti, şi mai recent în legislaţia „cămătarului"[181]. Un exemplu notabil în decizia judiciară recentă poate fi văzut în doctrina engleză în ceea ce priveşte angajamentele de a nu exercita profesia pentru care cineva s-a pregătit.[182] Statute interzicând contracte de muncitori să-şi ia salariul în comenzi la magazinele întreprinderii[183] şi în ceea ce priveşte condiţii şi ore de muncă[184], legislaţie pentru salariu minim[185], legislaţie referitoare la munca copii-

---

contractului social." Vezi de asemenea Washington, J., în Mason v. Haile, 12 Wheat. 370, 381-382. U.S. 1827); Homestead Cases, 22 Gratt, 266, 296 *et seq*. (Va. 1872).

[178] 1 BAUDRY-LACANTINERIE; PRÉCIS DE DROIT CIVIL (1st ed. 1882) § 587.

[179] Vezi Warner, J. având păreri diferite în Maxey, Jordan & Co. v. Loyal, 38 Ga. 531, 541 (1868); Pearson C.J., având păreri diferite în Hill v. Kessler, 63 N.C. 426, 437, 438 (1869).

[180] Vezi citatele *supra* note 139. Vezi de asemenea How v. Weldon & Edwards, 2 Ves. Sr. 517, 518, 28 Eng. Rep. 330, 331 (Ch. 1754); Taylour v. Rochfort, 2 Ves. Sr. 282, 28 Eng. Rep. 182 (Ch. 1751); Earl of Chesterfield v. Janssen, 2 Ves. Sr. 125, 28 Eng. Rep. 82 (Ch. 1750); McClure v. Raben, 125 Ind. 139, 25 N.E. 179 (1890); Pound, *Liberty of Contract* (1909) 18 YALE L.J. 454, 470-86.

[181] Vezi nota 138 *supra*.

[182] Herbert Morris, Ltd. v. Saxelby, [1915] 2 Ch. 57 [1916] 1 A. C. 688; Attwood v. Lamont, [1920] 3 K. B. 571.

[183] Vezi Pound, *Liberty of Contract* (1909) 18 YALE L.J. 454.

[184] United States Fair Labor Standards Act (1938), 52 STAT. 1060 (1938), 29 U. S. C. § 201 (1940).

[185] Bibliografie despre legislaţie salariu minim în Appendix to Brief of Appelants, Adkins v. Children's Hospital, 261 U.S. 525 (1923), şi

lor[186] şi legislaţie pentru construcţia de locuinţe[187], sunt recunoaşteri ale aceluiaşi interes.

Din nou, când legea conferă sau exercită o putere de control, credem că ordinea legală ar trebui să salvgardeze existenţa umană a persoanei controlate.[188] Astfel legea maritimă de altădată, cu absoluta ei putere a căpitanului de vas asupra marinarului[189], pedepsele umilitoare de altădată, care tratau delincventul uman ca o brută[190], care nu salvau demnitatea lui umană – orice asemenea lucruri dispar pe măsură ce cercul intereselor recunoscute se lărgeşte şi ajungem să ţinem seama de interesul social în viaţa individuală şi să cântărim acel interes cu interesul social în securitatea generală, asupra căruia ultimul secol insista atât de exclusiv.

Astfel în linii generale sunt interesele sociale care sunt recunoscute sau vin să fie recunoscute în dreptul modern. Privit funcţional, dreptul este o încercare de a satisface, de a împăca, de a armoniza, de a ajusta aceste suprapuse şi adesea contradictorii cereri şi trebuinţe, fie prin a le asigura direct şi imediat, fie prin a asigura anumite interese individuale, astfel încât să dea efect celui mai mare total de interese sau intereselor care cântăresc cel mai mult în civilizaţia noastră, cu cel mai puţin sacrificiu al schemei de interese în general.

Appendix to Brief of Defendant – in – Error, Bunting v. Oregon, 243 U.S. 426 (1917).

[186] Commonwealth v. Wormser, 260 Pa. 44, 103 Atl. 500 (1918).

[187] National Housing Act, 48 STAT. 1246 (1934), 12 U.S.C. § 1701 (1940); Cal. Housing Act (1929); Ind. Housing and Slum Clearing Laws (1937); WATSON, HOUSING PROBLEMS AND POSSIBILITIES IN THE UNITED STATES (1935); JENNINGS, LAW OF HOUSING ACT (2 ed. 1936); HENDERSON AND MADDOCK, HOUSING ACTS, 1899 TO 1935 (1935); WHYTE AND GORDON, LAW OF HOUSING IN SCOTLAND (1934).

[188] Aceasta este a patra propunere a lui Stammler în formularea lui a idealului social al timpului. Vezi note 163 *supra*.

[189] Vezi DANA; TWO YEARS BEFORE THE MAST (1840) C. 15.

[190] Vezi IVES, HISTORY OF PENAL METHODS (1914) 147 *et seq*.; 2 PIKE, HISTORY OF CRIME IN ENGLAND (1876) 574 *et seq*.

VI
DETERMINAREA CONSIDERENTULUI
DECIDENDI ÎNTR-UN PROCES*

DE ARTHUR L. GOODHART

DISCUTÂND natura unui precedent juridic în dreptul
englez Sir John Salmond spune:[1]

Un precedent juridic aşadar este o decizie judiciară care conţine
în ea însăşi un principiu. Principiul fundamental care astfel formează
elementul său de autoritate este adesea numit *ratio decidendi*. Deci-
zia concretă este obligatorie între părţile la ea, dar este abstractul
ratio decidendi care singur are forţa de lege în ceea ce priveşte lumea
în totalitate.

Regula este enunţată după cum urmează de Profesor John
Chipman Gray[2]:

Trebuie să se observe că la Dreptul Cutumiar nu fiecare opinie
exprimată de către un judecător formează un Precedent Judiciar.
Pentru ca o opinie să poată avea greutatea unui precedent, două
lucruri trebuie să coincidă: trebuie să fie, în primul rând, o opinie
dată de un judecător, şi, în al doilea rând, trebuie să fie o opinie a
cărei formare este necesară pentru deciderea unui caz particular, cu
alte cuvinte, nu trebuie să fie *obiter* dictum.[3]

---

* (*Notă* Arthur T. Vanderbilt) Din ESSAYS IN JURISPRUDENCE AND THE
COMMON LAW, 1-26, CAMBRIDGE UNIVERSITY PRESS (1931); cu permisiu-
nea autorului. Vezi Introducere, p. 18.

[1] JURISPRUDENCE (7th ed.) 201.

[2] THE NATURE AND SOURCES OF THE LAW, § 555.

[3] Cf. AUSTIN, JURISPRUDENCE (5th ed. 1911) 627:

„Urmează din ceea ce a precedat, că legea făcută judiciar trebuie fundată
în *motivele* generale (sau trebuie fundată în *raţiunile* generale) ale decizii-
lor sau rezoluţiilor judiciare de cazuri specifice sau particulare: adică, în
astfel de *motive*, sau astfel de *raţiuni*, precum detaşate sau abstrase din

Ambii autori savanţi, ajungând la acest punct de siguranţă, se opresc. Explicând cercetătorului că este necesar să se afle *ratio decidendi* al cazului, ei nu mai fac nici o altă încercare de a formula orice reguli prin care acesta poate fi determinat. Este adevărat că Salmond spune că noi trebuie să distingem între decizia concretă şi abstractul *ratio decidendi*, şi Gray afirmă că opinia trebuie să fie una necesară, dar acestea sunt numai generalizări vagi. Dacă este posibil să progresăm de-a lungul acestei comparativ[4] căi nebătătorite într-o căutare pentru mai multe reguli concrete de interpretare va fi discutat în acest studiu.

Dificultatea iniţială cu care suntem confruntaţi este expresia *ratio decidendi* însăşi. Cu posibila excepţie a termenului juridic „malice"[*], este cea mai înşelătoare expresie în dreptul englez, deoarece motivul pe care îl dă judecătorul

---

particularităţile specifice ale cazurilor decise sau rezolvate. Deoarece două cazuri nu sunt cu precizie asemănătoare, decizia unui caz specific poate în parte să se întoarcă împotriva unor raţiuni care sunt sugerate judecătorului de particularităţile sau deosebirile sale specifice. Şi acea parte a deciziei care depinde de acele deosebiri (sau acea parte a deciziei care constă din acele raţiuni speciale), nu poate servi ca un *precedent* pentru decizii următoare, şi nu poate servi ca o regulă sau călăuză de conduită."

„Raţiunile sau principiile generale ale unei decizii judiciare (precum astfel abstrase din orice particularităţi ale cazului) sunt de obicei numite, de autori cu privire la jurisprudenţă, *ratio decidendi*."

PROFESSOR C.K. ALLEN, LAW IN THE MAKING (2nd ed. 1930) 155:

„Orice sentinţă a oricărei Curţi este de autoritate numai în ceea ce priveşte acea parte a ei, numită *ratio decidendi*, care este considerată a fi fost necesară pentru deciderea actualului punct în litigiu dintre părţile litigante. Este pentru Curte, de orice grad, care este chemată să analizeze precedentul juridic, să determine care a fost adevăratul *ratio decidendi*."

[4] THE STUDY OF CASES (2nd ed. 1894) A PROFESORULUI WAMBAUGH este poate autoritatea principală asupra acestui subiect. La p. 29 învăţatul autor dă „Cele Patru Chei pentru Descoperirea Doctrinei unui Caz." Ele sunt:

„i. Curtea trebuie să decidă însuşi cazul în faţa ei;

ii. Curtea trebuie să decidă cazul potrivit unei doctrine generale.;

iii. Cuvintele folosite de curte nu sunt în mod necesar doctrina cazului;

iv. Doctrina cazului trebuie să fie o doctrină care este în mintea curţii."

[*] intenţie criminală. *(n.t.)*

pentru decizia lui nu este niciodată partea liantă a preceden-
tului juridic. Logica argumentului, analiza cazurilor prece-
dente, enunțarea mediului istoric pot toate fi demonstrabil
incorecte într-o sentință, dar cazul rămâne totuși un prece-
dent juridic. Nu ar fi greu să se citeze un mare număr de
cazuri principale,atât vechi cât și moderne, în care unul sau
mai multe dintre motivele date pentru decizie pot fi dovedi-
te a fi greșite, dar în ciuda acestui lucru, aceste cazuri conțin
principii valide și definite care sunt la fel de obligatorii ca și
cum motivele pe care se bazează au fost corecte. În
Priestley v. Fowler[5] faimoasa, sau infamanta, doctrină a
angajării comune a fost prima dată enunțată. Despre acest
caz s-a spus prea bine, „Lord Abinger l-a plantat, Baronul
Alderson l-a udat, și Diavolul i-a dat creștere".[6] Acest caz
este încă lege în Anglia (deși limitată în efect de Employers
Liability Act[*], 1880) în ciuda faptului că cele două motive
pe care Lord Abinger și-a bazat sentința sunt palpabil inco-
recte. Primul motiv este că orice altă decizie ar fi „absurdă".
Acest argument este totdeauna unul periculos pe care să se
bazeze o sentință și în acest caz este, din nefericire, decizia
în *Priestley v. Fowler* care s-a dovedit a fi nu numai absurdă
ci și nejustă. Al doilea motiv dat de Lord Abinger este că
prin contractul său de serviciu un slujitor implicit consimte
să se expună riscului de a avea confrați slujitori neglijenți.
De fapt, bineînțeles, un slujitor nu consimte să se expună
riscului, și implicația a fost inventată de judecătorul însuși.
Să luăm un alt caz principal. În *Hochster v. Delatour*[7]
inculpatul l-a angajat pe reclamant la 12 aprilie să intre în
serviciul lui la 1 iunie, dar la 11 mai i-a scris că serviciile
lui nu vor fi necesare. La 22 mai reclamantul a intentat
acțiune și curtea a susținut că nu era prematur în a proceda

---

[5] (1837) 3 M. and W. 1.
[6] Citat în KENNY'S CASES ON THE LAW OF TORT (4th ed.) 90.
[*] Legea răspunderii patronale. *(n.t.)*
[7] (1853) 2 El. and Bl. 678.

astfel. Lord Campbell, J.S.[*], a spus: „Este sigur mult mai rațional... ca, după repudierea înțelegerii de către inculpat, reclamantul să fie liber să se considere pe sine absolvit de orice îndeplinire viitoare a ei, păstrându-și dreptul de a intenta proces". Dar, cum a subliniat Profesor Corbin[8], chiar dacă această afirmație, este în întregime corectă, „Nu rezultă de aici că reclamantului trebuie să i se permită ca să intenteze proces *înainte de data fixată pentru executare* de către inculpat". Este clar că, după repudiere, cealaltă parte nu are nevoie să joace rolul său nici să rămână gata și dispus să-l joace, dar de ce trebuie să i se dea dreptul *imediat* de a intenta proces pentru daune care se vor ivi numai când încălcarea amenințată are loc în realitate? *Non sequitor* al Lordului Campbell nu a împiedicat, însă, *Hochster v. Delatour* de a deveni un caz principal în jurisprudența contractului, căci deși raționamentul sentinței poate fi eronat, noi nu avem nici o dificultate în a găsi în el o regulă generală care se va aplica la cazuri similare.

În această privință, prin ceea ce poate părea o metodă ciudată celor care nu înțeleg teoria dreptului cutumiar, este exact unele dintre acele cazuri care au fost decise pe premise sau raționament incorect care au devenit cele mai importante în drept. Noi principii, despre care autorii lor nu-și dădeau seama sau pe care ei le-au înțeles greșit, au fost stabilite prin aceste sentințe. Paradoxal cum poate suna, dreptul a datorat frecvent mai mult judecătorilor lui slabi decât datorează celor puternici ai lui. O judecată proastă poate adeseori să facă lege bună. Street a exprimat aceasta clar în a sa *Foundation of Legal Liability*[9]:

Opinia dizidentă a lui Coleridge, J., în *Lumley v. Gye* (1853), ca și opiniile dizidente ale lui Cockburn, J.S., în *Collen v. Wright*

---

[*] Judecător Superior. *(n.t.)*
[8] ANSON'S LAW OF CONTRACT (4th American ed. by Corbin) 464.
[9] Vol. 1, p. 343.

(1857), şi ale lui Grose, J., în *Pasley v. Freeman* (1789), este extrem de instructivă, fiindcă subliniază clar faptul că decizia majorităţii a întruchipat o extindere radicală a doctrinei juridice, ca să nu mai spunem o îndepărtare reală de fostele precedente juridice. Nimic mai bine nu ilustrează procesul prin care justiţia creşte. Acea situaţie care unui judecător îi pare a fi numai un nou exemplu căzând sub un principiu anterior recunoscut, îi va părea altuia a fi atât de complet nou încât să nu cadă sub astfel de principii. Nu se va găsi destul de des că judecătorul de cea mai mare perspicacitate juridică, cel mai mare analizator, este exact acela care rezistă inovaţiilor şi extinderii. Aceasta, într-adevăr, este una dintre capcanele a multă învăţătură.

Legislaţia noastră modernă a ofenselor a fost dezvoltată într-o măsură considerabilă printr-o serie de argumente proaste şi legislaţia noastră a proprietăţii este în multe cazuri întemeiată pe istorie incorectă. A afirma aceasta nu este, însă, a pune sub semnul îndoielii autoritatea acelei legislaţii. Este clar, de aceea, că prima regulă pentru a descoperi *ratio decidendi* al unui caz este că nu trebuie să fie căutat în motivele pe care judecătorul şi-a bazat decizia.

Această părere este în conflict cu două dicta ades citate care, prin forţa repetiţiei, au devenit aproape maxime ale dreptului: „Motivul unei rezoluţii este mai mult a fi analizat decât rezoluţia însăşi", de Holt, J.S.[10] şi „Motivul şi spiritul cazurilor fac lege; nu litera precedentelor juridice distincte", de Lord Mansfield, J.S.[11] Este îndoielnic dacă aceste dicta în mod corect au reprezentat legea la vremea când ele au fost pronunţate; în orice caz este clar[12] că ele nu sunt în acord cu doctrina engleză modernă a precedentului juridic.

Enunţând motivele sale pentru ajungerea la o anumită concluzie, curtea frecvent recapitulează rezultatul într-un enunţ general de drept asupra punctului în litigiu. Putem găsi

---

[10] Cage v. Acton, 12 Mod. 288, 294.
[11] Fisher v. Prince, 3 Burr. 1364.
[12] ALLEN, LAW IN THE MAKING (2nd ed.) 150.

noi principiul cazului în această afirmație a legii, această cuprinzătoare expresie a regulii implicate, pe care cercetătorii o subliniază cu asemenea entuziasm în cărțile lor de cazuri? Astfel, în capitolul despre Sentințe în *The Laws of England*[13] a lui Halsbury, regula este dată după cum urmează:

Se poate stabili ca regulă generală că numai acea parte a unei decizii a unei curți de justiție este obligatorie asupra curților de jurisdicție egală și curților inferioare care constă din enunțarea motivului sau principiului pe care problema în fața curți a fost în realitate conchisă. Acest principiu fundamental care formează singurul element de autoritate al unui precedent juridic este adesea numit *ratio decidendi*.

Profesor Morgan de la Harvard Law School, în valoroasa lui carte *The Study of Law*, spune[14]:

Acele părți ale opiniei arătând normele de drept aplicate de către curte, aplicarea cărora a fost cerută pentru determinarea punctelor în litigiu prezentate, sunt a fi considerate ca decizie și ca autoritate primară în cazuri ulterioare în aceeași jurisdicție.

Dacă aceste afirmații sunt a fi înțelese în sensul lor literal, afirmăm cu respect că vorbele induc în eroare, căci nu este norma de drept *arătată* de curte, sau regula *enunțată* cum spune Halsbury, care în mod necesar constituie principiul cazului. Se poate să nu fie nici o normă de drept arătată în opinie[15], sau norma când afirmată poate fi prea largă sau prea

---

[13] Vol. XVIII, 210.

[14] 1st ed. 1926, p. 109. În examinarea lui, pe aceeași pagină, a sentințelor în Dickinson v. Dodds, (1876) *L.R.* 2 Ch. D. 4 63, Profesor Morgan adoptă o metodă complet diferită. El spune: „Despre acest caz deci se poate spune a fi o decizie pe trei afirmații care nu sunt nicăieri în mod specific exprimate în ea, și a conține numai dicta în ceea ce privește trei afirmații care pot fi citate în limbajul exact al Lordului Judecător Mellish."

[15] În acest studiu este convenabil a urmări practica americană de a distinge între opinie, în care judecătorul declară motivele sale pentru sentința care este gata să o dea, și sentința însăși. Această distincție în termeni nu este rar făcută în Camera Lorzilor.

îngustă. În curțile de apel, normele de drept arătate de diferiți judecători pot să nu aibă nici o legătură una cu alta. Totuși fiecare din aceste cazuri conține un principiu care poate fi descoperit pe bază de proprie analiză.

Astfel, un caz poate fi un precedent juridic, implicând un important principiu de drept, deși curtea a pronunțat o sentință fără a prezenta o opinie. În prezent, rareori găsim un caz de orice importanță în care nu este o declarație a motivelor pe care se bazează sentința, deși uneori o curte de apel va confirma fără opinie un caz care implică un punct interesant. În trecut, însă, în special în cursul perioadei Anuarului, găsim un mare număr de cazuri în care nu erau nici un fel de opinii, și în care principiul prin urmare trebuie căutat în altă parte.

De mai frecventă ocurență în cazuri recente este practica de a pronunța o sentință analizată, dar în același timp fiind cu grijă de a nu stabili nici un principiu general de drept. În cazul recent al lui *Oliver v. Saddler and Co.*[16] Camera Lorzilor a fost confruntată cu o îndoielnică și dificilă problemă în legea ofenselor. Este evident că domniile lor vroiau să se apere împotriva stabilirii oricăror principii generale și de aceea s-au dedicat aproape complet faptelor. Raportorul este deopotrivă prudent, căci în supranotă folosește expresiile „în circumstanțele speciale ale cazului" și „în baza faptelor". Cu toate acestea, cazul este un precedent juridic important care, în viitor, va trebui să fie citat în fiecare carte despre legea ofenselor.

Din nou, un caz poate conține un principiu definit, deși exprimarea lui în opinie poate să nu fie strict precisă. În R. *v. Fenton*[17] inculpatul a aruncat absurd o piatră mare în jos la o mină cu care a fost omorât un om. În acuzația sa Tindal, J.S., a spus: „Dacă moartea urmează drept consecință a unui act nelegiuit, un act pe care partea care îl comite nu poate nici să-l

---

[16] [1929] A.C. 584. Vezi nota despre acest caz, (1930) 46 L.Q.R. 2.
[17] 1 Lewin's Cr. Cas. 179.

justifice nici să-l scuze, nu este moarte accidentală, ci omor prin imprudență". Principiul cazului era corect, deși formularea lui era prea largă, cum s-a susținut în cazul de mai târziu al lui R. v. *Franklin*[18]. În acel caz inculpatul a aruncat o cutie, aparținând unui negustor la tarabă de băuturi răcoritoare, în mare, cu aceasta omorând un înotător. Punctul în litigiu era dacă, în afară de problema neglijenței, inculpatul era vinovat de omor prin imprudență, actul său fiind unul nelegiuit. Field, J. a spus[19]:

> Noi nu considerăm cazul citat de avocați pentru urmărire judiciară că este obligatoriu asupra noastră în faptele acestui caz, și, de aceea, delictul civil împotriva negustorului la tarabă de băuturi răcoritoare este imaterial pentru această învinuire de omor prin imprudență.[20]

Un exemplu izbitor de exagerare a principiului implicat într-un caz poate fi găsit în *Riggs v. Palmer*.[21] Curtea a hotărât că un legatar, care își omorâse testatorul, nu putea să

---

[18] 15 Cox C.C. 163.

[19] Id. la 165.

[20] Am împrumutat intenționat aceste două exemple din articolul Profesorului Joseph F. Francis, *Three Cases on Possession – Some Further Observations*, (1928) XIV ST. LOUIS L. REV. 11, 16, n. 24, în care el critică foarte curtenitor articolul meu *Three Cases on Possession*, în ESSAYS IN JURISPRUDENCE AND THE COMMON LAW la 75. El, urmându-l pe Profesor Oliphant, sugerează că lucrul important într-un caz este, „ce se *face* de fapt de către judecători în afară de ce au *spus*." El obiectează la sugestia mea că în *Bridges v. Hawkesworth* faptul că notele au fost găsite într-un magazin nu putea fi parte a *ratio decidendi* deoarece judecătorul stabilise că locul unde au fost găsite notele nu era un fapt important. Profesor Francis spune la p. 16: „Astfel aș spune că nu este ceea ce Patteson, J., a spus sau a scăpat să spună care determină ceea ce decide cazul Bridges." Pentru a-și susține controversa, învățatul autor avansează incontestabila problemă că o *expunere de proces* a unui judecător nu conține în mod necesar adevăratul *ratio decidendi* al cazului. Aceasta, însă, nu intră în nici un fel în conflict cu părerea mea că, în determinarea principiului unui caz, noi suntem legați de stabilirea de către judecător a faptelor esențiale pe care și-a bazat sentința.

[21] 115 N.Y. 506.

preia testamentul, fiindcă nimănui nu i se va permite să „profite de propriul lui delict, ori să întemeieze nici una din pretențiile lui pe propria lui nelegiuire, ori să dobândească proprietate prin propria lui crimă". Ar fi, desigur, posibil să se sugereze un mare număr de situații în care această afirmație ar fi greșită sau îndoielnică. S-ar aplica ea, de exemplu, dacă legatarul omorâse testatorul într-un accident de mașină cauzat de neglijența lui? Din nou, principiul lui *Lickbarrow v. Mason*[22] este universal acceptat, dar expunerea de proces de către Ashburst, J., „că oriunde una din două persoane nevinovate trebuie să sufere prin actele unei a treia, cel care a permis unei asemenea a treia persoane să prilejuiască pierderea trebuie să o susțină", este prea largă, și a încurajat mult litigiu van. Cum a remarcat Lord Lindley[23], „O astfel de doctrină este mult prea largă... nu se poate avea încredere în ea fără considerabile rezerve".

Pe de altă parte, norma de drept poate fi enunțată în prea îngustă formă. În *Barwick v. English Joint Stock Bank*[24] administratorul băncii învinuitului l-a convins în mod fraudulos pe reclamant să accepte o garanție fără valoare. Pronunțând sentința curții, Willes, J. a spus:

> Regula generală este, că stăpânul este răspunzător pentru fiecare asemenea delict al slujbașului sau agentului deoarece este comis în cursul serviciului și în folosul stăpânului, cu toate că nu este dovedită poruncă sau complicitate expresă a stăpânului.

S-a crezut în mod general că această formulare a justiției a fost corectă până când, patruzeci și cinci de ani mai târziu, Camera Lorzilor în *Lloyd v. Grace Smith and Co.*[25] a hotărât că era prea îngustă. Cuvintele „și în folosul stăpânului" erau numai descriptive ale faptelor în cazul *Barwick*, și nu o parte

---

[22] 2 T.R. 63.
[23] Farquharson Bros. and Co. v. King and Co., [1902] A.C. 325, 342.
[24] (1866-7) L.R. 2, Ex. 259, 265.
[25] [1912] A.C. 716.

necesară a principiului implicat. Camera Lorzilor nu a deza-
probat principiul pe care îl conținea, dar a hotărât că „este o
greșeală să-l califici spunând că se aplică numai când stăpâ-
nul a profitat de fraudă".[26]

Când ne întoarcem la curțile de apel devine chiar mai evi-
dent că principiul cazului nu poate în mod necesar fi găsit în
norma de drept enunțată, căci nu este nefrecvent să aflăm că
deși judecătorii pot concorda în rezultat, ei diferă larg în
enunțările lor ale legii. Aceasta este adevărat în special în
Anglia, căci într-un caz important fiecare judecător poate
pronunța o opinie separată. În *Hambrook v. Stokes Bros.*[27]
Atkin, L.J. (acum Lord Atkin), a fost de acord cu Bankes,
L.J.[*], că reclamantul avea o bună cauză de acțiune, dar norma
de drept pe care o expunea era extrem de largă, pe când cea a
lui Bankes, L.J., era corespunzător îngustă. Faimoasa trilogie
a proceselor de conspirație – *Mogul Steamship Co. v.
McGregor, Gow and Co* [28]*; Allen v. Flood*[29]*; Quinn v.
Leathem*[30] – sunt de deosebită dificultate din cauza enunțări-
lor contradictorii ale legii în diferitele opinii. Așa cum Lord
Sumner a remarcat în *Sorrel v. Smith.*[31]

Nu voi încerca să adun ori să compar citate din opinii pronunța-
te în acel (*Quinn v. Leathem*) și alte cazuri. Ele sunt din când în
când exprimate în diferiți termeni. În această privință nu m-am
considerat eu însumi calificat să ofer o propunere pașnică sau chiar
o antologie.

Totuși, aceste cazuri nu pot fi ignorate ca precedente juri-
dice numai pentru că normele de drept arătate nu pot fi
împăcate.

---

[26] Lord Macnaghten, id. la 736.
[27] [1925] 1 K. B. 141.
[*] judecător al Curții de Apel. *(n.t.)*
[28] [1892] A. C. 25.
[29] [1898] A. C. 1.
[30] [1901] A. C. 495.
[31] [1925] A. C. 700, 734.

Deoarece, prin urmare, principiul cazului nu se găsește în mod necesar în fie raționamentul curții fie în problema de drept arătată, trebuie să căutăm vreo altă metodă de a-l determina. Înseamnă aceasta că putem ignora complet opinia și formula principiul pentru noi înșine din faptele cazului și sentința dată pe baza acelor fapte? Aceasta pare a fi părerea unei anumite școli americane de gândire juridică reprezentată de Profesor Oliphant. Potrivit lui este ceea ce judecătorul *face* și nu ceea ce spune care contează. El scrie[32]:

Dar există un factor constant în cazuri care este susceptibil de studiu și satisfacție solidă. Elementul predictibil în el tot este ceea ce curțile au făcut ca răspuns la stimulii faptelor cazurilor concrete în fața lor. Nu opiniile judecătorilor, ci în ce fel decid cazurile, va fi tema dominantă a oricărui studiu cu adevărat științific de drept.

Fără îndoială această teorie este una atractivă, căci are marele farmec al simplității. Nu va mai trebui să analizăm acele uneori foarte lungi și dificile opinii ale judecătorilor; tot ceea ce ne privește sunt faptele și hotărârea finală. Judecătorul care scrie o opinie își va irosi atât propriul său timp cât și al nostru, căci nu este ceea ce *spune* ci ceea ce *face* care contează. Noi putem ignora *conduita vocală* a judecătorului, care uneori umple multe pagini, și concentra asupra *conduitei* lui *nevocale*, care ocupă numai câteva rânduri.[33]

Din nefericire, cred că există un sofism în argumentarea Profesorului Oliphant care ne va împiedica să urmăm această

---

[32] *A Return to Stare Decisis*, (1927) HANDBOOK OF THE ASSOCIATION OF AMERICAN LAW SCHOOLS 76. Această comunicare este retipărită în (1927) XIV A.B.A.J. 71.

[33] Oliphant, *op. cit.* 82: „De ce studiul nostru de cazuri în trecut nu a dat rezultatele căutate acum? S-a făcut încercarea de a arăta că aceasta se datorează în mare măsură faptului că noi ne-am concentrat atenția prea larg asupra *conduitei vocale* a judecătorilor în deciderea cazurilor. Un studiu cu mai mare accent asupra *conduitei* lor *nevocale* – i.e., ceea ce fac în realitate judecătorii când sunt stimulați de faptele cazului în fața lor – este abordarea indispensabilă pentru a exploata științific bogăția de material în procese.

cale convenabilă. Sofismul stă în a sugera că faptele unui caz sunt un factor constant – că decizia finală a judecătorului se bazează pe premisa fixă a unui set de fapte. Nu trebuie să fim filosofi pentru a ne da seama că faptele nu sunt constante ci relative. Problema crucială este „Despre ce fapte vorbim?" Același set de fapte poate părea cu totul diferit la două persoane diferite. Judecătorul își întemeiază concluziile pe un grup de fapte selectate de el ca esențiale, dintr-o masă mai largă de fapte, din care unele pot părea semnificative unui profan, dar care, pentru un om al legii, sunt irelevante. Judecătorul, așadar, ajunge la o concluzie pe faptele *cum le vede el*. Pe aceste fapte își bazează el sentința, și nu pe altele. Urmează că sarcina noastră în analizarea unui caz nu este de a stabili faptele și decizia finală, ci de a stabili faptele esențiale precum văzute de judecător și decizia finală bazată pe ele. *Este prin alegerea lui a faptelor esențiale că judecătorul creează justiție.* O masă de fapte îi este prezentată; el le alege pe cele pe care le consideră esențiale și le respinge pe cele care sunt irelevante și apoi își bazează decizia finală pe cele esențiale. A ignora alegerea lui este a pierde întregul aspect al cazului. Sistemul nostru de precedent juridic devine fără înțeles dacă spunem că vom accepta decizia lui finală dar nu părerea lui despre fapte. Concluzia lui se bazează pe faptele materiale cum le vede el și noi nu putem să adăugăm sau să scădem din ele dovedind că alte fapte au existat în speță. Este, de aceea, esențial să se cunoască ce a spus judecătorul despre alegerea lui a faptelor, căci ceea ce *face* are înțeles pentru noi numai când se examinează în relație cu ceea ce a *spus*. Un divorț al deciziei finale de faptele esențiale pe care se bazează acea decizie finală este ilogic și trebuie să ducă la rezultate arbitrare și nesigure.

Pentru a determina principiul unui caz primul și cel mai esențial pas este, așadar, să se determine care au fost faptele importante pe care judecătorul și-a bazat decizia finală. Dar există unele reguli care ne vor ajuta în izolarea acestor fapte importante? E limpede că nici una nu poate fi găsită care ne va da invariabil rezultatul dorit, căci dacă aceasta ar fi posibil atunci interpretarea cazurilor, care este una dintre artele cele mai dificile, ar fi comparativ uşoară. Următoarele sugestii de încercat, pot, însă, să se dovedească de oarecare ajutor studentului confruntat cu prima lui carte de cazuri.

Dacă nu este nici o opinie, sau dacă opinia nu conține o expunere a faptelor, atunci trebuie să presupunem că toate faptele date în dosarul procesului sunt importante cu excepția celor care în aspectul lor exterior nu sunt. Astfel faptele de persoană, timp, loc, fel şi cantitate sunt probabil neimportante dacă nu sunt specificate a fi importante. De regulă legea este aceeaşi pentru toate persoanele, în toate timpurile şi în toate locurile în cadrul jurisdicției curții. Pentru scopurile procesului un contract făcut între A şi B în Liverpool luni implicând vânzarea unei cărți valorând £10este identic cu un contract similar făcut între C şi D la Londra vineri implicând vânzarea unei picturi valorând £ 100. 000.

Acolo unde este o opinie dar faptele nu sunt expuse în ea noi trebuie să examinăm dosarul procesului cu mare grijă, căci raportorul se poate să fi lăsat afară un punct esențial. Este din acest motiv în special că este util să se compare diferitele rapoarte ale aceluiaşi caz dacă există vreo îndoială în ceea ce priveşte principiul implicat în el: Binecunoscutul caz al lui *William v. Carwardine* a tulburat generații de studenți în drept pentru că dosarul procesului îndeobşte menționat este cel în 4 Barnewall şi Adolphus la p. 621. Faptele, cum sunt date acolo, arată numai că inculpatul a oferit o recompensă pentru anumită informație şi că reclamantul a dat informația din motive nelegate de recompensă. Nu se spune că partea civilă ştia de ofertă. Dar în dosarul cazului în 5 Carrington şi Payne următorul dialog este dat la p. 574:

Lord DENMAN; J.S. A fost vreo îndoială sugerată în ceea ce priveşte dacă partea civilă ştia de anunț la vremea când a făcut dezvăluirea?

CURWOOD (pentru inculpat). Ea trebuie să fi ştiut de el, deoarece a fost afişat peste tot în Hereford, locul unde trăia.

Omiţând un fapt esenţial, viz. cunoaşterea ofertei recompensei, dosarul procesului în Barnewall şi Adolphus face nonsens din caz.[34] Aceasta nu este nefrecvent în acele cazuri în care faptele sunt expuse de raportor, căci fie datorită unei neînţelegeri a punctului implicat fie în zelul său pentru comprimare, se poate să fi lăsat afară un fapt esenţial. În prezent, însă absenţa unei opinii, sau a unei opinii care expune faptele, este atât de nefrecventă încât este nenecesar să se discute această situaţie mai îndelungat.

Dacă este o opinie care prezintă faptele, primul punct de observat este că noi nu putem merge în spatele opiniei pentru a arăta că faptele par să fie diferite în procesul-verbal. Suntem legaţi de expunerea de către judecător a faptelor chiar dacă este evident că el le-a expus greşit, căci este pe faptele aşa cum, el poate incorect, le-a văzut că şi-a bazat sentinţa. Dificultatea în multdiscutatul caz de retragere a ofertei, *Dickinson v. Dodds*[35], se datorează mai ales faptului că raportorul în relatarea lui introductivă spune[36], „Reclamantul a fost informat de un domn Berry că Dodds oferise ori fusese de acord să vândă proprietatea către Thomas Allen", deşi, când ne întoarcem la sentinţe, aflăm că James, L.J., spune[37]:

În acest caz, dincolo de orice îndoială reclamantul ştia că Dodds nu mai avea de gând să-i vândă lui proprietatea la fel de simplu şi clar cum Dodds îi spusese în atât de multe cuvinte, „Retrag oferta". Aceasta este evident din propria declaraţie a părţii civile în reclamaţie.[38]

---

[34] În MILES AND BRIERLY, CASES ON THE LAW OF CONTRACT (1923) 6 n. 1, acest punct este făcut de erudiţii editori.

[35] (1876) L.R. 2 Ch. D. 463.

[36] Id. la 464.

[37] Id. la 472.

[38] Întrucât noi nu avem reclamaţia părţii civile, e limpede că este imposibil să se discute expunerea de fapte dată de James, L.J., chiar dacă este în conflict cu aceea a raportorului.

Mellish, L.J., expune faptele după cum urmează[39]:

Apoi Dickinson este informat de către Berry că proprietatea a fost vândută de Dodds lui Allen. Berry nu ne spune de la cine a auzit, dar spune că a auzit, că știa, și că l-a informat pe Dickinson despre aceasta.

Dacă luăm faptele raportorului, decizia finală dată în *Dickinson v. Dodds* este uimitoare; dacă acceptăm, cum suntem obligați să o facem, faptele așa cum sunt date în sentințe decizia finală pare una rezonabilă. Două alte cazuri ilustrează acest punct într-un mod interesant. În *Smith v. London and South Western Ry. Co.*[40], Kelly, C.B. Channell, B., și Blackburn, J., fiecare a presupus ca un fapt „că nici un om rezonabil nu ar fi prevăzut că focul va ajunge la casa reclamantului". Pierdem întregul punct al judecăților lor dacă încercăm să le explicăm arătând că un om rezonabil ar fi trebuit să prevadă că focul putea să atingă casa.[41] În mod asemănator în *Re Polemis and Furness, Withy and Co.*[42] Curtea de Apel a fost legată de stabilirea faptului de către judecători că un om rezonabil nu ar fi anticipat că o scândură căzând în reazimul unei oale de gătit cu aburi plină de vapori de benzină ar putea provoca o explozie. Această stabilire de fapte este probabil incorectă, dar nu o putem ignora dacă trebuie să determinăm adevăratul principiu al judecăților bazate pe el. Cum s-a spus deja, dacă nu suntem legați de faptele precum expuse de judecător ar fi complet ilogic să fim legați de concluzia lui asupra acelor fapte.

---

[39] Id. la 474.

[40] (1870) L.R. 6 C.P. 14. Acest caz este discutat la considerabilă lungime în ESSAYS IN JURISPRUDENCE AND THE COMMON LAW; la 117 *et. seq.*

[41] Aceasta este ceea ce un număr de autori americani erudiți au încercat să facă. Vezi *The Palsgraf Case* în ESSAYS IN JURISPRUDENCE AND THE COMMON LAW, 129 et. seq.

Pentru o explicație similară a cazului *Smith*, vezi Professor Leon Green, *The Palsgraf Case* (1930) XXX COL. L. REV: 789,792, n. 5a.

[42] [1921] 3 K. B. 560. Vezi ESSAYS IN JURSIPRUDENCE AND THE COMMON LAW 121 *et. seq.*

O astfel de cale ar fi de asemenea foarte neconvenabilă, căci ar deveni atunci necesar când citâm un caz important să parcurgem minuta astfel încât să fim siguri că faptele precum date de curte au fost corecte. Ținând seama de vastul număr de precedente juridice existând asupra aproape oricărui punct disputat de lege, sarcina juristului de drept cutumiar este suficient de dificilă în prezent – dacă trebuie să consulte și minuta în fiecare caz pentru a determina care au fost faptele reale, munca lui va fi covârșitoare. Accentul pe care bibliotecile de drept americane îl pun acum pe strângerea întregilor procese-verbale în cazurile principale se poate dovedi a fi unul periculos, căci astfel de colecții tind să încurajeze o practică ce este neconvenabilă în operare și dezastruoasă în teorie.

Deși este comparativ rar să găsim orice conflict real între faptele date în opinie și cele în proces-verbal, este de ocurență frecventă să aflăm că faptele în opinie scapă să includă unele dintre faptele în minută. În aceste circumstanțe există două posibile explicații ale omisiunii: (1) faptul a fost examinat de către curte dar a fost găsit a fi neimportant, sau (2) faptul în minută nu a fost examinat de către curte deoarece nu a fost adus atenției ei de către avocați sau a fost dintr-un oarecare alt motiv trecut cu vederea. Care dintre cele două explicații este cea corectă va depinde de circumstanțele cazului particular. Dacă avocații s-au referit la fapt în cursul pledoariilor lor, aceasta este puternică dovadă că faptul nu a fost trecut cu vederea ci a fost omis intenționat. Din acest motiv practica în Dosarele Proceselor Juridice de a prezenta un scurt rezumat al cuvântărilor avocaților este de valoare deosebită. Dar dacă este clar că un anumit fapt, oricât de important ar fi putut fi, nu a fost examinat de către curte, atunci cazul nu este un precedent juridic în cazuri viitoare în care apare un fapt similar. Astfel, în cazul principal al lui *Dunlop Tyre Co. v. Selfridge and Co.*[43] nu s-a făcut nici o

---

[43] [1915] A.C. 847.

mențiune fie de către judecători fie avocați despre posibilul fapt
că fusese creată o tutelă, și Profesor Corbin[44] a argumentat cu
mare forță că acest caz nu poate așadar fi considerat a fi un
precedent juridic în nici un caz în care faptul unei tutele este
arătat a exista. Din nou, în *Fisher v. Oldham Corporation*[45]
MCardie, J., discutând *ratio decidendi* al lui Bradford Corpo-
ration v Webster[46], a spus:

> E limpede, însă, că punctul de care mă ocup ar fi putut fi ridicat
> de inculpați. Dar, *mirabile dictu,* nici un astfel de punct nu a fost
> chiar menționat învățatului judecător... Învățatul judecător, de
> aceea, niciodată chiar nu a examinat punctul care este acum în fața
> mea pentru decizie.

Trebuie să se observe, însă, că sarcina de a arăta că un fapt a
fost trecut cu vederea este una grea, fiindcă de regulă un fapt
vital nu scapă atenției avocaților și a curții.[47]

---

[44] Profesor Arthur L. Corbin, *Contracts for the Benefit of Third Parties*
(1930) 46 L.Q.R. 12. Se poate, probabil, întreba dacă crearea unei tutele
este o problemă de fapte sau de drept; răspunsul este că dacă un set de
fapte este astfel că prin aplicarea normei adecvate de drept X este constituit
un tutore, atunci tutela lui X este ea însăși un fapt.

[45] (1930) 46 T.L.R. 390.

[46] [1920] 2 K.B. 135.

[47] Un interesant exemplu este cazul recent a lui *Vilder v. Sasun* (The Times,
Oct. 16, 1929). Acesta a fost o acțiune pentru călcare de promisiune de căsăto-
rie, pretinsa promisiune fiind făcută de inculpat în timp ce era ocnaș în închi-
soare. Obiecția că un ocnaș nu poate face un contract nu a fost acceptată până
ce cazul a ajuns la Curtea de Apel, când acea curte a considerat că problema
fusese ridicată prea târziu. Deoarece nu s-a atras atenția judecătoruliu de primă
instanță asupra faptului că exista un statut asupra subiectului, cazul nu poate fi
considerat un precedent juridic asupra acestui punct.
    Un exemplu chiar mai izbitor este *R. v. Kynaston* (The Times, Dec. 14,
1926), în care un doctor a fost amendat pentru o contravenție la Dangerous
Drugs Act, 1925, deși Legea nu intrase încă în vigoare. Vezi nota în (1927)
43 L.Q.R. 155.
    În London Street Tramways Co. v. London County Council, [1898] A.C.
375, în timp ce discutând problema dacă Camera Lorzilor era legată de
propriile ei sentințe anterioare, Contele de Halsbury, L.C., a spus la 380:
„Se spune că această Cameră ar fi putut să omită să observe un Act al

Determinând, ca prin pas, toate faptele cazului precum văzute de judecător, este apoi necesar să descoperim care dintre aceste fapte le-a găsit el importante pentru sentința lui. Acesta este mult mai dificil decât primul pas, căci judecătorul poate scăpa să-și eticheteze faptele. Este numai judecătorul puternic, unul care este limpede în propria lui minte în ceea ce privește motivele pentru decizia lui[48], care invariabil spune „pe baza faptelor A și B și numai baza lor ajung la concluzia X". Prea deseori judecătorul prudent va include în opinia lui fapte care nu sunt esențiale pentru sentința lui, lăsând pentru generații viitoare să determine dacă sau nu aceste fapte constituie o parte a *ratio decidendi*. Următoarele principii călăuzitoare, însă, pot fi urmate în a distinge între fapte importante și neimportante.

(1) Cum am afirmat mai sus în discutarea principiului unui caz în care nu este opinie, faptele de persoană, timp, loc, fel și cantitate sunt probabil neimportante. Aceasta este adevărat într-o măsură chiar mai mare când este o opinie, căci dacă aceste fapte sunt socotite a fi importante se va pune firește un accent deosebit pe ele.

(2) Toate faptele pe care instanța în mod precis le stabilește a fi neimportante trebuie să fie considerate neimportante. În *People v. Vandewater*[49,] inculpatul, care era acuzat de a susține o infracțiune împotriva ordinii publice, păstra un loc ilicit de

---

Parlamentului care a fost după aceea găsit să fi fost anulat. Mi se pare că răspunsul la acea ingenioasă sugestie este unul foarte clar – anume, că aceea ar fi o eroare de fapt. Dacă Camera a fost sub impresia că exista un Act când nu exista un astfel de Act cum s-a sugerat, desigur ei nu ar fi legați, când faptul a fost stabilit că nu a existat un astfel de Act sau că Actul fusese anulat, de a purcede la ipoteza că Actul a existat."

[48] A fost Jessel, M.R. (directorul arhivelor la înalta curte de casație – *n.t.*), care a spus „Mă pot înșela, dar nu am niciodată un fel de îndoieli." Un exemplu uluitor de judecată nesigură este opinia Lordului Hatherley în River Wear Commissioners v. Adamson, (1877) 2 App. Cas. 743, 752. Despre aceasta Atkin, L.J., a spus în *The Mostyn*, [1927] P.25, că nu știa să determine dacă Lord Hatherley „contribuia ca apelul să fie permis, sau ca apelul să fie refuzat, sau dacă ajuta la opinia dată de Lord Cairns."

[49] 250 N.Y. 83.

băut. Exista dovadă că această casă era într-adevăr dezordonată întrucât persoane se îmbătau în local şi erau lăsate în starea aceea. Majoritatea Curţii de Apel din New York, vorbind prin Lehman, J., considera că faptul că acţiuni de stricăciune şi tulburare se întâmplaseră era neimportant. Învăţatul judecător[50] a spus:

> Caracterul dezordonat al locului ilicit de băut este cel care constituie ofensa la decenţa publică. Acea ofensă provine din natura actelor obişnuit făcute în local şi vătămarea moralei şi sănătăţii comunităţii care fireşte trebuie să decurgă de aici, afară de stricăciunea sau tulburarea acelor persoane care ar putea fi în vecinătate.

Acest caz în mod izbitor ilustrează distincţia între punctul de vedere că o speţă este autoritate pentru o chestiune bazată pe toate faptele sale, şi punctul de vedere că este autoritate pentru o chestiune bazată numai pe acele fapte care au fost văzute de curte ca relevante. Dacă adoptăm primul punct de vedere, atunci sentinţa majorităţii este numai un dictum, neobligatoriu în nici o cauză viitoare în care faptele nu arată dezordine reală. În conformitate cu al doilea punct de vedere curtea a stabilit în mod precis că faptul de dezordine este irelevant. Cazul este, aşadar, un precedent juridic obligatoriu în toate cazurile viitoare în care sunt păstrate fie bine rânduite sau dezordonate locuri de băut ilicite. Cazul poate fi analizat după cum urmează:

Faptele cazului

Fapt I. D a menţinut un loc de băut ilicit.
Fapt II. Acest loc ilicit era zgomotos şi dezordonat.
Concluzie. D este vinovat de a menţine o contravenţie.

Fapte esenţiale precum văzute de curte

Fapt I. D a menţinut un loc de băut ilicit.
Concluzie. D este vinovat de a menţine contravenţie.

---

[50] Id. la 96. Cursivele îmi aparţin (autorului).

Considerând în mod precis că fapt II era neimportant, curtea a reușit să creeze un principiu larg în loc de unul îngust.

(3) Toate faptele pe care curtea implicit le tratează ca neesențiale trebuie să fie considerate neesențiale. Dificultatea în aceste cazuri este de a determina dacă o curte a considerat sau nu faptul neesențial. Dovada acestei implicații este găsită când curtea, după ce a stabilit faptele la modul general, purcede apoi să aleagă un număr mai mic de fapte pe care își bazează decizia finală. Faptele omise sunt probabil considerate a fi neimportante. În *Rylands v. Fletcher*[51] inculpatul a angajat un contractant independent să facă un rezervor pe pământul său. Datorită neglijenței contractantului de a nu umple niște puțuri de mină scoase din uz, apa a scăpat și a inundat mina reclamantului. Inculpatul a fost făcut răspunzător. Este principiul cazului că un om care construiește un rezervor pe pământul său este răspunzător pentru neglijența unui contractant independent? De ce atunci este cazul invariabil citat ca stabilind doctrina mai largă a „absolutei răspunderi?" Răspunsul se găsește în opinii. După stabilirea faptelor ca mai sus, judecătorii pe urmă au ignorat faptul neglijenței contractantului și și-au bazat concluziile pe faptul că fusese construit un rezervor artificial. Neglijența contractantului era, de aceea, implicit a fi un fapt neesențial. Cazul poate fi analizat după cum urmează:

Faptele cazului

Fapt I. Lui D i s-a construit un rezervor pe pământul său.
Fapt II. Contractantul care l-a construit a fost neglijent.
Fapt III. Apa a scăpat și l-a vătămat pe P.
Concluzie. D este răspunzător față de P.

Fapte esențiale precum văzute de curte

Fapt I. Lui D i s-a construit un rezervor pe pământul său.

---

[51] (1868) L. R. 3 H. L. 330.

Fapt II. Apa a scăpat și l-a vătămat pe P.

Concluzie. D este răspunzător față de P.

Prin omisiunea faptului II, a fost stabilită doctrina „absolutei răspunderi".

E limpede din cazurile de mai sus că este esențial să se determine care fapte au fost considerate a fi importante, căci principiul unui caz depinde la fel de mult de excludere cum depinde de includere. Este în aceste circumstanțe că motivele prezentate de judecător în opinia sa, ori enunțarea sa a normei de drept pe care o urmează, sunt de deosebită importanță, căci ele ne pot înzestra cu un principiu călăuzitor pentru a determina care fapte le-a considerat importante și care neimportante. Considerentul lui poate fi incorect și enunțarea lui a legii prea largă, dar ele ne vor indica pe ce fapte a ajuns el la concluzia lui.

Uneori, însă, putem fi înșelați în a crede că un judecător a tratat implicit un fapt ca neesențial când el nu a intenționat să procedeze astfel. Poate cel mai izbitor exemplu despre aceasta poate fi găsit în *Sheffield v. London Joint Stock Bank.*[52] Agentul părții civile a depozitat anumite bonuri de valoare la un cămătar pentru a obține un avans. Cămătarul le-a amanetat la banca inculpatului pentru o sumă mai mare și când mai târziu a devenit falit banca a pretins să țină bonurile ca garanție pentru totalul datoriei lui. În sentința sa Lord Halsbury, L.C., a spus că dacă banca avea motiv să creadă că garanțiile[53] „ar putea aparține altcuiva, cred că erau obligați să se intereseze". Lord Bramwell a spus[54]: „Ei (banca) trebuie să fi știut – aș putea spune, cu siguranță au crezut —că proprietatea nu era a lui Mozley (cămătarul)... Mi se pare, așadar, că ei nu pot ține această proprietate cu excepția a ceea ce apelantul a autorizat să fie amanetat?" Opinia lordului Macnaghten arată[55]: „Băncile știau că persoana care a tratat

---

[52] (1888) 13 App. Cas. 333.

[53] Id. la 341.

[54] Id. la 346.

[55] Id. la 348.

cu ele ca posesor nu acționa cu drept de proprietate. Ele au crezut fără probe că el avea autoritate, dar dintr-un motiv sau altul nu au ales să întrebe ce era acea autoritate". Din aceste declarații ar părea că faptele importante ale cazului erau:

(a) S a amanetat anumite garanții de valoare la M.

(b) M fără autoritate a amanetat garanțiile pentru o sumă mai mare la bancă.

(c) Banca știa sau avea motiv să creadă că M nu era posesorul garanțiilor.

(d) Banca a scăpat să întrebe care era autoritatea lui M.

Concluzie. S avea dreptul la returnarea garanțiilor sale depunând suma avansului făcut lui de M.[56]

Trei ani mai târziu în *Simmons v. London Joint Stock Bank*[57] faptele erau după cum urmează. Mijlocitorul părții civile în mod fraudulos a amanetat la banca inculpatului garanții de valoare aparținând reclamantului. Banca știa sau avea motiv să creadă că mijlocitorul nu era posesorul bonurilor. Ea nu a făcut nici un fel de cercetări cât despre ce era autoritatea lui. Este nu tocmai surprinzător că judecătorul de primă instanță și Curtea de Apel au socotit că erau obligați să se pronunțe pentru partea civilă în baza autorității cazului *Sheffield*, faptele esențiale în ambele cazuri fiind identice. Dar când cazul *Simmons* a ajuns la Camera Lorzilor[58] decizia Curții de Apel a fost anulată, luminățiile lor subliniind, cu oarecare indignare din partea lordului Halsbury, L.C.[59], că[60],

---

[56] În enunțarea lui preliminară a faptelor raportorul a spus, la 334: „În această Cameră, cum se va vedea din sentințe, luminățiile lor, fiind de părere că băncile fie în realitate știau, fie aveau motiv să creadă, că garanțiile aparțineau sau ar putea să aparțină nu lui Mozley ci cleinților săi, au considerat că băncile erau obligate să se informeze asupra măsurii autorității lui Mozley de a amaneta garanțiile."

[57] [1891] 1 Ch. 270.

[58] [1892] A.C. 201.

[59] La p. 208 Lord Halsbury, L.C., spune „Prima observație pe care aș face-o este, că dacă, așa cum cred, să fie precis că problema este una care este să fie determinată pe faptele cazului, nici un caz nu poate fi o autoritate pentru un

„concluziile trase din afacerea condusă de cămătar în *Lord Sheffield's Case*, erau specifice acelui caz...". Faptul că Mozley era cămătar era atotimportant, căci ocupația lui ar fi trebuit să-i dea băncii indicația că el avea numai o autoritate limitată de a ridica bani în baza garanțiilor clientului său. Din păcate acest fapt esențial a fost atât de puțin subliniat în sentințe încât existența lui a scăpat complet atenției unei Curți de Apel puternice când examina problema autorității unui mijlocitor în cazul *Simmons*. Cazul *Sheffield* este un semnal pentru noi de a fi atenți înainte de a presupune că un fapt este neesențial doar pentru că nu a fost subliniat.[61]

(4) Toate faptele care sunt în mod precis stabilite a fi esențiale trebuie considerate esențiale. Astfel de enunțări specifice se găsesc de obicei în cazuri în care judecătorilor le e teamă de a stabili un principiu prea larg. Astfel în *Heaven v. Pender*[62] reclamantul, un muncitor angajat să vopsească un vapor, a fost vătămat datorită unei schele defecte furnizate de proprietarul

---

altul." Cu tot respectul, este greu să vezi cum orice problemă poate fi determinată în afară de „pe faptele cazului." Adevărata distincție este între fapte care pot fi generalizate și cele care nu pot fi, sau, cum spune Sir John Salmond, cele la care se poate răspunde în principiu sau *in abstracto* și cele care sunt concrete (Jurisprudence, 7th ed, 205). Astfel faptul că M, cămătar, a depozitat anumite garanții la bancă este în mod necesar unic, dar faptul că băncile trebuie să știe că persoanele care împrumută bani au numai o autoritate limitată poate fi generalizat. În supranota la cazul *Simmons* (p. 201) există afirmația că, „Decizia acestei Camere în *Earl of Sheffield v. London Joint Stock Bank* a survenit complet pe faptele speciale ale acelui caz." Decizia a depins de faptul că M era cămătar, principiul cazului fiind aplicabil la toate cazurile similare în care ar putea fi implicați cămătari.

[60] Id. la 211.

[61] În cazul recent al lui Hole v. Garnsey, [1930] A.C. 472, Lord Buckmaster în Camera Lorzilor, Directorul arhivelor la înalta curte de casație și doi judecători ai Curții de Apel, și judecătorul care a judecat procesul nu aveau nici o îndoială că Biddulph v. Agricultural Wholesale Society, Ltd., [1927] A.C. 76, fusese decis pe anumite fapte și era de aceea obligatoriu în cazul curent, deși ceilalți patru lorzi juriști erau la fel convinși că fusese decis în baza altor fapte și nu era în regulă.

[62] (1883) 11 Q.B.D. 503.

docului inculpat către proprietarul vasului. Brett, M.R., a considerat că inculpatul era răspunzător pe motivul că[63],

ori de câte ori o persoană este prin împrejurări plasată într-o astfel de poziție față de o alta încât fiecare cu simț obișnuit care gândea va recunoaște imediat că dacă el nu folosea grija și iscusința obișnuite în propria lui conduită față de acele împrejurări el va cauza pericol de vătămare persoanei sau proprietății celuilalt, apare o datorie să folosească grija și iscusința obișnuite pentru a evita asemenea pericol.

Cotton și Bowen, L. JJ., au fost de acord cu Directorul arhivelor la înalta curte de casație că inculpatul era răspunzător, dar faptele esențiale pe care și-au bazat sentința erau[64] că (a) reclamantul era pe schelă pentru afacere în care era interesat proprietarul docului, și (b) el „trebuie să fie considerat ca invitat de proprietarul docului pentru a folosi docul și toate dispozitivele docului puse la dispoziție de proprietarul docului ca incident la folosirea docului". Principiul cazului nu poate, așadar, fi extins dincolo de limitarea acestor fapte esențiale.

(5) Dacă opinia nu distinge între fapte esențiale și neesențiale, atunci toate faptele expuse în opinie trebuie să fie considerate esențiale cu excepția acelora care în aspectul lor exterior sunt neesențiale. Există o prezumție împotriva principiilor largi de drept și cu cât e mai mic numărul faptelor esențiale într-un caz cu atât mai larg va fi principiul. Astfel dacă un proces ca *Hambrook v. Stokes Bros.*[65], în care o mamă a murit din cauza șocului la vederea unui accident de mașină care i-a amenințat copilul, este decis pe faptul că un spectator poate obține daune pentru vătămare datorită șocului, avem un larg principiu de drept[66]. Dacă faptul suplimentar că spectatorul era o mamă este considerat a fi esențial dobândim atunci un principiu îngust de drept.[67] De aceea,

---

[63] Id. la 509.
[64] Id. la 515.
[65] [1925] 1 K.B. 141.
[66] Vezi sentința lui Atkin, L.J., id. la 152.
[67] Vezi sentința lui Bankes, L.J. id. la 146.

afară dacă un fapt este expres sau implicit considerat a fi neesențial trebuie să fie considerat esențial.

(6) Până acum am discutat metoda de a determina principiul unui caz în care este numai o singură opinie, sau în care toate opiniile sunt în acord. Cum determinăm principiul unui caz în care există mai multe opinii care sunt de acord în ceea ce priveşte rezultatul dar diferă în faptele esențiale pe care se bazează? Într-o astfel de eventualitate principiul cazului este limitat la suma tuturor faptelor considerate a fi esențiale de către diferiți judecători. Un caz implică faptele A, B și C, iar inculpatul este considerat răspunzător. Primul judecător găsește că faptul A este singurul fapt esențial, al doilea că B este esențial, al treilea că C este esențial. Principiul cazului este, prin urmare, că în baza faptelor esențiale A, B și C inculpatul este răspunzător. Dacă, însă, doi dintre cei trei judecători fuseseră în acord că faptul A era singurul esențial și că celelalte erau neesențiale, atunci cazul va fi un precedent juridic pe baza acestui punct chiar dacă al treilea judecător socotise că faptele B și C erau cele esențiale. Metoda de a determina principiul unui caz în care sunt mai multe opinii este în acest mod aceeași ca aceea folosită când există numai una. Studentul trebuie să se îngrijească însă, să vadă că faptele esențiale din fiecare opinie sunt stabilite și analizate atent, căci uneori judecătorii cred că ei sunt în acord asupra faptelor numai când ei coincid în rezultat.[68]

Stabilind faptele esențiale și neesențiale ale cazului precum văzute de către curte, putem apoi să procedăm la stabilirea principiului cazului. El se găsește în concluzia la care au ajuns judecătorii pe baza faptelor esențiale și a excluderii celor neesențiale. Într-un anume caz curtea găsește că faptele A, B și C există. Ea după aceea exclude faptul A ca neesențial și în baza faptelor B și C ajunge la concluzia X. Care este *ratio decidendi* al acestui caz? Există două principii: (a) în

---

[68] Cf. diferitelor sentințe în Great Western Ry. Co. v. Owners of S.S. Mostyn, [1928] A.C. 57. Vezi nota în (1928) 44 L.Q.R. 138 asupra acestui punct.

orice caz viitor în care faptele sunt A, B şi C, curtea trebuie
să ajungă la concluzia X, şi (b) în orice caz viitor în care
faptele sunt B şi C, curtea trebuie să ajungă la concluzia X. În
al doilea caz absenţa faptului A nu afectează rezultatul, căci
faptul A a fost considerat a fi neesenţial. Curtea, aşadar,
creează un principiu când determină care sunt faptele esenţia-
le şi care sunt neesenţiale pe care îşi bazează decizia.

Urmează că o concluzie bazată pe un fapt, a cărui existenţă
nu a fost determinată de către curte, nu poate stabili un princi-
piu. Avem atunci ceea ce se cheamă un dictum. Dacă, prin
urmare, un judecător în cursul opiniei lui sugerează un fapt
ipotetic şi apoi stabileşte la ce concluzie ar ajunge dacă acel
fapt a existat, el nu creează un principiu. Dificultatea care se
constată uneori în a determina dacă un enunţ este un dictum
sau nu, se datorează incertitudinii în ceea ce priveşte dacă
judecătorul tratează un fapt ca ipotetic sau real. Când un
judecător spune, „În acest caz deoarece faptele sunt aşa şi aşa
ajung la concluzia X", acesta nu este un dictum, chiar dacă
judecătorul a fost inexact în enunţarea sa a faptelor. Dar dacă
judecătorul spune, „Dacă faptele în acest caz ar fi aşa şi aşa
atunci aş ajunge la concluzia X", acesta este un dictum, chiar
dacă faptele sunt precum date. Al doilea punct frecvent apare
când un caz implică două seturi diferite de fapte. Determinând
primul set de fapte şi ajungând la o concluzie asupra lor,
judecătorul poate să nu dorească să ocupe timpul în mod
necesar implicat în determinarea celui de-al doilea set. Orice
păreri pe care le poate exprima în ceea ce priveşte al doilea set
nedeterminat sunt aşadar dicta. Dacă, totuşi, judecătorul de-
termină ambele seturi, cum este liber să o facă, şi ajunge la o
concluzie în baza ambelor, atunci cazul creează două principii
şi nici unul nu este un dictum. Astfel faimosul caz al lui *Natio-
nal Sailors' and Firemen's Union v. Reed*[69] în care Astbury, J.,
a declarat Greva Generală din 1926 a fi ilegală, a implicat două

---

[69] [1926] 1. Ch. 536.

seturi de fapte și învățatul judecător a ajuns la o concluzie în baza fiecăruia[70]. Se afirmă că este incorect să spui că fiecare dintre concluzii a implicat un dictum fiindcă una a precedat pe cealaltă sau fiindcă una s-a bazat pe motive largi și cealaltă pe unele înguste.[71] Pe de altă parte, dacă într-un caz judecătorul consideră că un anumit fapt împiedică o cauză de acțiune de a se ivi, atunci constatarea lui ulterioară că ar fi fost o cauză de acțiune cu excepția acestui fapt este un *obiter dictum*. Excluzând faptul preventiv situația devine ipotetică și concluzia bazată pe astfel de fapte ipotetice, poate fi numai un dictum.[72]

Stabilind principiul unui caz și excluzând orice dicta, pasul final este de a determina dacă sau nu este un precedent juridic obligatoriu pentru vreun caz următor în care faptele sunt *prima facie* similare. Aceasta implică o dublă analiză. Trebuie mai întâi să stabilim faptele esențiale în cazul precedent și apoi să încercăm să le găsim pe cele esențiale în cel de-al doilea. Dacă acestea sunt identice, atunci primul caz este un precedent juridic obligatoriu pentru cel de-al doilea, și curtea trebuie să ajungă la aceeași concluzie cum a făcut în primul. Dacă primului caz îi lipsește orice fapt esențial sau conține orice alte suplimentare negăsite în primul, atunci nu este un precedent juridic direct.[73] Astfel în *Nichols v.*

---

[70] Primul set de fapte a inclus faptul Grevei Generale. Al doilea set a exclus Greva Generală, dar a inclus faptul că normele interne ale uniunii erau violate.

[71] Pentru păreri contradictorii asupra acestui punct vezi nota de către un autor experimentat în (1926) 42 L.Q.R. 289, și de asemenea nota în 42 L.Q.R. 296.

[72] În Lynn v. Bamber, [1930] 2 K.B. 72, McCardie, J., a considerat că frauda fățișă era un bun răspuns la o excepție a Statutelor Prescripției. Cum, însă, el a găsit că nu exista nici o fraudă în cazul în fața lui, se afirmă că declarația lui în ceea ce privește Statutele Prescripției era un dictum. Asupra acestui punct vezi nota în (1930) 46 L.Q.R. 261.

[73] Poate însă, avea mare greutate ca analogie. Astfel dacă s-a considerat într-un caz că un legatar care și-a omorât testatorul nu paote să preia testamentul, aceasta va fi o analogie de oarecare greutate într-un caz viitor în care legatarul a comis omor prin imprudență. Este important să se

Marsland[74] faptele esenţiale erau similare celor în *Rylands v. Fletcher*[75] cu excepţia faptului suplimentar că apa a scăpat datorită unei violente furtuni. Dacă instanţa găsise că acest fapt suplimentar nu era unul important, atunci regula în *Rylands v. Fletcher* s-ar fi aplicat. Deoarece a găsit, însă, că era unul important, a putut să ajungă la o concluzie diferită.

Înainte de a rezuma regulile sugerate mai sus, două posibile critici trebuie să fie examinate. Se poate spune că o doctrină care găseşte principiul unui caz în faptele lui esenţiale ne lasă cu abia nişte principii juridice generale, căci faptele sunt infinit diverse. Este adevărat că faptele sunt infinit diverse, dar faptele esenţiale care se găsesc de obicei într-o relaţie juridică particulară sunt strict limitate. Astfel faptul că trebuie să fie consideraţie într-un simplu contract este un fapt esenţial unic deşi felurile de consideraţie sunt nelimitate. Iarăşi, dacă A construieşte un rezervor pe Blackacre şi B construieşte unul pe Whiteacre, proprietarii, constructorii, rezervoarele şi terenurile sunt diferite. Dar faptul esenţial este că o persoană a construit un rezervor pe pământul său în fiecare caz acelaşi. Desigur o curte poate totdeauna să evite un precedent juridic găsind că un fapt suplimentar este esenţial, dar dacă face astfel fără judecată rezultatul duce la confuzie în proces. Un astfel de argument presupune, în plus, că instanţele sunt viclene şi arbitrare. Orice poate să fi fost adevărat în trecut, este clar că în prezent curţile engleze nu încearcă să înşele justiţia în acest fel.

---

observe că atunci când un caz este folosit numai ca o analogie, şi nu ca un direct precedent juridic obligatoriu, că raţionamentul curţii prin care a ajuns la sentinţa ei are mai mare greutate decât concluzia însăşi. A doua curte, fiind liberă să ajungă la propria ei concluzie, va adopta doar raţionamentul primei curţi dacă îl consideră a fi corect şi dezirabil. În astfel de precedente juridice analoge *ratio decidendi* al cazului poate cu oarecare adevăr fi descris ca raţiunea cazului.

[74] (1875) L.R. 10 Ex. 255.

[75] (1868) L.R. 3 H.L. 330.

A doua critică poate fi formulată după cum urmează: Dacă suntem legați de fapte precum văzute de judecător, nu poate aceasta să-i îngăduie deliberat sau prin inadvertență să decidă un caz care nu a fost în fața lui bazându-și decizia pe fapte stabilite de el a fi reale și esențiale dar în realitate neexistente? Poate concluzia lui într-un astfel de caz să fie ceva mai mult decât un dictum? Poate un judecător, făcând o greșeală, să-și acorde sieși autoritate de a decide ceea ce este în fapt un caz ipotetic? Răspunsul la această interesantă întrebare este că întreaga doctrină a precedentului juridic se bazează pe teoria că de obicei judecătorii nu fac greșeli fie în legătură cu faptele fie în legătură cu legea. Într-un caz excepțional un judecător poate din greșeală să-și bazeze concluzia pe un fapt neexistent, dar este mai bine de suportat această greșeală, care se poate dovedi de folos dreptului în general, oricât de dureroase pot să fi fost rezultatele ei pentru procesivul individ, decât să se arunce îndoială asupra fiecărui precedent juridic pe care se bazează jurisprudența noastră.

CONCLUZIE

Regulile pentru a găsi principiul unui caz pot, așadar, fi rezumate după cum urmează:

(1) Principiul unui caz nu se găsește în motivele prezentate în opinie.

(2) Principiul nu se găsește în norma de drept arătată în opinie.

(3) Principiul nu se găsește în mod necesar printr-o considerare a tuturor faptelor constatabile ale cazului și deciziei judecătorului.

(4) Principiul cazului se găsește prin luarea în considerație (a) a faptelor tratate de judecător ca esențiale, și (b) a deciziei lui ca bazată pe ele.

(5) În găsirea principiului este deopotrivă necesar să se stabilească ce fapte erau considerate a fi neesențiale de către

judecător, deoarece principiul poate depinde la fel de mult de excludere cum depinde de includere.

Regulile pentru găsirea care fapte sunt esențiale și care fapte sunt neesențiale precum văzute de judecător sunt după cum urmează:

(5) Toate faptele de persoană, timp, loc, fel și cantitate sunt neesențiale afară dacă stabilite a fi esențiale.

(2) Dacă nu este nici o opinie, sau opinia nu prezintă nici un fel de fapte, atunci orice alte fapte în minută trebuie să fie tratate ca esențiale.

(3) Dacă este o opinie, atunci faptele precum expuse în opinie sunt concluzive și nu pot fi contrazise din minută.

(4) Dacă opinia omite un fapt care apare în minută aceasta poate fi datorat fie (a) scăpării din vedere, fie (b) unei implicite constatări că faptul este neesențial. Cel de-al doilea va fi presupus a fi cazul în absența altei dovezi.

(5) Toate faptele pe care judecătorul în mod precis le stabilește a fi neesențiale trebuie să fie considerate neesențiale.

(6) Toate faptele pe care judecătorul în mod implicit le tratează ca neesențiale trebuie să fie considerate neesențiale.

(7) toate faptele pe care judecătorul în mod precis le stabilește a fi esențiale trebuie să fie considerate esențiale.

(8) Dacă opinia nu distinge între fapte esențiale și neesențiale atunci toate faptele arătate trebuie să fie considerate esențiale.

(9) Dacă într-un caz sunt mai multe opinii care sunt în acord în ceea ce privește rezultatul însă diferă în ceea ce privește faptele esențiale, atunci principiul cazului este limitat astfel încât să corespundă sumei tuturor faptelor considerate esențiale de către diferiții judecători.

(10) O concluzie bazată pe un fapt ipotetic este un dictum. Prin fapt ipotetic se înțelege orice fapt a cărui existență nu a fost determinată sau acceptată de către judecător.

VII
INTERPRETAREA LEGILOR[*]

DE ROSCOE POUND

O parte din ce în ce mai mare a materialelor de autoritate de decizie judiciară și a materialelor pe baza cărora juristul practicant trebuie să prevadă cursul deciziei, este în forma de legislație. Tehnica aplicării preceptelor legislative și a prevederii rezultatelor aplicării judiciare a lor la seturi particulare de fapte, este categoric nu mai puțin importantă decât tehnica găsirii motivelor deciziei sau ale predicției în sentințele raportate ale curților. Nici nu este neglijarea acestei tehnici justificată de nici o presupunere că este ușor însușită sau că, așa cum ar spune unii, nu există nici una de fapt, dar ivirea uneia ascunde o realitate a aplicării preceptelor legislative în legătură cu atitudini judiciare individuale în ceea ce privește rezultate dorite într-un caz special.

Este adevărat, însă, că doctrinele și canoanele în ceea ce privește interpretarea statutelor nu au primit atenția critică la îndemâna savanților juridici americani care vreme de două generații a fost închinată doctrinelor și principiilor și concepțiilor dezvoltate în decizia judiciară. În consecință modurile de exprimare și terminologia folosite de obicei în interpretarea statutară sunt cu deosebire expuse criticii distructive. Este cu atât mai necesar ca, în loc de, pe de o parte, a lăsa procesul să continue așa cum este, sau, pe de alta, a abandona orice încercare de a-l pune în ordinea rațiunii, activitatea științifică juridică să se străduie să facă pentru materialele juridice de autorita-

---

* (Notă Arthur T. Vanderbild) Introducerea la CASES ON THE INTERPRETATION OF STATUTES de FREDERICK J. DE SLOOVERE, pp. v-viii, West Publishing Co. (1931). Retipărită cu permisiunea editorului, redactorului și autorului. Vezi Introducere p. 18.

te în legătură cu aceasta ceea ce face atât de bine cu elementul tradiţional şi judiciar dezvoltat al dreptului nostru privat.

Potrivit modului stabilit de gândire în dreptul cutumiar, un statut furnizează o regulă sau reguli pentru situaţii definite de fapte, dar nu o bază pentru raţionament analogic în cazuri nu în cadrul domeniului său imediat. Este adevărat, în perioada formativă a dreptului american, statutele se bizuiau uneori pe a arăta atitudinea generală în lumea nouă faţă de vreo doctrină de drept cutumiar, şi astfel de a adăuga importanţă unui argument care era inaplicabil condiţiilor noastre. Este adevărat de asemenea că statutele sunt uneori chezăşuite pentru a arăta o politică publică stabilită asupra vreunui punct special. Este chiar adevărat că în cazuri izolate, de câtva timp, unele curţi şi-au asumat cu prudenţă să judece din analogia unui statut. Dar în general rămâne adevărat, ca o chestiune de drept cutumiar ortodoxă, că, ori de câte ori se ridică o nouă problemă, neacoperită de un precept existent, punctul de plecare pentru raţionament juridic şi judiciar se găseşte în decizie judiciară, nu în legislaţie. Se concepe că principii şi analogii şi doctrine precum şi reguli sunt stabilite prin decizie judiciară, pe când legislaţia stabileşte precepte pentru stări definite de fapte şi în special reguli.

Este important să se păstreze în minte atitudinea de drept cutumiar faţă de legislaţie în această privinţă fiindcă dreptul civil adoptă o cu totul diferită poziţie. În timp ce în dreptul cutumiar decizia judiciară furnizează puncte de plecare pentru raţionament, iar legislaţia doar stabileşte reguli, în ţările cu drept civil legislaţia furnizează analogii şi puncte de plecare pentru raţionament, şi cursul deciziei judiciare doar stabileşte reguli pentru chestiuni speciale. Astfel mare parte pe care tratate civiliste şi Continentale o tratează ca interpretare este adresată unor probleme de care la noi se îngrijeşte tehnica dreptului cutumiar de a găsi legea în deciziile judiciare raportate. A fost nefavorabil că în secolul al XVIII-lea şi la începutul celui de-al XIX-lea, când creditul civiliştilor era înalt, acele tratate aveau mare vogă la noi şi erau tolerate să influenţeze cărţile noastre nu puţin.

Trei postulate stau la baza tehnicii noastre de interpretare:

(1) Că formula statutară prevede una sau mai multe reguli, adică, prevede consecinţe juridice definite care trebuie să se ataşeze la definite, detaliate seturi de fapte.

(2) Că formula a fost prescrisă de un legiuitor definit; că colectivitatea legiuitoare este analogă legiuitorului suveran individual din imperiul bizantin, şi în consecinţă avea o voinţă al cărei conţinut poate fi descoperit şi de descoperit.

(3) Că formula prescrisă era menită să acopere o anume definită arie de fapte, care poate fi descoperită şi de descoperit; astfel că ori de câte ori acea arie este definită formula este menită să acopere toate situaţiile detaliate de fapte în cadrul ei, şi regula destinată pentru orice astfel de situaţie de fapte poate fi descoperită şi de descoperit.

Este uşor de atacat aceste postulate ca nu în acord cu realitatea. Totuşi pentru scopuri practice ele vin la fel de aproape de fenomenele de a găsi şi a aplica legea precum fenomenele vin la postulatele oricărui sistem de cunoştinţe organizate.

Cât despre primul postulat, este rar că un corp legislativ într-o jurisdicţie de drept cutumiar încearcă mai mult decât o regulă pentru o definită, detaliată situaţie de fapte. Când afirmă să facă mai mult, el de obicei pur şi simplu proclamă dreptul cutumiar. Din ce în ce mai mult de câtva timp legislaţia a stabilit etaloane. Dar aici din nou etaloanele nu sunt de aplicaţie generală în tot domeniul dreptului, ca, de exemplu, în cazul etalonului de drept al grijii cuvenite, ci sunt impuse în legătură cu subiecte ori situaţii particulare, definite. În fapt, primul postulat a exprimat atitudinea juristului de drept cutumiar faţă de legislaţie.

Cât despre al doilea postulat, formula a fost trasă de vreunul în vreun scop şi convenită de cel puţin o majoritate a membrilor unei adunări legislative. A gândi despre un corp legiuitor colectiv în termeni de un legiuitor individual pentru astfel de cazuri este ceva foarte diferit de a postula un astfel de legiuitor în legătură cu un corp de drept tradițional sau în legătură cu prevederi generale ale unei declarații a drepturilor omului formulând un lung drum de experiență juridică și politică a popoarelor vorbitoare de limbă engleză. Într-adevăr ea vine aproape de fapte pentru statute obișnuite. Ele sunt de obicei concepute de vreo persoană de a satisface plângerea cuiva în vreun fel, și apoi i se dă pecetea guineei[*] a corpului legislativ. Al treilea postulat pune această situație de fiecare zi în formă generalizată. Acolo unde legislația în jurisdicțiile de drept cutumiar nu este de acest tip, ea formulează de obicei și stabilește din nou autoritativ rezultatele dezvoltării judiciare și doctrinele ale vreunui subiect, cu substituire sau interpolare ocazională de noi reguli. Este mai ales ultima care cere interpretare în astfel de cazuri.

O dificultate principală în legătură cu al treilea postulat a fost subliniată de Profesor Gray. Frecvent cei care au creat o formulă pentru a acoperi oarecare domeniu ca excludere a dreptului tradițional nu au avut în minte vreo stare particulară de fapte care totuși este inclusă în domeniul acoperit și astfel este în cadrul orizontului formulei. Astfel nu a existat nici o intenție în ceea ce privește rezultatul juridic a fi atașat acelei stări de fapte. Totuși postulatul are nevoie de judecători să-și asume ceea ce un legiuitor avea în minte, și avea în minte un rezultat juridic potrivit la aceasta. El le cere să dezvolte aplicarea formulei la faptele în cauză pe acea bază. Este ușor să petreci pe seama unei astfel de asumări. Se va observa, însă, că asemenea tuturor postulatelor de aplicare a cunoștințelor organizate la acțiune practică, este o expresie generalizată a unui mijloc practic de a face față problemei prezentate. În aplicarea legilor noi trebuie să ținem seama de nevoile celor care trebuie să dea sfaturi și celor care trebuie să deci-

---

[*] Unitate monetară de o liră și un șiling întrebuințată curent în profesiunile liberale pentru fixarea onorariilor etc. (*n.t.*)

dă. Cei care dau sfaturi cer predictibilitate. Trebuie să fie anumite presupuneri fixe de la care ei să poată porni cu rezonabilă siguranţă ori de câte ori nu se aderă rigid la o formulă legislativă. Pe de altă parte, cei care decid cer o margine pentru a face dreptate în cazul particular. Ei caută libertate să modeleze aplicarea formulei la exigenţele unicului în contrast cu stări generalizate de fapte. Legea caută să menţină securitatea generală şi să sprijine ordinea economică postulând o intenţie legislativă a fi derivată din textul dat printr-o tehnică cunoscută, şi să asigure viaţa individuală prin scopul adaptării la circumstanţe particulare oferit de acea tehnică.

În jurisprudenţă, ca în toate celelalte lucruri, ultimul secol a fost predispus la suprasimplificare. Fără îndoială interpretarea statutară nu este un proces simplu de stabilire, cu ajutorul canoanelor fixe, a intenţiei unui legiuitor individual cu privire la o stare de fapte pe care a avut-o în minte şi pentru care el a făcut o prevedere ce poate fi în mod logic descoperită. Ca să ne exprimăm în acel mod dă supraaccentuare cererii ordinii economice pentru un maximum de predictibilitate. Însă a renunţa la postulatul unei intenţii care poate fi descoperită printr-o cale rezonabil predictibilă de raţionament juridic pe baza textului dat, supraaccentuează cererile vieţii individuale. Este sarcina juristului să dezvolte o teorie şi metodă de interpretare care va da efectul maxim fiecărei din aceste cereri.

VIII
CUM SE FOLOSESC DECIZIILE ŞI LEGILE[*]

DE EUGENE WAMBAUGH

I. INTRODUCERE

FELURILE DE AUTORITATE – PRIMARĂ ŞI SECUNDARĂ – IMPERATIVĂ ŞI PERSUASIVĂ

CUVÂNTUL „autoritate" este folosit de jurişti în cel puţin două sensuri – unul abstract şi celălalt concret. În sensul concret, autoritate înseamnă cartea sau alt loc la care cineva recurge ca să găsească o problemă de drept. În acest sens, autoritatea este divizibilă în două feluri, căci, potrivit unei clasificări familiare în toate ramurile ştiinţei, sursele de cunoştinţe sunt fie primare fie secundare. Legislaţia directă şi dosarele proceselor judecate sunt autorităţi primare pentru probleme de drept. Între autorităţi secundare sunt digeste, articole în enciclopedii sau în periodice, adnotări şi tratate.

În sensul abstract, autoritatea este substanţial echivalentă cu influenţa sau puterea. În acest sens, de asemenea, autoritatea este divizibilă în două grade, căci forţa unui enunţ de drept este fie imperativă, fie numai persuasivă. Legile sunt imperative, şi la fel sunt principiile generale subliniind o decizie a unei curţi, în cadrul limitelor jurisdicţiei acelei curţi. Un grad mai uşor de influenţă, pe de altă parte, se ataşează la decizii din alte state şi din ţări străine; iar acest grad mai uşor poate fi numit autoritate persuasivă.

Alte exemple ale diferitelor feluri de autoritate vor fi descoperite mai târziu în această discuţie.

---

[*] Din COOLEY despre BRIEF MAKING (2d ed.) pp. 96-147, cu permisiunea West Publishing Co. (1909). Vezi Introducere p. 18.

CELE PATRU TREPTE ÎN FOLOSIREA FELURILOR DE AUTORITĂȚI

Alcătuitorul punctajului unui dosar face uz de autorități de toate felurile. Mult ceea ce se spune despre modul de a folosi un fel este adevărat și despre celelalte feluri. Felurile cu care discuția prezentă are de-a face sunt autoritățile primare, și nu cele secundare.

Folosind autoritățile primare, chiar mai mult decât în folosirea celor secundare, cercetătorul ia patru comparativ distincte măsuri:

În primul rând, trebuie să se determine care este exact punctul asupra căruia este nevoie de luminare. Această măsură nu e problemă măruntă. Este, într-adevăr, un pas care este aproape imposibil pentru un nespecialist; iar pentru jurist poate fi făcut lesnicios numai prin studiu sistematic și vast, ani mistuiți de muncă, și acoperind aproape întregul domeniu al dreptului. Dacă un nespecialist examinează un transfer de pământ, de exemplu, nu se poate aștepta de la el să descopere că există o posibilă întrebare în ceea ce privește reprezentarea numelui de botez al donatarului printr-o simplă literă inițială, sau în ceea ce privește lăsarea numelui donatarului nescris, pentru a fi completat în viitor, sau în ceea ce privește omiterea cuvintelor „pentru folosința lui", sau, într-adevăr, în ceea ce privește numeroase alte probleme, pe care fiecare juristul mai mult sau mai puțin o pricepe în mod conștient, o pune deoparte ca rezolvată, sau o rezervă pentru investigație.

În al doilea rând, trebuie să se determine sub ce titluri într-un index la statute, sau într-un digest, sau în enciclopedii și tratate și în altă parte, ar putea probabil să găsească ceea ce dorește. Și acesta este un pas cerând iscusință. Este tratat complet într-o parte specială a acestui volum. [*Cooley on Brief Making.*]

În al treilea rând, trebuie să se folosească diferitele îndreptare la autorități numite în precedentul paragraf, trebuie să se examineze legile și deciziile astfel descoperite, și trebuie să se facă concise și exacte însemnări despre efectul și importanța acestor autorități. Modul de a face acest lucru este tema specială a prezentei discuții.

În al patrulea rând, trebuie să se țeasă rezultatele într-o pledoarie legată, întărită de referiri la autorități. Acesta este evident scopul către care a tins fiecare treaptă. În măsura în care poate fi despărțită de celelalte trepte, este subiectul de discuție într-o parte independentă a acestui volum.

Fiecare dintre aceste patru trepte de lucru are strânsă legătură cu celelalte trei, și fiecare este luată mai mult decât o dată în fiecare investigație. De exemplu, când se ajunge la ultima treaptă nu e deloc imposibil să se descopere că în problema originală un element a fost scăpat din vedere, sau că există vreun nou titlu sub care tema poate fi găsită în cărți, sau că există vreo lege sau decizie în plus, sau că există vreun nou punct de vedere a fi luat de la autoritățile deja examinate. Astfel se merge înapoi și înainte, niciodată simțind că vreo treaptă a muncii sale este completată până ce punctajul dosarului vine de la tipograf.

Până acum treptele sunt destul de distincte, totuși; și, cum s-a indicat deja, cea de-a treia este tema specială a acestei discuții. Cu alte cuvinte, prezenta încercare este pur și simplu de a explica cum alcătuitorul punctajului unui dosar, determinând deja exact care este problema lui de drept dorită, și exact care sunt titlurile sub care urmează să găsească material potrivit, face uz de referirile sub astfel de titluri, și îndeosebi cum face uz de autoritățile primare, anume, decizii și statute.

PUNCTE PRELIMINARE ÎN CEEA CE PRIVEȘTE ALCĂTUIREA DE NOTE

Dacă începătorul dorește să evite irosirea muncii și timpului său așa cum mulți dintre predecesorii săi le-au irosit pe ale lor, însemnările lui referitor la autorități vor fi făcute potrivit cu oarecare astfel de sistem cum va fi schițat în următoarele patru precauțiuni.

Prima precauțiune este că fiecare lege sau decizie arătând orice promisiune de a fi pertinentă, dacă pentru sau împotriva argumentului cercetătorului, trebuie să fie examinată în original, şi nu în nici o condensare sau parafrază; căci orice altceva decât originalul este un simplu stâlp indicator, şi nu lucrul căutat, iar posibilele erori ale cuiva şi posibilele erori în original sunt tot atât de multe pericole pe cât cineva doreşte să le înfrunte.

A doua precauţiune este că duplicarea nenecesară a muncii trebuie să fie evitată. Nici o lege sau decizie să nu fie examinată mai des decât o dată, afară dacă nu este neobişnuit de important sau dificil. Deci este necesar să se ţină o socoteală a fiecărui citat examinat.

A treia precauţiune este că socoteala citatelor trebuie să conţină o însemnare, oricât de scurtă, indicând dacă citatul este valoros sau fără valoare şi dacă citatul este probabil să fie folosit de partea pledoariei cercetătorului sau de cealaltă parte. Cel mai convenabil mod de a face această însemnare intimă dar valoroasă este de a consacra fiecărei investigaţii un carnet independent[1], ori serii de carnete, a fi folosite de la începutul la sfârşitul investigaţiei, şi a fi păstrate atâta vreme cât cineva rămâne în profesiune. Această precauţiune împotriva pierderii sau repetării muncii cuiva este frecvent uitată de jurişti, dar este un procedeu important de economisire a muncii, şi atâta timp cât compilatorul unui astfel de carnet trăieşte el va găsi din când în când valoare în chiar cele aparent mai inartistice însemnări ale sale: „Citat greşit”, „Nu la obiect”, „Împotriva noastră”, „Remarcabil”, „Curte divizată”, „El citează autorităţi” „Citat”, „Caz puternic”, „El anulează serii de cazuri”, „Sub statut”, „Examinează din nou”, „Statut anulat”.

A patra precauţiune este că fiecare citat dovedindu-se a avea excepţională valoare, dacă în favoarea cuiva sau altfel, să fie redus la o scurtă şi clară problemă de drept, cu citat,

---

[1] Pentru acest scop este dezirabilă o foarte simplă formă de carnet – să spunem, un caiet lat de şapte inci şi înalt de opt inci, cu de la zece la douăzeci de file, broşat.

dacă necesar, şi că această însemnare să fie plasată la început
în acelaşi carnet sau sistem de carnete, şi să fie scrisă imediat
– înainte ca vioiciunea impresiei să se fi stins.

Detaliile acestor varii precauţiuni pot să nu fie aplicabile
la fiecare investigaţie, şi, în afară de aceasta, se poate de
obicei pentru propriul uz face un plan care este mai satisfăcă-
tor decât oricare sugerat de altă persoană; dar, cu aceste
limitări, se poate spune că a învăţa să foloseşti statute şi
decizii este absolut a învăţa cum să faci cu discernământ şi
grijă însemnările, scurte sau lungi, care, atunci când analiza-
te, dezvoltate, corectate şi aranjate, devin un dosar al unui
proces. Prezentul scop, apoi, este de a explica cum să se facă
însemnări de statute şi decizii.

DISTINCŢIA DINTRE LEGI ŞI DECIZII

Cum s-a mai arătat la începutul acestei discuţii, cărţile a fi
examinate pot fi împărţite, în ceea ce priveşte legătura lor cu
temelia dreptului şi cu mijloacele cuiva de a învăţa dreptul, în
două categorii – surse originale şi surse secundare. Desigur
nimeni nu ar vorbi în mod dispreţuitor, de tratate, enciclopedii,
digeste şi mijloace similare în studierea dreptului; dar nimeni nu
va concepe că ele fac dreptul, sau chiar ajută să-l facă – în afară
de faptul, într-adevăr, cum pot tinde, în absenţa autorităţii
imperative, să convingă Legislaturile sau curţile să le urmeze –
sau chiar că ele sunt cele mai autoritare mijloace pentru stabili-
rea a ceea ce dreptul este acum; şi prin urmare, cum s-a spus la
început, ele trebuie să fie clasificate ca surse secundare. Singure-
le surse primare sunt decizii şi legislaţie directă, iar acum devine
necesar să se explice asemănările şi deosebirile principale ale
acestor două surse primare de drept.

Legislaţia directă se găseşte în constituţii, legi şi ordonan-
ţe. Aceste trei categorii diferă în câteva moduri, şi în special
în a fi de obicei adoptate respectiv prin vot popular sau
convenţii constituţionale, de organe legislative naţionale sau
de stat şi de consilii municipale sau alte organe de jurisdicţie

îngustă; dar cele trei categorii au în comun trei caracteristici care pentru scopul prezent sunt cele mai importante, anume, că ele afirmă franc să creeze drept, că ele de obicei vor ca acest nou drept să guverneze numai viitoare tranzacţii, şi că ele sunt înfăţişate în termeni definiţi, care indică, cu relativ slabă posibilitate pentru dispută, exact ceea ce regula generală este destinată a fi creată. Nu există nici un nume invariabil şi exclusiv adecvat pentru cele trei categorii de legislaţie directă. Toate trei sunt uneori incluse fără deosebire sub termenul „drept statutar". Termenul „drept scris" este mai frecvent folosit, şi este preferabil deoarece – pentru jurişti cel puţin – este neambiguu.

Sursa primară a cunoştinţelor noastre despre drept care se deosebeşte de legislaţia directă este decizia judiciară. Există o dispută între teoreticieni asupra problemei dacă deciziile judiciare creează într-adevăr jurisprudenţă. Disputa este interesantă şi importantă, dar nu este folositoare pentru scopul nostru practic prezent de a stabili cum se folosesc deciziile, fiindcă cineva foloseşte deciziile în exact acelaşi mod, dacă el crede că ele creează jurisprudenţă, sau pur şi simplu că ele demonstrează ceea ce este jurisprudenţa. Cu alte cuvinte, nimeni nu se îndoieşte că existenţa şi termenii unei mari părţi a jurisprudenţei noastre pot fi dovediţi în nici un alt mod decât stabilind cum au decis judecătorii cazuri specifice.

Deşi deciziile sunt de obicei reduse la scris, şi la urmă formează volumele de dosare ale proceselor, se spune că ele formează dreptul nescris – o aparentă inconsistenţă în terminologie, asupra căreia este necesar să ne ocupăm chiar acum.

Întrucât deciziile judiciare furnizează cea mai mare parte a iscusinţei juristului, ocupă cea mai mare parte a bibliotecii lui, şi consumă cea mai mare parte a timpului său când el pregăteşte un proces, este cu deciziile judiciare că această discuţie se va ocupa mai întâi.

REZUMAT

Combinând cele două utilizări ale cuvântului „autoritate" și analizând fiecare fel de autoritate în categoriile ei componente, rezultatul este acest tabel:

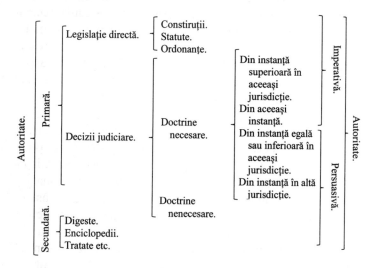

II. DECIZII[2]

(A) DOCTRINA UNEI DECIZII

DECIZIE ȘI OPINIE

La început este necesar să distingem cuvinte adesea confuze. Ultima măsură luată de o curte se numește în mod

---

[2] Acest subiect este aici tratat din punctul de vedere practic al unui alcătuitor de proces. Lectură colaterală din mai multe puncte de vedere se poate găsi în 1 BL. COMM. 63-72; 1 KENT'S COMM: 471-478; RAM despre SCIENCE OF LEGAL JUDGMENT; WAMBAUGH despre STUDY OF CASES; FIRST BOOK OF JURISPRUDENCE a lui Pollock; și articolul Prof. J. C. Gray despre *Judicial Precedents* 9 HARV. L. REV. 27. Cazuri sunt adunate în 13 AM. DIG. (Cent. Ed.) *Courts*, cols. 2128-2185, §§ 306-361; 5 DEC. DIG. *Courts*, §§ 87-109; și 5 DIGEST OF ENGLISH CASE LAW, *Decided Cases*.

obişnuit o „decizie". Acesta este un cuvânt cuprinzător, liber de tehnicitate. Înregistrarea formală a hotărârii curţii are diferite nume tehnice în diferite instanţe – cuvântul „sentinţă" fiind folosit în cazuri de drept cutumiar, şi cuvântul „decizie" fiind folosit în cazuri la curtea de justiţie a Lordului-Cancelar, de exemplu. Expunerea motivelor pentru o decizie este în America numită o „opinie", şi la fel este expunerea motivelor oricărui judecător pentru a fi în dezacord cu o decizie. O opinie convenită de întreaga curte sau de o majoritate este numită „opinia curţii". Dacă astfel de opinie este anonimă, este în America numită o „*per curiam opinion*". În Anglia unii dintre aceşti termeni au câteodată o utilizare diferită, „judgment"[*] fiind frecvent folosit ca un substituit pentru „opinion", şi „*per curiam*" fiind uneori aplicat la orice opinie a întregii curţi, dacă anonimă sau nu. Deosebirea între uzajele engleze şi americane este numai o problemă de terminologie, deşi, bineînţeles, un jurist american găseşte extrem de convenabil să adere la uzajul american. Deosebire între „decizie" şi „opinie", însă, nu poate fi îndepărtată din minte ca pur şi simplu o problemă de terminologie, fiindcă este foarte importantă din fiecare punct de vedere şi interesează chiar baza acestei discuţii în ceea ce priveşte folosirea cazurilor îndosariate.

PĂRŢILE UNUI CAZ ÎNDOSARIAT

Un dosar complet al unui proces poate fi împărţit în titlul cazului (de obicei constând din numele reclamantului versus inculpat, dar la o curte de apel părţile pot fi inversate; o expunere, altfel numită „notă de început" (în care raportorul încearcă să indice problemele de drept pentru care cazul este o autoritate); expunerea cazului (prezentând astfel un rezumat al dezbaterilor, probelor judiciare şi procedurii care pot explica ce probleme de drept s-au ridicat); pledoariile avoca-

---

[*] sentinţă. *(n.t.)*

ților sau în timpurile recente de obicei nu mai mult decât numele lor); opinia sau opiniile (una dintre opinii fiind aceea a curții, de regulă, și opinii individuale, dacă fiind în acord sau dezacord, fiind de asemenea prezentate din când în când); și un scurt rezumat al deciziei, *id. est.*, al rezultatului în această speță (de obicei un rând sau două la sfârșit, uneori într-un caracter special).

Pentru a stabili care sunt problemele de drept pentru care cazul este autoritate, nespecialistul sau juristul nepriceput va fi probabil mulțumit cu expunerea și un citat din opinia curții. Totuși aceasta nu este o cale științifică sau sigură, cum va apărea destul de clar în cursul acestei discuții.

FUNCȚIA UNEI CURȚI ȘI IMPORTANȚA UNEI DECIZII JUDICIARE

Explicația importanței a fi atașată unei decizii judiciare ca un precedent juridic pentru cazuri viitoare poate fi găsită prin examinare a motivelor pentru existența unei curți, și funcțiile în mod necesar, sau cel puțin natural, realizate de ea.

Legea, destul de evident, este numai un sistem de reguli create de societate ca un substituit pentru violență, cu scopul utilitar ca viața comunității să poată fi pașnică și productivă. Curțile sunt stabilite să aplice justiția în dispute între indivizi și de asemenea în cazuri unde comunitatea se plânge de un individ. Când norma de drept guvernând drepturile părților a fost stabilită de un organ legislativ, datoria curții este pur și simplu să aplice atare normă de drept, după ce mai întâi determină – cu sau fără intervenția unui juriu, după cum regulile de procedură pot dicta – dacă faptele sunt de așa natură încât să facă legea aplicabilă. Totuși chiar atunci când nici un organ legislativ nu a asigurat o normă de drept guvernând cazul, cazul trebuie hotărât în vreunul. Cu alte cuvinte, este parte a obligației judiciare să decidă fiecare caz care se ivește în realitate. Existența acestei obligații este prima treaptă în lanțul de argument arătând valoarea deciziilor judiciare ca precedente juridice – cu alte cuvinte, ca dovezi obligatorii ale existenţei şi termenilor de probleme juridice generale.

Următorul pas în dezvoltarea valorii deciziilor judiciare ca precedente juridice este necesitatea ca fiecare decizie să se bazeze pe un principiu general. Dacă decizia nu este concepută a fi bazată pe un principiu general, nu există nici o regulă, nici o lege, şi decizia este absolut arbitrară. Absenţa principiului nu poate împiedica decizia de a fi obligatorie ca între părţi – cu atât mai mult cu cât un acord de a rezolva o dispută prin aruncarea unui ban poate fi socotită obligatorie – dar absenţa unui principiu în deciderea cazurilor în litigiu îi pare oricui ca neştiinţifică, nejustă şi periculoasă; căci rezultatul oricărui caz neguvernat de un principiu general poate fi lesne dictat de capriciu, prejudecată, sau nedreptate. Vechea laudă de sine a mezilor şi perşilor că legea lor nu se schimba însemna, în mod evident, pur şi simplu că sistemul lor judiciar nu avea deloc respect faţă de persoane, şi că prin urmare rezultatul într-un caz avea să fie exact acelaşi ca rezultatul într-altul. În orice caz, astfel trebuie să fie lauda de sine a oricărei naţiuni dorind să fie considerată luminată. Urmează că, în căutarea pentru o regulă generală justificând şi cerând o decizie pe punctul de a fi pronunţată, un judecător îndeplineşte o funcţie care este absolut necesară, şi că acest lucru este adevărat chiar dacă nu există nici o lege scrisă guvernând cazul în speţă.

Până acum examinarea naturii deciziilor judiciare este evidentă; fiindcă în nici o ţară nu s-ar tăgădui că o instanţă trebuie să decidă toate cazurile reale aduse în faţa ei, şi că deciziile trebuie să fie date în conformitate cu vreun principiu general. La acest punct, însă, apare un prilej pentru o deosebire de părere, sau cel puţin pentru o deosebire de exprimare; deoarece, ca următor pas în argumentare, este necesar să se presupună că în vreun litigiu prezent curtea pronunţă o decizie care este în conformitate cu vreun principiu general negăsit în legea nescrisă, şi este deci necesar să se cerceteze ce efect ar trebui să aibă asupra viitoarelor litigii independente această decizie prezentă. Va fi principiul care stă la baza acestei decizii acceptat ca guvernând cum trebuie cazuri viitoare, sau va fi fiecare caz, deși substanțial identic în faptele lui, tratat ca și cum principiul de drept trebuie descoperit *de novo*? Răspunsul dreptului american și al tuturor celorlalte sisteme bazate pe dreptul din Anglia este că principiul stând la baza prezentei decizii va fi socotit autoritate imperativă, controlând deciziile unor cazuri similare în aceeași instanță sau în instanțe inferioare în cadrul aceleași jurisdicții, afară dacă și până ce decizia în cauză este suprimată sau anulată. Cu totul diferit, în formă, cel puțin, este răspunsul dreptului fiecărei națiuni pe continentul Europei, și într-adevăr al tuturor sistemelor bazate pe vechiul drept al Romei; căci în așa-numitele țări cu drept civil fiecare curte trebuie în fiecare litigiu separat să examineze fiecare problemă de drept *de novo*, deși se admite că decizii trecute, fiind opera unor oameni învățați, ar trebui să aibă un efect persuasiv, care se aseamănă cu, și desigur nedepășind, efectul tratatelor. În practica actuală, cele două puncte de vedere par să se apropie unul de altul, curțile din țările cu drept cutumiar, din cauza multiplicității deciziilor și a jurisdicțiilor, tinzând să dea atenție sporită discuțiilor de teorie ca deosebite de simplul precedent juridic, iar curțile din țările cu drept civil, din același motiv, tinzând să dea importanță sporită faptului că o problemă de drept a fost prezentată la numeroase curți și a fost de obicei decisă într-un singur fel. Fie cum o fi, este încă teoria țărilor cu drept cutumiar că deciziile, în cadrul anumitor limite, sunt de autoritate imperativă. Urmează că principiul general dictând o decizie este extrem de important, fiind în efectul său analog unei probleme de drept hotărâtă într-o lege.

Juristul american, apoi, care are de gând să folosească un anumit caz în procesul său, trebuie cu grijă să stabilească principiul stând la baza deciziei. Juriștii numesc principiul doctrina cazului, sau *ratio decidendi*.

OPINIA CA DEOSEBITĂ DE DECIZIE

Până acum examinarea importanţei doctrinei unui caz a inclus foarte slabă menţiune despre opinie. Este posibil, fireşte, să decizi un caz fără a prezenta o opinie. Invers, este posibil să exprimi o opinie fără a pronunţa o decizie. Este, însă, mult mai natural ca să fie atât opinie cât şi decizie. Ce efect, atunci, are opinia asupra stabilirii problemei pentru care decizia este o autoritate?

Trebuie să se admită, pe de o parte, că o opinie nu este necesară pentru validitatea unei decizii şi că, în absenţa unei prevederi constituţionale, rostirea unei opinii nu este o parte necesară a obligaţiei unui judecător; întrucât s-a decis că, în absenţa unei prevederi constituţionale, o curte, chiar în deciderea unui caz în litigiu, poate refuza să dea ascultare unui statut care cere o opinie.[3] Pe de altă parte, nu se poate afirma cu succes că rostirea unei opinii este un act impropriu sau chiar neoficial. Adevărul este că o opinie este o foarte veche şi o foarte valoroasă însoţire a unei decizii, şi că a trata pronunţarea unei opinii ca extrajudiciară ar fi să se acţioneze împotriva teoriei şi practicii sistemului nostru de guvernare în ceea ce priveşte sursa şi importanţa precedentului judiciar. Într-adevăr, există puternice motive practice de ce curtea să anunţe principiul pe care acţionează; căci, afară dacă un principiu să fie anunţat, curtea poate să acţioneze, după câte se ştie, pe nici un principiu cât de cât, şi în orice caz un principiu neanunţat este greu de stabilit şi astfel nu este foarte folositor în prevederea rezultatelor conduitei şi litigiului viitor. Acestea sunt motivele simple pentru obiceiul, vechi de secole, de a avea curţi, judecători permanenţi, privilegiul prezenţei publice în tribunal şi pronunţarea opiniilor judiciare conţinând motivele pentru rezultatele procesului.

Asupra acestui subiect, Edmund Burke a scris:

---

[3] Vezi Houston v. Williams, 13 Cal. 24, 73 Am. Dec. 565 (1859).

Comitetul vostru nu găsește nici o lege pozitivă care îi obligă pe judecători... să prezinte o opinie argumentată de la scaunul judecătoresc în sprijinul sentinței lor... Dar calea a prevalat din cele mai vechi timpuri... Judecătorii, în raționamentele lor, au fost totdeauna obișnuiți să comenteze despre argumentele folosite de către avocați de fiecare parte, și despre autoritățile citate de ei... Jurisprudența engleză nu are nici o altă temelie sigură, nici, așadar, viețile și proprietățile supusului nici o posesie sigură, în afară de maximele, regulile și principiile și linia tradițională de decizii conținute în notele luate, și din când în când publicate (de cele mai multe ori sub sancțiunea judecătorilor), numite „Dosare ale proceselor"... Tratatele elementare de drept și tratatele dogmatice de jurisprudență engleză, dacă apar sub numele de „Instituții", „Digeste", sau „Comentarii", nu se sprijină pe autoritatea puterii supreme, precum cărțile numite „Instituție", „Digest", „Cod", și colaționări autentice în dreptul roman. La noi, cărți doctrinale de acea descriere au mică sau nici o autoritate, altfel decât sunt sprijinite de cazuri judecate și motive prezentate odată sau altădată de pe scaunul judecătoresc, și la acestea ele se referă constant... A da sentința tainic este a pune capăt dosarelor proceselor, și a pune capăt dosarelor proceselor este a pune capăt dreptului din Anglia... Nimic mai bine nu putea fi născocit de înțelepciunea umană decât sentințe argumentate, rostite în mod public, pentru a păstra neînfrânt marele corp tradițional de legi și pentru a marca, în timp ce acel corp a rămas nealterat, fiecare modificare în aplicarea și construcția părților distincte.[4]

ÎN CE MĂSURĂ OPINIA, CA DEOSEBITĂ DE DECIZIE, ARE AUTORITATE IMPERATIVĂ?

O opinie, deci, fiind într-adevăr nenecesară, dar categoric îndătinată, dezirabilă, oficială, și, pe scurt, judiciară, care este forța ei obligatorie? Cu alte cuvinte, care este autoritatea opiniei, ca deosebită de decizia însoțită de ea? Răspunsul este că în calitate de pură opinie opinia nu are nici o autoritate de

---

[4] Report from Committee to Inspect the Lord's Journals, 11 BURKE'S WORKS (Boston Ed. 1869) 1, 41-45.

o natură imperativă, însă că are o astfel de autoritate în măsura în care exprimă principiul în fapt dictând decizia. Cum judecătorii sunt o categorie dibace a unei profesiuni dibace, normala stare de lucruri este că opinia exprimă precis şi complet raţionamentul pe care s-a bazat decizia. Dintr-o astfel de opinie poate fi uşor alcătuită, posibil chiar citată, problema de drept pentru care cazul este o autoritate imperativă. E limpede, însă, că opinia poate să omită raţionamentul pe care s-a sprijinit într-adevăr decizia, sau poate să prezinte raţionament care de fapt nu a avut nici un rol în decizie; dar aceste mai mult sau mai puţin anormale fenomene pot fi amânate pentru prezent.

Ocupându-se, apoi, de exemplul normal al unui caz îndosariat, alcătuitorul de proces determină *ratio decidendi* stabilind ce problemă a fost dusă la curte a cărei decizie este relatată, ce dispoziţie s-a dat în legătură cu această problemă, şi ce motive pentru această decizie au fost exprimate de către curte.

CAZURI IPOTETICE

Schiţând motivele pentru autoritatea imperativă a deciziilor judiciare ca precedente în sistemul nostru de drept, s-a subliniat, la aproape punctul de plecare al argumentării, că, deoarece o curte este instituită cu scopul practic de a pune capăt diferendelor, o curte trebuie să decidă fiecare caz cum se cuvine adus în faţa ei. Invers, o curte nu are nici o putere să pronunţe o sentinţă judiciară asupra unor probleme care sunt pur ipotetice. Într-adevăr, dacă o curte ar putea decide probleme care nu s-au ivit încă în litigiu real, şi astfel ar putea să fixeze o regulă pentru cazuri viitoare, o curte ar avea o funcţie care este pur legislativă. Deciderea cazurilor reale este o necesitate judiciară, şi diferitele argumente în favoarea uniformităţii de decizie dau doctrinei cazului real, potrivit sistemului nostru de drept, o forţă care este *quasi* legislativă; dar această *quasi* putere legislativă a magistraturii este strict mărginită în limitele funcţiei de care ţine şi de care este creată – funcţia de a decide cazuri reale.

Curțile prin urmare în mod obișnuit refuză să stabilească o doctrină altfel decât în cursul litigiului real. Ele pot chiar să decline să răspundă la chestiuni puse de departamentele executive sau legislative ale guvernului, afară dacă prin Constituția statului li se cere să răspundă; și ele consideră neconstituțional un statut care, în absența unei astfel de cerințe constituționale, pretinde răspunsuri de la ele.[5] Constituția Statelor Unite nu impune nici o astfel de obligație asupra magistraturii, și în timpul președinției lui Washington Curtea Supremă a Statelor Unite a rezolvat problema o dată pentru totdeauna declinând să răspundă la chestiuni puse de Președinte și Cabinet.[6] Când Constituția unui stat cere răspunsuri de către judecători la chestiuni puse de departamentele executive sau legislative, răspunsurile sunt date, bineînțeles; însă, chiar atunci când curtea le dă, aceste răspunsuri sunt considerate pur și simplu sfat extrajudiciar către persoanele punând întrebările, și nu sunt tratate ca obligatorii asupra curții în caz că litigiu real va trebui să urmeze.[7] Nici, apropo, sunt tratate răspunsurile ca obligatorii de persoanele punând întrebările.

A fortiori, o curte nu va pronunța o sentință judiciară asupra unei chestiuni puse de persoane private, altfel decât ca un incident necesar de litigiu real.[8]

Trebuie să se țină minte, însă, că construcția unui testament sau cererea unui tutore pentru însărcinarea unui avocat cu pledarea proceselor creează o necesitate pentru decizie judiciară, chiar dacă sporadica natură amicală a unui astfel de proces face ca cel care este teoretic litigiu vehement să semene cu ridicarea unei probleme prin simplă coniventă.

---

[5] Vezi Application of the Senate, 10 Minn. 78 (Gil. 56), (1865).
[6] Vezi 1 THAYER'S CASES ON CONSTITUIONAL LAW, 175, 176, notă, și 183, notă; retipărită în THAYER'S LEGAL ESSAYS, 42, notă, și 54, notă.
[7] Vezi Green v. Commonwealth, 12 Allen (Mass.) 155 (1866).
[8] Vezi Capen v. Insurance Co., 12 Cush. (Mass.) 517 (1853).

E limpede că nici acordarea de sfat sub autoritatea unei ce-rințe constituționale, nici deciderea unui proces de o esențial natură amicală, nu furnizează o excepție la regula că funcțiile judiciare ale unei curți sunt limitate la deciderea problemelor apărând în litigiu real. Din contră, când sunt înțelese cum se cuvine, aceste două exemple ale muncii din când în când realizate de curți sunt ilustrare utilă – lucrând în direcții diferi-te – a existenței, rațiunii și dimensiunii regulii.

Dicta

Din același raționament care explică inabilitatea unei curți de a lua jurisdicția cazurilor ipotetice, urmează că, dacă o curte, ocupându-se de un caz real, purcede să decidă și un caz ipotetic, tratamentul cazului ipotetic va fi extraju-diciar, *ultra vires*, neobligatoriu asupra curții însăși sau asupra oricărei alteia. Totuși este aproape inevitabil că opinia, prin ilustrare sau excludere sau altă examinare, va depăși nevoile exacte ale chiar problemei prezentate curții. Astfel de pasaje sunt socotite să fi fost doar „rostite printre altele" – „*obiter dicta*". Un *obiter dictum* este de obicei numit un „*dictum*", dar din când în când este numit un „*obiter*", și, cum uneori începe cu cuvintele „se pare", este numit când și când un „*semble*"[*]. Deoarece un dictum nu este prin definiție parte a doctrinei deciziei, și cum citarea lui ca o parte a doctrinei este aproape sigur să aducă asupra unui alcătuitor de proces comentariu advers, juriștii sunt obișnuiți să vorbească despre un dictum mai curând dispre-țuitor, și uneori merg atât de departe încât să sugereze o credință că pronunțarea unui dictum este facerea unui rău. Totuși nu trebuie să se uite că dicta sunt frecvent corecte, și că a da o ilustrare ocazională, sau a spune că doctrina cazu-lui nu s-ar aplica vreunui caz de o natură ipotetică, sau a schița istoria unei doctrine, chiar dacă se admite, cum

---

[*] „se pare" în limba franceză. *(n.t.)*

trebuie, că astfel de pasaje nu sunt esențiale pentru deciderea cazului însuși, este adeseori extrem de folositor pentru profesiune. Ceea ce este clar este că dicta nu sunt parte a *ratio decidendi*, și astfel nu sunt de autoritate imperativă. Este la fel de clar că dicta au dreptul la ceva forță. Este adevărat că, deoarece nu sunt reclamate ca trepte către deciderea cazului însuși, se poate să fi fost rostite fără argumentare completă din partea avocaților și fără considerație deplină din partea curții; dar dacă ele pot fi demonstrate să fi fost chibzuite cu grijă, ori să fi fost pronunțate de judecători neobișnuit de abili, deja bine familiarizați cu subiectul, nici un jurist nu neagă că ele sunt de efect. Dacă bine apreciate sau nu, ele au dreptul să fie tratate ca enunțuri de opinie emanând de la oameni de erudiție. Ele se aseamănă cu enunțuri în tratate juridice. Pe scurt, ca toate exprimările de opinie de la persoane erudite în drept, dicta trebuie admise a avea acel gen de influență asupra minților juriștilor care a fost deja descrisă ca autoritate persuasivă.

LIMBAJ INUTIL LARG

Intermediar între doctrina de autoritate a unei decizii și un simplu dictum stă o enunțare inutil largă a unui principiu care este realmente decisiv într-o problemă în fața curții, și care de aceea nu poate fi tratată ca exclusiv nenecesară. Este, întra-adevăr, dificil să se determine precis cât de largă să fie enunțarea motivului dictând decizia. Nu se pune problema câtuși de puțin că unele din particularitățile problemei la îndemână nu au absolut nimic de-a face cu soluția. Vârsta reclamantului, de exemplu, este de obicei irelevantă, și totuși există cazuri unde ea devine trăsătura cu adevărat distinctivă și concludentă. Dezbaterile fac mult către a demonstra ce trăsături sunt importante, în special când pledoariile în sfârșit compun un punct litigios de drept din cauza unei excepțiuni; și procedura prin care cazul este dus la o curte superioară este de asemenea de mare utilitate în explicarea a ceea ce este problema precisă. Totuşi, în ciuda dezbaterilor şi procedurii, frecvent rămân fapte care clar colorează problema în aşa fel încât este greu să determini dacă colorarea nu este o trăsătură esenţială a principiului general controlând decizia. Când curtea intuieşte că colorarea este neesenţială, şi prin urmare pronunţă un principiu general ignorând colorarea, şi atare principiu general este baza reală pentru decizie, cazul este indiscutabil o autoritate imperativă pentru astfel de principiu general. Pe de altă parte, dacă principiul general, deşi pronunţat fără rezervă, a fost pronunţat numai din cauza prezenţei elementului chiar acum numit colorarea, colorarea însăşi este într-adevăr o parte a motivului deciziei, şi ignorarea de către curte a colorării a fost doar aparentă; şi deci lipsa curţii de a menţiona colorarea să fie tratată ca o simplă inadvertenţă, sau ca enunţarea conştientă a unei inutil de largi doctrine, a cărei inutile lărgimi este în fapt dictum. Este greu, când cineva are viu în minte o stare specifică de fapte, să exprime în cuvinte o problemă de drept care nu va acoperi mai multe cazuri decât se intenţionează; şi astfel este obişnuit pentru judecători să insiste ca limbajul lor să fie construit cu grijă în lumina cu adevărat circumstanţelor înconjurătoare.[9] Deci, în compunerea unui memento al *ratio decidendi* al oricărui caz, alcătuitorul punctajului unui dosar trebuie să fie atent să evite a copia excesiv propoziţii largi şi să facă enunţarea lui a doctrinei cazului nu mai amplă decât ar fi aprobată de curtea pronunţând decizia, dacă acel proces ar fi, ca să zicem aşa, supus interogatoriului încrucişat.

---

[9] Vezi Brisbane v. Dacres, 5 Taunt. 144 (1813), per Mansfield, J.S.; Cohen v. Virginia, 6 Wheat. 264, 399-402, 5 L. Ed. 257 (1821), per Marshall, J.S.; Smith v. McGuire, 3 H &N. 324 (1858), per Pollock, C.B.; Udell v. Atherton, 7 H&N. 172 (1861), per Wilde, B.; Irvine v. Watson, 5 Q.B.D. 414 (C.A. 1880), per Baggallay, L.J., *Ex parte* Yarbrough, 110 U.S. 651, 4 Sup. Ct. 152, 28 L. Ed. 274 (1884), per Miller, J.

Două motive pentru aceeași decizie

Când curtea găsește că decizia ei – de exemplu, anularea sentinței unei curți inferioare – se poate bizui pe fiecare din două sau mai multe motive independente, este evident posibil ca instanța să ignore toate motivele cu excepția unuia, și să purceadă să-și bazeze decizia pe acela; și astfel este discutabil că, dacă instanța își sprijină decizia pe mai mult decât unul dintre motivele posibile, face mai mult decât este obligată să facă, și deci mai mult decât are un drept să facă, și că prin urmare opinia, în măsura în care se bizuie pe mai mult decât unul dintre posibilele motive, este în fapt un dictum, și astfel numai de autoritate persuasivă. Argumentul este specios, dar nu reprezintă punctul de vedere pe care îl adoptă juriștii. Curtea are un drept perfect să pronunțe o sentință judiciară asupra întregului caz și să-și bazeze decizia pe cât mai multe puncte pe care le găsește a fi admisibile. Dacă instanța dă o sentință pe mai mult decât un motiv, și indică clar că este mulțumită să-și sprijine decizia pe fiecare motiv astfel pronunțat, atunci fiecare din motivele astfel aprobate devine baza unui principiu general pentru care decizia este de autoritate imperativă.[10] Este adevărat, pe de altă parte, că importanța cazului în ceea ce privește oricare motiv va fi micșorată de orice indicație că acest motiv a fost socotit neimportant sau nu a fost examinat cu atenție deplină; și este de asemenea adevărat, firește, că, dacă instanța refuză să dea o sentință asupra unuia dintre motive decizia nu este de autoritate cât de cât referitor la motivul astfel ignorat și repudiat.

---

[10] Vezi Hawes v. Water Co., 5 Sawy. 287, 295-298, 11 Fed. Cas. 862, 865, 866 (1878); State v. Brookhart, 113 Iowa 250, 255-258, 84 N.W. 1064 (1901).

DOUĂ HOTĂRÂRI JUDECĂTOREŞTI OPUSE ÎN ACELAŞI STADIU AL PROCESULUI

Oarecum similar discuţiei în paragraful precedent este examinarea efectului punctelor diferite de decidere a curţii în proces pentru diferitele părţi. Este posibil, de exemplu, ca instanţa superioară să decidă că în ceea ce priveşte o eroare invocată de apelant curtea inferioară a avut dreptate, şi în ceea ce priveşte o alta nu a avut dreptate. E limpede că ultimul act al curţii deasupra într-un astfel de caz – anularea sentinţei curţii inferioare – a fost dictat în întregime de punctul de vedere că instanţa inferioară comisese o eroare; şi deci este discutabil că, în măsura în care curtea deasupra a exprimat o opinie că în ceea ce priveşte un punct nu a fost nici o eroare, curtea deasupra făcea ceva nenecesar ca un pas către ultimul ei act, pronunţa un dictum, şi a creat, în cazul cel mai bun, o opinie de doar autoritate persuasivă. Argumentul este cu totul specios. În realitate, curtea superioară a decis două chestiuni – una într-un fel şi cealaltă într-altul şi fiecare decizie a fost independentă; şi, cu toate că ultima sentinţă de anulare a decurs numai dintr-una din decizii, fiecare decizie a fost de o natură judiciară, şi principiile stând la baza deciziilor respective sunt propriu zis a fi tratate ca de autoritate imperativă. Totuşi, aici, ca şi înainte, trebuie adăugat că în ceea ce priveşte punctul la care instanţa superioară nu a găsit nici o eroare importanţa deciziei va fi slăbită de orice indicaţie că examinarea de către curte a acestui punct a fost superficială.

CÂTEVA ERORI PRETINSE ŞI NICI UNA GĂSITĂ

Literal similară cu cele două exemple de două sau mai multe decizii amestecate chiar acum discutate, dar în esenţă foarte diferite, este problema apărând când instanţei deasupra i se cere să pronunţe o sentinţă judiciară asupra mai multor erori sugerate ale curţii inferioare, şi constată că nu sunt erori deloc, sau când instanţei i se cere să dea o sentinţă asupra mai multor motive de excepţiune la o intervenţie, şi constată că nici unul dintre motive nu este de susţinut. Deoarece sentinţa asupra fiecărui punct este cu adevărat esenţială pentru decizia judecătorească finală a curţii – afirmarea sentinţei curţii inferioare, sau anularea excepţiunii – trebuie să fie evident chiar celei mai tehnice persoane că decizia curţii în cauză este de autoritate imperativă în ceea ce priveşte fiecare punct, şi de asemenea că importanţa opiniei nu este în nici un fel micşorată de prezenţa celor câteva puncte.

Totuşi trebuie să se admită că din când în când erorile se contracarează una pe alta. Astfel, câteodată, când două alega-ţii de eroare sunt prezentate la o curte deasupra, poate exista o susţinere a sentinţei curţii inferioare care nu se bazează pe convingerea instanţei că nu a existat nici o eroare. Acesta este un corectiv formal al examinării prezentate acum, dar nu este un corectiv important, deoarece cazul se iveşte rar, şi este detectat foarte uşor.

OPINII DISCORDANTE POTRIVINDU-SE ÎN REZULTAT

Rămân trei cazuri în care stabilirea doctrinei unei decizii este neobişnuit de grea şi câteodată imposibilă.

Primul dintre aceste cazuri este întâlnit când judecătorii, deşi toţi sau cei mai mulţi dintre ei sunt de acord cu rezulta-tul, diferă în ceea ce priveşte motivele deciziei.[11] Deosebirea poate fi de orice grad de intensitate, şi când este extremă alcătuitorul de proces nu poate să spună în mod cert care este principiul general, şi trebuie să se mulţumească cu expunerea cazului şi rezultatului şi apoi să prezinte vreo indicaţie a motivelor hotărâte de cei câţiva judecători.[12] Din când în când poate fi posibil să se armonizeze opinii aparent diferite,

---

[11] Un exemplu celebru este Dred Scott v. Sandford, 19 How. 393, 15 L. Ed. 691 (1857). Vezi 1 THAYER'S CASES ON CONSTITUTIONAL LAW, 493, note.
[12] Vezi Sturges v. Crowninshield, 4 Wheat. 122, 207, 208, 4 L. Ed. 529 (1819), şi comentariile asupra acelui caz de Johnson, J., în Ogden v. Saunders, 12 Wheat. 213, 272-273, 6 L. Ed. 606 (1827).

dar sigur trebuie să se evite a se insista că doar o singură doctrină a fost susţinută de judecători care şi-au făcut profesiune de credinţă să se contrazică.

OPINIE IGNORÂND PUNCT

O altă dificultate, uneori de netrecut, este întâlnită când opinia curţii ignoră punctul pe care alcătuitorul de proces îl consideră explicaţia reală a deciziei. Uneori, fără îndoială, punctul este atât de evident prezent încât instanţa trebuie să fie înţeleasă a-l fi văzut, şi să-i fi dat importanţa cuvenită. Mai adesea, însă, este mai uşor discutabil că punctul a fost complet omis şi că nu a avut nici un efect, conştient sau inconştient, asupra deciziei curţii. Este cu siguranţă cam periculos să se presupună că instanţa în mod intenţionat adoptă un principiu pe care opinia ei nu-l sugerează. Deşi există cazuri unde tăcerea curţii în ceea ce priveşte un punct evident nu poate fi imputată ignorării sau inadvertenţei, şi unde, în consecinţă, alcătuitorul de proces poate propriu-zis să se aventureze să citeze cazul la o problemă nemenţionată[13], nu este aproape deloc necesar să se adauge că însemnarea sa trebuie să sublinieze cu grijă că el a făcut aceasta şi de ce a făcut-o.

NICI O OPINIE

A treia dificultate este distinct similară celei care tocmai a fost examinată. Ea apare când nu există nici o opinie. Atunci calea sigură pentru alcătuitorul de proces, în mod evident, este numai de a expune cazul şi rezultatul. Câteodată un anumit punct a fost prezentat curţii atât de evident încât să facă posibil pentru orice cititor atent să spună că decizia dată de curte trebuie să fie înţeleasă a conţine o problemă la acel punct; dar aici, din nou, abia dacă este necesar să se spună că

---

[13] Vezi comentariile de Harlan, J., în United States v. Texas, 143 U.S. 621, 642, 12 Sup. Ct. 488, 36 L. Ed. 285 (1892).

nici un alcătuitor de proces nu s-ar aventura să formuleze
această problemă de drept fără să ataşeze un memento al
absenţei unei opinii.

Până aici discuţia nu a atins valoarea expunerii raporto-
rului, de obicei numită nota de început. Deoarece expunerea
trebuie să fie făcută cu totul în acelaşi mod precum cel
sugerat pentru însemnarea alcătuitorului de proces despre
doctrina unui caz, şi deoarece alcătuitorul expunerii este de
obicei un jurist atent, nimeni nu va uita să aprecieze că
expunerea este de mare ajutor juristului care se grăbeşte, şi
că chiar cel mai liber şi erudit cercetător găseşte expunerea
o călăuză utilă. Totuşi nimeni care a avut multă experienţă
practică nu consideră să se bizuie exclusiv pe expunere.
Raportorul ştie că dicta sunt folositoare, şi astfel este foarte
probabil ca el să-şi supraîncarce expunerea cu dicta – prea
des omiţând prevenirea „dictum", „se pare", ori „semble".
Din nou, expunerea frecvent expune faptele şi procedura
juridică cu inutilă prisosinţă. În fine, expunerea supraîncăr-
cată cu dicta şi cu expunerea cazului, îl poate lăsa pe cititor
în încurcătură să determine care era în realitate *ratio
decidendi*. Acestea sunt dificultăţi găsite chiar în expuneri
care sunt precise, atât cât sunt, însă din păcate unele expu-
neri sunt pur şi simplu greşite.[14] Acestea sunt motive sufici-
ente pentru lipsa de dorinţă a avocatului practicant grijuliu
de a se baza pe expunere în mod exclusiv, şi, în afară de
aceasta, oricât de atent şi iscusit poate să fi fost alcătuită o
expunere, nu a fost probabil alcătuită din punctul de vedere
al acestei prezente investigaţii, sau cu atenţia entuziastă care
trebuie să fie exercitată de juristul căruia acest singur caz

---

[14] Vezi criticile în Ogden v. Saunders, 12 Wheat. 213, 272, 6 L. Ed. 606
(1827), per Johnson J., şi în Behn v. Burness, 3 B. &S. 751, 760 (Ex. Ch.
1863), per Williams J.

poate să-i fie de importanţă primordială. În spatele acestor motive practice sunt motive bazate pe linia de gândire care a fost elaborată în a explica cum se întâmplă că un caz este o autoritate de o natură imperativă pentru unele chestiuni, şi o autoritate de o natură persuasivă numai, ca să spunem cel mai mult, pentru anumite chestiuni care sunt afirmate în ea destul de stăruitor. Expunerea nu poate mări sau micşora acea problemă de drept care poate fi stabilită prin examinarea enunţării şi rezultatului şi prin studierea deci a raţionamentului în opinie. Chiar dacă expunerea este lucrul de mână al judecătorului care a scris opinia curţii, cum deseori se întâmplă, aceeaşi prudenţă trebuie exprimată, căci propria expunere a judecătorului, în măsura în care se depărtează de *ratio decidendi* precum terminat în conformitate cu explicaţia dată acum, este un simplu dictum. Într-adevăr, alcătuirea unei expuneri este extrajudiciară şi nu poate fi impusă unei curţi altfel decât printr-o prevedere constituţională.[15] Mai mult, pentru a ne abate un moment de la linia directă a discuţiei, chiar o constituţie nu poate face o expunere să lărgească ori să micşoreze sau altminteri să limiteze doctrina deciziei, căci altfel alcătuitorul expunerii ar avea o asemenea putere legislativă precum este incapabil de delegare de către Legislatură; dar posibil acest rezultat ar fi altfel dacă constituţia în cauză nu a reuşit să facă deosebire între funcţii legislative şi judiciare şi să fixeze pe fiecare în domeniul cuvenit.

Rezultatul practic al acestor consideraţii despre expuneri este că juristul competent foloseşte expunerea ca un ghid *prima facie*, şi nu mai mult, în a determina dacă speţa să fie examinată atent ca o autoritate pentru sau împotriva lui.

---

[15] Vezi *Ex parte* Griffiths, 118 Ind. 83, 20 N.E. 513, 3 L.R.A. 398, 10 Am. St. Rep. 107 (1888).

UN EXEMPLU AL MODULUI DE A EXTRAGE DOCTRINA UNEI DECIZII

În scopul de a arăta modul juristului de a determina doctrina unei decizii, va fi util să se examineze celebrul caz al *Irons v. Smallpiece*.[16]

Problema era dacă titlul la proprietate personală trece printr-o donație orală fără predare formală.

Problema s-a ivit într-o acțiune în restituire pentru doi mânji. Reclamantul era donatarul. Inculpatul era executoarea testamentară a donatorului, care era tatăl reclamantului. O donație orală a mânjilor pare să fi fost făcută de testator reclamantului, cu un an înainte de moartea testatorului. Mânjii nu au fost niciodată scoși din posesia testatorului. Șase luni înainte de moartea testatorului, testatorul a convenit să furnizeze fân la un preț fixat, dar până la trei sau patru zile înaintea morții sale nimic nu a fost dat. În baza acestor fapte, în curtea inferioară, Abbott, J.S. (mai târziu Lord Tenterden), a luat cazul de la juriu, și a poruncit o retragere a plângerii.

În curtea deasupra – Curtea Judecătoriei Regelui – avocatul reclamantului, pledând în favoarea anulării retragerii acțiunii, a afirmat că în *Wortes v. Clifton*[17] a fost stabilit de Coke, J.S., că, deși în dreptul roman o donație de bunuri este ineficace fără predare formală, în jurisprudența noastră regula este alta.

Judecătorii, însă, au fost de acord ca retragerea plângerii să nu fie anulată.

Ei au rostit opinii separate. Abbott, J.S., a spus, în parte:

Pentru a transfera proprietate prin donație trebuie să fie ori un titlu sau instrument de donație, ori trebuie să fie o predare formală reală a lucrului către donatar. Aici donația este numai verbală și se deosebește de o *donatio mortis causa* doar în această privință; că ultima este expusă la o condiție că, dacă donatarul trăiește, lucrul îi va fi restituit. Acum, este o regulă bine stabilită de drept că o *donatio mortis causa* nu transferă proprietatea fără o predare formală reală... Această

---

[16] 2 B & Ald. 551 (1819).
[17] 1 Rolle's Rep. 61 (1614).

proprietate în mânji nu a trecut la fiu prin donație verbală; iar eu nu pot fi de acord că fiul poate fi învinuit cu fânul care a fost asigurat pentru acești mânji trei sau patru zile înainte de moartea tatălui său, fiindcă eu nu pot crede că acea livrare în întârziere poate fi atribuită contractului care a fost făcut cu atât de multe luni înainte.

Ceilalți judecători au avut aceeași părere, Holroyd, J., spunând, în parte:

Pentru a schimba proprietatea printr-o donație de această descriere trebuie să fie o schimbare de posesie. Aici nu a fost nici o schimbare de posesie. Dacă, într-adevăr, se putea proba că fiul era de condamnat pentru fânul asigurat pentru mânji, atunci posesia tatălui ar putea fi considerată ca posesia fiului.

Iar Abbott, J.S., a adăugat: „Dictumul lordului Coke în cazul citat trebuie să fie înțeles a se aplica unui titlu de donație".

După care Curtea Judecătoriei Regelui a dat sentință în favoarea inculpatului, scurtul rezumat al raportorului despre rezultat fiind pur și simplu, „Decizie refuzată".

Observând exact care era punctul ce trebuia să fie decis în curtea deasupra, se vede că acest caz nu poate fi citat ca o autoritate imperativă pentru nici o problemă alta decât că titlul la un patrimoniu nu se transmite printr-o simplă donație orală *inter vivos*, cât timp patrimoniul rămâne în posesia donatorului. Judecătorii desigur au indicat părerile lor asupra altor chestiuni. Ei au arătat clar convingerea lor că o donație orală a unui patrimoniu, cu schimbarea posesiei, transmite titlul, și că un instrument sub sigiliu sau orice alt instrument scris de donație poate transmite titlul fără schimbare de posesie a patrimoniului însuși; dar asupra acestor chestiuni și altora care pot fi găsite mai mult sau mai puțin clar indicate în opinii, ceea ce judecătorii au spus nu a fost indispensabil pentru decizia lor, fiindcă ei nu au decis că donația în fața lor a transmis titlu și în consecință expunerile lor ale ipotezelor pe baza cărora titlul ar fi transmis erau simple dicta, oricât de solide pot fi ele.

Luat în legătură cu examinarea deja prezentată, acest singur caz al *Irons v. Smallpiece* poate fi suficient să arate atât cum judecătorii tratează spusele curților anterioare cât și cum alcătuitorul de proces se poate aventura să înlăture dicta și să stabilească adevăratul ratio decidendi. Este probabil nenecesar să se discute mai departe principiul stând la baza distincției.[18] Realmente pare că întregul adevăr în ceea ce privește părerea juristului despre ratio decidendi și dictum poate fi menționat în foarte puține cuvinte. La fel cum religiosul profesor, recunoscând cu modestie propriile sale limitări, deși știind valoarea exemplului, spune, „Nu ceea ce fac, ci ceea ce spun", tot așa judecătorul, recunoscând propria sa înclinare să se exprime pe sine inexact, spune, „Nu ceea ce spun, ci ceea ce fac". Astfel se întâmplă că doctrina deciziei este cel mai sigur stabilită găsind precis ce problemă a fost prezentată curții și ce dispoziție s-a făcut acolo a cazului, și deci extrăgând, cu ajutorul opiniei, problema sau problemele generale care au dictat rezultatul.

(B) CIRCUMSTANȚE AFECTÂND IMPORTANȚA DOCTRINEI UNEI DECIZII

NECESITATEA DE A ȚINE SEAMA DE CIRCUMSTANȚE

În cursul discuției care a avut ca obiect al ei stabilirea extrem de importantei distincții între doctrină și dictum, a apărut incidental că sunt alte distincții afectând importanța problemelor pentru care avocatul de o parte sau de alta poate fi așteptat să citeze un caz. Deoarece însemnările alcătuitorului de proces vor trebui să indice cu precizie importanța cazului în măsura în care cazul are legătură cu obiectul investigației sale este necesar ca el să țină seama de aceste circumstanțe modificatoare, și nu să se mulțumească cu stabilirea doctrinei și indicarea că o anumită problemă este

---

[18] Discuții în armonie cu textul pot fi găsite în Chase v. Westmore, 5 M. & S. 180 (1816); Peacock v. Purvis, 2 Brod. & B. 362 (1820); King v.Hoare, 13 M & W. 494, 503, 504 (1844); Griffith v. Fowler, 18 Vt. 390 (1846);Eicholz. v. Bannister, 17 C.B.N.S. 708 (1864); Hans v. Louisiana, 134 U.S. 1, 10 Sup. Ct. 504, 33 L. Ed. 842 (1890).

simplu dictum. Se va descoperi că circumstanțele afectând importanța sunt numeroase. Într-adevăr, este imposibil de prezentat o listă exhaustivă. Este necesar să se țină seama de cele care sunt cele mai importante; și este necesar de asemenea să se păstreze în minte că atunci când circumstanțele fac o decizie extraordinar de importantă ele nu dovedesc că este dreaptă sau că va fi urmată, și că atunci când circumstanțele fac decizia extraordinar de slabă – aproape deloc mai bună decât cel mai simplu dictum – ele nu dovedesc că este greșită sau că va fi ignorată. Totuși după ce aceste limitări au fost stabilite în ceea ce privește importanța circumstanțelor acum a fi enumerate, faptul rămâne că circumstanțele sunt un subiect constant de comentariu, nu trebuie să fie ignorate, și trebuie să fie reprezentate în notele alcătuitorului de proces prin vreun sistem de însemnări concise și clare.

În scopuri de comoditate, circumstanțele de obicei comentate vor fi aranjate în grupe; dar metoda grupării nu este o problemă de mare importanță, întrucât se poate prea bine schimba potrivit punctului de vedere.

<small>PRIMA GRUPĂ: CIRCUMSTANȚE AFECTÂND PERFECȚIUNEA ANALIZEI</small>

Discutând dicta, probabil a devenit clar că lipsa lor de mare importanță – chiar lipsa lor eventuală de mare autoritate persuasivă – deși datorată teoretic caracterului lor oarecum extrajudiciar, este de asemenea justificată dintr-un punct de vedere pur practic prin absența obișnuită de deliberare atentă în rostirea lor. În mod similar, lipsa de analiză profundă va reduce – chiar distruge – importanța chiar a *ratio decidendi*.

Există numeroase exemple.

În primul rând, poate să nu fie nici o pledoarie; și deci în mod sigur nu poate fi analiză profundă.

În al doilea rând, poate să fie pledoarie numai de o singură parte.

În al treilea rând, pledoaria poate să nu reușească să acopere complet doctrina pe care a mers decizia.

În al patrulea rând, cazul poate fi doar un proces amical, şi astfel decis fără litigiu şi deliberare profundă.

În al cincilea rând, curtea poate fi grăbită, cum este obiş-nuit la *nisi prius*.

În al şaselea rând, cazul poate fi de o natură politică, sau în oricare alt mod poate apela la prejudecăţile curţii, făcând posibil să se argumenteze că decizia nu este rezultatul anali-zei profunde şi nepărtinitoare.

În al şaptelea rând, curtea poate să scape să observe auto-rităţile existente, şi astfel să facă imposibilă perfecţiunea.

În al optulea rând, problema se poate să nu fi venit niciodа-tă înainte în faţa unei curţi – cazul fiind, cum se spune, un caz de primă impresie – şi, astfel prin nici o eroare de avocaţi sau judecători, decizia este deschisă criticii că poate nu toate consecinţele posibile ale doctrinei au fost descoperite.

În al nouălea rând, analiza cazului, oricât de profundă, se poate să nu fi fost suficientă să impună convingere minţilor ale chiar instanţei dând decizia; şi astfel importanţa *ratio decidendi* este micşorată de un dezacord.

În al zecelea rând, potrivit unei păreri obişnuite, dacă membrii instanţei se împart în mod egal – astfel încât la o curte de apel, de exemplu, există ceea ce se numeşte o susţi-nere a sentinţei unei curţi inferioare prin forţa lucrurilor – importanţa deciziei se reduce la zero.[19]

În al unsprezecelea rând, curtea poate trata punctul în cau-ză în mod dispreţuitor, pe motivul că decizia se poate lesne bizui pe alt punct.

În al doisprezecelea rând, opinia poate ignora punctul în întregime, astfel încât, aşa cum deja s-a explicat, este greu să spui că punctul este într-adevăr parte a doctrinei în mintea curţii.

În al treisprezecelea rând, opinia poate fi anonimă, şi ast-fel supusă comentariului că lucrarea pentru care nici o singu-

---

[19] Vezi Morse v. Goold, 11 N.Y. 281, 285, 62 Am., Dec. 103 (1854).

ră persoană nu este cu deosebire răspunzătoare se poate să fie neglijată, chiar dacă girată de întreaga curte.

În al patrusprezecelea rând, se poate să nu fie nici o opinie.

Invers, fiecare dintre criticile opuse poate fi egalată de un comentariu care este favorabil[20]; şi, în special, trebuie să se observe că se ataşează extraordinară importanţă unei opinii care în Anglia urmează unei *curia advisari vult* sau în Statele Unite urmează unei reaudieri.

A DOUA GRUPĂ: DOSARE DEFECTUOASE ALE PROCESELOR

Ce este de autoritate este numai ceea ce curtea a făcut şi a spus, şi nicidecum ceea ce raportorul poate spune că instanţa a făcut şi a spus, şi deoarece aceasta este adevărat chiar dacă raportorul este— cum în cele mai multe jurisdicţii este acum – un funcţionar public, urmează că autoritatea unui caz relatat este răsturnată sau modificată de orice împrejurare care arată dosarul procesului a fi inexact ori substanţial incomplet.

Cazurile specifice mai importante aparţinând acestei grupe vor fi acum menţionate.

În primul rând, expunerea poate fi atât de nesatisfăcătoare încât să arate că raportorul nu a înţeles cazul pe care încerca să-l relateze, şi astfel că relatarea sa a faptelor şi dezbaterilor şi procedurii sau într-adevăr orice alt punct al muncii sale poate fi greşit.

În al doilea rând, expunerea cazului poate fi atât de limitată sau confuză sau inexactă încât este imposibil de stabilit ce problemă de fapt s-a dus la curte.

În al treilea rând, opinia poate fi nesatisfăcător condensată. Aceasta s-ar putea mai mult să se întâmple în Anglia, unde opiniile sunt de obicei orale, decât în Statele Unite, unde sunt de obicei scrise, şi apoi relatate în întregime.

---

[20] Vezi, de exemplu, comentariile în Merchants' Ins. Co. v. Clapp, 11 Pick. (Mass.) 56, 64 (1831), per Wilde, J.

În al patrulea rând, rezumatul dispoziției făcute despre caz poate fi omis.

În al cincilea rând, poate fi oarecare inconsistență între cele câteva părți ale dosarului procesului.

În al șaselea rând, cazul poate fi relatat cu deosebiri substanțiale în mai multe reportaje sau periodice. Aceasta este o dificultate întâlnită uneori la spețe engleze, din cele mai vechi perioade ale dosarelor proceselor până în prezent.

În al șaptelea rând, deși nici un defect nu este observabil în cazul în sine, se poate întâmpla să fie relatat de un raportor de ținută proastă. Aceasta este o dificultate întâlnită la un număr considerabil de cazuri vechi, parțial din motivul că unele volume de început erau publicații neautorizate de note grăbite luate în instanță și niciodată revăzute; însă dificultatea este aproape neexistentă la cazuri având loc de la Revoluția Americană.[21]

Pe de altă parte, cazul poate să aibă dreptul la comentariile favorabile că dosarul procesului este complet, precis și clar, și la opera vreunui raportor de neobișnuită poziție înaltă – cum ar fi Plowden, Saunders, sau Burrow, în Anglia, și Wheaton, Story, Summer, sau Johnson, în Statele Unite.

A TREIA GRUPĂ: AUTORITĂȚI DE MAI TÂRZIU ÎN ACEEAȘI JURISDICȚIE

Chiar dacă doctrina cazului poate fi clar stabilită și cazul este liber de oricare dintre criticile opuse înainte menționate, cazul poate să fi devenit de mică sau nici o autoritate din cauza deciziilor de mai târziu în aceeași jurisdicție.

Există o dificultate interesantă și nu o simplă nedumerire verbală, implicată în cele două aparent inconsecvente teorii pe care sistemul nostru de drept le susține în ceea ce privește efectul obligatoriu al precedentului judiciar. Pe de o parte, doctrina deciziei este socotită autoritate imperativă, obligând

---

[21] Autoritatea etalon asupra reputației și particularităților dosarelor proceselor este THE REPORTERS a lui WALLACE.

această curte şi curţile subordonate deopotrivă. Pe de altă parte, curtea poate să anuleze propriile ei decizii, incontestabil refuzând să aplice principiul deciziilor vechi la noi cazuri; şi se admite a fi datoria curţii să-şi anuleze deciziile vechi în caz că acele decizii pot fi clar demonstrate a fi nejuste, nepotrivite, sau nearmonioase cu mai generalele principii şi analogii de drept. Este adevărat că în ceea ce priveşte Camera Lorzilor, se presupune că este în imposibilitate de a anula propriile ei decizii; dar puterea este într-adevăr inerentă în toate curţile, şi este indiscutabil exercitată de Camera Lorzilor, ca dovadă modificarea substanţială recentă a lui *Allen v. Flood*[22] de către *Quinn v. Leathem*[23].

Mai mult, este posibil ca o instanţă inferioară să refuze să fie obligată de deciziile unei instanţe superioare; dar această cale, exceptând în cazuri unde curtea superioară poate fi clar văzută a fi bâjbâit, nu este admisă a fi dezirabilă sau potrivită.

Este desigur posibil să se argumenteze că recunoaşterea justeţii anulării de către o curte a propriilor ei decizii plasează acele decizii pe planul autorităţii pur persuasive, şi face ca teoria noastră a precedentului judiciar să fie substanţial ca şi teoria susţinută pe continentul Europei. Totuşi în realitate cele două teorii sunt diferite, iar cele două practici în ceea ce priveşte această problemă sunt şi ele diferite. Fără îndoială, deoarece juriştii continentali conced un anumit respect, deşi nu forţă obligatorie, precedentelor judiciare,şi deoarece juriştii noştri conced justeţea anulării deciziilor de autoritate imperativă, există o similaritate verbală între cele două puncte de vedere. Totuşi în realitate juriştii continentali subliniază importanţa deciderii fiecărui caz de parcă ar fi unul nou, mai degrabă decât justeţea de a urma exemplul unor decizii mai vechi; în timp ce juriştii noştri subliniază importanţa de a respecta

---

[22] [1898] A.C. 1.
[23] [1901] A.C. 495.

precedentele, mai curând decât posibilitatea de a tăia o nouă cale. Deosebirea în subliniere marchează o deosebire vitală în atât în teorie cât şi practică. După cum s-a spus într-o parte anterioară a acestei discuţii, vasta multiplicare a dosarelor proceselor pe continentul Europei şi în ţări folosind propriul nostru sistem de drept aduce aparent practicile în ceea ce priveşte folosirea autorităţilor în întrucâtva aceeaşi condiţie, judecători continentali găsind, în special când împovăraţi, că deciziile altor judecători sunt o mare sursă de luminare, iar propriii noştri judecători, copleşiţi de decizii discordante din multe jurisdicţii, găsind că este uneori mai uşor şi mai satisfăcător să aleagă o cale dictată de teorie; dar aproximarea rămâne slabă, şi ar fi o greşeală să se conchidă că există vreo schimbare substanţială în teoriile juriştilor dedicate unuia sau altuia din marile sisteme moderne. În ciuda deciziei rare în mod mărturisit refuzând să urmeze deciziile altor jurisdicţii, şi deciziei rare anulând doctrina curţii însăşi, teoria cerând ca precedentele să fie respectate – frecvent numită „regula *stare decisis*" – continuă să fie una a trăsăturilor distinctive ale sistemului nostru de drept.

Totuşi, aşa cum s-a indicat, autoritatea unei decizii este grav afectată de decizii ulterioare în aceeaşi jurisdicţie. Aceasta se întâmplă în mai multe feluri.

În primul rând, dacă decizia se dă de către o curte de primă instanţă sau de către o curte intermediară, decizia în însuşi cazul se poate întâmpla să fi fost anulată de către o curte superioară.

În al doilea rând, chiar dacă decizia se dă de către o curte de ultimă instanţă, decizia în însuşi cazul poate să fi fost anulată la o reaudiere; şi în unele jurisdicţii se acordă reaudieri destul de frecvent.

În al treilea rând, chiar dacă decizia poate să stea pentru totdeauna în însuşi litigiul, doctrina deciziei poate să fi fost franc anulată în vreun alt litigiu în aceeaşi curte sau în vreo curte de jurisdicţie superioară, potrivit cu puterea pe care o curte de jurisdicție superioară trebuie totdeauna să o aibă, ca să nu fie în realitate controlată de curți de jurisdicție inferioară, și potrivit cu puterea prin care curtea însăși, chiar sub teoria de *stare decisis*, poate să refuze să fie călăuzită de propriile ei decizii, cum deja s-a explicat.

În al patrulea rând, deși decizia poate să nu fi fost anulată franc, se poate să fi existat o decizie care a anulat-o pe tăcute; și apoi există o problemă dacă decizia disonantă de mai târziu trebuie să fie discreditată ca o greșeală sau trebuie să fie acceptată ca o răsturnare a doctrinei mai vechi.

În al cincilea rând, deși decizia poate să nu fi fost anulată, o curte capabilă de a o anula poate să fi refuzat să o aplice la un caz ulterior venind în cadrul doctrinei sale, acceptând oarecare deosebire care îngrădește doctrina cazului mai vechi între limite foarte înguste, și care, destul de probabil, prevestește ultimă anulare. Acesta este, într-adevăr, cel mai frecvent mod de a corecta ceea ce este conceput de către curte a fi o eroare – un mod urmat destul de firesc, deoarece întrucâtva ascunde mai degrabă stânjenitoare alegație de eroare, și lesne liniștește mintea în ceea ce privește posibilul conflict între puterea de a anula și regula de *stare decisis*.

În al șaselea rând, deși decizia poate să nu fi fost anulată sau chiar diferențiată, se poate să fi fost expres dezaprobată de aceeași curte sau de vreo curte superioară. Cum simplă dezaprobare nu poate avea loc în afară de un caz nu direct implicând doctrina dezaprobată – căci altminteri dezaprobarea ar trece în anulare, sau cel puțin în diferențiere – urmează că simpla dezaprobare este în fapt simplu dictum, și poate avea numai autoritate persuasivă, și nu autoritate imperativă; însă dezaprobarea expresă poate fi o puternică indicație că, în timp ce problema este ridicată în mod categoric, decizia criticată va fi anulată.

În al șaptelea rând, deși poate nu va fi posibil să se sublinieze orice decizie care afectează problema în cauză în oricare dintre modurile enumerate, se întâmplă uneori că profesia a crescut să ignore vechea decizie ca greșită și demodată; şi cu toate că aceasta nu se întâmplă des, atunci când se întâmplă, e foarte probabil ca vechea decizie să nu fie urmată în caz că problema este ridicată în mod categoric din nou. Acesta este unul din cazurile în care jurişti mai curând mistic, deşi cu nădejde, spun că o decizie este „deloc lege".

Pe de altă parte, cazul în speţă poate fi unul dintr-o serie, extinzându-se la prezent, aplicând doctrina în cazuri unde este parte a *ratio decidendi*, aprobându-l prin dicta în alte cazuri, şi chiar extinzându-l la cazuri care par a fi în afara scopului său iniţial. Când aceasta se întâmplă, doctrina este neclintită – şi mai mult decât neclintită, căci este o forţă triumfătoare activă.

Există, într-adevăr, o vastă şi interesantă deosebire între tratamentul dat unei doctrine care este înţeleasă a fi dreaptă şi tratamentul dat uneia care este înţeleasă a fi greşită. Regula de *stare decisis* se aplică la fiecare dintre ele, desigur; dar una dintre ele este acceptată ospitalier şi creşte, pe când cealaltă este tratată ca un corp străin ostil nelegată de sistemul juridic, este îngrădită între limite înguste – închistată, ca să spunem aşa – şi în cursul timpului este destul de probabil a fi aruncată afară complet.

A PATRA GRUPĂ: COMENTARII BAZATE PE JURISDICŢIA CURŢII

Puterea unei curţi de a crea un precedent juridic de autoritate imperativă, în afară de a fi limitată la chiar problema apărând în cursul litigiului real, este expusă altor limitări. Deoarece o curte inferioară nu o poate obliga pe una superioară, există ceea ce poate fi numită o limită orizontală; şi deoarece o curte nu poate stabili lege pentru regiuni în afara limitelor geografice ale jurisdicţiei ei, există de asemenea o limită verticală. Cu alte cuvinte, deşi doctrina unui caz a primit deplină analiză, este uşor de stabilit dintr-un dosar al procesului care este mai presus de orice critică, şi nu a fost slăbită în nici o privinţă, cazul poate fi de autoritate defectuoasă din cauza circumstanţelor relativ la jurisdicţia curţii.

Aceasta dă naştere la un important grup de comentarii.

În primul rând, *ratio decidendi* al unei decizii într-o curte nu de ultimă instanţă, deşi de autoritate imperativă în acea curte – până ce suprimată sau anulată – este de pură autoritate persuasivă în curţile de acelaşi rang şi în curtea de ultimă instanţă. Acest punct este independent de unul înainte făcut, în sensul că decizia unei curţi inferioare este uneori dată fără deliberare completă, şi este de asemenea independent de sugestia, adesea inexactă, că judecătorii curţilor inferioare sunt mai puţin experimentaţi sau mai puţin învăţaţi decât judecători din curţile de ultimă instanţă.

În al doilea rând, deciziile unei comisii sau altei curţi provizorii, chiar dacă este pentru moment o curte de ultimă instanţă, şi deci teoretic capabilă de a stabili legea tot aşa de ferm pe cât poate orice curte oarecare, sunt în practică tratate ca oarecum de mai puţină greutate decât deciziile curţilor permanente exercitând aceeaşi jurisdicţie; dar forţa acestui comentariu este mult slăbită când comisia sau altă instanţă provizorie este cunoscută a conţine jurişti de neobişnuită măiestrie.

În al treilea rând, deciziile unei curţi de ultimă instanţă ale unui stat au în alte state nu mai mult decât autoritate persuasivă.

În al patrulea rând, chiar în cadrul statului, deciziile unei curţi de stat în ultimă instanţă în ceea ce priveşte probleme sub autoritatea Constituţiei Statelor Unite, tratatele Statelor Unite, ori statutele Statelor Unite trebuie să fie tratate ca deciziile unei curţi subordonate, din motivul că aceste probleme sunt în cadrul jurisdicţiei speciale a curţilor federale.

În al cincilea rând, cât despre probleme de drept al statelor, curţi ale statelor, şi nu curţile federale, de obicei au influenţă de control. Cât priveşte astfel de probleme, curţile statelor desigur nu se supun curţilor federale – nici chiar Curţii Supreme a Statelor Unite. Nu rezultă, însă, că în ceea ce priveşte astfel de probleme curţile federale fără ezitare urmează curţile statelor. Problemele fiind prin ipoteză probleme de drept al statelor, există o linie de raţionament în sensul că instanţele federale trebuie să conceadă deciziile curților statelor a fi de autoritate imperativă. Pe de altă parte, există o linie de raționament în sensul că atunci când instanțele federale au jurisdicție, nu din cauza prezenței unei probleme federale, ci din cauza cetățeniei părților, curțile federale, acționând sub autoritatea Constituției Statelor Unite, sancționată de cetățenii diferitelor state, acționează ca organe just autorizate să determine dreptul local, și astfel sunt în fapt curți ale statelor, având, cum nu există nici un apel din partea lor la curțile obișnuite ale statelor, putere deplină să determine care este legea statului. Practica este, mai degrabă în mod ilogic, la jumătatea drumului între aceste două teorii. Curțile federale urmează deciziile statelor în ceea ce privește construcția Constituției statelor și a statutelor statelor, și de asemenea în ceea ce privește dreptul proprietății; dar ele refuză să fie obligate de decizii ale statelor în ceea ce privește probleme de drept comercial. Această distincție nu este ușor de justificat în teorie sau de aplicat în practică, și nimeni nu ar încerca să-i prezică viitorul; dar în prezent, din cauza acestei distincții, curțile federale tind să dezvolte un drept comercial general pentru toată țara.[24] De altminteri, curțile federale exercită din când în când inevitabila putere a oricărei curți să ignore decizii ale statelor de orice fel în caz că i se pare clar că instanțele statelor au făcut o greșeală în ceea ce privește dreptul statului.

În al șaselea rând, în țara noastră deciziile curților engleze, irlandeze și coloniale sunt de simplă autoritate persuasivă; iar aceasta este adevărat dacă deciziile sunt noi sau vechi. Chiar în ceea ce privește decizii înaintea independenței americane, această enunțare nu are nevoie de premisă reală,

---

[24] Vezi Swift v. Tyson, 16 Pet. 1, 10 L. Ed. 865 (1842); Burgess v. Seligman, 107 U.S. 20, 33, 34, 2 Sup. Ct. 10, 27 L. Ed. 359 (1882); Hartford Fire Ins. Co. v. Railroad Co., 175 U.S. 91, 100, 20 Sup. Ct. 33, 44 L. Ed. 84 (1899); Western Union Telegraph Co. v. Publishing Co., 181 U.S 92, 21 Sup. Ct. 561, 45 L. Ed. 765 (1901). Erie Railroad v. Thompkins, 304 U.S. 64 (1938) anulat Swift v. Tyson și pus capăt acestei tendințe. Vezi Introducere *supra* p. 18.

deoarece singura curte engleză care avea jurisdicție asupra litigiu apărând în coloniile americane era Comitetul Judiciar al Consiliului de Coroană, și deciziile îndosariate ale acelui organ în perioada noastră colonială sunt puține.

Totuși, deși deciziile curților engleze obișnuite nu au fost niciodată de autoritate imperativă aici, autoritatea lor persuasivă este foarte puternică; căci, în absența vreunui motiv special, deciziile acelor curți, compuse, cum totdeauna au fost, din judecători competenți, și ajutate, cum totdeauna au fost, de avocați perfect pregătiți, sunt dovadă înaltă a doctrinelor acelui drept pe care coloniștii le-au adus cu ei, și pe care curțile și juriștii din țara noastră sunt încă angajați să le aplice la noi condiții. Va trebui de adăugat că spețele engleze de obicei au avantajul de a fi relatate concis, și că multe dintre opiniile engleze poartă numele unor judecători care sunt aproape la fel de celebri aici cum sunt acasă.

(C) ULTIME CUVINTE ÎN CEEA CE PRIVEȘTE FOLOSIREA DECIZIILOR

PRECAUȚIUNE ÎMPOTRIVA HIPERCRITICII

Deși atât rațiunea cât și practica juriștilor calificați au justificat și au cerut tot ceea ce s-a spus în privința stabilirii doctrinei unui caz, făcând deosebire între *ratio decidendi* și *dictum*, și comentând asupra circumstanțelor afectând importanța deciziei, există oarecare pericol ca minuțiozitatea cu care capcanele au fost subliniate să poată încuraja hipercritica. Este destul de probabil că atunci când cititorul a început să examineze această discuție el era dispus să considere cuvintele opiniilor judiciare cu prea ușoară distincție, și deci să creadă prea mult; dar este categoric nedezirabil ca el să ajungă la cealaltă extremă și să creadă prea puțin. Se spune că persoanele slabe de minte și imaginative, la citirea simptomelor descrise în cărțile medicale, își închipuie că întreaga lume este o masă de maladie; și posibil unele persoane pot căpăta păreri similare din examinarea precedentă a simpto-melor de slăbiciune în opinii judiciare. Simptomele, însă, nu dovedesc boală, ci numai sugerează precauțiune. Există dicta profunde – mii dintre ele. Există mii de decizii care sunt expuse la unul sau altul dintre comentariile enumerate, totuși care, în ciuda comentariilor, ar fi urmate de orice curte, și pe drept. Într-adevăr, dacă instanțele ar fi să înlăture toate cazu-rile asupra cărora poate fi făcut vreun comentariu nefavora-bil, ele ar avea puțin ajutor de la predecesorii lor. Avocații trebuie să învețe din experiență – dacă nu sunt născuți cu înțelepciune juridică – în momentul când comentariile vor fi primite cu atenție și asemănător cu nerăbdare. Dar avocații trebuie totuși, în așteptarea criticii de către adversari sau în pregătirea pentru analiza critică a autorităților adversarilor, să pregătească însemnări care le vor da posibilitatea să înfrunte ori să facă toate aceste comentarii imediat și cu precizie.

CAZURI NU DIRECT LA OBIECT FOLOSITOARE PRIN ANALOGIE ȘI ALTFEL

Mai departe, un caz a cărui doctrină nu este direct la obiect poate fi citat destul de exact ca baza unui argument din analogie. De exemplu, se poate imagina că într-o jurisdicție unde doctrina lui *Lawrence v. Fox*[25] prevalează, și unde prin urmare beneficia-rul unui contract poate să intenteze proces în propriul său nume, avocatul dorește să probeze că beneficiarul poate fi înfruntat de apărare că persoana căreia i s-a făcut promisiunea a obținut contractul făcând o relatare inexactă prin înșelăciune. Dacă se imaginează că nu poate fi obținută nici o decizie direct la obiect, se va admite totuși că avocatul poate să citeze propriu-zis decizii în sensul că o acțiune de către un mandant poate fi anulată de o apărare bazată pe frauda agentului său, și decizii în sensul că o acțiune de către mandatarul unui contract nenegociabil poate fi anulată de o apărare bazată pe frauda persoanei căreia i s-a făcut

---

[25] 20 N.Y. 268 (1859).

promisiunea; dar avocatul trebuie să indice clar că aceste decizii nu sunt direct la obiect, că el admite distincţia între un beneficiar şi un mandant, şi de asemenea între un beneficiar şi un mandatar, dar că el susţine că un beneficiar seamănă atât cu un mandant cât şi cu un mandatar, ocupă o poziţie la jumătatea drumului între cele două persoane, şi trebuie să fie condus de o doctrină care este demonstrată a fi aplicabilă fiecăreia dintre ele.

REZUMAT

Nimic ceea ce s-a spus chiar acum nu trebuie înţeles ca minimalizând în cel mai mic grad necesitatea de a descoperi chiar doctrina pentru care un caz este o autoritate distinctă, şi de a pune mai mare accent pe acea doctrină decât pe cuvintele curţii şi de a păstra în minte toate comentariile numite. Toate aceste probleme sunt de mare importanţă; şi, într-adevăr, percepţia obişnuită a deosebirii între doctrina deciziei şi simplele cuvinte ale curţii este una din trăsăturile principale ale unui judicios şi perspicace jurist.

III. LEGI[26]

(A) REGULILE GENERALE ÎN CEEA CE PRIVEŞTE CONSTRUCŢIA LEGILOR

LEGI TRATATE DIFERIT DE DECIZII

Trecând de la decizii la legi există o vastă schimbare în punctul de vedere şi în modul de a stabili norma de drept. Aceasta este adevărat dacă cuvântul „statute" va fi folosit în

---

[26] Numai punctele de cea mai mare importanţă practică pentru aclătuitorul de proces sunt tratate aici. Tratate minuţioase sunt DWARRIS ON STATUTES şi SEDGEWICK ON STATUTORY AND CONSTITUTIONAL LAW. Există un punct de vedere condensat al întregului subiect în BISHOP ON STATUTORY CRIMES, books 1 and 2. Cazurile sunt strânse în 44 AM. DIG. (Cont. Ed.) *Statutes*, cols. 2804-2991, §§ 254-377; 18 DEC. DIG. *Statutes*, §§ 174-277; şi 13 DIGEST OF ENGLISH CASE LAW, *Statute*.

acel larg sens care include tot dreptul scris, sau în acel sens
mai îngust care este plănuit în toată următoarea discuție și
care deosebește statutele de constituții pe de o parte și ordo-
nanțe pe de alta. Tratând despre decizii s-a constatat că înseși
cuvintele curții promulgând opinia și dând decizia nu deter-
mină absolut norma de drept, ci că norma de drept este stabili-
tă descoperind ce problemă generală a fost esențială pentru
rezultatul atins și folosind cuvintele opiniei ca un simplu
ajutor în stabilirea acelei norme, astfel încât, deși opiniile sunt
scrise, normele de autoritate derivate din ele nu sunt scrise,
dar sunt stabilite prin folosirea rațiunii, făcând ca legea bazată
pe precedente să fie clasificată ca lege nescrisă – *lex non
scripta*, să folosim expresia latină. Nu astfel cu statutele, căci
tratând despre dreptul statutar se va constata că înseși cuvinte-
le în mod necesar urmează a fi tratate precum creând și limi-
tând regula, așa că statutele sunt marele exemplu al legii
scrise – *lex scripta*. Există alte deosebiri mai puțin importante,
unele dintre ele legate cu cea chiar acum subliniată. O decizie
tratează despre evenimente trecute mai ales, și este numai
incidental că afectează drepturi dependente de evenimente
viitoare, pe când o lege în special privește către viitor, și este
anormal – adesea chiar neconstituțional – ca ea să încerce să
modifice drepturi bazate pe fapte trecute. O decizie tratează
numai despre cazul realmente în fața curții, și este numai
incidental că decizia indică rezultatul probabil al vreunui alt
caz, chiar între aceleași părți, în timp ce este de esența unei
legi că ea creează o regulă de aplicare generală. O decizie
acționează pe teoria că urmează o regulă deja în existență, în
vreme ce o lege de obicei pretinde să introducă o regulă care
este nouă. O decizie poate de obicei să fie prezisă de un jurist
iscusit, în timp ce nici un jurist nu poate să prezică ce lege va
fi adoptată. O decizie este aproape invariabil dată de juriști, și
opinia însoțitoare este formulată în limbaj tehnic, pe când o
lege este adesea nu opera unui jurist, și în orice caz, se presu-
pune a fi capabilă de a fi înțeleasă de neprofesionistul obișnu-

it. Toate aceste deosebiri decurg din faptul că pronunțarea unei decizii este un act judiciar, și alcătuirea unei legi este un act legislativ – efectul *quasi* legislativ al unei decizii fiind indirect, și, cât mai mult cu putință, ascuns de limbajul obișnuit al avocaților și judecătorilor.

PĂRȚILE UNEI LEGI

O lege de formă completă conține un titlu (pe scurt indicând natura ei), un preambul (începând cu „Având în vedere că" și indicând motivele pentru lege și posibil efectul ei general), și (începând cu „Să fie legiferat") corpul legii, altfel numit „partea de legiferare".Diferitelor dispoziții frecvent găsite în corpul legii li se atașează uneori de către juriști termeni descriptivi de nici o mare valoare. Astfel jumătatea de duzină sau mai mult de cuvinte începând cu „Să fie legiferat" și sfârșind cu „că", sunt numite dispoziția legii. Un pasaj explicând înțelesul cuvintelor este numit o dispoziție de interpretare. Pasaje începând cu „Cu excepția", sau „Cu condiția că", sau „Nimic în acest act va", sunt numite „excepțiuni", „clauze excepționale", sau „articole care conțin o clauză restrictivă", respectiv. Pot fi de asemenea incluse în corpul legii o clauză de anulare, și o clauză fixând data când legea are efect. Cuvântul „cuprins" pare uneori a fi limitat la atât de mult din corpul legii care ar rămâne prin omiterea excepțiunilor, clauzelor condiționale și articolelor care conțin o clauză restrictivă; și deoarece cuvântul este ambiguu și nu foarte folositor în cazul cel mai bun, o cale înțeleaptă poate fi să nu fie folosit deloc.

LOCURILE UNDE SE GĂSESC LEGILE

Surse originale de cunoaștere în ceea ce privește cuvintele exacte ale legilor sunt procesele-verbale ale corpurilor legislative votându-le, și mult mai accesibilele volume tipărite care sunt de obicei numite „legislație de sesiune".

Din când în când legile care sunt presupuse a rămâne în vigoare sunt adunate în volume purtând numele formal „Legi revizuite", sau vreun titlu similar, dar foarte obişnuit cunoscute simplu ca „revizuiri". Revizuirile diferă în formă, căci unele permit întregului unei legi originale să rămână într-un loc, în timp ce altele plasează diferitele părţi sub titluri adecvate în diferite locuri; şi, de altfel, unele aranjează temele alfabetic, în timp ce altele le aranjează analitic. În plus, revizuirile diferă în substanţă, deopotrivă; căci, în timp ce unele sunt adoptate de corpul legislativ ca o lege şi sunt însoţite de un act anulând toate celelalte legi, altele, dacă sunt făcute sub autoritate legislativă sau nu, nu sunt adoptate în acest fel şi nu sunt însoţite de un act de anulare, şi sunt făcute, cel mult, simplă evidenţă *prima facie* a termenilor legilor conţinuţi în ele.

„CONSTRUCŢIE" ŞI „INTERPRETARE" TRATATE CA SINONIME

Unii autori au încercat să introducă o deosebire între „interpretare" şi „construcţie". Deosebirea, însă, nu a fost acceptată de membrii profesiunii, şi cele două expresii sunt în practică sinonime. Termenul mai obişnuit este „construcţie".

DOUĂ REGULI NETEHNICE

În folosirea legilor, există două reguli netehnice, care, deşi nu se găsesc adesea în cărţi, sunt de importanţă primordială:

În primul rând, când se ridică o problemă statutară, nu ar trebui să ne bizuim pe o memorie inexactă sau pe o parafrază, ci ar trebui să examinăm chiar cuvintele legii.

În al doilea rând, când se ridică o problemă statutară, oricât de bine familiarizat poate fi cineva cu înseşi cuvintele legii şi cu construcţiile înainte plasate pe ele, va trebui să examineze legea din nou din punctul de vedere al noii probleme.

Aceste două reguli provin din faptul că problemele statutare sunt determinate nu de teorie juridică, ci de critică verba-

lă. Ele sunt fără îndoială regulile care erau în mintea Judecă-
torului Superior Coke atunci când, spunându-i-se că opinia
lui era dorită asupra unei chestiuni de drept a spus: „Dacă
este drept cutumiar, mi-ar fi ruşine dacă nu aş putea să vă dau
un răspuns prompt; dar, dacă este drept scris, mi-ar fi deopo-
trivă ruşine dacă v-aş răspunde imediat".[27]

REGULI TEHNICE DE CONSTRUCŢIE

Presupunând că cercetătorul s-a familiarizat el însuşi cu
exact cuvintele legii, şi că a examinat acele cuvinte în
lumina problemei la îndemână, cercetătorul este faţă în faţă
cu problema construcţiei statutare, şi constată că în rezolva-
rea acestei probleme este ajutat de foarte numeroase reguli
tehnice. Pentru uşurinţă, aceste reguli pot fi împărţite în
două grupe, prima grupă fiind aplicabilă aproape la fel de
bine tuturor instrumentelor scrise, iar a doua grupă fiind în
special aplicabilă dreptului scris. Toate regulile arată a fi
bazate pe două principii: În primul rând,că ceea ce este a fi
stabilit este intenţia alcătuitorilor cuvintelor; şi, în al doilea
rând, că această intenţie este a fi dedusă din cuvintele înseşi.
Se va constata însă, că aceste două principii sunt mult mai
mult îndeaproape urmate în prima grupă de reguli decât în
cea de-a doua. Se va constata, de asemenea, că cele două
grupe nu sunt foarte clar perceptibile, fiindcă această grupa-
re, ca aproape orice clasificare în drept, este în mod necesar
oarecum artificială.

PRIMA GRUPĂ: REGULI DE CONSTRUCŢIE APLICABILE LA TOATE SCRIERILE

Între regulile de construcţie aplicabile la toate scieri-
le-contracte, transferuri, testamente şi tratate, precum şi
constituţii, legi în sensul strict, şi ordonanţe – sunt cele acum
a fi enumerate:

---

[27] STORY, MISCELLANEOUS WRITINGS, 449.

În primul rând, cuvintele tehnice trebuie să fie înțelese în sensul tehnic, iar cuvintele obișnuite în sens obișnuit. De exemplu, „furt" și „tuberculoză" înseamnă, respectiv, furt precum definit de lege,și tuberculoză precum definită de medicină, în timp ce „vehicul" înseamnă ceea ce un om obișnuit ar numi un vehicul. Dicționarele, desigur, sunt mijloace acceptate în determinarea înțelesului cuvintelor.

În al doilea rând, cuvinte care s-au schimbat în înțeles de la alcătuirea instrumentului trebuie să fie analizate așa cum erau analizate în acea vreme, căci altfel construcția s-ar modifica pe măsură ce timpul trece. Aceasta este o explicație a deciziei în *Dartmouth College v. Woodward*[28], unde un drept al unei corporații private a fost socotit a fi protejat de intervenția Legislaturii unui stat din pricina clauzei în Constituția Statelor Unite care prevede că nici un stat nu va vota nici o lege încălcând obligația contractelor; fiindcă deși prin analiză și definiție juridică, așa cum se înțelege acum, un privilegiu corporativ nu este un contract, din motivul că este un act de donație, și nu o promisiune, totuși, cum este un acord, a intrat probabil în atribuțiile definiției unui contract potrivit cu terminologia juriștilor din timpul alcătuirii Constituției.

În al treilea rând, cuvintele trebuie să fie analizate în legătură cu contextul, și întregul statut urmează a fi citit ca un instrument complet. Aceasta este un simplu produs al faptului că despre un cuvânt stând prin sine însuși se poate cu greu spune că are vreun înțeles cât de cât, și că în orice caz cuvintele înconjurătoare sunt absolut esențiale pentru propria lui înțelegere.

În al patrulea rând, toate cuvintele sunt capabile să primească forță, dacă e posibil, și numai extrema necesitate autorizează tratarea cuvintelor ca supraabundență. Aceasta este un rezultat al punctului de vedere firesc și respectuos că

---

[28] 4 Wheat. 518, 4 L. Ed. 629 (1819).

persoana alcătuind statutul a folosit nu mai multe cuvinte decât a crezut necesar să exprime înţelesul lui.[29]

În al cincilea rând, cuvintele trebuie să fie astfel analizate încât să dobândească sens şi nu nonsens, justeţe şi nu injusteţe, uşurinţă şi nu incomoditate.

În al şaselea rând, cuvintele trebuie să fie astfel analizate încât să realizeze scopul general al legii. În acest scop, titlul şi preambulul pot fi folosite, şi la fel pot dezbaterile precedând adoptarea legii; dar orice folosire a problemelor în afara corpului legii trebuie să fie prudentă şi cumpătată, căci o lege este în cadrul considerentului regulii care interzice negarea sau modificarea unui document solemn prin mărturie verbală.

În al şaptelea rând, erorile de scris trebuie să fie ignorate, dacă înţelesul poate fi stabilit în pofida lor. Dacă înţelesul nu poate fi stabilit, fireşte considerentul regulii încetează, şi regula devine inaplicabilă.

În al optulea rând, inexactităţile gramaticale şi retorice trebuie să fie ignorate, dacă sensul este clar. În acest scop, de exemplu, „şi" poate fi citit „sau", iar „sau" poate fi citit „şi".

În a nouălea rând, ca un ajutor la sens, cercetătorul poate să apeleze la punctuaţie. O impresie inversă a fost sprijinită spunând că statutele engleze timpurii nu aveau semne de punctuaţie, şi că documentele pendinte sunt citite cu voce tare, şi că prin urmare punctuaţia, dacă există vreuna, nu-i influenţează pe legislatori. Dar astăzi legile au semne de punctuaţie, şi deşi sunt citite cu voce tare, exemplarul tipărit este de ceea ce depind legislatorii în realitate, fără a mai vorbi că punctuaţia inevitabil afectează accentuarea şi intonaţia unei persoane citind cu voce tare.

---

[29] Vezi Hurtado v. California, 110 U.S. 516, 534, 4 Sup. Ct. 292, 28 L. Ed. 232 (1883).

A DOUA GRUPĂ: REGULI DE CONSTRUCȚIE ÎN SPECIAL APLICABILE LA DREPTUL SCRIS

Ca și regulile grupei precedente, regulile de construcție în special aplicabile la dreptul scris pretind să caute intenția exprimată a corpului legislativ; dar se va constata că regulile acestei a doua grupe uneori în realitate zădărnicesc acea intenție. Câteva din cele mai importante reguli ale acestei a doua grupe vor fi acum menționate:

În primul rând, cuvintele sunt a fi astfel analizate, dacă posibil, încât să împiedice legea de a fi declarată nevalabilă pentru neconstituționalitate sau incompatibilitate. Această regulă poate în parte să ignore intenția reală a corpului legislativ, dar sigur ajută parte a acelei intenții, căci intenția categoric a fost, printre alte lucruri, ca legea să aibă ceva efect.

În al doilea rând, există o înclinație să se analizeze cuvinte în așa fel încât statutul nu va avea un efect retroactiv.[30] Această regulă este independentă de considerații în ceea ce privește neconstituționalitatea, fiind bazată în întregime pe teoria că statutele retroactive sunt oarecum anormale. La fel ca toate regulile de construcție, se supune unei expresii directe de intenție; și, de altminteri, nu are nici o aplicație unde acțiunea retroactivă ar fi rezonabilă – de exemplu, în proleme de pură procedură.

În al treilea rând, în statutele penale cuvintele trebuie să fie analizate strict. Această regulă este dictată de un spirit uman, mai degrabă decât de o încercare de a stabili intenția legislativă; dar este teoretic transformată într-o regulă de intenție prin presupunerea că regula este cunoscută corpului legislativ, și că așadar cuvintele statutului penal erau menite să fie analizate astfel. Într-adevăr, toate regulile acestei grupe sunt uneori în acest fel susținute în mod argumentativ pentru a fi de fapt reguli de intenție.

---

[30] Vezi Hansen v. Meyer, 81 Ill. 321, 25 Am. Rep. 282 (1826).

În al patrulea rând, în legi de reparație cuvintele trebuie să fie analizate liberal. Această regulă este astfel aplicată încât să extindă statutul dincolo de limbajul său real la cazuri în cadrul rațiunii și intenției lui generale.

În al cincilea rând, cuvintele statutului trebuie să fie analizate în lumina legii preexistente. Motivul pentru această regulă este pur și simplu că legea preexistentă era parte a atmosferei care înconjura și sugera noul statut, iar noul statut nu poate fi profund înțeles dacă este izolat de cauza sa. Pentru a cita cuvintele Judecătorului Superior Coke, legea precedentă este „chiar lacătul și cheia pentru a deschide ferestrele statutului".[31]

În al șaselea rând, cuvintele unuia dintr-o serie de statute vor fi analizate ca și cum acel statut și predecesorii lui în serie constituiau numai un singur statut. Acest lucru este ilustrat de cazul Curții engleze a proceselor de drept comun al lui *Hyde v. Johnson*.[32] Acolo problema era sub autoritatea statutului 9 Geo. IV, c. 14, Section 1, care legifera că o datorie blocată de legea prescripțiilor[33] putea fi reînnoită numai printr-un înscris „semnat de partea răspunzătoare cu aceasta". Problema era dacă sub autoritatea acelui limbaj un înscris semnat de un just autorizat agent va fi suficient. Regula generală era admisă a fi că orice poate să facă cineva prin sine el poate să facă printr-un agent, și fără îndoială că regula generală se aplică acțiunilor făcute în baza termenilor unui statut[34]; dar cuvintele în cercetare erau într-un statut care în altă secțiune expunea a șaptesprezecea secțiune a statutului fraudelor[35], care secțiune spune că memorandumul cerut de ea va fi „semnat de părțile a fi învinuite… sau agenții lor", și era evident că statutul în cauză și statutul

---

[31] 2 Co. Inst. 308.
[32] 2 Bing. N.C. 776 (1836).
[33] 21 Jac. I.C. 16.
[34] *In re* Whitley Partners, 32 Ch. D. 337 (C.A. 1886).
[35] 29 Car. II, C. 3.

fraudelor erau într-un sens o serie. În legea fraudelor se face constant o distincție între cazuri unde mijlocirea este admisibilă și cazuri unde nu este. În consecință s-a considerat că legiferarea în cauză dădea eficacitate unui înscris semnat altfel decât persoana însăși; Tindal, J.S., pentru curte, subliniind că distincția se face în întreg statutul fraudelor, și spunând:

Găsim că secțiunea a șaptea chiar a acestei legi expune secțiunea a șaptesprezecea a legii fraudelor, astfel că legislatura trebuie să fi avut în vedere, chiar în momentul votării acestei legi, și de aceea trebuie să fi intenționat, distincția între înscrisuri semnate de către o parte, ori semnate de agentul ei.

În al șaptelea rând, chiar atunci când cuvintele sunt neambigui și se armonizează bine cu intenția declarată a legii, ele trebuie să fie analizate ca neaplicându-se unei stări de fapte în cadrul înțelesului lor aparent, în caz că instanța este convinsă, printr-un fel de notiță judiciară, că faptele nu sunt în cadrul intenției legislative reale. Aceasta pare a fi o doctrină necesară, căci sigur ar trebui să fie putere judiciară să declare că birtașul ale cărui uși ale cârciumii au fost deschise de un cutremur nu este pasibil de pedepsele pe care o lege poate să le prevadă, fără rezerve, pentru orice birtaș a cărui cârciumă este duminica găsită a fi deschisă. În mod evident, însă, este o doctrină greu de înțeles, cum este suficient arătat de diversitatea deciziilor asupra răspunderii penale a persoanelor nevinovate moral care vând carne bolnavă, și altele de acest gen, și sunt traduse în fața justiției sub legi care prevăd amendă sau închisoare ca rezultat al vânzării unui astfel de articol, și care nu reușesc să țină seama de posibilă nevinovăție – o diversitate firească de decizii, întrucât de o parte stă presupunerea generală că persoane nevinovate moral nu sunt pedepsite penal, și pe de altă parte stă faptul evident că ceea ce legislatura poate bine dori este de a împiedica vânzarea de hrană vătămătoare luând măsuri care vor înlătura de la public necesitatea de a dovedi cunoaștere, și va plasa asupra vânzătorului cel mai puternic posibil motiv pentru a folosi grijă extraordinară. În Curtea Supremă a Statelor Unite procesul lui *Church of the Holy Trinity v. United States*[36] a oferit un caz interesant al exercitării puterii judiciare de a investiga intenția exprimată a legislaturii, și de a împiedica limbaj clar prin ceea ce se consideră a fi fost intenția reală. Problema era dacă angajarea unui pastor pentru o biserică era interzisă de o lege, care făcea „ilegal pentru orice persoană, companie, asociere, sau corporație, în orice fel oarecare... să... încurajeze importarea sau migrarea oricărui străin... sub contract... să presteze muncă ori serviciu de orice fel". Curtea a decis că legea se aplica la importarea unui preot, fiindcă, deși s-a admis că relația unui păstor cu biserica lui este una de serviciu, și implică muncă, și că legea apăra împotriva interpretării înguste spunând „muncă ori serviciu de orice fel", și exceptând, într-una din secțiuni, actori, artiști, lectori, cântăreți, și servitori domestici, Brewer J., pentru curte a spus:

> Noi nu putem să credem că Congresul a intenționat să denunțe cu pedepse o tranzacție ca aceasta în cazul prezent... Nici un țel de acțiune împotriva religiei nu poate să fie imputat nici unei legislații, a statelor sau națională, fiindcă acesta este un popor religios... Să se creadă că un Congres al Statelor Unite a intenționat să facă un delict pentru o biserică din țara noastră să contracteze pentru serviciile unui pastor locuind în altă țară? Să presupunem că în Congresul care a votat acest act vreun membru oferise un proiect de lege care în termeni declara că... un astfel de contract va trebui să fie socotit ilegal și nul, și biserica încheindu-l să fie supusă la urmărire judiciară și pedepsire; se poate crede că ar fi primit un minut de gândire aprobatoare sau un singur vot?

Decizia a acționat de asemenea pe temeiul că titlul actului vorbea numai de înțelegeri „de a presta muncă", și astfel sugera doar muncă manuală, și pe temeiul că răul de remediat era în

---

[36] 143 U.S. 457, 12 Sup. Ct. 511, 36 L. Ed. 226 (1892).

mod notoriu importul de muncitori necalificați, și pe temeiul că acesta era demonstrat de petițiile și mărturia depusă în fața Congresului, și pe raportul unuia dintre comitetele recomandând votarea legii; dar motivul principal pe care a acționat decizia a fost cel deosebit de important chiar acum discutat.

(B) CIRCUMSTANȚE ÎNTĂRIND SAU SLĂBIND CONCLUZII PRELIMINARE ÎN CEEA CE PRIVEȘTE EFECTUL REAL AL UNEI LEGI

NECESITATEA DE A DEPĂȘI REGULILE DE CONSTRUCȚIE

Chiar dacă enumerarea regulilor de construcție ar fi completă, cum desigur nu este, ar fi necesar de prevenit cercetătorul că simple reguli de construcție, oricât de abil aplicate, nu pot să spună tot ceea ce este necesar să se știe despre efectul și importanța unei legi. Temele suplimentare mai importante pentru examinare vor fi acum distribuite, după modelul adoptat în tot cursul acestei discuții, în grupe oarecum arbitrare.

PRIMA GRUPĂ: MOD DE STABILIRE A TERMENILOR PRECIȘI AI LEGII

Nu este totdeauna recomandabil să presupui precisa acuratețe a termenilor statutului precum dată chiar într-o publicație oficială.

În primul rând, când o revizuire nu a fost adoptată ca o lege, este bine să se examineze legislația de sesiune pentru a stabili termenii exacți, inclusiv în unele cazuri punctuația.

În al doilea rând, în cazuri importante poate fi bine să se verifice legislația de sesiune examinând procesele-verbale legislative.

În al treilea rând, chiar când o revizuire a fost adoptată ca un statut, poate fi bine să se revină la legislația de sesiune[37] și la procesele-verbale legislative, și apoi să se discute dacă

---

[37] Vezi Conger v. Barker's Adm'r, 11 Ohio St. 1 (1860) și In re Hinton's Estate, 64 Ohio St. 485, 60 N.E. 621 (1901).

schimbările găsite în revizuire au fost plănuite să producă o schimbare în lege; şi în această cercetare poate fi folositor să se examineze proiectele şi adnotările şi rapoartele pregătite de membrii comisiei care au făcut revizuirea.

A DOUA GRUPĂ: VALIDITATEA LEGII

După ce sunt stabiliţi termenii precişi ai legii, nu se poate presupune în mod cert că legea are efectul pe care corpul legislativ l-a dorit.

În primul rând, legea poate fi neconstituţională, şi deci nulă. Aceasta este o problemă în drept constituţional, sub atari titluri ca „Încălcarea obligaţiei contractelor", „Procedură cuvenită de judecată", „Comerţ", „Dreptul suveran al statului asupra tuturor proprietăţilor, cu drept de expropriere", „Fiscalitate", „Legislaţie ex-post facto", şi „Organe însărcinate cu paza ordinii în stat".

În al doilea rând, legea poate fi nulă pentru incompatibilitate.

A TREIA GRUPĂ: LEGISLAŢIE URMĂTOARE

Deşi termenii legii sunt stabiliţi, şi legea nu poate fi atacată pe motivul nevalabilităţii originale, legislaţia următoare poate să o fi afectat fatal, sau cel puţin substanţial.

În primul rând, o lege a unui stat poate să fi fost înlocuită de o lege a Statelor Unite. Aceasta este o problemă foarte complicată discutată în lucrări despre Drept Constituţional.

În al doilea rând, legea poate să fi fost expres anulată. Aceasta este o problemă uşoară de stabilit, deoarece în fiecare jurisdicţie există probabil liste de legi anulate într-un apendice la fiecare volum de legislaţie de sesiune, sau în vreun alt loc uşor accesibil.

În al treilea rând, legea poate să fi fost anulată prin implicaţie. Acesta este un punct nu în mod obişnuit acoperit de liste de legi anulate. Doctrina anulării prin implicaţie este greu de aplicat, şi nu este preferată de către curţi.

În al patrulea rând, legea poate să fi fost amendată. Amendările nu sunt greu de descoperit, deoarece sunt în mod obişnuit înscrise în acelaşi loc ca abrogările exprese.

A PATRA GRUPĂ: CONSTRUCŢIE DEJA FĂCUTĂ

În fine, se poate constata la cercetare că construcţia propriu-zisă a legii nu este cu totul o problemă deschisă.

În primul rând, legea poate să fi fost deja analizată de decizii în curţile jurisdicţiei în care legea este în vigoare. Astfel de decizii, în cadrul regulilor explicate mai sus în examinarea folosirii deciziilor, sunt fie de autoritate imperativă fie persuasivă; şi, dacă de autoritate imperativă, ele devin, de fapt, parte a legii însăşi, şi după aceea preîntâmpină construcţii incompatibile, cu limitarea că astfel de decizii, ca toate deciziile, sunt capabile de a fi anulate. Construcţiile judiciare ale unor legi au fost atât de numeroase încât să fi devenit cel puţin la fel de importante ca legile înseşi. Aceasta este adevărat despre legea fraudelor. Uneori construcţia judiciară este realizată într-un astfel de spirit ostil încât legile sunt de fapt abrogate sau cel puţin amendate. Astfel prin acţiune judiciară legea prescripţiilor a fost practic amendată prin crearea unei doctrine de noi promisiuni. Trebuie să se adauge, cum s-a indicat prin ceea ce s-a dezvoltat deja în discutarea deciziilor, că construcţia plasată pe legile federale de către curţile federale este obligatorie asupra curţilor statelor, şi că construcţia plasată pe o lege a unui stat de către curtea de ultimă instanţă a acelui stat este urmată în curţile federale, afară dacă este vădit greşită, şi că pe o problemă de proprietate chiar o construcţie vădit greşită de către curtea statului ar fi probabil să fie urmată în caz că s-ar putea spune să fi devenit o regulă locală stabilită.[38]

---

[38] Vezi Williams v. Kirtland, 13 Wall. 306, 20 L. Ed. 683 (1871); Burgess v. Seligman, 107 U.S. 20, 33, 34 2 Sup. Ct. 10, 27 L. Ed. 359 (1882); Bauserman v. Blunt, 147 U.S. 647, 13 Sup. Ct. 466, 37 L. Ed. 316 (1893); Forsyth v. City of Hammond, 166 U.S. 506, 518, 519, 17 Sup. Ct. 665, 41 L. Ed. 1095 (1897).

În al doilea rând, dacă legea a fost copiată dintr-o lege deja în vigoare într-o altă jurisdicţie, se înţelege a fi fost adoptată cu construcţia pe care instanţele acelei jurisdicţii o ataşaseră deja la ea. Nu va trebui să se deducă, însă, că decizii următoare în acea jurisdicţie sunt de vreo importanţă mai mare decât decizii în oricare altă jurisdicţie.[39]

În al treilea rând, când o lege a fost adoptată de un număr de state care încearcă să stabilească, în ceea ce priveşte unele probleme, cel puţin, un sistem uniform de drept, deciziile oricăruia dintre aceste state în ceea ce priveşte construcţia legii comune nu pot să evite a fi tratate cu neobişnuită atenţie; căci uniformitatea iniţială ar fi uşor răsturnată de construcţii discordante. În prezent această linie de gândire este în special aplicabilă la legea efectelor de comerţ, deja adoptată în multe dintre state.

În al patrulea rând, deşi o lege poate niciodată să fi fost analizată judiciar, o anumită construcţie poate să fi fost de mult urmărită de persoane pentru care legea este cu deosebire aplicabilă – de exemplu, de funcţionari publici – şi într-o astfel de stare de fapte curtea va încerca să susţină construcţia astfel adoptată.

(C) ULTIME CUVINTE ÎN CEEA CE PRIVEŞTE FOLOSIREA LEGILOR

LEGI ENGLEZE

Deoarece discutarea legilor a fost plănuită să acopere numai teme de importanţă practică, probleme de pur interes teoretic sau de antichităţi au fost omise. Aşadar nimic nu s-a spus despre măsura în care legi engleze adoptate înaintea independenţei americane erau odinioară în vigoare în coloniile americane, şi sunt acum, de nu abrogate, în vigoare în state. Asupra acestui subiect există deosebire de opinie, dar

---

[39] Cathcart v. Robinson, 5 Pet. 264, 280, 8 L. Ed. 120 (1831).

în fiecare stat problema este probabil complet rezolvată de statut sau de decizie judiciară.[40]

CONSTITUȚII ȘI ORDONANȚE

Discuția precedentă în ceea ce privește legi a fost îndreptată mai ales către legi, strict astfel numite, spre deosebire de constituții și ordonanțe. Totuși cea mai mare parte a discuției este aplicabilă la acele altfel feluri de drept scris.

IV. CONCLUZIE

LIMITELE PUSE ASUPRA ACESTEI DISCUȚII

Discuția în ceea ce privește folosirea deciziilor și legilor ar putea lesne să includă o definiție a naturii dreptului, o prezentare a teoriei și istoriei dezvoltării instituțiilor juridice, și un argument asupra problemei disputate dacă instanțele realmente fac lege; dar scopul a fost de a limita discuția în cadrul nevoilor practice ale unui alcătuitor de proces. Deoarece regulile prezentate sunt parte a uneltelor de lucru zilnice ale membrilor profesiunii, nu este extraordinar că ele sunt rezonabile, și că sunt de obicei libere de dispută. În caz că cititorul ar avea nevoie să meargă mai departe în această linie de gândire, cazurile, digestele, și tratatele citate în notele de subsol vor fi de ajutor; dar în adevăr singurul mod de a stăpâni aceste reguli și de a le face realmente folositoare este de a le folosi în practică reală, aplicându-le în permanență în alcătuirea însemnărilor cum s-a sugerat la început.

NEVOIA DE A PURTA ÎN MINTE SCOPUL LEGII

Este sigur că unele părți ale discuției au părut a fi tehnice și înguste. Totuși cititorul trebuie să fi observat că, în pofida îngustimii și tehnicității aparente, sistemul nostru de drept, precum actualmente dezvoltat, dacă prin legi sau prin decizii,

---

[40] Vezi Pierson v. Lane, 60 Iowa 60, 14 N.W. 90 (1882).

tinde constant, cu ajutorul avocaţilor şi judecătorilor, să vină în armonie cu convingerile şi nevoile contemporane. Astfel apare precauţiunea finală că, deşi juristul folosind decizii şi legi nu trebuie să uite nici una din regulile explicate în cursul acestei discuţii, reguli din care toate sunt de fapt cunoscute şi aplicate în tot cursul profesiunii, el nu trebuie să fie prea tehnic în argumentare, şi nu trebuie să uite să prezinte părerile sale despre decizii şi despre legi în aşa fel încât să merite aprobarea judecătorilor dornici să evite distincţii frivole şi să promoveze uniformitate, comoditate, şi dreptate.

IX
REGULILE PROBELOR JUDICIARE LA PROCESELE CU JURAȚI ÎN SECOLUL URMĂTOR[*]

DE JOHN H. WIGMORE

I

ÎN timpul secolului de la fundarea Universității New York, ce s-a întâmplat cu regulile probelor judiciare la procesele cu jurați? Au progresat ele sau au degenerat ele?

Ambele.

Au progresat în aceea că au devenit raționalizate – în teorie, cel puțin. Judecătorul Holmes a definit raționalizarea:

> Un corp de lege este mai rațional și mai civilizat când fiecare regulă pe care o conține este îndreptată limpede și definit către un scop pe care îl ajută și motivele pentru a dori acel scop sunt afirmate ori sunt gata a fi afirmate în cuvinte.[1]

Legea probelor judiciare, când Universitatea New York a luat ființă, era un corp de reguli tradiționale, la început create din motive practice, dar mai târziu transmise mai departe ca simple reguli de răsfoit. Începând cu teoretizările lui Evans și Bentham, cu un secol înainte, și progresând prin tratatele practice ale lui Best și Stephen, raționalizarea (în sensul judecătorului Holmes) a progresat notabil.

Pe de altă parte, practica regulilor a degenerat continuu – cel puțin în Statele Unite. Folosirea regulilor nu mai este

---

* (Notă Arthur T. Vanderbilt) Retipărit din vol. I, LAW: A CENTURY OF PROGRESS, 1835-1935, pp. 347-369 (1937) cu permisiunea NEW YORK UNIVERSITY PRESS: Vezi Introducere pp. 18-19.
[1] Discurs la Boston, 1897.

marcată de referirea „limpede şi definit către scopul" pe care
îl ajută, *viz*, stabilirea adevărului. Ele s-au umflat într-o masă
de detalii care nu au nici o legătură cu acel scop. Sunt folosite
ca arme tactice pentru scopuri fără legătură. Incidental ele se
ceartă cu irelevante rânjete şi hămăituri – ca şi cum la două
haite de câini nerăbdători în drumul lor la vânătoare li s-a
îngăduit de stăpânii lor să petreacă dimineaţa într-o luptă
publică de câini, şi astfel să strice ţelurile vânătorii. Masa lor
a devenit atât de de voluminoasă şi greu de mânuit încât
numai câţiva judecători şi avocaţi practicanţi ştiu să le stăpâ-
nească şi să le folosească în mod corect.

Astfel istoria lor de practicare, în timpul acestui ultim
secol, a fost una de degenerare. Profesor Sunderland, co-
mentând recent asupra propunerii de a formula regulile
probelor judiciare în curţile federale, a pronunţat astfel
sentinţa:

> Subiectul probelor judiciare... probabil contribuie mai mult de-
> cât orice altă parte de procedură la întârzierea şi costul litigiului. ...
> El dă publicului un sentiment de jenă de mister şi nerealitate în
> aplicarea justiţiei... Pare să nu fie nici o indicaţie că ea [simplifica-
> rea] va fi realizată de decizii judiciare.[2]

Pe scurt, degenerarea este acum continuă, cu mai rău în
perspectivă.

II

Ce poate fi făcut cu privire la ea? Pot fi oprite cauzele ei?
Ele nu pot fi vindecate de nici un fel de măsuri directe,
deoarece cauzele sunt exterioare legii probelor judiciare. Ele
se datorează altor şi mai largi condiţii – noţiunea constituţio-
nală greşită că verdictul unui juriu este sacrosant; separarea
tribunalului de apel sus, controlând tribunalul de primă

---

[2] Discurs la a Cincea Conferinţă a celui de-al Patrulea Circuit Judecătoresc,
6 iunie, 1935 (1935) 21 A. B. A. J. 404, 407.

instanţă numai pe reguli de drept şi nu pe fapte; selectarea politică partizană a judecătorilor, şi termenele lor scurte cât sunt în funcţie, având ca rezultat lipsa de respect din partea avocaturii pentru deciziile judecătoreşti ale tribunalului de primă instanţă; „hoipoloizarea"[*] baroului, având ca rezultat folosirea greşită a regulilor de probatoriu de parveniţi nepricepuţi şi lipsiţi de scrupule şi (ultimul dar nu cel mai puţin însemnat) în lipsă de maniere, demni numai de o arenă sau de un pavilion de maimuţe şi nu de sălile de tribunal ale unui Mansfield şi unui Marshall.

În timp ce aceste condiţii domină nevindecate, regulile probelor judiciare la procesele cu juraţi nu pot fi radical reformate. S-ar putea la fel de bine aştepta ca un spital modern sau un laborator chimic să fie cum se cuvine folosit dacă donat unui trib de boşimani africani.

III

Care, atunci, este soluţia? Unele persoane au propus ca toate regulile probelor judiciare la trimitere în faţa tribunalului să fie desfiinţate. În acest studiu nici un fel de argumente împotriva acelei soluţii nu trebuie să fie oferite. Îndeajuns de spus că stabilirea adevărului în litigiu nu poate fi eficient condusă pe o scară largă fără unele reguli bazate pe experienţa naturii umane în litigiu.

Desigur, tribunalele administrative – şi sunt o mulţime dintre ele – se străduiesc să meargă înainte fără regulile probelor judiciare la procesele cu juraţi. Lăsaţi-le să continue să procedeze astfel. După o perioadă de observaţie, vom putea să adunăm unele concluzii din experienţa lor.

Dar în tribunalele judiciare, nu se poate face nici o renovare?

---

[*] de la „hei-hei". (*n.t.*)

IV

Propunerea mea este aceasta: Procesul cu jurați, când reformat cum se cuvine, este o instituție sănătoasă și indispensabilă pentru hotărârea diferendelor. Dar nu este invariabil necesar sau dezirabil pentru tot felul de litigii. Procesul cu un judecător fără juriu este la fel de eficient, și uneori mai dezirabil, decât procesul cu jurați – depinzând de felul punctului în litigiu și de personalul magistraturii și avocaturii într-un moment și loc anumit. Procesul cu un judecător fără juriu este, într-adevăr, din ce în ce mai mult folosit în unele locuri astăzi.

Multe din motivele de care depind regulile probelor judiciare încetează să se aplice unde juriul neexpert nu trebuie să fie luat în considerare. Ceea ce totuși trebuie să fie luat în considerare este natura umană a judecătorilor, martorilor, părților, și avocaților. Așadar hai să compunem un cod de principii fundamentale de probe judiciare, bazate pe experiența naturii umane deja întruchipate în prezentele reguli de proces cu jurați. Hai să extragem aceste principii de bază din prezenta masă de detalii, readucând acea masă la minimumul ei de principii de bază. Hai să adoptăm acest cod de principii și să-l oferim judecătorului fără juriu pentru călăuzirea sa. Și apoi, după o perioadă de experiență, hai să vedem dacă sau nu răspunde scopului.

Dacă răspunde scopului în cantități măsurabile, atunci poate avocatura și magistratura s-ar afla ele însele dispuse să-l folosească în procese cu juriu – totdeauna presupunând că între timp condițiile degenerative (mai sus menționate) au fost înlăturate sau îmbunătățite.

Mai jos urmează un rezumat de principii de admisibilitate de probe judiciare pentru judecători judecând fără un juriu. Fie ca acest rezumat să fie dezbătut. Fie ca alții să-și încerce mâinile la unele formulări rivale. Din toată discuția, să apară vreun rezumat model. Și apoi fie ca judecătorii de primă instanță să-l adopte și să-l folosească.

Numai un singur cuvânt de prevenire. Bătrânul Solon, când a trasat un cod pentru atenieni la cererea lor (şi apoi prudent a plecat din Atena pe meleaguri necunoscute), a fost întrebat de un prieten care avea mania de a critica, „Era acesta *cel mai bun* cod pe care ai putut să-l inventezi?" „Da", a răspuns el, „adică, *cel mai bun pe care au putut să-l suporte*".

În condiţiile noastre existente, ar fi impracticabil să se treacă direct de la prezenta masă voluminoasă şi harababură de detalii la idealul, simplul corp de abstracţii. Tranziţia necesită un compromis. Rezumatul oferit mai jos este intenţionat ca atare.[3]

V. REZUMAT DE PRINCIPII DE PROBE JUDICIARE PENTRU UN TRIBUNAL FĂRĂ JURIU

[N.B. Acest rezumat nu este menit pentru folosire în diferende simple, unde luarea de mărturii constă mai ales în descurcarea şi înregistrarea faptelor necontestate. Este menit pentru folosire în cazuri complexe şi controversate.

Acest compendiu este compus în stilul îndrumărilor adresate cercetătorului, pentru călăuzire în procesele sale mentale despre probe judiciare, şi nu în stilul unui cod, *id est*, de probleme de drept.

Nici un fel de motive pentru principii nu sunt prezentate aici. Pentru acestea, îndreptaţi-vă către manualele obişnuite de probatoriu.

Această formulare este o primă încercare, şi poate fără îndoială să fie îmbunătăţită.]

SECŢIUNEA 1

PRINCIPII DE PROCEDURĂ

A. *Principii de bază*. Principiile de bază pentru o judecare dreaptă şi profundă a faptelor controversate sunt acestea:

---

[3] Substanţa acestui Rezumat, original plănuită pentru publicare anterioară în prezentul volum, a apărut recent în WIGMORE, STUDENT'S TEXTBOOK OF THE LAW OF EVIDENCE (1935). Întrucât revăzută, este aici oferită dintr-un punct de vedere diferit şi unui corp diferit de cititori.

1. Fiecare parte are dreptul să fie notificată, în răstimp suficient înainte ca tribunalele să țină ședința, despre punctele în litigiu a fi judecate, astfel încât să poată avea oportunitate adecvată de a căuta și aduce dovada sa.
2. Fiecare parte are dreptul la proces legal, sau alte măsuri potrivite, pentru a obține martorii, documentele, și bunurile de care are nevoie.
3. Fiecare parte are dreptul să audă dovada produsă împotriva ei, astfel încât să o poată respinge.
4. De aceea, tribunalul trebuie să țină audierile sale în prezența ambelor părți și asistenților și martorilor lor.

B. *Opus probandi*. Partea care roagă tribunalul pentru acțiune are două opus probandi. Aceasta înseamnă, *în primul rând*, că dacă, după ce sunt chemați toți martorii, există îndoială în mintea tribunalului asupra oricărui fapt în discuție necesar cazului acelei părți, decizia trebuie să fie împotriva ei; și *în al doilea rând*, că acea parte trebuie să fie prima să aducă vreo dovadă.

Cu toate acestea, oricând tribunalul poate fi satisfăcut privind a doua obligație de a dovedi, și poate atunci îndruma partea adversă să aducă dovada ei contrarie, dacă există vreuna, ori să piardă decizia.

În cazuri unde un act sau o taxă este iertată sau lichidată sub autoritatea legii prin vreo acțiune specifică, tribunalul poate să declare că sarcinile de a dovedi acea acțiune sunt asupra părții opuse.

Exemple: Acțiune pentru prețul bunurilor livrate; scuze, bunuri nu la valoarea mostrei, și plată parțială. Reclamantul are sarcina de a convinge tribunalul că contractul a fost încheiat și realizat corect, inculpatul are sarcina de a dovedi în ceea ce privește plata. Asupra primului punct în litigiu, după ce reclamantul a oferit probă asupra mostrei și livrării, tribunalul poate să-i poruncească inculpatului să prezinte dovada de neconformitate la mostră sau decizia va fi împotriva lui cu privire la acel punct în litigiu. După ce inculpatul a atestat că a înmânat un cec reclamantului ca plată, tribunalul poate să-i ceară reclamantului să prezinte dovadă a neachitării ei sau decizia va fi împotriva lui cu privire la acel punct în litigiu.

1. În dispunerea celei de-a doua sarcini, tribunalul se poate ajuta pe sine recurgând la prezumții; *id est*, reguli bazate pe experiența cursului obișnuit al comportării sau evenimentelor.

   Există o mulțime de acestea, prea multe de enumerat în acest rezumat. Unele dintre cele mai neobișnuite sunt după cum urmează:

   De psihic normal, în procese testamentare și penale

   De influență nelegitimă și fraudă, în donații unui sfătuitor de încredere și în transferuri către membri de familie

   De consimțământ și de capacitate, în căsătorie

   De neglijență, în varii aspecte – pagubă personală, pierdere printr-un depozitar, moarte prin violență, vătămare prin mașinărie, vătămare printr-un automobil etc.

   De plată, din lipsă de timp etc.

   De execuție de documente, de la livrare etc.

   De legitimitate, de la naștere în timpul căsătoriei

   De similaritate a legii altui stat

   Și, în procese penale, numeroase alte prezumții.

2. Referitor la măsura de persuasiune pe care tribunalul trebuie să o aibă înainte de a ajunge la o decizie cu privire la prima obligație de a dovedi, următoarele principii, deși vagi, sunt tot ceea ce a fost până acum inventat:

   a. Într-o inculpare penală, faptele în litigiu trebuie să fie crezute dincolo de un dubiu rezonabil.

   b. Într-un proces civil, un grad mai mic de convingere este de ajuns – o „preponderență a probelor judiciare" este expresia obișnuită. Aceasta înseamnă atare încredere încât ar justifica acțiunea noastră în probleme serioase afectând propriile noastre interese.

C. *Ordinea probatoriului*. Ordinea de a prezenta probe este după cum urmează:
 1. Partea având opus probandi oferă toate probele sale în sprijinul faptelor în litigiu, fără întrerupere.
 2. Partea opusă oferă toate probele sale împotrivă.
 3. Prima parte apoi oferă orice noi probe considerate necesare pentru a respinge probele părții opuse, dar nimic altceva.

Tribunalul poate la discreție să schimbe această ordine a probatoriului.

D. *Ordinea probei cu martori*. Cât despre depoziția fiecărui martor:
 1. Partea oferindu-l interoghează asupra tuturor sau oricăror fapte în sprijinul cazului ei.
 2. Partea opusă apoi îl interoghează asupra oricărei probleme relevante, fie discreditând depoziția lui fie sprijinind cazul adversarului.
 3. Prima parte apoi îl interoghează asupra oricărei noi probleme considerate necesare de interogatoriul părții opuse, dar asupra nimic altceva.

Tribunalul poate la apreciere să schimbe această ordine a interogatoriului.

Secțiunea 2

Definiții și clasificări de principii de probatoriu

Există două feluri de probe: testimoniale și circumstanțiale. Probe testimoniale sunt orice aserțiune a unei persoane, oferită să dovedească faptul afirmat. Probele circumstanțiale sunt toate celelalte fapte bazate pe mărturie; există mii de varietăți.

Un fapt circumstanţial este el însuşi de obicei dovedit în primă instanţă de o aserţiune testimonială; *e.g.*, când un martor atestă o lumină de stradă văzută de el. Dar uneori tribunalul poate să perceapă circumstanţa cu propriile lui simţuri; *e.g.*; când un cuţit rupt este arătat în instanţă.

Un fapt în litigiu este un fapt pretins şi disputat formând parte a reclamaţiei sau apărării unei părţi; judecata speţei determină care sunt faptele în litigiu.

Procesul mental de a judeca de la un fapt la altul cu ajutorul dovezilor este „deducţie"; rezultatul mental final de persuasiune, ca rezultatul unei sau mai multor deducţii propuse, este „dovadă" sau „nedovadă".

Exemple: Două sau mai multe deducţii pot interveni pentru a ajunge la un fapt în litigiu; precum: Când, în baza unei inculpări de atac cu violenţă fizică, acuzatul este arestat în apropiere într-o stare fără pălărie şi gâfâind, noi deducem în primul rând din mărturie că el era cu adevărat în acea stare, şi apoi că fugise, şi apoi că fugise de la scena atacului, şi apoi că fusese conştient de participare la atac. Astfel fiecare circumstanţă în acest lanţ de deducţie pe rând devine un fapt a fi dovedit, şi astfel orice fapt în litigiu poate să aibă câteva lanţuri deducţie ducând la el, unele dintre ele testimoniale, unele dintre ele circumstanţiale; *e.g.*, în baza unei acuzaţii de conducere cu bună ştiinţă peste un semafor pe roşu, faptul luminii fiind pe roşu poate să se bizuie pe câteva deducţii, testimoniale şi circumstanţiale; apoi faptul de a fi vizibil în condiţii de timp etc., poate implica alte deducţii; şi ultimul fapt în litigiu că pârâtul l-a văzut într-adevăr dar l-a sfidat poate implica şi deducţii suplimentare.

Ce principii generale există care ar trebui să controleze admiterea diverselor feluri de probe în cazuri controversate?

În primul rând vin principii de relevanţă (circumstanţiale şi testimoniale). Apoi vin unele principii suplimentare, bazate pe experienţă în procese:

      Principii preferenţiale
      Principii analitice
      Principii coroborative
      Principiu de plenitudine verbală

Principiu de autentificare
Principii de privilegiu
Principii scutind de probe

SECȚIUNEA 3

PRINCIPII DE RELEVANȚĂ

A. *Probe indirecte.* Să nu admiteți nici o probă care este irele-
vantă; invers, admiteți fiecare probă care este relevantă, în afară
de cum se recomandă în paragrafele unu la patru, mai jos.

„Relevant" semnifică „având apreciabilă valoare dovedi-
toare", *id est*, rațional tinzând să ne convingă de probabilitatea
sau posibilitatea vreunui alt fapt în litigiu sau fapt relevant.

Exemplu: În baza unei reclamații pentru pantofi vânduți și li-
vrați – scuză, bunuri nu la valoarea mostrei – faptul că reclamantul
livrase altor clienți pantofi nu la valoarea mostrei ar putea fi rele-
vant; dar faptul că el i-a plătit pe lucrătorii lui mai puțin decât
salariile prevăzute de sindicat ar fi irelevant.

De aceea, la început, separați și notați cele două sau mai
multe fapte finale în litigiu; *id est*, fapte pretinse de care
depind temeiurile cazului, în judecată. Apoi admiteți orice
probă care este relevantă, printr-una sau mai multe deducții,
pentru orice fapt în litigiu; dar totdeauna cereți părții ofertan-
te, dacă relevanța nu este evidentă, să sublinieze deducția
exactă, sau lanțul de deducții, prin care proba ar deveni
relevantă.

1. Pe motive de *politică practică*, unele feluri de probe,
   având doar ușoară relevanță, în mod obișnuit să fie ex-
   cluse. Aceste motive sunt trei:
   a. *Confuzie de puncte în litigiu*; *id est*, dacă probele
      ar distrage numai atenția tribunalului de la princi-
      palele puncte în litigiu fără a adăuga multă valoa-
      re doveditoare
   b. *Prejudecată excesivă*; *id est*, dacă probele ar tinde
      excesiv să stârnească emoțiile tribunalului pentru

sau împotriva uneia din părți, înlocuind raționa-
mentul logic și calm, fără a adăuga multă valoare
doveditoare

c. *Surprindere incorectă; id est*, dacă probele, când
oferite fără notificare în prealabil, l-ar găsi pe ad-
versar nepregătit să le respingă dacă false.

Următoarele feluri de probe să fie excluse, afară dacă ex-
cepțional la apreciere, pe unul sau altul din precedentele
motive.

2. În procese penale, răul *caracter moral* (dispoziție) al
acuzatului să nu fie admis a demonstra că el a făcut
fapta îndemnat, afară dacă dovedește netemeinicia a
ceea el pretinde este bunul lui caracter. În procese ci-
vile, caracterul moral al fiecărei părți să nu fie admis
pe baza evidenței afară dacă faptul în litigiu implică
săvârșirea unei fapte de către partea care are o calitate
morală.

Acest principiu nu exclude o dispoziție atentă sau
neglijentă sau obicei al părții.

Exemple: Acțiune de către un învățător împotriva unui consiliu
școlar local pentru destituire ilegală. Aici caracterul moral general
al învățătorului ar putea fi relevant. Dar într-o acțiune de către tatăl
unui elev pentru că i-a fost bătut fiul, caracterul moral general al
învățătorului ar fi irelevant, totuși obiceiul învățătorului sau dispo-
ziția lui la violență față de elevi ar fi relevantă.

3. În procese penale, chiar unde acuzatul oferă bunul său
caracter ca bază și acuzarea are dreptul să respingă
aceasta, faptele rele specifice ale acuzatului nu trebuie
să fie admise, deși excepțional condamnarea lui anterioa-
ră pentru delicte ca cel acuzat ar putea bine fi admisă.

Acest principiu, însă, nu exclude faptele lui rele an-
terioare când ele sunt relevante să dovedească o inten-
ție (plan, calcul) sau motiv de a face fapta învinuită, ori
să se respingă pretinsa lui greșeală sau bună credință
sau ignoranța în săvârșirea faptei.

Exemplu: Urmărire judiciară pentru omor în timpul unei tâlhării – atragerea într-o cursă cu un automobil a unui curier de bancă. Fosta condamnare a acuzatului pentru un omor sau o tâlhărie nu ar fi admisă dar furtul său al automobilului în pregătire pentru tâlhăria lui ar fi admis.

4. În procese civile, dacă firea sau abilitatea părții este o parte a litigiului, exemple specifice de conduită sunt admisibile pentru a dovedi trăsătura în litigiu.

În măsura în care capacitatea fizică, sau capacitatea mentală, sau știința unei părți este considerabilă sau relevantă, conduita sau circumstanțe tinzând să o dovedească este admisibilă.

B. *Probe testimoniale*. Admiteți ca martor orice persoană, indiferent de rasă, vârstă, sex, condiție mentală, caracter moral, sau legătură partizană cu cauza – cu condiția numai că persoana pretinde să fie în stare să ateste vreun fapt relevant pe care l-a văzut sau auzit; *id est*, cu propriile-i simțuri.

Dar, excepțional, o persoană poate fi admisă să întărească prin jurământ probleme, nu personal văzute sau auzite, asupra cărora, în experiența de zi cu zi, suntem mulțumiți să acționăm fără observație personală.

Exemple: O acțiune pentru ciocnire neglijentă la o intersecție. Un spectator, venind după ciocnire, poate să ateste numai ceea ce a văzut și a auzit în momentul acela. Dar un agent de circulație poate să ateste ora la care semafoarele sunt aprinse în tot orașul, deși nu a văzut niciodată toate luminile; și un comerciant de automobile poate să ateste prețul pieței al mărcii mașinii reclamantului, deși nu a observat personal mai mult de câteva vânzări.

1. Când martorul a văzut sau auzit astfel orice fapt relevant, el poate mai departe să-și expună deducțiile din el; nu există nici o interzicere împotriva unei „opinii" sau „concluzii" în astfel de cazuri.

Exemple: O acţiune pentru vătămare personală probată de o ma-
şină. Un spectator care a văzut întâmplarea poate să ateste că a
auzit sunetul strident al frânei reclamantului şi că „suna ca şi cum
era în stare proastă"; că a văzut maşina pârâtului apropiindu-se şi că
pârâtul „conducea imprudent"; că „la viteza cu care mergea, nu ar fi
putut să oprească înainte de a ajunge la intersecţie".

2. Totuşi, unde subiectul de mărturie este unul asupra
   căruia nici o persoană nu este calificată să vorbească
   sigur, dacă despre faptă sau opinie, fără a avea expe-
   rienţă special în acel subiect, numai o persoană având
   asemenea experienţă poate să depună mărturie.

Exemple: Urmărire judiciară a unui farmacist pentru a fi vândut
cianură de potasiu fără o autorizaţie. Natura precisă a flaconului
confiscat să fie atestată de un farmacist sau un doctor, dar orice
observator poate să ateste eticheta şi alte aparenţe.

3. Depunând mărturie, martorul poate folosi, sau descrie
   rezultatele folosirii de către el, a oricărui aparat, ştiinţi-
   fic sau tehnic, care revelă detalii neobservabile de sim-
   ţurile neajutate, sau care face subiectul mărturiei mai
   clar sau mai complet pentru tribunal; numai dacă apa-
   ratul este unul acceptat ca vrednic de încredere în ocu-
   paţia care îl foloseşte şi martorul este calificat să-l fo-
   losească.

Exemple: Telefoane; fotografii mărite de caligrafie; microfoto-
grafii de substanţe analizate; hărţi de localităţi; fotografii de gloanţe
şi amprente digitale; instrumente de măsurare; radio telefoane etc.

4. Martorul poate consulta orice însemnare sau altă hârtie
   pentru a-şi reîmprospăta memoria. Dacă a făcut o ast-
   fel de însemnare în momentul evenimentului, poate
   atesta de acolo. Orice parte a unei înregistrări obişnuite
   păstrate în orice ocupaţie, dacă de una sau mai multe
   persoane, poate fi folosită când este identificată de un
   martor calificat.

5. Depunând mărturie, martorului i se va permite în mod obișnuit să nareze deschis ceea ce a văzut sau auzit, neîntrerupt de întrebări din fiecare parte.

Din când în când, însă, poate fi stimulat prin întrebări să vorbească despre problemele omise. Dar, când partea care îl cheamă este cea care pune întrebări, atari întrebări nu trebuie să fie într-o formă calculată pentru a sugera răspunsul său precis; și o parte opusă nu trebuie să pună întrebările sale într-un mod terorizant sau altul calculat să deruteze ori să insulte martorul.

Judecătorul poate pune orice întrebări pe care le poate socoti utile.

6. Pentru a permite *veracității martorului* să fie estimată de tribunal o parte opusă poate la stadiul cuvenit (mai sus, Secțiunea unu, C; prin interogatoriu încrucișat sau prin alți martori) să introducă orice probe relevante pentru veracitatea martorului.

7. Următoarele circumstanțe sunt relevante pentru estimarea veracității martorului: dispoziția lui morală, înclinația lui emoțională (datorită legăturii sau interesului în proces); capacitatea lui mentală generală; starea lui mentală în timp ce depunând mărturie; memoria lui; condițiile observării de către el a evenimentului.

8. Pentru dovedirea acestor trăsături testimoniale, orice altă circumstanță relevantă pentru a dovedi una sau mai multe dintre ele poate fi admisă. Aceasta include comportarea lui în depunerea mărturiei lui.

Un expert psiholog poate să ateste condiția mentală și exactitatea testimonială a unui martor.

9. Din motive de politică practică (mai sus, Secțiunea trei, A, paragraf unu), următoarele să fie excluse în mod obișnuit:

a. Condamnarea acuzatului de crimă, când el este un martor

b. O dezminţire de către un alt martor, sau o autodeclaraţie contradictorie de către martor însuşi, când fie este oferită de mărturia altui martor fie când problema nu este importantă în proces.

Exemple: O acţiune pentru vătămare personală primită la coborârea dintr-un vagon de tramvai. Vatmanul atestă (1) că a plecat de acasă la 6 a.m., (2) că fusese pe tramvai de la 7 a.m. la 3 p.m.; (3) că cinci persoane au coborât din tramvai când a coborât reclamantul; şi (4) că se uita la reclamant când acesta din urmă a coborât. O dezminţire de către alţi martori, sau a autodeclaraţie contradictorie, asupra (1) nu ar fi admisă; asupra (2) probabil admisă; asupra (3) şi (4) cu siguranţă admisă.

Dar deloc să nu fie cheltuit timp pe deosebiri mărunte în aplicarea acestui principiu.

10. Pentru a corobora veracitatea unui martor, orice circumstanţă relevantă poate fi admisă, la stadiul cuvenit (mai sus, Secţiunea unu, C). Aceasta include caracterul său moral bun pentru veracitate şi, îndeosebi, o declaraţie anterioară făcută afară din tribunal, spunând aceeaşi poveste.

11. Pentru a discredita prezentele reclamaţii ale oricărei părţi, mărturisirile ei făcute vreodată, *id est*, declaraţii sau conduită incompatibile cu prezentele ei aserţiuni sau cele ale martorilor, pot fi admise dacă sau nu ea însăşi a depus mărturie. Aceasta include mărturisirile oricărei alte persoane care este sau a fost în vreun moment precedent afectată de acelaşi interes în punctul în litigiu; *e.g.*, un agent acţionând pentru un mandant, un co-conspirator, un deţinător precedent al aceleaşi proprietăţi etc.

Conduita dovedind o admitere implicită poate include falsitate şi fraudă în tratarea cu martori sau documente; iar un eşec de a prezenta martori sau documente poate fi admitere a ceea ce mărturia sau documentul ar fi fost dacă prezentate.

SECŢIUNEA 4

PRINCIPII PREFERENŢIALE

Anumite feluri de martori sunt „preferate" a fi chemate; *id est*, să fie chemaţi până ce orice alţi martori pentru problema anumită sunt audiaţi: *viz.,*

1. Un martor ocular la o crimă
2. Un martor adeveritor la execuţia unui testament sau alt document

SECŢIUNEA 5

PRINCIPII DOCUMENTARE

Când *termenii unui document* sunt în litigiu, să fie prezentat în primul rând documentul însuşi (original). Totuşi, martorul poate să se refere la conţinut fără a-l prezenta, dacă este mai târziu prezentat.

Acest principiu se aplică numai la documente care sunt importante în proces, şi numai când termenii documentului sunt importanţi.

Exemple: Acţiune pentru evacuare dintr-un apartament. Dacă nu există nici o dispută asupra chiriei plătibile, închirierea scrisă nu trebuie să fie prezentată pentru a dovedi acea sumă; or dacă timpul de a prezenta înştiinţare pentru a părăsi este disputat, să fie prezentată înştiinţarea scrisă însăşi.

Dacă documentul original nu poate fi prezentat din vreun motiv satisfăcător pentru tribunal, se poate folosi o copie, numai dacă martorul poate vorbi în privinţa exactităţii copiei; dacă documentul este pierdut sau distrus, atunci el poate atesta din memorie.

O copie nu astfel verificată va trebui să fie o copie autentificată (mai jos, Secţiunea şase, A, paragraf zece), dacă originalul este un document oficial.

SECȚIUNEA 6

PRINCIPII ANALITICE (REGULA DIN AUZITE)

Orice depoziție de martori trebuie să fie supusă interogatoriului încrucișat de către tribunal sau adversar pentru a testa exactitatea ei. Astfel o declarație raportată a fi fost făcută în afara tribunalului, și oferită ca probă, dacă scrisă sau orală, nu trebuie să fie admisă.

A, Acest principiu încetează să se aplice când declarația în afara tribunalului a fost făcută în împrejurări care indică oarecare grad de exactitate. În următoarele situații așadar, o declarație din auzite trebuie să fie admisă.

1. O declarație pe moarte
2. O declarație menționând vreun fapt care este împotriva interesului părții care o face
3. O declarație despre evenimente de istoric familial
4. O declarație despre vechi hotare sau titluri
5. O înregistrare scrisă în orice carte înregistrând în mod obișnuit acțiunile într-o ocupație
6. O declarație făcută de o persoană vătămată sau bolnavă despre starea ei, trecută sau prezentă, și cauza ei
7. O declarație făcută de orice persoană implicată în, sau de către un spectator al, unui scandal sau vătămare personală, și relativ la acea întâmplare
8. O declarație făcută de un testator despre orice fapt relevant pentru un punct în litigiu de nepotrivită influență sau psihic normal sau execuția sau conținut sau revocare a testamentului său
9. O declarație făcută de o persoană relativ la intenția sau motivul ei, trecut sau prezent, în săvârșirea unei fapte
10. Orice document sau certificat sau copie oficială susținând a fi făcută de o persoană oficială autorizată, cu privire la o problemă intrând în obligația sa

11. O declarație făcută de orice persoană, acum decedată sau altminteri indisponibilă ca martor, despre orice problemă relevantă asupra căreia aparent a avut oarecare observație personală

12. Un tratat despre probleme de știință sau artă când atestat a fi vrednic de încredere de un expert în acea ramură

Dacă persoana care a făcut una din declarațiile precedente este în viață și poate fi prezentată ca martor, să fie prezentată pentru interogatoriu încrucișat (cu excepția dacă funcționar public, sub autoritatea paragrafului zece) la cererea adversarului.

B. Acest principiu de asemenea încetează să se aplice unde declarația oferită a fost o depoziție sub jurământ luată la timp în derularea procesului sau o mărturie prezentată într-o judecare anterioară sau interogatoriu preliminar, numai dacă persoana prezentând-o nu mai este disponibilă ca martor și că a fost în momentul prezentării ei supusă la interogatoriul încrucișat.

C. Acest principiu de asemenea nu se aplică pentru a exclude declarații făcute incidental în cursul unui scandal sau unei tranzacții de afaceri sau unei conversații sau oricărui alt eveniment, unde completa poveste a ceea ce s-a întâmplat necesită expunerea a tot ceea ce s-a spus și făcut. Tribunalul are libertatea de acțiune să admită orice declarație din auzite de acest fel, și să evite orice echivoc asupra faptului că aceasta este zvon.

D. Acest principiu de asemenea nu se aplică pentru a exclude afidavite din executarea treburilor procedurale; *e.g.*, notificarea unei citații, publicarea unei înștiințări etc.

SECȚIUNEA 7

PRINCIPII CORPORATIVE

Unele feluri ale declarațiilor martorilor, deși admisibile, să fie admise numai dacă pot fi însoțite de dovezi coroborative. Aceasta include:

A. Mărturie a unui complice într-un proces penal

B. Mărturie a unei femei sau a unui copil acuzând un om de un delict de sex

C. Mărturie a unei părți la un proces de divorț, invocând sau admițând un motiv pentru divorț

D. Mărturie a unui reclamant intentând proces asupra unei pretenții la bani sau proprietate bazate pe o tranzacție cu o persoană acum decedată sau incompetentă, sau cu un agent de societate pe acțiuni acum decedat sau incompetent

E. Mărturie de către un acuzat a crimei acum inculpate

Totuși, principiul dovezilor urmează a fi aplicat liberal, căci unii martori de felurile de mai sus pot fi credibili fără altă dovadă.

SECȚIUNEA 8

PRINCIPIU DE PLENITUDINE VERBALĂ

Când un document sau o declarație orală trebuie dovedit, întregul documentului sau declarației orale să fie dovedit în primul rând, dacă realizabil, afară dacă tribunalul decide că aceasta este o precauțiune inutilă.

Dacă întregul nu este astfel prezentat, partea opusă poate prezenta restul, în măsura în care ajută să completeze ori să clarifice înțelesul părții mai întâi prezentate.

SECȚIUNEA 9

PRINCIPIU DE AUTENTIFICARE

Fiecare document scris oferit ca probă trebuie mai întâi să fie autentificat; *id est*, dovedit a fi fost făcut de persoana afirmând a-l face.

A. Principiul anterior este îndeplinit, fără alte probe, în următoarele categorii de cazuri:
1. Un document al cărui conținut dovedește circumstanțial probabilul autor
2. Un document care a existat treizeci de ani sau mai mult în locul firesc de păstrare
3. Un document găsit acum în biroul public sau într-o casă de afaceri, și apărând a fi o parte a documentelor obișnuite în acel loc
4. Un document purtând ceea ce susține a fi sigiliul oficial al custodelui de stat al documentelor unui Stat străin; sau al custodelui de stat al documentelor sau grefierul oricărei curți superioare a oricărui stat din Statele Unite sau altă jurisdicție a Statelor Unite; sau al custodelui documentelor oricărui stat sau birou districtual al statului forum, sau al custodelui documentelor oricărui birou al orașului forum.

B. Principiul anterior se aplică în egală măsură la *bunuri; id est*, când orice bun este oferit ca susținând să fi venit de la oricare loc sau persoană, trebuie să fie explicit dovedit a fi chiar acel bun.

Exemple: O inculpare de omucidere, un punct în litigiu fiind dacă glonțul a venit din revolverul lui A sau revolverul lui B. Un glonț dând impresia a fi cel găsit în corpul decedatului fiind prezentat în tribunal, trebuie să fie autentificat de mărturia fiecărei persoane care a avut păstrarea lui în acest interval – chirurg, infirmieră, ofițeri de poliție etc.

SECȚIUNEA 10

PRINCIPII DE PRIVILEGIU

A. *Scutire de prezență*. Motive de politică extrinsecă trebuie uneori să limiteze căutarea de probe, creând scutiri pentru anumite categorii de persoane sau fapte.

1. Un martor nu trebuie să fie prezent pentru a depune mărturie afară dacă i se prezintă înștiințare adecvată, prin citație sau altfel
2. El nu trebuie să fie prezent dacă ar fi necesară călătoria peste o anumită distanță
3. Inconvenient personal față de ocupația sau treburile sale de familie nu îl scutește de prezență

În cazurile paragrafelor unu și doi el trebuie, totuși să depună mărturie la domiciliul său.

B. *Fapte privilegiate*. Un martor nu trebuie să

1. Dezvăluie nici o conduită criminală a sa proprie
2. Depună mărturie pentru nici o conduită criminală a soției ori soțului
3. Dezvăluie un secret al ocupației sale
4. Dezvăluie o problemă de stare sau istoric personal privat sau de familie

Tribunalul, însă, poate la apreciere în mod excepțional să ceară o dezvăluire a oricărei astfel de probleme, în afară sub autoritatea paragrafului unu.

C. *Comunicații privilegiate*. Un martor nu trebuie să dezvăluie

1. O comunicare confidențială făcută sau primită de soție sau soț
2. Informație confidențial și voluntar prezentată unui procuror
3. Informație confidențial prezentată sub constrângerea legii unui funcționar administrativ

4. O comunicare confidenţial făcută sau primită de către un ofiţer militar sau naval

5. O comunicare confidenţial făcută în consultare între avocat şi client

SECŢIUNEA 11

PRINCIPIU SCUTIND DE PROBE

A. *Admiteri formale.* Un fapt formal admis de partea opusă a fi un fapt nu trebuie să fie dovedit. O astfel de admitere formală poate fi făcută

1. De stipularea reciprocă a părţilor înainte de proces, sau

2. De declaraţia formală a adversarului în timpul procesului, dacă făcută ori în scris ori în prezenţa judecătorului în mod verbal.

Judecătorul poate să cheme pe avocatul opus să declare dacă partea lui cu bună credinţă dispută un fapt, în litigiu sau relevant; dacă partea nu dispută, faptul nu trebuie să fie dovedit.

B. *Fapte notorii.* Unde un fapt este în opinia tribunalului atât de notoriu încât nici o dispută a lui nu ar putea fi făcută cu bună credinţă, sau este uşor restabilit prin referire la vreo necontestată sursă de informaţie, tribunalul poate să se dispenseze de orice probă despre el.

Acest principiu se aplică în mod obişnuit pentru a include probleme de

1. Organizare politică de stat

2. Comerţ

3. Ştiinţă generală

4. Administraţie locală

dar poate fi aplicat la orice problemă.

Totuşi, acest principiu nu opreşte partea opusă de a aduce probe împotrivă, când cu bună credinţă dispută faptul pretins.

SECȚIUNEA 12

DECIZIILE JUDECĂTOREȘTI ALE JUDECĂTORULUI
DE PRIMĂ INSTANȚĂ

A. Decizia judecătorească a judecătorului de primă instanță *nu este definitivă*, în măsura în care enunțării lui a *textului oricăreia din precedentele norme de drept* i se aduce obiecții ca eronată.

B. Decizia judecătorească a judecătorului de primă instanță este definitivă
   1. În *aplicarea* oricărei reguli de probatoriu la o ofertă specială
   2. În găsirea oricăror fapte preliminare aplicării unei reguli

C. Așadar, nici un apel nu va sta dintr-o ordonanță judecătorească pe un punct de probatoriu afară dacă partea nesatisfăcută de ordonanță a cerut mai întâi judecătorului să enunțe *termenii normei de drept* precum aplicați de el, astfel încât apelul să poată fi limitat la motivul paragrafului A de mai sus.

X
EDUCAȚIA PREJURIDICĂ[1]

DE ARTHUR T. VANDERBILT

P ILOTUL unui avion sau al unui vapor are o mult mai bună
șansă de a ajunge la destinația lui cu bine și cu mai puțin

*O hartă pentru eventuali
studenți în drept*

efort mental dacă are o hartă a
traseului său decât dacă trebuie
să facă o croazieră fără nici un
ghid în afară de ingeniozitatea sa nativă. În mod asemănător
studentul, dacă în școala medie sau colegiu, care se gândește
la studiul dreptului va avea o călătorie mai sigură dacă are o
hartă a drumului său educațional.

---

[1] Acest capitol este parte a unui Raport despre Educația Prejuridică prezentat
la Secțiunea de Educație Juridică și Admiteri în Corpul de avocați al Asocia-
ției Baroului American la 12 septembrie, 1944 (A se vedea Introducere pp.
19-20. La 13 septembrie, 1944, Camera Delegaților Asociației Baroului
American a adoptat următoarea rezoluție:
„AVÂND ÎN VEDERE CĂ, Serioase deficiențe în cunoașterea și
pregătirea necesare multora dintre studenții intrând la facultățile de
drept s-au imprimat asupra autorităților facultăților de drept; și
AVÂND ÎN VEDERE CĂ, Atenția s-a concentrat asupra acestei
probleme printr-un raport cuprinzător despre educația prejuridică su-
pus Secțiunii de Educație Juridică și Admiteri în Avocatură; și
AVÂND ÎN VEDERE CĂ, Asociația Colegiilor Americane a cerut
înainte facultăților de drept să facă recomandări pentru a depăși aceas-
tă stare nesatisfăcătoare,
Hotărește, Ca Consiliul Secțiunii de Educație Juridică și Admiteri în Avo-
catură să fie, și este prin aceasta autorizat, să numească un comitet pentru a
conferi cu reprezentanți ai Asociației Colegiilor Americane cu scopul de a
discuta și recomanda căi și mijloace de a îmbunătăți pregătirea și echiparea
studenților colegiilor care așteaptă cu plăcere studiul dreptului."
În conformitate cu această rezoluție Consiliul a numit un comitet constând
din Joseph A. McClain, Jr., Carl B. Rix, Will Shafroth și Arthur T. Vanderbilt,
Președinte. Acest comitet a conferit cu un comitet numit de președintele

Asociației Colegiilor Americane constând din Harmon W. Caldwell, Francis P. Gaines, Lawrence C. Gorman, Guy E. Snavely și Charles J. Turck, Președinte. Pe baza unui raport supus de ultimul comitet, Asociația Colegiilor Americane la 11 ianuarie, 1945, a aprobat raportul supus de comitetul ei. Raportul Comitetului de Educație Prejuridică al Asociației Colegiilor Americane precum supus întrunirii ei anuale arată după cum urmează:

„Comitetul despre Educație Prejuridică a fost numit să confere cu un comitet similar numit de Asociația Baroului American. Conferința a fost ținută miercuri, 10 ianuarie, 1945.

Timp de mulți ani, Asociația Baroului American și Asociația Facultăților de Drept Americane nu exprimaseră nici o opinie despre ce fel de educație prejuridică este dezirabilă. La întrunirea ei din 1942, Secțiunea de Educație Juridică și Admiteri în Avocatură a Asociației Baroului American a numit pe Dl. Arthur T. Vanderbilt să pregătească un raport despre Educația Prejuridică. Acest raport a fost supus Secțiunii de Educație Juridică și Admiteri în Avocatură și Camerei Delegaților Asociației Baroului American la întrunirile lor din septembrie, 1944 și a fost aprobat de ambele organe. Camera Delegaților a numit apoi un comitet constând din Dl. Arthur T. Vanderbilt, Președinte, Dnii Will Shafroth, Joseph McClain și Carl B. Rix pentru a conferi cu acest comitet al Asociației Colegiilor Americane.

Comitetul dumneavoastră a examinat raportul pregătit de Dl. Vanderbilt și aprobat de Asociația Baroului American și îl găsim a fi o măiestrită enunțare a problemelor de bază care privesc dezvoltarea unei căi prejuridice adecvate în colegiu. Va fi multă vreme acceptat ca o prezentare de autoritate a ceea ce avocații și judecătorii de succes consideră ca bazele educației prejuridice. Este prea lung pentru rezumat adecvat în acest raport și comitetul dvs. a aranjat (prin generozitatea Asociației Baroului American) să aibă o copie a raportului trimisă directorului și rectorului fiecărui colegiu și fiecărei universități în Asociația Colegiilor Americane. Recomandăm ca acest raport al comitetului Asociației Baroului American să fie plasat în clasor la secretar și arhivar sau altă persoană oficială adecvată a colegiului și ca să fie mai ales adus în atenția favorabilă a comitetului programului de studii în fiecare instituție.

Comitetul dvs. atrage atenția specială asupra a cinci puncte principale făcute în raport, cu fiecare dintre care este în deplin acord:

1. Raportul consideră că educația prejuridică este mai mult decît o problemă de anumite cursuri sau de activități deosebite extracurriculare sau de un anumit număr de ani de studiu. În cuvintele Judecătorului Superior Harlan Fiske Stone, „accentul trebuie să fie pe disciplina intelectuală pe care studentul o derivă din cursuri și datorită profesorilor deosebiți, mai curând decât pe selectarea de subiecte particulare fără raportare la felul în care sunt predate.

2. Există o dorință predominantă la avocații și judecătorii practicanți să înainteze în educație pentru a înfrunta noi condiții de viață – o atitudine care, cum subliniază raportul, este cu totul contrariul conservatismului în mod general acuzat al baroului.

3. Există împotrivire *unanimă* față de cursuri cerute în pregătirea prejuridică. Lista de materii prezentată mai jos este o listă de materii recomandate. Nici una nu este o materie cerută. Dl Vanderbilt a difuzat un chestionar și a primit răspunsuri de la 118 distinși avocați și judecători în ceea ce privește materiile recomandate, activități extracurriculare și lungimea cursului. Materiile recomandate de acești lideri, cu numărul de recomandări primite pentru fiecare, sunt: limbă și literatură engleză 72, guvernare 71, economie 70, istorie americană 70, matematică 65, istorie engleză 63, latină 60, logică 56, filosofie 50, contabilitate 47, literatură americană 45, fizică 44, istorie modernă 43, sociologie 42, psihologie 39, istorie antică 38, chimie 38, istorie medievală 37, etică 34, biologie 30, metodă științifică 25, fiziologie 21, franceză 20, spaniolă 20. Nici o altă materie nu a avut mai mult decât optsprezece voturi.

Comitetul dvs. ar rezuma această listă de recomandări ca cerând includerea unui curs temeinic de limbă și literatură engleză și literatură americană, istorie cu o puternică preferință pentru istorie engleză și americană, cursuri adecvate în științele sociale de bază ale guvernării, economie și sociologie, cel puțin un laborator de știință, matematică (puternic accentuată), cursuri în filosofie, etică și logică, contabilitate (o relativ nouă și importantă materie pentru juriști), psihologie și o limbă străină, de preferință latina.

4. Există un entuziast asentiment printre cei răspunzând la chestionarul D.lui Vanderbilt în importanța unor astfel de activități extracurriculare întrucât dezvoltă capacitatea pentru gândire și acțiune independentă, în special când ele implică pregătirea în exprimare.

5. Marea pondere a acestei opinii juridice și judiciare crede că cerința minimă prezentă pentru admiterea în facultatea de drept a unui curs de colegiu de doi ani este inadecvată și ar trebui să fie extinsă la trei ani, și cât mai curând practicabilă, la patru ani.

Cu aceste constatări ale Comitetului Asociației Baroului, comitetul dvs. aduce la cunoștință acordul său. Pentru a realiza țelurile raportului, noi recomandăm în fine ca autoritățile școlii secundare să fie informate despre acțiunea acestui organ, astfel ca studenții plănuind asupra unui curs prejuridic în colegiu să poată lua în școala secundară materiile care constituie condițiile necesare pentru cursurile de colegiu, în special în astfel de domenii ca matematica și latina."

Prima întrebare chiar pe care trebuie să și-o pună este „Care este destinația mea? Este ea de a reuși să intru la o facultate recunoscută de drept și de a o absolvi? Sau este către a fi admis în avocatură și practica dreptul cu succes? Sau este ea în plus de toate aceste lucruri de a deveni un om și cetățean bine rotunjit, un lider în afacerile comunității sale, statului său ori țării sale?" Aceste porturi nu sunt așezate în direcții opuse? Ele se află foarte mult de-a lungul aceleași rute. Dar lungimea călătoriei spre fiecare port și volumul pregătirii pentru aceasta diferă așa cum diferă recompensele, tangibile și intangibile, a fi obținute atât pe drum cât și la sosire. Fiecare student trebuie să-și aleagă propriul său țel. Pentru ambițiosul și patriotul tânăr alegerea este clar indicată.

Din ce în ce mai mult cursurile în colegiu și facultatea de drept la fel sunt organizate în folosul omului care aspiră nu numai să-și câștige existența în profesia lui ci și să aducă o originală contribuție la ea – care țintește să-și folosească talentele nu exclusiv pentru el însuși ci și pentru societate. Și aceasta este desigur cum ar trebui să fie, căci nu a existat niciodată o vreme când conducerea atât în treburile publice cât și private a fost la o răsplată mai mare.

Nu există din nefericire nici un singur loc la care studentul poate recurge pentru a obține o hartă de autoritate să-l ghideze la portul său de destinație. Viața nu a fost niciodată complet pusă pe hartă și probabil niciodată nu va fi, iar dreptul este doar un aspect al vieții. Dar aceasta nu înseamnă că el trebuie să simtă lipsa de călăuzire substanțială: (1) El poate să-și fi întins în fața lui o schiță a muncii juristului astfel încât el poate într-un sens să vadă și singur ce aptitudini, ce talente și cunoștințe sunt cerute sau sunt avantajoase în practica profesiunii. (2) În legătură cu aceasta va fi bine ca el să cunoască, într-un mod general cel puțin, cum țintesc facultățile de drept să pregătească studentul pentru practicarea dreptului, căci facultatea de drept va fi primul său port de escală după colegiu. Va fi util pentru el să afle că munca facultății de drept este cu totul diferită de munca majorității colegiilor și că prea adeseori oamenii vin de la colegiu la facultatea de drept cu totul nepregătiți pentru felul de instrucție urmărită acolo. (3) El poate să-și fi expus sieși ceea ce liderii în diferitele branșe ale profesiei – judecătorii, avocații practicanți, oamenii ocupați cu educația juridică – cred că este cea mai bună rută a destinației lui și ce pregătire și echipare necesită pentru călătoria lui. Ei nu vor coincide în fiecare detaliu, fiindcă ei au făcut fiecare călătoria în propriul său fel și ei nu au ajuns toți la aceeași destinație. Dar într-un grad remarcabil ei sunt de acord. (4) Și în fine ca o verificare asupra recomandărilor lor avem la dispoziție sfatul unora dintre marii judecători și oameni de stat din ultima parte a secolului al XVIII-lea. De ce, se poate întreba, să ne întoarcem cu peste un secol și jumătate pentru confirmare a ceea ce este necesar pentru educarea unui jurist acum? Răspunsul este simplu: Era epoca Revoluției Americane, a Revoluției Franceze și a Revoluției Industriale. Lumea se refăcea economic, politic, social și considerabil intelectual. Poate oricine care este familiar cu istoria universală pentru ultimii treizeci de ani să aibă îndoieli că trăim într-o perioadă de revoluție – „Revoluție Permanentă”[2] cum a numit-o un distins savant? În astfel de perioade dreptul precum și societatea se schimbă rapid, și aceasta cere mai mare abilitate în profesia juridică decât în vremuri obișnuite, când rutina și precedentul vor fi suficiente. Cere oameni ca Washington și Hamilton, Adams și Jefferson în arta guvernării, ca Madison printre alcătuitorii de constituție și Marshall printre comentatorii Constituției, precum Kent și Story printre oamenii care au adaptat dreptul cutumiar la nevoile unei țări tinere. Cere oameni ca Lord Mansfield, care a demonstrat puterea unui judecător de a adopta dreptul cutumiar la nevoile unei noi epoci, oameni ca Bentham, mare reformator al dreptului, și Blackstone, ale

---

[2] SIGMUND NEUMANN; PERMANENT REVOLUTION (1942).

cărui Comentarii, ne spune Burke, erau la fel de mult citite aici ca în Anglia. Cele două epoci au prea mult în comun ca noi să neglijăm povaţa acestor mari oameni, căci ei au îndurat furtunile lor în chip triumfător iar noi suntem încă în mijlocul a lor noastre.

(1) Care deci, este natura muncii unui jurist? Juriştii se ocupă cu o largă varietate de activităţi dar în analiză finală avocatul reprezentând clientul său în tribunal simbolizează profesia, căci este în judecătorii şi alte tribunale că drepturile pe care legea le protejează trebuie să fie revendicate. Sir William Osler, marele medic, odată a spus: „Cel mai rău lucru despre vraci este că vindecă oamenii". Avocatul nu este în astfel de pericol de nemeritat succes; există totdeauna doi avocaţi în tribunal gata, pregătiţi şi în general capabili să demaşte orice slăbiciune în postura lui – adversarul său şi judecătorul. Proba avocatului este foarte reală şi totdeauna imediată. El trebuie să fie pregătit să aducă toate forţele sale în acţiune într-o clipită. Nu-i va fi de folos să cunoască faptele cazului său sau normele de drept aplicabile la acesta mâine.

Eforturile unui avocat în instanţă, dacă pledând un proces în faţa unui judecător şi a unui juriu, sau numai a unui judecă-

Munca avocatului

tor, sau pledând un apel în faţa unui grup de judecători, sunt doar o mică parte a muncii lui asupra procesului său sau apelului său. Ca un aisberg, numai o noime se arată. Până ce un avocat merge la tribunal el trebuie să fi auzit povestea clientului său, citit documentele în speţă, intervievat martorii, consultat legislaţia, elaborat pledoariile sale, studiat pledoariile adversarului său, condus interogatoriile înainte de proces, poate să fi răspuns la interogatorii, pregătit dosarul unui proces şi participat la o conferinţă de pre-proces în faţa judecătorului cu avocatul opus. Despre un apel el are o minută a judecării inferioare să o studieze, legea să o caute, o scurtă expunere a cazului să o pregătească, să răspundă la un rezumat de răspuns al adversarului, o pledoarie orală de schiţat, toate înainte de a face scurta sa pledoarie în instanță – și cu cât mai scurtă este, cu atât mai dificilă sarcina lui. Când Woodrow Wilson a fost întrebat cât de mult timp i-a luat să pregătească un discurs, a răspuns că a avut nevoie de două luni să obțină cu greu un discurs de douăzeci de minute, o lună pentru un discurs de jumătate de oră, dar un discurs de o oră era dispus să-l facă la cerere.

Este important ca viitorul student în drept să vadă că la fiecare pas avocatul se ocupă de trei foarte diferite lucruri – norme de drept, care sunt abstracte; fapte, care sunt specifice; și persoane, dintre care fiecare este, orice s-ar spune despre ea, un individ foarte complex. Această diversitate de conținut este tipică nu numai despre munca în tribunal a avocatului, ci și despre munca lui la birou. Ca sfătuitor al clienților săi el are totdeauna de-a face cu reguli abstracte, fapte concrete, personalități complexe. În plus, el nu are de-a face cu aceste reguli abstracte, aceste fapte concrete, aceste personalități complexe într-un vid. El are de-a face cu ele în ambianța lor fizică, socială și intelectuală. Consultația, de exemplu, care ar fi folositoare în împrejurări obișnuite ar fi cu totul inadecvată în prezența unei armate, fie ea prietenească sau ostilă. Importanța mediului este sporită când avocatul se angajează să acționeze pentru mai mult decât clienți individuali, pentru grupuri, constituite sau nu, publice sau private. Atinge punctul ei cel mai înalt când el este ales să acționeze ca un legiuitor sau prim-magistrat, dacă al orașului său, districtului său, statului său ori țării sale. Dar mediul său în sensul larg al termenului, dacă el acționează pentru un client privat sau națiune, este totdeauna în mintea lui ca un factor.

Acești patru factori în munca unui avocat – reguli abstracte, fapte specifice, personalități complexe și mediu, la care el s-ar putea să se refere ca „orânduire socială" – sugerează pregătirea și materiile care pot bine angaja atenția viitorului student în drept. În legătură cu aceasta trebuie observat că aproape fiecare acțiune a unui avocat implică toți patru dintre aceşti factori. Îi va fi de folos studentului în drept puţin să stăpânească oricare trei din aceşti factori, dacă îl ignoră pe al patrulea. Este de puţină valoare să ştii cum să porneşti un automobil,dacă nu înţelegi deopotrivă cum să-l conduci şi să-l opreşti – şi să ştii regulile drumului. Trebuie de notat, de asemenea, ce calităţi diverse de spirit sunt cerute de aceste patru elemente ale muncii unui avocat. Abstracţiile reclamă facultăţile gânditorului, dar gândirea se raportează la treburile practice ale oamenilor, evitarea discordiei, promovarea ordinii, facerea dreptăţii. Faptele, pe de altă parte, sunt proprietatea comună a tuturor, înşirându-se de la faptele de viaţă obişnuită de zi cu zi până la faptele precise de ştiinţă. Aproape că nu există limită pentru şirul de fapte – materiale, intelectuale, spirituale – care pot angaja atenţia avocatului. Arta, naturală sau dobândită, de a cunoaşte şi de a avea de-a face cu oameni este a treia sferă care pare depărtată de logică şi filosofie, de matematică şi ştiinţă. Aduce în minte mai curând crosa băiatului, stadionul, discuţiile din jurul mesei de sufragerie acasă, „discuţiile de grup discursive neformale" din sala organizaţiei studenţeşti de colegiu, diferitele activităţi din campusul colegiului, gazeta zilnică, oamenii de rang înalt şi jos pe care i-a întâlnit la şcoală sau în vacanţa – da, şi cărţile pe care le-a citit şi piesele pe care le-a văzut. Psihologia are foloasele ei dar psihologia nu a învăţat niciodată un om cum să aleagă un juriu – sau o soţie.

Al patrulea factor de mediu acoperă mai mult decât politica, economia, sociologia, deşi le include pe toate dintre ele. Se ocupă de asemenea de ideile şi idealurile care îi mişcă pe oameni. Ideile şi idealurile se nasc, cresc, rodesc – şi uneori mor. Pentru a le înţelege, precum şi a înţelege politica, economia şi sociologia, trebuie să cunoaştem istorie. Înainte de orice avocatul trebuie să cunoască lupta de veacuri dintre puterea cârmuirii şi libertatea individului – un conflict disputat acum pe un teren, acum pe un altul, dar totdeauna disputat, dacă oamenii trebuie să-şi păstreze libertatea. Cu cât sunt mai largi interesele pe care un avocat le reprezintă, private sau publice, cu atât mai important este ca el să aibă o vastă cunoaștere a mediului său.

Avocatul trebuie să știe să gândească în termeni de fapte, de persoane, de abstracțiile pe care le numim legi, și de mediu. Varietatea factorilor cu care lucrează zi de zi este aceea care adaugă atât de mult la avântul vieții sale. Dar el trebuie de asemenea să știe să exprime gândurile sale în cuvinte. Abstracțiile pe care le numim legi și noțiunile lui despre fapte sunt neinteligibile pentru noi cu excepția în cuvinte. Aceste cuvinte el trebuie să le adapteze la capacitatea oamenilor cu care el are de-a face. Pe scurt, avocatul trebuie să știe cum să vorbească și să scrie în mod clar și interesant. Mare parte din viața unui avocat este petrecută în mânuirea cuvintelor. Ele sunt o parte largă din mediul său. El trebuie să le domine sau ele îl vor domina. El trebuie să cunoască înțelesul lor complet – definiția lor, conotația lor, asocierile lor. Altminteri el este într-adevăr un „mut obscur Milton". Acest factor de exprimare vorbită și scrisă, deci, este al cincilea factor în munca unui avocat. Mulți oameni pripiți l-ar pune primul: ei sunt impresionați de prezența unui om, străfulgerarea privirii lui, elocvența lui, vorbele lui mieroase care liniștesc și farmecă. Tot acest lucru este splendid și în unele locuri poate fermeca totul în fața lui, dar indiferent de elocința lui, dacă un avocat nu cunoaște procesul lui, judecătorul va decide împotriva lui, și dacă nu cunoaște faptele lui, adversarul său îi va demasca ignoranța. Cultivarea puterii de expresie costă mult timp, gândire și efort. Acest efort de a exprima în cuvinte cazul său și de a explica faptele sale ia o considerabilă parte din gândirea sa, dar la un avocat adevărat limbajul este totdeauna un mijloc, niciodată scopul.

Munca avocatului, se va vedea, constă în fond în a ajuta la rezolvarea problemelor, problemele ființelor umane, separat sau colectiv referitor la drepturile și responsabilitățile lor într-o lume foarte reală. Rezolvarea problemelor deopotrivă este funcția altor branșe ale profesiei. Ele, de asemenea, trebuie să înfrunte realitatea într-un mod foarte practic. Avocatul sfătuindu-l pe clientul său, dacă o săracă văduvă sau o bogată societate pe acțiuni,dacă vreun organ public sau o asociație neconstituită ca o uniune muncitorească, trebuie să aplice abstracțiile pe care el le numește lege la fapte specifice, trebuie să trateze cu oameni și drepturile lor în lumina orânduirii sociale,trebuie să dea sfatul său în engleză inteligibilă – și trebuie să fie pregătit să-l vadă verificat în tribunal.

Judecătorul este la fel preocupat de toți cinci factori; dacă este un bun judecător va fi preocupat în special de conflictul care atât de des apare între ceea ce în realitate este, ceea ce ideal ar trebui să fie și ceea ce dreptul spune oficial că trebuie să fie dacă nu trebuie să urmeze pedepse. „Este", „ar trebui să fie", și „trebuie, sau altfel", trebuie să fie adăugat, sunt de asemenea în mintea avocatului, căci legea dintr-un punct de vedere, după cum a subliniat Dl. judecător Holmes, este „profețiile a ceea ce curțile vor face de fapt"[3]. Ca și pledoariile și moțiunile apărătorului, ca și opiniile avocatului, deciziile judecătorești ale judecătorului de primă instanță sunt supuse examinării detaliate, în cazul său de către o curte de apel. Și chiar activitatea celor mai înalte instanțe în țară este supusă criticii opiniei atât populare cât și profesionale, forțelor mult mai potente decât mulți studenți la început își dau seama. Urmează deci că puterea autocriticii este de mare importanță pentru avocat, dacă el ar evita critica în altă parte – și înfrângere.

Aceasta se aplică nu numai apărătorului, avocatului și judecătorului, ci și legiuitorului, președintelui S.U.A. și executivului. Dacă legiuitorul dă greș în încorporarea normelor de sănătate de drept în statutul său ori îl bazează pe fapte insuficiente, dacă unul sau altul dintre aceste elemente se ciocnește prea violent cu mediul său ori contravine naturii umane sau este exprimat în limbaj inept, el se poate aștepta atât la critică

---

[3] HOLMES, *The Path of the Law*, COLLECTED LEGAL PAPERS (1920) 173.

populară cât și profesională și posibilă înfrângere. Așa, la fel cu președintele și executivul. Toți trebuie să fie la înălțime ori să se aștepte la critică meritată.

(2) Din această discutare a elementelor principale care intră în activitatea juristului, în oricare branșă a profesiunii poate fi el angajat, eventualul student în *Cum se studiază Dreptul* drept poate să deducă într-un mod general ce studii și pregătire de colegiu vor fi de cea mai mare valoare în pregătirea pentru practicarea dreptului. O scurtă descriere a muncii studentului modern în drept va arunca lumină suplimentară asupra problemei și poate va modifica primele lui impresii. În facultățile de drept manualele, dacă nu complet tabu, sunt cel puțin de foarte secundară importanță. Chiar din prima lui zi studentul în drept lucrează cu exact același material pe care îl va folosi toată viața lui ca jurist – deciziile relatate ale curților și altor tribunale și constituții, legislație, regulamente și ordonanțe. Din prima lui zi va folosi material de sursă mai degrabă decât expunerile cuiva despre surse. Fiecare caz relatat pe care îl studiază îi va da faptele cazului, argumentele părților rivale, punctul în litigiu între părți precum dezvoltat în declarațiile și pledoariile lor opuse, decizia curții asupra chestiunii, și motivele expuse de către instanță pentru decizie. În mod involuntar puterea lui de judecată este chemată în joc: Este decizia corectă? Este motivul pentru decizie temeinic? El îl compară cu un alt caz care pare să enunțe o decizie judecătorească opusă. Sunt cele două decizii cu adevărat contradictorii? Sau pot fi ele împăcate? Întrebări similare se prezintă ca motive expuse de către instanțe pentru decizii. S-ar putea ca prima întrebare a asistentului să fie, „Ești de acord cu speța? Este decizia corectă?" Studentul este atunci față în față cu exact aceeași întrebare care confruntă un judecător în fiecare proces care vine în fața sa cu toate implicațiile lui practice, juridice și etice. Asistentul la timpul cuvenit poate pune clasei un caz ipotetic și să ceară părerea unui student despre el. Or el poate schimba un singur

fapt într-un proces, şi apoi să întrebe dacă schimbarea modifică decizia în opinia studentului. Judecătorii au un fel de a aduce într-un proces enunţuri de drept care nu au nici o aplicaţie la litigiul în cauză. Un astfel de enunţ este *obiter dictum*, ceva spus printre altele, sau dictum, cum îi spun juriştii mai pe scurt. Asistentul va întreba curând dacă un anume enunţ de drept într-o opinie este motivul deciziei, *ratio decidendi*, şi astfel controlând sau este numai dictum?

În acest proces de a citi un caz şi de a discuta opinia curţii, studentul în drept are de-a face cu faptele specifice ale cazului, cu oamenii din el, cu norma de drept aplicabilă la acesta, cu ambianţa cazului şi în toate privinţele cu limbajul, cei cinci factori în activitatea unui jurist. Este totul la fel de real ca viaţa însăşi. Este contencios. Atitudinea este una de „arată-mi". Nici o autoritate nu este prea înaltă pentru a fi întrebată. Aşa cum Dl. judecător Story, unul dintre cei mai mari judecători ai Curţii Supreme a Statelor Unite, a spus studenţilor de la facultatea sa de drept.

Domnilor, aceasta este Înalta Curte a Erorilor şi Apelurilor din toate celelalte curţi în lume. Să nu-mi spuneţi de ultimul proces citat anulând orice mare principiu – deloc. Daţi-mi *principiul*, chiar dacă îl găsiţi formulat în Instituţiile Dreptului Hindus.[4]

Din tot acest studiu şi discuţie studentul îşi scrie caietele sale de notiţe, care într-un sens foarte real sunt propriile sale manuale asupra dreptului din diferitele teme pe care le studiază. Ele sunt ale lui proprii pentru că apar din experienţa lui. În întreg studiul şi discuţia sa, în clasă şi afară, un element predomină: ca şi avocatul sau judecătorul practicant în diferende reale el foloseşte – şi dezvoltă puterea sa de judecată.

Raţionamentul este facultatea care dă coeziune muncii sale cum dă eforturilor avocatului şi judecătorului. Pe măsură ce raţionamentul lui se mişcă de la fapte sau personalităţi sau mediu către sau de la drept (folosind limbajul, desigur), el

---

[4] Dintr-un articol de judecătorul William A. Keener, 1 YALE L.J. 146.

țese câteva foarte reale universuri de experiență laolaltă. Folosirea acestei facultăți de raționament este aceea care contribuie la bună parte din stimularea și satisfacția muncii sale atât ca student cât și ca avocat practicant. Raționamentul juristului, se va vedea din elementele de care se ocupă, nu este raționamentul logicianului, matematicianului, omului de știință sau filosofului, deși există mult ceea ce poate să învețe de la ei. Raționamentul său diferă de fiecare al lor, așa cum al lor, la rând, diferă de cel al istoricului, biografului, economistului, sociologului, contabilului și statisticianului, de la fiecare din care studentul în drept poate deopotrivă să câștige mult. Pe măsură ce studiază cazurile lui și motivele în legătură cu ele, el ajunge să vadă ceea ce unul dintre cei mai mari judecători ai noștri a înțeles când a spus:

> Viața dreptului nu a fost logică; a fost experiență. Nevoile simțite ale timpului, teoriile morale și politice predominante, intenții de politică publică, recunoscute sau inconștiente, chiar prejudecățile pe care judecătorii le împart cu semenii lor, au avut mult mai mult de făcut decât silogismul în determinarea regulilor prin care oamenii să fie guvernați. Dreptul întruchipează povestea dezvoltării unei națiuni de-a lungul multor veacuri, și nu poate fi tratat ca și cum a conținut numai axiome și corolare dintr-o carte de matematică. Pentru a cunoaște ceea ce el este, trebuie să cunoaștem ce a fost și ce tinde a fi. Trebuie negreșit să consultăm istoria și teoriile existente ale legislației.[5]

Astfel, cel mai înalt printre factorii cu care juristul lucrează constant, trebuie să plasăm raționamentul – nu pură logică, ci raționament bazat pe experiență, ceea ce marele Lord Coke a numit „rațiunea și judecarea artificială a dreptului".

Educația în care raționamentul predomină nu este nimic nou. Este la fel de veche precum Socrate și este descrisă de Platon în Republica:

---

[5] HOLMES, THE COMMON LAW (1881) 1.

Educația nu este defel ceea ce unii dintre profesorii ei o declară a fi. Ei ne spun că au pus Cunoașterea într-un suflet gol, ca și cum ai pune vederea în ochi fără vedre. Teoria noastră este cu totul de alt fel. [Există] această facultate de Rațiune prezentă în fiecare suflet omenesc, acest organ cu care fiecare om învață... Educația este de aceea arta de a converti Rațiunea.

Rațiunea este „convertită" nu prin lecții sau cărți ci prin discuția neformală provocată de întrebările asistentului. Acest mod de predare în care se pune un accent special pe gândire față de simplu studiu își datorează renașterea în educația juridică americană înțelepciunii unui mare inovator educațional, rectorul Charles W. Eliot de la Harvard, în perceperea slăbiciunii prelegerilor și manualelor în pregătirea adevăraților juriști și în căutarea și găsirea lui Christopher Columbus Langdell ca decan al Facultății de Drept. Lui Langdell îi datorăm studierea dreptului prin metoda de a-i instrui pe studenți prin analizarea și discutarea unor procese și sentințe special alese. El a combinat studiul surselor originale (metoda științei moderne) cu tradiția socratică a întrebării și răspunsului. Combinația este una ideală din punctul de vedere al dezvoltării abilității juridice a studentului. Fiecare caz implică cel puțin o întrebare la care trebuie să se răspundă, și studentul este obligat să compare răspunsul său cu cel al curții sau al colegului său de studii ori soluționarea asistentului a problemei.

Apropierea studentului către studiul cazurilor sale este aceea a judecătorului mai degrabă decât aceea a avocatului. Judecătorul se străduiește să obțină imparțialitatea și adevărul ca de exemplu între părțile în conflict. Mai întâi el trebuie să decidă în multe procese unde nu există juriu ca de exemplu între litigiile rivale ale părților care sunt în realitate faptele speței. Aceasta nu este deloc o sarcină ușoară în fața declarației contradictorii de la martori cu grad diferit de credibilitate. În a avea de-a face cu fapte cu cât mai mult știe unul despre viața și natura umană, despre arte și științe, cu atât mai bine; și cu cât mai mare talentul său în dobândirea cunoștințelor și dispunerea faptelor precum un general asamblează și aranjează armata sa, cu atât mai bună munca sa juridică. Această abilitate de a sesiza și stăpâni fapte este o primă necesitate a studentului în drept, avocatului și judecătorului. Apoi judecătorul trebuie să cântărească părerile contradictorii ale părților în ceea ce privește procesul. Aici lui i se atribuie frecvent de avocați ceea ce par a fi decizii divergente. Deseori ele nu sunt așa în realitate. Dacă ele nu sunt, el trebuie să le deosebească cu grijă. Când deciziile sunt realmente în conflict, el trebuie să decidă care sunt temeinice în principiu și înțelepte în practică. Pentru a face aceasta el trebuie să cunoască nu numai singura normă justă de drept, ci și normele ei corelate și principiile lor de control. Studentul în drept trebuie să urmeze același proces. Prin cercetare perseverentă și multă discuție el extrage din cazuri normele și principiile de drept și le sudează într-un tot armonios în propriul său caiet de notițe. În aceasta, de asemenea, după cum Dl. judecător Holmes atât de clar a demonstrat, cu cât studentul cunoaște despre istorie și mediul său politic, economic, social și moral, cu atât mai mult s-ar putea ca decizia lui să fie corectă. Pe scurt, cu cât mai cuprinzătoare perceperea de către student a vieții și naturii umane, precum și a artelor și științelor, cu atât mai eficace va fi munca lui în justiție. Această afirmație, trebuie să ne grăbim să adăugăm, este supusă la două importante clauze condiționate: În primul rând, el trebuie să știe să pună în aplicare cunoștințele sale în mod practic în raționamentul său, și în al doilea rând, el trebuie să știe să se exprime. Fără aceste facultăți ar fi inutil ca el să aibă la îndemână informații enciclopedice, căci practica dreptului este nimic dacă nu o artă practică.

S-a spus destul, totuși, să se sublinieze, dacă subliniere este încă necesară, nevoia ca studentul în drept să aibă o foarte largă bază de cunoaștere a vieții și artelor și științelor ei; ca el să știe să se exprime în mod adecvat; și ca să știe să dobândească informație și să o dispună cu dibăcie și cu promptitudine. Cu o astfel de largă bază de educație, citirea fiecărui caz se va adăuga cunoașterii lui a vieții precum și a dreptului, *id est*, va spori educația lui liberală; fără ea, citirea de către el a cazurilor va pierde mult din semnificația ei. Adevărul acestei afirmații poate fi repede probat de orice eventual student în drept. Citiți cu atenție oricare dintre marile opinii ale Judecătorului Superior Marshall. Apoi citiți povestea acelei deosebite decizii în *Life of John Marshall*[*] a lui Beveridge. Apoi recitiți cazul și întrebați-vă dacă într-adevăr l-ați înțeles pe Judecătorul Superior la prima lectură. Merită să se repete că dreptul este un aspect al vieții și deci la fel de vast ca viața însăși. Ritmul în facultatea de drept este atât de rapid, cantitatea de teren a fi acoperită atât de vastă încât este inevitabil ca studentul care știe cum să raționeze și cum să se exprime, care cunoaște ceva din natura umană, care înțelege în linii generale cel puțin mediul său – fizic, social și moral – și care știe cum să asambleze informații rapid și exact are un mare avantaj asupra omului căruia îi lipsește una sau alta dintre aceste particularități. Pentru omul bine pregătit, fiecare caz pe care îl citește este o continuare a educației sale liberale, căci dreptul studiat cum se cuvine de către un student pregătit cum se cuvine este la fel de mult educație liberală precum orice materie în programul de studii ale colegiului. Astfel studiat și predat, dreptul este demn de un loc într-o universitate, dar nu altfel.

(3) Analiza noastră a muncii juristului în factorii ei componenți și rezumatul nostru despre cum este studiat dreptul cu

Recomandările liderilor profesiunii către studenții în Drept pregătire în raționament subliniat ca elementul de voință fundamental, se speră, dă importanța suplimentară recomandărilor liderilor profesiunii către eventualul student în drept. Părerile judecătorilor Curții Supreme a Statelor Unite, ale judecătorilor-șefi ai diferitelor

---

[*] Viața lui John Marshall. *(n.t.)*

state și ale judecătorilor superiori ai Curții de Apel în Circuit a Statelor Unite în diferitele circuite au fost solicitate ca reprezentanți ai magistraturii. Ca reprezentanți ai avocaturii, prezenții și precedenții președinți ai Asociației Baroului American, președinții diferitelor asociații ale baroului statelor și ale asociațiilor importante ale baroului local reprezentate în Camera Delegaților Asociației Baroului American au fost întrebați în ceea ce privește recomandările lor. În numele ramurii de predare a profesiunii juridice o exprimare a opiniei a fost solicitată de la prezenții și precedenții președinți ai Asociației Facultăților de Drept Americane, prezenții și precedenții președinți și consilieri ai Secției de Educație Juridică și Admiteri în Avocatură a Asociației Baroului American, prezenții și precedenții președinți ai Conferinței Naționale a Examinatorilor din Barou și anumiți rectori de universități și directori de colegii cu experiență ca profesori de drept sau avocați practicanți. În total au fost răspunsuri de la 118, inclusiv Judecătorul Superior al Statelor Unite.[6]

O întrebare supusă în chestionar a fost îndreptată în scopul de a stabili care materii în programul de studii la colegii să fie recomandate oamenilor având în gând studiul dreptului. Materiile obișnuite au fost trecute pe o listă și împărțite în cele trei obișnuite clasificări de limbi și literatură, istorie și științe sociale, și științele fizice și biologice. Nu toți au răspuns la toate întrebările. Răspunsurile, afară de aceasta, erau de multe ori mai clarificatoare în ceea ce privește ce spuneau ei despre materii decât în ceea ce privește materiile existente trecute pe listă. Următoarea întrebare pusă era în ceea ce privește valoarea pentru drept a diferitelor feluri de activitate extracurriculară. Întrebarea finală privea numărul de ani

---

[6] Prin cooperarea Dr. Cecil A. Wright de la Facultatea de Drept Osgoode Hall a fost făcută de asemenea disponibilă o secțiune reprezentativă a opiniei canadiene. Rezultatele canadiene sunt asemănătoare într-un grad considerabil cu răspunsurile primite în țara noastră, dar numărul răspunsurilor canadiene (21) nu a fost suficient să permită generalizare.

socotiți dezirabili pentru educația prejuridică și pentru munca la facultatea de drept.

Mai întâi, un cuvânt în ceea ce privește studiile recomandate de liderii profesiei. Limba și literatura engleză au primit cel mai înalt scor (72), cu guvernare (71), economie (70) și istorie americană (70) urmând îndeaproape. Matematica (65), istoria engleză (63) și latina (60) au urmat. Logica a obținut 56, și dacă metoda științifică (25) ar fi grupată cu ea, cum ar trebui, s-ar plasa sus. Filosofia a obținut 50. Apoi au urmat contabilitatea (47) literatura americană (45), fizica (44), istoria modernă (43) și sociologia (42). Dacă limba și literatura engleză și literatura americană ar fi privite ca ramuri ale aceleași materii, avansul ei este semnificativ.

Apoi în ordine au fost psihologia (39), istoria antică (38), chimia (38), istoria medievală (37), etica (34), biologia (30). Locul relativ slab al eticii este fără îndoială explicat de tradiția de a o preda ca parte a filosofiei. Fiziologia (21) și franceza și spaniola fiecare cu 20 de voturi, au urmat.

Din acest punct mai departe recomandările au fost rare: greaca (18), geologia (14), istoria hispano-americană (13), evoluția (12), germana (8), ebraica și biblia (6), astronomia (6), botanica (6) și italiana (4).

Unele dintre aceste rezultate cu privire la materii speciale necesită comentariu individual, dar noi putem să zăbovim aici pentru a observa cât de aproape subiectele primind cel mai larg vot sunt adaptate să-i dea unui student pregătirea de care are nevoie pentru drept și conducere civică. Limba și literatura engleză, americană și latină permit pregătirea în exprimare, cunoașterea naturii umane cât și o sursă de satisfacție pentru toată viața. Logica și metoda științifică, predate cum se cuvine, trebuie să ghideze și să întărească forța raționamentului cuiva. Dar mintea omenească făptuiește mai mult decât rațiunea; psihologia trebuie să revele procesele ei. Liderii profesiei sunt persoane care cred în gândire precisă; acelei convingeri poate fi atribuită înalta lor opinie despre matematică și, în parte, despre fizică și chimie. Contabilitatea este unul din modurile de exprimare ale afacerilor moderne iar un jurist trebuie să-l înțeleagă pe deplin la fel de mult ca latina. Toate acestea sunt, în întregime sau în parte, materii-unelte în ajutorul cultivării raționamentului sau exprimării. Merită să amintim la acest punct că printre activitățile extracurriculare vorbirea în public (60) și dezbaterea (57) întrec toți competitorii lor, cu scrisul (56) nu cu mult în urmă. Aceste scoruri trebuie să fie comparate cu sportul individual (25), funcțiile de manager (20), și participarea ca membru în echipe (16).

După cursurile în ajutorul raționamentului și exprimării, trebuie să notăm categoria înaltă a materiilor care țintesc să explice mediul nostru: filosofie și etică în domeniul moral, guvernare, economie și sociologie în sfera socială. Nici nu gândesc liderii despre mediu doar în două dimensiuni: martor poziția multor ramuri de istorie, istorie americană și engleză în special, cu istorie antică, medievală și modernă nu cu mult în urmă, cu un vot semnificativ la fel pentru istorie latino-americană. Liderii își dau seama că toată înțelepciunea nu s-a născut astăzi și că mult se poate învăța din trecut, în special în științele sociale. Nici nu au neglijat ei mediul nostru fizic (și pregătirea în raționamentul exact, de asemenea) preferând fizica, chimia, biologia și fiziologia. Liderii profesiei apreciază importanța de a cunoaște lumea fizică, în special în aceste vremuri când realizările noastre în științele naturii remodelează civilizația noastră.

Restul fazei chestionarului este instructiv în ceea ce privește lungimea de timp care să fie dedicată pregătirii prejuridice. Numai 28 au socotit doi ani de activitate de colegiu (minimumul prezent) suficienți; 82 nu au fost de acord. Din cei 82, 14 s-au opus oricărei schimbări acum, 22 au preferat un curs de trei ani, 39 au fost pentru un curs de patru ani (cu 7 pentru o creștere peste doi ani dar nespecificând fie trei fie patru ani); 12 au insistat asupra unui curs de

patru ani de drept şi ştiinţe sociale combinate urmând doi
ani de colegiu, după aceea doi ani de drept urmaţi de doi sau
trei ani de drept şi ştiinţe sociale combinate. Ponderea
importantă a opiniei a fost clar împotriva minimumului
prezent de doi ani, şi din motive temeinice. Criteriul minim
prezent de doi ani de activitate de colegiu a fost după cum
se ştie un compromis în timp ce adoptat acum un sfert de
veac. Multe facultăţi de drept au ajuns să insiste ca solici-
tanţii să aibă un grad universitar sau cel puţin trei ani de
activitate de colegiu. Sfera dreptului, în special în domeniile
reglementărilor statutare şi administrative ale afacerilor şi
societăţii, s-a extins atât de mult încât juristul de astăzi
trebuie să cunoască exact şi cuprinzător mult din ceea ce
predecesorul său de acum douăzeci şi cinci de ani nu a visat
niciodată. În timp ce trebuie să fim atenţi să nu punem
niciodată o carieră juridică dincolo de priceperea oricărui
tânăr competent şi ambiţios, trebuie, totuşi, să-i atragem
atenţia în mod pregnant asupra necesităţii unei mai mari
instruiri prejuridice.

În multe din răspunsurile la chestionar, de altfel, străbate
gândul că educaţia prejuridică este mult mai mult decât o
problemă de anumite cursuri sau de activităţi extracurriculare
speciale sau chiar de un anumit număr de ani de studiu. Acest
punct de vedere este viguros exprimat de Judecătorul Superi-
or Harlan F. Stone, ale cărui cuvinte au forţă specială nu
numai datorită experienţei sale judiciare şi juridice ci şi din
cauza multor ani ai săi de serviciu eminent ca decan al uneia
din principalele facultăţi de drept ale ţării.

Răspund primelor d-voastră întrebări spunând că nu am nici o
îndoială că în general membrii Baroului trebuie să aibă mult mai
multă educaţie prejuridică decât este de obicei cazul în prezent. Dar
aceasta nu înseamnă în mod necesar că ei trebuie să aibă mai mulţi
ani de pregătire ori să urmeze mai multe sau diferite cursuri.
Cred că obişnuitul curs de colegiu este destul de puţin instruire
prejuridică pentru omul care aspiră să devină un membru competent

al Baroului. Însă chiar acea perioadă de studiu nu înseamnă în mod necesar că îl va face un om educat sau îl califică cum trebuie să înceapă studiul dreptului. Oamenii care vin la Barou trebuie să fie echipați să stea pe propriile lor picioare din punct de vedere intelectual, să realizeze propria lor gândire, cu capacitate dezvoltată de a exercita o judecată independentă și critică, așa cum poate veni numai de la o perioadă considerabilă de studiu intensiv și autodisciplină intelectuală. Aceasta nu este cu totul o problemă de ani, de ore, sau cursuri. Depinde mult mai mult de predilecțiile studentului însuși și felul de pregătire pe care a avut-o, inclusiv autodirecționata sa lectură și gândire, exact ca și cursurile pe care le-a urmat și numărul de ore sau ani pe care i-a petrecut în frecventarea lor. Dacă lectura și studiul său au fost continuate sub o îndrumare și cu metode care incită curiozitatea sa intelectuală și dezvoltă independența sa intelectuală, rezultatul ar trebui să fie, în cazul celor cu bună echipare mintală, că ei părăsesc colegiul cu trăsăturile unui om educat, înclinația și capacitatea pregătită de a forma judecăți chibzuite și luminate asupra majorității problemelor implicate în arta de a trăi în societatea civilizată. Dacă el va obține acest fel de experiență intelectuală în cursurile lui în ebraică, sau în matematică, sau istorie, sau economie, sau o selecție judicioasă din toate, depinde de om însuși și felul de îndrumare pe care o obține în cursurile ce le alege mai degrabă decât de alegerea lui specială a materiilor independent de maniera în care sunt repartizate. De aceea mi se pare că în orice expunere pe care o publicați accentul trebuie pus pe disciplina intelectuală pe care studentul o derivă din cursuri și prin anume profesori, mai curând decât pentru selecționarea de materii speciale fără a ține seama de felul în care sunt predate. Dacă studentul este astfel sfătuit și are inteligența necesară unui bun jurist el poate fi sigur să folosească cel mai bine facilitățile pe care colegiul său le oferă.

Desigur studentul trebuie să capete un anumit volum de informație care este conținutul gândirii timpului său. Dar este o greșeală să se presupună că va fi un om educat sau un bun jurist numai pentru că a obținut o anumită acumulare de informație, oricum ar fi distribuită în programul de studii al colegiului.

Nici nu cred eu că este foarte important dacă el urmează toate cursurile de colegiu alese înainte de a începe studiul dreptului, sau unele dintre ele concomitent cu el. Noțiunea că este *necesar* să urmezi economie, sociologie și altele de felul acesta în același timp de a urma dreptul pentru a obține o apropiere adecvată față de problemele juridice, mi se pare complet greșită. Dacă studentul în drept a avut instruire prejuridică satisfăcătoare, aceea va fi cel mai bine desăvârșită plasând în fotoliile profesorilor în facultăți de drept oameni care înțeleg legătura acelor materii cu dreptul și o prețuiesc la adevărata ei valoare.

Mulți dintre liderii profesiei, ca Judecătorul Superior Stone, au fost atât de profund interesați în problemele educației prejuridice încât nu s-au oprit cu răspunsuri categorice la întrebările specifice puse lor, ci și-au exprimat părerile în toate amănuntele despre educația prejuridică în general precum și despre subiecte și pregătire individuală. Deși aceste exprimări de opinie nu pot fi aranjate în formă de tabelă, ele sunt la fel de importante ca și răspunsurile la întrebări specifice. În primul rând trebuie să fie notată o dorință preponderentă de a avansa, de a înfrunta noi condiții de viață, care este exact opusul conservatismului de regulă acuzat al avocaturii. Dacă atare bunăvoință de a avansa este tipică baroului în general este capabilă de serioasă îndoială. În același timp liderii profesiei sunt hotărâți ca viitorii juriști să caute, în manieră juridică, experiența și înțelepciunea trecutului și a contemporanilor noștri în rezolvarea problemelor curente într-un efort normal de a evita greșelile trecutului. Ei își dau seama că întreaga înțelepciune nu este exclusiv din ziua și epoca noastră.

Următorul a fi observat este o unanimă *împotrivire la cursuri cerute* în instruirea prejuridică. Multe explicații, toate dintre ele temeinice, au fost date pentru această convingere. Studenții depun cea mai bună muncă a lor la materii în care sunt vital interesați:

> No profit grows where is no pleasure ta'en
> In brief, Sir, study which you must affect. [*]

Nici un profit nu crește acolo unde nu-i plăcere,
Pe scurt, Sir, studiază ce-ndrăgești mai mult. (*n.t.*)

Un profesor inspirat, de altminteri, la o materie relativ îndepărtată de drept poate să facă mai mult să ajute un student trezind procesele lui intelectuale decât un dascăl slab la o materie care atinge dreptul mai aproape. Mulți juriști, de asemenea, au răspuns cu exemple concrete ale utilității în judecarea cazurilor lor de materii care par foarte depărtate de practica reală – chimie, artă, biologie – nici nu este aceasta ciudat, căci practica dreptului poate fi la fel de vastă ca și viața. Mulți dintre cei mai buni studenți ai noștri, de altfel, nu se hotărăsc să studieze dreptul până târziu în colegiu – ei pot fi studenți în anul penultim sau anul al patrulea până ce interesul lor se aprinde – și ar fi o mare pierdere pentru societate să fie excluși acești oameni de la drept de un program de studii prejuridic cerut. Pe de altă parte, mulți i-au recomandat viitorului jurist *să nu se concentreze exagerat* asupra unei singure materii sau într-un singur domeniu, și *să nu își disperseze eforturile* în prea multe direcții. O largă serie de interese trebuie să fie împăcată cu experiență profundă. Facultățile de drept au învățat că numai punând pregătirea la chibzuință mai întâi pot ele să armonizeze aceste țeluri aparent contradictorii.

Aproape fiecare lider a subliniat importanța unui autentic interes vital în lumea intelectuală și pregătirea în gândire și exprimare mai presus de dobândirea de pure cunoștințe. În acest proces importanța *marelui profesor* și până la urmă a *autoeducației* ca fiind cel mai temeinic mod de educație de repetate ori accentuată. Probabil că juriștii nu pierd din vedere faptul că în ultimă analiză totul depinde de individ și că individul este acela care trebuie să se instruiască și să se disciplineze pe sine. Inteligența nu poate fi predată, dar poate fi dobândită. Interesul, capacitatea de lucru și sănătatea sunt toate mijloace indispensabile în proces, dar obiceiuri sănătoase și o folosire înțeleaptă a timpului sunt nu mai puțin necesare în acest scop.

A existat puternic acord, deopotrivă, în importanța unor astfel de activități extracurriculare ca dezvoltarea capacității pentru gândire și acțiune independentă, în special când ele implică pregătire în exprimare. Așa cum judecătorul Charles E. Clark de la Curtea de Apel în Circuit a Statelor Unite pentru al Doilea Circuit, mai înainte Decan al Facultății de Drept Yale, pe bună dreptate a spus:

Aceste activități extracurriculare pot adeseori să aibă mai multă vitalitate decât munca colegiului însăși, în special dacă ultima este ușoară și limitată la prelegeri. Acele poziții cerând responsabilitate, abilitate și conducere executivă sunt firește cele mai importante.

Profesor Karl N. Llewllyn de la Facultatea de Drept Columbia a detaliat o listă de abilități și interese pe care un student trebuie să le aducă la facultatea de drept și materiile care pot să-l ajute, din care ambele merită a fi citate:

Ceea ce vreau eu ca un student să aducă la facultatea de drept din colegiu are mai mult de-a face cu rezultate decât cu conținut: abilitatea de a (1) citi; (2) scrie; (3) folosi o bibliotecă; (4) evalua opinie și dovezi; (5) evalua opinie și dovezi cantitativ precum și calitativ; (6) a-și forma o idee despre oameni. Și interes în a face toate acestea.

Este de puțin folos a încerca să prescrii tema pentru dobândirea unor astfel de abilități și interese. Este o problemă de temperament și predare. Iar abilitățile și interesele sunt mai importante decât orice temă. Dar aș prefera să am materialul asupra căruia un student s-a exersat în timp ce a dobândit abilitățile, inclusiv:

(a) Economie descriptivă (nu teoretică), și istorie economică;

(b) Istorie politică, socială, și constituțională, în primul rând a Statelor Unite; în al doilea rând, a vreunui alt popor sau culturi. Și practica în interpretarea dovezii documentare mi se pare în special dezirabilă;

(c) Oarecare studiu sociologic al Americii moderne. Sau vreun studiu tehnologic al ei. Or ambele;

(d) Ceva știință sau artă cantitativă; fizică, sau chimie cantitativă, operațiuni statistice în date economice ori sociologi-

ce, sau (ca în contabilitate) în dolari. Ridicarea de planuri
ar corespunde scopului, la nevoie, sau muncă vastă accep-
tabilă în tâmplărie;

(e) Artă, sau literatură;

(f) Psihologie, sau ereditate, sau antropo-geografie; *id est*, cel
puțin una dintre disciplinele care indică limitele a ceea ce
manipularea a, sau datorită mediului, pot realiza;

(g) Politică descriptivă. Nu „științe de stat".[7]

El a conchis în același sens ca judecătorul Clark:

> Este de observat că jocul extracurricular de a urmări o funcție pe
> căi necinstite și altele asemenea va aduce deseori un om mai departe
> decât studiul acestei liste de conținut, când vine a se vedea cum și de ce
> curțile fac ceea ce fac, și ce se să se facă în legătură cu aceasta.

Pe scurt, un jurist trebuie să cunoască oamenii și mediul său
și cum să facă față la amândouă. Cărțile și gândirea sunt
minunate – dar ele nu sunt de ajuns.

Ar fi de asemenea folositor să se pună la dispoziția stu-
dentului comentariul liderilor profesiei despre diferitele
materii cel mai îndeobște recomandate pentru studiu. Astfel
de comentariu este totdeauna supus premiselor că totul de-
pinde nu de numele cursului ci de conținutul lui și cum este
predat și interesul studentului în privința lui. Decanul –
Emerit Roscoe Pound al Facultății de Drept Harvard, un mare
jurist, judecător, profesor și filosof al dreptului, familiar
numit „profesorul baroului american", a exprimat în mod
caracteristic acest gând:

> În formarea unui jurist mai adesea depinde de profesor decât de
> materia predată. Să luăm, de exemplu, istoria constituțională engleză
> până în secolul al XVII-lea. Aceasta este o materie foarte importantă
> într-un sens pentru juristul anglo-american, și totuși aici totul depinde
> de cum este predată. Aș spune la fel despre istoria americană. Istoria
> constituțională americană poate fi o bună introducere la dreptul
> constituțional american sau poate fi o foarte proastă introducere la el.
> De asemenea un profesor de greacă sau un profesor de latină poate

---

[7] (1932) A.A.L.S. HANDBOOK 134.

preda materia într-un astfel de mod încât să o facă o introducere la fiecare activitate implicând gândire precisă şi folosire precisă a exprimării, sau el poate face obiectul de studiu o plictiseală îngrozitoare. Chiar mai mult este ceea ce am spus adevărat în privinţa ştiinţelor sociale, sociologiei şi economiei, de exemplu. Studentului acestor materii i se poate preda atât de dogmatic încât în câţiva ani ceea ce el a învăţat va fi fost înlocuit şi totuşi au fost atât de profund fixate în mintea lui că el este într-o situaţie mult mai proastă decât dacă n-ar fi avut nici o pregătire în obiectele de studiu cât de cât. Chiar mai mult, pe măsură ce aceste materii sunt predate în mod obişnuit, în experienţa mea ele par să arate studenţilor care cred că există valoare într-un argument plauzibil că doi ori doi fac cinci, şi consideră că vorbele de duh sunt un substitut pentru gândire consecutivă şi argument chibzuit.

În experienţa mea în patruzeci şi doi de ani de predat drept, în general, studenţii care au mers mai departe şi s-au descurcat bine în matematică s-au remarcat excepţional. Studenţii care au urmat un program de studii de modă veche în greacă, latină, şi matematică au învăţat de obicei să observe cu precizie, să gândească consecutiv, şi să folosească exprimarea în mod critic. Aceste lucruri sunt foarte mult mai importante decât un aparat de informaţii în ştiinţele sociale, deoarece informaţia s-ar putea să fie învechită până ce studentul intră în practică.

Prematură, şi deci nematură, cercetarea este nenorocirea educaţiei noastre astăzi. Studenţii de colegiu vin la mine mereu cu program de cercetare fără nici o bază permiţându-le să ştie ce să caute sau ce să facă cu ea când este găsită. Un om are nevoie de foarte multă bază să facă cercetare valoroasă iar metodele neglijente pe care le învaţă din cercetare nematură s-ar putea să-l handicapeze permanent.

Engleza studentului din facultatea de drept este supusă criticii constante a corpului profesoral al facultăţii de drept; în mod asemănător engleza absolvenţilor facultăţii de drept este notată de avocaţii practicanţi. Un distins preşedinte de barou exprimă punctul de vedere al multora:

El trebuie să fie pregătit să gândească, să vorbească şi să scrie limba engleză (aparent cea mai grea dintre limbile străine pentru studenții americani) și să dezvolte un simț al proporției și modestiei (poate cel mai greu dintre toate deprinderile și cel mai apropiat de înțelepciunea însăși) și o dorință și capacitate de a continua educația sa în tot cursul vieții lui.

Un alt președinte de barou reamintește întâmplarea din perioada facultății de drept notată de William Alexander Percy în delicioasa lui *Lanterns on the Levee*. Un coleg de studenție a venit năpustindu-se în camera lui într-o seară și a exclamat că în sfârșit descoperise ce este dreptul: „Dreptul este bun simț plus engleză clară". Această generalizare suprasimplifică problema un pic, dar nu fără elementul ei de adevăr.

Studentul trebuie să învețe să utilizeze cuvinte ca instrumente. El trebuie să știe nu numai ce înseamnă ele dar și ce sugerează. El trebuie să se obișnuiască să privească înapoi de la cuvinte la realitate. El nu trebuie niciodată să permită cuvintelor să-i joace feste. Fără această abilitate folosită în mod curent, un om nu poate niciodată să spere a fi un jurist. Este foarte bine ca el să folosească figuri de stil și să-și coloreze gândirea astfel încât să-și atragă cititorul sau auditorul, amintindu-și, după cum Macauley a spus, că „Logicienii pot raționa despre abstracții, dar masa oamenilor trebuie să aibă imagini", dar el trebuie să fie permanent în gardă în gândirea lui să distingă între realitate și creația imaginii sale. În pregătirea pledoariilor și proceselor, în conceperea documentelor, precizia exprimării este marele deziderat. Dacă engleza lui este de asemenea atractivă, cu atât mai bine, dar claritatea și exactitatea exprimării sunt pe primul loc. Nici un jurist adevărat nu va folosi niciodată un cuvânt pe care nu-l înțelege, doar fiindcă îi place sunetul lui.

Interesul juristului, însă, în engleză merge cu mult dincolo de stăpânirea lui desăvârșită a ei ca un instrument. Nu am cunoscut niciodată un judecător sau un avocat practicant sau un profesor de drept care a meritat să fie numit mare, care nu a fost foarte priceput în cea mai bună literatură engleză și americană, în special Biblia și Shakespeare. Victor Hugo

odinioară a scris, „Anglia are două cărţi, una pe care a pro-
dus-o ea şi una care a produs-o pe ea: Shakespeare şi Biblia".
Timp de secole influenţa acestor două cărţi aici a fost la fel
de mare ca în ţara de baştină. Marea literatură sporeşte şi
adânceşte cunoaşterea noastră a naturii umane. Stimulează
imaginaţia şi emoţiile şi astfel sporeşte şi îmbogăţeşte viaţa.
Într-o epocă preocupată de societate şi probleme sociale îl
apără pe individ; căci literatura, la fel ca toate artele, este
preocupată de emoţii iar emoţiile sunt totdeauna personale.
Aceasta, marea literatură serveşte tuturor oamenilor, dar în
special serveşte juristului. Viaţa juristului este petrecută în
rezolvarea problemelor. El este în oarecare pericol de a
deveni o maşină gânditoare. Darwin în Autobiografia sa
povesteşte că mulţi ani de cercetare şi reflectare ştiinţifică au
micşorat dragostea lui timpurie de poezie. Juristul, trăind şi
lucrând cu oameni, nu poate să permită să devină fals intelec-
tualiceşte. Mintea are nevoie de echilibrul care este dat de
cultivarea emoţiilor şi simţul frumuseţii prin ce este mai bun
în domeniul artei în cel mai larg sens al cuvântului. Există un
alt foarte convingător motiv pentru a încuraja, în special la
viitori jurişti, un interes în cultura umanistică şi materii
înrudite. Trăim într-o epocă de masă. Individul este în per-
manent pericol de a fi intelectualiceşte zdrobit la fel de mult
de forţa coercitivă social a nenumăratelor asociaţii la care
americanii se asociază întotdeauna – noi suntem cei mai mari
„asociaţi" din lume – cât şi de societate sau statul însuşi.
Artele singure sunt personale, operele pe care le evocă sunt
individuale; numai ele ne pot salva de mulţime şi de noi
înşine. În plus, juristul s-ar putea să vadă latura patologică a
vieţii. El are nevoie de literatură să-l vindece, să-i refacă
echilibrul, să-i dea perspectivă, care este una din caracteristi-
cile care îl deosebeşte pe marele jurist de un avocat obişnuit.
Şi prin exemplu îl ajută constant şi îi îmbogăţeşte puterea de
expresie. Nu e de mirare, deci, că limba şi literatura Angliei
şi Americii sunt primele pe lista studiilor recomandate.

Apoi sunt fie *ştiinţele sociale (guvernare, economie, sociologie)* fie istorie, în funcţie de cum se grupează răspunsurile. Toate branşele profesiei juridice sunt mai critice despre predarea în colegii a ştiinţelor sociale decât despre orice altă materie, cu excepţia englezei. Totuşi importanţa acestor studii este universal recunoscută. Va merita osteneala atunci să căutăm cauzele criticării de către jurişti a predării în colegii a ştiinţelor sociale. Un aspect al ei este dezvăluit în dorinţa Profesorului Llewelyn ca studenţii lui să vină echipaţi în „economie descriptivă (*nu teoretică*), şi istorie economică" şi „politică descriptivă, *nu, ştiinţe de stat*". Juriştii trebuie să cunoască, şi profesorii de drept de aceea doresc ca studenţii lor să cunoască, faptele şi tendinţele preeminente în viaţa noastră politică, economică şi socială. Cu totul prea adeseori studentul vine la facultatea de drept cu mintea plină de teorii sau un ecou verbal al lor, dar fie că nu cunoaşte mediul nostru social fie extrem de confuz despre el. Teoria politică şi economică este în regulă, într-adevăr este esenţială, dar trebuie să fie premizată pe actualităţile civilizaţiei noastre şi aceste actualităţi trebuie să fie cunoscute studentului în drept. Comentariul decanului Pound despre pericolul instrucţiei dogmatice şi chiar limbute în aceste domenii interesează îndeaproape acelaşi punct. El de asemenea atrage atenţia spre o altă sursă de dificultate:

Un necaz cu instrucţia în ştiinţele sociale adesea este că profesorul aşteaptă să producă un specialist în materie, şi deci temelia generală care este potrivită pentru jurist este complet acoperită de detalii care sunt un obstacol mai curând decât un ajutor pentru pregătirea juridică.

În această opinie este sprijinit de rectorul Nicholas Murray Butler al Universităţii Columbia:

Destul de curios, este extrem de greu astăzi de a obţine pentru marea masă a organelor noastre studenţeşti orice înţelegere temeinică şi profundă a principiilor fundamentale de economie. Aceea a fost posibilă acum treizeci de ani, poate mai puţin. Dar acea mare branşă de cunoştinţe a devenit acum atât de despărţită în domenii separate, problema banilor, problema muncii, problema transportului, problema serviciilor publice etc., încât economiştii astăzi sunt foarte capabili de a fi specialişti şi incapabili sau puţin dispuşi de a prezenta tinerilor de vârsta şcolii medii sau colegiului acea clară, simplă expunere a principiilor fundamentale de economie care este necesară unei înţelegeri a vieţii pe care o trăim, şi care a devenit o parte esenţială a echipării membrului modern al baroului care ar fi informat despre marele corp de acte de care suntem înconjuraţi, sentimentele, emoţiile, care mişcă masele de oameni.[8]

Prea adeseori ştiinţele sociale sunt predate separat şi fără legătură una cu alta. Decanul Pound a subliniat unitatea lor foarte clar:

> Din concepţia lui a universului ca o dezvoltare de absolută gândire, Hegel a dedus că fiecare ştiinţă urma să fie studiată în legătură cu ştiinţa în totalitatea ei, întrucât era doar o fază a dezvoltării ştiinţei unificate… Viitorul va cere nu numai ca ştiinţa juridică să fie unificată, ci ca să fie unificată cu ştiinţele sociale din care este câtuşi de puţin ultima.[9]

Ştiinţele sociale trebuie să fie predate în perspectivă ca parte a istoriei civilizaţiei.

Mulţi lideri foarte precis cred că prea multă atenţie este deviată spre acest domeniu. Rectorul John Stewart Bryan al Colegiului Wilhelm şi Maria, un eminent proprietar de ziar, vorbeşte de „ciclul adoraţiei ştiinţelor sociale". Dl. John W. Davis, un distins avocat practicant şi fost Ambasador la Curtea St. James[*], exprimă părerea că „foarte mult din ce se crede a fi ştiinţă în economie, sociologie şi psihologie nu cade sub acel titlu. Dacă un student sau un jurist titrat are un interes în aceste lucruri, el poate dobândi cunoştinţele sale din lectură generală". Este convingerea multora că abilitatea de a înţelege şi a cântări forţele care modelează viaţa şi instituţiile umane poate fi mai

---

[8] A.B.A.J. 685.
[9] Din introducerea la GAREIS, THE SCIENCE OF LAW, p.vii.
[*] Curtea regală britanică. (n.t.)

bine dobândită prin literatură și istorie decât prin urmărirea științelor sociale. Și într-un caz și în celălalt este sigur că o înțelegere clară a problemelor guvernamentale, economice și sociale și a rezultatelor experiențelor omului cu toate dintre diferitele panacee pentru tribulații guvernamentale, economice și sociale este o parte necesară a echipării juristului. Problema de bază ridicată de unii din liderii profesiei este dacă, după cum a spus unul dintre ei, „o conștiință socială exprimată la persoana întâia singular" este mai bine dezvoltată prin studiul științelor sociale sau printr-o educație mai generală.

Cea mai serioasă plângere împotriva modului cum sunt predate științele sociale și guvernarea în special este că oamenii din colegii nu vin la facultatea de drept cu oarecari convingeri trainice în ceea ce privește răspunderile lor personale ca cetățeni. Ceea ce William James a numit „acel gen singuratic de curaj, curaj civic" pare să fie cu deosebire singuratic la absolvenții noștri de colegiu. Relativ puțini dintre ei au fie cunoștințele fie interesul fie curajul să-i facă să corespundă a fi lideri de opinie publică. Deși au dobândit considerabile cunoștințe de o largă varietate de fapte în privința administrațiilor noastre naționale, ale statelor și locale, nu mulți își dau seama că problema fundamentală în politică este capacitatea unei națiuni de a supraviețui între alte națiuni. De aceea, ei nu și-au făcut griji să dobândească cunoștințele intime de relații externe în cel mai larg sens al termenului (inclusiv diplomație, arta războiului, comerț și relații culturale) care sunt necesare pentru a rezolva problemele reale în acest domeniu. Neavând astfel de cunoștințe sau nici un interes cu privire la problemă, ei neglijează în facultatea de drept aspectele juridice ale problemei pe care noi o numim Drept Internațional cu rezultatul că țara astăzi suferă foarte serios din lipsă de conducere luminată în domeniul afacerilor internaționale. Nu este de mirare deci că liderii noștri, așa-numiți, se plasează de la idealiști cu ochii la stele cu un panaceu în fiecare buzunar la struți umani care refuză să recunoască fapte evidente.

Puțini studenți, de asemenea, par să înțeleagă că o națiune nu poate să suporte mult că nu poate menține liniștea și ordinea. Menținerea liniștii și ordinii implică forțe cuprinzând de la corpul polițienesc rural și municipal până la miliția de stat și forțele armate naționale. Ea se ocupă de aplicarea justiției din atât aspectul aplicării legislației criminale cât și reglementării litigiilor în procese civile între indivizi. Necunoscând aceste probleme, sau cel puțin nefiind interesați în ele până la a simți vreo responsabilitate, majoritatea studenților sunt interesați în legislația criminală numai în măsura în care este cerută de examinatorii baroului.

Celelalte probleme fundamentale ale vieții publice americane nu sunt mai bine înțelese. O formă reprezentativă de guvernare nu poate supraviețui fără alegeri oneste în care poporul să participe în mod inteligent. Totuși în 1942, unsprezece luni după Pearl Harbour, numai 54% din votanții eligibili în țară au socotit că merită osteneala să voteze pentru membrii Congresului care urmau să conducă ducerea războiului și să dicteze felul de pace care noi sperăm că va urma victoriei. Un nimic altceva decât 28.000.000 a votat în contrast cu cele 38.000.000 în 1938, trei ani înainte de război. Lipsa de interes în treburile publice chiar a cetățenilor noștri educați a fost revelată într-un studiu făcut acum câțiva ani de absolvenții a douăsprezece dintre școlile noastre pregătitoare cele mai distinse. Dintr-un total de 67.000 de absolvenți aceste douăsprezece școli produseseră numai 27 de senatori ai Statelor Unite, numai un singur judecător adjunct al Curții Supreme a Statelor Unite și numai un singur rector. La scurt timp după ce a apărut acest studiu, directorul unuia dintre marile noastre colegii din Noua Anglie, ținând un discurs la una din chiar aceste școli pregătitoare, s-a referit la studiu și a justificat acest deplorabil record de lipsă de interes în viața publică prin afirmația că politica în Statele Unite este un joc atât de murdar încât nici un gentleman nu poate să-și permită să fie terfelit în el. Exprimarea lui pare să reflecte atitudinea celor mai mulți absolvenți de colegiu, cu rezultatul că în facultățile de drept relativ puțini studenți sunt interesați în studii cum ar fi de exemplu drept constituțional, aplicarea justiției, drept administrativ și consilii municipale care sunt necesare pentru o înțelegere tehnică a proceselor de guvernare. Din lipsă de interes, așadar, acești oameni care trebuie să fie conducători firești ai comunităților lor nu reușesc să capete pregătire în aspectele juridice tehnice ale treburilor publice. Aceasta este regretabil chiar pentru juristul care nu intenționează niciodată să urmeze o carieră publică, fiindcă așa cum judecătorul Orie L. Phillips, Judecător Superior al Curții de Apel în Circuit a Statelor Unite pentru al Zecelea Circuit, spune:

> Din ce în ce mai mult devine clar că munca viitoare a juristului va avea de-a face cu relațiile dintre cetățean și guvernul său. Un student în drept trebuie să învețe bine știința guvernării și trebuie să i se dea pregătirea calculată să-l facă să corespundă pentru a servi mai bine cetățeanul individual în relațiile lui cu guvernul.

Pericolul pentru serviciul public al lipsei de pregătire în acest domeniu este cu strălucire subliniat de Dl. William E. Reese, recent Președinte al Asociației Baroului Federal:

> Un jurist slab pregătit cu o concepție îngustă și o lipsă de cunoștințe prejuridice de bază este prin comparație inofensiv în practica privată, deoarece își va găsi automat propriul său nivel și va rămâne acolo, sau își va îmbunătăți și spori prin contacte, mai multă învățătură, și studiu, dar odată în serviciul Guvernului, el poate, cu ajutorul longevității – un factor nimerit pentru inteligentă analiză – să se trezească într-o poziție de autoritate peste mulți juriști. În timp ce un om capabil se va înconjura cu oameni bine pregătiți și competenți, un om prost pregătit adesea va prefera pe cei ca el însuși, care simte el nu vor fi în stare să-l întreacă. Un astfel de om va privi cu ochi răi cercetarea și efortul științific, și va căuta să facă o discriminare împotriva celor sub el care sunt pregătiți în acest domeniu. El este cu deosebire funest în postura de Avocat General într-o agenție de Guvern, în primul rând, pentru că îl împiedică pe omul capabil sub el de a servi cele mai

bune interese ale Guvernului; în al doilea rând, fiindcă este responsabil pentru opinii care țin de punctul său de vedere limitat, astfel afectând în mod defavorabil viețile cetățenilor în toată țara; și în al treilea rând, fiindcă el poate contribui la plasarea în rând ca succesor al său a unuia ale cărui aptitudini sunt la fel de slabe.

Liderii profesiei în majoritate, atât cei care pledează pentru științele sociale cât și cei care preferă umanistica, sunt impresionați de importanța studiului *istoriei* în pregătirea pentru avocatură. Studiul istoriei dă o a treia dimensiune materiilor care ar fi altfel plictisitoare. După cum Dl. judecător Holmes spune, „Istoria dreptului stă alături de sociologie și economie ca un instrument necesar dacă e să practici dreptul într-un mod larg". O cunoaștere a istoriei numai ne poate salva de a repeta greșelile trecutului. Pentru a-l cita pe rectorul Butler din nou:

Trăim într-o vreme când există o foarte puternică și aproape universală renaștere a credinței în vreo formă de comunism – atât comunism în ceea ce privește relațiile sociale cât și comunism în ceea ce privește posesia proprietății. Dacă comunistului modern i s-ar cere să citească „Republica" lui Platon, și să afle totul, ar fi surprins. Dacă i s-ar cere să citească „Istoria Noii Anglii" a guvernatorului Bradford[*], și să afle ce s-a întâmplat acolo, la un popor la fel de inteligent și la fel de generos și la fel de unit în spirit precum ar fi totdeauna împreună, s-ar mira de ce i-am cerut să acorde timpul lui istoriei antice. Dar faptul este că experiența umană a încercat toate aceste lucruri. Efortul uman a călătorit pe toate aceste drumuri. Și dacă am evita neîncetată și istovitoare risipă intelectuală și socială, e de datoria noastră ca liderii noștri de opinie, cei care contribuie atât de mult la formularea legislației noastre, cei care ne călăuzesc prin interpretarea și deciziile lor cel mai bine, cei care ocupă un asemenea loc în dezvoltarea și formarea opiniei publice să cunoască, nu doar să ghicească, ci să cunoască ce a fost în lume în modul de experimentare socială și economică.

---

[*] William, 1590-1657, unul dintre Părinții Pelerini – puritani englezi care au colonizat America de nord în 1620; al doilea guvernator al coloniei Plymouth. *(n.t.)*

De aceea, aș dori ca educația preliminară a juristului să pună cel mai mare accent posibil pe principiile de bază ale economiei și pe istoria organizării sociale, efortul social, succesul social, și eșecul social. Iar materialul este la îndemână și abundent[10].

O cunoaștere a istoriei de asemenea ne ferește de a aștepta imposibilul într-o lume prozaică. Odată ce studentul își dă seama că libertatea, chiar în sensul imperfect în care noi o cunoaștem politic, economic și social, a existat de mai puțin de 200 de ani, și la urma urmei numai pe o foarte mică porțiune a pământului, el va fi nu doar răbdător ci mai plin de ingeniozitate în tratarea complicatelor probleme care confruntă civilizația noastră. Marea virtute a istoriei este că ne dă perspectivă. „Istoria", spunea F.W. Maitland, marele istoric juridic englez, „implică comparație". În aceste trei cuvinte Maitland ne înmânează cheia pentru felul cum trebuie studiată istoria. Deși istoria este sau trebuie să fie literatură, marea ei utilitate pentru jurist este în lumina pe care o revarsă asupra epocii noastre. Călătorim în timp prin alte țări și inevitabil facem comparații în timp ce mergem.

Istoria oferă mari posibilități pentru pregătirea viitorului jurist. Istoria, predată cum se cuvine, implică folosirea materialului sursă, foarte mult în același fel în care studiul dreptului îl conduce pe student la folosirea deciziilor și statutelor. Studierea istoriei, în plus, implică o capacitate pentru a mânui largi mase de fapte, pentru a le aranja și folosi în soluționarea problemelor, și la fel face studiul și practica dreptului. Este interesant să se observe că liderii cotează istoria engleză aproape la fel de sus ca istoria americană. Motivele nu sunt departe de căutat. Principiile de bază ale structurii noastre de guvernare și protecția oferită individului de lege sunt engleze la origine. Prevederile Declarației Drepturilor Omului a noastră nu au fost inventate în țara noastră, ci pot fi urmărite de-a lungul secolelor de luptă între rege și

---

[10] 8 A.B.A.J. 684, 685.

Parlament. În pofida modei de a atribui doctrina separației puterilor lui Montesquieu, Locke, Aristotel și Polib și de a o lua în derâdere ca o teorie academică, principiul și-a avut originea în secole de conflict în Istoria Constituțională Engleză și Americană, în care mult sânge bun a fost vărsat să o apere. Dar cea mai mare contribuție a Istoriei Constituționale Engleze la viața americană este concepția că legea este mai presus de orice om, inclusiv regele, o idee extrem de incompatibilă cu toți dictatorii, mari sau mici.

Istoria antică este recomandată pentru că de la evrei am căpătat codul nostru moral, de la greci, îndeosebi atenienii, motivele principale ale vieții noastre intelectuale, în timp ce Roma ne oferă primul mare exemplu de lege și ordine. Ea a dezvoltat un sistem de jurisprudență care și acum conduce o mare parte a lumii civilizate, care este singurul rival al dreptului cutumiar. În istoria medievală și modernă urmărim dezvoltarea civilizației apusene, creșterea libertății intelectuale, religioase și politice, dezvoltarea științei, cultivarea artelor și răspândirea comerțului și industriei. Toate acestea pe rând au netezit calea pentru era de libertate politică în care țara noastră a jucat un mare rol, revoluția industrială, epoca tehnologiei și mișcarea pentru independență economică. În studierea istoriei viitorul jurist va fi, desigur, mai mult interesat în istorie politică decât militară. El va fi mai preocupat de liderii de gândire decât el va fi de potentații politici. El va fi tot atât de mult atras de studiul vieții oamenilor pe cât va fi de biografiile marilor lor lideri. Dar în tot studiul său de istorie să-și aducă aminte de sfatul lui Maitland și permanent să compare scena contemporană cu ceea ce învață la istorie. Dacă primește inspirație din marile cărți și mari profesori va fi în mare parte pentru că el a învățat să gândească așa cum citește gazeta sa zilnică și ascultă la radioul său.

Înalta poziție a studenților în drept care au urmat multă *matematică* a fost menționată de decanul Pound și mulți alții. Oameni care au făcut doar muncă frumoasă la matematică în colegiu sunt descriși ca de regulă obținând note mai mari în facultatea de drept decât cei care nu au avut matematică. Pregătirea pe care o oferă gândind că este atât de abstractă cât și precisă nu poate fi egalată de nici un alt studiu. Lincoln și-a dat seama că nu va fi un mare jurist până ce nu va fi învățat sensul cuvântului „a demonstra", și astfel s-a apucat de studierea geometriei. Studentul care se disciplinează pe sine pentru a face față problemelor matematicii își oferă sieși o pregătire în tratarea cu abstracțiile legii care îi vor fi de mare folos restul vieții lui. Matematica este cel mai bun antidot disponibil împotriva gândirii haotice și exprimării neatente.

Între limbile străine *latina* este preeminentă, căci, pentru a-l cita pe Profesor Edson R. Sunderland de la Michigan, „oferă o atât de magnifică pregătire în analiza strânsă a formelor de limbaj. Limbajul este cel mai indispensabil instrument folosit de juriști, și latina oferă cea mai exigentă disciplină cu un vocabular străin care este cel mai folositor unui jurist vorbitor de limbă engleză". Profesor Zechariah Chafee, Jr., de la Harvard, pe drept minimalizează importanța studierii latinei de dragul de a cunoaște ceea ce expresiile latine în decizii judiciare și cărți de drept înseamnă; înțelesul lor studentul nu ar putea niciodată să-l ghicească fără ajutorul unui dicționar de drept, oricât de profundă cunoașterea lui a latinei. El menționează, de asemenea, tendința de a minimaliza folosirea expresiilor latine în jurisprudență din cauza sistemului nostru absurd de a preda pronunția continentală a latinei în școala medie și colegiu și apoi folosind pronunția engleză în facultatea de drept și tribunale. El apreciază extrem de mult studierea latinei, totuși, fiindcă ea cere gândire riguroasă și dezvoltă puterea de expresie. Pentru toate aceste motive latina, ca și matematica, este apreciată ca o disciplină valoroasă. Ea deschide ușa către o bogăție de aluzie care altminteri ar fi pierdută pentru el.

Un alt „instrument", a cărui importanță devine din ce în ce mai recunoscută chiar de către cei aderând la umanistică și relativ opus ştiinţelor sociale, este *contabilitatea*. Contabilita-tea este în realitate o ramură a matematicii aplicate. A devenit una din limbile afacerilor şi în consecinţă ale dreptului. A nu şti acea limbă şi a fi obligat să chemi un interpret (un conta-bil) este a mărturisi o slăbiciune care îl poate ruina pe un jurist în ochii clientului său. Este o limbă pe care trebuie să o înveţe ori în colegiu ori în facultatea de drept, probabil în ambele. Ceea ce contabilitatea este pentru afacerile private, studiul *statisticii* este pentru ştiinţele sociale. Ea, de aseme-nea, este recomandată fiecărui student în drept serios cu rezonabilă abilitate în matematică. Aproape o jumătate de secol înainte Dl. judecător Holmes a observat.

Pentru studiul raţional al dreptului omul scrisului gotic vechi poate fi omul prezentului, dar omul viitorului este omul statisticii şi stăpân al ştiinţei economiei.[11]

Unele dintre aceste materii pot suna neplăcut la unii stu-denţi. Ei pot chiar să aducă în minte dictumul D.lui Dooley, „N-are mare importanţă ce studiezi, atâta vreme cât nu-ţi place". Trebuie păstrat în minte că deşi liderii profesiei şi juriştii în general sunt potrivnici prescrierii de materii cerute pentru eventualul student în drept din motivele prezentate înainte, ei totuşi îşi dau seama de necesitatea pentru disciplin-ă în gândire precisă, în exprimare clară şi într-o înţelegere temeinică a mediului nostru fizic, social, intelectual şi moral precum şi o profundă cunoaştere a naturii umane. Este ca studentul însuşi să decidă în lumina întregului acest sfat dacă este dispus să plătească preţul în timp şi efort pe care aceste studii îl cer ca să devină un jurist. O decizie chiar mai grea de luat este dacă asistenţii în colegiul său la fiecare materie recomandată sunt capabili de a-i stârni entuziasmul. Şi cea mai grea dintre toate este problema dacă sau nu să urmeze o materie recomandată chiar cu un asistent fără inspiraţie.

---

[11] HOLMES, The Path of the Law, COLLECTED LEGAL PAPERS (1920) 187.

Dacă studentul, fiind pe deplin sfătuit să urmeze un anumit curs, nu reușește să facă astfel, sarcina este atunci asupra lui să folosească propria ingeniozitate de a compensa lipsa sa. „Este o superstiție care este cu totul prea persistentă", pentru a-l cita pe Profesor Zechariah Chafee, Jr., „să presupui că este necesar să urmezi un curs la o materie ca să știi ceva despre ea. Un calcul principal în acuzația împotriva educației în colegiu este că nu reușește să dezvolte o dorință pentru citirea de cărți în domenii în afara cursurilor".[12] Focul intelectual este mai probabil să fie aprins la o materie liber aleasă, sub proprie povață, decât la un curs obligatoriu. Elementul de constrângere este un subtil cioclu asupra entuziasmului atât în legătură cu profesorul cât și cu materia. Entuziasmul intelectual și un impuls pentru serviciu public sunt atât de esențiale pentru propășirea țării încât facultățile de drept nu își pot permite să riște omițând orice factor care poate servi să dea încurajare studenților la colegiu.

Ceea ce s-a spus despre matematică, latină, contabilitate și statistică de asemenea se aplică la *logică, metoda științifică* și *psihologie*. Unor oameni care nu au avut norocul de a fi avut un mare profesor, logica pare ca nimic mai mult decât o serie de scamatorii mentale cu cărțile de joc, dar cu un îndrumător inspirat ea poate deveni cheia care deschide universul Raționamentului. A studia logica precum știința și arta cercetării, a observa cum principiile ei au fost aplicate la științele fizice în lărgirea sferei noastre de cunoaștere și îmbogățirea vieților noastre, a percepe cum metodele științelor naturii sunt adaptate la studierea societății în diferitele ei aspecte, a învăța cum aceste principii de logică sunt puse să lucreze în stabilirea adevărului în procedura judiciară, este a da studentului putere nouă asupra lui însuși și a mediului său. Logica precum știința și arta explicării îl poate de asemenea învăța mult despre aranjarea și clasificarea cunoștințelor și ajuta să-și

---

[12] (1932) A.A.L.S. HANDBOOK 133.

pună gândurile în cea mai bună formă cu putință pentru comunicare cu alții. Îl poate învăța cum să evite sofismele obișnuite din partea lui și cum să le detecteze la alții. Cu ajutorul psihologiei ea poate să-l pună în gardă în ceea ce privește capcanele propagandei. Un om educat a fost definit ca unul care are abilitatea de a acționa în baza întregii evidențe disponibile în momentul când acțiunea devine necesară. Dacă această definiție este adevărată, ar apărea așadar că abilitatea de a evalua evidența este o problemă practică de importanță enormă nu numai pentru studentul în drept ci și pentru oricare alt om.

Psihologia, ca și logica, depinde de predare, dar nici un student care se gândește la drept să nu lase zilele sale de colegiu să treacă fără a deveni familiar cu astfel de lucrări ca *Psychology* a lui William James, *Rational Living* a lui Henry Churchill King, și *The Mind in the Making* și *The Humanizing of Knowledge* ale lui James Harvey Robinson. Cu această echipare de logică și psihologie, arta de a scrie capătă un nou sens și dezbaterea devine ceva mai mult decât „conversație îndârjită". Așa cum Pound spune:

... a existat o vreme în instituțiile noastre când [Profesor George Pierce] metoda lui Baker de dezbatere la colegiu a produs oameni bine pregătiți pentru studierea dreptului. Însă din ce în ce mai mult dezbaterea la colegiu a mers de-a lungul unei linii diferite ducând la discursuri destinate să obțină un vot al asistenței mai degrabă decât argumentarea critică și logică radicală.

„Filosofia", spune Royce, „este foarte clar nu pentru oricine". Totuși *filosofia*, și *etica* în special, merită considerația serioasă a viitorului student în drept. Istoria dreptului a fost marcată de un lung șir de progrese în etică. Urmează deci că o înțelegere a eticii este indispensabilă unei comprehensiuni a dezvoltării dreptului. Jurisprudența, care este sau ar trebui să fie apogeul tuturor studiilor juridice, este în esență filosofia dreptului. Va fi de mare ajutor studentului în drept la multe din cursurile sale, la fel cum îi va fi indispensabil dacă ur-

mează jurisprudența, să aducă cu el noțiuni precise de filoso-
fie și etică.

Apoi pe lista de studii recomandate vin *fizica, chimia,* și
biologia. Un distins avocat practicant scrie:

> Poate fi numai un argument *ad hominem*, dar în cursul a treizeci
> de ani de practică aproximativ în mod egal împărțiți între două
> State diferite a trebuit să cunosc ceva despre chimie (în litigiu
> asupra reziduurilor industriale ca efluente de fabrici de celuloză);
> ceva despre fizică (în legătură cu problemele companiilor electri-
> ce), și din când în când a trebuit să cunosc câte ceva despre biologie
> și geologie. Dar în afară de orice argument *ad hominem*, o anumită
> cantitate de științele naturii tinde să disciplineze mintea și să
> dezvolte deprinderi de exactitate în gândire.

Experiența lui, s-ar părea, este normală mai curând decât
excepțională.

În orice din activitatea lui viitorul student în drept va face
bine să păstreze în minte înțelepciunea bătrânului fără sea-
măn Ben Johnson:

> It is not growing like a tree
> In bulk, doth make man better be.[*]

Cunoștințele merită osteneala numai atunci când au fost
asimilate și astfel făcute utilizabile. Capacitatea de a lucra din
greu, abilitatea de a gândi exact, pregătirea în a se exprima
bine atât oral cât și în scris, înțelegerea și simpatia față de
oamenii întâlniți, o conștiință socială, un interes entuziast în
viață, sunt mai importante decât orice cantitate de cunoștințe.
Studentul va face bine să caute și să găsească asistenți care îi
promit pregătire și inspirație alături de cunoaștere mai degra-
bă decât cunoaștere de dragul ei.

(4) S-a menționat paralela între ultima parte a secolului al
XVIII-lea și epoca noastră ca perioade de schimbări sociale
rapide. Va fi interesant să se observe dacă sfatul dat de marii

---

[*] Nu crește ca un pom
În vrac, îl face mai bun pe om. *(n.t.)*

judecători și oameni de stat din acea perioadă mai veche
confirmă sau modifică recomandarea liderilor profesiei
astăzi. Juriști americani și englezi
Confirmare de la
oamenii de stat   din perioada Revoluției Americane,
de mai înainte   Revoluției Franceze și Revoluției
Industriale au rezolvat cu remarca-
bilă înțelepciune și măiestrie problemele complicate de a
adapta dreptul din ziua lor la un mediu politic, economic,
social și intelectual în schimbare. Succesul lor a fost fără egal
în orice altă perioadă a îndelungatei istorii a dreptului cutu-
miar.

Acești oameni erau mari credincioși într-o educație liberă-
lă. Unui tânăr jurist care i-a scris pentru sfaturi, rectorul Kent,
autor al *Commentaries of American Law*, care a fost numit
părintele Echității Americane, a scris:

La Circuitul din iunie 1786, l-am văzut pe Ed. Livingstone (acum
codificatorul pentru Louisiana) & el avea un Horațiu de buzunar &
îmi citea unele pasaje la vreun birou & sublinia frumusețile lor,
presupunând că eu îl înțelegeam bine pe Horațiu. Nu am spus nimic,
dar am fost ros de fățărnicie & umilire, căci uitasem chiar literele
mele grecești. Am cumpărat imediat Horațiu și Virgiliu, un dicționar
& gramatică, și un Lexicon grec & gramatică și testamentul, &
mi-am format hotărârea prompt și clar să recapăt limbile pierdute...
Din 1788 până la 1798 am împărțit cu fermitate ziua în cinci
părți, & le-am alocat pentru greacă, latină, drept și afaceri,
franceză & engleză. Mi-am însușit pe cei mai buni clasici greci,
latini și francezi, & precum cele mai bune cărți de engleză &
drept la îndemână & am citit Machiavelli & toate ramurile
colaterale ale istoriei engleze.[13]

Nici un jurist american astăzi nu ar putea să dea numai o
cincime din timpul său dreptului și afacerilor și celelalte patru
cincimi literaturii. Într-adevăr el ar fi norocos dacă ar putea
inversa cifrele și să dea o cincime din timpul său literaturii.

---

[13] SELECT ESSAYS IN ANGLO-AMERICAN LEGAL HISTORY; 839-840.

Astfel este de datoria lui, dacă ar avea echipamentul unui Kent, să înceapă cel puțin în timpul anilor lui de colegiu.

Thomas Jefferson era profund interesat în educația juridică. Sub auspiciile sale a fost înființat primul profesorat de drept în America la Colegiul Wilhelm și Maria cu doi ani înaintea căderii Yorktown[*] cu învățatul rector George Wythe ca Profesor de Drept și Poliție. Scriind la un tânăr prieten din Paris în 1787 Jefferson a spus:

> Matematica, Filosofia naturii, Istoria naturii, Anatomia, Chimia, Botanica, vor deveni amuzante pentru orele tale de relaxare, și ajutoare la studiile tale principale. Prețioase și încântătoare vor fi. De îndată ce astfel de temelie este pusă la ele încât să poți zi de zi construi asupra lor cum vrei de acum încolo, presupun că vei trece la principalele tale obiecte, Politica, Dreptul, Retorica, & Istoria... Ți-am propus să continui studiul dreptului cu cel al Politicii & Istoriei. Fiecare măsură politică va avea pentru totdeauna o legătură intimă cu legile țării; iar cel care nu știe nimic despre acestea va fi totdeauna lăsat perplex & adesea învins de adversari având avantajul acelei științe asupra lui... În privința limbilor moderne, franceza, după cum am spus mai înainte, este indispensabilă. Alături de aceasta spaniola este cea mai importantă pentru un american. Legătura noastră cu Spania este deja importantă & va deveni în fiecare zi mai importantă. Pe lângă aceasta vechea parte a istoriei americane este scrisă îndeosebi în spaniolă. Unei persoane care ar face un țel din citirea & vorbirea francezei și spaniolei, aș pune la îndoială utilitatea de a învăța italiană. Aceste trei limbi, fiind toate degenerări din latină, seamănă una cu alta atât de mult încât mă îndoiesc de posibilitatea de a păstra în cap o cunoaștere distinctă a lor tuturor... Cu talentele & hărnicia ta, cu știință, și acea neclintită onestitate care etern urmărește dreptul, indiferent de consecințe, îți poți promite ție însuți toate lucrurile – numai sănătate nu, fără de care nu există fericire. O atenție față de sănătate deci trebuie să ia locul oricărui alt țel. Timpul necesar pentru a asigura aceasta prin exerciții

---

[*] Un oraș în Virginia de sud-est: scena unei bătălii (1781) din Revoluția Americană, în care Washington a forțat predarea generalului britanic Charles Cornwallis (n.t.)

active, trebuie să fie dedicat ei cu prioritate față de orice alt scop.[14]

Unui alt tânăr prieten, trei ani mai târziu, el i-a scris:

Tot ceea ce este necesar pentru un student este acces la o bibliotecă, și îndrumări în ce ordine trebuie să fie citite cărțile. Aceasta voi lua libertatea de a-ți sugera, spunând anticipat că deoarece alte ramuri ale științei, și în special istoria, sunt necesare pentru a forma un jurist, acestea trebuie să fie continuate împreună. Voi aranja cărțile a fi citite în trei coloane, și propun ca să le citești pe cele din prima coloană până la ora 12. în fiecare zi: cele în a2-a de la 12. la 2. cele în a 3-a după înserare, lăsând toată după-amiaza pentru exercițiu și recreație, care sunt la fel de necesare ca și cititul: voi spune mai degrabă mai necesare, pentru că sănătatea valorează mai mult decât învățătura.[15]

Apoi vin cele trei liste de cărți, în care erau tot atât de multe cărți istorice precum de drept, urmate de unele sfaturi în continuare:

Dacă or să fie orice mici intervale în cursul zilei nu altfel ocupate umple-le citind gramatica lui Lowthe, lecțiile lui Blair despre retorică, Mason despre numerele poetice & prozaice, operele lui Bolingbroke de dragul stilului, care este declamator & elegant, poeții englezi de dragul stilului deopotrivă.[16]

Oarecare idee despre lărgimea cunoștințelor pe care John Adams le socotea adecvate pentru un om educat poate fi spicuită dintr-o scrisoare către Thomas Jefferson[*] în 1814:

Dacă mă încumet să-ți ofer gândurile mele cât de cât, ele trebuie să fie foarte aspre. Am răsfoit Locke, Milton, Condillac,

---

[14] V PAUL LEICESTER FORD, THE WRITINGS OF THOMAS JEFFERSON (1904) 298-301.

[15] VI id. la 71.

[16] VI id. la 72-73.

[*] 1743-1826; om de stat american; al treilea președinte al Statelor Unite (1801-1809; a redactat Declarația de Independență. (n.t.)

Rousseau, & chiar Miss Edgeworth[*], precum o pasăre zboară prin aer. „Preceptor" am socotit-o o carte bună. Gramatica, retorica, logica, matematica, nu pot fi neglijate. Clasicii, în ciuda prietenului nostru Rush[**], trebuie să-i socot absolut necesari. Istoria naturii, mecanica, & filosofia experimentală, chimia etc. cel puțin rudimentele lor, nu pot fi uitate. Geografia, astronomia, & chiar istoria & cronologia, deși eu însumi suferind de un fel de pironism la cele două din urmă, presupun că nu pot fi omise. Teologia aș lăsa-o lui Ray, Durham, Nieuwentyt, & Paley, mai curând decât lui Luther, Unzendorf, Swedenburg, Wesley, sau Whitefield, sau Thomas d'Aquino, sau Wollebius. Metafizica aș lăsa-o în nori cu materialiștii și spiritualiștii, cu Leibnitz, Berkeley, Prestley, & Edwards, &, aș putea adăuga Hume & Reed. Sau, dacă permisă să fie citită, trebuie să fie cu povești de dragoste și romane. Ce să spun despre muzică, desen, scrimă, dans, & exerciții de gimnastică? Ce despre limbi, orientale sau occidentale? Despre franceză, italiană, germană, sau rusă, despre sanscrită sau despre chineză? Sarcina pe care mi-ai prescris-o de a grupa aceste științe sau arte, sub profesori, în cadrul părerii despre o economie luminată, depășește cu mult puterile mele. Vaste, într-adevăr, & neasimilate trebuie să fie toate sugestiile pe care le pot observa.

Ar putea gramatica, logica & retorica să fie sub un singur profesor? Ar putea matematica, mecanica, & filosofia naturii să fie sub un altul? Geografia & astronomia sub un al treilea? Legislația & guvernarea, istoria & cronologia, sub un al patrulea? Puterile clasice reclamă un al cincilea.[17]

Dl. Judecător Joseph Story, de la Curtea Supremă a Statelor Unite, al cărui nume, împreună cu al lui Kent, ar fi inclus într-o listă de mari judecători americani, a dedicat o considerabilă parte a discursului său inaugural ca Profesor de Drept în Universitatea Harvard discutării cerințelor culturale ale juristului:

---

[*] Maria 1767-1849, romancieră irlandeză. *(n.t.)*

[**] Richard 1780-1859, diplomat și om de sat american (fiul lui Benjamin Rush, 1745-1813, medic și revoluționar patriot, semnatar al Declarației de Independență. *(n.t.)*

[17] X WORKS OF JOHN ADAMS (1856) 104-5.

Mulți dintre cei mai iluștri oameni de stat ai noștri au fost juriști, dar ei au fost juriști liberalizați prin filosofie, și o largă legătură cu înțelepciunea timpurilor antice și moderne. Juristul perfect, la fel ca oratorul perfect, trebuie să se desăvârșească pe sine prin familiaritate cu fiecare studiu. Se poate spune cu adevărat, că pentru el nimic, care privește natura umană sau arta umană, nu este indiferent sau nefolositor. El trebuie să cerceteze sufletul omenesc, și să exploreze la sursele lor pasiunile, și poftele, și simțămintele oamenilor. El trebuie să pândească mișcările întunericului și pasiunile viclene, cum pe tăcute se apropie de odăile sufletului în primul lui somn. El trebuie să prindă primele raze calde de simpatie și bunătate, în timp ce ele se joacă în jurul firii, și sunt răsfrânte înapoi din liniile ei variabile. El trebuie să învețe să detecteze meșteșugul șiret al ipocritului, care toarnă în credula ureche imprudentă distilatul lepros. El trebuie în acest scop să facă spiritele superioare din toate epocile să contribuie la truda sa. El trebuie să se plimbe afară în natură, și să-și înveselească gândurile, și să-și învioreze virtuțile, printr-o contemplare a frumuseții, și măreției, și armoniei ei. El trebuie să cerceteze bine preceptele religiei, ca singura bază solidă a societății civile; și să adune din ele, nu numai îndatorirea lui, ci și speranțele lui; nu numai consolările lui, ci și disciplina lui și gloria lui. El trebuie să deschidă toate comorile istoriei pentru ilustrare, și învățătură, și povață. El va înțelege astfel omul, cum a fost, și prin aceasta va ști cel mai bine ceea ce el este. El va fi astfel învățat să nu se încreadă în teorie, și să rămână credincios binelui practic; să se bizuie mai mult pe experiență decât raționament; mai mult pe instituții decât legi; mai mult pe oprelişti la viciu decât pe motive la virtute. El va deveni mai indulgent la erorile umane; mai scrupulos în mijloace, precum și în scopuri; mai înțelept, mai candid, mai iertător, mai dezinteresat. Dacă infirmitățile melancolice ale breslei lui îl va face să aibă încredere în oameni mai puțin, el poate totuși învăța să iubească omul mai mult.[18]

Nici nu se oprește el aici. Studentul „trebuie să soarbă cu nesaț lecțiile și spiritul filosofiei... Ceea ce deja s-a spus mai curând presupune decât insistă asupra importanței unei depline

---

[18] MISCELLANEOUS WRITINGS OF JOSEPH STORY (1852/527-8).

posesii a literaturii generale din epoca antică și modernă" [19].
Judecătorul Story citează cu aprobare sfatul dat de Lordul
Cancelar Eldon, „Nu știu despre nici o regulă să le-o dau decât
că trebuie să se hotărască să trăiască precum sihaștrii și să
muncească precum caii"[20]. Foarte sigur se poate spune că
liderii americani ai profesiei în perioada post-revoluționară
aveau standarde de educație prejuridică ce erau pe deplin la fel
de înalte precum cele recomandate astăzi.

Păreri similare erau întreținute de marii judecători englezi.
Lord Mansfield, marele Judecător Superior, al cărui nume ar
fi plasat în fruntea oricărei liste de judecători englezi, în patru
scrisori care au fost publicate în Revista Europeană pentru
martie, 1791, și februarie, martie și aprilie, 1792, a dat „În-
drumări pentru studiul istoriei antice și moderne pregătitoare
pentru studiul dreptului". Deși nu vom cita sfatul său în toate
detaliile, trebuie să se observe că studentul către care erau
adresate cuvintele sale a fost îndrumat în considerabilă măsu-
ră la surse originale. A fost îndrumat către Istoria lui
Tucidide și sfătuit să transcrie discursurile, ca de exemplu
Discursul Funebru ținut de Pericle, în cartea. El trebuia să
„citească de nenumărate ori" discursurile lui Demostene;
„scrie observații în caietul tău; învață pe dinafară locuri care
îți frapează imaginația. Reflectează asupra naturii statelor
grecești; ceva de felul celor ale Olandei, Elveției etc." Astfel
îl avem pe lordul Mansfield anticipând „Istoria implică
comparație" a lui Maitland. Iarăși, ocupându-se de Roma,
studentul urma să citească Istoria lui Sallustis și discursurile
lui Cicero. Studentul este trimis la viețile celor *Doisprezece
Caezari* de Suetoniu și la Tacit.

Pe urmă, studentului i se atrage atenția către Istoria Mo-
dernă. Aici din nou obiectul de studiu este văzut într-un mod
larg, atenția fiind îndreptată îndeosebi către arte și literatură.

---

[19] *Id.* la 528-9.
[20] I WILLIAM STORY, LIFE AND LETTERS OF JOSEPH STORY (1851) 74.

Ocupându-se de Istoria Engleză Lord Mansfield începe cu Caesar, Tacit, Suetoniu în perioada romană. Apoi vin Jeffrey of Monmouth[*], William Malmesbury[**] și Matthew Paris. Și așa mai departe prin fiecare perioadă din Istoria Engleză am citat la fiecare punct de cotitură atât surse contemporane cât și mare literatură:

Colecții de scrisori și documente oficiale sunt de cea mai mare importanță, dacă avem pretenție la exactitate... Uneori o singură broșură ne va oferi mai bine cheia unei tranzacții decât un volum in-folio. Acest lucru îl învățăm din scuza Ducesei de Marlborough că pacea de la Utrecht a fost semnată alături de o ceartă între femeile din alcov: așadar, memorii, istorii secrete, documente politice etc., nu sunt de disprețuit; totdeauna ținând suficient cont de prejudecata părții, și crezându-le nu mai departe decât sunt sprijinite de dovezi colaterale.

Scrisoarea lui, ocupându-se de un curs de studii de drept, începe cu etică generală și dreptul națiunilor:

Pentru etică generală, care este baza întregului drept; citește *memorabilia* a lui Xenofon, discursurile lui Cicero, și religia naturii a lui Woolaston. Poți de asemenea să studiezi etica lui Aristotel, care nu îți va place, dar este una dintre acele cărți, *qui a limine salutandi sunt ne verba nobis dentur.*

Pentru dreptul națiunilor, care este în parte bazat pe dreptul natural, și parțial pozitiv, citește Grotius, și Pufendorf în traducerea lui Barbeyrac, și *droit naturel* a lui Burlamaqui; întrucât acești autori tratează același subiect în titluri, trebuie să fie citiți împreună și comparați.

Apoi urmează Dreptul Roman și Dreptul Feudal, autorul încheind:

Acești scriitori nu sunt suficienți să-ți dea o cunoaștere profundă a subiectelor pe care le tratează; dar ei îți vor da noțiuni generale, principii călăuzitoare generale, și pun cea mai bună temelie care

---

[*] Lord Francis 1773-1850; critic și jurist scoțian. *(n.t.)*
[**] William of, 1095?-1143; istoric englez. *(n.t.)*

poate fi pusă pentru studiul oricărei legislații interne a unui stat; cum ar fi legislația Angliei, Scoției, Franței, &c., &c.

Sfatul Lordului Cancelar Thurlow către un tânăr prieten nu este mai puțin complet:

O bună educație didactică bazată pe gramatică; și astfel multă versificație, întrucât va da un gust pentru cei mai buni poeți greci și latini, și va Direcționa Pronunția acelor limbi, în special a ultimei, care vor fi frecvent dorite.

O ședere la Universitatea din Cambridge sau din Oxford timp de patru ani. În primul și al doilea ani, atât de mult din Euclid, Rutherford, și Locke, trebuie frecventat, cât poate fi necesar pentru o schiță generală a matematicii, filosofiei naturii, și regulile de gândire; și o dată cu mai puțin laborioasele și foarte agreabilele îmbunătățiri în cei mai buni autori clasici, neuitând scriitorii englezi.

În al treilea an, o atenție concentrată cronologiei, geografiei, și istoriei, și antică și modernă, cu starea Europei a lui Campbell; comerțul, interesul, și politica, țărilor vecine.

În al patrulea an, a învăța franceza; a avea un punct de vedere din fugă despre codul lui Justinian și digest, și drept civil; a se dedica istoriei romane din timpul lui Julius Caesar: a căpăta o idee și cunoștințe generale despre expedițiile lui în Galia și Germania, și ambele invazii din Anglia; colectând întâmplările sale și obiceiurile oamenilor.

Apoi Tacitus de Moribus Germanorum, și De Vita Agricolae, apoi Janus Anglorum a lui Selden; apoi Leges Walliae a lui Wotton; apoi Leges Saxonicae a lui Wilkin; apoi statutele normande în Russhead, cu Magna Charta până întâia dată cu Richard I, când se spune că Leges Non Scriptae ale noastre sfârșesc, și dreptul scris, care poate fi pledat, începe.

Când studentul nostru este astfel ajuns la începutul dreptului nostru scris, va fi curând suficient ca să se dedice lui Blackstone.[21]

Lord Ashburton accentuează cunoștințele clasice, utilitatea Gramaticii, Retoricii și Logicii:

Geometria va oferi cele mai potrivite exemple de raționament exact și ascuțit, iar geografia este atât de absolut de necesară în

---

[21] A TREATISE ON THE STUDY OF LAW (1797) 67-69.

viața obișnuită, încât există mai puțin credit în a cunoaște decât dezonoare în a fi ignorant. Dar istoria, și mai special a propriei lui țări, este cea care va ocupa atenția, și va atrage privirea, marelui jurist.[22]

Același volum din care sunt luate aceste citate conține „Reflections on the Natural and Acquired Endowments Requisite for the Study of Law"[*] de Joseph Simpson, Esq. Această operă s-a vândut în patru ediții în 1764, anul în care a fost publicată. O simplă enumerare a titlurilor subiectelor va servi să demonstreze că însușirile cerute în avocatură acum nu s-au schimbat într-un secol și un sfert; Percepție, Memorie, Judecată, Elocință, Erudiție, Educație Universitară, Studiu, Alegerea Cărților, Luarea de Notițe. Fără rezerve se poate afirma că sfaturile liderilor americani și englezi ai profesiei de acum 175 de ani în mod cert confirmă recomandările făcute de succesorii lor actuali în ceea ce privește calea de pregătire pe care trebuie să o urmeze eventualul student în drept.

Analiza noastră a muncii juristului și descrierea noastră a metodei de a studia dreptul vor sugera studentului atent materiile care trebuie să fie studiate în

Concluzii   colegiu, facultățile care trebuie să fie deprinse și interesul care trebuie să fie trezit în pregătirea pentru viața unui jurist. Sfatul solid al liderilor diferitelor ramuri ale profesiei juridice astăzi, precum și recomandarea uriașilor generației anterioare care au înfruntat și au rezolvat problemele foarte asemănătoare cu ale noastre proprii, sunt dovezi ale corectitudinii drumului a fi urmat. Sarcina este una care cere cele mai bune strădanii ale viitorului jurist. Ea cere mult mai mult decât simplă cunoaștere a cărților, deși juristul, mai mult decât majoritatea celorlalte profesii, se bizuie pe cărți. Ea cere capacitate veritabilă pentru gândire, abilitate de a stăpâni faptele, cunoaștere profundă a naturii

---

[22] *Id.* la 55,57.
[*] Reflecții asupra însușirilor naturale și dobândite necesare pentru studierea dreptului. *(n.t.)*

umane, familiaritate cu mediul său în cel mai larg înțeles al cuvântului, abilitate de a exprima gândurile și simțămintele sale și cunoaștere de sine dobândită din practica autocriticii.

Dacă viitorul jurist găsește, cum fără îndoială va găsi, că nu poate stăpâni fiecare studiu recomandat, el va urmări firește în primul rând acele materii care sunt evident fundamentale și mai puțin supuse schimbării, înainte de cele care se schimbă continuu. El va acorda considerația cuvenită, de asemenea, de a urma acele cursuri pentru care există mari profesori disponibili, realizând că există multe subiecte pe care le poate învăța bine el însuși mai curând decât să se bizuie pe un asistent de mâna a doua.

Indiferent ce studii alege, se va strădui, juridic, să recurgă în măsura în care este posibil la sursele originale mai degrabă decât să accepte părerile cuiva, chiar ale unui expert. Se va strădui și inevitabil va învăța să gândească și singur. Va ținti să dobândească nu numai cunoștințe exacte ci, chiar mai important, cunoștințe corelate, ducând la o înțelegere a principiilor de bază ale fiecărui subiect pe care îl studiază. Se va strădui să obțină priceperea și comprehensiunea și speranța că eforturile sale pot fi răsplătite de perspicacitate.

Ca și între dorința pentru cunoaștere și necesitatea de a-și deprinde facultățile, el va pune accentul pe deprindere. Cunoașterea inevitabil vine la mintea antrenată. Iar el își va da seama că testul atât al cunoștințelor cât și al pregătirii va fi până la urmă abilitatea lui de a le pune în folosul comunității în care trăiește. Apelul la imaginația sa a fost perfect exprimat în cuvinte acum trei secole și jumătate de una din marile figuri romantice ale istoriei: „În ce scop", a spus Sir Philip Sidney, „să fie îndreptate gândurile noastre spre varii feluri de cunoaștere, dacă nu se lasă loc pentru punerea ei în practică, astfel încât avantajul public să poată fi rezultatul?"

X
GĂSIREA LOCULUI DUMNEAVOASTRĂ
ÎN PROFESIA JURIDICĂ*

DE CHARLES B. STEPHENS

CE DORIȚI SĂ FACEȚI?

MULȚI care sunt admiși în avocatură nu practică dreptul, totuși fiecare găsește pregătirea în drept un bun prețios în munca lui de o viață. Trebuie să decideți *ce* doriți să faceți înainte ca să puteți determina cum și unde să aplicați foloasele pregătirii dvs. în drept.

PRACTICAREA DREPTULUI

Practicarea Generală. Majoritatea avocaților practicanți, chiar în orașele mai mari, se angajează în ceea ce se numește „practicare generală". Aceasta înseamnă că avocatul, sau firma cu care este asociat, este prezentat ca dispus să accepte serviciu cu privire la orice problemă juridică ce se poate ivi în comunitate. Diversitatea de experiență juridică oferită de practicarea generală cere o bază multilaterală și abilitatea de a trece ușor de la o problemă la alta în domenii de drept fără legătură.

Avocatul practicant general are de-a face personal cu clienți de fiecare categorie și caracter. El trebuie să fie gata oricând să-și asume indiferent ce pot cere circumstanțele clientului său – investigarea faptelor, judecarea unei spețe,

---

* (Notă Arthur T. Vanderbilt) Un raport al Comitetului Special despre Starea Economică a Avocaților din Asociația Baroului American, 1945: retipărit cu permisiune. Vezi Introducere pp. 19-20.

întocmirea pledoariilor și alte documente juridice, sau reco-
mandarea unei căi de acțiune. Chiar cei care până la urmă
devin specialiști în drept găsesc practicarea generală folosi-
toare în dezvoltarea siguranței, judecății, și inventivității.
Practicarea generală aduce independență, dar ea poate fi
cu sacrificiul securității economice. Avocatul practicant
general este dependent de propriile sale talente pentru a
asigura onorariile care mențin casa și biroul său. În afară de
cazul când poate aranja o asociere cu un avocat organizat
sau firmă juridică, el se confruntă cu o descurajant de difici-
lă perioadă în timp ce își construiește clientela. Cu hărnicie,
abilitate, și un efort sincer de a face serviciu prompt și
satisfăcător, el poate în mod rezonabil să spere să atingă un
venit confortabil moderat din practicarea sa până în primii
cinci ani.

Practicarea Specializată. Practicarea specializată poate fi
aproximativ împărțită în două categorii depinzând de natura
informației specializate cerute, deși fiecare tip de practicare
cere cunoștințe dincolo de normele de drept. O categorie cere
un fundament tehnic în afara spațiului pregătirii juridice,
cealaltă îmbrățișează domenii de drept general unde, prin
studiu și experiență, juristul devine mai calificat decât avocatul
practicant obișnuit. Prima categorie include astfel de subiecte
ca legea mineritului, legea petrolului și gazelor, legea patente-
lor și mărcii de fabricație, sau impozitul. În a doua categorie
sunt practicarea judecării sau de apel, strângerea declarațiilor,
drept criminal, legea asigurării, legea validării și tutelei, sau
titluri de proprietate mobiliară și notariat.

Juristul care intenționează să se specializeze trebuie să se
gândească la o perioadă de pregătire suplimentară în timpul
căreia el dobândește cunoștințele sau experiența necesară.
Aceasta poate să însemne lucrând în firma sau industria
implicată, ca un angajat al unei reprezentanțe administrative,
ca funcționar juridic într-un birou specializându-se în dome-
niul său de interes, sau ca un avocat practicant general.

Intrarea lui în practicarea exclusivă în domeniul de specialitate va fi comensurabil întârziată, dar el obține avantajul unei rezonabile securități financiare în cursul perioadei de ucenicie, și un nivel mai înalt de compensație când și-a stabilit reputația ca specialist.

SERVICIU CĂTRE PROFESIE

Predarea dreptului. Educația juriștilor este cel mai important domeniu de serviciu profesional la care poate fi aplicată pregătirea în drept. Predarea dreptului cere un interes studios în drept, și abilitatea de a pricepe un domeniu de drept, de a-l diviza în teoriile lui esențiale, și a organiza prezentarea lui în mod clar, logic. Unele facultăți de drept așteaptă corpul lor profesoral să se angajeze în cercetare creatoare precum scrierea de articole și tratate, sau redactarea de legislație și norme de judecată. Majoritatea profesorilor de drept își însușesc o bază de studiu universitar dincolo de cursul normal de pregătire pentru admitere în avocatură.

Profesorul de drept în plină consacrare se bucură de siguranța unui salariu fix, prestigiul poziției universitare, și cele mai favorabile condiții de lucru, cu asistenți și facilități de bibliotecă de drept la îndemână după cum are nevoie de ele. Predarea lui este deseori prefațată de, sau presărată cu experiență în practicarea activă a dreptului. Pe măsură ce el câștigă autoritate într-un domeniu al dreptului, el poate fi consultat de juriști practicanți cu privire la probleme legate de specialitatea lui.

Juriștii practicanți se pot angaja în predarea dreptului pe ore pentru a suplimenta veniturile lor profesionale și a le permite să continue studii avansate. Unii îmbină practica cu conducerea de cursuri de analiză a interogatoriului la bară. Recompensele financiare ale predării dreptului sunt categoric limitate, în comparație cu cele ale practicii active, dar ele pot fi sporite prin onorarii și drepturi de autor obținute din activități extracurriculare.

Între predarea dreptului şi intrarea în profesie vine sarcina de a face să circule candidaţi pentru admitere în avocatură. Acest proces necesită serviciile examinatorilor de jurispru-denţă şi caracter, recenzenţi, şi un secretar permanent pentru a supraveghea funcţiile de cancelarie. Aceste persoane oficiale sunt numite de instanţa care acordă licenţa de avocat şi de obicei primesc numai un salariu nominal şi cheltuieli pentru serviciile lor pe ore. Munca este cel mai bine potrivită pentru avocatul practicant, matur, care are interes şi timp să se dedice acestui serviciu profesional.

Scriere şi Editare Juridică. Puţine ocupaţii sunt atât de de-pendente de cuvântul scris cum este profesia juridică. Pentru a publica statute, decizii ale instanţelor, digeste, enciclopedii şi alte „instrumente ale profesiei" este nevoie de serviciile unor autori de proiecte de lege pregătiţi în drept, analişti, autori şi editori.

Juristul şi legislatorul sunt proprii lor autori, dar scrierile lor trebuie să fie asamblate şi publicate sub supraveghere editorială competentă. Această muncă revine raportorilor oficiali şi editorilor juridici care menţin stafuri de asistenţi de redacţie. Compilarea de digeste juridice, adnotări de speţe, şi enciclopedii de drept, sunt o altă funcţie a stafurilor editoriale de publicare de jurisprudenţă.

Articole pentru reviste de drept, manuale şi tratate sunt res-ponsabilitatea autorului individual. Articole acceptate pentru publicare în periodice juridice de obicei nu aduc nici un fel de compensaţie financiară, deşi gazetele de tribunal şi comerciale uneori plătesc tarif cu rândul pentru acest material. Drepturi de autor din manuale şi tratate, guvernate de aranjamente cu editorul, nu sunt atât de mari pe cât s-ar putea să se anticipeze; piaţa pentru cărţi de drept este categoric limitată, şi vânzările nu mari în comparaţie cu costurile de producţie.

Difuzarea cărţilor de drept cere un staf de vânzări, oferind ocupaţie pentru persoana versată în drept care are un fler pentru vânzare. Vânzătorul onest, harnic, de carte de drept, se bucură de încrederea și relații întinse ale juriștilor practicanți; comisioanele sale, limitate numai de abilitatea și agresivitatea sa, pot fi destul de substanțiale.

Biblioteci de Drept. Bibliotecile de drept asigură un alt domeniu pentru serviciu profesional. Cele mai mari dintre acestea sunt menținute de curțile de casație, facultăți de drept, și asociațiile metropolitane de avocatură. Manageri de construcții partizani ai progresului instalează acum biblioteci de drept situate central pentru utilitatea locatarilor lor juriști. În unele orașe mai mici și tribunale districtuale există biblioteci de drept ale comunității pentru folosința judecătorilor locali și membrilor baroului.

Bibliotecarul juridic de succes trebuie să fie bine versat în practica de bibliotecă. Viața lui se compară cu aceea a profesorului de drept, asigurând securitatea unui salariu fix, comparativ modest, și o atmosferă de învățământ în care să se lucreze. Juristul care dorește să îmbine un interes pentru cărți cu practicarea dreptului poate găsi posibil să aranjeze angajarea ca bibliotecar pe ore într-o bibliotecă de drept a comunității, o mare firmă juridică, sau departament juridic unde obligațiile sale de bibliotecă nu îl vor împiedica să-și dedice o mare parte a timpului său altor activități profesionale.

Secretari Juridici. Majoritatea curților de jurisdicție de apel iau măsuri pentru a asigura secretari pregătiți în drept, de obicei membri ai baroului, pentru a ajuta judecătorii în pregătirea de opinii scrise și alte obligații ale funcției. Acești secretari sunt numiți de judecătorii sub care ei slujesc, pe termene coincizând cu acelea ale superiorilor lor, și sunt plătiți pe o bază de salariu fix. Depinzând de cantitatea de muncă repartizată lor, ei pot continua practicarea dreptului pe ore în timp ce dețin aceste poziții.

Ajutor Juridic. Birourile sau clinicile metropolitane de ajutor juridic pentru serviciu juridic la clienți nevoiași mențin stafuri pregătite în drept care lucrează în regim de dedicare exclusivă pe o bază de salariu fix, permițând tânărului jurist să câştige o largă, generală experienţă juridică în timp ce face cel mai înalt tip de serviciu civic şi profesional. În comunităţile mai mici, munca de ajutor juridic este dusă de asociaţia locală de avocatură, pe o bază voluntară, în strânsă colaborare cu organele locale de asistenţă socială.

Conducerea Oficiului Juridic. În anii recenţi, îndeosebi în zonele metropolitane, s-a dezvoltat o cerere pentru manageri de birou juridic şi de afaceri pregătiţi care să dedice întregul lor timp conducerii afacerilor marilor oficii juridice. Combinarea de experienţă juridică şi de afaceri este cea mai bună calificare pentru un manager de oficiu; poziţia cere o maturitate de judecată care poate fi dobândită numai prin experienţă. În parteneriatul juridic obişnuit, un singur partener este răspunzător de conducerea oficiului. Pe măsură ce creşterea în activitatea oficiului o justifică, acel partener poate deveni managerul oficiului care lucrează în regim de dedicare exclusivă.

Administrarea Baroului Organizat. Unul dintre cele mai noi domenii ale serviciului profesional se referă la administrarea activităţilor baroului organizat. Prezentele oportunităţi pentru serviciu în regim de dedicare exclusivă sunt relativ puţine ca număr, însă domeniul creşte pe măsură ce mai mule asociaţii de avocatură găsesc resursele cu care să mărească personalul lor administrativ.

Administratorul baroului organizat toată ziua, de obicei desemnat ca secretar executiv sau asistent, supraveghează obligaţiunile de serviciu curente ale asociaţiei lui, inclusiv editarea unui periodic al asociaţiei. El se bucură de stabilitatea unui salariu fix şi de plăcerea de a lucra exclusiv cu şi printre jurişti. Mulţi administratori de barou încep ca secretari pe ore, construind organizaţiile lor până la punctul unde ele pot suporta un funcţionar administrativ pe toată ziua.

DREPTUL ÎN GUVERNARE

Demnitari Judiciari. Administrarea funcţiilor judiciare ale guvernului este forma de serviciu public cea mai strâns legată de profesia juridică. În afară de funcțiile de judecător, există oportunități pentru serviciu ca procurori și apărători publici, consilieri la înalta curte de casație, arbitri în bancrută, administratori publici, curatori și sindici speciali, funcționari pentru aplicarea legii și validare, grefieri, secretari, aprozi și alt personal administrativ.

Aceste funcții sunt ocupate fie prin alegere fie numire și durata ocupării funcției depinde de continuă realegere sau renumire. Acolo unde obligațiile nu cer lucru pe toată ziua al deținătorului funcției, precum în munca judecătorului de pace sau procurorului public în districte mici, el poate, în anumite limite, să se angajeze în practicarea pe ore a dreptului. Unii demnitari judiciari sunt plătiți pe o bază de onorariu, dar tendința este către salarii fixe care sunt adecvate să compenseze sacrificarea venitului privat care este implicată.

Cariere în Serviciu Guvernamental. Creșterea agenților locale, ale statelor și federale pentru administrarea guvernării a creat o largă varietate de oportunitate pentru personalul pregătit în drept în serviciu public. Posibilitatea de a alege ocupațiile este destul de mare pentru a corespunde talentelor și intereselor personale ale aproape fiecărui individ. Listele de posturi disponibile, care pot fi obținute de la oficiile de examinare pentru serviciu guvernamental, permit o alegere bazată pe tipul de lucru dorit.

Serviciul guvernamental oferă un salariu mai înalt de plecare decât oferă practicarea dreptului, și permite siguranța serviciului continuu cu perspective rezonabile pentru avansare, și beneficii de pensie și retragere. Funcționarul de stat poate trebuie să-și sacrifice alegerea personală a domiciliului geografic, și el niciodată nu obține independența de gândire și acțiune care este privilegiul avocatului practicant general. Experiența câștigată în serviciu guvernamental este prețioasă în ocupație ulterioară, deși multe organe administrative acum restrâng activitățile foștilor lor angajați pentru o perioadă de timp.

Funcție Executivă și Legislativă. În ramura executivă a guvernării, pregătirea în drept este deseori o recomandare pentru serviciu ca demnitari care elaborează politica la nivel înalt și în special politica guvernamentală și personal de agenție administrativă nesupus serviciului public. Este la fel de prețioasă pentru legislatorul care ia parte la întocmirea și aplicarea legislației statutare.

Demnitarilor executivi și legislativi li se plătesc salarii fixe, dar întrucât serviciul lor depinde de alegere sau numire, durata ocupării funcției poate fi limitată. Munca unui legiuitor de stat necesită numai atenție pe ore, lăsând individul liber să se angajeze în practicare activă a dreptului sau altă ocupație pentru echilibrul timpului său.

Administrație Locală. Oportunitățile pentru serviciu pe toată ziua sau pe ore în administrație locală nu trebuie să fie scăpate din vedere. Multe organe de administrație locală folosesc consilieri juridici pe o bază de onorariu de angajare sau salariu; în majoritatea zonelor metropolitane există stafuri pe toată ziua servind diferite secții de administrație municipală.

DREPTUL ÎN AFACERI

Munca Personalului Juridic. Firmele și concernele industriale moderne au găsit avantajos să stabilească stafuri juridice în regim de dedicare exclusivă în cadrul organizărilor lor. Tipice pentru acest domeniu de utilizare sunt departamentele juridice ale băncilor și societăților-trust, societăților de asigurare, căilor ferate și altor servicii publice, și concerne industriale și de prelucrare. Acesta este un domeniu de ocupație care este în special atractiv și potrivit pentru specialistul în drept care preferă să limiteze practica lui profesională.

Majoritatea departamentelor juridice urmează o rutină obișnuită de utilizare și pregătire a personalului lor, cu salarii fixe, beneficii de pensie și retragere, și oportunitate rezonabilă pentru avansare. Ca şi la serviciul public guvernamental, individul este limitat în alegerea lui a domiciliului şi îi lipseşte independenţa avocatului practicant general. Cei care ating poziţiile mai înalte ale personalului juridic primesc salarii care se compară favorabil cu cele mai înalte venituri din practicarea activă a dreptului.

Ocupaţie Nejuridică. Pregătirea în drept s-a dovedit un bun preţios în carierele multora care s-au ridicat la poziţii administrative în afaceri ori s-au angajat altfel în activitate care nu este direct legată de practicarea dreptului. Domeniul contabilităţii, de exemplu, cere o bază largă în dreptul comercial; creşterea în problemele taxelor face dreptul de chiar mai mare importanţă pentru contabil. Acelaşi lucru este adevărat în transport şi comerţ, unde o cunoaştere a legislaţiei asupra firmelor de transport este de valoare specială.

În comunităţi mai mici unde condiţiile permit, juriştii deseori găsesc ocupaţie profitabilă pe toată ziua sau pe ore în pregătirea sumarelor de titlu la proprietate mobiliară, şi mulţi îmbină practicarea dreptului cu alte iniţiative de afaceri. În unele cazuri aceasta rezultă din necesitatea pentru un venit suplimentar spre a traversa perioada de început în practicarea generală a dreptului.

Astfel gama de oportunităţi pentru aplicarea pregătirii în drept este aproape nelimitată, fie în sau fără profesie. Dacă sunteţi harnic în cercetarea dvs. şi onest în autoevaluarea dvs., veţi găsi cu siguranţa locul exact pentru propria dvs. combinaţie de talente, abilităţi, şi interese personale. Ajungând la acea decizie puteţi apoi analiza cum şi unde aveţi intenţia de a pune în aplicare pregătirea dvs. în drept.

CUM DORIŢI SĂ PRACTICAŢI?

Dacă aţi decis să aplicaţi pregătirea dvs. în drept în afara şi practicării concret a dreptului, problema despre cum şi unde să începeţi acea carieră va fi determinată de domeniul pe care l-ați ales ca să începeți. Deoarece majoritatea bărbaților și femeilor titrați în drept doresc baremi ceva experiență în practica activă, această parte a discuției este îndreptată către metoda de a obține acea experiență.

PRACTICA INDIVIDUALĂ

Deși tendința modernă este către parteneriate sau asocieri între juriști, există totdeauna cei care preferă să practice singuri, și există la fel multe comunități care nu pot suporta mai mult decât un jurist rezident pe toată ziua. Este așadar nimerit să se analizeze avantajele și dezavantajele practicii particulare individuale, unde juristul menține propriul său birou și nu are asociați de profesie.

Avantaje. Juristul care practică fără ajutor este într-adevăr propriul său stăpân. El este răspunzător numai sieși și poate să vină ori să plece după cum dorește. Clienții lui sunt ai lui proprii, el poate să-i aleagă pentru a corespunde gusturilor și intereselor lui personale, și nu este deranjat de posibile interese contradictorii ale unui partener în acceptarea ocupației. Se bucură de folosirea exclusivă a facilităților biroului său și este liber să se angajeze în orice altă inițiativă de afaceri pe care o poate dori. El este punctul suprem în independență personală și încredere în sine care poate fi realizat în practicarea dreptului.

Dezavantaje. Succesul juristului în practica individuală depinde complet de propria sa abilitate, hărnicie și ingeniozitate. El trebuie să se bizuie pe propriile sale eforturi de a atrage suficientă practică pentru a-și menține venitul. Trebuie să exercite propria sa judecată fără beneficiul sfatului partenerilor sau asociaților, o responsabilitate care uneori poate face ori distruge o reputație profesională. Dificultățile anilor de început ai practicii individuale nu pot fi neglijate; efortul fizic și mintal, în special dacă însoțit de griji financiare, cere mare curaj, răbdare, dârzenie și tărie de caracter.

ASOCIERE PROFESIONALĂ

Asocierile profesionale de jurişti sunt de două feluri: aranjamentul neformal sub care doi sau mai mulţi jurişti împart spaţiul biroului; şi parteneriatul juridic în care doi sau mai mulţi jurişti intră în relaţia de parteneri legali. Parteneriatul implică obligaţii şi responsabilităţi personale care nu sunt prezente în asocierea de împărţire a spaţiului.

Avantaje. Asocierea cu alţi jurişti permite o împărţire a cheltuielilor de birou care reduce costul de activitate pentru fiecare participant. În asocierea neformală, juristul menţine avantajele practicii individuale, cu beneficiul economic de cheltuieli de întreţinere mai mici, şi oportunitatea de a discuta probleme profesionale cu alţi jurişti. Parteneriatul formal obţine contactele mai largi ale multor parteneri ca o sursă de ocupaţie fermă şi permite o diviziune de responsabilitate în tratarea cu clienţii. Partenerii se pot specializa în practică în timp ce firma însăşi continuă în caracterul ei de practică generală. Peste o perioadă de ani un parteneriat va acumula un prestigiu de care vor beneficia toţi membrii săi chiar după ce partenerii primi s-au retras din practica activă.

Dezavantaje. Cu excepţia beneficiilor cheltuielilor şi experienţei împărţite în comun, asocierea neformală prezintă aceleaşi dezavantaje ca cele sugerate pentru practica individuală. Repartizarea profiturilor şi pierderilor unui parteneriat uneori îl pune pe un partener mai puternic, mai capabil într-un dezavantaj economic faţă de un partener mai puţin energic. Legătura personală strânsă dintre parteneri intensifică orice deosebiri în caracterele şi temperamentele lor. Partenerii trebuie să gândească mai ales în termeni de parteneriat, şi în acea măsură le lipseşte libertatea şi independenţa avocatului practicant individual.

OFICIUL JURIDIC MARE

Oficiul juridic mare se găsește în principal în centrele metropolitane. Firma independentă este de obicei rezultatul unui parteneriat mic, cu membrii mai vechi deținând statutul legal de parteneri, asistați de asociați angajați de parteneriat. Departamentul juridic de afaceri funcționează ca o mare firmă juridică, însă are numai un singur client, concernul din care este o parte.

Avantaje. Avantajul principal al oficiului juridic mare este comasarea de talent, experiență, facilități, și cheltuieli. Asociații sunt angajați pe o bază de salariu fix și nu au nici o responsabilitate directă pentru menținerea oficiului. Volumul mare și varietatea de serviciu oferit permit specializarea individuală în practică. Juristul este sub mai puțină presiune de a menține contacte care vor produce ocupație decât în cazul avocatului practicant individual sau partenerului într-o firmă mică.

Dezavantaje. Activitățile profesionale ale oficiului juridic mare pot fi foarte departamentalizate, cu fiecare asociat desemnat pentru rutine definite. Asociatul individual este limitat în sfera muncii sale, fără multă libertate de alegere sau independență. Timpul și energiile sale aparțin complet firmei; el este supus îndrumării de către superiori în tot ce face. Asociații mai tineri sunt adesea priviți ca începători și li se plătesc în mod corespunzător salarii mici în cursul perioadei lor de instruire în munca oficiului. Ca și în parteneriat, legăturile strânse dintre juriști într-un mare oficiu amplifică deosebirile de temperament personal care fac acest tip de ocupație neatrăgător pentru cei care nu pot să se adapteze la a lucra cu alții.

Trebuie să fie clar că deși opțiunea de cum să practice este dictată în largă măsură de considerații personale, există un loc în practicarea dreptului pentru aproape fiecare fel sau combinație de talent, caracter sau temperament. Unii sunt bine potriviți pentru efortul și exigențele practicii individuale, unii preferă împărțirea responsabilităților într-un parteneriat, iar alții găsesc satisfacția lor cea mai mare în relativa anonimitate de asociere la un mare oficiu juridic. Este o alegere pe care fiecare trebuie să o facă singur, și una care afectează în nu mică măsură întrebarea finală despre unde să-și afle locul în profesia dreptului.

UNDE DORIȚI SĂ PRACTICAȚI?

Cei care aplică pregătirea lor în drept la alta decât practicarea dreptului trebuie să caute ocupație unde oportunitățile sunt cel mai bine prezentate. Cu excepția oficiilor juridice mari care sunt situate în zone metropolitane, persoana începând practicarea dreptului are o aproape nelimitată posibilitate de a alege domiciliul geografic. Răspunsul la această întrebare implică factori complecși, înrudiți care din nou reflectă dorințele personale și cunoștințele individului interesat.

METROPOLĂ, ORAȘ, ORI SAT?

Mărimea unui oraș are puțină legătură directă cu perspectivele de succes profesional. Există juriști care au realizat un trai confortabil în sate cu o populație mai puțin de 100; alții literalmente au murit de foame în inima orașelor metropolitane. În termeni de fericire personală, însă, mărimea unei comunități are mare importanță în alegerea unui domiciliu în care să se construiască o carieră în drept.

Metropola. În scopul acestei analize, zone cu mai mult decât o populație de 100.000 sunt considerate ca metropolitane. În aceste orașe juristul poate anticipa cele mai mari și cele mai variate surse de afaceri însoțite de cea mai mare concurență pentru ocupație de specialitate, cele mai înalte costuri de trai și întreținere a biroului, și cea mai complicată, febrilă presiune a vieții zilnice. Dacă el practică în centrul activității de afaceri, el va locui la mile de biroul său și tribunale. Dacă el oficiază în suburbii, va trebui să fie mulțumit cu chestiuni mai mici de afaceri care nu ajung la juristul municipal.

Viața lui de acasă și de familie va fi aceea a locatarului în apartament sau a navetistului suburban. Oportunitățile sale pentru propășire culturală și distracție socială vor fi mari, dar, în afară de cazul când este preeminent în profesia lui, recunoașterea sa personală va fi extrem de limitată. Dacă el a fost crescut într-un astfel de mediu, însă, el este de obicei bine mulțumit și s-ar simți probabil stânjenit altundeva.

Orașul. În spațiul dintre o populație de cinci și o sută de mii sunt orașe de fiecare aspect și formație – industrial, comercial, agricol, minier, instituțional, ori stațiune sezonieră. Cu cât mai mare este orașul, cu atât mai mult profită de caracteristicile zonei metropolitane; cu cât mai mic, cu atât mai mult reflectă regiunile rurale care leagă cu el marginile.

Există puține generalități care pot fi aplicate la aceste orașe. Viața se mișcă într-un ritm progresiv mai încet pe măsură ce orașul devine mai mic, oportunitățile pentru recunoaștere personală cresc odată cu această tendință coborâtoare, și caracteristicile individuale se reliefează mai proeminent deoarece concurența scade. Este probabil mai ușor de adaptat la condițiile de trai în aceste orașe decât fie la metropolă fie sat, fiindcă ele sunt o astfel de îngemănare a celor două extreme.

Satul. Comunitatea cu mai puțin decât 5.000 populație are caracteristici mai mult rurale decât urbane. Costurile și nivelurile de trai sunt mai mici decât în altă parte, viața este mai tihnită, și personalitatea individuală are cea mai mare importanță. În comunitatea compactă a satului rural, un om este judecat după ceea ce este și face, dar odată ce reputația lui de integritate și eficacitate este stabilită, el trebuie puțin să-și facă griji pentru viitorul carierei lui profesionale.

Meditând asupra comunității rurale, juristul trebuie să țină seama de posibila ei importanță ca un centru pentru comerț rural. Acesta este secretul succesului profesional al celor care practică în cele mai mici sate. Ei trag clientelă din familiile care ajung la oraș în după-amiezele de sâmbătă, precum și vecinii lor imediați. Acesta este cel mai puternic exemplu al relației dintre oraș și teritoriul lui înconjurător care trebuie avut în vedere în alegerea unui domiciliu pentru practicarea dreptului.

DOMICILIU GEOGRAFIC

Capitală de District. În special în zone rurale, faptul că un oraș este capitala administrației districtuale este de mare importanță. Aici sunt stabilite tribunalele și documentele districtuale pe care juristul le folosește în munca sa profesională. Aici, de asemenea, este adesea centrul de comerț și afaceri pentru district, deși există districte în care capitala de district nu este întotdeauna atât de convenabil așezată. Acolo unde există orașe mai mari decât capitala de district, valoarea lor relativă, din punctul de vedere al nevoii pentru serviciu juridic, poate fi adesea stabilită prin verificarea repartizării de juriști practicând în district.

Facilități de Transport. Dacă juristul trebuie să depindă de zona înconjurătoare pentru o parte mai mare a practicii lui, el trebuie să-și stabilească biroul la un punct care va fi convenabil pentru potențialii săi clienți de atins, fie în apropiere de autostradă fie de calea ferată. Încrucișarea de șosele sau căi ferate mai importante indică un centru de activitate de afaceri demn de luat în seamă, iar influența în devenire a rutelor aeriene nu trebuie să fie scăpată din vedere în această privință.

Climă și Topografie. Trebuie să fie clar că un jurist cu deficiențe fizice susceptibile la climă trebuie să caute un domiciliu care îi va da cel mai mare confort. Efectele topografiei asupra potențialei clientele trebuie de asemenea să fie luate în considerație. Juristul care se izolează pe un promontoriu de pământ ieșind în afară în ocean sau la fundătura unui canion de munte, de exemplu, își limitează clientela la cei care se pot apropia de el numai dintr-o singură direcție. Hărțile de relief, șosele și căi ferate, toate au un rol important de jucat în alegerea unui domiciliu dezirabil.

Resurse Naturale. Agricultura nu este singura ocupaţie rurală care contribuie la munca juriştilor. Exploatarea forestieră, mineritul, producţia de petrol şi gaze sunt domenii de activitate comparabile care pot fi măsurate într-un anumit grad prin resursele naturale ale zonei sub investigaţie. Dacă aceste resurse sunt în declin din cauza producţiei trecute, este bine să se întrebe dacă sau nu alte forme de activitate le va înlocui ca surse de ocupaţie pentru comunitate.

Legătura cu Alte Comunităţi. Concurenţa unui centru metropolitan, efectiv micşorând perspectivele în oraşele suburbane la marginea lui, este un extrem de riguros exemplu al efectelor unei comunităţi asupra alteia în privinţa perspectivelor de ocupaţie profesională. Proximitatea unei linii de demarcaţie a statului sau districtului, în special a primului, are efectul de a limita întinderea teritoriului din care juristul poate să-şi tragă viitorii clienţi. Odată cu îmbunătăţirea permanentă a facilităţilor de transport, este totdeauna bine să analizaţi posibilitatea dvs. de a alege domiciliul în termeni de o mai curând largă zonă a cel puţin dimensiunii districtuale.

BAZA COMUNITĂŢII

Afaceri şi Ocupaţie. Sursa şi caracterul afacerilor şi ocupaţiei generale sunt călăuze destul de sigure pentru practica juridică potenţială în orice zonă dată. Cu cât mai aşezate şi stabile afacerile de care depinde o comunitate, cu atât mai sigur este juristul de perspectivele sale de ocupaţie profesională fermă. Dacă dvs. căutaţi un domiciliu permanent, trebuie să aveţi în vedere nu numai prezentul, ci şi experienţa trecută şi viitorul comunităţii – sunt condiţiile ei prezente provizorii, parte a unei tendinţe de ridicare sau de coborâre, sau prezintă ele adevărata imagine a ceea ce poate fi aşteptat timp de mulţi ani în viitor?

Butucul gros în vatră al practicii generale este deseori reflectat de tranzacţii de proprietate mobiliară, averi ale decedatului, şi, într-o măsură limitată, de volumul şi natura litigiului în tribunale. Acestea sunt fapte cunoscute în public care pot fi urmărite în ziare locale sau verificate la oficiile de înregistrare în sala judecătoriei de ocol. Prezența băncilor, agențiilor de împrumut, întreprinderilor de prelucrare sau comerciale, și stabilimentelor de vânzare în detaliu prospere sunt semne bune de activitate de afaceri într-o comunitate care asigură ocupație pentru juriști.

Ambianța social-culturală. Orașe și comunități sunt la fel de diferite în ambianțele lor social-culturale ca orice grup de indivizi aleși la întâmplare din populația generală. Veți dori firește să vă stabiliți acolo unde aceste condiții sunt cele mai prielnice pentru firea dvs. Veți dori astfel să luați în considerare aspectele educaționale, rasiale, religioase, și politice ale comunității. În acest fel propriile dvs. atitudini și cunoștințe pot fi folosite într-o lumină favorabilă în alegerea dvs. a unei comunități unde știți dinainte că vă veți încadra în ambianța social-culturală existentă.

Prestigiul Juriștilor. Este bine să cercetați poziția baroului în comunitatea în investigație. Este el respectat de către public în general, și sunt membrii săi activi în treburile cetățenești? Care sunt relațiile dintre juriștii înșiși, sunt ei prietenoși și cooperanți, ori sunt ei reciproc neîncrezători și antagoniști? Este nefericit pentru profesie în general că există condiții nefericite de acest fel, dar mai nefericit este juristul care intră în astfel de comunitate fără să analizeze această problemă înainte.

Oportunitate pentru Contacte. Deoarece clientela juristului depinde de relațiile sale în comunitate, trebuie să investigați oportunitățile de care se poate profita pentru a face și a extinde acele contacte. Acesta vă dă un avantaj inițial în comunitatea dvs. de acasă, unde vă bucurați de beneficiul ambianței de familie și prietenilor deja făcuți. Biserică, veterani, afilieri fraterne, și politice sunt puncte de contact de plecare utile în comunități străine, ducând la asocieri sociale care extind cercul de cunoștințe.

Factori Statistici. Nici o formulă valabilă sau complet satis-făcătoare pentru măsurare statistică a nevoii de jurişti nu a fost încă stabilită. Cercetările au arătat, însă, că mărimea unui district, atât în ceea ce priveşte suprafaţa cât şi populaţia, densitatea concentrării populaţiei, proporţia de jurişti la populaţie, şi avuţia de persoană sunt factori care asigură o bază aproximativă de comparaţie în legătură cu relativa dezirabilitate a zonelor date. Vârsta medie a juriştilor, care poate fi calculată din *Martindale-Hubbell Law Directory,* este adesea un indiciu la nevoia şi perspectivele pentru tineri jurişti. Comitetul Special cu privire la Starea Economică a corpului de avocaţi din Asociaţia Baroului American este o sursă preţioasă de date despre numărători de jurişti pentru comunităţi şi districte pe tot cuprinsul Statelor Unite.

UNDE VĂ ÎNCADRAŢI?

Sarcina dvs. este acum de a aplica aceste consideraţii la problema practică de a găsi locul dvs. particular în profesia juridică. Sugerăm ca dvs. să organizaţi cercetarea dvs. în cele patru titluri mai importante înscrise mai jos, notând informa-ţiile relevante pe hârtie spre a vă ajuta să stabiliţi problema şi să ajungeţi mai repede la soluţionarea ei.

Caracteristicile personale. Sub acest titlu, înscrieţi toate ca-racteristicile dvs. fizice şi mintale preeminent, atitudinile dvs. personale care ar putea afecta alegerea dvs. a ocupaţiei, calificările şi pregătirea dvs., şi fiecare fel de activitate sau altă experienţă pe care aţi avut-o care ar putea indica tipul de muncă pentru care aţi putea fi cel mai bine potrivit. Orice handicapuri, slăbiciuni sau defecte trebuie de asemenea să fie înscrise, cu scopul că acest catalog va prezenta o imagine adevărată pe care dvs. să puteţi baza concluziile dvs. ulterioa-re. Acesta trebuie să fie la fel de complet şi precis pe cât posibil îl puteţi face.

Dorinţe Personale. Acum revedeţi schiţa privitor la ceea ce doriţi să faceţi, cum şi unde să aplicaţi pregătirea dvs. în drept, în lumina acestei autoanalize. Nu încercați în acest moment să ajungeți la un singur răspuns la fiecare întrebare, ci oferiți-vă avantajul oricăror alternative care pot părea a fi la fel de atractive.

Oportunități Personale. Acum treceți de la subiectiv la obiectiv să analizați problema oportunităților care sunt la dispoziție pentru realizarea dorințelor dvs. Puteți găsi că un domeniu de opțiune este deja supraaglomerat, că un altul corespunde legăturilor de familie sau altor legături personale care ar fi cel mai favorabil. Aceasta va ajuta să limitați cercetarea dvs. la acele ocupații care oferă cele mai bune perspective ale dvs. de succes.

Obiective Personale. Prin procesele de eliminare de mai sus, trebuie să ajungeți la o formulare empirică a obiectivelor dvs. personale în profesarea dreptului. Aceasta poate fi reexaminată în lumina caracteristicilor, dorințelor și oportunităților dvs. personale, și puteți deci să plănuiți despre cum aveți de gând să realizați acele obiective. Veți ști că decizia dvs. se bazează pe o profundă autoanaliză și examinare a factorilor majori care afectează alegerea dvs. Perspectivele dvs. de fericire și satisfacție personală în ocupația dvs. aleasă vor depinde de cât de cinstit și sincer ați condus acest studiu.

Considerarea tuturor acestor elemente poate părea în mod inutil greu de înțeles pentru tânărul sau tânăra având de gând să înceapă profesarea dreptului. Totuși când se înțelege că această decizie afectează viitoarea dvs. siguranță economică și o carieră profesională care va ocupa următorii treizeci sau mai mulți ani din viața dvs., uimirea este că nu este mai dificilă și complicată.

ERATĂ

– p. 35, r. 27, *privilegiule* se va citi **privilegiile**
– p. 52, r. 6, *Aceste rege* se va citi **Acest rege**
– p. 72, r. 4, *i s-ia retras* se va citi **i s-a retras**
– p. 127, r. 18, *Even tot* se va citi **Even to**
– p. 158, r. 14, *procesul regine* se va citi **procesul reginei**
– p. 219, r. 8, *cu cum* se va citi **ci cum**
– p. 274, r. 8, *Camere Lorzilor* se va citi **Camerei Lorzilor**
– p. 297, r. 22, *tat străin* se va citi **potentat străin**
– p. 403, r. 16, *dint-un singur* se va citi **dintr-un singur**
– p. 415, r. 2, *Într-o societatea* se va citi **Într-o societate**
– p. 456, r. 9, *în faţa curţi* se va citi **în faţa curţii**
– p. 468, r. 8, *numai baza* se va citi **numai pe baza**
– p. 543, r. 9, *atât de de* se va citi **atât de**
– p. 550, r. 21, *lanţuri deducţie* se va citi **lanţuri de deducţie**
– p. 556, r. 10, *sau a autodeclaraţie* se va citi **sau autodeclaraţie**
– p. 565, r. 4 din nota 1, *19-20* se va citi **19-20)**
– p. 576, r. 18, *sa de drept.* se va citi **sa de drept:**
– p. 578, r. 3, *fără vedre* se va citi **fără vedere**
– p. 609, nota **, *om de sat* se va citi **om de stat**
– p. 611, r. 20, *în cartea* se va citi **în cartea sa**
– p. 611, r. 27, *Sallustis* se va citi **Sallust**
– p. 621, r. 22, *mule asociaţii* se va citi **multe asociaţii**